Ullstein

Ullstein Buchverlage GmbH,
Berlin
Taschenbuchnummer 34322

Ungekürzte Ausgabe
3. Auflage Januar 1997

Umschlagentwurf:
Hansbernd Lindemann
unter Verwendung eines Fotos
aus dem Ullstein Bilderdienst
Alle Rechte vorbehalten
Mit freundlicher Genehmigung der
F. A. Herbig Verlagsbuchhandlung
München · Berlin
© 1980 by F. A. Herbig Verlagsbuch-
handlung München · Berlin
Printed in Germany 1997
Druck und Verarbeitung:
Ebner Ulm
ISBN 3 548 34322 8

Gedruckt auf alterungs-
beständigem Papier mit
chlorfrei gebleichtem Zellstoff

Vom selben Autor
in der Reihe
der Ullstein Bücher:

Der Untergang des Dritten
Reiches (33188)

Mit Paul Carell:
Die Gefangenen (33208)

Die Deutsche Bibliothek –
CIP-Einheitsaufnahme

Böddeker, Günter:
Die Flüchtlinge: d. Vertreibung d.
Deutschen im Osten / Günter Böddeker. –
Ungekürzte Ausg., 3. Aufl. – Berlin; Wien:
Ullstein, 1997
   (Ullstein-Buch; Nr. 34322:
   Ullstein-Sachbuch)
   ISBN 3-548-34322-8
NE: GT

Günter Böddeker

Die Flüchtlinge

Die Vertreibung der
Deutschen im Osten

Mit 11 Abbildungen
und 8 Karten

Ullstein

Abbildungen: Ullstein Bilderdienst und
Bilderdienst Süddeutscher Verlag

Der Autor:

Günter Böddeker, geb. am 27. Juli 1933 in Paderborn/Westfalen, Studium der Sozialwissenschaften, Abschluß: Diplom-Sozialwirt, seit mehr als 30 Jahren Journalist, Chefredakteur der »Welt am Sonntag«. Weitere Veröffentlichungen: *Die Boote im Netz – Karl Dönitz und das Schicksal der deutschen U-Boot-Waffe* (1981); *Die Gefangenen* (mit Paul Carell; 1995); *Der Untergang des Dritten Reiches* (1995).

INHALT

... Besonders beschäftigen mich in diesem Augenblick die Berichte, die uns über die Bedingungen zukommen, unter denen die Vertreibung und der Auszug der Deutschen aus dem neuen Polen durchgeführt werden. Vor dem Krieg lebten acht bis neun Millionen Menschen in diesen Gebieten ... Über eine riesige Anzahl fehlt jede Nachricht. Wohin haben sie sich gewandt, was war ihr Schicksal? Die gleichen Zustände können sich in veränderter Form bei der Ausweisung einer großen Anzahl Sudetendeutscher und anderer Deutscher aus der Tschechoslowakei wiederholen ... Es ist nicht ausgeschlossen, daß eine Tragödie ungeheuren Ausmaßes sich hinter dem Eisernen Vorhang, der Europa gegenwärtig entzweischneidet, abspielt...

Winston S. Churchill am 16. August 45 vor dem britischen Unterhaus

I.

NEMMERSDORF

Die Panzer und der Treck

Der Untergang des deutschen Ostens begann am Donnerstag,
dem 22. Juni 1944: Er begann in einem Gebiet, das viele hundert
Kilometer von den Grenzen des Reiches entfernt war. Dieser
Donnerstag war der dritte Jahrestag des Kriegsbeginns im Osten.
Und an diesem Jubiläum entfesselte das sowjetische Oberkom-
mando die größte Offensive des Krieges im Osten: 2,2 Millionen
Soldaten der Roten Armee griffen mit Panzern, Artillerie und
Schlachtflugzeugen die deutsche Heeresgruppe Mitte an. Vier
deutsche Armeen mit 400 000 Landsern sollten eine Front verteidigen, die sich über 700 Kilometer erstreckte.
Der gewaltige Schlag der Sowjets traf die Heeresgruppe Mitte
überraschend. Denn: Hitler und sein Generalstab hatten die sowjetische Offensive im Süden der Ostfront erwartet.
Hitlers Abwehrrezept für die bedrohten deutschen Truppen
stützte sich auf seine Strategie der festen Plätze: Den Besatzungen
bestimmter Städte wurde starre Verteidigung bis zur letzten
Patrone befohlen. Auf diese Weise sollte der anbrandende Angriff
der Roten Armee gebrochen werden. Aber hier in Mittelrußland
ging Hitlers Rechnung so wenig auf wie später in Ostpreußen,
Schlesien oder Pommern: Die sowjetische Offensive walzte mit
ihrer sechsfachen Übermacht an Soldaten und der zehnfachen
Überlegenheit an Panzern und schweren Waffen alles nieder, was
sich ihr entgegenstellte.
Der Angriff der Russen gegen die deutsche Heeresgruppe Mitte
entwickelte sich binnen weniger Tage zur größten Vernichtungs-

schlacht, die der Roten Armee im Zweiten Weltkrieg gelang. Im Kessel von Witebsk allein fielen 20 000 deutsche Soldaten. In den anderen »festen Plätzen« war es ähnlich.

In der von den Sowjets herausgegebenen »Geschichte des großen Vaterländischen Krieges« triumphiert die Moskauer Geschichtsschreibung: »Während der Angriffshandlungen wurden von unseren Truppen in Weißrußland 80 Divisionen der deutsch-faschistischen Armee geschlagen, davon mehr als 30 eingekesselt und vollkommen liquidiert.«

Zwar: Es waren nicht 80 Divisionen; die gesamte Heeresgruppe Mitte umfaßte nur 40 Divisionen, 38 deutsche Divisionen waren während dieser Kämpfe eingesetzt. Doch: 28 wurden vollständig vernichtet. 350 000 bis 400 000 deutsche Soldaten wurden vom Schlachtfeld gefegt: Verwundet, getötet oder vermißt. Es war eine Katastrophe bis dahin unbekannten Ausmaßes. Und es war eine Katastrophe, die eine zweite, noch weit größere Katastrophe in sich barg. Denn: Die Zerschlagung der Heeresgruppe Mitte bedeutete den Zusammenbruch der Reichsverteidigung.

Der Widerstand der deutschen Truppen gegen die massiven Vorstöße der Sowjets wurde immer schwächer: Der Weg nach Westen lag nun nahezu offen vor der Roten Armee. Fast anderthalb Jahre hatten die Sowjets gebraucht, um von Stalingrad nach Witebsk zu kommen – tausend Kilometer weit. Für die nächsten tausend Kilometer aber benötigten sie nur sechs Wochen.

Der russische Vormarsch mußte jetzt vor allem Ostpreußen bedrohen. Weit ragt die Provinz nach Osten vor. Ihre Hauptstadt Königsberg liegt auf der gleichen geographischen Länge wie Polens Hauptstadt Warschau.

Und angesichts der schweren Niederlage der Heeresgruppe Mitte konnte am Ende dieses Sommers 1944 niemand mehr sicher sein, daß der Sturm der Roten Armee vor den Grenzen des Reichs zum Stehen gebracht werden würde. Wenn aber die Sowjets in Deutschland eindrangen, dann mußte der Zivilbevölkerung ein schlimmes Schicksal bevorstehen. Viele der Einwohner Ostpreußens erinnerten sich noch voller Schrecken des Einfalls russischer Armeen zu Beginn des Ersten Weltkriegs. Die Soldaten des Zaren hatten damals Männer gemordet, Frauen Gewalt angetan und Dörfer in Brand gesteckt – ohne jedes erkennbare Motiv.

Die Rotarmisten aber, die jetzt nach Westen stürmten, kamen aus einem Land, das mehr als drei Jahre unter deutscher Gewaltherrschaft gelitten hatte, dessen Städte zerstört, dessen Menschen zu Millionen gefallen, verhungert oder ermordet worden waren. Teil an dieser Blutschuld hatte ein Mann namens Erich Koch. Er war Gauleiter von Ostpreußen, also unumschränkter Herr der zivilen Verwaltung und in Personalunion von 1942 bis 1944 Reichskommissar für die von der deutschen Armee eroberte Ukraine gewesen. Koch, ein Intimus und Duzfreund des Hitler-Vertrauten Martin Bormann, hatte als absoluter Herrscher der Ukraine 1943 in Kiew die Leitsätze seiner Politik bekanntgemacht: »Wir sind die Herrenrasse, und wir müssen hart, aber gerecht regieren. Ich werde das Letzte aus diesem Land herauspressen. Ich bin nicht hierhergekommen, um Freude zu bringen. Die Bevölkerung muß arbeiten, arbeiten und wieder arbeiten. Wir sind bestimmt nicht hierhergekommen, um Manna zu verteilen. Wir sind hierhergekommen, um die Basis für den Sieg zu schaffen. Wir sind eine Herrenrasse. Wir müssen immer daran denken, daß der niedrigste deutsche Arbeiter rassisch und biologisch tausendmal wertvoller ist als die Bevölkerung hier.«

Kochs Stellvertreter, Paul Dargel, äußerte sich in aller Klarheit über die Ziele der Nationalsozialisten in der Ukraine: »Wir wollen die Ukrainer vernichten ... Wir wollen das Gesindel loswerden!« Zwangsarbeit, Hunger, Erschießungen kennzeichneten Kochs Politik in der Ukraine.

Jetzt, im Spätsommer 1944, war Kochs Reich, das sich wenige Monate zuvor noch von der Ostsee bis ans Schwarze Meer erstreckt hatte, auf Ostpreußen zusammengeschrumpft. Er residierte wieder in Königsberg, und an seiner Seite wirkte als Gauorganisationsleiter Paul Dargel. Diesen beiden Männern fiel nun die Entscheidung über Leben, Gesundheit oder Tod von Millionen deutscher Frauen, Kinder und Männer zu. Sie achteten sie ebenso wenig, wie sie das Leben der ukrainischen Zivilisten geachtet hatten. Koch und seine Helfer mußten wissen, was den Deutschen bei der Eroberung Ostpreußens durch die Rote Armee bevorstehen würde. Sie mußten wissen, daß die einzige Chance, Hunderttausenden Schrecken, Folter und Tod zu ersparen, in einer rechtzeitigen Flucht lag. Noch war Zeit, die Räumung des bedrohten Gebietes vorzubereiten, die Menschen in Züge und Wagen nach Westen zu setzen. Sie taten es nicht.

Koch, von Hitler zum Reichsverteidigungskommissar für sein zuständiges Gebiet ernannt, versuchte, Ostpreußen mit einer Maßnahme zu schützen, die Verzweiflung verriet und sich militärisch als sinnlos erwies: Er wollte den Russen-Sturm mit Gräben und Schützenlöchern aufhalten. Zehntausende von Männern wurden von ihren Arbeitsstellen abkommandiert. Mit Hacken und Schaufeln zogen sie nach Osten und schaufelten in Tag- und Nachtschicht Erde auf. Die Anlagen, die unmittelbar vor der Ostgrenze des Reiches entstanden, hießen im Sprachgebrauch der Nationalsozialisten »Ostpreußenschutzstellung« oder auch »Ostwall«. Oft hörten die Männer, die zum Schutz des Reiches schanzten, in der Ferne Kanonendonner. Die Front näherte sich. Sie näherte sich schnell und unaufhaltsam.

Doch zunächst noch fühlten sich die Menschen in Ostpreußen sicher – geschützt von den Erdhügeln, die gegen den Ansturm der Roten Armee aufgeworfen waren, geschützt von den deutschen Truppen, deren Zustand sie nicht abzuschätzen vermochten, und dazu eingelullt von der Parteipropaganda, die von Hitlers neuen Waffen und dem Endsieg dröhnte.

Ende Juli 1944 hielten die deutschen Truppen immer noch weite Teile von Polen besetzt. Der Osten des Reiches schien dem Zugriff der Feinde entzogen zu sein – anders als der Westen oder Berlin. Die anglo-amerikanischen Bomber hatten Königsberg und Breslau, Danzig und Oppeln bislang weitgehend verschont. Und deshalb waren Hunderttausende von Frauen und Kindern aus dem Westen des Reiches nach Osten gebracht worden. Sie waren vor den Bomben geflohen. Doch der Schrecken, der letztlich über sie kam, war oft größer und furchtbarer als alles, was Bomben ihnen hätten antun können.

Die Evakuierten füllten die durch Wehrdienst und Kriegseinsatz geschrumpfte Bevölkerung des Ostens wieder auf. In Ostpreußen lebten 1944 mehr Menschen als im Jahre 1939 vor dem Ausbruch des Krieges: rund 2,5 Millionen.

Über den weiten Feldern und Wiesen des Memellandes lag die Hitze des Hochsommers. Das Getreide stand auf dem Halm, die Bauern bereiteten die Ernte vor. Auf den Weiden Rinder und Pferde, wohlgenährt und gepflegt. Es gehörte zum Besten, was damals in Deutschland zu haben war. Am 4. August aber fielen drohende Schatten auf diese Insel des Friedens. Das Gerassel von Ketten zerriß die Stille des Morgens. Aus dem Nebel tauchten schwarzbraune Ungetüme auf, hielten an, schossen, rollten knirschend und rumpelnd weiter. Panzer der Roten Armee stießen auf das Memelland, das nordöstliche Ostpreußen, vor. Alarm in den Kreisen an der Grenze: »Die Russen kommen!«

Und in diesen Stunden formierte sich zum erstenmal auf den Landstraßen des Ostens der lange Zug des Elends, der Treck der Flüchtlinge nach Westen, auf der Flucht vor der Roten Armee. Pferdewagen hinter Pferdewagen. Davor und daneben die Menschen, neben der Straße Kühe und Kälber, brüllend in dumpfer Angst. Die Sonne brannte, über der Kolonne hing eine dichte Wolke von Staub.

Die Bauersfrau Else Steinwender aus dem Kreis Memel erinnert sich an jene Tage: »Am 3. August 1944 brachen wir im Treck auf. Es war eine endlose Karawane. Etwa 120 Kilometer von unserer Heimat weit sind wir geflüchtet. Auf der Flucht sollten auch Großtiere mitgenommen werden. Der Wagenzug mußte über ein größeres Moorgelände fahren, weil die Hauptstraßen für das Militär frei bleiben sollten. Viele Tiere sind vom Weg abgekommen und im Moor steckengeblieben, wo sie einen elenden Tod fanden. Viele verendete Tiere lagen am Wege des Flüchtlingszugs.«

Es war der Anblick der oft herrenlosen und hilflosen Rinder, der in den Menschen die Ahnung unaussprechlichen Unheils aufkommen ließ. Der Landrat Buttgereit aus Heidekrug in Ostpreußen berichtete: »Ungeheure Herden von Großvieh sammelten sich an, die wegen der damals herrschenden Dürre zum Teil sehr unter Durst litten. Auf den einzelnen Plätzen im Moor konnte man

Herden bis zu vielen hundert Stück treffen, denen es an jeder Versorgung fehlte.« Der Chirurg Hans Graf von Lehndorf schrieb in seinem »Ostpreußischen Tagebuch«: »Riesige Viehherden kamen an den Flußläufen entlang. Sie standen nun, einen überwältigenden Anblick bietend, zu Tausenden in den weiten Wiesen. Dort gab es zunächst noch Futter genug. Wer aber näher heranging und die Tiere im einzelnen beobachtete, dem krampfte sich jetzt schon das Herz zusammen. Ohne Beziehung zueinander, den Menschen als Feind ansehend, so stolperten sie durch das Land, traten die Zäune nieder, brachen hemmungslos in Koppeln und Gärten ein und fraßen Büsche und Bäume kahl. Sie schienen aus einem Land zu kommen, in dem es keine Ordnung gab. Dabei konnte man es vielen noch ansehen, daß sie aus hervorragenden Zuchten stammten. Aber das Schützende, das sie zur Herde machte, hatte sich schon verflüchtigt.«

Nach drei Tagen beschwerlicher Fahrt gelangten die ersten Flüchtlinge aus den deutschen Ostgebieten, denen später Millionen folgen sollten, in der Elchniederung in Ostpreußen an. Beklommen hatten die Bewohner der Dörfer, durch die der Treck sich wälzte, Menschen, Tiere und Wagen beobachtet. War dies das Schicksal, das ihnen allen bevorstand? Mußten auch sie Haus und Hof, das Erbe der Väter und Vorväter im Stich lassen und nach Westen ziehen – mit nicht mehr, als ein Leiterwagen zu tragen vermochte?

Aber noch einmal hielt der große Krieg im Osten den Atem an. Ein gnädiges Schicksal, so schien es den Deutschen im Memelland und in Ostpreußen, ersparte ihnen den Verlust der Heimat. Die sowjetischen Panzer, die sich Anfang August den Grenzen des Reiches näherten, waren Einzelgänger geblieben – weit vorgeschobene Spitzen der Roten Armee. Die Panzergrenadier-Division »Groß-Deutschland« riegelte den Einbruch der Russen in die deutschen Linien ab. Die Sowjets wurden zurückgedrängt. Die Front im Osten stabilisierte sich. Die Truppen, die den Sturm der Roten Armee aufhalten sollten, wurden verstärkt. Aus Ungarn kam die I. ostpreußische Infanterie-Division nach Ostpreußen, Soldaten, die jetzt die Städte und Dörfer, in denen sie geboren waren, verteidigten.

Die Menschen, die im August voller Furcht ihre Höfe verlassen hatten, kehrten in das Memelland zurück. Frau Steinwender: »Wir sind im Eiltempo wieder freudig nach Hause gefahren und haben den Roggen, der schon vier Wochen auf dem Felde stand und viel zu lange Keime hatte, sowie das andere Getreide unter Dach gebracht. Anschließend wurde auch die Kartoffelernte beendet. Im September säten wir den Roggen für das nächste Jahr, obwohl hier und da Stimmen laut wurden, daß wir nochmals fort müßten. Das wollte keiner wahrhaben, und wenn schon, dann kommen wir ja im Frühjahr wieder.« Die Hoffnung der Deutschen im Memelland sollte grausam enttäuscht werden.

Ein letztes Mal also noch: ein sonniger August und ein friedlicher September im deutschen Osten. Seltsamerweise trug die Entwicklung in diesen Monaten dazu bei, das Unheil noch schrecklicher zu machen, das wenig später über Ostpreußen hereinbrach. Denn diese Zeit erfüllte die Menschen mit der trügerischen Erwartung, daß die deutschen Armeen die Sowjets schließlich doch an den Grenzen des Reiches aufhalten würden, und sie bestärkte den Gauleiter und Reichsverteidigungskommissar Erich Koch in seiner starren Haltung. Er wies alle Anträge auf Räumung gefährdeter Gebiete zurück. Er weigerte sich sogar, die Verwaltung und Partei in Ostpreußen darüber zu informieren, was im Falle eines russischen Angriffs geschehen sollte.

In der »Dokumentation der Vertreibung der Deutschen aus Ost-Mitteleuropa«, die im Auftrag der Bundesregierung von einer wissenschaftlichen Kommission erarbeitet wurde, heißt es:

»Entscheidend wurde das künftige Schicksal der ostdeutschen Bevölkerung die Art und Weise, wie sich die deutschen Behörden in der Frage der Räumung und Evakuierung verhielten.

Bei den Parteiorganen war jede Beschäftigung mit Räumungsplänen von vornherein dadurch gehemmt, daß sie alles zu vermeiden hatten, was der mit allen Mitteln der Propaganda aufrechterhaltenen Siegeszuversicht der Bevölkerung Abbruch tun könnte, und daß überdies ihre Funktionäre in fast unglaublicher Hartnäckigkeit und Blindheit die Gefahren ignorierten.

So unzulänglich die Maßnahmen blieben und so sehr sie propagandistisch beeinflußt sein mochten, so haben sie sich doch in einem Punkt als absolut gerechtfertigt erwiesen, nämlich in dem Wissen oder der Ahnung davon, daß ein Einbruch sowjetischer Truppen in deutschbewohnte Gebiete unerträgliche Leiden für die Zivilbevölkerung herauführen werde und deshalb die Flucht oder Evakuierung der Bevölkerung die einzige Chance ihrer Rettung sei. Und auch die Wehrmachtsbefehlshaber, die aus ihrer Erfahrung am deutlichsten wußten, was der Zivilbevölkerung bevorstehen würde, wenn sie in die Hände der siegreichen russischen Truppen fiele, unterstützten kategorisch das Verlangen, die deutsche Zivilbevölkerung zu evakuieren.«

Statt Pläne zur Rettung von Frauen und Kindern auszuarbeiten, befaßte sich die Provinzverwaltung in Königsberg mit der Möglichkeit, Maschinen und Vorräte vor der Roten Armee in Sicherheit zu bringen – Überlegungen, die aberwitzig und unmenschlich zugleich erscheinen. Der damalige Bürgermeister der Stadt Insterburg in Ostpreußen berichtete der Wissenschaftlichen Kommission: »Verboten war jede Vorbereitung einer Räumung für den Fall der unmittelbaren Feindgefahr. Derartige Versuche wurden als Defaitismus ausgelegt und mit dem Verfahren vor dem Sondergericht bedroht. In Königsberg machte sich wohl eine Anzahl Leute ihre Gedanken, was wohl geschehen müsse, wenn der Feind in Ostpreußen eindringe, aber wohl auf Veranlassung des Gauleiters Koch durften die im Oberpräsidium verantwortlichen Persönlichkeiten bei ihrer Planung nur mit der Möglichkeit eines vorübergehenden Feindeinbruchs rechnen, der in kürzester Zeit wieder beseitigt sein würde. Und so beschäftigte man sich auch nur mit der Frage, wie wertvolle Warenlager und wichtige Maschinen gerettet und anderweitig sichergestellt werden könnten, und auf welche Weise es zu verhindern wäre, daß der Feind Nutzen aus gewerblichen und industriellen Anlagen zöge.

So geschah es eines Tages, daß die Stadtverwaltung vom Oberpräsidium etwa 150 Briefe abholen mußte, die als ›streng geheim‹ im Tresor zu verschließen waren und auf das Stichwort ›Zitronenfalter‹ an die Adressaten ausgehändigt werden sollten. Diese Briefe waren an die großen und mittleren Industrie- und Handelsbetriebe gerichtet. Durch diesen Brief, der also erst auf Befehl im Falle höchster Gefahr zugestellt werden sollte, wurden die Adressaten, – also die Betriebsführer – aufgefordert, sich unverzüglich zur Bahn zu begeben und dort die sofortige Verladung der wichtigsten Maschinen oder Vorräte zu vereinbaren. Diese Briefe sind niemals zugestellt worden. Was wäre wohl auch geschehen, wenn wir wirklich einmal im Augenblick der Gefahr nach diesen Weisungen hätten handeln müssen? Es wäre niemals möglich gewesen, in kürzester Zeit für so viele Güter Fahrzeuge und Waggons zu bekommen und außerdem die Arbeitskräfte, um die Maschinen zu demontieren und diese und Vorratslager zur Bahn zu schaffen. Vorbereitungen zu einem Abtransport der Bevölkerung bei Feindgefahr waren weder getroffen noch gestattet.«

So ließ Gauleiter Erich Koch die Zeit nach dem ersten russischen Vorstoß gegen die Grenzen des Reiches ungenutzt verstreichen. Er erklärte: »Kein echter Deutscher darf auch nur daran denken, daß Ostpreußen in russische Hände fällt.«

Die Russen hingegen nutzten den August und den September, noch mehr Soldaten und noch mehr Waffen an ihre Nordwest-Front zu schaffen. Viele Tage und Nächte rollten Panzer in ihre Angriffsstellungen. Riesige Kolonnen von Infanterie marschierten heran. Geschütze aller Kaliber wurden in Stellung gebracht. Die deutschen Truppen an den Grenzen Ostpreußens beobachteten ohnmächtig den Aufmarsch des Feindes: Sie konnten nichts tun als warten.

Am 5. Oktober 1944 brüllten die Kanonen der Sowjets ihr Trommelfeuer gegen die deutschen Stellungen. Russische Schlachtflugzeuge griffen an, warfen Bomben, schossen mit Maschinenkanonen. Dann traten die Infanteristen von 19 Schützendivisionen zum Angriff an. Ihnen voraus und an ihren Flanken rollten die Kampfwagen von drei Panzerkorps. Dieser erste Angriff der Russen galt dem Memelland und der Stadt Memel.

Und wieder mußten die Deutschen flüchten. Wieder schirrten sie ihre Pferde an die Wagen, luden ihre Habe auf und zogen davon. Aber diesmal flüchteten sie im Feuer der Roten Armee, gejagt von sowjetischen Panzern. Denn diesmal durchbrachen die Russen den Sperriegel der deutschen Front.

Die Menschen in den Trecks hörten den Donner der Schlacht, sahen voller Schrecken Feuer am Horizont, das aus Häusern und zerschossenen Fahrzeugen hochzüngelte. Sie trieben ihre Pferde an, schneller ächzten die Wagen über die Straßen.

Dann brachen aus den Wäldern östlich der Straßen russische Panzer hervor, schwenkten die Rohre den langen Zug der Flüchtlinge entlang, schossen und rollten mit knirschenden Ketten auf den Treck zu, überrollten mit Stahl und Feuer Wagen, Pferde und Menschen, zerquetschten sie mit ihrem Gewicht.

Rußlands Rache an den Wehrlosen hatte ihren Anfang genommen. In schauerlicher Weise entlud sich der Haß, der von deutschen Gewalttaten in Rußland erzeugt worden war.

Die Menschen in den Trecks auf Ostpreußens Straßen ließen Pferde, Wagen und Gepäck zurück, Mütter faßten ihre Kinder bei den Händen und rannten mit ihnen über die Felder davon – in den Ohren die Todesschreie ihrer Nachbarn und Freunde.

Die Bäuerin Else Steinwender, die Anfang August geflohen und dann zur Ernte in das Memelland zurückgekehrt war, mußte in jenen Tagen endgültig den Hof verlassen, der seit dem Jahre 1732 in Familienbesitz war. Sie berichtete: »Flüchtende deutsche Soldaten ermahnten uns zur sofortigen Flucht. Für die kurze Strecke von 5 Kilometern brauchten wir einen ganzen Tag. Die Russen hatten die Straßen schon besetzt. In dunkler, unheimlicher Nacht sahen wir, auf unsere Heimat zurückblickend, als letzten Gruß die grauenhafte Feuerlohe über unserer Heimatstadt Memel. Mit einem Male hieß es: ›Die Russen sind da!‹ Starr vor Schrecken schaute ich zu, wie die deutschen Soldaten in Deckung gingen. Meine Nachbarin warf sich auf die Knie und betete laut um Gottes Hilfe, sahen wir uns doch mit unseren Kindern verloren. Wie durch ein Wunder wurde es plötzlich still, bis dann Kolonnen flüchtender deutscher Soldaten vorbeikamen. Wir schlossen uns ihnen an.«

Viele der Menschen, die dem ersten russischen Ansturm entkommen waren, bezogen bei ostpreußischen Bauern und in ostpreußischen Städten Quartier – in der Hoffnung, daß nun endlich die Angriffskraft der Roten Armee erschöpft wäre, daß die deutschen

Truppen das deutsche Land vor dem Zugriff des Feindes schützen könnten. Die Flüchtlinge aus den ersten Tagen des Russen-Sturms konnten nicht wissen, daß zwischen ihnen und der endgültigen Sicherheit noch mehr als tausend Kilometer lagen – und jeder Kilometer voller Not und Leid, Qual und Tod.

Nach diesem Angriff auf Ostpreußen ließen die Russen den Deutschen nur eine knappe Atempause. 16. Oktober, morgens 4 Uhr. Aus der Dunkelheit im Osten züngelte das Mündungsfeuer aus Hunderten von Geschützen. In den deutschen Stellungen spritzten Sand und Erde hoch. Grabenwände wurden eingedrückt, Bunker verschüttet. In das Gewummer der Granatexplosionen mischten sich schwere Schläge: Kampfgeschwader der sowjetischen Luftwaffe luden Bomben über den deutschen Linien ab. Die ostpreußische Stadt Gumbinnen stand in Flammen.

Dann wieder der Sturm der graubraun uniformierten Soldaten, mit gefällten Bajonetten und Maschinenpistolen in den Händen. Die Wälder an den Grenzen Ostpreußens schallten wider vom Kampfgeschrei: Urräh, urräh! Dann wieder die Panzer. Sie brachen durch, rasselnde Ungetüme, wälzten sich durch die Straßen nach Westen.

In dieser Stunde, da die Rote Armee deutschen Boden erreicht hatte, versuchte die Führung des Dritten Reiches das Kriegsgeschick mit einer absurden Maßnahme noch einmal zu wenden. Hitler befahl die Bildung des Volkssturms, der alle Männer vom 16. bis zum 65. Lebensjahr erfassen sollte, die bis dahin wegen kriegswichtiger Arbeiten oder wegen mangelnder Tauglichkeit vom Wehrdienst befreit gewesen waren. Jungen, die noch kurze Hosen trugen, und alte Männer, die oft kaum noch ein Gewehr zu tragen vermochten, sollten jetzt den Ansturm der größten Armee der Weltgeschichte aufhalten. In Hitlers Aufruf zur Formierung des Volkssturms hieß es: »Während der Gegner glaubt, zum letzten Schlag ausholen zu können, sind wir entschlossen, den zweiten Großeinsatz unseres Volkes zu vollziehen. Es wird und es muß uns gelingen, wie in den Jahren 1939 bis 1940, ausschließlich auf unsere Kräfte bauend, nicht nur den Vernichtungswillen der Feinde zu brechen, sondern sie wieder zurückzuwerfen und so lange vom Reich abzuhalten, bis ein die Zukunft Deutschlands, seiner Verbündeten und damit Europas sichernder Friede gewährleistet ist.«

Die Wissenschaftliche Kommission der Bundesregierung zur Geschichte der Vertreibung der Deutschen aus Ost-Mitteleuropa urteilt: »Der militärische Wert der Volkssturm-Einheiten hat sich als höchst gering erwiesen, und gerade im Osten des Reiches hat ihr Aufgebot im Grund nur dazu geführt, daß die Zivilbevölkerung in den Wochen der Flucht kaum noch männlichen Beistand besaß, was zur Steigerung ihrer Hilflosigkeit, ihrer Verluste und des Ausmaßes an Leiden führte.«

Erich Koch, Gauleiter von Ostpreußen, betrieb die Einberufung der Männer in seinem Gebiet zum Volkssturm mit besonderem Eifer und ganz besonderer Rücksichtslosigkeit. In den Tagen des zweiten großen Russen-Sturms telegrafierte Koch an Hitlers Hauptquartier: »Das erste Bataillon Garde steht.«

Zur gleichen Zeit aber mußten die ostpreußischen Grenzkreise geräumt werden. Die Russen standen schon in den Dörfern. Wieder formierten sich die Trecks, in Eile und Panik. In den Dörfern und auf den Straßen herrschte Chaos. Niemand kannte einen Plan, niemand wußte, wie er sich und auf welchen Wegen in Sicherheit bringen sollte. Nur die Generalrichtung war bekannt: nach Westen. Georg Bobrowski, Regierungsinspektor in der ostpreußischen Stadt Goldap, erinnert sich an den 19. Oktober 1944: »Kurz nach 17 Uhr läuteten die Kirchenglocken. Es sollte das wohl das Zeichen der totalen Räumung sein. Gegen Mitternacht waren überall in der Stadt Trompetensignale zu hören. Melder gingen von Haus zu Haus und erklärten, daß am nächsten Morgen zwischen 4 und 5 Uhr die letzten Evakuiertenzüge Goldap verlassen würden.«

Viele andere Zivilisten in Ostpreußen aber wurden nicht von Glockengeläut und Trompetensignalen gewarnt. Oft verließen sie ihre Häuser erst, wenn schon Granaten aus russischen Panzerkanonen in Dachstühlen und Vorgärten explodierten. Und selbst in diesen Augenblicken tödlicher Bedrohung hielten Amtsstellen der NSDAP an ihrem aberwitzigen Räumungsverbot fest.

Der Landrat von Angerapp in Ostpreußen, Uschdraweit, berichtete: »Abends um 9 Uhr rief der Amtsvorsteher Umhöfer an, im Buyliener Forst waren Russen aufgetaucht. Artilleriegeschosse schlugen im Gelände ein. Umhöfer verlangte den Räumungsbefehl. Der stellvertretende NSDAP-Kreisleiter aber lehnte es ab. Um 1.30 Uhr morgens rief Umhöfer wieder an und berichtete, daß rund hundert Meter von seinem Hof entfernt ein russischer Panzer stehe, der aus seiner Kanone feuere. Umhöfers Treck fuhr trotz Verbots ab.«

Am Tag darauf telefonierte der stellvertretende Kreisleiter der NSDAP mit dem stellvertretenden Gauorganisationsleiter Paul Dargel, dem engen Mitarbeiter des Gauleiters Erich Koch. Landrat Uschdraweit berichtete: » Der stellvertretende Kreisleiter wird von Dargel angebrüllt, weshalb er nicht die Bevölkerung an der Flucht gehindert habe. Dargel, wörtlich: ›Ich erwarte in Kürze Meldung, daß Sie einige über den Haufen geschossen haben.‹ Auf den Einwand des stellvertretenden Kreisleiters, daß fast nur Frauen und Kinder da seien, erklärte Dargel, daß diese dann die Häuser verteidigen sollten.«

So gaben Funktionäre der NSDAP zynisch und feige die Bevölkerung des deutschen Ostens der russischen Vergeltung preis. Von der Partei, auf die sie vertraut hatten, verraten, hilf- und orientierungslos stürzten Frauen, Kinder und alte Männer in schreckliches Unheil.

*

Der Treck rumpelte über die Straße, die von der Kreisstadt Gumbinnen in Ostpreußen nach Südwesten führte. Frauen und Kinder auf den Leiterwagen hatten sich unter die Planen verkrochen. Dichter Regen fiel. Aus Südwesten wehte starker Wind. Die knarrenden und polternden Geräusche der Pferdewagen wurden überlagert von fernem rollendem, unaufhörlichem Donner. In den Städten und Dörfern, die die Menschen gerade verlassen hatten, tobte die Schlacht.

Es war der 20. Oktober 1944. Die Rote Armee stürmte in Ostpreußen vor. Sie drückte mit vielfacher Überlegenheit die deutsche Front ein, zerschmetterte die Verteidigungsstellungen, zerschlug die deutschen Einheiten, die sich ihr entgegenstellten.

Die Männer, die Frauen und die Kinder im Treck hofften, hinter der Angerapp, die im Osten Ostpreußens von Süden nach Norden strömt, Schutz zu finden. Der Fluß, so glaubten sie, würde die Russen und ihre Panzer aufhalten und den Flüchtlingen einen hinreichenden Vorsprung verschaffen.

So war das Ziel des von Nordosten kommenden Trecks die Brücke, die im Ort Nemmersdorf über die Angerapp führte:

Diese Brücke aber war an jenem Tag auch das Ziel einer anderen Kolonne: Sie kam aus Südosten und bestand aus acht stählernen Fahrzeugen: russische Panzer der II. Gardearmee unter General Galitsky. Der deutsche Widerstand kümmerte die Russen wenig. Die Tanks rasselten weiter, immer weiter nach Westen.

Im Morgengrauen schob sich der Treck in Nemmersdorf hinein. Die Wagen füllten die ganze Breite der Hauptstraße. Es regnete noch immer. Die Flüchtlinge entschlossen sich zu einer Pause. Es war ein verderblicher Entschluß. In dieser Stunde am 21. Oktober 1944 erreichten auch die Russen den Ort Nemmersdorf. Seit jenem Tag steht der Name Nemmersdorf für alle Schrecken, die deutsche Zivilisten von der Roten Armee erlitten.

In das Gescharre und Gestampfe der Pferde vor den Wagen der Flüchtlinge mischte sich plötzlich das Gerassel von Ketten. Aus dem Schleier von Regen und Dunst dröhnte das Panzerrudel heran. Die stählernen Kolosse wälzten sich ohne Halt durch die Hauptstraße, über den Flüchtlingstreck hinweg, von seinem Ende bis zu seinem Anfang – und noch einmal von seinem Anfang bis zu seinem Ende. Dann kletterten die Panzerbesatzungen aus den Luken.

Die Russen konnten Nemmersdorf in jenen Tagen nicht halten. Die Soldaten der 4. deutschen Armee, die unter dem Befehl des Generals Hoßbach standen, kämpften den Ort Nemmersdorf wenig später wieder frei.

Nemmersdorf war der erste deutsche Ort, in dem der Roten Armee deutsche Zivilisten in größerer Zahl in die Hände gefallen waren. Es war der Ort, in dem Rußlands Rache für mehr als drei

Jahre deutscher Gewaltherrschaft erstmals explodierte. Mehr als 60 Frauen und Kinder mußten sterben.

Für die Ereignisse von Nemmersdorf gibt es eine Reihe von Zeugenaussagen. Die Wissenschaftliche Kommission der Bundesregierung zur Geschichte der Vertreibung der Deutschen aus Ost-Mitteleuropa hat für ihre Dokumentation den Bericht des Volkssturmmanns Karl Potrek aus Königsberg ausgewählt, der zu den Einheiten gehörte, die nach Nemmersdorf vorstießen. Er schrieb: »Meine Volkssturmkompanie erhielt den Befehl, in Nemmersdorf aufzuräumen. Schon kurz vor Nemmersdorf fanden wir zerstörtes Flüchtlingsgepäck und umgeworfene Wagen. In Nemmersdorf selbst fanden wir den geschlossenen Flüchtlingstreck. Alle Wagen waren durch die Panzer völlig zerstört und lagen am Straßenrand oder im Graben. Das Gepäck war geplündert, zerschlagen oder zerrissen, also vollständig vernichtet. Dieser Flüchtlingstreck war aus der Gegend Ebenrode und Gumbinnen. Ich stellte dieses beim Aufräumen fest. Im Straßengraben fand ich ein Männerjackett. Aus der Brusttasche ragte ein Stück weißes Papier heraus. Nicht Neugierde, sondern tiefstes Mitleid mit diesen armen Menschen ließ mir keine Ruhe, nachzusehen, was es war. Es ist gut, daß ich es getan habe. Es war ein Briefumschlag mit der Aufschrift: Schmiedemeister Grohnwald, Gumbinnen. In dem Umschlag steckten fünf Zwanzigmarkscheine. Diese steckte ich in den Umschlag zurück in der Hoffnung, daß der Besitzer doch noch einmal zurückkommt. Das ganze Flüchtlingsgut wurde gesammelt und in die Dorfkirche getragen. Von den Flüchtlingen selbst haben wir nichts gefunden. Am Dorfrand in Richtung Sodehnen-Nemmersdorf steht auf der linken Straßenseite ein großes Gasthaus ›Weißer Krug‹, rechts davon geht eine Straße ab, die zu den umliegenden Gehöften führt. An dem ersten Gehöft, links von dieser Straße, stand ein Leiterwagen. An diesem waren vier nackte Frauen in gekreuzigter Stellung durch die Hände genagelt. Hinter dem ›Weißen Krug‹ in Richtung Gumbinnen ist ein freier Platz mit dem Denkmal des Unbekannten Soldaten. Hinter diesem Platz steht wiederum ein großes Gasthaus ›Roter Krug‹. An diesem Gasthaus stand längs der Straße eine Scheune. An den beiden

Scheunentüren waren je eine Frau, nackt in gekreuzigter Stellung, durch die Hände angenagelt. Weiter fanden wir dann in den Wohnungen insgesamt 72 Frauen einschließlich Kinder und einen alten Mann von 74 Jahren, die sämtlich tot waren, fast ausschließlich bestialisch ermordet bis auf nur wenige, die Genickschüsse aufwiesen. Unter den Toten befanden sich auch Kinder im Windelalter, denen mit einem harten Gegenstand der Schädel eingeschlagen war. In einer Stube fanden wir auf einem Sofa in sitzender Stellung eine alte Frau von 84 Jahren vor, die vollkommen erblindet gewesen und bereits tot war. Dieser Toten fehlte der halbe Kopf, der anscheinend mit einer Axt oder Spaten von oben nach dem Halse weggespalten war. Diese Leichen mußten wir auf den Dorffriedhof tragen, wo sie dann liegen blieben, weil eine ausländische Ärzte-Kommission sich zur Besichtigung der Leichen angemeldet hatte. So lagen diese Leichen dann drei Tage, ohne daß diese Kommission erschien. Inzwischen kam eine Krankenschwester aus Insterburg, die in Nemmersdorf beheimatet war und hier ihre Eltern suchte. Unter den Ermordeten fand sie ihre Mutter von 72 Jahren und auch ihren alten schwachen Vater von 74 Jahren, der als einziger Mann zu diesen Toten gehörte. Diese Schwester stellte dann fest, daß alle Toten Nemmersdorfer waren. Am 4. Tage wurden dann die Leichen in zwei Gräbern beigesetzt. Erst am nächsten Tage erschien die Ärzte-Kommission, und die Gräber mußten noch einmal geöffnet werden. Es wurden Scheunentore und Böcke herbeigeschafft, um die Leichen aufzubahren, damit die Kommission sie untersuchen konnte. Einstimmig wurde dann festgestellt, daß sämtliche Frauen wie Mädchen von 8 bis 12 Jahren vergewaltigt waren, auch die alte blinde Frau von 84 Jahren. Nach der Besichtigung durch die Kommission wurden die Leichen endgültig beigesetzt.«

Andere Augenzeugen haben diesen Bericht über die Oktober-Greuel in Ostpreußen ergänzt: Generalmajor Erich Dethleffsen, damals Stabschef der 4. deutschen Armee in Ostpreußen, erklärte am 5. Juli 1946 vor dem Internationalen Militärgerichtshof in Nürnberg: »Als im Oktober 1944 russische Verbände in die Gegend Groß Waltersdorf (südostw. Gumbinnen) die deutsche

Front durchbrachen und vorübergehend bis Nemmersdorf vorstießen, wurde in einer größeren Anzahl von Ortschaften südlich Gumbinnen die Zivilbevölkerung – zum Teil unter Martern wie Annageln an Scheunentore – durch russische Soldaten erschossen. Eine große Anzahl von Frauen wurde vorher vergewaltigt. Dabei sind auch etwa 50 französische Kriegsgefangene durch russische Soldaten erschossen worden. Die betreffenden Ortschaften waren 48 Stunden später wieder in deutscher Hand. Die Vernehmungen lebengebliebener Augenzeugen, ärztliche Berichte über die Obduktion der Leichen und Photographien der Leichen haben mir wenige Tage später vorgelegen.«

Oberleutnant Dr. Heinrich Amberger, Kompaniechef im 2. Regiment »Hermann Göring«, gab unter Eid zu Protokoll: »Am Straßenrand und in den Höfen der Häuser lagen massenhaft Leichen von Zivilisten, die augenscheinlich nicht im Lauf der Kampfhandlungen durch verirrte Geschosse getötet worden, sondern planmäßig ermordet waren. Unter anderem sah ich zahlreiche Frauen, die man, nach der Lage der verschobenen und zerrissenen Kleidungsstücke zu urteilen, vergewaltigt und danach durch Genickschuß getötet hatte, zum Teil lagen daneben auch die ebenfalls getöteten Kinder.«

Neben den ausländischen Ärzten waren auch Journalisten aus neutralen Ländern von den Deutschen in die zurückeroberten ostpreußischen Gebiete gebeten worden. Der Korrespondent der in Genf erscheinenden Zeitung »Courrier« schrieb am 7. November 1944 in seinem Blatt: »Der Krieg in Ostpreußen, der sich im Dreieck Gumbinnen-Goldap-Ebenrode abspielt, steht im Augenblick im Vordergrund des Geschehens, seit Goldap von den Deutschen wieder eingenommen worden ist. Die Lage wird nicht nur durch die erbitterten Kämpfe der regulären Truppen, durch das Übermaß an eingesetztem Material auf beiden Seiten und dadurch gekennzeichnet, daß die neugeschaffene deutsche Miliz mit eingesetzt wird, sondern leider auch durch allzu bekannte Methoden der Kriegsführung: Verstümmelung und Hinrichtung von Gefangenen und die fast vollständige Ausrottung der deutschen bäuerlichen Bevölkerung, soweit sie in ihrem Gebiet geblieben war, am Spätnachmittag des 20. Oktober . . . Die Zivilbevölkerung ist sozusagen aus dem umkämpften Gebiet verschwunden, denn die meisten Landbewohner sind mit ihren Familien geflohen. Mit Ausnahme einer jungen deutschen Frau und eines polnischen Arbeiters ist alles von der Roten Armee vernichtet worden. Dreißig Männer, zwanzig Frauen, fünfzehn Kinder sind in Nemmersdorf den Russen in die Hände gefallen und umgebracht worden. In Brauersdorf habe ich selbst zwei Landarbeiter französischer Herkunft gesehen, ehemalige Kriegsgefangene, die ebenfalls massakriert worden waren. Einer konnte identifiziert werden. Nicht weit davon dreißig deutsche Gefangene, die dasselbe Schicksal erlitten hatten. Ich verschone Sie mit der Schilderung der Verstümmelungen und dem entsetzlichen Anblick der Leichen auf offenem Feld. Es sind Eindrücke, die auch die lebhafteste Phantasie übersteigen.«

Die Wissenschaftliche Kommission der Bundesregierung zur Geschichte der Vertreibung der Deutschen aus Ost-Mitteleuropa urteilt: »Die Ereignisse, die sich beim ersten Zusammentreffen der siegreichen Truppen der Roten Armee mit der ostdeutschen Bevölkerung abspielten, stellen zweifellos den tiefsten Punkt der Erniedrigung dar, den die Deutschen jenseits von Oder und Neiße erleben mußten ... Massenhafte Vergewaltigung von Frauen, willkürliche Tötung vieler Deutscher, Raub und Mißhandlung während des Einzugs der Roten Armee sind in einem Maße und in solcher Gleichförmigkeit in allen Gebieten jenseits der Oder und Neiße verübt worden, daß keine Darstellung der Ereignisse daran vorübergehen kann.«

Die nationalsozialistischen Behörden nutzten die Vorgänge von Nemmersdorf für ihre Propaganda. Zeitungen, Rundfunk und Flugblätter berichteten ausführlich über die Untaten der sowjetischen Soldaten in Ostpreußen.

Die Führung des Dritten Reiches verfolgte damit vor allem die Absicht, Amerikanern und Engländern vor Augen zu führen, wozu Josef Stalin fähig war, und so vielleicht in letzter Stunde eine Entzweiung der Alliierten herbeizuführen. Der Versuch mißlang gründlich.

Die detaillierte Schilderung der Ereignisse von Nemmersdorf hatte jedoch eine Auswirkung, die sich die NS-Behörden nicht gewünscht hatten: In der ostpreußischen Bevölkerung wuchsen Furcht und Schrecken.

Zwar hatten die deutschen Truppen die Russen in schweren Gefechten zurückgeschlagen, die Einbrüche eingedämmt und die Front noch einmal gefestigt.

Doch an der Weichsel und an der Memel, den beiden großen Flüssen, die Ostpreußen umfassen, bereitete sich die Rote Armee auf die letzte Schlacht um Deutschland vor: mit drei Heeresgruppen und 250 Geschützen je Kilometer Frontlänge – alle vier Meter ein Geschütz.

In diesen Wochen äußerster Gefahr verließen Hunderttausende von Frauen, Kindern und älteren Männern ihre ostpreußische Heimat – gegen die strikten Befehle der Gauleitung.

Sie wollten dem Urteil entgehen, das sich vor 35 Jahren, zur Weihnachtszeit 1944, über dem deutschen Osten ankündigte.

Doch das Unheil war schneller als die Flüchtlinge.

II.

Ostpreussen 1945:

Menschenjagd

Brennende Kerzen an einem Tannenbaum warfen spärliches Licht in den Innenraum der Kirche von Treuburg unweit der ostpreußischen Grenze. Die Lichter flackerten im leichten Luftzug, der durch die zersprungenen Fenster drang. Zivilisten aus der Stadt und Soldaten der 170. Infanteriedivision stapften durch den Schnee auf die Kirche zu. Es war Weihnachten 1944.

Noch war die Front ruhig. Die letzte russische Offensive lag acht Wochen zurück. Seitdem flogen hin und wieder sowjetische Jagdbomber über die dünn besetzten deutschen Gräben. Auf jeden Kilometer der Front waren etwa 50 deutsche Soldaten verteilt. Ihnen gegenüber standen rund 500 Rotarmisten.

Generaloberst Heinz Guderian, Chef des Generalstabes, hielt am 26. Dezember 1944, am zweiten Weihnachtstag, einen Vortrag bei Hitler. Guderian schrieb später nieder, was er damals über die Lage an der Ostfront erklärt hatte: »Die Überlegenheit der Russen betrug an Infanterie 11:1, an Panzern 7:1, an Geschützen 20:1. Bewertete man den Gegner im ganzen, so konnte man von einer etwa fünfzehnfachen Überlegenheit der Erdtruppen, von einer mindestens zwanzigfachen in der Luft sprechen, ohne sich einer Übertreibung schuldig zu machen. Ich leide wahrscheinlich nicht an einer Unterschätzung des deutschen Soldaten. Er war hervorragend und konnte ohne Bedenken im Angriff einer fünffachen Übermacht entgegengeführt werden. Bei sachgemäßer Führung hatte er eine solche Übermacht an Zahl allemal durch seine glänzenden Eigenschaften ausgeglichen. Was ihm jetzt aber bevorstand, war nach fünf Jahren schweren Kampfes gegen ständige Übermacht, bei absinkender Führung, Bewaffnung und Hoffnung auf den Sieg eine ungeheure Belastung.«

Hitler nannte die Zahlen, die von General Gehlens Nachrichtendienst ›Fremde Heere Ost‹ ermittelt worden waren, »den größten Bluff seit Dschingis Khan«. Und Reichsführer SS Heinrich Himmler sagte am Abend dieses Tages zu Guderian: »Wissen Sie, lieber Generaloberst, ich glaube nicht, daß die Russen überhaupt angreifen. Das ist alles nur ein Riesenbluff. Die Zahlen Ihrer Abteilung ›Fremde Heere Ost‹ sind maßlos übertrieben. Sie machen sich zu viele Gedanken. Ich bin fest überzeugt, daß im Osten nichts passiert.«

Doch es war kein Bluff. Im Herbst 1944 hatten die Russen die größte Angriffsarmee aller Zeiten an Deutschlands Grenzen geschafft. Der russische General Tschuikow, Befehlshaber der 8. Gardearmee in der 1. Weißrussischen Front, schrieb später über das Vorgefühl des Sieges, das ihn angesichts der Streitmacht überkam, die damals zum Sturm auf das Deutsche Reich angetreten war:

»Es waren über zehntausend Geschützrohre auf die Verteidigungsstellungen des Gegners gerichtet. Zweihundert bis zweihundertfünfzig Geschütze je Frontkilometer garantierten den Erfolg. Tausende von Panzern und Sturmgeschützen standen in den Wartestellungen bereit. Tausende von Flugzeugen warteten mit eingehängten Bomben auf den Einsatzbefehl.«

Das russische Oberkommando wartete auf den Einbruch der Kälte. Sie würde die Wege festigen, Wiesen und Äcker für Panzer befahrbar machen, Flüsse und Bäche, Teiche und Seen würden sich mit Eis überziehen. Am 9. Januar 1945 überfiel der Frost das Land im Osten. Die Temperaturen sanken auf zehn, fünfzehn, schließlich auf zwanzig Grad unter dem Gefrierpunkt. Die Sowjets ließen sich noch drei Tage Zeit, bis zum 12. Januar 1945, dem Tag, an dem nach dem russischen Kalender das Neue Jahr beginnt.

General Tschuikow beschreibt den Augenblick, in dem die 1. Weißrussische Front die Offensive eröffnete:

»Als vom Donner der Salven aus tausenden Geschützen die Erde erbebte und wie im Fieber zu erzittern begann, waren die Gedanken und Blicke nach vorn gerichtet. Die erste Angriffswelle ging zum Sturm über. Infanterie und Panzer wiesen einander den Weg. Nach einigen Minuten war der erste wie auch der zweite Schützengraben genommen. Bei Tagesanbruch war die gesamte erste Verteidigungslinie des Feindes fest in unseren Händen.«

Im Norden Ostpreußens stieß die 3. Weißrussische Front mit 56 Schützendivisionen und zwei Panzerkorps nach Westen vor, im Süden der Provinz rollte der Angriff der 2. Weißrussischen Front mit 54 Schützendivisionen und fünf Panzerkorps nach Nordwesten, Richtung Ostseeküste. Die deutschen Verteidiger leisteten erbitterten und auch verzweifelten Widerstand. Aber sie waren zu

wenige. Sie konnten den Vormarsch der Roten Armee verlangsamen, aber sie konnten ihn nicht aufhalten.

Der nördliche Angriffskeil der Roten Armee stieß zwischen Schloßberg und Ebenrode nach Westen vor. In ihren Herzen und Hirnen trugen die Rotarmisten Haß. Der sowjetische Generaloberst Rybalko, dessen Tochter von deutschen Soldaten verschleppt worden war, hatte seine Soldaten in einem Tagesbefehl aufgefordert: »Die langerwartete Stunde, die Stunde der Rache ist gekommen. Wir alle haben persönliche Gründe für Rache. Meine Tochter, eure Schwester, unser Mütterchen Rußland, die Zerstörung unseres Landes!«

Und der sowjetische Schriftsteller Ilja Ehrenburg schrieb in einem Zeitungsartikel unter der Überschrift: »Der große Tag«: »Jetzt ist die Gerechtigkeit in dieses Land eingezogen. Wir befinden uns in der Heimat Erich Kochs, des Statthalters der Ukraine – damit ist alles gesagt. Wir haben es oft genug wiederholt: Das Gericht kommt! Jetzt ist es da!«

Mehr als drei Jahre lang hatten deutsche Truppen in Rußland gestanden. 20 Millionen Sowjetbürger waren umgekommen. Nun brachen Rache und Vergeltung über das Reich herein.

Die Massenflucht der Zivilbevölkerung aus Ostpreußen begann am Tag des Angriffs. Es war eine Flucht voller Panik, voller Entsetzen, und eine Flucht unter schrecklichen Bedingungen. Der Winter, der über Ostpreußen hereingebrochen war, war überaus hart. Die Straßen vereisten, Stürme türmten mannshohe Schneewehen auf den Weg der Flüchtlinge nach Westen. Sieben Tage nach dem Beginn der Offensive standen sowjetische Panzer auf dem Platz vor der Kirche von Treuburg, in der die Soldaten der 170. Infanteriedivision Weihnachten gefeiert hatten.

Am 20. Januar wurde es dem Generalleutnant Oskar von Hindenburg erlaubt, die Sarkophage seiner Eltern aus dem Ehrenmal von Tannenberg, das an den Sieg der deutschen Armee unter Paul von Hindenburg im Ersten Weltkrieg über die Russen erinnerte, herauszuholen, auf ein Kriegsschiff zu bringen und nach Westdeutschland zu transportieren. Die Sarkophage wurden später in Marburg beigesetzt. Wenige Tage zuvor noch hatte das Führerhauptquartier den Abtransport der Särge untersagt: »Ostpreußen wird gehalten, und somit braucht auch das Tannenberg-Denkmal nicht geräumt zu werden.«

Was den Toten erlaubt wurde, wurde jedoch den Lebenden verboten. Gauleiter Erich Koch und Paul Dargel, der stellvertretende Reichsverteidigungskommissar für Ostpreußen, lehnten weiter ab, die bedrohten Städte und Dörfer rechtzeitig zu räumen. Als die Russen schon im Herzen der Provinz standen, bezeichnete Koch die Vorbereitung zur Räumung als »Feigheit und Sabotage.« Unerlaubte Evakuierung war mit dem Standgericht, mit dem Tod bedroht.

Am 19. Januar knirschten die Ketten russischer Panzer durch den Schnee auf den Straßen des Kreises Osterode, dicht gefolgt von Infanterie. Erst in diesem Augenblick wurde der Bevölkerung gestattet, sich vor den Russen in Sicherheit zu bringen – obwohl Sicherheit nicht mehr zu erlangen war. Zu diesen Flüchtlingen gehörte Frau L. Sternberg aus Groß-Nappern im Kreis Osterode. Frau Sternbergs Sorge galt ihren drei kleinen Töchtern, sieben, sechs und zwei Jahre alt, und ihrer Tante Käthe, 81 Jahre alt, krank und nicht mehr in der Lage, zu begreifen, was um sie herum vorging. Frau Sternberg berichtete: »Die Chaussee ist eisglatt. Es sind mindestens 20 Grad unter Null, doch keiner spürt die Kälte in der fieberhaften Aufregung.« In der Kreishauptstadt Osterode geriet Frau Sternbergs Wagen in einen Stau. Tante Käthe fragte: »Warum steht der Wagen still? Was wollen wir hier? Warum essen wir kein Abendbrot?«

Der Treck, in dem Frau Sternberg mitzog, erreichte Saalfeld im Nordwesten von Osterode. Kanonendonner näherte sich. Neben den Straßen und am Horizont brennende Häuser. In Saalfeld stiegen die Flüchtlinge aus, um sich nach langer Fahrt die Beine zu vertreten. Die Straßen des Ortes waren verstopft. Flüchtlingswagen, Lastwagen der deutschen Armee, Geschütze, Panzer. Dann waren die Russen da – plötzlich. Frau Sternberg schrieb in ihrem Bericht für die Wissenschaftliche Kommission der Bundesregierung: »Rasseln und Dröhnen, ein Panzer, nein, kein deutscher, ein russischer Panzer, riesenhaft. Maschinengewehre tacken. Ich reiße die Kinder in den Wagen. Der Kutscher schreit: ›Mich hat es getroffen!‹ Ich kann nicht helfen, da ich die wild um sich schlagende Tante Käthe halten muß. Der nächste Panzer rammt uns, die Deichsel bricht und die Pferde gehen durch. Wir streifen in rasender Fahrt eine Bretterwand, eine Hausecke. Der Wagen kippt um, wir fliegen durcheinander, werden weitergeschleift.«

Frau Sternberg kroch aus dem Wagen, holte die Kinder heraus. Tante Käthe konnte sie nicht mitnehmen. Die alte Frau sträubte sich mit Händen und Füßen. Frau Sternberg: »Wir müssen sie zurücklassen, als uns neue Panzer zu überrollen drohen.« Mutter und Töchter liefen zu einem Schuppen, kauerten sich in eine Ecke und warteten. Frau Sternberg: »Meine Gedanken kreisten um Tante Käthe. Habe ich sie im Stich gelassen? Lebt sie noch? Werde ich jemals etwas über ihr Schicksal erfahren? Ich muß jetzt bei meinen Kindern bleiben, noch haben sie das Leben vor sich. Meine einzige Aufgabe ist es, das ihre zu schützen und zu bewahren.«

Die Menschen in dem Schuppen hörten, wie die Rotarmisten in dem Haus, zu dem der Schuppen gehörte, mit den Kolben ihrer Waffen die Türen einschlugen. Schritte näherten sich, gingen vorbei. Frau Sternberg berichtete: »Man fürchtet, sich durch den wilden Herzschlag zu verraten. Es geht vorüber. Füße erstarren in der Kälte. Ingrid und Jutta flüstern: ›Mutti, die Russen, was werden sie mit uns machen?‹ ›Nichts‹, sage ich, ›nichts‹, und lege meine Hand auf ihre Lippen.«

Am nächsten Morgen entschloß sich Frau Sternberg, mit ihren Kindern nach Groß-Nappern zurückzugehen, das Dorf, in dem sie zu Hause war. Sie setzte die jüngste Tochter auf einen Schlitten. Die größeren Kinder stapften neben ihr durch den Schnee. Die Mädchen weinten. An der Straße brannten Häuser und Bauernhöfe. Vieh brüllte. Auf dem Weg zurück endlich ein Haus, das nicht brannte, nicht zerstört war, Hoffnung auf ein wenig Nahrung, auf eine Nacht im Warmen. Frau Sternberg: »Aber als wir eintreten, bietet sich uns ein Bild unvorstellbaren Grauens. Verstreutes und verschüttetes Essen, Tote sitzen auf dem Sofa, hängen über Stühle, liegen in den Betten. Fußboden und Wände sind mit Blut bespritzt. Ein Hund kläfft uns wütend an. Fort, nur fort von hier!«

Die Frau und ihre Töchter brauchten vierzehn Tage, um wieder nach Hause zu kommen. Dort hatten Nachschubkolonnen für die Rote Armee inzwischen Quartier gemacht. »Die langen Nächte«, erzählt Frau L. S., »sind angefüllt mit wilden Schießereien und ständiger Menschenjagd. Oft hört man das Schreien von Frauen, das Weinen von Mädchen.«

Aber auch das gab es: Ein russischer Sanitäter erbarmte sich der Kinder von Frau S. Ihre Füße waren erfroren, und sie litten an schwerem Durchfall. Der Russe kramte aus seiner Tasche Chinosol und Opiumtropfen.

Die Medizinstudentin Josefine Schleiter aus Osterode saß am 21. Januar 1945 auf einem Wagen des Trecks, dessen Ziel Elbing war.

Vor den Augen der Flüchtlinge lag bereits das Städtchen Preußisch-Holland, zwanzig Kilometer von Elbing entfernt.

Dann, wie aus dem Nichts, der tosende Lärm der Schlacht. Granaten heulten über die Wagen hinweg. Die Menschen sprangen von den Wagen und duckten sich in den vom Wind aufgetürmten Schnee: Dann waren die Sowjet-Panzer da.

Die Panzer schossen in den Treck, rollten über Pferde, Wagen und Menschen hinweg. Josefine Schleiter berichtete: »Frauen und Kinder kämpfen mit dem Tod. Verwundete schreien um Hilfe. Neben mir verbindet eine Frau ihren Mann, dem das Blut aus einer breiten Wunde fließt. Hinter mir sagt ein junges Mädchen zu ihrem Vater: ›Vater, bitte erschieß mich.‹ ›Ja, Vater‹, sagt ihr 16jähriger Bruder, ›wir haben nichts mehr zu erwarten.‹ Der Vater blickt seine Kinder an, die Tränen laufen ihm über das Gesicht, und er sagt mit ruhiger Stimme: ›Wartet noch etwas, Kinder!‹ Da kommt ein russischer Offizier auf einem Pferd angeritten. Einige deutsche Soldaten werden zu ihm geführt. Er nimmt seinen Revolver, Schüsse knallen. Die Leichen bleiben liegen. Keiner wagt sie anzurühren.«

Die Panzer stürmten weiter nach Norden. Die Russen befahlen den Flüchtlingen des Trecks, nach Hause zurückzukehren. Josefine Schleiter ging neben dem Pferdewagen durch den Schnee. Dann geschah es: »Auf einmal hält ein Auto, mich umringen drei baumlange Kerls, halten mich fest und werfen mich auf den Wagen. Das Auto fuhr davon. Dann fuhr es langsamer, ich sprang herunter. Sofort hielt es, und wieder warf man mich auf den Wagen. Es folgten die entehrendsten Augenblicke meines Lebens, die nicht wiederzugeben sind.«

Schließlich konnte die Studentin ihren Peinigern entkommen. Sie fand Unterschlupf im Kuhstall eines Gutshofes, in dem rund hundert Flüchtlinge versammelt waren. Der Hof war von Soldaten der Roten Armee umstellt. Frau Schleiter: »Von Zeit zu Zeit kamen Soldaten herein, auch Offiziere, und holten Mädchen und junge Frauen. Mit dem Revolver in der Hand faßten sie die Frauen um das Handgelenk und rissen sie mit. Ein Vater, der seine Tochter schützen wollte, wurde auf den Hof geholt und erschossen.«

Am 20. Januar drangen sowjetische Einheiten in die ostpreußische Stadt Neidenburg ein. Zu diesen Truppen gehörten zwei sowjetische Offiziere, die später Zeugnis ablegten über das, was damals geschah: Artilleriehauptmann Alexander Solschenizyn und der Nachrichtenoffizier Lew Kopelew. Lew Kopelew schrieb in seinem Buch »Aufbewahren für alle Zeit«: »Brände erhellten die Stadt. Straßenzüge standen in Flammen. Die Unsrigen hatten sie in Brand geschossen. Dennoch waren viele Häuser verschont geblieben. Große, breitästige Bäume säumten die Straßen. In einer Seitenstraße lag an der Zierhecke eines Hauses, das vom Trottoir durch ein hohes Gitter getrennt war, die Leiche einer alten Frau: ihr Kleid war zerrissen, zwischen ihren mageren Schenkeln stand ein Telefonapparat, der Hörer war ihr, so gut es ging, in die Scheide gestoßen. Auf den Straßen streunten Soldaten herum. Gemächlich schlenderten sie von Haus zu Haus, einige hatten Bündel oder Koffer bei sich. Einer von ihnen erklärte redselig, die Deutsche da sei Spionin gewesen; sie hatten sie beim Telefon erwischt, da ließ man sie nicht erst lange kreischen.«

Wenig später war der Sowjetoffizier Kopelew Zeuge, wie eine alte Frau den Tod fand. Ein Offizier von Kopelews Begleitung riß ihr die Handtasche weg. Kopelew: »Sie kreischte erschrocken auf. Er knipst die Taschenlampe an, schmeißt allen möglichen Kram aus dem Täschchen heraus. Sicherheitsnadeln, Brotmarken. ›Meine Karten! Meine Karten, Karten für Brot!‹ jammert sie. Der Offizier Beljajew zieht kurzentschlossen seine Pistole. ›Sie ist Spionin. Erschießen, los! Verdammt noch mal.‹ ›Mensch, bist du des Teufels, bist du völlig übergeschnappt?‹ Ich packe ihn an der Hand. Ich drehe mich um. Der Jüngste unserer Soldaten hat die Alte schon in den Schnee gestoßen, schießt nun aus unmittelbarer Nähe auf sie. Sie fiept wie ein Kaninchen. Ich brülle, schon völlig außer mir: ›Was machst du da, du Schweinehund?‹ Er schlägt, schießt munter drauflos, noch, und noch, und noch. Im Schnee liegt ein dunkler, unbeweglicher Klumpen. Das Soldaten-Bengelchen beugt sich darüber, nimmt sich den räudigen Pelzkragen.«

In der ostpreußischen Stadt Neidenburg erlebte Lew Kopelew auch dies: »In der Kommandantur beschrieb man uns Straße und Haus, in dem noch ›ein paar deutsche Weiber‹ seien. Es war ein einstöckiges Haus mit einer Ziegelmauer umgeben, am Ufer eines Sees oder Teichs. Der Zugang führte durch einen umzäunten Hof. Durch den Schnee war ein Pfad getrampelt. Aber die Tür war geschlossen, und die Fenster heil. Wir gingen zu dritt. Alles war dunkel. Im Korridor hörten wir etwas wie Ächzen oder Stöhnen. Dann wieder leises, winselndes Ächzen. Ich knipste die Lampe an, stieß mit dem Fuß eine Zimmertür auf. Es war die Küche, leer. Das Stöhnen kam von nebenan. In dem Zimmer stand ein Tisch mit unordentlich zusammengeschobenem Geschirr. In einem Alkoven stand ein großes Bett. Von dort kam das Stöhnen. Im Lichtkegel sahen wir erst eine Frau mit einer Pelzmütze auf dem Kopf. Zugedeckt mit Decke und schwerem Federbett. Das Gesicht fahl, die Augen geschlossen. Stockend kam ihr winselndes Stöhnen. Ich spreche sie an. Sie stöhnt. Ich hebe das Federbett hoch. Mir schien, als liege sie im Mantel: Das Laken ist blutig. Sie liegt auf dem Rücken in einer Blutlache. Neben ihr ein kurzes Messer mit buntem Kunststoffgriff. Solche Messer machten bei uns die ganz Geschickten aus dem Plexiglas abgeschossener Flugzeuge. Das Blut lief in mehreren Rinnsalen, aus Stichen in Brust und Bauch.«

Alexander Solschenizyn, der später wegen antisowjetischer Propaganda acht Jahre in einem Straflager zubringen mußte, schrieb über seine Erlebnisse in Ostpreußen ein Gedicht mit dem Titel »Ostpreußische Nächte«:

»Zweiundzwanzig, Höringstraße.
Noch kein Brand, doch wüst, geplündert.
Durch die Wand gedämpft – ein Stöhnen:
Lebend finde ich noch die Mutter.
Warens viel auf der Matratze?
Kompanie? Ein Zug? Was macht es!
Tochter – Kind noch, gleich getötet.
Alles schlicht nach der Parole:

NICHTS VERGESSEN! NICHTS VERZEIH'N!
BLUT FÜR BLUT! – Und Zahn für Zahn.

Wer noch Jungfrau, wird zum Weibe,
und die Weiber – Leichen bald.
Schon vernebelt, Augen blutig,
bittet: »Töte mich, Soldat!«
Sieht nicht der getrübte Blick?
Ich gehör doch auch zu jenen!«

Die deutschen Soldaten, die Ostpreußen verteidigten, wußten, was der Zivilbevölkerung bevorstand, wenn die Rote Armee siegreich bleiben würde. Sie harrten in aussichtsloser Lage aus, sie kämpften vielerorts buchstäblich bis zum letzten Mann und bis zur letzten Patrone. Aber es fehlte an Munition und vor allem an Treibstoff für Fahrzeuge und Panzer. Russische Panzerrudel stießen an Stellungen der Deutschen vorbei, zerschossen Batterien und drückten die Front von allen Seiten ein. Und immer wieder kam die Räumungserlaubnis für die bedrohten Städte und Dörfer zu spät, viel zu spät. Aus der Umgebung der Stadt Tapiau in Ostpreußen berichtete der Pädagoge Otto Meyhöfer: »Die Trecks standen mit vielen Tausenden Wagen auf der Hauptstraße und auf den Anfahrtsstraßen. Russische Artillerie schoß über unsere Trecks hinweg. Deutsche Artillerie antwortete. Wir standen also zwischen den Fronten. Ich ging nach vorn, um den Grund des Staus zu erfahren. Als wir zu Fuß in Tapiau eintrafen, kamen uns schon Leute von den Trecks nachgelaufen und erzählten, daß russische Panzer die Trecks überfallen hatten: Tote und Verwundete. Diese Trecks sind also alle in die Hände der Russen gefallen.«

Die Wissenschaftliche Kommission der Bundesregierung zur Geschichte der Vertreibung urteilt:

»Als Mitte Januar 1945 vom Osten und Süden der russische Großangriff auf Ostpreußen begann, traf er auf eine Provinz, deren oberste Parteiführung ohne Bedacht auf die exponierte Lage Ostpreußens hartnäckig die Notwendigkeit vorsorglicher Evakuierungen leugnete und an dieser Haltung auch dann noch festhielt, als der Vormarsch der Roten Armee nach Ostpreußen in vollem Gange war. Die Eifersucht, mit der der Gauleiter und Reichsverteidigungskommissar von Ostpreußen, Erich Koch, darüber wachte, daß kein Räumungsbefehl in den Städten und Landgemeinden gegeben wurde, den er nicht genehmigt hatte, führte dazu, daß die Anordnungen der Gauleitung in Königsberg ständig hinter der Entwicklung der militärischen Lage herhinkten und die Räumungserlaubnis oft erst gegeben wurde, als eine ordnungsgemäße und gelenkte Evakuierung längst unmöglich geworden war. Vielerorts waren die Räumungsbefehle völlig überflüssig geworden, weil sich die Bevölkerung bereits selbständig auf die Flucht begeben hatte. Eine rechtzeitige und organisierte Räumung fand fast nirgends statt. Vielmehr stellte der Aufbruch der ostpreußischen Bevölkerung meist eine regellose, im letzten Moment ausgelöste und oft völlig verwirrte Flucht dar. Und dabei erwies es sich noch als ein Glück, daß sich wenigstens ein Teil der Bevölkerung nicht um das Fluchtverbot kümmerte, sondern, ohne die Bekanntgabe des Räumungsbefehls abzuwarten, mit der Eisenbahn oder auf dem Treckwege die bedrohten Wohnorte verließ.«

Nach einem Vorstoß deutscher Truppen in die Flanke der Russen berichteten die Landser vom Schicksal der zurückgebliebenen Zivilisten. Im Buch »Der Kampf um Ostpreußen« von General Horst Grossmann und Major Kurt Gieckert heißt es: »Grauenhaftes sah man in den von den Russen befreiten Dörfern. Hier hatte ein

Russe einen Knaben, nur weil er ein HJ-Abzeichen trug, mit seinem Panzer zu Tode gewalzt. Dort lag eine vergewaltigte Frau mit einem Messer in der Brust auf einem Dunghaufen. In einem Dorf hatten die Sowjets mehrere Männer gefesselt, mit Betriebsstoff übergossen und verbrannt. In einem anderen war ein junges Mädchen aufgebahrt, das sich nach vierzehnmaliger Vergewaltigung mit Veronal vergiftet hatte.«

Sowjetmajor Lew Kopelew kam in die ostpreußische Stadt Allenstein, unmittelbar nachdem sie von den sowjetischen Truppen erobert worden war. Er berichtet: »Die Stadt hatte durch Bomben und Artilleriebeschuß kaum gelitten. Aber schon in der ersten Nacht der Besetzung begannen die Brände. Auf einem der Hauptplätze stand ein vierstöckiges Kaufhaus lichterloh in Flammen. Hinter den großen, von der Hitze gesprungenen Schaufenstern sah man brennende Sofas und Schränke. Das Feuer tobte bunt und lärmend. Hie und da barst etwas, krachte, zerknallte. Über das Trottoir flossen violette Flammenbäche über die schmale Abflußrinne am Straßenrand. Es roch beklemmend nach brennendem Zucker. »Was hier bloß alles vergeudet wird‹, sagte düster ein älterer Soldat. Ein anderer fluchte: ›Sauerei, verdammte! Die haben's nicht mehr, und wir kriegen's nicht mehr!‹«

In Allenstein, auf der Straße vor dem Postamt, begegnete dem russischen Major eine deutsche Frau mit ihrer 13jährigen Tochter. Kopelew schildert die Szene: »Das Mädchen hat ein verweintes Gesicht, die hellen Strümpfe an ihren langen Fohlenbeinchen sind blutig. Die beiden gehen schnell, sehen sich aber immer wieder um, bleiben stehen. Ich gehe zu ihnen herüber. Die Frau bestürmt mich, fleht: ›O Herr Offizier, Herr Kommissar, ich bitte Sie um Gotteswillen, mein Junge ist noch zu Hause, er ist noch klein, erst elf Jahre. Die Soldaten haben uns geschlagen, vergewaltigt. Auch die Tochter! Sie ist erst dreizehn – so ein Unglück – so ein Unglück! Mich haben viele . . . Sie haben uns geschlagen, auch den Jungen! Um Gotteswillen helfen Sie! Er liegt noch dort im Haus. Er lebt doch noch! Aber sie fürchtet . . . Man hat uns fortgejagt, wollte schießen . . . Sie will nicht nach dem Bruder sehen.‹ Das Mädchen: ›Mama, aber er ist doch schon tot.‹

Ich frage die Frau nach ihrer Adresse, verspreche ihr hinzugehen. Mehrmals wiederholt sie Straße und Hausnummer. Der Junge heißt Wolfgang, er hat einen blauen Anzug an. Ich bitte einen älteren Soldaten, die Frau und das Mädchen zur Sammelstelle zu bringen. Herumstehende Soldaten, halb teilnahmsvoll, halb spöttisch: ›Sieh mal an: Geleitschutz. Ist ja wohl nötig, damit man die beiden nicht schon wieder umlegt.‹ Ich erkläre der Frau, daß der Soldat sie begleiten, beschützen wird. Sie schaut ungläubig. Wiederholt ständig: ›Wolfgang, hellblond, grauäugig, blauer Anzug, Straße, Hausnummer, Wolfgang.‹«

Major Lew Kopelew büßte seinen Versuch, deutsche Zivilisten vor der Mordgier von Rotarmisten zu retten, mit langjährigem Aufenthalt im Straflager. Der Vorwurf, den seine Kameraden ihm machten, lautete: »Bourgeoiser Humanismus.«

Kopelews Verhalten wollte in der Tat schlecht zu der Weisung passen, die Stalin seinen Truppen mit auf den Weg nach Deutschland gegeben hatte: »Zerstampft das faschistische Tier in seiner Höhle!« Der von der sowjetischen Führung entfesselte Haß gegen die Deutschen verschlang in diesen Tagen des Januar Zehntausende von Frauen, Kindern und wehrlosen alten Männern. Waren sie alle Faschisten, die 524 Menschen, die, so wird bezeugt, in den Gemeinden des ostpreußischen Kreises Rössl ermordet wurden, darunter 26 Bauern, die in einen Rübenkeller gesperrt und in die Luft gesprengt wurden, darunter 28 Frauen, Männer und Kinder, die von Rotarmisten in eine Scheune getrieben und lebend verbrannt wurden?

Am 28. Januar 1945, einem Sonntag, zelebrierte der Erzpriester Dr. Preuschoff in der Pfarrkirche von Rössl seine letzte Heilige Messe. Die Orgel schwieg. Dr. Preuschoff erteilte den Gläubigen den letzten Segen. Wenige Monate später verhungerte er, von den Russen verschleppt, in einem Lager am Ural.

Am 29. Januar nahm die Rote Armee die Stadt Rössl ein. Die Familie von E. S. aus Rössl verkroch sich auf dem Boden ihres Hauses. Sie hörte aus den unteren Stockwerken die Schreie vergewaltigter Frauen und gefolterter Männer. Auf den Knien beteten die Menschen: »Lieber Heiland, laß uns sterben!« Frau E. S. berichtete: »Ein Mädchen aus der Siedlung konnte die Vergewaltigungen nicht mehr ertragen. Sie nahm in ihrer Verzweiflung Essigessenz und starb unter furchtbaren Schmerzen.«

Die russischen Panzer stießen im Westen Ostpreußens nach Norden vor. Ihr Ziel war jene Stadt in der Nähe der Ostseeküste, die auch das Ziel zahlloser Flüchtlingstrecks war: Elbing.

III.

ELBING

Hafen ohne Hoffnung

Neun Tage nach dem Beginn ihrer Offensive hatten die Panzer und die Schützendivisionen der 2. Weißrussischen Front des Marschalls Rokossowski in einem einzigen großen Sturmlauf den Westen Ostpreußens erreicht. Nun drehten sie scharf nach Norden ein. Ihr strategisches Ziel: Durchstoß zur Ostseeküste, Einkesselung der 4. deutschen Armee, die Ostpreußen verteidigte, Trennung der Landverbindungen zwischen Ostpreußen und dem übrigen Reich.

Die Gefahr war auch für die Deutschen erkennbar. In jenen Stunden, da die Panzer und die Artillerie der Roten Armee bei Allenstein, Osterode und Deutsch Eylau neu munitioniert und zu neuen Angriffskeilen geformt wurden, telefonierte Dr. Hans Leeser, Oberbürgermeister der Stadt Elbing, die etwa 50 Kilometer – eine Panzermarsch-Stunde – von Osterode entfernt liegt, mit seinen vorgesetzten Dienststellen in Danzig. Dort residierte der Gauleiter und Reichsverteidigungskommissar für Danzig-Westpreußen, Albert Forster. In Forsters Gewaltbereich fiel auch die Stadt Elbing. In seinem Telefonat mit der Gauleitung erfuhr Dr. Leeser vom Gaustabsleiter des Volkssturms, dem Ritterkreuzträger und U-Boot-Kommandanten Hartmann, »daß zu irgendeiner Beunruhigung der Bevölkerung in Elbing kein Anlaß besteht. Die militärische Lage wird sich in wenigen Tagen grundlegend ändern.« Der Volkssturmkommandant sagte dem Oberbürgermeister, er komme gerade von einer Besprechung aus Marienburg, wo der Reichsführer SS Heinrich Himmler erklärt habe, »er sei der Befehlshaber der neuen Heeresgruppe Weichsel und in wenigen Tagen werde alles wieder in Ordnung gehen.«

Vom Fenster seines Arbeitszimmers in Elbing konnte Dr. Leeser das Menschengedränge in den Straßen seiner Stadt beobachten. Elbing, das vor dem Beginn des russischen Angriffs rund 90 000 Einwohner gezählt hatte, war jetzt mit Menschen überfüllt.

Zehntausende von Flüchtlingen waren in Pferdewagen, Lastwagen und Eisenbahnzügen nach Elbing gekommen, in der Hoffnung auf Rettung vor der Roten Armee. Von Elbing aus führte eine Schnellzug-Strecke nach Danzig im Westen, und Elbing hatte einen Hafen, von dem aus die offene Ostsee oder zumindest die Häfen von Pillau oder Danzig erreicht werden konnten.

Vielleicht hätten sie tatsächlich alle in Sicherheit gebracht werden können, die Frauen, die Kinder, die alten Männer, die in Elbing Schutz suchten und auf ein Entkommen hofften. Aber in Danzig in der Gauleitung herrschte die gleiche Brutalität, die gleiche Rücksichtslosigkeit wie bei Erich Koch in der Gauleitung von Ostpreußen: Das Volk, das durch Jahre hindurch belogen und getäuscht worden war, wurde noch einmal verraten, der Rache und der Wut der Sieger preisgegeben.

Die Flüchtlinge, die in jenen Januartagen nach Elbing gelangten, konnten auf den ersten Blick tatsächlich glauben, daß sie den Krieg hinter sich gelassen hatten, daß er vielleicht gar nicht bis Elbing kommen würde. Der Oberleutnant C. G., einer der deutschen Soldaten, die Elbing verteidigten, beschreibt die Szene in der Stadt: »Der Straßenverkehr ging vonstatten, die Gaststätten waren geöffnet und voll besetzt, die Kinos spielten, so das Kino am Friedrich-Wilhelm-Platz den Farbtonfilm ›Opfergang‹ nach der Novelle von R. Binding. Lediglich auf dem Hauptbahnhof stauten sich die Massen zu beängstigender Fülle. Tag und Nacht waren alle Plätzchen und Ecken im Bahnhofsgelände besetzt. Der Zugverkehr schien von den Kampfhandlungen keine Notiz zu nehmen. Fahrplanmäßig und pünktlich wie in besten Friedenszeiten kamen und verließen die Züge den Bahnhof, allerdings waren die nach dem Westen strebenden Bahnen unbeschreiblich überfüllt. Überall klebten, hingen und klammerten Menschen in lebensge-

fährlicher Weise an den einzelnen Wagen, nur um mitzukommen.«

Dieser gespenstische Zustand zwischen Angst und Gelassenheit,
zwischen Frieden und Krieg hielt selbst dann noch an, als in Elbing
bereits der Lärm der Front deutlich zu hören war. Und immer noch
log die Gauleitung in Danzig sich selbst und die Menschen, die ihr
anvertraut waren, über die Wirklichkeit hinweg. Am Morgen des
23. Januar wurde Oberbürgermeister Leeser vom Elbinger Kreisleiter angerufen, einem direkten Untergebenen des Gauleiters Forster. Der Kreisleiter erklärte dem Bürgermeister, Gauleiter Forster
habe ihm versichert, die militärische Lage habe sich stabilisiert. Es
bestehe keine Gefahr für Elbing, eine Räumung der Stadt sei nicht
notwendig. Es war die gleiche Stunde, in der sich das militärische

Schicksal der Stadt Elbing und das Schicksal der Zivilisten, Abertausender von Frauen, Männern und Kindern, miteinander zu verschmelzen begann, unauflösbar bis in den Untergang. Dr. Leeser registrierte an diesem Tag: »Der Flüchtlingsstrom hatte sich immer mehr verstärkt. Die Trecks durch Elbing hielten ununterbrochen an, immer mehr durchmischt von zurückgehenden Wehrmachtsteilen.«

Am Nachmittag meldete sich ein Bekannter von Dr. Leeser mit aufgeregter Stimme am Telefon. Er brachte hervor, daß in dem Ort Preußisch-Holland, der rund zwanzig Kilometer von Elbing entfernt liegt, russische Panzer aufgefahren seien.

Zur gleichen Stunde zog auf der Straße, die von Preußisch-Holland nach Elbing führt, ein langer Flüchtlingstreck durch den Schnee. Eiswind heulte aus dem Osten dahin, sprang wütend die Pferde und die Menschen an, die neben den Wagen gingen. Die Frauen, die Männer, die größeren Kinder hatten ihre Schals und ihre Tücher fest gewickelt. Sie hielten die Köpfe geneigt, um Augen, Mund und Nase vor der Kälte zu schützen. Die frühe Dämmerung des Januartages brach herein. So achteten die Menschen auch kaum auf die Panzer, die sich in den Strom des Trecks eingereiht hatten, sieben riesige stählerne Kolosse, grauschwarz gemalt, rasselnde knirschende Ketten. Aus den Luken tauchte hin und wieder das Gesicht eines Soldaten auf – manche in schwarzer Uniform, manche in feldgrauer. Die Panzer hielten ihre Kanonen gesenkt, die Türme bewegten sich nicht. Langsam, vorsichtig, ohne die Wagen des Trecks oder die Fußgänger zu gefährden, schoben sie sich in gemächlichem Tempo auf Elbing zu. Sie näherten sich der Hauptkampflinie der deutschen Verteidiger von Elbing. Von Planwagen gedeckt rollten die Panzer auf die einzige Stelle des Panzergrabens zu, der für Fahrzeuge passierbar war. Die Dämmerung war inzwischen noch dichter geworden. Die deutschen Soldaten ließen die sieben Panzer ungehindert in die Stadt rollen. Sie hielten die Kampfwagen für eigene.

Aber es waren Russen. Oberst Eberhard Schoepffer, Kampfkommandant von Elbing, berichtete: »Gleich hinter der Hauptkampflinie bogen die Panzer dann nach Norden ab, fuhren an der Flakka-

serne vorbei und drangen beim Weingrundforst in die Stadt ein.«
Oberst Schoepffer über die Motive des sowjetischen Panzerrudels,
im Treck der Flüchtlinge mitzufahren und alles zu vermeiden, was
zu einer frühen Warnung hätte führen können: »Zweifellos war es
die Absicht des Feindes gewesen, Elbing im Handstreich zu erobern!«

Die sieben Sowjet-Panzer rollten auf das Stadtzentrum von Elbing
zu. Sie fuhren an Straßenbahnen vorbei, die mit Menschen voll
besetzt waren. Menschen in den Straßen, vor den Kinos, Menschenmassen vor dem Bahnhof. Oberbürgermeister Dr. Leeser
blickte aus dem Fenster seines Arbeitszimmers im Rathaus: »Russische Panzer fuhren aus Maschinengewehren und Kanonen feuernd am Rathaus vorbei, in Richtung Markt.« Oberst Schoepffer
schickte den Eindringlingen Panzervernichtungstrupps entgegen.
Er berichtet: »Bald lief die erste Meldung ein, daß ein Panzer auf
dem alten Markt geknackt worden sei. Man hörte deutlich das
Feuern der Panzer und die Detonationen der Panzerfäuste. Ich war
in Sorge, da die vor dem Bahnhof sich zusammendrängenden
Flüchtlingsströme den feindlichen Panzern ein willkommenes Ziel
bieten mußten. Sehr bald liefen aber weitere telefonische Meldungen ein, daß weitere drei Panzer abgeschossen seien und daß die
restlichen drei in nördlicher Richtung die Stadt verlassen hätten,
von den Vernichtungstrupps gejagt. Später wurde noch ein fünfter
Panzer kampfunfähig und verlassen am Stadtrand entdeckt.«

Der erste Griff der Sowjets nach Elbing war abgewehrt. Eines
jedoch hatte der Panzer-Überfall bewirkt: Die Angst der Flüchtlinge und der Einwohner von Elbing steigerte sich zum Entsetzen
und endete in Panik. Dr. Leeser berichtete: »Nunmehr setzte eine
regellose Flucht der Bevölkerung und der zahlreichen Flüchtlinge
aus Elbing ein.« Und der Oberleutnant C. G. erinnert sich: »Die
anfängliche Ordnung der Flucht ging bald in eine regellose Unord-
nung, in ein wahres Chaos über, besonders an der einzigen Brücke
über den Elbingfluß, den die Menschen auf ihrem Weg nach
Westen überqueren mußten. Bald säumte wahllos weggeworfenes
Flüchtlingsgut, Koffer, Kisten, Betten, Schreibmaschinen, Beklei-
dungsstücke die Straße. Es war ein Bild des Jammers, die alten,

total erschöpften Leute, die schreienden Kinder und wimmernden Säuglinge vorbeiziehen zu sehen – ohne helfen zu können. Vor der Ungerkaserne hielten indessen Offiziere auf eigene Faust Lastkraftwagen mit flüchtenden Soldaten an, ließen diese absteigen und dafür die am Weg wartenden Mütter mit Kindern aufsitzen und weiterfahren.«

Und immer noch rollten Flüchtlingstrecks in die Stadt, in den Augen der Menschen der blanke Schrecken. Ihre Erzählungen vertiefen die Angst. Von einem sechs Kilometer langen Treck, der aus dem Kreis Preußisch-Holland aufgebrochen war, gelangten nur 35 Menschen, die meisten von ihnen alte Männer, in Elbing an. Sowjet-Panzer hatten den Zug der Wagen und Pferde überrollt, Männer, Frauen und Kinder waren erschossen worden, wahllos. Nachrichten vom Selbstmord deutscher Frauen, die den Russen in die Hände gefallen waren, wurden in der Stadt verbreitet. Fort, fort, so schnell wie möglich fort!

Oberleutnant C. G. wurde von seinem Hauptmann zum Bahnhof geschickt, um sich ein Bild von den Zuständen zu machen, die dort herrschten. Er berichtete: »Trotz der schrecklichen Kälte hokken Tausende von Flüchtlingen auf dem Bahnhof auf offenen Güterwagen, Mütter mit ihren Säuglingen auf dem Arm, alte Männer, Halbwüchsige, Kranke, Sieche, Erschöpfte, teilweise lange schon ohne warme Verpflegung, alle von der schwachen Hoffnung beseelt, doch noch unter selbstmörderischen Umständen nach dem Westen fahren zu können. Unzählige fallen während der Fahrt erfroren vom Zuge, weil sie sich nicht mehr aufrecht halten können. Zwölf kleine Kinder lädt man aus einem Flüchtlingszug aus, als Leichen. Sie sind erstickt.«

Die Verzweiflung der Deutschen in den Flüchtlingszügen wurde schließlich sogar stärker als ihre Furcht vor Gestapo und Henker. Oberleutnant C. G. rief auf dem Bahnhof von Elbing einem Manne, der in einem offenen Güterwagen stand und ein wimmerndes Kind in den Armen wiegte, zu: »Das ist doch Wahnsinn, ihr müßt doch alle erfrieren.«

Darauf der Mann: »Fragen Sie lieber die Leute, die diesen Wahnsinn hier verschuldet haben, die Mörder und Lumpen!«

Der neben dem Oberleutnant stehende Feldwebel zu dem Mann: »Sie schreien sich noch um Ihren Hals.«

Darauf der Mann: »Sie können dann ja mein Kind gleich mit aufhängen, die Verbrecher!«

In diesen Tagen verließen in offenen Güterzügen und in Personenzügen viele tausend Menschen die belagerte Stadt Elbing nach Westen, nach Danzig.

Am 26. Januar aber stießen die Sowjets westlich von Elbing zur Mündung des Nogat-Flusses vor, Panzer fuhren an der Bahnlinie auf, die von Elbing nach Danzig führt. Elbing war an drei Seiten eingeschlossen, offen blieb nur der Weg über das Frische Haff, eine Bucht der Ostsee, die nur an einer schmalen Stelle weit östlich von Elbing mit der offenen See verbunden ist.

Im Hafen Elbing lagen damals einige kleinere Passagierschiffe, und auf der Schichau-Werft waren gerade drei Torpedoboote der Kriegsmarine fertig geworden: Fluchtmöglichkeit für mehrere tausend Menschen. Aber: Die schneidende Kälte der letzten Wochen hatte das Wasser des Frischen Haffs inzwischen mit einer starken, oft meterdicken Eisschicht bedeckt. Eisbrecher mußten vom Elbinger Hafen bis hoch nach Pillau für die kleinen Schiffe und die Torpedoboote eine Fahrrinne in das Eis schlagen. Sie schafften es. Elbings Oberbürgermeister Dr. Leeser berichtete über den Augenblick, in dem noch einmal die Hoffnung auf Entrinnen in den Elbingern aufflammte: »Am späten Nachmittag des Donnerstag, 25. Januar 1945, erschienen im Polizeipräsidium zwei Unteroffiziere der Kriegsmarine und teilten mit, sie hätten Befehl, die Torpedobootsneubauten aus Elbing herauszuschleppen, sie könnten etwa 2000 Menschen mitnehmen. Der Kreisleiter gab die Anweisung, die zurückgebliebene Bevölkerung auf diese Fluchtmöglichkeit aufmerksam zu machen.« Niemand hat die Menschen gezählt, die sich noch am gleichen Abend an den Kais und den Ufern des Elbing-Flusses in der Umgebung der Schichau-Werft versammelten, die Frauen, die Kinder, die Männer, vielleicht dreitausend, vielleicht fünftausend, eine unübersehbare Schar. Die Torpedoboote, von Schleppbooten gezogen, näherten sich den Anlegestellen. Und in diesem Augenblick geschah, was sich später in deutschen Ostseehäfen vielfach wiederholte, in Pillau, in Danzig, in Kolberg, in Swinemünde: der Tod im Angesicht der Retter. Sekunden und Zentimeter nur lagen zwischen Untergang und Überleben.

Über den Menschen am Kai von Elbing plötzlich ein vielfaches, sich übersteigerndes, pfeifendes, zischendes, heulendes Geräusch, Explosion, Feuer, glühender Stahl, Rauch, sirrende Steine: Russische Artillerie hatte das Ziel ausgemacht und schoß nun Salven in die Menge am Elbing-Fluß. Tote, Verwundete, Schreie des Schmerzes und der Verzweiflung: Nur ein Bruchteil der Menschen, die ihre letzte Hoffnung auf die Schiffe gesetzt hatten, kam über See davon. Die andern kehrten in die Stadt zurück, in deren Straßen jetzt überall die Geschosse der russischen Artillerie explodierten.

Dr. Leeser berichtete: »Die ersten Brände entstanden und konnten nicht gelöscht werden. Es brannten in diesen Tagen Teile der Innenstadt ab, und zwar mit als erstes die dem Rathaus gegenüberliegende Kreissparkasse und die danebenliegenden Häuser. Es waren sicher noch mindestens 25 000 Menschen in der Stadt. Die Bevölkerung lebte zum größten Teil in den Kellern, und es hatten sich in der Innenstadt, in den öffentlichen Luftschutzkellern, Gemeinschaften gebildet, die dort kochten. Auch im Keller des Rathauses lebten etwa 200 Menschen, teils Elbinger Einwohner, teils Flüchtlinge aus Ostpreußen, die nicht weitergekommen waren.«

Was der oberste Beamte in der Stadt Elbing in Zahlen und Daten registrierte, beobachtete der Oberleutnant C. G. in seinen schrecklichen Einzelheiten: »Es gibt keine Milch für Säuglinge und Kleinkinder. Kein ziviler Arzt praktizierte mehr. Da kommen die jammernden Mütter mit den Kindern auf dem Arm in die Kaserne und bitten flehentlich um Milch für ihre Schützlinge. Da wird ein Stabsarzt zu einer schwierigen Entbindung gerufen. Er ist ratlos. Da werden zwei herzkranke Frauen hereingebracht, Mutter und Tochter, und bitten fast kniefällig, in der Kaserne bleiben zu dürfen. Dazwischen immer neue Protokolle über russische Ausschreitungen gegen die wehrlose Zivilbevölkerung. Es ist die nackte Faust des Satans, die nach unserer Kehle greift.«

Gegen Ende des Monats Januar war die Stadt Elbing nahezu sturmreif. Die Verteidiger der Stadt mußten ihre Stellungen preisgeben und sich auf den Stadtkern zurückziehen. Mit ihnen zogen die Zivilisten. In Kellern, die zu Lazaretten geworden waren, drängten sich Verwundete, Kranke, Frauen und Kinder, wimmernd und stöhnend, fluchend und manchmal auch betend. Stadtverwaltung und Militär hatten längst keine Möglichkeit mehr, Truppen und Zivilisten zu versorgen.

Bei einem der russischen Feuerüberfälle wurde Oberleutnant C. G. verwundet. Auf dem Rückweg vom Lazarett geschah etwas, das dem Soldaten die Tränen des Mitleids in die Augen trieb: »Vor mir im Dunkeln taucht ein weißes Etwas auf, und laut höre ich es ›Mutti! Mutti!‹ rufen. Da steht ein weinendes kleines Mädchen von höchstens zehn Jahren, und dabei ein Krachen um uns her, daß man stets auf dem Sprung in die Deckung sein mußte. Aber immer wieder rief das kleine Ding ihr klagendes ›Mutti, wo bist du?‹ Vielleicht war die Mutter längst tot – und so nehme ich das Mädchen mit zum Gefechtsstand. Sollte das noch Krieg sein? Nein, es war ein Stück Hölle auf Erden!«

Am 6. Februar erschienen in Elbing deutsche Zivilisten, die weiße Tücher schwenkten: Sie überbrachten dem Stadtkommandanten Schoepffer eine Aufforderung der Russen, endlich zu kapitulieren. Einer der Überbringer der Russen-Botschaft war eine Frau. Sie erzählte unter Tränen, daß sie mehrmals vergewaltigt worden sei. Oberst Schoepffer lehnte eine Kapitulation ab. Die Stadt kämpfte weiter, wie es der Befehl verlangte. Am 9. Februar endlich funkte Himmler in die Festung: »Besatzung Elbing hat Erlaubnis, sich nach Nordwesten durchzuschlagen!«

Am Abend des 9. Februar bereitete die Besatzung den Ausbruch vor. In der Nacht stießen 3200 deutsche Soldaten durch den russischen Belagerungsring. Mit der kämpfenden Truppe marschierten 850 Verwundete und eine größere Zahl von Frauen und Kindern.

2400 verwundete deutsche Soldaten und eine unbekannte Zahl von Zivilisten blieben in Elbing zurück. Zu den wenigen Glücklichen, die aus dem brennenden Elbing entkamen, gehörten der

Oberleutnant C. G. und Oberbürgermeister Dr. Hans Leeser. Die letzte Erinnerung des Offiziers an die Stadt: »Auf der Straße lagen reihenweise die Toten. An einem kleinen Mädchen kam ich vorbei. Es lag still da, mit leicht geöffnetem Mund, fast lächelnd – daneben die Puppe, die seinem Arm entglitten war.« Oberbürgermeister Dr. Leeser meldete sich zwei Tage nach der Eroberung der Stadt durch die Russen in Danzig beim Reichsstatthalter und Gauleiter Forster. Hitlers Mann in Danzig sagte dem Bürgermeister: »Ich habe nie geglaubt, daß Elbing so schnell fallen würde. Ich habe Elbing für die sicherste Stadt des ganzen Reichsgaus Danzig-Westpreußen gehalten.«

Ein Jahr nach dem Ende des Krieges traf Dr. Leeser den Gauleiter Forster wieder – in einem britischen Internierungslager bei Fallingbostel in Niedersachsen. Aber auch da mochte der Gauleiter eigene Schuld nicht eingestehen. Er sagte: »Der Himmler hat uns fürchterlich belogen. Auf einer großen Karte operierte er mit Panzer-Armeen, so daß wir den Eindruck gewinnen mußten, die Lage würde sich in Kürze wenden. Hinterher stellte sich dann heraus, daß diese Panzer-Armeen überhaupt nicht vorhanden waren!«

Zu den Menschen, die bei einer rechtzeitigen Räumung Elbings vor der Gier und der Rachsucht der Russen hätten gerettet werden können, aber nicht gerettet wurden, gehörte Frau E. O. Sie war damals 39 Jahre alt. Frau E. O. berichtete der Wissenschaftlichen Kommission der Bundesregierung zur Geschichte der Vertreibung: »Die russischen Soldaten zogen mir meine Stiefel und meinen Mantel aus. In meinem Kinderwagen hatte ich meine Tochter Christa, die damals 15 Monate alt war. Meinen siebeneinhalb Jahre alten Sohn Horst hatte ich an der Hand. In der Richthofenstraße wurden Männer, Frauen und Kinder zusammengetrieben. Die Russen trennten Männer und Frauen voneinander. Die Frauen wurden in Richtung Tannenberger Allee abgeführt und in Behelfsheimen untergebracht. In der Nähe dieser Behelfsheime machten russische Nachschubtruppen Rast. Die Russen richteten in diesen Behelfsheimen ein Zimmer her für Vergewaltigungen. Zuerst waren die jüngeren Frauen an der Reihe. Ich wurde von drei russischen Soldaten gebraucht. Diese Vergewaltigungen wiederholten sich täglich. Der siebte Tag war mein schrecklichster Tag. Ich wurde abends geholt und morgens entlassen. Ich hatte armdicke Schwellungen an beiden Oberschenkeln bis zu den Knien. Ich konnte nicht mehr laufen und nicht mehr liegen. Dann wurden wir weggejagt. Andere Frauen traten an unsere Stelle.«

Die Frauen von Elbing wurden von den Russen nach Preußisch-Holland getrieben, das rund 20 Kilometer südöstlich von Elbing liegt. Es war immer noch sehr kalt, hoher Schnee lag. Die meisten Frauen hatten kein Schuhwerk. Sie banden sich Lappen um die Füße und schleppten sich dahin. Kinder auf dem Arm, Kinder an der Hand. Auf diesem Marsch wurden die gequälten Frauen Opfer sadistischer Mordlust. Frau E. O. berichtete der Wissenschaftlichen Kommission: »Russische Soldaten warfen eigroße Sprengkörper (wohl Handgranaten) in unseren Zug. Herr Kilian aus Elbing-Trettinkenhof wurde tödlich verletzt, desgleichen die Tochter des Beamten Neumann. Die Getroffenen mußten liegenbleiben. Wer nicht sofort tot war, bekam von russischen Soldaten den Genickschuß.«

IV.

Das frische Haff

Tod im Eis

Am Abend des 30. Januar 1945 nahm Frau Annemarie Kniep aus Loschkeim im ostpreußischen Kreis Bartenstein aus dem Garten ihres Hauses eine Handvoll hartgefrorener Erde und füllte sie in ein Taschentuch. Dann kletterte die Frau, gekleidet in einen dicken Mantel und hohe Stiefel, auf den Bock des Pferdewagens. Die Pferde zogen an. Frau Kniep blickte über die Schulter zurück auf das Haus, in dem sie viele Jahre gewohnt hatte. Hoher Schnee lag, der Himmel war wolkenlos, und im Licht eines blanken Mondes warfen die Tannen lange Schatten. Der Treck des landwirtschaftlichen Betriebs Loschkeim, der erst viele hundert Kilometer weiter westlich enden sollte, hatte begonnen.

Frau Kniep schrieb über den Augenblick des Aufbruchs: »Ich fasse es nicht, daß wir nun tatsächlich die geliebte Heimatscholle verlassen müssen, uns mitten in Eis und Schnee auf die Landstraße begeben sollen. Eine Provinz auf die Straße! Ein Irrsinn und ein Elend!«

Der Treck zog langsam: Die Landstraßen waren gefüllt von Fahrzeugen und Soldaten der Wehrmacht. Zwei Tage nach dem Aufbruch standen die Wagen aus Loschkeim vor Großpeisten. Hunderte von Flüchtlingswagen hatten sich auf einer Wiese gesammelt, dazwischen Rindvieh und Schafe. Frau Kniep versuchte, Milch zu bekommen und wollte deshalb einige der Kühe melken. Aber die Euter der Kühe gaben keine Milch. Sie waren blutig und erfroren. Frau Kniep berichtete: »Neben ihren frühgeborenen toten Kälbern stehen unglücklich muhend die Kühe. Das schöne ostpreußische Herdbuch-Vieh frierend und hungernd in Eis und Schnee ist ein noch viel trostloserer Anblick als die Wagen von Menschen und Pferden; die haben noch Zweck und Ziel, das Vieh aber ist bereits jetzt hilflos dem Verderben preisgegeben.«

Am dritten Tag der Flucht der Menschen von Loschkeim aber bedrohte das Verderben auch die Menschen. Die Panzer der Roten Armee waren bei Elbing zur Ostseeküste vorgestoßen. Die Landwege von Ostpreußen nach Westen waren abgeschnitten, die deutsche Armee, die Ostpreußen verteidigen sollte, eingekesselt. Frau Kniep begegnete deutschen Soldaten. Sie sagten ihr: »Kehrt doch um und fahrt nach Hause. Ihr kommt doch nicht mehr raus, ihr seid im Kessel drin.« Die Wissenschaftliche Kommission der Bundesregierung zur Geschichte der Vertreibung schreibt zur mili-

tärischen Lage in Ostpreußen, wie sie sich Ende Januar/Anfang Februar 1945 darbot: »Am 30. Januar war die Besetzung des ostpreußischen Territoriums durch konzentrische russische Angriffe von Osten, Süden und Westen bereits weit fortgeschritten. Die Linie, auf der die deutschen Truppen in dieser Zeit standen, verlief von Tolkemit am Frischen Haff in südöstlicher Richtung nach Wormditt, bog dann ganz nach Osten um und folgte dem Fluß Alle über Heilsberg nach Bartenstein, von wo aus sie in nordwestlicher Richtung bis nach Trendenburg bei Königsberg dicht an das Frische Haff zurückschwenkte und sich dann im Belagerungsring um Königsberg fortsetzte. In diesem schlauchartigen Kessel, der an das Frische Haff angelehnt war und in seinem Zentrum die Kreise Braunsberg und Heiligenbeil umfaßte, waren Hunderttausende von ostpreußischen Flüchtlingen zusammengedrängt.«

Die Trecks, die in jenen Tagen durch die Gebiete von Ostpreußen zogen, die noch in der Hand der deutschen Truppen waren, verloren bald Ziel und Orientierung. Riesige Massen von Flüchtlingen, von Wagen und Pferden, die zunächst nach Westen gezogen waren, krochen nun nach Osten zurück. Sie stießen auf Menschen, die noch hofften, sich nach Westen über die Weichsel retten zu können. So entstand auf den Straßen Ostpreußens ein chaotischer Zustand. Fuhrwerke verkeilten sich auf Kreuzungen ineinander, die Wagenführer fluchten, Pferde wieherten, Kinder weinten in der Kälte, und darüber der Donner der Schlacht. Wohin die Menschen sich auch wendeten, das Gedröhn der Geschütze kam näher. Frau Kniep erlebte am dritten Tag ihrer Flucht die Front: »Die Schießerei nimmt zu, auf den Höhen ziehen Wehrmacht und Volkssturm auf. Auf verschneitem Hohlweg erreichen wir bei einbrechender Dunkelheit ein Gehöft. Die Leute dort aber wollen nicht fliehen. Sie fragen: »Wohin sollen wir fliehen?« Am Tag darauf war die Schlacht nur noch drei Kilometer von den Flüchtlingen aus Loschkeim entfernt. Tiefflieger der Roten Luftflotte fegten die Straßen entlang, auf denen der Treck sich mühsam vorwärts bewegte. Schüsse aus Bordwaffen schlugen in Menschen- und Pferdeleiber.

In der Nacht leuchtete am Horizont der Feuerschein aus Hunderten von Geschützen auf, Wände von Blitz und Donner sperrten die Flüchtlinge auf den Straßen der alten deutschen Provinz ein. Nur ein Streifen des nächtlichen Himmels blieb dunkel – dort tobte keine Schlacht, dorthin war die Rote Armee noch nicht vorgedrungen. Dort oben im Norden lag die Küste der Ostsee, dort lagen die Häfen von Danzig und Pillau, beide noch in deutscher Hand. Und Schiffe der Kriegsmarine, deutsche Handelsschiffe befuhren noch das östliche Meer. Danzig und Pillau – diese Namen bekamen in den Ohren der Flüchtlinge im Kessel der Sowjettruppen magischen Klang. Danzig und Pillau – das war eine Verheißung für die Verlorenen, eine letzte Hoffnung auf Entrinnen.

Zwischen den Flüchtlingen und den Häfen aber lag ein Stück Meer: das Frische Haff. Das Frische Haff ist eine flache, zwischen zwei und vier Metern tiefe Meeresbucht der Ostsee. Es erstreckt sich über eine Breite von zehn bis zwanzig und eine Länge von siebzig Kilometern von Südwesten nach Nordosten. Das Haff ist vom offenen Meer durch eine vorgelagerte, mehr als fünfzig Kilometer lange Landzunge, die sogenannte Nehrung, fast völlig abgeschnitten.

Weit mehr als zehn Kilometer offenes Wasser – wie konnten die Flüchtlinge dieses letzte Hindernis, das zwischen ihnen und der Rettung lag, überwinden? Es war die grimmige Kälte dieses Winters, die kleine Kinder in den Treckwagen erfrieren und alte Menschen am Wegrand tötete und zugleich Hunderttausende von Flüchtlingen dem Zugriff der Russen entgehen ließ.

Der Frost schlug ihnen eine Brücke. Das Frische Haff gefror, eine meterdicke Eisschicht bedeckte das Wasser zwischen der Küste und der Nehrung, eine Eisschicht, die Menschen, Pferde und Wagen tragen konnte. In den Wirrwarr auf den Straßen der Flüchtlinge kam endlich Ordnung: Die Trecks richteten sich zum Marsch nach Norden aus. Die Wissenschaftliche Kommission der Bundesregierung schreibt: »Seit Ende Januar vollzog sich von der Haffküste bei Heiligenbeil und Braunsberg der Abmarsch von Hunderttausenden von Flüchtlingen über das Eis des Frischen Haffs nach der Nehrung. Während der Kessel südlich des Haffs hartnäckig von deutschen Truppen verteidigt und von der angreifenden Roten Armee nur in wochenlangen Kämpfen eingeengt werden konnte, zogen Tag und Nacht Tausende von Menschen durch diese letzte gefahrvolle Öffnung des russischen Einschließungsrings um Ostpreußen.«

Doch nicht überall trug das Eis die Last von Menschen, Pferden und Wagen. An manchen Stellen war die Eisdecke nur wenige Zentimeter dick, oft zogen sich Spalten durch die glitzernde Fläche. Männer der Küste, Fischer vor allem, steckten die sicheren Wege ab. Mit Hacken schlugen sie kleine Löcher in das Eis und steckten Tannenbäume hinein, die bald festfroren – Wegweiser in die Sicherheit. In der Mitte der weiten Eisfläche aber blinkte 30 Meter breit braunschwarz das Wasser des Haffs: die Fahrrinne für den Nachschub vom Ostseehafen Pillau in die belagerte Stadt Elbing.

Bauern karrten aus den Wäldern lange Bäume heran. Sie wurden zusammengebunden, mit starken Eisen geklammert und dann vier Meter breit von einer Kante des Eises zur anderen über das Wasser gelegt. Bohlen wurden quer auf die Bäume genagelt. Über diese schwankenden, knarrenden Brücken schoben sich die Trecks. Vier Fluchtwege führten über das Eis zur Nehrung: von Alt-Passarge, von Leysuhnen, von Deutsch Bahnau und von Rosenberg.

Am siebten Tag ihrer Flucht waren die Menschen von Loschkeim noch weit vom Haff entfernt. Aber schon wurde der Donner der Front schwächer, sie entfernten sich schnell von der Hauptkampflinie. Die nach Zahl und Material weit unterlegenen deutschen Verbände hielten die Sowjets auf. Die Flüchtlinge gewannen Zeit.

Am zehnten Tag der Flucht verschlechterte sich der Zustand der Schwiegermutter von Frau Annemarie Kniep: Sie hatte einen Gehirnschlag erlitten. Frau Kniep brachte die alte Frau in ein Lazarett. Doch der Arzt sagte nach einem Blick in das Gesicht der Kranken: »Nehmen Sie sie weiter mit, in zwei Tagen ist sie tot.« In der Nacht suchte die sterbenskranke Frau in ihrem Flüchtlingsgepäck die Briefe ihres Sohnes und die Bilder ihrer Enkel zusammen und murmelte dazu: »Meine Kinder, meine Kinderchen!« Wenig später starb sie. Frau Annemarie Kniep: »Eine Mutter ging fort – und bleibt nun in der Heimat, die sie nicht verlassen wollte. Im

Wald wird ein schöner Platz für das Grab ausgesucht. Die Leute gehen daran, es zu graben. Es muß tief sein, wir haben keinen Sarg. Die Tote wird in ein großes Laken gehüllt, mit einer Decke bedeckt und auf einem breiten Brett aus dem Wagen geschoben. Das Grab ist mit Tannen- und Kiefernzweigen ausgelegt. Wir geben ihr die Briefe ihres Sohnes und die Bilder ihrer Enkel mit. Still gehen wir zum Wagen zurück.«

Am nächsten Tag standen die Leute von Loschkeim am Ufer des Haffs, in dem Ort Alt-Passarge. Frau Kniep ging zum Standesamt, um dort den Tod der Schwiegermutter verzeichnen zu lassen: »Es ist geschlossen. Niemand mehr da. Vor der Kirchentüre liegt eine Reihe von Leichen, notdürftig die Gesichter mit Tüchern bedeckt. Es begräbt sie niemand.«

Die Angestellte Hildegard Aminde aus Allenstein in Ostpreußen entkam zusammen mit ihrer Mutter der Roten Armee mit dem Zug. Die Russen schossen schon in der Stadt, als die Lokomotive anruckte. Aber der Zug hatte kein Ziel. Drei Tage und Nächte fuhr der Zug, bis auf den letzten Platz gefüllt mit Frauen und Kindern, zwischen Braunsberg und Heiligenbeil hin und her. Menschen erfroren. Am vierten Tag der schrecklichen Reise hielt der Zug auf freiem Feld, und die Menschen mußten aussteigen. Zu Fuß gelangten Frau Aminde und ihre Mutter an das Ufer des Haffs. Die Abiturientin M. M. aus der Stadt Lyck in Ostpreußen fuhr zusammen mit ihrer Mutter und ihrer Schwester im offenen Güterwagen nach Norden. In der Stadt Braunsberg erreichte sie der Krieg. Das Gedröhn der Stalinorgeln kam von Tag zu Tag näher. Licht und Gas fielen aus. Wir lebten mit zehn Personen in einem Zimmer.« Die Stadt Braunsberg brannte schon, da machten sich das Mädchen und ihre Mutter zu Fuß auf den Weg. Auf der Landstraße nach Norden stießen sie immer wieder auf Leichen und Kadaver. In Alt-Passarge erreichten die Frauen das Ufer des Frischen Haffs. Die Bauersfrau I. S. aus dem Kreis Tilsit floh im Feuer russischer Artillerie. »Um Mitternacht stürmten deutsche Soldaten in unsere Wohnung und sagten, wir sollten sehen, daß wir wegkämen. Nachts um ein Uhr sind wir weggefahren. Wir haben einen kranken Bauern auf den Wagen geladen, die Kinder und den kranken

Großvater. Nun ging es vorwärts in Richtung Frisches Haff. Das war die einzige Stelle, wo wir noch entkommen konnten. Nach achttägiger Fahrt haben wir Alt-Passarge am Frischen Haff erreicht.« Die Beamtin Frau Lotte Ehrich aus der ostpreußischen Stadt Sensburg ließ am Sonntag, dem 28. Januar 1945, das Essen auf dem Herd stehen, packte ihre Kinder und setzte das Jüngste in den Kinderwagen, nahm das zweite Kind an die Hand und floh durch den tiefen Schnee nach Norden. Russische Soldaten schwärmten schon durch die Straßen von Sensburg, Maschinengewehre knatterten.

Frau Ehrich und ihre Kinder wurden später von einem Lastwagen der Wehrmacht mitgenommen. Sie gerieten nach Mehlsack, einer Stadt, die rund 50 Kilometer vom Ufer des Frischen Haffs entfernt liegt. Dort verbrachte die Frau mit ihren Kindern zwei Tage in einem Güterzug, der dann nach Braunsberg fuhr. Dort stand die Frau mit ihren beiden Jungen und wartete auf einen Wagen, der sie mit auf das Eis nehmen würde. Die Eingeschlossenen von Ostpreußen, die jetzt auf die weite Eisfläche starrten, spürten in ihrem Rücken die Hölle. Aus der Stadt Heiligenbeil am Haff berichtete der Superintendent Paul Bernecker: »Vom 22. Januar bis 22. Februar 1945 fanden täglich auf dem neuen Friedhof Beerdigungen statt. Eine ganze Kompanie war einzig damit beschäftigt, lange Gräben für die Leichen auszuheben. Täglich um halb drei wurden die Zivilisten, jeweils etwa 50 an der Zahl, in einer gemeinsamen Feier beigesetzt. Sie wurden einfach von den Angehörigen in die Gräben gelegt. Polizisten brachten die Leichen, die unterwegs gefunden worden waren ... In der Kirche lagen die Verwundeten in einer Anzahl von 1700 bis 2000 auf Stroh. Ihre Betreuung bereitete außerordentliche Schwierigkeiten.«

Die Flüchtlinge, die mit letzter Kraft das Ufer des Haffs erreicht hatten, hörten voll Entsetzen die Erzählungen über die Gefahren der Flucht auf dem Eis. Der Geistliche Paul Bernecker berichtete: »Eine Anzahl von Flüchtlingen erfror auf dem Haff. Einer Mutter zum Beispiel waren, als sie die Mitte des Haffs erreicht hatte, bereits zwei Kinder erfroren, die sie einfach liegenlassen mußte. Mit den anderen beiden Kindern zog sie weiter. Als sie jedoch in der Nähe der Nehrung ankam, waren auch diese beiden Kinder erfroren. Alte Leute saßen und lagen sterbend oder schon erfroren auf dem Wege, den der Zug nahm. Niemand kümmerte sich um sie. Die Menschen waren durch die wochenlangen Strapazen bereits völlig abgekämpft.«

Annemarie Kniep und die Wagen der Leute von Loschkeim fuhren am 14. Februar über das Eis des Haffs. Sie berichtete: »Nach tausend Metern Fahrt auf dem Eis stehen wir. Unser Wohnwagen ist zu schwer. Es bilden sich dort Wasserlachen. Fahren können wir wohl, aber stehen nicht. Zu beiden Seiten der Straße über das Eis eingebrochene Wagen, Teile des Verdecks und die Ohren von Pferden ragen aus dem Wasser heraus. Dann liegen wieder Fuhrwerke zertrümmert da, zerfetzt, vier Pferde, Volltreffer. Feindliche Flieger über uns. Aber es ist zu dunstig, kein Fliegerwetter.«

Sowjetische Jagdbomber griffen in den Tagen der großen Flucht immer wieder die Trecks auf dem Eis an. Sie schossen mit Bordkanonen auf Pferde und Menschen. Sie warfen Serien von Sprengbomben in den Weg der Wagen und Menschen. Die Flüchtlinge waren dem Lufterror wehrlos ausgeliefert. Sie konnten nicht ausweichen, weil sie sonst vom sicheren Weg abgekommen und in Eisspalten und Wasserlöcher geraten wären. Sie konnten ihre Pferde nicht zu schnellerem Tempo antreiben, weil sie in das Fahrzeug vor ihnen gefahren wären. Sie mußten den Tod aus der Luft über sich ergehen lassen und hinnehmen, wie er kam.

Bomben schlugen tiefe Löcher in das Eis. Diese Löcher bedeckten sich schnell wieder mit einer Eisschicht, die aber kein Gewicht tragen konnten. Pferde stürzten hinein, Wagen und Menschen.

Die Abiturientin M. M., die mit ihrer Mutter und ihrer Schwester zu Fuß über das Haff marschierte, berichtete: »Das Eis war brüchig, stellenweise mußten wir uns mühsam durch 25 Zentimeter hohes Wasser hindurchschleppen.« Starker Ostwind trieb oft das Wasser aus der Ostsee über das Eis. Manchmal standen die Wagen bis zu den Achsen im Wasser. Frau M. M. berichtete weiter über ihren Marsch: »Mit Stöcken tasteten wir ständig die Fläche vor uns ab. Zahllose Bombentrümmer zwangen uns zu Umwegen. Häufig rutschte man aus und glaubte sich bereits verloren. Die völlig durchnäßten Kleider ließen nur schwerfällige Bewegungen zu. Ich sah Frauen Unmenschliches leisten. Als Treckführerinnen fanden sie instinktiv den sichersten Weg für ihre Wagen. Überall auf der Eisfläche lag verstreuter Hausrat herum, verwundete Soldaten krochen mit bittenden Gebärden über das Eis auf die Wagen zu, manche schleppten sich an Stöcken dahin, manche wurden auf kleinen Schlitten von Kameraden geschoben.«

Frau Annemarie Kniep erinnerte sich: »Zu beiden Seiten der Treckstraße auf dem Haff: tote Pferde, Menschenleichen, spitze gelbe Gesichter starren in den Himmel. Nicht weit von uns ruft eine Frau, die Leute mögen ihr doch helfen, die Pferde ziehen nicht an. Sie steht in einer großen Wasserlache. Es kümmert sich niemand; die Hände in den Hosentaschen sehen die Männer zu, stumpf von all dem Elend.«

Viele der Flüchtlinge, die zu Fuß oder mit dem Zug an das Frische Haff geeilt waren, hatten Mühe, auf einem Wagen Platz zu finden, denn um Menschen aufzunehmen, mußten die Gespannführer Möbel, Hausrat und Lebensmittel zurücklassen. Frau Lore Ehrich berichtete: »Dann wurden Flüchtlinge und verwundete Soldaten auf die vorbeikommenden Ziviltrecks verladen. Oft waren die Wagenlenker nur sehr widerwillig bereit, jemanden aufzunehmen. Sie wurden unter Pistolendrohungen von SA-Leuten dazu gezwungen. Verwundete lagen bei Schnee, Sturm und Regen auf offenen Heuwagen.« An den Ufern des Haffs, dort wo die Trecks zum Marsch über das Eis starteten, türmten sich Betten und Kisten, Geschirr und Säcke mit Lebensmitteln, Waschpulver und Zucker, totes Geflügel und Fleisch, das inzwischen verdorben war. Der Weg über das Eis schien für viele Flüchtlinge kein Ende zu nehmen. Die Wagen mußten, um das Eis nicht zu stark zu belasten, meist in großen Abständen voneinander fahren. Manchmal mußten sie lange stehenbleiben, die Straßen auf der Nehrung konnten die Tausende von Fahrzeugen nicht aufnehmen. Frau Ehrich und ihre Kinder brauchten einen Tag und eine Nacht für den nicht einmal zwanzig Kilometer langen Weg. Wenn die Frau sich umdrehte, sah sie hinter sich im Süden den roten Himmel.

Dort kämpften die deutschen Truppen in brennenden Städten und Dörfern einen Kampf, der längst aussichtslos war, der aber seinen Sinn darin fand, daß die Flüchtlinge, daß Frauen und Kinder sich über das Eis in Sicherheit bringen konnten.

Mancher der Flüchtlinge mußte zweimal auf den furchtbaren Weg. Frau I. K., die mit ihren beiden Töchtern aus Gumbinnen in Ostpreußen geflohen war, schloß sich einem Bauernwagen an, der von Leysuhnen aus das Haff überquerte. Frau I. K. schritt mit ihrer großen Tochter hinter dem Wagen her, ihre kleinere, dreieinhalb Jahr alte Tochter befand sich auf dem Fahrzeug. Das Eis des Frischen Haffs war vom Schnee bedeckt. Frau I. K.: »Wir hatten etwa 5 Kilometer zurückgelegt, als ich vor Schreck gelähmt stehen blieb und nicht einmal schreien konnte. Ich sah die Pferde und die Vorderräder des Wagens, auf dem sich mein kleines Mädchen und die Bauerntochter befanden, versinken. Der Bauer hatte die Fahrtrichtung verloren und der Wagen war in eine Eisspalte geraten. Wie die Bauerntochter mein kleines Mädel so schnell aus dem sinkenden Fahrzeug herausbekommen hat, ist mir heute noch ein Rätsel. Wir mußten zurück, um nicht zu erfrieren.« Viele Tage später erst wagte Frau I. K. den Weg auf das Eis ein zweites Mal. Die Sowjets hatten den Kessel von Heiligenbeil weiter eingeschnürt. Die Städte und Dörfer am Ufer des Frischen Haffs brannten lichterloh, ihre zuckenden Flammen spiegelten sich im Eis, über das die Flüchtlinge zogen.

Frau Eva B., aus der Nähe von Wehlau in Ostpreußen, gedenkt ihres Kindes, das sie auf der Flucht über das Eis tot zur Welt brachte. Für diesen Sohn hat Frau B. einen Brief verfaßt, zur Erinnerung an die Opfer und zur Mahnung für die Überlebenden. Sie schrieb:

»An meinen Sohn!

Du wärst jetzt mehr als 30 Jahre alt, wenn Du lebtest, mein Sohn! Vielleicht hättest Du eine liebe Frau und blonde Kinder, die »Omi« zu mir sagten, und so fröhlich wären, wie Dein Vater war. Im Sommer 1944, nach einem kurzen Urlaub, gab es in Königsberg einen Abschied für immer.

Ich wohnte damals bei meinem Vater, der in der Nähe von Wehlau in Ostpreußen einen kleinen Bauernhof besaß. In meiner Heimat war noch alles ruhig und friedlich.

Als es Herbst wurde und die Abende länger wurden, fing ich an, Hemdchen, Jäckchen und Windeln für Dich herzustellen. Mein Vater bemerkte es und fragte mich einmal: »Wann ist es soweit?« »Anfang April, Vater«, antwortete ich voller Glück. Ich habe mich sehr auf Dich gefreut, mein Kind!

Bald nach Weihnachten wurde es unruhig bei uns. Mit Entsetzen sahen wir Wagen um Wagen nach Westen rollen. Wir warteten ab. Leider viel zu lange. Dann rollten wir eines Tages mit. Mein Vater, Minka, unsere alte treue Helferin, und ich.

Wohin? Ja, wohin wollten wir?

Der Russe hatte uns den Weg schon abgeschnitten, eingekesselt. Wollten wir aus diesem Kessel heraus, blieb uns nur der Weg über das Eis des Frischen Haffs zur Nehrung.

Ajax, unser Pferd, war nicht mehr das jüngste und schnellste. Aber zäh und unbeirrt zog es seinen Weg.

Am ersten Tag auf dem Eis des Haffs kamen wir verhältnismäßig gut voran. Leichtes Schneetreiben nahm den feindlichen Tieffliegern die Sicht.

Bis zu diesem Tage lebtest Du noch, mein Kind. Ich spürte Dein kleines Leben unter meinem Herzen pochen, und ließ die Tasche mit Deinen kleinen Sachen nicht von meinem Schoß.

Aber am nächsten Tag war wieder klares Frostwetter. Wir waren dem Beschuß feindlicher Flieger ausgesetzt. Wir versuchten uns zu schützen, so gut es ging. Minka und ich kauerten hinter dem Wagen, mein Vater, das unruhige Pferd am Zaum, duckte sich neben der Deichsel, als das Heulen und Jaulen wieder über uns war. Ein ohrenbetäubendes Krachen folgte. Nur wenige Meter von uns ging eine Bombe nieder.

Ajax schrie auf, wie nur ein Pferd in Todesangst schreien kann, versuchte sich aufzubäumen, stürzte einige Schritte vorwärts, zog den Wagen mit sich, direkt in eine von der Bombe gerissene Eisspalte hinein.

Mein Vater wurde, getroffen oder nicht, mit in das eisige Wasser hineingerissen.

Minka hatte mich zurückgerissen. Ich lag auf dem Eis und konnte nur »Vater, Vater!« schreien.

Menschen zu Fuß, mit Schlitten oder Wagen eilten vorbei, in großem Bogen. Sie hatten keine Zeit, sich um uns zu kümmern.

Entschlossen nahm Minka mich an die Hand und drängte zum Weitergehen. Zu tragen hatten wir nichts mehr. Trotzdem fiel mir das Gehen so schwer. Meine Füße waren wie abgestorben. Dazu spürte ich einen ziehenden Schmerz im Rücken, der immer stärker wurde. Die Wehen hatten eingesetzt.

»Laß mich, Minka«, wimmerte ich endlich und sank auf das Eis.

»Biste varrickt«, sagte Minka absichtlich grob. »Haste noch fir ein mehr zu sorjen. Nu streng dir ma an un komm!«

Damit faßte sie mich unter den Arm, schleppte mich ein Stück weiter und weiter. Endlich konnten wir beide nicht mehr. Die Dunkelheit war hereingebrochen, die Menschen um uns waren verschwunden.

Aber in kurzer Entfernung sahen wir einen Wagen. Wir schleppten uns noch dahin. Die Pferde lagen tot davor. Die Menschen hatten ihn verlassen.

Minka machte uns einen Platz zurecht und half mir in den Wagen. Ich selbst war wie gelähmt. Der Schmerz wühlte durch meinen Körper und drohte mich zu zerreißen. Minka hielt mich fest und murmelte unentwegt ihre Gebete.

Lange saßen wir so beisammen, die Wehen kamen und gingen. Plötzlich hörten wir in der Ferne das leise Tuckern eines Motors, das verhielt, still wurde – einmal näher, einmal weiter zu sein schien.

»Da, da sind Mänschen, die werrn uns helfen«, rief Minka und kletterte vom Wagen, rannte den Tönen nach, winkte und schrie sich heiser.

Da waren sie auch schon bei uns, die Sanitäter. Kräftige Fäuste hoben mich, behutsam in eine Decke gewickelt, auf einen alten Lastwagen. Große warme Hände hielten meine flatternden Finger: »Nu swieg man still, lütt Deern, wi hölp di.«

Ich habe den Mann nie gesehen, der diese Worte sprach. Seine Stimme habe ich nie vergessen. Von hier an weiß ich nichts mehr.

Als ich wieder zu mir kam, lag ich in einem von der Wehrmacht eingerichteten Notlazarett. Ich spürte kaum Schmerzen, nur unsagbar müde und leer.

Ich sah mich um, Minka saß neben mir. Alt und verfallen sah sie aus. Langsam kam die Erinnerung wieder.

»Minka, wo ist mein Kind?« fragte ich.

Minka schwieg.

»Was ist es, ein Junge oder ein Mädchen?« fragte ich drängender.

»Es war een Jungche«, sagte sie endlich leise.

»Aber wo ist er, wo ist mein Kind?« Immer noch begriff ich nichts.

»Es war schon tot, wie der Doktor vonne Soldaten es jeholt hat«, erzählte das alte Mädchen leise und stockend.

»Ich hab es scheen in Schachtelche jepackt un in Garten einjejraben. Waren schon mehr Jräber da. Lieb Gottchen wird sie alle finden, alle, alle.«

Ich war zu schwach, mich zu rühren, nur die Tränen spürte ich auf meinem Gesicht. Minka wischte sie fort und begann, mich anzukleiden. Wir mußten weiter.

Die schmalen Straßen auf der Nehrung waren leer geworden. Mit einem der letzten deutschen Lastwagen kamen wir bis Gotenhafen. Von hier mit einem Küstenmotorschiff bis Lübeck.

Hier mußte ich meine treue Minka begraben. Sie hat sich in der Fürsorge um mich aufgerieben. Kaum gegessen, kaum geschlafen. Sie hat mir mehrfach das Leben gerettet.

Dein Leben zu retten war nicht möglich, mein Sohn. Du gehörst zu dem großen Heer aller, aller Söhne, die der Krieg verschlang, und die keine Mutter je vergißt.«

Die Wissenschaftliche Kommission der Bundesregierung schreibt: »Einbrüche in das Eis, russische Luftangriffe auf den endlosen Flüchtlingszug und Bombenabwürfe auf die Eisdecke sowie Erfrierungen, Hunger, Durst und das Übermaß der Anstrengungen kostete während der Flucht über das Eis vielen Menschen das Leben.« Einer von ihnen war der Sohn von Eva B. Die große Mehrzahl der Menschen, die aus allen Gebieten Ostpreußens zum Ufer des Haffs gezogen waren, konnte jedoch über das Eis den Sowjets entkommen. Die Wissenschaftliche Kommission schätzt die Zahl der Flüchtlinge, die im Januar und Februar über das Frische Haff gezogen waren, auf rund 450 000 Menschen.

Wilhelm Knoll, damals Kreisbaumeister des ostpreußischen Kreises Samland, erinnerte sich: »Ende Februar waren die letzten Trecks aus dem Heiligenbeiler Kessel hinübergeschleust. Es war, als hätte der Himmel mit der furchtbaren Not der Flüchtlinge Erbarmen. Das Eis hielt, bis auch die letzten Fahrzeuge die rettende Nehrung erreicht hatten. An einem Morgen nach vorangegangenen lauen Frühlingsstürmen war das Eis verschwunden und mit ihm alles Elend, das darauf lag.«

*

Die Flüchtlinge, die über brüchiges Eis die Nehrung erreicht hatten, waren vorerst in Sicherheit. Ihre Not aber nahm kein Ende. Am rechten Rand der Straße, die auf der Frischen Nehrung von Neutief im Osten nach Danzig führte, stand Wald, am linken Rand schimmerte das Wasser des Frischen Haffs, auf dem der kalte Wind aus Nordost kleine Wellen aufwarf. Die Straße war so schmal, daß kaum zwei Fuhrwerke nebeneinander Platz hatten. Jetzt war sie aufgeweicht. Tiefe Schlaglöcher hatten sich in sie eingegraben. Die Straße war von Horizont zu Horizont gefüllt mit den Pferdewagen des großen Trecks der Deutschen, die aus Ostpreußen vor der Roten Armee flüchteten. Sie waren über das Haff gekommen, und nun zogen sie weiter, die meisten nach Danzig im Westen, viele nach Neutief im Osten der Nehrung, wo Fähren die Flüchtlinge nach dem Hafen von Pillau übersetzten. Frau Lotte Ehrich, die mit ihren Kindern aus Sensburg in Ostpreußen geflohen war, erinnerte sich: »Oh, diese Nehrungstraße! Sie sollte das schrecklichste Erlebnis unserer Flucht werden. Zwar gab es noch eine zweite Straße, aber die war der Wehrmacht vorbehalten. Da die Treckwagen in unübersehbar großer Zahl immer einer hinter dem anderen fuhren, entstanden noch viel mehr Stauungen und Stockungen als auf dem Eis. Dieses endlose Warten machte die Fahrt wirklich unerträglich. Wieder ein Loch, wieder tiefster Schlamm, wieder eine Anhöhe. So kamen wir wirklich während des ganzen langen Tages nur drei bis fünf Kilometer voran, und das ›Hüh, jüh, hüh, jüh‹, dieses heisere, wütende und zugleich angstgequälte Gebrüll des Bauern, mit dem er die Pferde antrieb, wird mir ewig unvergeßlich bleiben.«

Viele der Flüchtlinge litten Not. Für eine Scheibe Brot wurden 50 Mark verlangt und bezahlt. Im Windschutz der Bäume brannten kleine Feuer. Hungernde brieten Stücke von Fleisch, das sie aus verendeten Pferden herausgeschnitten hatten. Am Rande des langen Weges zu den Häfen menschliches Strandgut: Mütter, die ihre Kinder verloren hatten, in Schreikrämpfen, andere Mütter mit verwirrtem Geist, die ihre kleinen Kinder in das Wasser des Haffs warfen. Frau Hildegard Aminde aus Allenstein erinnerte sich: »Es war ein furchtbarer Weg. Amputierte Soldaten standen mit ihren blutigen Stümpfen am Weg und baten die Bauern, sie mitzunehmen. Aber selten hat sich einer erbarmt.«

In Kahlberg, einem Badeort auf der Nehrung, machte sich Frau Ehrich auf die Suche nach Brot für ihre hungernden Kinder, ergebnislos. In der Kreisleitung entstand an diesem Morgen Aufruhr. Eine Frau schrie: »Schlagt doch die braunen Hunde tot. Wenn die Russen schon hier wären, würden vielleicht wenigstens unsere Kinder nicht mehr hungern!« Frau Annemarie Kniep erinnert sich an Kahlberg: »Das Hungern fängt an. Für acht Mann gibt es etwas trockenes Brot.« Frau I. K. aus Gumbinnen entdeckte in Kahlberg am Strand der Ostsee alte Frauen und alte Männer. Sie lagen auf Decken und warteten im Seewind auf den Tod. Die Kräfte hatten sie verlassen. Ein Bild prägte sich Frau I. K. in dem Ostseebad unvergeßlich ein: Vor der Strandhalle stand ein einsamer Kinderwagen. Die Frau blickte hinein. Unter dem Kissen lag ein kleines totes Kind. Frau I. K.: »Die Mutter mußte es wohl zurücklassen, weil sie ihm nicht mehr helfen konnte.«

Frau Annemarie Kniep und die Leute des Trecks von Loschkeim brauchten 19 Tage von ihrem Heimatort bis Danzig. Es war ein Sonntag, als sie in der alten großen Stadt an der Weichsel eintrafen. Danzig bot ein Bild des Friedens. Auf den Straßen gingen die Menschen spazieren, einige brachten heißen Kaffee für die Menschen des Trecks. Butter wurde verteilt und Brot. Frau Lotte Ehrich kam mit ihren Kindern am 24. Tag ihrer Flucht aus dem brennenden Sensburg in Danzig an. Mutter und Söhne wurden in ein Auffanglager geschickt, das mit Flüchtlingen überfüllt war. Es gab wenig zu essen und keine Betten, nicht einmal Strohsäcke. Die Menschen schliefen auf Stühlen.

Tausende der Flüchtlinge, die das Haff überquert hatten, wandten sich auf der Nehrung nach Osten, nach Neutief. Dort, gegenüber dem Hafen von Pillau, nur durch eine schmale Wasserstraße getrennt, warteten die Menschen in Eis und Schnee auf die Boote und Fähren, die sie in den Hafen bringen sollten, dorthin, wo die großen Schiffe abfuhren, die nach Westen bestimmt waren. Hier, in Neutief, mußten die Menschen zurücklassen, was sie nicht mit auf die Schiffe nehmen konnten: Pferde, Wagen, Möbel, Hausrat. Wieder türmte sich die Habe von Tausenden zu Bergen. Zwischen den Wagen und im niedrigen Gehölz Tausende von Pferden, herrenlos, unversorgt, verlassen, dem Hunger preisgegeben. Kreisbaumeister Wilhelm Knoll sah im Nehrungswäldchen Bauern, die Kleider und Geschirr in eichene Truhen legten und diese »in der Hoffnung vergruben, bei glücklichem Ausgang der letzten Schlacht in Ostpreußen zurückzukehren und dann die Schätze wieder bergen zu können.«

Von einem umzäunten und von Posten bewachten Bunker in Neutief aus konnte jener Mann den unaufhörlichen Strom der Flüchtlinge, der Pferde und Wagen, den Zug des ostpreußischen Elends beobachten, der Verantwortung für alle diese Not trug: der Gauleiter und Reichsverteidigungskommissar Erich Koch. Er war aus der bereits von der Roten Armee berannten Hauptstadt Königsberg auf die Nehrung geflohen. Schiffe standen für seine weitere Flucht bereit und auch ein Flugzeug. Der Verderber Ostpreußens wartete – wie die Bauern, die ihre Truhen im Wald vergraben hatten – auf ein Wunder. Unterdessen gingen Zehntausende zugrunde.

V.

OSTSEE

Die größte Tat der Kriegsmarine

Elektrischen Strom gab es längst nicht mehr. So packte Käte Pawel im Lichte fast heruntergebrannter Kerzen Proviant für eine lange Reise in ihren Rucksack: zwei Pfund Zucker, zwei Gläschen Marmelade, 200 Gramm trockenes Brot und zwei Päckchen Gustin. Dann lief sie zum Bahnhof von Rauschen, einem Ort im Samland nördlich von Königsberg. In der Ferne rollte der Donner von Kanonen. Die Rote Armee drückte mit Geschützfeuer und Panzerangriffen auf die deutsche Front, die sich an der Küste Ostpreußens hinzog und diesen schmalen Streifen Land zäh verteidigte. Frau Käte Pawel stieg in den Zug, der schon mit Hunderten von Frauen, Kindern und alten Männern besetzt war. Ziel der kurzen Eisenbahnfahrt war der kleine Hafen von Neukuhren an der Küste der Ostsee.

Im nachtdunklen Hafengelände drängten sich Hunderte von Menschen, der Schnee lag knöchelhoch, ein Schauer wirbelte Nässe durch die Menge. In der Dunkelheit kamen Kinder den Eltern abhanden, hier und da ein zaghaftes Weinen, oft ein Wimmern nur, Rufe der Mütter, und über allem wieder der Donner der Kanonen, der Horizont von den Blitzen der Abschüsse zerrissen, ferne Feuer, die aus Häusern in den Himmel stachen. Die Menschen im Hafen lauschten auf das Rauschen der See, sie sahen die Schaumkronen der Brecher in der Dunkelheit leuchten, sie starrten in die Finsternis, und Angst ergriff sie.

Doch Seekrankheit, Kälte und die Furcht vor den unbekannten Schrecken des Meeres schienen den Flüchtlingen gering, gemessen an dem Schrecken, dem sie entkommen waren. Einem der Trecks, die in jenen Tagen über die Straßen Ostpreußens zur Küste strebten, waren Panzer der Roten Armee so nah, daß die Mütter ihre Babys, die auf der Fahrt durch die Kälte erfroren waren, während der jagenden Fahrt aus dem Wagen warfen. Sie wagten nicht, auch nur einen Augenblick lang anzuhalten, um die Toten in den Schnee zu betten. So groß war die Angst.

Frau Käte Pawel gelangte um Mitternacht im Hafen von Neukuhren auf einen Kutter. Mütter und ihre Kinder wurden in den Laderaum geleitet. Der Kutter legte ab und steuerte die offene See an. Im Laderaum stimmte eine der Frauen das Lied an »Wer nur den lieben Gott läßt walten«. Alle anderen Flüchtlinge an Bord des Schiffes sangen mit. Dumpf klang der Chor aus dem Innern des Schiffes in die dunkle Nacht über dem Meer.

Hunderttausende von Deutschen waren in den Januar- und Februartagen des Jahres 1945 unterwegs zur Küste der Ostsee, und Hunderttausende würden ihnen später noch folgen. Der unerhört schnelle Vormarsch der Roten Armee im deutschen Osten schnitt erst die Landverbindung zwischen Ostpreußen und dem Reich, dann die Straßen und Schienenwege zwischen Westpreußen und Pommern ab und kesselte schließlich auch die Bevölkerung Pommerns ein. Die Hafenstädte und ihre Verteidiger aber hielten länger stand als die Front im Land. Der letzte deutsche Stützpunkt an der Küste der östlichen Ostsee kapitulierte erst am Tag der Gesamtkapitulation der deutschen Wehrmacht, am 8. Mai 1945 um Mitternacht.

Der Kutter, mit dem Frau Käte Pawel in Neukuhren abgefahren war, steuerte den großen Hafen Pillau, am Ausgang des Frischen Haffs in die Ostsee, an. Frau Pawel berichtete: »In Pillau mußten wir auf größere Schiffe warten, die uns nach Westen bringen sollten. Den ganzen Tag stehen wir mit Tausenden im Dreck des Hafens herum und warten. Pillau sieht infolge einer nächtlichen Beschießung trostlos aus. Überall Glasscherben, Schmutz und Kot.«

In Pillau beobachtete der Einwohner A. S. in jenen Tagen die Ankunft der Flüchtlinge über Land und über See. Er berichtete:

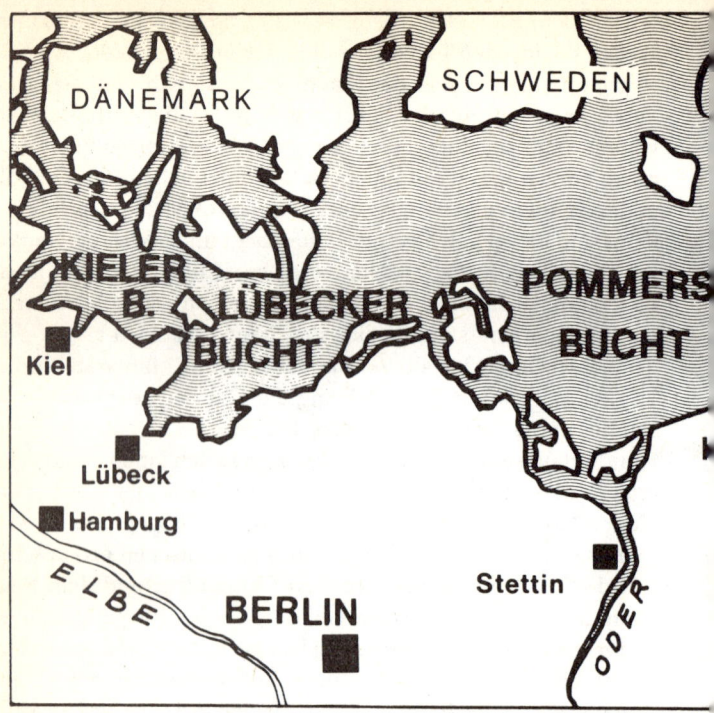

»Hungrig, fast erfroren, gehetzt und gepeinigt von einer rasenden
Angst, viele nahezu wahnsinnig, andere stumpf und gleichgültig
vor Entsetzen und Kummer, kaum das Nötigste bei sich, nicht
immer alle Familienangehörige beisammen, die alten Eltern
zurückgelassen, die Kinder unterwegs erfroren und an den Stra-
ßenrändern im Schnee begraben. Spürten es die Mütter noch, oder
war jedes tote Kind eine Last weniger?«

Im Hafen von Pillau drängten sich zwischen der Kai-Mauer, wo sie
senkrecht ins Wasser fällt, und den Lagerschuppen im Hintergrund die Menschen dicht an dicht – Tausende Männer, Frauen,
Kinder. Sie standen dort Tage und Nächte hindurch. Die Kälte
überfiel sie. Das Thermometer sank unter minus 20 Grad. Kleine
Kinder und alte Menschen erfroren. Die Überlebenden wichen

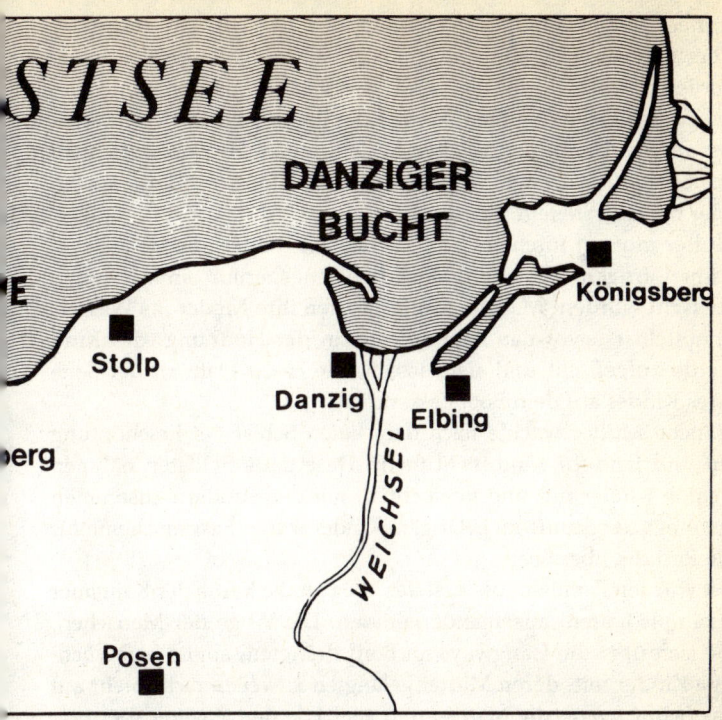

OSTSEE

DANZIGER BUCHT

Königsberg

Stolp

Danzig

Elbing

WEICHSEL

Posen

nicht von ihrem Platz am Kai. Sie warteten auf die Retter, die über See kommen mußten.

Die Retter kamen: Schiffe und Männer der deutschen Kriegsmarine, Kreuzer, Zerstörer, Torpedoboote, Minensuchboote, Fährprähme, Transportschiffe und Hunderte von Handelsschiffen. Die deutsche Kriegsmarine hat im zweiten Weltkrieg viele Schlachten geschlagen: vor Island, vor England, im Nordmeer, im Atlantik zwischen Amerika und Europa, im Pazifik – ihre vielleicht größte Tat aber haben Seeoffiziere und Matrosen zusammen mit der Handelsmarine in diesen letzten Monaten des großen Krieges vollbracht. Die Schiffe, die damals aus dem Dunst der Ostsee auftauchten und die Häfen der Küste ansteuerten, bedeuteten für die Verlorenen am Kai die letzte Hoffnung, der Rache der Roten

Armee, Vergewaltigung, Verschleppung und Tod zu entgehen. Aber nie waren Schiffe genug da, um alle Flüchtlinge abzutransportieren. Jedes Schiff, das den Hafen verließ, so fürchteten viele, die zurückbleiben mußten, konnte das letzte sein. Die Verzweifelten am Kai kämpften mit allen Mitteln um einen Platz auf einem der Schiffe. Gedränge, Schreie der Wut, Stöße mit den Fäusten oder mit den Stiefeln, Faustrecht.

Mütter mußten fürchten, daß die kleinen Kinder, die sie auf den Armen trugen, von den Menschen ringsherum einfach totgequetscht wurden. Manche Mütter warfen ihre Kinder ins Wasser, unmittelbar bevor das Boot anlegte: in der Hoffnung, das Kind werde aufgefischt und sie selbst werde einen Platz an der Seite ihres Kindes auf dem Boot bekommen.

Manche Mutter wachte nach dem tiefen Schlaf der Erschöpfung auf und fand ihr Kind nicht mehr. Desertierte Soldaten nahmen fremde Kinder mit und versuchten, mit den Kindern zusammen auf eines der Schiffe zu gelangen: Kinder waren Passierscheine für die Rettung über See.

Oft wurden Familien, die sich den Weg an die Kante der Kaimauer erkämpft hatten, auseinandergerissen. Die Woge der Menschen, die sich über die Gangways an Bord drängten, spülte halbwüchsige Kinder mit, deren Mütter gelangten zuweilen nicht mehr auf das Schiff, wenn die Matrosen in aller Eile den Zugang sperrten, weil das Schiff bis auf den letzten Platz und weit darüber hinaus beladen war.

Frau Käte Pawel hatte bei ihrer Reise nach Westen nahezu unfaßbares Glück. Noch am Tage ihrer Ankunft in Pillau gelangte sie auf einen großen Truppentransporter mit dem Namen »St. Malo«. Das Schiff steuerte den rund 50 Seemeilen entfernten Hafen von Danzig-Gotenhafen an. Dort mußte Frau Käte Pawel ihren Zufluchtsort verlassen. Der Transporter stampfte wieder nach Osten, wieder nach Pillau, um wieder mit Menschen beladen die Fahrt nach Westen anzutreten, wieder nach Danzig-Gotenhafen. Die Flüchtlinge in Danzig-Gotenhafen warteten auf Schiffe für die letzte Etappe ihrer langen Reise nach Westen.

Friedrich v. Wilpert, damals Ordonnanz-Offizier des militärischen

Befehlshabers in Danzig, über den Anblick, der sich im Winter 1945 in der Stadt bot: »Ein eisiger Wind, der den Schnee aufwirbelte, pfiff über Danzig. Der Abend brach herein, der kilometerlange Weg zum Hafen war gekennzeichnet durch übermüdete, verzweifelte Menschen, vorwiegend Frauen und Kinder, die nicht weiter konnten, sich auf ihre mitgeschleppten Koffer oder Rucksäcke in den Schnee setzten und auf irgendeine Hilfe warteten. Andere zogen ihre in Säcken verstauten Habseligkeiten an Strikken wie einen Handschlitten hinter sich her. Eine Tragödie, die um so erschütternder war, als man nur ab und zu ein leises Wimmern hörte, sonst aber nur der eisige Wind pfiff und heulte.«

Frau Käte Pawel war in Danzig versucht, ihre Seereise nach Westen abzubrechen und sich in das Schicksal zu ergeben, in die Hände der Roten Armee zu fallen. Denn unter den wartenden Flüchtlingen liefen Gerüchte um, die ihre Angst vor der See zum Entsetzen steigerten; Gerüchte über schreckliche Katastrophen, die sich draußen auf der Ostsee zugetragen hatten, Schiffsuntergänge mit Tausenden von Toten. Offizielle Nachrichten darüber gab es nicht. Die Behörden hielten Informationen geheim, die eine Panik unter den Flüchtlingen ausgelöst hätten.

Am 30. Januar 1945, dem zwölften Jahrestag der Machtübernahme durch die Nationalsozialisten, hatte das mehr als 25 000 Tonnen große ehemalige Kreuzfahrt-Schiff »Wilhelm Gustloff« Danzig-Gotenhafen verlassen. An Bord waren rund 1000 Angehörige der 2. Unterseeboot-Lehrdivision und etwa 4000 bis 5000 Flüchtlinge. Das Schiff hatte sogar noch Flüchtlinge an Bord genommen, als es schon auf die Ausfahrt des Hafens Kurs genommen hatte. Aus kleinen Booten waren Frauen und Kinder an Netzen und Strickleitern die steile Bordwand hinaufgeklettert. Um 21.20 Uhr an diesem 30. Januar geriet das Schiff vor die Rohre des sowjetischen U-Bootes S 13, das unter dem Kommando des Kapitänleutnants Alexander Marinesko stand. Drei der Torpedos, die das russische Boot abfeuerte, trafen das Schiff. In einer sowjetischen Darstellung des Angriffs auf die »Wilhelm Gustloff« heißt es: »Die Luft erzitterte von der gewaltigen dreifachen Explosion. Einer der Torpedos traf auf der Höhe des vorderen Mastes des faschistischen Transporters, der andere mitschiffs, der dritte unter den achteren Mast. Es war das Motorschiff ›Wilhelm Gustloff‹ mit 6100 Hitleristen an Bord, die aus dem Übungszentrum der hitleristischen Flotte von Gotenhafen evakuiert wurden.«

Die »Wilhelm Gustloff« sank nach 70 Minuten, etwa 5000 Menschen gingen zugrunde, 904 wurden gerettet. Die Lufttemperatur lag unterhalb des Gefrierpunktes, das Wasser war eisig kalt. Viele der Menschen, die sich lebend von dem sinkenden Schiff gerettet hatten, starben innerhalb kurzer Zeit an Unterkühlung. Und mancher starb am schieren Entsetzen.

Zwei Matrosen der »Gustloff« berichteten von einer Frau, die sie lebend aus dem Wasser in ein Rettungsboot gezogen hatten. Als sie zu sich kam, blickte sie suchend umher und erzählte dann weinend, schluchzend und schließlich schreiend, was ihr zugestoßen war. Als die Torpedos das Schiff trafen und erschütterten, war das älteste Kind der Frau von einem schweren Koffer zermalmt worden. Auf der Flucht aus dem Innern des Schiffes nach oben hatte die Frau ihr zweites Kind verloren. Es war von den in wilder Panik dahinstürmenden Menschen zu Tode getreten worden. Ihr drittes Kind hatte sie auf dem Arm, als sie das Deck der sinkenden »Gustloff« erreichte. Starker Wind trieb große Wellen über das Schiff hinweg. Eine dieser Wellen riß der Mutter ihr drittes Kind aus dem Arm davon in die Ostsee. So erzählte die Mutter die Geschichte vom Tod ihrer Kinder und starb dann, noch im Boot.

Die Flüchtlinge in den Lagerschuppen von Danzig-Gotenhafen sahen vor sich die See und wußten in ihrem Rücken die Russen. Sie entschieden sich für die See.

Und die deutsche Kriegsmarine ebenso wie die Männer auf den Handelsschiffen ließen sich durch den Untergang der »Wilhelm Gustloff« nicht aufhalten. Die Rettung über See mußte weitergehen, wenn nicht Millionen von Deutschen den Russen preisgegeben werden sollten. Und sie ging weiter. Schon zwei Tage nach der Versenkung der »Gustloff« am 1. Februar 1945, verließen dreizehn Schiffe mit insgesamt 27 000 Flüchtlingen die Häfen von Danzig-Gotenhafen. Ein einziger Dampfer, die »Potsdam«, brachte in den Tagen nach der Katastrophe auf fünf Fahrten rund 50 000 Menschen in Sicherheit.

Frau Käte Pawel, die das Samland weit im Osten auf einem Fischkutter verlassen hatte, bestieg in Gotenhafen den Dampfer »Hamburg«. Sie berichtete: »Hier wird auch wieder endlich ein kräftiges Essen, meist Eintopf, ausgegeben, so daß wir wieder zu Kräften kommen.« Die »Hamburg« brachte die Flüchtlinge nach Saßnitz auf der Insel Rügen. Von dort fuhr noch die Eisenbahn nach Westen und nach Süden.

Die Lebenden lassen die Toten hinter sich.

Auf der Ostsee wiederholt sich die Katastrophe, im kleinen wie im großen. Die Königsbergerin Eva Kuckuk war auf ihrer Flucht nach Westen auf den nicht einmal tausend Tonnen großen altersschwachen Dampfer »Consul Cords« geraten, der nach Warnemünde bestimmt war. Rund 15 Seemeilen vor dem Ziel, um 12 Uhr mittags am 7. Februar 1945, lief der Dampfer auf eine Treibmine. Er sank innerhalb von acht Minuten. Frau Eva Kuckuk berichtete: »Bei der Explosion wurde die Notglocke ausgelöst, die weit über das Meer erschallte. Nie vergesse ich das Bild, das sich mir bot, als ich angelehnt an eine Wand eine mir bekannte Frau aus Insterburg sah, die eine blutende Wunde an der Stirn hatte und stumm und starr auf die See blickte. Von den rund 285 Personen an Bord des Schiffes wurden nur 30 gerettet.«

Am Vormittag des 9. Februar lag an den Kais von Pillau das mehr als 15 000 Tonnen große Schiff »General von Steuben«. Immer noch warteten in der Hafenstadt Tausende von Flüchtlingen und Tausende von verwundeten deutschen Soldaten auf den Transport nach Westen. Schwerverwundete wurden auf ihren Bahren in das Schiff geschafft, leichtverwundete Soldaten saßen überall, wo immer sie Platz finden konnten. Und schließlich hatten es auch noch tausend Flüchtlinge geschafft, auf das Schiff zu gelangen. Zur Mittagsstunde des 9. Februar drehte die »General von Steuben« den Bug nach Westen. Gegen Mitternacht dieses Tages stand sie bereits westlich der Stolpe-Bank, einer Untiefe in der Ostsee, nur wenige Seemeilen von der Stelle entfernt, an der die »Wilhelm Gustloff« torpediert worden war. In dieser Nacht pirschte vor der

Stolpe-Bank wieder Kapitänleutnant Alexander Marinesko mit dem U-Boot S 13 auf Beute. Die »General von Steuben« geriet um 0.50 Uhr deutscher Zeit in Marineskos Fadenkreuz. Das U-Boot torpedierte den Dampfer mit zwei Torpedos. Die »General von Steuben« sank innerhalb von sieben Minuten, 3000 Menschen starben, 600 wurden gerettet.

Zu den Überlebenden gehörte der kopfverletzte Soldat Franz Huber. Er berichtete: »Es war stockdunkle Nacht und schrecklich kalt. Ich versuchte, die höchste Stelle des Schiffes zu erreichen, in der Hoffnung, dieser Teil würde zuletzt untergehen. Ich saß lange dort im Dunkeln, alleine, und hörte die Schreie auf dem Schiff. Ich hörte sie das Vaterunser beten, mit einer Stimme, wie man sie selten gehört hatte und kaum jemals wieder hören wird.«

Doch auch die zweite große Schiffskatastrophe innerhalb von zehn Tagen konnte die deutsche Marine in ihren Plänen, die Menschen aus dem Osten über See zu retten, nicht beirren. Großadmiral Karl Dönitz, Oberbefehlshaber der Kriegsmarine, erklärte: »Es ist wichtiger, alle verfügbaren Mittel einzusetzen und dabei hin und wieder Verluste in Kauf zu nehmen, als auf den gesamten Abtransport der Verwundeten zu verzichten. Bisher sind 76 000 Verwundete abtransportiert worden, so daß die Verluste nur eine kleine Prozentzahl darstellen.«

Und nicht allein Verwundete: Allein im Februar 1945 brachten Schiffe der Kriegsmarine und deutsche Handelsschiffe mehr als eine halbe Million Flüchtlinge aus den von den Russen berannten, von deutschen Soldaten erbittert verteidigten Gebieten des Ostens heraus. Die Wissenschaftliche Kommission der Bundesregierung schreibt voller Anerkennung für die Leistung der deutschen Seeleute zum Beispiel in Pillau: »Die ersten mit Flüchtlingen beladenen Schiffe hatten am 25. Januar Pillau verlassen, und am 15. Februar konnte in Pillau bereits registriert werden, daß 204 000 Flüchtlinge mit Schiffen abbefördert worden waren. Die Flucht nach Pillau hat sich für Hunderttausende als Rettung erwiesen.«

Es war die Zeit der Stürme des ausgehenden Winters. Viele der Schiffe, in denen Flüchtlinge nach Westen gebracht wurden, waren klein: Kutter oder gar nur Motorboote. Sie wurden von Wind und Wellen gebeutelt. Hoch spritzte die Gischt über sie hinweg. Eiskaltes, sogleich gefrierendes Seewasser ergoß sich über die Flüchtlinge, die sich auf Deck aufhalten mußten. Die Schiffe waren stets überladen. Eines, das zur Beförderung von 50 Menschen ausgelegt war, transportierte 300 nach Westen.

Hunderttausende wurden gerettet, doch viele mußten sterben, die voller Hoffnung am Kai von Pillau gestanden hatten. Und mancher, der mit dem Schiff der persönlichen Grausamkeit und dem Rachedurst sowjetischer Soldaten entflohen war, fuhr in ein blindes Verderben. Das Schiff »Andros«, rund dreitausend Tonnen groß, hatte am 6. März in Pillau die Leinen losgemacht. An Bord waren rund 2000 Flüchtlinge, darunter Frau Anna Küsel aus Gumbinnen in Ostpreußen und eine ihr gut bekannte Frau. Am 12. März stand das Schiff nach schwieriger Seefahrt durch Sturm und brechende See in der Hafeneinfahrt von Swinemünde. Die Menschen an Bord, meist Frauen und Kinder, kamen aus dem Bauch des Schiffes heraus an Deck und blickten auf die Stadt, die im ersten Grün des Frühlings vor ihnen lag. Männer auf dem Kai nahmen die Leinen des Schiffes und legten sie über die Poller. Die Seitenpforten des Schiffes wurden geöffnet, die Gangways herangeschoben, die ersten Flüchtlinge stiegen herunter. Es war der Augenblick, in dem sich 700 viermotorige Bomber des Alliierten Strategischen Bomberkommandos der Engländer und Amerikaner der Stadt näherten. Die Sirenen heulten auf. Frau Anna Küsel rannte in einen Luftschutzbunker, der am Hafen errichtet war. Ihre Bekannte blieb an Bord zurück. Die Bomber luden nahezu 1500 Tonnen Bomben über dem Hafen und der Stadt Swinemünde ab. Die Bomben trafen sieben Schiffe, die im Hafen lagen, und sie trafen auch die »Andros«.

Frau Anna Küsel schrieb später einen Brief an den Mann jener Frau, mit der sie während der Fahrt von Pillau nach Swinemünde zusammengewesen war. Sie berichtete darin: »Eine Bombe kam mit einem unvorstellbaren Krachen, daß man sich festhalten mußte, sonst wäre man umgefallen. Es war wohl die, die die ›Andros‹ getroffen hatte. Eine dreiviertel Stunde dauerte der fürchterliche Angriff. Mit zitternden Knien ging ich nach der Entwarnung heraus, und da bot sich mir ein grausiger Anblick.

Das Schiff war gesunken, das Ende, auf dem sich Ihre Frau und ich befunden hatten, hatte den Volltreffer bekommen, da ragte nur noch ein kleiner Teil aus dem Wasser heraus.« Frau Küsel beschloß ihren Brief an den Witwer: »Es war nicht mehr viel zu retten. Grausige Bilder, erlassen Sie es mir, das Nähere zu schildern, nie werde ich das in meinem Leben vergessen.« Bei diesem Luftangriff auf Swinemünde starben allein auf der »Andros« durch Bomben, Feuer und durch Wasser, das durch riesige Lecks in die unteren, mit Flüchtlingen vollgestopften Räume des Schiffes eindrang, 570 Menschen.

Im März 1945 waren den Deutschen des Ostens nur noch ihre Häfen als Fluchtpunkte geblieben. Die Rote Armee hatte Ostpommern überrollt, die Odermündung bei Stettin erreicht und den Weg nach Westen über Straßen und Schienen gesperrt. Der Vormarsch der Sowjets löste in Pommern und in Westpreußen die Flucht von Hunderttausenden aus. Sie alle hasteten nach Danzig, mit dem Pferdewagen oder zu Fuß, manchmal mit dem Lastwagen, dem Omnibus oder der Eisenbahn.

Der Treck, in dem der Bauer Wilhelm Jaekel aus Westpreußen mitfuhr, wurde von russischen Panzern überrollt. Die Menschen des Trecks flüchteten in ein Gehöft, die Sowjetsoldaten plünderten die Wagen und vergewaltigten die Frauen. Die Flucht schien zu Ende. Wilhelm Jaekel berichtete, wie es ihm dennoch gelang, nach Gotenhafen zu kommen: »Nachts klopft es ans Fenster. Deutsche Soldaten! Eine Panzerdivision auf dem Durchbruch nach Danzig.« Die Flüchtlinge spannten an und fuhren los. Die deutschen Kampfwagen sicherten den Treck nach allen Seiten. Wilhelm Jaekel: »Der Treck rollte über Felder und durch Wälder unter schwerstem feindlichem Beschuß, die Panzerdivision zum Igel geballt. Unter schwersten Kämpfen ging es nur schrittweise weiter. Granaten explodierten zwischen den Wagen, Menschen und Pferde starben, Fahrzeuge wurden zerschossen, aber immer weiter fuhr der Treck.« Die deutschen Soldaten brachten ihre Schützlinge durch. Frau Charlotte Dölling aus Bütow in Pommern, mit ihren

Kindern auf der Flucht, berichtete über die Angst und das Elend der Menschen in Danzig-Gotenhafen:

»Frauen und Kinder nebeneinanderliegend in großen Hallen, auf ihren Bündeln sitzend, wartend, schimpfend und ganz verbittert. Sie hatten schon tagelang hier herumgelegen und warteten darauf, daß sie auf ein Schiff kämen. Immer mehr Menschen strömten hier zusammen, und immer weniger fanden Gelegenheit, überhaupt wegzukommen. Über das Haus, in dem die Karten verteilt wurden, mit denen die Flüchtlinge auf die Schiffe gelangen konnten, berichtete Frau Dölling: »Die Menschen stürmten und drängten, daß es von vornherein aussichtslos erschien, überhaupt jemand zu fragen, ob man eine Karte bekäme. Es war einfach sinnlos. Viele Mütter bekamen Schreikrämpfe, ihre Kinder klammerten sich an sie. Ich war entsetzt und mutlos zugleich.« Die Frist, die den Flüchtlingen im Raum von Danzig bis zur Ankunft der Roten Armee geblieben war, schien kurz bemessen, zu kurz angesichts der Hunderttausende. Wenn diese Menschen vor dem Unheil bewahrt werden sollten, brauchten ihre Retter mehr Schiffe und mehr Zeit.

Mehr Schiffe? Ja. Die Kriegsmarine beorderte alle überhaupt verfügbaren Schiffe in die Gewässer um Danzig. Der Abtransport von Flüchtlingen aus Pillau wurde für eine Weile eingestellt. Mehr Zeit? Ja. Kampfschiffe der Deutschen Kriegsmarine und Marine-Flak griffen in den Kampf des Heeres gegen die auf die Festung Danzig-Gotenhafen vorstoßenden Sowjets ein. Sie schossen über viele Kilometer hinweg auf einen für sie unsichtbaren Gegner. Artilleriebeobachter an Land lenkten das Feuer der schweren Schiffsartillerie von Kreuzern und Zerstörern auf rasch vordringende russische Panzer und gegen die Massierungen russischer Geschütze. Die schweren Salven hielten den Vorstoß der Russen auf, tagelang.

Friedrich v. Wilpert berichtete über den Erfolg der Marine-Artillerie bei der Verteidigung von Danzig-Gotenhafen: Russische Gefangene vom 1. Panzer-Korps erklärten mir, daß ihre 17. Brigade mit 35 Panzern gegen Danzig-Gotenhafen vorgegangen sei. Jedes Bataillon habe damals noch 10 bis 12 Panzer gehabt (von ursprünglich 20 Panzern). Jetzt habe ihr Bataillon nur noch drei heile Panzer, und die 16. Brigade, die zusammen mit der 17. Brigade auf Danzig-Gotenhafen vorgestoßen war, sei vollständig aufgerieben worden.« An einem einzigen Tag feuerten deutsche Kampfschiffe vor Danzig und Gotenhafen 5600 Schuß aus ihren 12-Zentimeter-Geschützen und 19 000 Schuß aus ihren 10,5-Zentimeter-Geschützen auf russische Angriffskeile und russische Stellungen.

Der erbitterte Kampf der deutschen Soldaten auf den Schiffen und an Land hielt die Sowjets viele Wochen lang auf – Wochen, in denen mehr als 300 000 Menschen, Verwundete, Frauen, Kinder, ältere Männer über See in den Westen gebracht werden konnten.

Tausende von Flüchtlingen wurden mit Booten aus Gotenhafen und Danzig heraus auf die Halbinsel Hela transportiert – ein Stück Land, das in den folgenden Wochen eine der Stätten wurde, an denen sich das Schicksal vieler Menschen des deutschen Ostens entschied.

Auf Dauer konnten die Deutschen den Sowjets nicht widerstehen – zuviele Panzer, zuviele Soldaten, zuviele Geschütze, zuviele Reserven, wie überall an der ganzen langen Ostfront und auch an der Westfront. Am 24. März regneten Flugblätter auf die Stadt Danzig herab, die seit mehr als 700 Jahren eine deutsche Stadt war und nun in Trümmer sank.

Auf den Flugblättern heißt es: »Generale, Offiziere und Soldaten der 2. Deutschen Armee! Meine Truppen haben gestern am 24. März Zoppot genommen und eure eingeschlossene Kräftegruppe in zwei Teile aufgespalten. Unsere Artillerie beschießt die Häfen von Danzig und Gdingen. Der eherne Ring meiner Truppen um euch verengt sich immer mehr. Unter diesen Umständen ist euer Widerstand sinnlos und wird nur zu euerm Untergang und zum Untergang Hunderttausender von Frauen, Kindern und Greisen führen. Ich fordere euch auf, unverzüglich den Widerstand einzustellen und euch mit weißen Fahnen gefangenzugeben. Allen Gefangenen garantiere ich das Leben und die Belassung des persönlichen Eigentums. Alle Offiziere und Soldaten, die die Waffen nicht strecken, werden bei dem bevorstehenden Sturm vernichtet.

Euch wird die volle Verantwortung für die Opfer der Zivilbevölkerung treffen.« Das Flugblatt trug als Unterschrift den Namen von Konstantin Rokossowski, Marschall der Sowjetunion, Befehlshaber der 2. Weißrussischen Front. Wenige Tage später wurde deutlich, welches Los die Frauen und Kinder treffen sollte, um derentwillen sich die deutschen Verteidiger von Danzig ergeben sollten. Danzig kapitulierte nicht, die Sowjetarmee verstärkte Geschützfeuer und Bombenangriffe auf die Stadt in immer schnellerem Tempo zu wahnwitziger Steigerung. Frau Klara Seidler aus Danzig erinnerte sich an jene Tage in der alten Stadt: »Unser Nachbar fuhr mit seinem Gespann los. Er wurde samt Pferd und Wagen tief in die Erde bombardiert. Seine Angehörigen fanden nichts mehr zum Begräbnis. Herr Makowke starb am Herzschlag. Im Galopp – wegen des unaufhörlichen Artilleriebeschusses – wurde er zum Friedhof gebracht, und schleichend, kriechend kamen Frau und Tochter zurück. Aus dem Hochbunker schieben sich brennende Menschen als Feuersäulen heraus. Die Straße ist übersät mit Koffern, Mänteln und Menschen, die gekrümmt, verbrannt, tot oder sterbend liegen.«

In diese Feuerglocke über Danzig schob sich am 25. März der Dampfer »Ubena«, 9500 Tonnen groß, der im Frieden für die Deutsche Ostafrika-Linie gefahren war. Kapitän Lankau dirigierte sein Schiff in den Hafen, in dem schon die Geschosse russischer Artillerie und Werfer explodierten. Sein Grund für dieses Unternehmen der letzten Stunde: »Der Kai war schwarz von Menschen. Ich beabsichtigte mitzunehmen, was irgend möglich war. Wir hatten sogar unsere großen Ladenetze über die Bordwand gehängt, an denen die Menschen wie die Katzen heraufkletterten. Noch beim Ablegen kletterten die Flüchtenden in dichten Trauben in den Netzen an Bord, es war furchtbar.«

In jenen Stunden, da der Kapitän eines Handelsschiffes sein Leben und das seiner Besatzung einsetzte, um Frauen und Kinder vor den Russen zu bewahren, stahl sich ein kleiner Dampfer mit dem Namen »Neufahrwasser« aus dem Hafen von Danzig. Er hatte keine Flüchtlinge an Bord, obwohl einige hundert Menschen auf ihm Platz gefunden hätten. Auf diesem Dampfer fuhr Gauleiter

Alfred Forster zur Halbinsel Hela in Sicherheit. Erst unter der Drohung der Geschütze eines Schiffes der deutschen Kriegsmarine fand sich Forster bereit, Menschen von einem überladenen Boot zu übernehmen und nach Hela zu bringen.

Über die Stadt Danzig, und die zweihunderttausend Menschen, die den Sprung nach Westen nicht geschafft hatten oder aber die See mehr fürchteten als die Russen, ging der Sturm hinweg, den Marschall Rokossowski angekündigt hatte: Mord und Schändung, Feuer und Folter.

Frau Klara Seidler berichtete der Wissenschaftlichen Kommission der Bundesregierung: »Eine junge Frau mit drei kleinen Kindern wollte sich im Keller verstecken, als die Horde sie überwältigte. Die Kinder riefen: ›Mutti, Muttilein!‹ Da nahm einer der Russen die Kinder und brachte sie alle drei um. Das vergesse ich mein Leben lang nicht. Die Mutter kroch nachher, nachdem sie vielfach vergewaltigt worden war, zu einem Fluß, um sich zu ertränken. Gehen, aufrecht gehen konnte sie nicht.«

Eine Frau in Danzig, so berichtete Frau Seidler weiter, stellte sich einem Rotarmisten entgegen, der ihre zwölfjährige Tochter vergewaltigen wollte. Der Soldat erschoß Mutter und Tochter. Frau Brigitte Pajain aus Danzig gab zu Protokoll: »Im Nu war ich umringt von diesen Horden, es gab keinen Ausweg. Hilflos jagte ich hin und her, überall verfolgt. Eine der Grauen Schwestern, die im Nachbarhaus ein Altenheim hatten, nahm mich mit, versah mich mit einem alten, langen Mantel und versteckte mich bei den Alten im Heim in einem Keller. Es kam eine grausame Nacht. Stundenlang hörte ich die Hilfeschreie der Frauen, Mädchen und Grauen Schwestern. Unentwegt schoben sich die Russen den Kellergang entlang, immer neue Opfer suchend.«

So wiederholte sich in Danzig, was vorher schon in Ostpreußen, in Pommern, in Schlesien geschehen war und was später in ungezählten deutschen Städten und Dörfern noch geschehen sollte.

Die deutschen Soldaten in den dezimierten, zerschlagenen, mit Munition und Waffen schlecht versorgten Divisionen an der Ostfront kämpften in jenen Tagen längst nicht mehr um irgendeinen Sieg, aber sie hielten in den Häfen und an der Küste mit unerhörter Zähigkeit und unerhörter Tapferkeit aus – der Frauen und Kinder wegen.

Danzig war gefallen, aber im ostpreußischen Samland erwehrten sich die deutschen Truppen weiter rollender Angriffe der zehnfach überlegenen Divisionen der 3. Weißrussischen Front. So blieb der Hafen von Pillau frei für den Abtransport von Flüchtlingen. Die Deutschen hielten auch immer noch den schmalen Landstreifen der Frischen Nehrung besetzt, und sie hielten die Weichselniederung. Von der Nehrung und aus der Niederung wurden Flüchtlinge mit kleinen Booten, mit Fähren und Prähmen nach Hela gebracht. Vor der Spitze von Hela, der Halbinsel, die in der Danziger Bucht weit nach Osten ragt, wurden die Flüchtlinge auf die großen Schiffe nach Westen verladen. Jeder Tag, den die deutschen Soldaten gewannen, bedeutete für zehntausende von Frauen, Kindern und Verwundeten die Freiheit, die Unversehrtheit und oft auch das Leben.

Die Russen freilich wollten die Beute, die ihnen schon sicher schien, nicht entkommen lassen. Sie machten weiter Jagd auf die Schiffe nach Westen mit U-Booten, mit Bombern, mit Schlachtflugzeugen.

Der Lehrer Otto Fritsch war zusammen mit seiner Frau, seiner Tochter und drei Enkelkindern aus Königsberg in die Nähe von Pillau geflüchtet. In den ersten vier Wochen der Flucht starben seine Frau und seine jüngste Enkelin. Am 11. April 1945 standen der Lehrer, seine Tochter und die zwei überlebenden Enkel am Hafen von Pillau. Die vier bestiegen den knapp 900 Tonnen großen Dampfer »Karlsruhe«, der damals schon 40 Jahre alt war. Erste Station des Flüchtlingsschiffs war Hela. Dort ging der Dampfer vor Anker und nahm weitere Flüchtlinge und einige Soldaten auf. Am nächsten Tag sollte er sich in einem Geleitzug einreihen, der von Kriegsschiffen gesichert wurde. Aber der alte Dampfer konnte die Geschwindigkeit des Konvois nicht halten. Mit sieben Knoten in der Stunde, knapp dreizehn Stundenkilometern, kroch er dahin.

Russische Torpedoflieger fanden die »Karlsruhe« auf der Höhe Stolpmünde in Pommern. Sie griffen das Flüchtlingsschiff mit Torpedos an. Eines der Geschosse traf den dahinkeuchenden

Dampfer in der Mitte. Das Schiff zerbrach in zwei Teile und sank innerhalb weniger Minuten. Lehrer Otto Fritsch stand während des Angriffs zusammen mit seiner Tochter und seinen zwei Enkeln auf dem Deck der »Karlsruhe«. Er berichtete: »Wir stürzten in das Wasser. Ich hielt mich an einem Rettungsfloß fest und wurde vom Minensuchboot 243 gerettet. Von meiner Tochter und ihren beiden Kindern wußte ich nichts.«

Nachdem Otto Fritsch sich erholt hatte, machte er sich auf die Suche nach seinen Angehörigen. Er schaute in Kinder- und Frauengesichter. Nach längerer Zeit entdeckte er in einem Raum des Schiffes seinen zweieinhalbjährigen Enkel, der von Matrosen in Decken gewickelt worden war, um ihn wieder aufzuwärmen. Die Retter erzählten dem Großvater: »Das Kind hat rittlings auf einem kurzen Balken gesessen. Es hat sich mit beiden Händchen festgehalten und fürchterlich geweint.« Das zweite Enkelkind von Otto Fritsch und seine Tochter waren in der Ostsee ertrunken, wie 850 andere der tausend Passagiere der »Karlsruhe« auch. Opa und Enkel wurden von der Kriegsmarine nach Dänemark in Sicherheit gebracht.

Am 15. April notierte Oberst Eberhard Schoepffer in einem kleinen Büchlein ein paar Zeilen: »Neu eingetroffen: 18 000 Verwundete, 33 000 Flüchtlinge und 8000 Volkssturmmänner.« Der Oberst, der Kommandant der von den Russen eroberten Stadt Elbing gewesen war, tat nun Dienst auf der Halbinsel Hela, in jenem Streifen Landes, das in den letzten Wochen des Krieges um den deutschen Osten der größte Umschlagplatz des Reiches war. Auf Hela, vor dem Krieg von wenigen Fischern besiedelt, drängten sich jetzt nahezu 400 000 Menschen, und vor Hela sammelten sich Tag für Tag Dutzende von Schiffen, um Flüchtlinge, Verwundete und Soldaten, die für die Verteidigung der Halbinsel nicht mehr gebraucht wurden, nach Westen zu schaffen. Die Gebäude auf Hela konnten nur einen winzigen Bruchteil der Menschen aufnehmen. So gruben sie sich Löcher in den Dünensand, sie schliefen unter Decken und in Zelten.

Aber auf Hela fühlten sich die Menschen geborgen. Oberst Schoepffer erinnerte sich: »Es war rührend zu beobachten, mit welchem Sicherheits-, ja sogar Glücksgefühl ein großer Teil der von Haus und Hof Vertriebenen die Küste von Hela betrat. Die armen Menschen waren tagelang auf den Straßen Ost- und Westpreußens hin- und hergetrieben worden. Im Samland, auf der Frischen Nehrung oder irgendwo in der Danziger Niederung waren sie in die Boote gesprungen, die sie nach Hela brachten. Die Angst vor dem Tod oder vor Sibirien verflüchtigte sich in einer Nacht. Daß für sehr viele beim Transport nach dem Westen noch schwere Gefahren zu überwinden waren und Trauer in viele Familien einzog, ahnten bei der Landung auf Hela nur sehr wenige.«

Die Sowjets schossen mit Ferngeschützen vom Festland bei Danzig nach Hela hinüber, und sie griffen erbarmungslos mit Bombern an. Die Wissenschaftliche Kommission der Bundesregierung schreibt: »Ständige russische Luftangriffe riefen nicht nur hohe Verluste unter den in Hela unvorstellbar dicht zusammengedrängten Soldaten und Zivilisten hervor, sondern erschwerten auch den Abtransport auf das äußerste.«

Oberst Schoepffer berichtete: »Welch grauenhaftes Schicksal mußten die unglücklichen Menschen erleiden, die während der Verschiffung in einen Bombenangriff hineinkamen. Es war unvermeidlich, daß beim Sprung vom Steg im Hafen in die kleinen Boote Familien auseinandergerissen wurden. Mütter und Kranke waren unterwegs zu den großen Schiffen, während die Kinder noch auf der Mole auf das nächste Boot warteten. Wenn dann der Luftangriff einsetzte und eins der überladenen Zubringerboote durch Bomben versenkt wurde oder die Transportflotte durch die Wucht des Angriffs gezwungen wurde, in See zu gehen und nur mit halber Ladung Kurs nach Westen zu nehmen, dann war das Elend furchtbar. Kinder liefen umher und suchten ihre Mütter, und Frauen riefen nach ihren Kindern und beklagten den Tod ihrer Angehörigen, die vor ihren Augen den grausamen Tod in den Wellen gefunden hatten.«

In den Dünen von Hela schaufelten die Soldaten damals Massengräber, jeden Tag ein neues. Zweimal am Tag war Bestattung, mal 30 Tote, mal 50, mal hundert. Geistliche sprachen in den Augenblicken, in denen die russische Artillerie eine Feuerpause eingelegt hatte, ein Gebet, die Männer des Gräberoffiziers deckten Sand über die Toten, Kreuze aus Ästen wurden errichtet, ein paar Blumen gesteckt. Hela im Frühjahr 1945.

Das größte Flüchtlingsgrab aber bleib die See.

Am 16. April auf der Reede vor Hela das Motorschiff »Goya«, erst drei Jahre alt, rund 5000 Tonnen groß, schnell, modern. Es war das größte Schiff an diesem Tag vor der Halbinsel. Das Wetter war gut. Die Sonne wärmte schon, die See war glatt, der Himmel klar. Die Einschiffung der Flüchtlinge, der Verwundeten und der Soldaten begann am frühen Morgen. Das Ziel der Flüchtlinge aber war auch Ziel russischer Bomber. Verlockend groß lag das Schiff unter ihnen in der blauen Ostsee. Dreimal griffen sie an, Flakfeuer drängte sie ab, eine Bombe jedoch traf die »Goya«. Die Explosion verwundete das Schiff, aber tötete es nicht. Schneller lief die Einschiffung, die Menschen beeilten sich, jagten Jakobsleitern und Kletternetze hoch, hielten sich auf den Plattformen des Ladegeschirrs fest, mit dem sie aus den Booten durch die Luft an Deck des Schiffs schwebten.

Am Abend dieses 16. April waren mehr als 6000 Menschen auf der »Goya« untergebracht. Es war eng, aber alle an Bord hofften auf eine schnelle Reise. Um sieben Uhr abends, im Osten war der Himmel über der Ostsee schon dunkel, nahm die »Goya« Fahrt auf. Sie gehörte zu einem Geleitzug von vier Schiffen, die in dieser Nacht nach Westen bestimmt waren. Der Panzersoldat C. Adomeit, mit mehreren Kameraden an Bord der »Goya«, konnte in dieser Nacht keine Ruhe finden. Er ging im Schiff umher. Überall standen, lagen und saßen Frauen, Kinder und Soldaten. C. Adomeit mußte über Schwerverletzte hinwegsteigen. Schließlich beschloß er, sich oben auf Deck einen Platz zu suchen, an dem er einige Stunden schlafen konnte. Er blickte auf die Uhr. Es war kurz vor Mitternacht.

Zu diesem Zeitpunkt gab wenige hundert Meter von der »Goya« entfernt der russische Kapitänleutnant Konovalow, Kommandant des U-Bootes »L 3«, den Feuerbefehl. Zwei Torpedos schossen auf den mit Flüchtlingen, Soldaten und Verwundeten überfüllten Frachter zu. Beide trafen.

C. Adomeit: »Das Schiff erbebt, zwei gewaltige Wassersäulen steigen empor und klatschen auf Deck hernieder. In dieser Panik, in diesem Chaos, hört man überall das Schreien von Menschen. Unheimlich dieses Gurgeln und Getöse von Wassermassen.« Die »Goya« sank innerhalb von vier Minuten. In diesen 240 Sekunden starben rund 7000 Menschen. 165 wurden gerettet. C. Adomeit erinnert sich an diese vier Minuten: »Mütter rufen nach ihren Kindern, Männer nach ihren Frauen. Die Überlebenden schreien mit letzten Kräften um Hilfe, manche weinen, manche beten . . . Am Morgen ist die See ruhig und spiegelglatt.«

Doch am nächsten Tag schon wurden wieder 20 000 Menschen auf die wartenden Schiffe vor der Reede von Hela verladen, und am 21. April notiert der Major im Generalstab Udo Titgen, Leiter der Seeleitstelle auf Hela: »Neun Großschiffe stehen auf Hela-Reede. Die Einschiffung und Beladung wird trotz Artilleriefeuers mit aller Energie vorwärtsgetrieben. Am Abend sind 28 000 Personen an Bord. Die Schiffe laufen noch in der Nacht unter starkem Marinegeleit nach Westen ab.«

Insgesamt transportierten deutsche Schiffe allein im April und allein von Hela nahezu 400 000 Menschen nach Schleswig-Holstein und nach Dänemark. Am 27. April eroberten die Truppen der 3. Weißrussischen Front die Hafenstadt Pillau, Anfang Mai verließen die letzten deutschen Soldaten die Frische Nehrung. Hela blieb der letzte Zufluchtsort im Osten, der letzte Hafen der Hoffnung. Anfang Mai lebten in den Erdlöchern von Hela noch 200 000 Menschen. Das Ende des Krieges war nahe, der Tag, an dem sich die deutsche Wehrmacht ihren Gegnern ergeben mußte, abzusehen. Die Schiffe von Hela fuhren und fuhren und fuhren. Am Morgen des 2. Mai liefen zwei Dampfer mit mehr als 8500 Menschen an Bord von Hela aus, am Nachmittag des Tages folgten ihnen zwei Torpedoboote, vollgepfercht mit Flüchtlingen.

Im Nordwesten Deutschlands kapitulierten am 5. Mai die deutschen Truppen vor den Engländern. Im Osten zögerte Großadmiral Karl Dönitz, nach Hitlers Tod am 30. April Chef der Reichsregierung, die Kapitulation hinaus. Später sagte er über seine Ziele: »Mein Regierungsprogramm war einfach. Es galt, soviel Menschenleben zu retten wie möglich. Das Ziel war das gleiche wie in den vergangenen letzten Kriegsmonten.«

Am 5. Mai steuerten noch einmal Dampfer und Kriegsschiffe nach Osten: fünf Zerstörer, fünf Torpedoboote, ein Hilfskreuzer und sechs Frachtschiffe. Sie übernahmen in einer einzigen Nacht mehr als 43 000 Menschen. Und noch am Morgen nach der Kapitulation vom 8. Mai legten in Hela Schiffe mit Flüchtlingen ab: kleine Küstendampfer, Fischkutter, Segelboote. Major Udo Titgen erinnerte sich: »Als die Sonne strahlend über der ruhigen blauen See aufgeht, steuern unzählige Schiffe aller Typen gen Westen. Tausende schauen nach dem kaum noch erkennbaren schmalen Landstrich Hela herüber.«

Doch nicht alle Menschen, die damals auf Hela waren, konnten abtransportiert werden. Rund 60 000 Zivilisten und Soldaten blieben zurück.

Mancher blieb freiwillig. Oberst Schoepffer berichtete: »Flüchtlingsfamilien aus Ost- und Westpreußen, die nach monatelangem Umherirren in einer Bretterbude oder einem Waldbunker Zuflucht gefunden hatten, wollten unter keinen Umständen ihr dürftiges Leben mit der Unruhe eines neuen Trecks über See eintauschen. Sie wollten möglichst bald wieder in die Heimat zurück. Sie konnten und wollten nicht glauben, daß rechtlich denkende Christenvölker wie die Engländer und Amerikaner es dulden würden, daß ganze Provinzen, die seit Jahrhunderten von Deutschen besiedelt waren, nun restlos von diesen Deutschen geräumt werden müßten. Wenn man sie auf ihr mögliches Schicksal in Sibirien aufmerksam machte, lachten sie und hielten das für ›Goebbels-Propaganda‹. Es war erschreckend, mit welcher Unkenntnis und mit welchem Vertrauen in den Rechtssinn der Anglo-Amerikaner diese Menschen in ihr grausames Schicksal gingen.«

Zu den Menschen, die freiwillig auf Hela blieben, gehörte auch eine junge Flüchtlingsfrau. Sie hatte sich mit ihren beiden kleinen Kindern auf die Halbinsel gerettet, und nun warteten die drei auf ein Schiff nach Westen. Sie waren auf dem Weg zum Hafen, als russische Bomber angriffen. Eine der Bomben tötete die beiden Kinder, die Mutter überlebte. In den Dünen der Halbinsel, in der

Nähe der Massengräber für die Gefallenen und Gestorbenen von Hela, hatte die Mutter für ihre Kinder selbst ein Grab geschaufelt. Oberst Eberhard Schoepffer erinnerte sich: »Nacht und Tag saß die Mutter an diesem kleinen Hügel und weigerte sich auf das entschiedenste, Hela zu verlassen.«

*

Die Bilanz der Flucht über das Meer, des größten Rettungsunternehmens aller Zeiten: 135 Schiffe gingen durch Torpedos, Fliegerbomben und Minen verloren, zwanzigtausend Menschen starben in jenen Monaten in der Ostsee einen jammervollen Tod. Aber mehr als zwei Millionen Menschen entrannen den Russen – dank der Tapferkeit, der Einsatzbereitschaft und der Unermüdlichkeit deutscher Seeleute von Kriegsmarine und Handelsflotte und der Soldaten des Heeres, die um der Frauen und Kinder willen aushielten, als sie selbst schon verloren waren.

VI.

KÖNIGSBERG

Menschenfleisch

Am 28. Januar 1945 stand die Hausfrau A. F. zusammen mit einem ihr gut bekannten Ehepaar an einer Straßenbahnhaltestelle in der ostpreußischen Hauptstadt Königsberg in einer riesigen Menschenmenge. Immer wieder duckten sich die Menschen, und manche warfen sich auf die Erde. In der Luft war ein immerwährendes Heulen, übertönt von dumpfem Krachen explodierender Granaten. Staub und Rauch aus Tausenden von Einschlägen lagen über der Stadt. Hoch oben am Himmel huschten silbern glänzende Schatten dahin: Aufklärungsflugzeuge der Roten Luftflotte.

Am 26. Januar 1945, knapp zwei Wochen nach dem Beginn ihrer großen Offensive gegen Ostpreußen, hatten sowjetische Truppen die Vororte der ostpreußischen Hauptstadt Königsberg erreicht. Schwerkalibrige russische Geschütze eröffneten das Feuer – und sie hörten nicht mehr auf.

Königsberg war in jenen Tagen mit Hunderttausenden von Zivilisten gefüllt, Flüchtlinge aus ostpreußischen Städten wie Insterburg und Allenstein, die von der Roten Armee schon erobert worden waren, Menschen aus den Landgebieten, über die der Schrecken schon einmal hinweggetobt war. Sie drängten sich in öffentlichen Gebäuden von Königsberg und in Privatwohnungen. In den Straßen reihten sich dicht die Pferdewagen. Die Flüchtlinge hofften, daß sie von Königsberg, der Metropole des deutschen Ostens, aus, noch einen Weg in den rettenden Westen finden würden, und viele von ihnen vertrauten darauf, daß Königsberg ihnen Schutz gewähren würde, bis deutsche Truppen Ostpreußen befreit hatten.

Noch schienen Lücken in dem Ring offen zu sein, den die Russen um die Stadt gelegt hatten: über das Wasser, das Königsberg mit dem Ostseehafen Pillau verband, und auch zu Lande, mit der Eisenbahn nach Pillau.

Manche der Menschen an der Straßenbahnhaltestelle aber wollten nur deshalb die Stadt verlassen, um für eine Weile dem Artilleriebeschuß zu entgehen. So das Ehepaar, das zusammen mit der Hausfrau A. F. auf die Straßenbahn wartete. Frau A. F. berichtete: »Sie wollten sich bei Bekannten in Metgethen wenigstens eine Nacht ausschlafen. Ihren Hund hatten sie auch mitgenommen.« Metgethen liegt im Westen von Königsberg auf dem Weg nach Pillau. Frau A. F. entschied sich noch an der Straßenbahnhaltestelle anders: Sie wollte in Königsberg bleiben. Sie blickte lange der Straßenbahn nach, die nach Metgethen schlingerte und ging dann zu ihrer Wohnung zurück. Ihr Entschluß, in der belagerten Stadt auszuharren, rettete ihr vermutlich das Leben. Einige Tage später entdeckte Frau A. F. in ihrer Straße den Hund, der dem Ehepaar gehört hatte, das in Metgethen eine Nacht ausschlafen wollte.

In Metgethen waren Flüchtlinge aus Königsberg auf Soldaten der 3. Weißrussischen Front gestoßen, die unter dem Kommando des Sowjetgenerals Tschernjakowski stand. Vor dem Angriff auf das Reich hatte Tschernjakowski einen Tagesbefehl an seine Soldaten gerichtet: »2000 Kilometer sind wir marschiert und haben die Vernichtung aller Errungenschaften gesehen, die wir in 20 Jahren aufgebaut haben. Nun stehen wir vor der Höhle, aus der heraus die faschistischen Angreifer uns überfallen haben. Wir bleiben erst stehen, wenn wir sie ausgeräuchert haben. Gnade gibt es nicht – für niemanden, wie es auch für uns keine Gnade gegeben hat. Das Land der Faschisten muß zur Wüste werden, wie unser Land, das sie zur Wüste gemacht haben. Die Faschisten müssen sterben, wie auch unsere Soldaten gestorben sind.«

Die Stadt Königsberg, gegen die Tschernjakowskis Truppen jetzt anstürmten, war nicht einfach nur eine Stadt; Königsberg galt als eine der stärksten Festungen des Reiches. Zwölf Forts und Bastionen schützen die Stadt. Allerdings: Zum Zeitpunkt des russischen Angriffs waren die Befestigungen bereits mehr als 60 Jahre alt, gebaut also gegen Waffen, wie sie im deutsch-französischen Krieg von 1870/71 modern gewesen waren und nützlich vielleicht noch im Ersten Weltkrieg.

Aber jetzt, am Ende des Zweiten Weltkriegs, verdiente die Stadt kaum noch den Namen einer Festung. Der General der Infanterie Otto Lasch, am 27. Januar 1945 von Hitler zum Kommandanten von Königsberg ernannt, schrieb in seinem Buch »So fiel Königsberg«: »Der Mangel der alten Befestigungen lag darin, daß die Beobachtungs- und Wirkungsmöglichkeit von innen heraus sehr beschränkt war. Nur mit einem hinteren Eingang versehen, waren sie richtige Mausefallen.« Die Soldaten des Generals Lasch, die sich gegen fünf sowjetische Armeen verteidigen mußten, litten Mangel an Waffen und Munition. In Königsbergs Tischlereien bastelten Handwerker und Pioniere Minen aus Holz. In Königsbergs Fabriken drehten Männer und Frauen Granaten. Offiziere fahndeten in Dachböden, Wohnungen und Kellern nach Soldaten zerschlagener Truppenteile, die sich dort versteckt hielten. Mit rund zehntausend Mann wurden auf diese Weise die Reihen der Verteidiger von Königsberg aufgefüllt.

Lebensmittel waren in den ersten Wochen der Belagerung von Königsberg noch in ausreichenden Mengen vorhanden. Wasser wurde aus alten Brunnen gepumpt, die nach langer Suche freigelegt worden waren. Auch die Lichtversorgung, die einige Zeit unterbrochen gewesen war, wurde wieder hergestellt. Und selbst ein Kino öffnete wieder. Doch wenn die Eingeschlossenen von Königsberg einkaufen gingen, mußten sie von Hauseingang zu Hauseingang springen, um vor den Einschlägen russischer Granaten Schutz zu suchen.

Die Königsbergerin Frau A. F.: »Wie oft ging es an einem dicht vorbei oder über den Kopf, sirrende und heulende Geräusche, und dann der Krach des Einschlags.« Die russische Artillerie schoß ohne Unterlaß in die Stadt hinein. Frau A. F. erinnerte sich: »Es hörte sich an, als ob jedes Geschoß über dem Dach meines Hauses explodierte.« Immer mehr Häuser fielen in Trümmer, Flächenbrände breiteten sich aus. Die Menschen rückten in den noch unversehrt gebliebenen Kellern enger zusammen.

Ostpreußens Gauleiter Erich Koch ließ sich über den Todeskampf der Stadt, in der er König von Hitlers Gnaden gewesen war, in seinem Bunker auf der Frischen Nehrung informieren, in dem er jetzt untergekrochen war. Seine Funktionäre aber hielten in Königsberg Kochs Regiment aufrecht. Der NSDAP-Kreisleiter Ernst Wagner wandte sich in einem Aufruf an den Volkssturm; der immer noch Kochs Kommando unterstand: »Die bolschewistischen Bestien sind unter gewaltigem Einsatz ihrer großen Überlegenheit trotz schwerster Verluste bis an unsere Gauhauptstadt Königsberg vorgedrungen. Wir sind nun auf Gedeih und Verderb mit dem Schicksal der Stadt Königsberg verbunden. Entweder wir lassen uns in der Festung wie tolle Hunde erschlagen, oder wir erschlagen die Bolschewisten vor den Toren unserer Stadt . . . Der Bolschewistische Soldat ist viel schlechter als der deutsche. Vor ihm zurückzugehen oder sich zu ergeben, ist sinnlos und ein Verbrechen . . . Gegen Deserteure, Feiglinge und Schädlinge wird schärfstens vorgegangen. Wer sich hinten herumdrückt und nicht kämpfen will, muß sterben . . . Seid mitrauisch gegen jedes Gerücht. Wahr ist nur, was für uns gut ist . . . Unser Gauleiter grüßt die Volkssturmmänner und wünscht ihnen Hals- und Beinbruch.«

Über den Anblick, den Erich Kochs Soldaten in jenen Tagen boten, schrieb die Augenzeugin A. F.: »Der Volkssturm kam auch zum Einsatz. Daß diese alten Männer versagen mußten, weiß der, der selbst dabei wär oder gesehen hat, in was für einem kraftlosen körperlichen und seelischen Zustand sie nach Hause kamen. Jede Anstrengung dieser Männer angesichts des anstürmenden und vorwärtsdrängenden Feindes mußte vergeblich sein. Ebenso jedes Opfer an Leben und Gesundheit.«

Vor der Stadt der Schrecken des Krieges, in der Stadt immer noch der nationalsozialistische Terror. General Lasch erinnerte sich: »Zur Hebung der stark abgesunkenen Stimmung der Zivilbevölkerung hatte ich bekanntmachen lassen, daß Postkarten zur Beförderung nach dem übrigen Deutschland geschrieben werden könnten. Sie wurden auf dem Hauptpostamt gesammelt, um gegebenenfalls nach Öffnung der Festung weiterbefördert zu werden. Ein alter Justizrat – früher Angehöriger der Zentrumspartei – hatte eine solche Postkarte an eine Verwandte in Westdeutschland gerichtet. Auf ihr stand zu lesen, daß es in Königsberg schlimm aussähe, daß die Partei völlig versagt hätte und daß der Gauleiter geflohen sei. Das zur Aburteilung strafbarer Handlungen von Zivilisten eingesetzte Standgericht der Festung, das zum Teil aus Parteileuten bestand, verurteilte diesen Mann wegen Zersetzung der Wehrkraft und wegen Verunglimpfung von Partei- und Staatsbehörden zum Tode, obgleich seine Behauptungen doch völlig der Wahrheit entsprachen. Ein erschütterndes Beispiel dafür, bis zu welchem Grade das Empfinden für Recht und Unrecht in manchen Köpfen damals ausgelöscht war. Zum Glück hatte ich mir die Bestätigung von Todesurteilen bei allen Standgerichten der Festung vorbehalten und konnte somit die Vollstreckung dieses wahnsinnigen Urteils verhindern.«

*

Am 16. Februar fiel der Befehlshaber der 3. Weißrussischen Front, General Tschernjakowski, dessen Armeen Königsberg berannten. Für einen Augenblick schien sich der russische Druck zu lockern. Drei Tage später, am 19. Februar, entschloß sich die Wehrmacht, den Ring um Königsberg aufzusprengen. Aus der Festung sollten eine Panzerdivision und eine Grenadierdivision nach Westen stürmen – von Norden und Westen her sollten deutsche Truppen ihnen entgegenkommen. General Lasch: »Es war dies die letzte und einzige Möglichkeit, Königsberg wieder mit der Außenwelt zu verbinden und damit noch einmal die Gelegenheit zu schaffen, größere Teile der in der Stadt zusammengeballten Zivilbevölkerung ins Reich über Pillau abzubefördern.«
Bei ihrem Vorstoß nach Westen erbeuteten die deutschen Soldaten sowjetische Papiere, aus denen ersichtlich war, daß die ungezügelte Gier die Kampffähigkeit der russischen Truppen beeinträchtigt hatte.
Sowjetische Offiziere beklagten in Berichten an die Armeeführung, daß die Unterführer mit Saufereien und Plünderungen

beschäftigt seien. Die Armeefahrzeuge für den Transport von Truppen und Nachschub waren mit Beute beladen, die Gefechtsbereitschaft war grob vernachlässigt worden.

Die Deutschen fanden auch Briefe, die zwei Soldaten der sowjetischen Belagerungsarmee vor Königsberg in jenen Tagen an ihre Angehörigen geschrieben hatten. In einem der Briefe stand: »Wir stehen in Ostpreußen vor Königsberg. Uns geht es gut, haben sehr viel erbeutet. Essen sehr gut und viel, in Königsberg warten noch größere Schätze auf uns. Ich habe der Mutter, der Freundin acht Meter Seide geschickt, Schuhe und Mantel, Stiefel und Strümpfe, Stoff für Anzüge und Kleider. Wenn wir Königsberg genommen haben, bekommen wir Ruhe, dann kann ich mehr schicken. Wir können essen, was das Herz begehrt. Zuweilen sind wir mit Füßen über die guten Sachen getrampelt.«

Und in dem anderen Brief schrieb ein Rotarmist: »Ich sitze und denke, an meine Hanka einen Brief zu schreiben. Ich gebe dir, meine liebe Hanka, die rechte Hand und küsse dich auf deinen süßen Mund . . . Von der Front weißt du selbst, wie es ist. Ich befinde mich jetzt in der Nähe der Stadt Königsberg . . . Nun will ich dir schreiben, wie unsere Slawen mit den deutschen Frauen umgehen. Die Frauen haben nichts Gutes. Den Männern geht es nicht so schlecht, aber das Leben der Frauen ist schwer. Denn sie machen es so mit ihnen. Einer hält sie, und der andere macht mit ihnen, was er will. Es waren auch solche Frauen, die das nicht überleben konnten und es nicht aushielten und starben . . . Die Leute wohnen hier gut. Obwohl der Boden sandig ist, leben sie besser als wir. Wenn du in ein Haus reingehst, weißt du nicht, auf was du zuerst schauen sollst. So viele schöne Sachen findest du hier vor. Fast ein jeder Wirt hat ein Klavier, so etwas, wo man darauf spielt. Es ist ungefähr so groß wie ein Tisch. Es ist nur schlimm, daß ich die deutsche Sprache nicht kann. Wenn sie mir was sagen, stehe ich da und reiße die Augen auf wie ein Schaf. Es ist aber doch ein Elend. Sie vergiften ihr Essen und ihre Getränke, so daß schon viele gestorben sind. Wenn sie Schnaps trinken, der vergiftet ist, so liegen sie etwa zwanzig Stunden im Sterben.«

Die deutschen Truppen, die aus Königsberg nach Westen vorgestoßen waren, erreichten Metgethen, den Ort, an dem die Bekannten der Königsbergerin A. F. eine Nacht ausschlafen wollten, den Ort, von dem nur ihr Hund zurückgekehrt war. Dort hatten, so entdeckten deutsche Soldaten, Rotarmisten 32 Zivilisten auf einen eingezäunten Tennisplatz getrieben und in die Luft gesprengt. Der Kommandeur eines deutschen Grenadierregiments, das damals den Weg von Königsberg nach Westen freikämpfte, schrieb: »Ich habe Frauen gesehen, die noch den Strick um den Hals hatten, mit dem sie zu Tode geschleift worden waren. Oft waren mehrere Frauen aneinandergebunden. Ich habe Frauen gesehen, die mit dem Kopf im Morast eines Grabens oder in Dunggräben steckten, und deren Unterleiber deutliche Spuren bestialischer Behandlung trugen. Wohin man ging – überall lagen Leichen und Kadaver . . . Die Wohnungen waren ausgeplündert. An der Eisenbahnstrecke waren Radiogeräte, Nähmaschinen, Staubsauger, Fahrräder, ärztliche Geräte, Betten, Polstermöbel und Geschirr zusammengetragen und verladebereit.«

Der Ausbruch aus der Festung hatte eine breite Bresche in den Ring geschlagen, den die Rote Armee um die Stadt gelegt hatte. Zehntausende machten sich auf den Fluchtweg nach Westen. Aber viele Tausende von ihnen kehrten in die Festung zurück. Angst vor dem Transport übers Meer und die miserable Organisation, beißende Kälte und nagender Hunger trieben sie wieder nach Königsberg. Frau A. F. berichtete: »Die Menschen wollten nicht mehr raus, weil ihnen ein Abtransport ins Reich aussichtslos erschien. Sie hielten sich tagelang versteckt, um von den nationalsozialistischen Funktionären nicht erfaßt zu werden.«

Die Wissenschaftliche Kommission der Bundesregierung schreibt: »Nachdem im Norden der Stadt die Verbindung nach dem Samland für einige Wochen wieder freigekämpft war, konnten noch weitere Teile der Zivilbevölkerung aus Königsberg ins Samland übergeführt werden. Dennoch blieben circa 100 000 Menschen in Königsberg zurück. Viele von ihnen kamen den Räumungsaufforderungen der Partei absichtlich nicht nach, weil sie sich in der Stadt sicherer glaubten als im Samland oder auf dem gefahrvollen Fluchtweg über Pillau. Fortgesetzte Bombenabwürfe und Artilleriebeschuß auf Königsberg zerstörten während der Wochen der Einschließung einen großen Teil der ohnehin durch Luftangriffe schon früher schwer mitgenommenen Stadt und richteten unter der nur noch in Kellern lebenden Zivilbevölkerung hohe Verluste an. Als schließlich der Generalangriff der Roten Armee auf Königsberg erfolgte, wurden nochmals viele Zivilisten in die Kriegsereignisse hineingerissen. Etwa 25 Prozent der in Königsberg verbliebenen Bevölkerung ist im Laufe der Kampfhandlungen ums Leben gekommen.«

Im März mehrten sich die Angriffe russischer Bomber gegen die Stadt. Meist kamen sie während der Dunkelheit und warfen ihre Bomben in die Trümmer unter ihnen. Noch enger wurde der Platz in den Kellern.

Der Ostersonntag 1945, der 1. April, brach mit strahlendem Frühlingswetter an. Es war warm, Blumen blühten, die Menschen wagten sich aus den Kellern hervor und machten kurze Spaziergänge. An diesem Tag hatten amerikanische Truppen im Westen Deutschlands bereits Paderborn erreicht und den Kessel um das Ruhrgebiet geschlossen. An der Ostfront war die Rote Armee weit in Pommern, nach Brandenburg und Schlesien hineingestoßen. Die Verteidiger der zerschlagenen Stadt Königsberg erkannten an diesem Ostertage, daß ihnen nur noch wenig Zeit bleiben würde. Sie zählten Hunderte von schweren Geschützen und Stalinorgeln, die von den Russen rings um die Stadt in Stellung gebracht worden waren. Im Gelände vor Königsberg fuhren immer mehr russische Panzer auf: T 34 und auch amerikanische Sherman-Panzer, die die USA ihren roten Waffenbrüdern geliefert hatten.

General Lasch schrieb über das Kräfteverhältnis in der letzten Schlacht um Königsberg: »Den insgesamt etwa dreißig russischen Schützendivisionen standen nur vier neu aufgefüllte eigene Divisionen und der Volkssturm gegenüber, so daß auf etwa 250 000 Angreifer nur rund 35 000 Verteidiger kamen. Das Verhältnis der Panzerkraft: Hundert russische auf einen deutschen Panzer.« Zu diesem Zeitpunkt war der Festung nur noch eine einzige Sturmgeschützkompanie verblieben.

Die Russen rückten schon in den Trümmern von Königsberg vor.

Die Menschen in den Kellern, die bis dahin nur den Einschlag der Granaten vernommen hatten, hörten nun auch schon das dumpfe Geräusch der Abschüsse, das Tackern von Maschinengewehren kam näher. Das Wetter in Königsberg blieb auch in der Woche nach Ostern schön. Strahlendblauer Himmel wölbte sich über dem Land.

Am Abend des 5. April dröhnten aus den russischen Stellungen Lautsprecher nach Königsberg hinein. Deutsche Stimmen forderten die Verteidiger der Festung zur Übergabe auf: »Heute Nacht habt ihr die letzte Chance, zu uns zu kommen. Morgen um 8 Uhr beginnt die Offensive. Wer das Trommelfeuer überlebt, wird von den Panzern niedergewalzt. Denkt an Stalingrad! Werft die Knarren weg und kommt rüber. Morgen früh beginnt das große Sterben.«

Tatsächlich eröffnete die Belagerungsarmee am Morgen des 6. April aus Tausenden von Geschützen und Hunderten von Werferbatterien das Feuer auf die Stadt. Russische Bomber von zwei Luftflotten griffen Königsberg in rollendem Einsatz an. Dann rasselten die Panzer der Roten Armee gegen die Stützpunkte der deutschen Soldaten. Frauen und Kinder flüchteten aus brennenden Häusern über Straßen, in die Granaten tiefe Furchen rissen. Sie suchten Schutz in Kellern, in denen sich schon Dutzende oder auch Hunderte von Menschen drängten. Sie sprangen in Gefechtsstände, aus denen heraus deutsche Soldaten auf die Angreifer schossen. So wurden Frauen und Kinder zusammen mit deutschen Soldaten von Flammenwerfern verbrannt, die durch Schießscharten fauchten, und von Handgranaten zerrissen, die durch Kellerlöcher in die zusammengepferchten Menschen fielen. Wahrhaftig: Das große Sterben hatte begonnen.

Ein deutscher Offizier berichtete über den Tag des russischen Großangriffs: »Man sah Greise, Frauen und Kinder Möbel oder Hausrat aus brennenden Häusern heraustragen und Brände mit unzureichenden Mitteln löschen. Die Gefechtsstände, Verwundeten-Sammelstellen, Hauptverbandsplätze und Lazarette füllten sich mit verwundeten Soldaten und Zivilisten. Königsberg bot überall ein Bild des Schreckens. Die Luft war rauch- und dunstverhüllt, und in der Nacht war der Himmel durch die ausgedehnten Großbrände hellerleuchtet.«

Am nächsten Tag, dem 7. April, fielen wieder Zehntausende von Granaten und Bomben auf die bedrängte Stadt. Wieder rollten die Panzer, wieder kämpften sich Rotarmisten von Haus zu Haus vor. Von einzelnen deutschen Stellungen wehten weiße Tuchfetzen, Zeichen der Kapitulation. General Lasch berichtete: »Am Abend dieses Tages schloß die Rote Armee ihren Griff um die Festung endgültig. Die Straße, die letzte offene Verbindung zwischen Königsberg und Pillau, wurde von russischen Panzern und Infanterie besetzt.«

Im Laufe des 8. April wurde offenkundig, daß nichts mehr Königsberg retten konnte. In diesem Augenblick, als die Sowjetarmee dabei war, ihre Faust auf Königsberg zu legen, beobachtete der Königsberger Bürger Wilhelm Battner auf dem Trommelplatz der Stadt eine gespenstische Szene: Tausende von Zivilisten, Frauen und Kinder hatten sich dort versammelt. Kinder schrien in der Dunkelheit, Mütter schluchzten und versuchten doch, die Kleinen zu trösten. Den Menschen in Königsberg war bekannt geworden, daß deutsche Truppen noch einmal mit einem Ausbruch aus der Festung den Weg nach Westen erzwingen wollten. Unter den Versammelten die Funktionäre der NSDAP, an ihrer Spitze der stellvertretende Gauleiter Großherr. Allerdings: Das Armeeoberkommando erlaubte General Lasch nicht, die Masse seiner Kampftruppen für diese Aktion einzusetzen. Der Befehl an ihn lautete: »Die Festung ist weiterhin zu halten, für den Durchbruch der Parteileute und der Zivilbevölkerung sind nur schwache Kräfte zu verwenden.«

Kurz nach Mitternacht stießen die Soldaten aus der Festung nach Westen vor. Frauen, und Kinder, deutsche Verwundete und Zivilisten folgten ihnen dicht auf. Der Angriff der Deutschen aber blieb nach kurzer Zeit schon im russischen Sperrfeuer liegen, und dann richteten die sowjetischen Artilleriebeobachter das Feuer ihrer Geschütze auf die Straße, auf der Tausende marschierten. Tote blieben liegen, Verwundete wurden in die Stadt geschleppt, die Keller füllten sich wieder, Soldaten und nahezu Hunderttausende Zivilisten erwarteten den letzten Angriff.

General Lasch wußte, daß Königsberg nicht länger zu halten war: »Jetzt häuften sich auch die Meldungen über den erlahmenden Widerstandswillen der Soldaten, die in den Kellern mit der Zivilbevölkerung zusammengedrängt waren. An manchen Stellen versuchten die verzweifelten Frauen den Soldaten die Gewehre zu entreißen und weiße Tuchlappen aus den Fenstern zu hängen, um dem Grauen ein Ende zu machen.«

Am 9. April übermittelte General Lasch dem neuen Befehlshaber der 3. Weißrussischen Front, Marschall Wassilewski, seine Bereitschaft, in eine Kapitulation einzustimmen.

Vor dem deutschen General lag ein russisches Flugblatt, in dem den Verteidigern der Festung bei sofortiger Kapitulation zugesichert worden war:

- das Leben
- ausreichende Verpflegung
- eines Soldaten würdige Behandlung während der Kriegsgefangenschaft
- Sorge für die Verwundeten und für die Zivilbevölkerung
- nach Beendigung des Krieges Rückkehr in die Heimat oder in ein Land nach Wahl.

General Lasch: »Ich trug keine Bedenken, diese Bedingungen anzunehmen. Daß keine dieser Zusicherungen später von russischer Seite eingehalten würde, konnte ich damals freilich nicht ahnen.«

Am Abend des 9. April schwiegen die Geschütze in Königsberg. Die Rote Armee nahm Besitz von der Stadt.

Die Königsberger Hausfrau A. F.: »Hilfeschreie gellten von Wohnung zu Wohnung, von Zimmer zu Zimmer. Vorbeifahrende Lastautos hielten, die Fahrer drangen in unsere Wohnungen ein. Es kam vor, daß eine junge Mutter mitgenommen wurde – ohne Rücksicht darauf, daß ihr Kind allein zurückblieb.« Die Verteidiger von Königsberg marschierten in die russische Gefangenschaft. In Königsberg war dies ein besonders bitterer Weg.

Einer der Soldaten berichtete: »Die Häuser brannten und qualmten. Zerschossene Autos standen zwischen brennenden Panzern. Dazwischen torkelten betrunkene Russen. Weinende, sich wehrende Mädchen und Frauen wurden in die Häuser geschleppt. Kinder riefen nach den Eltern. Die Straßengräben lagen voll von Leichen. Die toten Körper zeigten deutliche Spuren unvorstellbarer Mißhandlungen und Vergewaltigungen. Hilferufe deutscher Menschen drangen zu uns herüber. Wir konnten nicht helfen.«

General Otto Lasch, Verteidiger von Königsberg, wurde von den Sowjets in die Gefangenschaft geführt. Von einem russischen Offizier erfuhr er, daß Hitler ihn zum Tode verurteilt und die Familie des Generals zur Sippenhaft verdammt hatte, weil Lasch in Königsberg kapitulierte. Tatsächlich wurden die Frau und die ältere Tochter des Generals, die nach Dänemark evakuiert worden waren, auf Befehl des deutschen Befehlshabers in Dänemark in ein Gefängnis gebracht. Die zweite Tochter des Generals, die im Oberkommando des Heeres beschäftigt war, wurde zunächst in einem Potsdamer Gefängnis festgesetzt und dann in das Hauptquartier der Geheimen Staatspolizei in der Albrechtstraße in Berlin transportiert. Ins Gefängnis geworfen wurde auch der Schwiegersohn des Generals. Er kämpfte als Bataillonskommandeur an der Front. Die Angehörigen des Kommandanten von Königsberg überlebten den nationalsozialistischen Terror. General Otto Lasch kehrte im Herbst 1955 aus dem russischen Gefangenenlager nach Deutschland zurück.

Der Donner der Schlacht um Königsberg war verklungen, die Menschen in den Kellern horchten ängstlich auf den neuen Lärm, der von der Straße hereindrang: das rasselnd-knirschende Geräusch von Panzerketten, der polternde Krach vieler Lastwagen, das Stampfen von Soldatenstiefeln. In den Tagen unmittelbar nach der Kapitulation der Festung jagten Rot-Armisten die Frauen, Männer und Kinder von Königsberg aus ihren Schlupfwinkeln und Verstecken in Kellern und Wohnungen auf die Straßen. Niemand durfte in den Häusern zurückbleiben. Auf Straßen und Plätzen traten die Zivilisten an, ohne Gepäck, in den Händen meist nur eine Tasche mit wenigen Lebensmitteln.

Frau Hildegard Rohmann und ihr Ehemann, die in einem Haus zwischen der Königsberger Kunstakademie und dem Vorort Juditten gewohnt hatten, standen am 10. April gemeinsam mit Hunderten anderer Königsberger Bürger aufgereiht am Straßenrand. Vor ihnen Rot-Armisten, in graubraunen Uniformen, entsicherten Maschinenpistolen, die Mützen in den Nacken geschoben. Dann, vor den Augen der Wartenden, die erste Gewalttat, Tod aus nichtigem Grund. Frau Rohmann berichtete: »Als eine junge Frau bei der Berührung durch einen russischen Soldaten unwillig auswich, erschoß er sie mit zwei Schüssen. Ein Mann, der die Frau hatte beschützen wollen, wurde von demselben Soldaten mit Tritten in den Rücken um die Straßenecke geführt.«

»Dawai!« schrien die Russen, die lange Reihe der Wartenden formierte sich zum Zug, vorn, an den Flanken und zum Abschluß die Bewacher. Die Sowjetsoldaten führten die Königsberger durch die zerschlagenen Straßen, durch die rauchenden Trümmer der Stadt, vorbei an zerstörten Autos, an Panzern, aus denen es noch schwelte, vorbei an den Leichen von Soldaten und Zivilisten, die am Wegesrand lagen, manche von Panzerketten und Reifen zermalmt, Silhouetten von Menschen im Schutz der Straßen. Die Russen führten die Kolonnen viele Stunden durch die Stadt, und oft zum Ausgangspunkt zurück. Dann trennten sie die Männer von den Frauen und Kindern, und dann befahlen sie neuen Aufbruch.

Die Königsberger marschierten den Tag hindurch, und sie marschierten immer noch, als die Sonne sich neigte. Sie marschierten auch noch in der Dunkelheit, anscheinend ziellos. Der Weg wurde beleuchtet von den Flammen brennender Häuser.

Plötzlich befahlen die Bewacher den Deutschen: »An die Mauer stellen!« Frau Rohmann über diesen Augenblick tödlichen Schreckens: »Feuerschein geisterte über die Läufe von Maschinengewehren. Hin und wieder schrie jemand auf und weinte. Doch nichts geschah.« Die Russen trieben die Deutschen in Häuser und Keller, und nach wenigen Stunden weiter. Dann befahlen sie eine Marschpause. Männer, Frauen und Kinder legten sich auf die feucht-kalte Erde und warteten. Sie wußten nicht, worauf. Wieder geschah nichts. Kein Wort von den Russen über das Ziel des Marsches, kein Wort über den Zweck. Am Morgen des nächsten Tages wurden die Königsberger wieder hochgejagt und durch die

Felder des Samlandes nördlich der ostpreußischen Hauptstadt getrieben, Zehntausende von Frauen, Männern und Kindern. Frau Rohmann und viele andere übernachteten an diesem Abend in einer Scheune. Zehntausende aber mußten hinter Büschen und Bäumen, in Ackerfurchen Schutz vor dem Wind und der Kälte der Nacht suchen.

Die Russen gaben den Marschierenden nichts zu essen und zu trinken, die Königsberger mußten auch am nächsten Tag noch von dem leben, was sie mitgenommen hatten. Wieder trieben die Sowjets die Besiegten hoch und über die Straßen. Frau Rohmann erinnerte sich: »An der Spitze unseres Zuges gingen ein paar französische Kriegsgefangene, die jetzt von den Sowjets genauso behandelt wurden wie wir Deutschen. Einer von ihnen trat auf eine Mine. Er wälzte sich in seinem Blut, bis er durch einen Schuß des Postens erlöst wurde. Mütter setzten sich mit ihren Kindern an den Wegrand und weigerten sich, weiterzugehen. Der Posten riß sie hoch und stieß sie mit dem Kolben vorwärts. Handwagen mit kranken Menschen mußten stehengelassen werden. In jeder Männerleiche, die ich am Wegesrand sah und die mit dem Gesicht auf dem Erdboden lag, sah ich meinen Mann, von dem ich getrennt worden war.« Am Abend des dritten Marschtages pferchten die Sowjets die Frauen, mit denen Frau Rohmann durch Königsbergs Umgebung getrieben worden war, in die Viehställe eines landwirtschaftlichen Gutes. Die Frauen wurden, eine nach der anderen, von einem Rot-Armisten »gynäkologisch nach verstecktem Schmuck untersucht«, wie Frau Rohmann schrieb. In den folgenden Tagen verhörten Beamte der sowjetischen Staatspolizei die Eingesperrten: ob sie Mitglied der NSDAP oder einer ihrer Organisationen gewesen seien. Die Russen ließen sich Zeit für die Befragungen, und bisweilen prügelten sie auch auf die Wehrlosen ein. Nach dem peinlichen Verhör wurden die Frauen zurück in die Ställe eskortiert. Die Verpflegung: Knäckebrot aus den Beständen der deutschen Wehrmacht und warme Suppe, deren wesentliche Bestandteile grüne Rübenblätter waren. Ruhr brach aus, und binnen kurzer Zeit waren die Frauen verlaust. So saßen sie in stinkenden Viehställen auf nackter Erde in Mäntel oder Decken gehüllt, hungerten und weinten in ihrer Verzweiflung – nicht weit von ihren Häusern und Wohnungen, ihrer Heimat entfernt.

Dann aber, wieder ohne jede Vorankündigung, befahlen die Russen den Frauen von einem Augenblick auf den anderen, nach Königsberg zurückzumarschieren. Auch die Männer, die aus der Stadt gejagt worden waren, sollten zurückkehren. Lagerhaft, Schläge und Hunger hatten viele der Königsberger schon so entkräftet, daß sie nicht mehr fähig waren, den Heimweg zurückzulegen. Frau Rohmann: »Ich sehe vor mir einen alten Herrn, der vor Schwäche auf der Erde lag, seine Arme gen Himmel hob und rief: ›Ach bitte, nehmt mich doch mit!‹ Doch jeder war so hinfällig, daß er sich selbst kaum schleppen konnte.«

In Königsberg entdeckten die heimgekehrten Frauen und Männer, weshalb sie die Stadt hatten verlassen dürfen. Wohnungen und Häuser waren zum größten Teil leergeräumt oder zerstört: die Möbel zertrümmert, die Betten aufgeschlitzt, die Stoffbezüge von den Polstermöbeln abgeschnitten; die elektrischen Geräte, die Nähmaschinen, die Radios, das Porzellan waren verschwunden.

Die Wissenschaftliche Kommission der Bundesregierung zur Geschichte der Vertreibung stellt fest: »Das Schicksal der Bevölkerung Königsbergs – wie auch das der Bewohner Elbings, Danzigs, und der Mehrzahl pommerscher Städte – bietet in dieser Hinsicht ein einheitliches Bild. Noch während der Kampfhandlungen oder noch im direkten Anschluß daran wurde die Zivilbevölkerung aus ihren Unterkünften geholt und unter Bewachung aus der Stadt heraus und in tagelangen Märschen und unter furchtbaren Strapazen durch das Samland oder in den östlichen Teil der Provinz getrieben, bis sie plötzlich irgendwo sich selbst überlassen blieb oder aber zurück entweder in ihre Wohnungen oder in Lager geführt wurde. Mag hinter diesen Märschen die Absicht gestanden haben, Zivilisten für alle Fälle zu Schanzarbeiten in Frontnähe bereitzuhalten, oder auch – in anderen Fällen – als störend aus der Kampfzone zu entfernen, so stimmen alle Berichte jedoch in der Aussage überein, daß während dieser zwangsweisen Austreibung die Stadt samt ihren Wohnungen radikal ausgeplündert worden ist.«

Die zurückgekehrten Königsberger, hungernd, beraubt und oft gefoltert, wurden von der Besatzungsmacht der Verelendung preisgegeben. Sie durften zumeist nicht in den Häusern bleiben, die sie einst bewohnt hatten. Sie hausten in Ruinen, in Kellern, in Gartenhäusern, oft zehn oder mehr Menschen in einem einzigen Raum, oft ohne Möglichkeit, sich zu waschen, oft ausgeplündert bis auf die Kleidungsstücke, die sie auf dem Leibe trugen: Schmutz, Enge, Lärm, Gestank, Krankheit.

Im Laufe der nächsten Wochen stellten die übriggebliebenen Königsberger fest, daß sie offensichtlich zum Untergang verdammt waren. Die Eroberer befahlen die Arbeitsfähigen zur Zwangsarbeit, zu schweren körperlichen Strapazen: Frauen und Männer mußten Trümmer räumen, Balken schleppen und aus der nassen Erde tiefe Gruben ausheben, für Tausende von Leichen von Gefallenen und für die Kadaver von Tieren, die überall in der Stadt und ihrer Umgebung lagen.

Die deutschen Frauen und die deutschen Männer, die arbeiten konnten, erhielten 500 Gramm Brot am Tag zum Lohn, die Menschen, die nicht arbeiten konnten, also Alte, Kranke und Kinder, erhielten 200 Gramm, manchmal aber auch gar nichts. Die Menge Brot für die Menschen, die in Hitze und Regen in den Ruinen der zerstörten Stadt schufteten, reichte nicht aus, ihre Kräfte und ihre Arbeitsfähigkeit zu erhalten.

Der Königsberger Bürger Hermann Balzer war ein halbes Jahr nach dem Ende des Krieges vom Hunger niedergebracht, obwohl die Russen ihm eine Arbeit aufgetragen hatten, die ihn körperlich nur wenig anstrengte: »Bei täglich zehneinhalb- bis zwölfstündiger Arbeitszeit – Feiertage oder freie Sonntage gab es nicht – war ich bereits Ende Oktober 1945 arbeitsunfähig, ebenso wie meine Frau. Wir waren daher für unsere Ernährung auf 200 Gramm Brot täglich angewiesen, die wir auch noch von weit her holen mußten, was einen täglichen Marsch von etwa acht bis zehn Kilometern bei oft kaum passierbarem Weg bedeutete. Den Hunger versuchten wir vergeblich mit gekochten Brennesseln, mit Meldekraut, Löwenzahn und Lindenblättern zu stillen. Besonders begehrt waren Kartoffelschalen und ausgekochte Suppenknochen, wie sie von den Abfallstellen russischer Haushaltungen gesammelt wurden. Hunde und Katzen hatten längst ihre Liebhaber gefunden und waren von der Bildfläche verschwunden.«

Frau Rohmann, die in den Trümmern von Königsberg ihren Mann wiedergefunden hatte, mußte mit anderen deutschen Frauen Eisenstangen stapeln und Bohlen und Bretter von einem Sägewerk in die Stadt schaffen. Sie erhielt Brot für ihre schwere Arbeit, doch neben sich sah sie Menschen verhungern. In den Straßen von Königsberg, so berichtete die Augenzeugin, schlichen »Menschen mit erdbraunen Gesichtern und aufgequollenen Beinen und Leibern dahin. Sie fielen vor Schwäche auf der Straße um und verschieden. Eine mir bekannte Lehrerin, Fräulein Rauter aus Juditten, fing in ihrem Hungerwahnsinn Mäuse und kochte sie. Sie starb auch.«

Der deutsche Chirurg Hans Graf von Lehndorff, der in jener Zeit am Deutschen Zentralkrankenhaus von Königsberg, im ehemaligen Krankenhaus der Barmherzigkeit, Dienst tat, trug unter dem Datum »Juni 1945« in sein »Ostpreußisches Tagebuch« ein: »Die Menschen, die man uns bringt, befinden sich fast alle im gleichen Zustand. Oben sind sie zu Skeletten abgemagert, unten schwere Wassersäcke. Auf unförmig geschwollenen Beinen kommen sie zum Teil noch selbst gegangen und lassen sich vor der Tür nieder, wo auf behelfsmäßigen Tragen oder auf dem Fußboden schon eine Menge ähnlicher Gestalten liegen . . . Jedesmal fragen wir uns, ob es noch Sinn hat, die Beine zu amputieren, oder ob man die Leute lieber so sterben lassen soll. Und meistens lassen wir es dann bei letzterem bewenden. Ein merkwürdiges Sterben ist dieser Hungertod. Nichts von Revolte. Die Menschen machen den Eindruck, als hätten sie den eigentlichen Tod schon hinter sich. Sie gehen noch aufrecht. Man kann sie auch noch ansprechen, sie greifen nach einem Zigarettenstummel – eher übrigens als nach einem Stück Brot, mit dem sie nichts mehr anzufangen wissen – und dann sinken sie auf einmal in sich zusammen.«

Vom Herbst 1945 an zahlten die Sowjets ihren deutschen Zwangsarbeitern Lohn in russischer Währung; für Rubel konnten die Hungernden auf dem Schwarzmarkt Lebensmittel kaufen. Aber:

400 Rubel monatlich waren ein Spitzenlohn für Deutsche, die meisten erhielten viel weniger. Ein Brot aber kostete 40 bis 80 Rubel, ein Kilo Kartoffeln 13 bis 18 Rubel; also ein Monat Arbeit für zehn Pfund Brot oder 20 bis 30 Pfund Kartoffeln. Der Hunger dauerte an, und er verschlimmerte sich 1946, dem ersten Friedensjahr, sogar noch weiter. Am 1. März 1946 starb der Ehemann von Frau Hildegard Rohmann, einer von Zehntausenden von Opfern des Hungers unter den Deutschen von Königsberg. Die Witwe brachte die Leiche zu einem Massengrab in der Nähe einer Kirche.

Im zweiten Sommer nach dem Krieg hatten Polen und Tschechen schon einen größeren Teil der Deutschen aus den Gebieten östlich von Oder und Neiße und aus dem Sudetenland davongejagt; die Deutschen in Königsberg und im übrigen russisch besetzten Teil von Ostpreußen aber wurden festgehalten: Die Russen wollten ihre wohlfeilen, rechtlosen Arbeitskräfte nicht missen. Doch sie taten nichts dazu, die Lage der Besiegten zu verbessern, sie drückten die Deutschen noch weiter hinab.

Aus der Sowjetunion kamen immer mehr Zivilisten, russische Familien, nach Königsberg, und sie drängten die Deutschen in jammervolle Zustände. Der von Russen aus seiner Wohnung vertriebene Hermann Balzer fand eine Schlafstätte in einem Stall, der an einem Gewässer lag: »In dieser Unterkunft herrschte eine entsetzliche Rattenplage. Die Tiere machten durch ihr Jagen und Pfeifen die Nachtruhe unmöglich. Sie waren so dreist, daß sie versuchten, das letzte Stückchen Brot, das man als kostbaren Vorrat für den nächsten Tag unter dem Kopfkissen versteckt hatte, zu holen. Ohne einen Stock in der Hand konnte man sich gar nicht mehr hinlegen.«

Fortwährende Not, sich immer mehr vertiefendes Elend und unablässiger Hunger vernichteten schließlich die letzte Hemmung, zerstörten auch das letzte Tabu. Der Arzt Hans Graf von Lehndorff berichtete: »Hier und da führt der Hunger zu Exzessen, es wird Menschenfleisch gegessen. Man kann sich darüber weder wundern noch aufregen. Wie entsetzt waren wir noch vor kurzem, als wir das gleiche aus russischen Gefangenenlagern in unseren Landen hörten. Wir bildeten uns ein, das bekämen nur Asiaten fertig. Jetzt regen sich die Russen über uns auf.«

Frau Hildegard Rohmann berichtete der Wissenschaftlichen Kommission: »Ich wagte mich einmal auf den Luisenfriedhof und fand auf dem Hauptweg einen verkommenen Mann über eine Leiche gebückt und an ihr herumzerrend. Ich ging entsetzt zurück. Man erzählte mir, daß es Leichenfledderer gebe, die Leber und Schenkelfleisch herausschneiden und dieses dann auf dem Schwarzmarkt verkaufen.«

Die Wissenschaftliche Kommission der Bundesregierung urteilt: »Derartige Vorkommnisse werden in zahlreichen Berichten aus Königsberg erwähnt, so daß es sich hierbei offenbar nicht um bloße Gerüchte handelt.«

In keiner deutschen Stadt, so erkannte die Kommission, hat der Hunger in den Jahren 1945 bis 1947 so viele Opfer gefordert wie in Königsberg: »Zwei Jahre lang – vom Sommer 1945 bis zum Sommer 1947 – hielt die hohe Sterblichkeit in Königsberg infolge der Unterernährung und der Epidemien von Typhus, Ruhr und Krätze an. Innerhalb dieser zwei Jahre ist von den rund 70 000 Deutschen, die im Sommer 1945 in Königsberg registriert worden waren, mindestens die Hälfte gestorben. Im Sommer 1947 befanden sich nach übereinstimmenden Angaben nur noch 20 000 bis 25 000 Deutsche in der Stadt.«

Das Elend der Deutschen in Königsberg hielt bis in das Jahr 1948 an. Dann erst durften die meisten der Überlebenden die Stadt verlassen, die ihre Heimat gewesen und die inzwischen in Kaliningrad umbenannt worden war. Frau Hildegard Rohmann: »Wir wurden mit Lastautos nach dem Güterbahnhof gebracht, ein Häuflein in Lumpen und Kopftüchern, in den Händen ein Bündel mit Decken und anderen Habseligkeiten. Dankgebete stiegen zum Himmel, als die Güterwagen sich in Fahrt setzten. Und waren die Strapazen auch groß, größer war die Freude, unter deutsche Verwaltung und deutsche Menschen zu kommen.«

*

Den Bunker, von dem aus General Otto Lasch die Verteidigung von Königsberg befehligte, haben die Sowjets in seinem alten Zustand bewahrt. Dort sind immer noch der Schreibtisch und das Telefon des Generals und die Schreibmaschine zu sehen, auf der die Befehle geschrieben wurden. Die NS-Inschrift »Wir kapitulieren nie« wird von den Russen regelmäßig nachgemalt.

VII.

POMMERN

Verbrannte Erde

Ende Januar 1945 brach der Jammer in die friedvolle Welt des Superintendenten Otto Gehrke, Pastor an St.-Petri-Kirche der Stadt Stolp in Pommern, ein. Im Erdgeschoß des Pfarrhauses drängten sich immer häufiger abgehärmte Frauen und Kinder mit bleichen Gesichtern. Mit stockender Stimme und ausgestreckten Händen baten sie um etwas Warmes, um ein Glas Milch, eine Tasse Kaffee oder auch nur um heißes Wasser.

Es waren Flüchtlinge aus Ostpreußen, seit Wochen unterwegs in Pferdewagen durch Eis und Schnee auf der Flucht vor den Russen. Vom Fenster seines Arbeitsplatzes aus konnte der Geistliche die Kreuzung der Wilhelmstraße in Stolp mit einer anderen Straße überblicken. An dieser Kreuzung stauten sich die Trecks.

Otto Gehrke berichtet: »Ein Elendszug erschütterndster Art war es. Müde, abgetriebene Pferde vor den Wagen, frierende, kranke und verzweifelte Menschen auf den Wagen oder neben den Wagen hergehend, über die Wagen als Schutz Teppiche und Planen gespannt, so zogen sie in nie abreißender Folge weiter, immer weiter nach Westen.«

»Frauen und Kinder«, schreibt Otto Gehrke, »gingen während der Haltepause der Trecks in Geschäfte und kauften Brot und andere Lebensmittel. Dabei kam es häufig vor, daß sie zurückkamen und ihre Wagen und ihre Angehörigen nicht mehr fanden. Inzwischen mußten die Wagenkolonnen auf Anordnung der Polizei in verschiedene Richtungen weiterfahren, ohne Rücksicht auf die Bitte der Wagenlenker, solange zu warten, bis die Angehörigen zurück waren. So kam es, daß viele ihre Frauen und Kinder verloren, weil niemand diesen sagen konnte, in welche Richtung ihr Wagen weitergeleitet worden war.«

Anfang Februar 1945 wurde Pastor Otto Gehrke in das Dorf Jeseritz gerufen, das wenige Kilometer östlich von Stolp liegt. Dort hatte ein Eisenbahnzug mit Flüchtlingen lange Zeit vor dem Haltesignal gestanden. Der Zug bestand aus geschlossenen und offenen Güterwagen. Er war viele Tage unterwegs gewesen. Nachdem der Zug weitergefahren war, hatten Streckenwärter am Bahndamm eine Reihe von Bündeln entdeckt. Otto Gehrke: »Es waren dreißig Kinderleichen, die aus dem Zug herausgebracht worden waren.« Die Kinder waren auf der langen Fahrt im ungeheizten Zug erfroren oder verhungert. Der Geistliche beerdigte die dreißig kleinen Leichen auf dem Friedhof von Jeseritz. Die Flüchtlinge auf den Wagen, die umherirrenden Frauen und Kinder in Stolp und die Bündel am Bahndamm waren Vorboten des Unheils, das jetzt, wenige Wochen nach dem Sturm der Roten Armee auf Ostpreußen, der preußischen Provinz Pommern und ihren zwei Millionen Einwohnern und auch den Flüchtlingen, die aus Ost- und Westpreußen dorthin gelangt waren, bevorstand.

Ende Januar formierte Grigori K. Schukow, Marschall der Sowjetunion und Befehlshaber der 1. Weißrussischen Front, seine Truppen zum Stoß auf die Oder – das letzte natürliche Hindernis auf dem Weg der Sowjets in die Reichshauptstadt Berlin. Zwischen den Sowjets und der Oder lag Pommern. Unter Schukows Befehl standen zwei Panzer-Armeen und fünf Infanterie-Armeen, dazu die 1. Polnische Armee, der einer besondere Aufgabe zugedacht war: Polen sollten dabei sein, wenn das Land erobert wurde, das nach dem Willen Josef Stalins den Deutschen entrissen werden sollte. Die Nordflanke der 1. Weißrussischen Front wurde von Truppen der 2. Weißrussischen Front unter dem Kommando des sowjetischen Marschalls Konstantin K. Rokossowski gedeckt: weitere vier Armeen im Sturm gegen das Reich.

Diesem ungeheuren Aufgebot von Soldaten, Panzern und Geschützen stand die deutsche Heeresgruppe Weichsel gegenüber, an Zahl wie an Bewaffnung weit unterlegen, nur drei

Armeen, von denen eine im Kampf gegen die Russen schon einmal zerschlagen worden war und neu gebildet werden mußte. Zum Oberbefehlshaber der Heeresgruppe Weichsel, aber hatte Adolf Hitler den Reichsführer SS und Chef der deutschen Polizei Heinrich Himmler gemacht – eine Entscheidung, die in der Folge den angreifenden Russen Vorteile verschaffte und über die Flüchtlinge und die Einwohner pommerscher Städte und Dörfer schreckliches Unheil brachte. Himmler verfügte nach dem Urteil der Offiziere, die ihn beobachteten, über keinerlei Erfahrung in der Truppenführung. Der General der Waffen-SS Steiner: »Man hatte nur zu oft erlebt, wie wenig fundiert seine militärischen Ansichten waren und daß er darin selbst von dem jüngsten Leutnant widerlegt werden konnte.« Heinz Guderian, Chef des Generalstabes des Heeres, beschwor Hitler, die Entscheidung rückgängig zu machen. Guderian: »Ich war entsetzt über diesen Fehlgriff und bot meine ganze Beredsamkeit auf, um diesen Unsinn von der unglücklichen Ostfront abzuwenden.« Guderian drang nicht durch.

Himmlers Befehl mit der nachhaltigsten Wirkung: Er verbot, daß sich die Zivilbevölkerung auf den rettenden Weg nach Westen begab, und er untersagte auch den Trecks, die aus Ost- und Westpreußen kamen und in jenen Tagen durch Pommern zogen, die Weiterfahrt. Himmlers Räumungsverbot ließ weit mehr als eine Million Deutsche, vor allem Frauen und Kinder, in die Hände der Russen fallen.

Der Bauer Paul Ewert aus dem westpreußischen Kreis Stuhm war mit dem Fuhrwerk nach Pommern gelangt. Dort hielten Funktionäre der NSDAP den Treck an. Bauer Ewert: »In der Ortschaft selbst wurde sogar noch eine Bestandsaufnahme von Saatkartoffeln und Saatgetreide durchgeführt. Die Bevölkerung wurde dadurch leider in Sicherheit gewiegt.« Nahezu vier Wochen vergingen – Zeit genug für den Treck aus Westpreußen, bis weit in den Westen zu gelangen. Dann, als dem Bauern Ewert die Weiterfahrt endlich erlaubt wurde, war es zu spät. Russische Panzer überrollten den Treck. Die Gutsbesitzerin Berta von Bieler aus dem westpreußischen Kreis Graudenz, die mit Mann, Pferd und Wagen in den Kreis Stolp gezogen war, mußte auf Geheiß örtlicher

NS-Dienststellen die Pferde wieder ausspannen, die sie schon an den Wagen geschirrt hatte. Sie berichtete: »Treckverbot für drei Tage – das war unser Verderben.«

Zugleich versuchten die NS-Dienststellen die Flüchtlinge und die Einwohner von Pommern über die Lage mit Lügen hinwegzutäuschen, die noch in dem Augenblick widerlegt wurden, in dem sie ausgesprochen waren. Am 26. Januar 1945 trat auf dem Marktplatz der Stadt Schloppe der Gauleiter von Pommern, Franz Schwede-Coburg vor die Bürger und erklärte, daß keine Gefahr bestehe. Die sowjetischen Panzer, die in den Vortagen in der Nähe aufgetaucht waren, seien Einzelgänger und nicht etwa die Vorboten einer Armee gewesen. Außerdem hätten die deutschen Truppen die Kampfwagen der Roten Armee abgeschossen. Dann entfernte sich

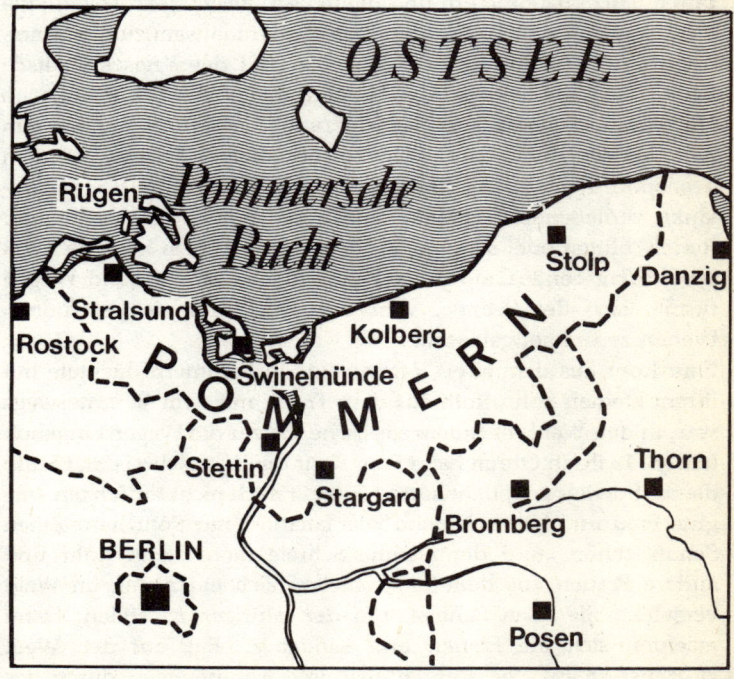

der Gauleiter und Reichsverteidigungskommissar Schwede-Coburg mit großer Eile. Der Bürgermeister von Trebbin im pommerschen Kreis Deutsch Krone, berichtete, weshalb: »Die Dörfer um Schönlanke und Kreuz, etwa 15 bis 20 Kilometer entfernt, standen schon in Flammen.«

Gleichwohl schrieb die NS-offizielle »Pommersche Zeitung« einige Tage später: »Die Auswertung der vorhandenen Vorräte an Soldaten und Waffen und der Einsatz der gesamten Kräfte des rückwärtigen Gebietes wirken geradezu Wunder. Die Bevölkerung Südpommerns hat die Aufgabe der Stunde erkannt, die Front steht und wird ständig stärker.«

Die Wahrheit war: Die Rote Armee fegte, von Süden her zur Ostseeküste im Norden hochstoßend, innerhalb von 14 Tagen durch ganz Ostpommern und nahm es in Besitz. Jetzt begann die Flucht, gegen den Willen der Partei, unaufhaltsam, ungeordnet, ungezügelt, chaotisch. Dr. Knabe, Landrat des Kreises Deutsch Krone, ließ Kinder aus dem Säuglingsheim von Schönlanke im Netzekreis, das bereits im Beschuß russischer Panzer lag, mit dem Autobus abtransportieren. Dr. Knabe: »Leider starben auf dem Transport 41 von etwa 100 Kindern.« Die Bewohner von Schönlanke verließen die Stadt zu Fuß. Sie zogen Handwagen und Rodelschlitten oder schoben Kinderwagen vor sich her. Die Temperatur lag bei 20 Grad unter Null, auf den Straßen und Wegen türmte sich der Schnee, vom scharfen Wind zu meterhohen Wehen zusammengeblasen.

Frau Rohr aus dem Kreis Regenwalde in Pommern flüchtete mit ihrem kleinen Sohn Rolfi aus dem Treck, mit dem sie unterwegs war, in den Wald, nachdem russische Panzer die Wagen eingeholt hatten. In ihren Ohren hatte Frau Rohr den Hilfeschrei einer Frau, die die Sowjets angefleht hatte: »Schießt mich nicht tot; ich bin eine gute Frau und habe niemand was getan.« Frau Rohr hatte einen Schuß gehört, und dann keine Schreie mehr. Frau Rohr und andere Frauen aus dem Treck hielten sich einen Tag im Wald versteckt. Sie aßen Schnee, um den Hunger zu stillen. Dann machten sich die Frauen und Kinder zu Fuß auf den Weg, zunächst ziellos. Sie wanderten durch Kampfgebiet, durch das

Gewummer der Artillerie und Panzergeschütze, das Fauchen der Geschosse, das Geknatter der Maschinengewehre.

Nach langer Wanderung beschlossen die Frauen, sich zur Ostseeküste durchzuschlagen, dort oben konnte am Strand des Meeres noch ein Weg nach Westen offen sein. Sie kamen in ein Dorf, in dem Lastwagen der Wehrmacht standen, vollgestopft mit Menschen. Hoffnung kam in den Frauen und Kindern auf. Sie rannten auf die Wagen zu. Frau Rohr berichtete: »Wir bettelten, weinten und flehten, doch es half nichts, vor unseren Augen sausten die Wagen ab.«

Die Frauen blickten den Fahrzeugen nach, Tränen in den Augen. Dann stapften sie in der Spur, die die Wagen in den Schnee gezogen hatten, weiter nach Norden. Rolfi bettelte: »Ich habe Hunger!« Frau Rohr konnte ihm nichts geben. Sie schluckte die Tränen herunter, nahm das Kind auf den anderen Arm und drückte es fester an sich. Sie marschierten weiter, Fuß vor Fuß, Kilometer um Kilometer, das Kind auf dem Arm. Zwei Soldaten, die mit einem Fahrrad daherkamen, halfen der Mutter schließlich. Rolfi durfte sich auf die Lenkstange setzen. Die Mutter umwickelte die Füße des Kindes gegen die Kälte mit ihrer Trainingshose und mit einem Schal. So zogen sie dahin, die Mutter, der kleine Junge und zwei Soldaten einer geschlagenen Armee.

Zwei Tage hielt der Knabe den Transport auf der Lenkstange durch, dann endlich ließ der Fahrer eines Pferdewagens der Wehrmacht Frau Rohr und ihren Sohn aufsitzen. Auf dem Weg nach Nordwesten gelangten sie in ein Dorf, in dem sie auf Stroh in einer Scheune übernachten konnten. Doch in dieser Nacht griff der Krieg wieder nach Mutter und Kind. Plötzliches Kampfgetöse, Schüsse, Panzerlärm, Feuer. Frau Rohr versuchte, ihr Kind zu wecken, aber es schlief weiter, den Schlaf der Mattigkeit und Erschöpfung. Da nahm sie den schlafenden Jungen auf den Arm und rannte los, wieder zu Fuß, wieder durch den Schnee, keuchend, atemlos, gehetzt von der Angst vor den Soldaten der Roten Armee. Der Mutter versagten auf diesem Weg die Kräfte. Eine der Frauen, die mit ihr zusammen aus dem umkämpften Dorf geflohen waren, nahm ihr das Kind ab. So trugen sie Rolfi durch die pommersche Winternacht. Die Frauen wechselten sich ab, in immer dichterer Folge. Frau Rohr: »Zuletzt konnte jeder das Kind nur noch zehn Meter tragen, dann mußte die andere es nehmen. Es war furchtbar.«

Die Frauen stellten sich in ihrer Verzweiflung einem Lastwagen in den Weg. Es war ein Munitionstransporter der Wehrmacht. Sie bettelten und flehten und durften mitfahren, ein paar Kilometer, dann wieder zu Fuß, dann wieder auf einem Wagen der Wehrmacht. Schreckliche Fahrten über Knüppeldämme und schmale, aufgeweichte, von Granaten zerrissene Straßen. Dann wieder ein Stück zu Fuß, in der Ferne der Lärm der Schlacht, am Himmel russische Tiefflieger. Auf ihrem Weg nach Westen kamen die flüchtende Mutter und das flüchtende Kind schließlich in das Ostseebad Horst, das zwischen der Stadt Kolberg und der Stadt Dievenow liegt. Dort erfuhren die Flüchtlinge, die seit vielen Tagen um ihr Leben gelaufen waren, von ihren Landsleuten Unbarmherzigkeit, von jenen Menschen, die wenig später selbst vom Flüchtlingsschicksal getroffen wurden. Frau Rohr: »Wir gingen in Horst von Haus zu Haus. Doch keiner wollte uns aufnehmen. Ich wäre fast auf der Straße zusammengebrochen.« Eine junge Frau sah die erschöpfte Mutter und das weinende Kind im Schneeregen stehen und nahm sie mit in eine Wohnung. Um Mitternacht wurden Frau Rohr und Sohn Rolfi aus dem Schlaf gerissen. Die Wehrmacht hatte angeordnet, Horst zu räumen. Die Russen waren schon in die Nähe der Stadt vorgestoßen.

Mutter und Kind gelangten auf einen Wagen, mit dem verwundete deutsche Soldaten nach Westen transportiert wurden. Dann aber schien die Flucht nach nahezu hundert Kilometern, die Mutter und Kind in Kälte und Schnee hinter sich gebracht hatten, ohne Sinn zu bleiben. Sowjetische Panzer waren zur Küste durchgestoßen, die Kolonne, in der Frau Rohr nach Westen fuhr, war eingekesselt. Frau Rohr schilderte die nächsten Minuten: »Ein Soldat erbot sich, die Zivilisten am Strand entlang nach Dievenow zu bringen. Ich entschloß mich, mit am Strand entland zu laufen. Es war stockdunkle Nacht. Als ich mich mit Rolfi durch den Wald getastet hatte und die Dünen heruntergeklettert war, war keiner der Zivilisten mehr am Strand zu entdecken. Ich war so verzweifelt, ich hätte laut schreien können. Es war stockdunkel. Von See her schoß Schiffsartillerie, vom Land her die Geschütze der Russen, dazu das grauenhafte Rauschen der Ostsee.«

Wieder marschierten die Mutter und der kleine Junge los. Der Sand des Ostseestrandes machte jeden Schritt schwer. Das Kind weinte vor Erschöpfung und Angst. Wieder nahm Frau Rohr ihren Sohn auf den Arm und stolperte weiter. Dann wieder setzte sie sich in den Sand, raffte sich wieder auf, noch ein paar Meter, eine Pause, wieder ein paar Meter. Dann hörte sie hinter sich die Geräusche eines Wagens. Frau Rohr: »Die Pferde waren wie Skelette, und die deutschen Soldaten schoben den Wagen. Ich durfte Rolfi auf den Wagen setzen, mußte aber mitschieben.« Dann, wenige Kilometer vor dem Ostseebad Dievenow, dem Ziel von Frau Rohr, gerieten die Flüchtenden in ein Gefecht. Die Mutter scharrte eine Mulde in den Sand und barg ihr Kind unter ihrem Körper.

In jenen Tagen zog auch Max Krüger aus dem pommerschen Kreis Greifenberg am Strand der Ostsee entlang. Er schilderte, was er sah: »Eine Völkerwanderung am Ostseestrande. Welch ein schauriges Bild. Wieviel wertvolles Gut ließen die Flüchtenden hier noch zurück. Fahrräder, Koffer, Reisekörbe, Federbetten, Kleidung, Handwagen . . . Plötzlich Schüsse aus dem Dünengelände. Die deutschen Soldaten schwärmten aus. Die Erregung in dem Menschenstrom wuchs. Die Pferde rasten in dem Gewehrgeknatter mit den Fuhrwerken davon. Verwundete schrien auf.«

Nach vielen Stunden flaute der Kampf zwischen Deutschen und Russen, bei dem Frau Rohr im Sand des Ostseestrandes Schutz gesucht hatte, endlich ab. Mutter und Kind liefen über einen Weg, der durch Wald führte, nach Dievenow hinein, gelangten – wieder im Kugelhagel – über die Oder und schließlich nach Swinemünde, in einen Eisenbahnzug, der sie nach Helmstedt in Niedersachsen brachte. Der Lohn des langen Marsches von Mutter und Kind: In Helmstedt fand Frau Rohr ihren Mann im Lazarett.

Viele Flüchtlinge aber starben noch im Angesicht des rettenden Oder-Stromes, auf dessen westlichem Ufer sie in Sicherheit gewesen wären. Der Landwirt Karl Siebert, der aus dem westpreußischen Kreis Graudenz an der Weichsel 300 Kilometer weit bis zur Oder getreckt war, berichtete über einen Angriff sowjetischer Flugzeuge auf die flüchtenden Menschen: »Furchtbar wurden die mitgenommen, die bei Hellwerden über die Brücke der Oder gingen. In Haufen lagen die zu einem Knäuel verstrickten Wagen, von Fliegerbomben zu einer wüsten Masse zusammengeschlagen. In langer Reihe ein Gefährt hinter dem anderen. Pferde und Menschen tot, wie zersägt von dem Maschinengewehrfeuer der Tiefflieger.«

Ein Tiefflieger-Angriff beendete die Flucht von Frau H. P. aus dem pommerschen Kreis Naugard. Der Treck, in dem sie mitzog, hatte auf einer großen Weidefläche haltgemacht. Die Menschen waren von den Wagen gestiegen, um die Pferde zu füttern und den Tieren, die von langer Fahrt erschöpft waren, eine Pause zu geben. Die Gäule wühlten ihre Mäuler tief in die Hafersäcke, die Menschen des Trecks bereiteten auf kleinen Feuern warmes Essen. Dann hinter den Bäumen plötzlich ein schnatternd-brummendes Geräusch, dann ein Röhren, und dann waren sie da, zehn Jagdbomber der Roten Luftflotte, Bordkanonen und Maschinengewehre feuerten auf Menschen, Pferde und Wagen. Frau H. P. hörte, wie die Geschoßhülsen auf die Plane ihres Fahrzeugs prasselten. Dann waren die Maschinen davongeflogen, die Frau sprang vom Wagen und sah, daß eines ihrer zwei Pferde auf dem Boden lag. Sie konnte sich um das Tier nicht kümmern, die Flugzeuge hatten zu einem neuen Angriff auf den Treck eingeschwenkt, Frau H. P. kroch unter ihren Wagen, sie hörte den Einschlag der Geschosse, das Wiehern von Pferden in panischer Angst, das rumpelnde Geräusch von Wagenrädern, Gespanne gingen durch, rasten davon, quer über die Wiese, über die Straße. Und dann kamen die Flugzeuge ein drittes Mal. Frau H, P.: »Alles, was noch laufen konnte, suchte Schutz in den Gräben. Und manch einer, der wohl keinen Gott mehr gekannt hatte, konnte plötzlich ein Vaterunser beten.«

Nach dem dritten Angriff flogen die sowjetischen Piloten davon, Frau H. P. ging zu ihrem Wagen zurück. Auch das zweite Pferd lag am Boden, mit Einschüssen im Rücken und gebrochenen Gelenken. Frau H. P.: »Noch heute höre ich sein todwundes Stöhnen, und niemand war da, der ihm den Gnadenschuß gab. Und dazu das Stöhnen und Röcheln verwundeter Menschen, hier rief ein Junge nach seiner Mutter, dort wollte ein Mensch noch leben, und den Rahmen gaben auf einer Seite ein Fliegerangriff auf Swinemünde und Peenemünde und auf der anderen Seite die Feuersbrünste in den Städten und Ortschaften Greifenberg und Treptow, Labes und Naugard, Regenwalde und Massow, Daber, Gollnow und Stargard. Es war eine Nacht, die ich nie vergessen werde.«

Die zurückgebliebenen und von den Russen überrollten Deutschen wurden Zeugen einer besonderen Spielart der sowjetischen Rache für den deutschen Überfall und die deutsche Gewaltherrschaft in der Sowjetunion: der sinnlosen Zerstörung deutscher Städte und Dörfer durch Feuer. Der Treck von Otto Hemp, Bürgermeister der pommerschen Stadt Friedeberg, war in die Stadt Berlinchen gelangt. Es schneite. Die Kolonnen fuhren in Viererreihen. Die Straße war verstopft. Der Bürgermeister berichtete: »Um Mitternacht erschienen russische Panzer. Nach etwa 25 bis 30 Minuten brannte die Hauptstraße; die Russen hatten die Häuser in Brand gesteckt.« Aus Schönlanke im Netzekreis berichtete die Angestellte I. R. der Kommission: »Wochenlang brannten die Siegesfeuer. Haus für Haus wurde angesteckt, und somit ist die ganze Innenstadt ein Schutthaufen.« So geschah die Brandstiftung meist nicht etwa in der Hitze des Gefechts mit dem Ziel, deutsche Soldaten aus den Häusern zu vertreiben. Sie geschah vielmehr in aller Regel kaltblütig: In der Stadt Schloppe zum Beispiel gingen die Gebäude erst zehn Tage nach der Eroberung durch die Rote Armee im Feuer unter.

Die Wissenschaftliche Kommission der Bundesregierung zur Geschichte der Vertreibung urteilt: »Viele Erlebnisberichte geben ein Bild nicht nur von Raub und Plünderung, sondern auch von mutwilligen und fahrlässigen Vernichtungen, von Brandstiftungen in Wohnungen und Häusern, ja von der Niederbrennung ganzer Orte und Stadtteile. Da ein großer Teil der Wohnungen und Häuser leer stand, als die ostdeutschen Provinzen erobert wurden, gab es nichts, was die sowjetischen Truppen hätte hindern können, dort ganz nach ihrem Gefallen zu plündern und zu wüten.

Diejenigen Deutschen, die von der Flucht zurückkamen, fanden in der Regel ihre Wohnungen in völlig ruiniertem Zustand vor. Besonders dann, wenn die sowjetischen Truppen in Erfahrung gebracht hatten, daß der Besitzer dieses oder jenen Hauses Nationalsozialist war, oder wenn sie in verlassenen Wohnungen NS-Embleme, Bilder von deutschen Soldaten, Hitlerbilder oder ähnliches fanden, führten solche Entdeckungen in der Regel dazu, daß die Wut gegen die abwesenden Besitzer sich auf deren Wohnungen und Häuser übertrug, die meist nicht nur völlig verwüstet, sondern auch in Brand gesetzt wurden. Die Verlassenheit der Orte in jenen Tagen hat dazu geführt, daß das Feuer von den einzelnen Häusern ungehindert auf ganze Straßenzüge und Stadtteile übergriff und Brände in großer Zahl wüteten. Manchmal gewinnt man geradezu den Eindruck, daß das Feuer von vornherein planmäßig gelegt wurde, um nicht nur einzelne Gebäude, sondern ganze Orte in Brand zu setzen. So wurden in allen deutschen Provinzen jenseits der Oder und Neiße – am zahlreichsten aber wohl in Pommern – viele Güter, Dörfer und Städte in den Tagen nach dem Einmarsch der Roten Armee durch Feuer ganz oder teilweise vernichtet. Unter den Großstädten war es vor allem Danzig, das zu großen Teilen durch Brände zerstört wurde, die an einzelnen Stellen vorsätzlich angelegt worden waren, und dann immer weiter griffen, da niemand dagegen einschritt.

»Es ist erwiesen«, schreibt die Wissenschaftliche Kommission, »daß durch die Zerstörungen und Brandstiftungen in den Tagen des Einmarsches der Roten Armee in Ostdeutschland größerer Schaden verursacht wurde als durch Bombenangriffe und Kampfhandlungen.«

Die Männer der Stadt Regenwalde in Pommern marschierten, von Russen bewacht, an den brennenden Häusern des Ortes vorbei in die Verschleppung. Ihre Wächter trugen brennende Fackeln in den Händen. Der Fleischermeister O. G. schrieb: »Obwohl bei der Einnahme der Stadt kein Schuß gefallen ist, haben die Sowjets systematisch einzelne Häuser sowie ganze Stadtteile in Brand gesetzt. Wir zogen vorbei an unserem brennenden Haus. Mein ganzer Stolz, das Lebenswerk zweier unzertrennlicher Brüder, ging in Flammen auf.«

Auch in der pommerschen Stadt Stolp wurde die Verschleppung von Flammen untermalt. Der Einwohner E. B. berichtete: »Deutsche Männer wurden von den Russen mit vorgehaltenen Maschinenpistolen gezwungen, gefüllte Benzinkanister in die Häuser zu werfen und in Brand zu setzen. Angesichts der brennenden Stadt konnte ich durchs Fenster beobachten, wie aus der Weidestraße kommend ein großer Zug deutscher Frauen und Kinder in die Franz-Nitschke-Straße getrieben wurde. Kurz darauf fuhren zwei russische Lastkraftwagen vor. Frauen und Kinder wurden voneinander getrennt und auf die Wagen verladen. Es war furchtbar. Mütter schrien verzweifelt nach ihren Kindern, Kinder schrien in Todesangst nach ihren Müttern. Der Schein der brennenden Häuser gab diesem Bild einen schaurigen Rahmen.«

Der Einwohner O. M. aus Stolp schilderte in seinem Bericht für die Wissenschaftliche Kommission das Ausmaß der Zerstörungen, die durch russische Brandlust in Stolp angerichtet worden waren: »Die ganze Innenstadt, umgrenzt von der Ringstraße, dem Stolpe-Fluß, Hindenburgstraße, Bismarckplatz und Stefansplatz, war zerstört. Nur eine Apotheke und ein Kaufhaus standen noch. Auch die schöne Marienkirche war ganz ausgebrannt. Auch die Schloßkirche war ausgebrannt. Viele Straßen waren zur Hälfte abgebrannt. So bestand mehr als die Hälfte der Stadt, die einst mehr als 50 000 Einwohner gehabt hatte, nur noch aus Ruinen.«

Der Superintendent W. L. aus Schivelbein im pommerschen Kreis Belgard versteckte sich vor den Russen im Turm seiner Kirche. Aus einer Luke des Turms blickte er auf die Straßen und Häuser der Ortschaft herunter. Er beobachtete, wie die graubraun uniformierten Sowjetsoldaten Stroh heranfuhren und es in Schaufenstern und Häusern aufschichteten. Dann leckten die Flammen hoch, griffen nach Türen, Treppen und Balken, lohten in die Nacht. Der geistliche Herr verließ den Kirchturm. Wenig später stand sein Versteck in Flammen. Rotarmisten benutzten den

Turm, der zu einer Ordenskirche aus dem frühen Mittelalter gehörte, zu Zielübungen: Sie schossen mit Brandgranaten auf die mit Holz eingedeckte Spitze. Der Superintendent W. L.: »Eine ganz kleine Flamme schlug zuerst aus dem Turm, und in der Nacht war die Kirche völlig ausgebrannt. Die Glocken stürzten rasselnd herunter, und die Gewölbe brachen allmählich in sich zusammen.«

Der Pfarrer Barckow aus dem pommerschen Lauenburg beschrieb den Anblick seiner Stadt wenige Tage nach ihrer Eroberung durch die Rote Armee: »Durch das Feuer waren viele Häuser, ganze Blocks zerstört, ein trostloser Anblick waren die Ruinen, aber fast schlimmer noch die Straßen der sonst so hübschen und sauberen Stadt. Überall verstreute Bettfedern, auch ganze Bettstücke, krepierte Pferde, Autowracks, unbrauchbare Räder, Wagenteile, Hausgerät, jeder Laternenpfahl umgefahren, jedes Schaufenster zertrümmert, Sessel, Stühle, Sofas lagen zerbrochen umher, dazu versperrten eingefallene Hauswände die Geh- und Fußwege – ein Bild der Verwüstung.«

Über die Ausplünderung der deutschen Zivilisten und die Zerstörung ihrer Wohnungen und Wohnungseinrichtungen schreibt die Wissenschaftliche Kommission: »Beim Einmarsch der Roten Armee begannen unaufhörliche Plünderungen und Beraubungen, die noch lange unter der russischen Besatzung andauerten, so daß die zurückgebliebene ostdeutsche Zivilbevölkerung durch fortgesetzte Beraubungen ihrer persönlichen Habe weitgehend verarmte. Das furchtbare Ausmaß, das die Plünderungen in den ersten Tagen und Wochen nach der Eroberung der ostdeutschen Städte und Dörfer angenommen haben, die systematische Gründlichkeit mit der sie geschahen, läßt auf planmäßiges Vorgehen schließen. Zweifellos hatten die sowjetischen Truppen lange Zeit uneingeschränkte Plünderungsfreiheit. Nicht nur, daß die sowjetische militärische Führung ihre Soldaten gewähren ließ, sie ermunterte sie noch in ganz offensichtlicher Weise, sich an deutschem Eigentum zu bereichern oder leistete durch gelenkte Maßnahmen Plünderungsaktionen Vorschub. Bei diesen Aktionen hat zweifellos die Vorstellung eine Rolle gespielt, daß der einzelne russische

Soldat auf seine Weise an einer Wiedergutmachung teilnehmen sollte. Der Warenhunger von Menschen, die aus einem Lande kamen, in dem seit Jahrzehnten ein ungeheurer Mangel an Verbrauchsgütern bestand, trug das Seinige dazu bei, den ideologisch genährten Haß gegen alle Besitzenden zu offenen Raubhandlungen, oder was noch furchtbarere Wirkungen hatte, zu systematischen Zerstörungsakten zu steigern.«

Pfarrer Barckow aus Lauenburg berichtete, daß ihm die aus rauhen Kehlen vorgebrachte Forderung »Urren, Urren« oder »Urri, Urri« monatelang nicht mehr aus den Ohren ging, einfach deshalb, weil er sie immer wieder vernahm. Die Russen stürmten in die Wohnungen, richteten Pistolen und Karabiner auf die Zivilisten, nahmen ihnen Uhren, Ringe und Schmuck von Arm und Fingern, Hals und Ohren und rissen dann die Schubladen und Schränke auf. Sie nahmen, was ihnen gefiel und warfen auf den Boden, was ihnen nicht paßte. Dann verließen sie die Wohnung und gingen zur nächsten. Dem ersten Sturm der Plünderer folgte eine zweite Welle, der zweiten eine dritte und vierte.

In dem Dorf Schlagenthin im pommerschen Kreis Arnswalde erschienen wenige Tage nach dem Einmarsch der Russen weibliche Soldaten der Roten Armee. Sachkundig musterten sie den Inhalt von Schränken und Truhen. Dann zwangen sie die Frauen von Schlagenthin, aus Bettlaken und Bettbezügen große Beutel zu nähen. Dahinein mußten die Deutschen dann die Textilien packen, die von den Russinnen ausgesucht worden waren. Die Beute wurde nach Rußland verladen.

Den Männern von Schlagenthin hatten die Russen ein besonders schlimmes Schicksal zugedacht: Sie sollten in ihren Häusern bei lebendigem Leibe verbrannt werden – als Vergeltung für einen Anschlag auf russische Soldaten, den der Gutsherr von Schlagenthin und ein Hitlerjunge zusammen angeblich verübt hatten. Schließlich begnügten sich die Russen damit, den Gutsherrn zu erschießen und sein Schloß über seiner Leiche in Brand zu setzen. Der Einwohner A. S. aus Schlagenthin erinnerte sich: »Das Schloß brannte bis auf die Grundmauern ab. Jeden Abend wurde ein Gehöft angesteckt, auch am Tage brannten verschiedene Gehöfte ab.«

Als sich deutsche Truppen bei einem Gegenstoß dem Dorfe näherten, befahlen die Besatzer den Männern von Schlagenthin, auf der Hauptstraße des Ortes mit Spaten und Hacken anzutreten. Dann mußten sie ausrücken – die einen Kinder noch, die anderen über 60 Jahre alt. Vor dem Dorf stießen sie die Spaten in die von Feuchtigkeit schwere Erde und gruben sich nach unten. Hinter ihnen standen Rotarmisten, die Maschinenpistolen im Anschlag. So legten die Deutschen, getrieben von Kolbenstößen und den »Dawai«-Rufen ihrer Bewacher, Stellungen und Schützengräben an, aus denen heraus die Sowjets die deutschen Truppen niederkämpfen wollten. Dann brachten die Russen Geschütze und Granatwerfer nach vorn und schossen sich auf die deutschen Stellungen ein.

Und während die Kanonen brüllten und die Granatwerfer wummerten, standen die deutschen Zwangsarbeiter der Russen hochaufgerichtet auf den Wällen vor den Gräben, im Rücken die Drohung von Maschinenpistolen. Der Einwohner A. S.: »Die deutschen Truppen schossen aber nicht zurück, weil sie wohl wußten, daß es Deutsche waren, die da auf den Wällen standen.«

Etwa 300 Meter vor den russischen Linien stand eine große Scheune. Sie war mit Getreide gefüllt. Die Russen schossen Leuchtspurmunition hinein. A. Z. erinnert sich: »Die Scheune ging sofort in Flammen auf. Zu meinem großen Schrecken kamen dort 50 bis 60 Frauen, Kinder und Männer herausgelaufen. Als die Russen das sahen, schossen sie mit Maschinengewehren dazwischen. Es war ein großer Jammer; was da alles liegenblieb, weiß wohl keiner. Ich fragte die Russen, warum sie das machten. Die sagten nur, deutsche Soldaten auch unsere Frauen und Kinder totgeschossen.

*

Die Rote Armee, die vier Jahre lang Krieg im eigenen Land hatte führen müssen, genoß in jenen Tagen in Pommern wie in Ostpreußen, in Schlesien wie im Sudetenland die Stunde der Rache, mit Raub und Plünderungen, mit Brandschatzung und Vergewaltigung. Zugleich aber war es der Augenblick der privaten Abrechnung zwischen deutschen Zivilisten und jenen Menschen, die ihnen oft jahrelang unterworfen gewesen waren: die aus Polen und Rußland herangeschleppten Zwangsarbeiter, Kriegsgefangene aus den Staaten des Ostens und Kriegsgefangene aus den Staaten des Westens, vor allem Franzosen und Belgier, die in den Provinzen jenseits von Oder und Neiße zumeist in der Landwirtschaft hatten arbeiten müssen. Franzosen und Belgier hatten sich zusammen mit den deutschen Zivilisten auf die Flucht nach Westen begeben. Sie hatten nahezu ebensoviel Angst davor, in die Hände der Russen zu fallen wie die Deutschen. Viele von ihnen lenkten die Treckwagen der Höfe, deren Bauern zur Wehrmacht oder zum Volkssturm eingezogen worden waren, viele deutsche Frauen, Kinder und alte Menschen verdanken es ihren französischen Kriegsgefangenen, daß sie die Flucht überstanden haben.

Polen und Russen erwarteten in Ost- und Westpreußen, in Schlesien und in Pommern die Ankunft der Roten Armee. Jetzt waren sie Herren über Leben und Tod der Deutschen, die kurz zuvor noch ihre Herren gewesen waren. Die lang zurückliegende freundliche Geste eines Deutschen gegenüber einem der Ausländer, von ihm selbst oft längst vergessen, gebar jetzt vielleicht Großmut; eine Unbarmherzigkeit, eine Beschimpfung, ein Faustschlag im Zorn, beschworen jetzt, Monate oder Jahre später, Tod und Verderben herauf.

Der Superintendent W. L. aus dem pommerschen Schivelbein war mit den Männern des Ortes zur Verschleppung angetreten. Er berichtete: »Plötzlich trat ein Pole, der längere Zeit in Schivelbein als Kriegsgefangener gearbeitet hatte, auf den russischen Obersten zu und verhandelte mit ihm und zeigte auf mich. Der Offizier trat auf mich zu, salutierte und sagte: ›Mein Herr, bitte gehen Sie nach Hause.‹« Die anderen Männer wurden davongetrieben. Der Geistliche über den Grund für die Entscheidung des russischen Offiziers: »Ich hatte im Jahre 1943 einen verstorbenen kriegsgefangenen Polen auf unserem Friedhof wie einen Deutschen würdig begraben lassen und auch die Glocken läuten lassen. Das hatten mir die Polen nicht vergessen.«

Ein Nachbar des geistlichen Herrn, der Schmiedemeister von Schivelbein, aber wurde von einem seiner ausländischen Arbeiter nach dem Einmarsch der Russen auf offener Straße erschossen. Er starb am Zaun des Gartens, der das Pfarrhaus umgab.

Gerettet durch polnische Fürsprache wurde auch Siegfried Bublitz, Pastor der Gemeinde Garrin im pommerschen Kreis Kolberg. Er war, wie er schrieb, den polnischen Arbeitern, die im Wald der Pfarrei Bäume fällten und zersägten, »immer freundlich begegnet.«

Überleben als Ergebnis selbstverständlicher Menschlichkeit, Tod als Resultat von Gedankenlosigkeit oder auch Niedertracht: In der Ortschaft Perlin im Kreis Lauenburg war der Bauer Paul Ewert Zeuge, wie einer der dort ansässigen Landwirte noch am Tage des russischen Einmarsches von dem Polen erschossen wurde, der für ihn gearbeitet hatte. Aus dem pommerschen Dorf Hohengrape berichtete der Flüchtling Otto Hemp über einen Fall von Sippenhaft: »Der Bauer, bei dem wir in Quartier lagen, wurde mit seiner Nichte abgeholt. Beide wurden in der Stadt Berlinchen erschossen, angeblich deshalb, weil sie ihre polnischen Arbeiter schlecht behandelt hatten.«

Gelegentlich stachelte die Brutalität sowjetischer Soldaten die Polen zu schauerlichen Exzessen gegen die Deutschen an. Polnische Soldaten, befreite Gefangene und Zwangsarbeiter vollendeten, was die Rotarmisten begonnen hatten. So bereiteten Russen und Polen der Frau M. N. aus Bärwalde im pommerschen Kreis Neustettin und ihrer Familie ein entsetzliches Schicksal. Frau M. N. wollte ihre zwei Kinder nicht den Gefahren und Strapazen einer Flucht durch Schnee und Eis aussetzen. Bei ihr blieben ihr Mann Karl und auch ihre Schwester, die gleichfalls zwei kleine Kinder hatte. Anfang März 1945 rückten russische Truppen in Bärwalde ein, zu einem großen Teil Mongolen und Angehörige anderer asiatischer Völker. »Sie sahen furchtbar aus«, berichtete Frau M. N. der Wissenschaftlichen Kommission der Bundesregierung, »unsere Angst wurde immer größer.« Zwei russische Soldaten drangen in das Haus ein, in dem die Familie M. N. sich aufhielt, und sie vergewaltigten erst Frau M. N. und dann ihre

Schwester. Danach ging einer der Soldaten vor die Tür des Hauses und rief vorübermarschierenden Rotarmisten zu, daß hier Beute auf sie wartete. Gruppen von jeweils sieben bis zehn Sowjetsoldaten stürmten in die Wohnung. Sie vergewaltigten die beiden Frauen im Beisein der kleinen Kinder. Der Ehemann von Frau M. N. mußte die Szene mit einer Kerze beleuchten, die einer der Soldaten ihm in die Hand gedrückt hatte. Dann schlug einer der Russen den Ehemann mit dem Gewehrkolben zu Boden und holte zu einem zweiten Schlage aus. Die Tochter von Frau M. N. warf sich schreiend über ihren Vater, Mutter und Sohn hingen sich an den Arm des Russen und flehten um das Leben des Vaters.

Die Russen verließen das Haus, die Familie war einen Augenblick lang allein. Frau M. N. drängte ihren Mann, sich zu verstecken: »Sie schlagen dich sonst tot, sie haben dich schon halb tot geschlagen.« Seine Schwägerin aber hielt Karl N. zurück. Sie flehte, er möge zum Schutz der Kinder bei ihnen bleiben. Karl N.: »Ich kann euch allen nicht helfen, aber ich bleibe bei euch, das einzige wäre, wir verstecken uns alle, wir gehen auf den Heuboden.«

Der Mann, die beiden Frauen und die Kinder liefen über den Hof zum Stall, stießen die Tür auf, stolperten die Treppe hoch. Ihre Füße hatten Spuren in den Schnee auf dem Hof gezogen. Drei russische Soldaten folgten den Abdrücken, fanden die Familie, trieben sie zurück, vergewaltigten die Schwester von Frau M. N. Als die Soldaten von ihr ließen, rief sie: »O Gott, o Gott, wie soll dies werden?« Karl N. blickte die geschändeten Frauen an und sagte: »Mich schlagen sie tot, euch machen sie tot, und was aus den Kindern wird, könnt ihr euch denken.«

Der verzweifelte und mutlose Mann war bereit, alles Unheil, das nun noch kommen mochte, über sich ergehen zu lassen. Er wollte sich nicht mehr verstecken. Seine Frau aber drängte: »Geht alle rauf, ich schließe die Türen ab, dann müssen sie die erst aufbrechen.« Wieder liefen die Gepeinigten und Verfolgten über den Hof, wieder die Treppe hoch. Sie waren oben angelangt, als sie auf dem Hof johlende Schreie, Getrampel von vielen Stiefeln und Schüsse hörten. Die Deutschen drückten sich in die Dunkelheit des Heubodens. Dann Schritte auf der Treppe, Männer mit

Gewehren und Taschenlampen. Im Lichtkegel der Lampen die bleichen Gesichter der Frauen und Kinder und des Mannes, der sie schützen wollte. Im Licht der Lampen sah Frau M. N., daß die Eindringlinge zum Teil Zivilisten waren, zum Teil aber auch Soldaten mit eckigen Mützen, wie sie bei der polnischen Armee getragen wurden. Ein Kolbenhieb traf Frau M. N. am Kopf. Sie wurde besinnungslos.

Dann hörten die Deutschen, die in den Häusern der Nachbarschaft in Kellern Schutz gesucht hatten, Schreie von Qual und Todesangst durch die Nacht über Bärwalde dringen. Dann war es still. Frau M. N. erwachte aus tiefer Bewußtlosigkeit. Ihre Hände tasteten sich zu ihrem Hals, ihre Finger fühlten eine Schlinge. Am Balken über ihr hingen ihr Mann, ihre Schwester und die zwei größeren Kinder, gehenkt von den Männern, die auf den Heuboden gestürmt waren. Die kleineren Kinder lagen am Boden, sie waren erdrosselt worden. Frau M. N. verdankte ihr Leben dem Umstand, daß das Seil gerissen war, an dem sie aufgehängt werden sollte.

Die Frau, die das Massaker auf dem Heuboden überlebt hatte, lief zu einem Bach, der hinter ihrem Hof floß, um sich zu ertränken. Jemand zog sie heraus und brachte sie in eine fremde Wohnung. Frau M. N. legte sich dort ins Bett. Sie wurde wach, als die Strahlen einer Taschenlampe über ihr Gesicht glitten. Vor ihr stand ein russischer Soldat. Die Frau: »Da stand mit einem Mal mein ganzes Elend wieder vor meinen Augen. Ich schrie und weinte und flehte ihn an, er möge mich erschießen.« Der Russe zeigte auf die Rangabzeichen an seiner Uniform und beruhigte die Frau: Er sei ein Offizier der Roten Armee und sie brauche keine Angst zu haben. Der Soldat nahm ein Handtuch und begann, die vom Wasser des Baches völlig durchnäßte Frau abzutrocknen. Er sah die Spuren an ihrem Hals und fragte nach der Ursache. Frau M. N. erzählte ihm, was geschehen war. Der Russe schnitt ihr mit dem Bajonett die feuchte Unterwäsche vom Körper und trocknete die Frau weiter ab. Dann zog er ihr den Ehering vom Finger und vergewaltigte sie. Dann ging er und schickte vier betrunkene Kameraden herein. Frau M. N.: »Da habe ich kennengelernt, was ein Mensch aushalten kann, ich konnte nicht mehr sprechen, nicht mehr weinen, ja nicht einmal mehr einen Laut von mir geben.«

Die deutschen Frauen im Osten gehörten zur Beute der siegreichen Roten Armee. Die Wissenschaftliche Kommission der Bundesregierung schreibt: »Unter den Ausschreitungen der einziehenden russischen Truppen hatten ganz besonders die Frauen zu leiden. Bei den zahlreichen Erlebnisberichten, die vom Einzug der Roten Armee handeln, gibt es kaum einen, der nicht von Vergewaltigungen deutscher Frauen und Mädchen zu berichten weiß. In vielen wird sogar in aller Offenheit von selbsterlittenen Vergewaltigungen erzählt. Es kann auch bei kritischer Prüfung dieser Berichte kein Zweifel sein, daß es sich bei den Vergewaltigungen deutscher Frauen und Mädchen durch sowjetische Soldaten und Offiziere um ein Massenvergehen im wahren Sinne des Wortes handelt, keineswegs um bloße Einzelfälle. Darauf deutet schon hin, daß förmliche Razzien auf Frauen unternommen wurden, daß ferner manche Frauen in vielfacher Folge nacheinander mißbraucht wurden und daß die Vergewaltigungen oft in aller Öffentlichkeit vor sich gingen. In gleicher Weise befremdend und Entsetzen erregend wirkte es auf die deutsche Bevölkerung, daß von den Vergewaltigungen auch Kinder und Greisinnen nicht verschont wurden. Abgesehen von den physischen und psychischen Schädigungen, die die Vergewaltigungen für die ungeheure Zahl der betroffenen deutschen Frauen bedeuteten, haben besonders die Brutalität und Schamlosigkeit, mit der sich diese Vorgänge oft vollzogen, zur Verbreitung von Angst und Schrecken unter der deutschen Bevölkerung beigetragen.«

Die Bäuerin I. K. aus dem pommerschen Kreis Deutsch Krone berichtete der Kommission: »Mit großem Getöse drang die russische Infanterie in unser Haus ein. Sie drängten die meisten Menschen hinaus in die Dunkelheit. Zwei junge Mädchen und eine junge Frau, hochschwanger, mußten zurückbleiben. Nach ungefähr 30 Minuten durften wir wieder in das Zimmer zurück. Eines der jungen Mädchen sagte zu mir: ›Wir haben für euch gelitten. Ich hatte in dieser Zeit drei Russen.‹ So ging es dann die ganze Nacht. Die beiden jungen Mädchen und die junge Frau hatten

133

besonders unter den Vergewaltigungen durch die Russen zu leiden. Die junge, schwangere Frau stand schließlich keuchend auf einen Sessel gestützt, eine Haarsträhne hing ihr in das Gesicht. Wer sollte sie schützen?«

Otto Hemp, Bürgermeister im pommerschen Kreis Friedeberg, dessen Treck in der Nähe der Stadt Berlinchen von den Russen eingeholt und festgesetzt worden war, berichtete über die erste Nacht in der Gewalt der Roten Armee: »Meine Nichte wurde von vierzehn russischen Offizieren im Nebenzimmer vergewaltigt. Meine Frau wurde von einem Russen in die Scheune geschleppt und ebenfalls vergewaltigt. Dann wurde sie in einen Pferdestall gesperrt und am nächsten Morgen um fünf Uhr nochmals vergewaltigt.«

Bei den Flüchtlingen, die noch in der Wohnung waren, erschien ein russischer Soldat. Er musterte die Frauen und die Mädchen. Dann winkte er einem Kind, das nicht älter als dreizehn Jahre war. Das Mädchen schrie und weinte. Der Soldat blickte auf das jammernde Kind und zog seine Pistole. Er richtete die Waffe auf die Frauen und die Männer, die vor ihm standen. Er gebe ihnen fünf Minuten Zeit, sagte er, dann wünsche er das Mädchen im Nebenzimmer zu sehen. Wenn es nicht komme, werde er sie alle erschießen. Dann ging er nach nebenan. Die Frauen und Männer redeten auf das Kind ein. Es müsse sich opfern, wenn nicht alle sterben sollten. Stumm stand die Mutter des Mädchens an der Wand. Nach fünf Minuten brachten die angsterfüllten Flüchtlinge das 13jährige Kind in das Nebenzimmer. Wenig später erschien der Soldat wieder in der Tür. Das Kind genügte seinen Ansprüchen an eine Frau nicht, er winkte einen Kameraden herbei und übergab ihm die menschliche Beute. Dann suchte er unter den Frauen ein neues Opfer. Er wählte die Mutter des Mädchens. Otto Hemp: »Die Mutter wurde im Bett vergewaltigt, während die Tochter von dem anderen Russen Gewalttaten über sich ergehen lassen mußte. Die Mutter war außerdem schwanger.«

Einwohner des Dorfes und Flüchtlinge sammelten sich, so berichtete Otto Hemp, im Schloß eines in der Nähe gelegenen Gutes. In der Masse fühlten sie sich sicherer als in den Häusern, in denen sie schutzlos der Gewalt ausgesetzt waren. Aber es half ihnen nichts. Die Russen kamen, schossen die Fenster und Türen ein und vergewaltigten die Frauen vor den Augen vieler Menschen. Dann gellten Rufe des Schreckens und der Verzweiflung durch die Nacht: »Hilfe, Hilfe, Kommandant!« Aber niemand half den Geschändeten, kein Offizier, kein Befehl stellte sich ihnen in den Weg.

Die Wissenschaftliche Kommission schreibt: »Manches davon mag auf das Konto einer durch den Krieg verursachten Zügellosigkeit gehen, im ganzen lassen sich die Vorgänge jedoch damit nicht erklären und entschuldigen. Es steht auch fest, daß zumindest in den ersten Wochen der Besetzung der deutschen Gebiete die sowjetische Armeeführung und die Truppenführer gegen die massenhaften Vergewaltigungen deutscher Frauen nicht eingeschritten sind, sie also durchaus duldeten, wenn nicht förderten.«

Der Pfarrer Barckow berichtete über den Einmarsch der Roten Armee in die pommersche Stadt Lauenburg am 1o. März 1945: »Dann kam die Nacht, die furchtbarste aller Nächte. Im Rudel standen sie vor jedem Haus, bis zu 45 Mann vergewaltigten eine einzige deutsche Frau ohne Rücksicht, ob sie schließlich im Sterben lag.« Rund 600 Einwohner der Stadt Lauenburg, so erfuhr Pfarrer Barckow, nahmen sich in jener Nacht das Leben. Männer, Frauen und Kinder wurden Opfer der Rache für Hitlers Überfall auf die Sowjetunion, einer Rache, die nicht zu stillen war. Pfarrer Barckow schreibt: »Unten vor dem Haus sagte ein Flüchtlingsbauer über die Schreie, die aus dem Haus tönten: ›Hören Sie? Sie haben meine 13jährige Tochter schon zum fünften Male vor.‹«

In Heu und Stroh, in Friedhofskapellen und in Hühnerställen verbargen sich in jenen Monaten der sowjetischen Offensive gegen das Dritte Reich die deutschen Frauen vor der Gier der Sieger. Frau E. K. aus dem pommerschen Kreis Neustettin lebte zusammen mit ihrer Schwester erst in einem Taubenschlag, dann auf einem Heuboden: »Wir bauten uns eine Höhle zwischen vermodertem Stroh und zwischen Rattennestern.« Frau E. K. und ihre Schwester verdanken es einem mitleidigen Rotarmisten, daß Gewalt und Schändung an ihnen vorübergingen. Der Russe entdeckte die Frauen im Stroh, blickte einen Augenblick in die großen erschreckten Augen und schob ein Strohbündel vor den Schlupfwinkel, so daß seine ihm folgenden Kameraden die Beute nicht fanden. Die Wissenschaftliche Kommission: »Es soll im Interesse objektiver Berichterstattung nicht verschwiegen werden, daß es erfreulicherweise auch unter den russischen Soldaten und Offizieren eine beträchtliche Anzahl gegeben hat, die sich nicht an den Ausschreitungen beteiligten, ja den Frauen und Mädchen sogar ihren Schutz anboten und durch energisches persönliches Eingreifen manche Vergehen verhinderten. Sie haben damit verdient, besonders hervorgehoben zu werden.«

Russen fütterten auch, so berichteten Flüchtlinge, hungernde deutsche Kinder. Die gleichen Soldaten, die zu unerhörter Grausamkeit gegen Männer und Frauen fähig waren, erbarmten sich der Hilflosen. Der Bauer Paul Ewert, der aus Westpreußen nach Pommern getreckt war, erzählte: »Hunger, Durst und Kälte quälten uns, hauptsächlich die kleinen Kinder. Ich entschloß mich, von einer in der Nähe stehenden russischen Feldküche eine Axt und Wasser zu erbitten, um wenigstens heizen und Kaffee kochen zu können. Auch konnte ich dem Koch verständlich machen, daß wir eine Anzahl kleiner Kinder bei uns hatten, die nichts zu essen hätten. Es dauerte nicht lange, so kam er mit einem Behälter mit Essen und verteilte es.« Ein russischer Soldat, berichtete der Landwirt E. H. aus dem Kreis Neustettin, schob die zum Schuß erhobene Pistole in den Gürtel zurück, als die Sonne plötzlich aus den Wolken hervorkam und das Gesicht eines kleinen Flüchtlingsmädchens beschien. Der Landwirt: »Ich dachte gerade, er solle mich zuerst erschießen, dann brauche ich die anderen nicht sterben zu sehen. Aber das Kind sah in der Sonne so allerliebst aus, daß der Russe ihm unter das Kinn faßte und ›Mein Liebling‹ sagte. Es war, als ob die Macht Gottes uns zur Hilfe kam.«

Superintendent W. L. wurde am 7. März 1945 zusammen mit seiner Familie von einem Russen in die Küche des Pfarrhauses von Schivelbein getrieben. Es war der Tag, an dem das jüngste Kind des Geistlichen Geburtstag hatte. Der Rotarmist befahl der Familie, sich in einer Reihe aufzustellen und entsicherte seine Maschinenpistole. Der Superintendent berichtete: »Da stimmte meine sonst sehr zurückhaltende Frau den 62. Psalm an. Den Schlußteil der Verse sangen meine Kinder und ich mit. Tief bewegt hörte sich der Russe das Lied an, das von dem Gott redet, zu dem unsere Seele still ist und der uns hilft. Der Soldat gab uns die Hand und ging dann aus dem Zimmer. Wir haben noch viel Schweres erlebt, aber dieses Erlebnis, das sich ohne unser Zutun weit herumgesprochen hat, überstrahlte alles und ließ uns Schweres ertragen. Gott war sichtbar unter uns gewesen.«

Doch das plötzliche Erbarmen, die spontane menschliche Tat blieben seltene Ausnahmen in jenen Tagen, da die Rote Armee durch Deutschland auf Berlin stürmte. Vielmehr zeigte sich der Schrecken, der über die Deutschen kam, in immer neuen Varianten. Bürgermeister Otto Hemp in seinem Bericht für die Wissenschaftliche Kommission: »Eine Frau, die sich dem Willen der Russen nicht sofort fügen wollte, wurde nackt an den Haaren über das Eis des Schloßparks geschleift und blutüberströmt liegengelassen.« Frau E. H. aus Luggewiese im pommerschen Kreis Lauenburg war mit ihrer Mutter, ihren beiden Kindern und ihrer 25 Jahre alten Schwester in ein Nachbardorf geflüchtet, das tief im Walde lag. In dem größten Zimmer eines der Häuser des Dorfes drängten sich schließlich mehr als 30 Menschen. Keiner wollte allein sein, wenn die Russen kamen. Dann kamen sie. Frau E. H. berichtete: »Ein großer Russe kam herein. Er sagte kein Wort, sah sich im Zimmer um und ging bis nach hinten durch, wo alle jungen Mädchen und Frauen saßen. Er winkte nur einmal mit dem Finger nach meiner Schwester. Als diese nicht gleich aufstand, trat er dicht vor sie hin und hielt seine Maschinenpistole gegen ihr Kinn. Alle schrien laut auf, nur meine Schwester stand stumm da und vermochte sich nicht zu rühren. Da krachte auch schon der Schuß. Ihr Kopf fiel auf die Seite, und das Blut rann in Strömen. Sie war sofort tot, ohne nur einen Laut von sich zu geben. Die Schädeldecke war völlig zertrümmert. Der Russe sah uns alle an und verließ dann, ohne ein Wort zu sagen, das Zimmer. Auf dem Friedhof des Dorfes, in das wir geflüchtet waren, haben wir meine Schwester zur letzten Ruhe gebettet.«

VIII.

KOLBERG

Bis zum letzten Mann

Am 1. Juni 1943, vier Monate nach der Kapitulation der deutschen 6. Armee in Stalingrad, schrieb Josef Goebbels, Propagandaminister des Dritten Reiches, einen Brief an den UFA-Filmregisseur Veit Harlan, in dem es hieß: »Hiermit beauftrage ich Sie, einen Großfilm »Kolberg« herzustellen. Aufgabe dieses Films soll es sein, am Beispiel der Stadt, die dem Film den Titel gibt, zu zeigen, daß ein in Heimat und Front geeintes Volk jeden Gegner überwindet. Ich ermächtige Sie, alle Dienststellen von Wehrmacht, Staat und Partei, soweit erforderlich, um ihre Hilfe und Unterstützung zu bitten und sich dabei darauf zu berufen, daß der hiermit von mir angeordnete Film im Dienste unserer geistigen Kriegführung steht.«

Thema des Films war die Belagerung der pommerschen Stadt Kolberg durch eine Armee des Franzosenkaisers Napoleon vom 19. März bis zum 2. Juli 1807 und die erbitterte Abwehr der Angreifer durch preußische Soldaten unter dem Kommando des Majors Neithardt von Gneisenau und der Bürger der Stadt unter dem Bürgermeister Nettelbeck. Die Verteidigung Kolbergs gegen die weit überlegenen Franzosen war in der Tat ein grandioses historisches Exempel für den Willen eines Volkes, auf verlorenem Posten auszuhalten und die drohende Niederlage schließlich doch noch in einen Sieg zu verwandeln.

Goebbels verlangte von Harlan, »Kolberg« müsse der »größte Film aller Zeiten« werden. Der Regisseur setzte in den Kampfszenen, die rund um Kolberg gedreht wurden, 187 000 Soldaten als Statisten und 6000 Pferde ein. Zu diesem Zeitpunkt, da deutsche Soldaten in Armeestärke in einem Film mitspielen mußten, waren Engländer und Amerikaner bereits in Frankreich gelandet, in Rußland war die deutsche Heeresgruppe Mitte von den Sowjets vernichtend geschlagen worden.

In den Mauern der alten Stadt, die in jenen Tagen ihrem 690. Jubiläum entgegenging, ließ Veit Harlan von seinen Pyrotechnikern Sprengladungen und Scheingranaten entzünden. Große schwarze und weiße Rauchwolken schwebten über den Dächern, Pulverblitze hoben sich, wie Harlan berichtete, »wirkungsvoll gegen den schwarzen und weißen Rauch ab.«

Im November 1944 führte Veit Harlan dem Propagandaminister den fertigen Film vor. Goebbels war enttäuscht und verärgert. Harlan: »Er verurteilte die Greuelszenen, die vielen Leiden und die Flucht der Einwohner vor dem Feuer der brennenden Stadt Kolberg. Daß eine Frau ein Kind gebäre, während das Haus über ihr brennt und im Zusammenstürzen die Mutter und das Neugeborene unter sich begräbt, bezeichnete er als geschmacklose Übertreibung. Er befahl, diese Szenen herauszuschneiden. Ebenso hatte ich herauszuschneiden, daß die Menschen die Türen aus den Häusern brachen, um Särge für die zahllosen Toten anzufertigen, da in Kolberg keine Bretter mehr aufzutreiben waren und auch, daß die Brunnen und Wasserleitungen in Kolberg durch die Leichen der vielen Toten vergiftet waren, so daß niemand mehr zu trinken wagte. Das dauernde Töten und Getötetwerden falle dem Zuschauer auf die Nerven. Das würde, so Goebbels, für einen pazifistischen Film passen, aber nicht für ›das Heldenlied von Kolberg‹. Goebbels donnerte: ›Pazifisten werden immer von denen regiert, die keine sind!‹ Der Film führe in die Resignation, aber nicht ›in die Entschlossenheit zum Siege, koste er, was er wolle!«

Am 30. Januar 1945, dem Tag, an dem der Flüchtlingsdampfer »Wilhelm Gustloff« mit 7000 Menschen in der Ostsee versank, wurde der Farbfilm »Kolberg« in Berlin uraufgeführt. Im Westen hatten Amerikaner und Engländer schon die Grenze des Reiches überschritten, im Osten hatte die Rote Armee Ostpreußen bereits überrannt und stieß in Schlesien und Pommern vor. Eine Kopie des Films ließ Goebbels über der von alliierten Armeen eingeschlossenen, von den Deutschen noch gehaltenen Festung La Rochelle an der französischen Atlantikküste mit dem Fallschirm abwerfen. An den Festungskommandanten, Vizeadmiral Schirlitz, richtete der Propagandaminister einen Funkspruch: »Ich habe Ihnen eine erste Kopie des eben fertiggestellten Farbfilms ›Kolberg‹ zur Uraufführung in Ihrer Festung am 3o. Januar 1945 übersandt. Der Film ist ein künstlerisches Loblied auf die Tapferkeit und Bewährung, die bereit ist, auch die größten Opfer für Volk und Heimat zu bringen. Er wird also seine würdigste Uraufführung im Zeichen der engen kämpferischen Verbundenheit von Front und Heimat bei jenen Männern erfahren, die die in diesem Film dargestellten Tugenden der ganzen Nation vorleben. Möge der Film Ihnen und Ihren tapferen Soldaten als ein Dokument der unerschütterlichen Standhaftigkeit eines Volkes erscheinen, das in diesen Tagen eines weltumspannenden Ringens, eins geworden mit der kämpfenden Front, gewillt ist, es den großen Vorbildern seiner ruhmvollen Geschichte gleichzutun. Heil unserem Führer! Gez. Reichsminister Dr. Goebbels.«

Wenige Wochen später erklärte Adolf Hitler die Stadt Kolberg zum festen Platz, zu einem der Orte, die bis zur letzten Patrone und bis zum letzten Mann verteidigt werden sollten. Die Wirklichkeit des Zweiten Weltkrieges hatte in Kolberg den Film über die napoleonischen Kriege eingeholt: Feuer in den Straßen, brennende Häuser, Blitze im Rauch, von zusammenstürzenden Mauern erschlagene Menschen, ungenießbares Wasser.

Am 1. März 1943 traf in Kolberg der neue Kommandant der Festung, Oberst Fullriede, ein. Er kam in eine Stadt, die auf den bevorstehenden Sturm des östlichen Feindes schlecht vorbereitet war. Nur ein Teil der Stellungen für die Infanterie war ausgebaut, die Stellungen für schwere Granatwerfer befanden sich in einem behelfsmäßigen Zustand. Oberst Fullriede musterte seine Truppen. Es waren wenige mehr als 3000 Mann – ein Bruchteil der Soldatenzahl, über die Veit Harlan für den Kolberg-Film geboten hatte. Mit Zivilisten jedoch war die Stadt überfüllt: Kolberg, das im

Frieden rund 35 000 Einwohner gezählt hatte, bot nun 85 000 Menschen Unterschlupf: zum größten Teil Frauen und Kindern und älteren Männern, die aus pommerschen Dörfern und Städten vor der anstürmenden Roten Armee nach Kolberg geflohen waren. Die Flüchtlinge lebten in ihren Pferdewagen auf den Straßen, sie drängten sich in überfüllten Wohnungen, sie hausten in Kellern, sie kauerten in den Bänken der Kirchen. Ihre letzte Hoffnung auf Entrinnen: ein Zug nach Westen oder ein Schiff im Hafen von Kolberg.

Oberst Fullriede forderte noch Tage nach seiner Ankunft den Kreisleiter der NSDAP auf, für den Abtransport der Flüchtlinge zu sorgen. Der Kreisleiter weigerte sich: Ihm liege ein entsprechender Befehl des Gauleiters Franz Schwede-Coburg nicht vor. Auf dem Bahnhof von Kolberg stauten sich die Züge nach Westen. Die Bahnhofsleitung der Stadt Stettin erklärte sich außerstande, die Züge abzunehmen. So blieben sie stehen. Doch die Straße, die von Kolberg an der Küste der Ostsee entlang nach Westen führte, war noch nicht in der Hand der Sowjets.

Am 3. März 1945 bestieg Frau Lotte Gerlach zusammen mit ihrem Mann in der Stadt Belgard, südöstlich von Kolberg, einen Zug. Er war mit Frauen und Kindern überfüllt. Sein Ziel, so hatten die Bahnbeamten in Belgard den Menschen im Zug gesagt, war Swinemünde, weit im Westen. Der Zug verließ mittags den Bahnhof von Belgard. Es war der Augenblick, in dem sowjetische Truppen sich zum Angriff auf Kolberg formierten.

Der Zug, in dem Frau Gerlach und ihr Mann saßen, fuhr nur zwanzig Kilometer weit. Dann blieb er stehen, auf offener Strecke. Die Menschen, die aus den Zugfenstern schauten, erblickten in der Ferne die Umrisse eines weiteren Zuges, und weiter dahinter einen dritten. Sie warteten, aber nach einer Weile war ihnen klar, daß diese Züge nicht mehr fahren würden.

Frau Gerlach verließ zusammen mit ihrem Mann den Zug. Sie beratschlagten, was zu tun sei. Tausende von Menschen entschlossen sich, nach Belgard zurückzuwandern, viele aber stapften durch Schnee und Kälte auf Kolberg zu, in der Hand und auf dem Rücken ihr Gepäck, viele Kilometer. Das Ehepaar Gerlach erreichte nach achtstündigem Marsch die Häuser von Kolberg, etwa zur gleichen Zeit, als dem Kommandanten von Kolberg gemeldet wurde, daß feindliche Truppen nur noch 15 Kilometer von der Stadt entfernt waren.

Oberst Fullriede ließ die Besatzung alarmieren. Die Soldaten rückten in die Verteidigungsstellungen ein. Am Morgen des 4. März um vier Uhr verhängte Oberst Fullriede den Belagerungszustand über die Stadt. Überall in Kolberg hingen Plakate, auf denen es hieß: »Der Russe nähert sich Kolberg. Für Stadt und Umgebung Kolbergs wird der Belagerungszustand erklärt. Damit ist die alleinige Befehlsgewalt an den Festungskommandanten übergegangen. Sabotageakte, Plünderungen oder irgendwelche Handlungen, die die Wehrmacht schwächen, werden mit sofortigem Erschießen bestraft. Sämtliche in Kolberg befindlichen und noch nicht eingesetzten Wehrmachtsangehörige außer weiblichem Wehrmachtgefolge, die keinen gültigen Ausweis der Festungskommandantur besitzen, dürfen Kolberg nicht verlassen und melden sich sofort beim Standoffizier Schillkaserne. Gez. Fullriede, Oberst und Festungskommandant.«

Über die Lage der Zivilisten und Wehrlosen notierte Oberst Fullriede: »Bei Beginn der Einschließung standen 22 Züge mit Flüchtlingen, Verwundeten und Material aller Art auf der Strecke von Belgard nach Kolberg.« Zu Fuß und auf Pferdewagen gelangten in diesen Stunden immer noch Flüchtlinge in die Stadt. Das Ehepaar Gerlach klingelte an der Wohnungstür einer bekannten Familie. Eine fremde Frau öffnete. Die Wohnungsinhaber hatten das Haus längst verlassen und waren unterwegs nach Westen. Jetzt hatten in der Dreizimmer-Wohnung mehr als zwanzig Flüchtlinge aus Köslin Unterkunft gefunden. Die Gerlachs fanden unter dem Dachboden eine kleine, unbeheizbare Kammer mit einem schmalen Bett aus Metall. Darauf streckte sich Frau Gerlach aus und deckte sich mit ihrem Mantel zu. Ihr Ehemann bereitete sich aus Kleidungsstücken ein Bett auf dem Fußboden.

Das Ehepaar wurde vom Lärm der Schlacht aus dem tiefen Schlaf der Erschöpfung gerissen. Sowjetische Panzer rollten in die Vorstädte, sowjetische Schlachtflieger unterstützten den Angriff mit

Bordkanonen und Bomben. Die Gleise, die von Belgard nach Kolberg führten, wurden zerstört. Die Züge mit Flüchtlingen und Verwundeten waren endgültig abgeschnitten. Die deutschen Verteidiger schlugen diesen ersten Angriff der Sowjets ab. Rotarmisten aber setzten sich in Kolbergs wichtigstem Wasserwerk fest, die Flüchtlinge und ihre Verteidiger waren von der Versorgung mit frischem Wasser abgeschlossen.

Am 5. März hatten die Sowjets die ersten Geschütze vor Kolberg in Stellung gebracht. Das Bombardement begann. Es dauerte zwei Wochen lang und es endete mit der völligen Zerstörung der Stadt. Das Ehepaar Gerlach konnte vom Fenster des Zimmers unter dem Dachboden das Mündungsfeuer der sowjetischen Geschütze sehen: Rot flammende Blitze in der pommerschen Nacht. Sie hörten das Krachen der Einschläge und das Geprassel der Steine von Häusern, die in sich zusammenbrachen. Da packten sie das Wenige, das sie mitgenommen hatten, wieder in ihre Koffer und suchten einen Platz im Keller. Im flackernden Licht von Kerzen sah Frau Gerlach Dutzende von Frauen, Kindern und Männern, die auf der Erde kauerten, sich in Winkel verkrochen hatten. Das Weiße der Augen leuchtete in den verängstigten Gesichtern. Die Menge war still. Das Ehepaar Gerlach fand seinen Platz in der Mitte des Raumes. Dort setzte es sich nieder, Rücken an Rücken, und versuchte, ein wenig Schlaf zu finden. Es war die Umgebung, die sie nun lange Tage und lange Nächte gefangenhalten sollte: viele Menschen auf engem Raum, schlechte Luft, der Geruch von Angst, die verzweifelte Hoffnung auf einen Ausweg.

Am 6. März befahl Oberst Fullriede einer Kampftruppe, die Eisenbahnstrecke nach Westen freizukämpfen. Er wollte mit Zügen die Frauen und Kinder aus der Stadt herausbringen. Der deutsche Angriff blieb im Feuer feindlicher Panzer liegen. Die Russen blieben Herr über die Gleise, die nach Westen führten. Die Küstenstraße allerdings konnte von den Deutschen freigekämpft werden. Einige tausend Flüchtlinge machten sich auf den Weg. Zu den Menschen im Keller, in dem Frau Gerlach und ihr Mann saßen, aber drang die Nachricht nicht. Sie hockten in dem Gemäuer und lauschten auf das Krachen der Einschläge von Granaten und

Bomben. In der Nacht zum 7. März stießen Panzer der 1. Sowjetischen Gardepanzerarmee endgültig im Westen von Kolberg zur Ostseeküste durch. Die Stadt war abgeschnitten. Frei blieb nur der Weg über See.

Am 8. März lösten sich die sowjetischen Panzer von der Stadt. Marschall Schukow hatte der 1. polnischen Armee, die an der Seite der Russen kämpfte, befohlen, in die sowjetischen Stellungen einzurücken und die Stadt zu nehmen. Die Angreifer setzten drei Divisionen zum Sturm auf Kolberg ein, eine etwa zwölffache Übermacht. Sie planten, die Stadt in wenigen Tagen zu erobern, aber sie brauchten volle zwei Wochen. Die deutschen Verteidiger von Kolberg – Soldaten des Heeres, der Marine und des Volkssturms – verteidigten jede Straße und jedes Haus mit äußerster Erbitterung und verzweifeltem Mut. Sie harrten aus, nicht wegen des Hitler-Befehls, »keinen Fußbreit Boden preiszugeben«, sie kämpften diesen Kampf, der nur mit der Niederlage, mit Tod, Gefangenschaft oder verzweifelter Flucht für die Flüchtlinge, für die Frauen und Kinder von Kolberg enden konnte.

Auf der Reede von Kolberg warfen in diesen Tagen große Frachtschiffe Anker. Im Hafen wurden Flüchtlinge und Verwundete auf kleine Boote verladen und zu den großen Schiffen hinausgebracht: An zwei Tagen verließen zehntausend Menschen auf dem Weg über das Wasser die belagerte Stadt. Aber 40 000 oder gar 50 000 lebten noch in den Häusern, in den Kellern. Sie erlitten lange Zeit hindurch die furchtbaren Schrecken der Schlacht um eine Stadt in einem modernen Krieg, das unausgesetzte Heulen von Geschossen, die dumpfen Explosionen von Fliegerbomben, das unaufhörliche Hämmern von Maschinengewehren.

Die Belagerer der Stadt fuhren schwere Batterien auf; dazu Stalinorgeln und Granatwerfer mit schwerem Kaliber. Das Bombardement steigerte sich zum Trommelfeuer, Häuser brannten und brachen zusammen, die Straßen waren von Trümmern zugeschüttet. Oberst Fullriede notierte: »Die Verluste der eigenen Truppen sowie der Zivilbevölkerung in der Stadt sind erheblich. Es machen sich Anzeichen einer beginnenden Panik bemerkbar. Um den Abtransport zunächst für Frauen und Kinder zu sichern, sind härteste Maßnahmen erforderlich. Gegen Plünderer und Drückeberger muß mit exemplarischen Strafen vorgegangen werden.«

Die Angreifer rückten mit Panzern in die Straßen der Stadt nach, die sie mit Artillerie zerschossen hatten. Infanterie folgte den Kampfwagen. Deutsche Soldaten und Flüchtlinge mußten weichen, weiter in die Innenstadt, die noch gehalten wurde, in die Nähe des Hafens.

Am 1o. März verließ das Ehepaar Gerlach den Keller, in dem es nun eine Woche lang verharrt hatte. Sie stolperten mit anderen Kellerinsassen, Frauen und Kindern, über die Trümmer, eingehüllt vom Rauch der Häuser, die zu beiden Seiten der Straße brannten. Sie hörten die Granaten heranheulen und warfen sich in den Staub und Schutt. So hetzten sie durch die Hölle der belagerten Stadt in den Keller eines Hauses, das noch unbeschädigt geblieben war. Im Keller drängten sich noch mehr Menschen. Einen Platz, sich hinzusetzen oder gar zu legen fanden die meisten nicht mehr. So standen sie Stunde um Stunde. Sie aßen die Reste ihrer Verpflegung, kaltes Fleisch und trockenes Brot, und sie litten Durst. Aus den Hähnen in den Häusern kam längst kein Wasser mehr, die Vorräte in Eimern und Badewannen, die zum Löschen bei Brandbombenangriffen bestimmt gewesen waren, waren längst verbraucht. Manchmal, wenn der Durst quälend wurde, sprangen Männer und Frauen mit Eimern in der Hand durch das Granatfeuer zum Fluß Persante und schöpften das verschmutzte Wasser, schleppten es in die Häuser und in die Keller. Das Wasser roch und schmeckte unangenehm: es war stark verunreinigt, die Ruhr brach aus. Frau Lotte Gerlach berichtete: »In dem Keller, in dem wir Schutz gesucht hatten, herrschten unbeschreibliche Zustände. Jetzt waren die Menschen auch nicht mehr, wie in den ersten Tagen der Belagerung, schweigsam. Die Kinder weinten und wimmerten, die Männer fluchten, die Frauen beteten. Da mußte man ja die Nerven verlieren.«

Aus einer der hinteren Ecken des Kellers hörte Frau Gerlach an diesem Tage den Hilferuf einer Frau, die schluchzend und weinend immer wieder »Paul, Paul« rief. Während sie schlief, hatte sich der Mann der Frau an einem Rohr erhängt. Oberst Fullriede,

Festungskommandant, notierte: »Die Panikstimmung in der Zivilbevölkerung, hervorgerufen durch den pausenlosen Artilleriebeschuß, eine hohe Säuglings- und Kindersterblichkeit, hervorgerufen durch den Mangel an Milch und Trinkwasser, Kindermord
durch die eigenen Mütter und Selbstmord sind häufige Erscheinungen. Davon hob sich auf der anderen Seite die tapfere Haltung
mancher Frauen ab, die beim Löschen von Bränden, beim Bergen
von Verwundeten unter Einsatz ihres Lebens einem großen Teil
der männlichen Zivilbevölkerung ein Vorbild sein konnten. Zu
erwähnen sind besonders zwei Nachrichtenhelferinnen und eine
Wehrmachtshelferin, die freiwillig bis zum letzten Abtransport
von Frauen und Kindern bei der Truppe aushielten und ihren
Dienst in vorbildlicher Weise versahen.«

Der Druck der angreifenden Polen und Sowjets auf die deutschen
Linien verstärkte sich von Stunde zu Stunde. Die Panzer zerschossen Haus um Haus, die Artillerie versetzte der Innenstadt und
dem Hafen schwere Schläge. Die Stunde der Kapitulation schien
schon nahe. Aber noch einmal konnten die Deutschen den Sturm
aufhalten und den Fall der Stadt Kolberg hinauszögern. Auf der
Reede vor Kolberg standen in jenen Tagen die Zerstörer Z 34 und
Z 43. Das Feuer aus ihren schweren Schiffsgeschützen zerschmetterte feindliche Batteriestellungen und verhinderte den Aufmarsch
feindlicher Panzer. Oberst Fullriede: »Eigene Schiffsartillerie
unterstützte die Abwehr durch wirksames Feuer auf die Bereitstel-
lungsräume des Gegners, wobei der Feind starke Verluste an
Panzern und Infanterie hatte.«

Die Zerstörer waren zugleich für Tausende von Flüchtlingen und
Verwundeten Retter aus höchster Not. Während die Schiffe noch
feuerten, nahmen sie aus Booten und Prähmen Menschen auf, die
im Hafen von Kolberg eingeschifft worden waren.

Bomber der polnischen Luftwaffe tauchten über der Stadt auf. Sie
bombardierten die Innenstadt und Schiffe, die auf Reede lagen
und auf Flüchtlinge warteten. Eine der Bomben traf das Haus, in
dessen Keller das Ehepaar Gerlach und ungezählte andere Flüchtlinge Schutz gesucht hatten.

Frau Gerlach berichtete: »Die Kerzen im Keller gingen unter einem gewaltigen Luftzug aus. Wir dachten erst, wir seien noch einmal davongekommen und warteten auf das Ende des Angriffs. Doch dann wurde es immer wärmer im Keller, und plötzlich schrie einer: ›Das Haus brennt, das Haus brennt!‹ Mütter rissen ihre Kinder an sich, und wir sind alle davongestürmt. Mein Mann rannte hinter mir die Treppe herauf. Er war nur wenige Schritte von mir entfernt. Ich war schon auf der Straße, als eine Mauer des Hauses krachend und flammend herabstürzte. Sie begrub meinen Mann unter sich. Ich bin zurückgerannt und habe ihn unter den Steinen hervorgezogen, aber er atmete nicht mehr. Er war schon tot.

Die letzten Bomben des Angriffs fielen. Das Artilleriefeuer auf die zerschlagene brennende Stadt setzte mit noch größerer Dichte und schnellerer Folge ein. Staub und Rauch hingen in der Luft. Frau Lotte Gerlach hastete zum Hafen. Überall auf den Straßen waren Menschen, Frauen mit Kindern, Soldaten, ältere Männer mit staubverkrusteten und oft blutverschmierten Gesichtern. Die Belagerer der Stadt schossen jetzt aus rund 600 Geschützen nach Kolberg hinein. Sie deckten die Stellungen der Verteidiger, den Bahnhof und auch den Hafen mit schweren Granaten ein. Dort, am Kai, standen Hunderte, wenn nicht Tausende von Menschen. Splitter rissen ihre blutige Spur durch die Massen der Flüchtlinge, die auf die rettenden Schiffe warteten.

Frau Lotte Gerlach erlebte im Hafen von Kolberg eine Stunde nach dem Tod ihres Mannes einen Augenblick panischen Entsetzens: »Das Boot, das uns wegbringen sollte, hatte gerade am Kai angelegt. Plötzlich ein Heulen, ein furchtbares Krachen. Die Explosion riß eine Frau, die nicht weit entfernt von mir stand, um. Neben ihr lag auf den Steinen ihr etwa fünf Jahre alter Sohn. Ihre sieben Jahre alte Tochter war wie durch ein Wunder unverletzt geblieben. Sie kniete neben der Frau, streichelte ihr über das Gesicht und sagte: ›Mutti, steh doch auf! Mutti, steh doch auf!‹ Dann rüttelte sie ihren Bruder an der Schulter und weinte: ›Hänschen, Hänschen, sag doch was!‹ Aber Mutter und Bruder standen nicht auf und sagten auch nichts mehr. Ein Matrose nahm das Mädchen hoch und trug es auf das Boot. Der Mann weinte.«

Dann half er Frau Lotte Gerlach in das Boot. Mit Menschen überfüllt, legte es ab und nahm Kurs auf den Zerstörer, der weit draußen auf See lag. Es war dunkel geworden. Gegen den Himmel hob sich noch die Silhouette des Kriegsschiffs ab. Aus ihm stachen lange Flammen hervor – das Mündungsfeuer der Geschütze, mit denen der Zerstörer Panzer und Artillerie der Polen und Sowjets an Land bekämpfte. Das Boot mit den Flüchtlingen machte einen Bogen, es legte auf der der See zugewandten Seite des Zerstörers an. Frau Lotte Gerlach kletterte, gehalten von den Händen eines Matrosen, an Deck. Der Stahl unter ihren Füßen zitterte unter den Abschüssen der schweren Geschütze. Frau Gerlach blickte über das Meer auf die Stadt zurück, in der wenige Stunden zuvor ihr Mann ums Leben gekommen war: Rot war der Himmel, Feuer lohte, Frau Gerlach glaubte einen Augenblick lang das Knistern der Flammen zu hören. Dann führte einer der Matrosen des Schiffes sie unter Deck. Eng war es dort, aber wohlig warm. Frau Gerlach: »Es war wunderbar, ich fühlte mich sicher, ich wußte, daß ich gerettet war, aber ich weinte. Ich dachte an meinen armen Mann.«

Die Stadt Kolberg lag in der nächsten Nacht und am Tag wieder unter schwerem Trommelfeuer. Ihm folgten Panzer- und Infanterieangriffe. Oberst Fullriede berichtete: »Im Osten gelang dem Gegner ein tiefer Einbruch, der ihn in den Besitz der Gasanstalt und des Lokschuppens bringt. Der Einbruch wird im Gegenstoß unter Einsatz von zwei Panzern abgeriegelt. Am Abend muß der Volkssturm wegen der starken Ausfälle der letzten Tage in eine verkürzte Linie zurückgenommen werden.«

Der Morgen des 15. März begann mit einem Granatsturm aus allen Geschützen, die die Belagerer rund um die Stadt in Stellung gebracht hatten. Tausende von Geschossen explodierten in der Stadt, im Hafen, in den Stellungen der Verteidiger. Oft konnten die deutschen Soldaten nicht einmal in der Erde Schutz suchen, wie Oberst Fullriede schrieb: »Der hohe Grundwasserstand machte fast in allen Abschnitten ein Eingraben unmöglich, so daß die Truppe dem massierten Feuer der schweren Feindwaffen fast deckungslos ausgesetzt war.«

Trotzdem hielten die deutschen Verteidiger der sogenannten Festung Kolberg weiter aus: Immer noch waren einige tausend Frauen und Kinder in der Stadt. In jeder Stunde, um die der Fall Kolbergs verzögert werden konnte, wurden Flüchtlinge vor dem Zugriff der Sieger gerettet. Deshalb auch wies Oberst Fullriede am Nachmittag dieses 14. März einen Funkspruch des polnischen Oberkommandos zurück, in dem er zur Kapitulation aufgefordert wurde. Der Kommandant der Verteidiger von Kolberg antwortete: »Kommandant hat Kenntnis genommen.« Auf eine zweite Aufforderung zur Kapitulation, die der ersten eine halbe Stunde später folgte, antwortete Fullriede gar nicht mehr. Die Antwort der Belagerer: Sie konzentrierten ihr Feuer auf Stadt und Hafen, auf den Platz, an dem immer noch Hunderte von Frauen und Kindern auf ein Schiff nach Westen warten. Fregattenkapitän Kolbe, Einschiffungsleiter der Kriegsmarine im belagerten Kolberg, berichtete: »Die Einschiffung im Hafen und das Auslaufen der Schiffe geht immer schnellstens vor sich, da auf die Beteiligten der gehörige Nachdruck durch den feindlichen Beschuß ausgeübt wird. Schwieriger ist es, die Fahrzeuge von der Reede in den Hafen zu schicken und das Ausladen auf die größeren Schiffe und das Wiedereinlaufen möglichst zu beschleunigen. Dazu war ein unermüdliches Antreiben und schärfste Befehlserteilung mit dem nötigen Nachdruck erforderlich.«

Ein Matrose eines der schnellen Flugsicherungsboote der Marine, die damals vor Kolberg eingesetzt waren: »Die Einsätze wurden immer schwieriger. Unter starkem Beschuß liefen wir mit äußerster Kraft in den kleinen Hafen ein. Beim Anlegen sprangen gleich so viele Flüchtlinge an Bord, daß wir zu kentern drohten. Das Auslaufen war auch nur noch mit äußerster Kraft möglich. Wir hatten immer 200 bis 300 Flüchtlinge an Bord.«

Für die Rettung dieser Menschen vor einem unbarmherzigen Feind kämpften die deutschen Soldaten von Kolberg einen heroischen Kampf. Oberst Fullriede über die Leistung seiner Männer: »Sie leisten trotz ihrer körperlichen und seelischen Erschöpfung und trotz ihrer Ausfälle erbitterten Widerstand. An die kämpfende Truppe mußten außergewöhnliche Anforderungen gestellt werden . . . Pausenloser Kampf mit einem weit überlegenen Gegner ohne die Möglichkeit auch nur eines zeitweiligen Herausziehens. Die Leistungen der Truppe waren erstaunlich.«

Der Übermacht jedoch sollten sie nicht standhalten. Für jeden Panzer, den die Deutschen abschossen, schoben die Belagerer einen neuen nach, für jedes Belagerungsgeschütz, das von deutscher Artillerie zerschlagen wurde, rollte eine andere Kolonne in Stellung, für jeden polnischen oder sowjetischen Soldaten, der vor Kolberg und in den Straßen der Stadt starb, schafften die Angreifer Ersatz herbei. Die Verteidiger von Kolberg mußten mit dem auskommen, was sie hatten. Über den Kampfwert eines deutschen Bataillons, das über See herangeschafft worden war, schrieb Oberst Fullriede: »Der Einsatz dieser frischen Kräfte brachte nur geringe Entlastung, da die Truppe, die nicht an den Straßenkampf gewöhnt war, sich in den Trümmern der brennenden Stadt nur schwer zurechtfand. Da hatte das Bataillon hohe Ausfälle.«

In der Nacht vom 15. auf den 16. März wurden auf Kolbergs Reede die letzten Frauen und Kinder eingeschifft. Als der Dampfer, mit dem sie nach Westen fuhren, Anker auf gegangen war, hatte die Verteidigung von Kolberg ihren Sinn eingebüßt. Am Morgen des 16. März wußte Oberst Fullriede, daß die Stunden der Stadt gezählt waren. Noch einmal verstärkten die Belagerer den Artilleriebeschuß. Marschall Schukow hatte der 6. Leningrader Raketen-Artillerie-Brigade befohlen, in den Kampf um Kolberg, der den Sowjets schon viel zu lange dauerte, einzugreifen und die Festung endlich sturmreif zu schießen. Oberst Fullriede über diesen Tag: »Der Feind belegte das kleine, noch in deutscher Hand befindliche Stadtgebiet mit pausenlosem schwerem Feuer aller Kaliber. Innerhalb der Stadt gelang es ihm nur durch systematisches Inbrandschießen und Zerstören der Häuser durch Panzer und Kanonen, die Trümmer einiger Blocks in Besitz zu nehmen.«

An diesem 16. März war es nicht mehr möglich, so berichtete der Kolberger Einwohner W. G. der Kommission, in der Innenstadt von einer Seite der Brunnenstraße zur anderen zu gelangen: »Ein feindliches MG-Nest bestrich die ganze Straße. Die bei uns im Keller befindliche Gruppe der Wehrmacht versuchte einen Ausfall unter Feuerschutz, der aber im feindlichen Feuer unter Verlusten zusammenbrach. Es blieb uns nichts weiter übrig, als dem Schicksal einer Gefangennahme entgegenzusehen.«

Am 17. März, dem dreizehnten Tag der Belagerung, war das Gelände, das noch von deutschen Truppen gehalten wurde, auf ein Gebiet in der Länge von 1800 Metern und einer Breite von 400 Metern zusammengeschrumpft. Es war ein Strandstreifen, in den feindliche Artillerie und feindliche Panzer hineinschossen. Oberst Fullriede entschloß sich, die Männer, die nun noch übriggeblieben waren, nicht einer »Verteidigung bis zum letzten Mann« zu opfern. Er beschloß, sie in Sicherheit zu bringen: über See.

In der Nacht vom 17. zum 18. März standen wieder die Zerstörer Z 34 und Z 43 auf der Reede vor Kolberg, dazu das Torpedoboot T 33. Die Soldaten am Strand von Kolberg gingen feuernd in die Boote, die sie zu den großen Schiffen brachten. Noch einmal brach ein Hagel von Geschossen über sie herein, noch einmal Verwundete, Tote. Aber die Kriegsschiffe draußen auf See deckten die Einschiffung der tapferen Verteidiger: Mit ihren Geschützen legten sie einen Vorhang aus Stahl und Feuer zwischen die nachdrängenden Angreifer und die Soldaten am Strand. Zudem wurde die Infanterie der Eroberer von eigener Artillerie am raschen Vorstoß gegen die Deutschen am Strand und in den Booten gehindert. Oberst Fullriede: »Die Absetzbewegung lief unter dem massierten Feuer der schweren Feindwaffen. Deshalb konnte der Feind infanteristisch nur schwer nachrücken. So konnten sich auch die letzten Sicherungen kämpfend vom Feind lösen. Am 18. März um 6.30 Uhr waren Strand und Mole von eigenen Truppen geräumt.«

Kolberg brannte zu diesem Zeitpunkt auf seiner ganzen Fläche, von Norden nach Süden, von Osten nach Westen. Noch weit draußen auf See war die Rauchsäule zu sehen, die sich über der verlorenen Stadt erhob. 2300 deutsche Soldaten waren bei der Verteidigung von Kolberg gefallen oder verwundet worden.

»Kolberg«, so wie Goebbels es erträumte, hatte sich nicht wiederholt, aber Frauen, Kinder, Männer und Soldaten waren der Rache der Sieger entzogen.

»Dem Feind«, so schloß Oberst Fullriede seinen Bericht über die

Verteidigung von Kolberg, »ist eine völlig niedergebrannte und verwüstete Stadt in die Hände gefallen. Der Dom ist eine ausgebrannte und schwer beschädigte Ruine. Sämtliche Brücken sind gesprengt. Der Bahnhof mit Gleisanlage ist zerstört, die Verladeeinrichtungen am Hafen sind für lange Zeit unbrauchbar. Dies ist der Gewinn, den der Feind mit sehr hohen Blutopfern erkaufte, aber auch der Preis, um den es gelang, mehr als 70 000 Menschen dem Reich zu erhalten.« Die Wissenschaftliche Kommission der Bundesregierung voller Anerkennung: »Anfang März war eine für die flüchtende Bevölkerung Pommerns fast aussichtslose Lage entstanden ... Dank der zähen Verteidigung von Kolberg gelang es, bis zur Einnahme der Stadt 70 000 Menschen über See abzutransportieren. Nur wenige tausend blieben zurück.«

IX.

SCHLESIEN

Das Unheil hinter der Front

Auf dem Bahnhof der Stadt Liegnitz in Niederschlesien standen die Menschen dicht an dicht – Frauen, Kinder und ältere Männer. Sie drängten sich auf dem Bahnsteig, im Bahnhofsgebäude und auf dem Vorplatz, viele, viele hundert.

Die Menschen vorn am Bahnsteig beugten sich vor und blickten den mattglänzenden Schienenstrang entlang. Die Männer nahmen die Ohrenklappen hoch, die Frauen schoben ihre Kopftücher zurück und horchten, ob nicht schon das Rollen des Eisenbahnzugs zu hören war, des Zuges, der sie retten sollte.

Es war Ende Januar 1945, und die Rote Armee stieß in Schlesien vor. Schlesien war die größte und zugleich die bedeutendste deutsche Ostprovinz. Es zählte damals 4,7 Millionen Einwohner, und in Schlesien befand sich das nach dem Ruhrrevier wichtigste Industriegebiet.

Das Oberkommando der sowjetischen Streitkräfte in Moskau hatte die 1. Ukrainische Front unter dem Kommando von Marschall Iwan Konjew auf die Eroberung Schlesiens angesetzt. Konjew gebot über zehn Armeen, darunter zwei Panzer-Armeen. Die Deutschen konnten dem Ansturm dieser gewaltigen Streitmacht nicht mehr als zwei Armeen entgegensetzen: die 17. Armee und die 4. Panzerarmee. So gelang es den Sowjets schon unmittelbar nach dem Beginn der Offensive, die deutsche Front an mehreren Stellen einzudrücken und zu durchstoßen. Russische Panzerkeile rollten in einer einzigen Woche 120 bis 160 Kilometer weit nach Westen vor. Am 23. Januar standen die ersten Rotarmisten am Ufer der

Oder, russische Panzer und Infanteristen marschierten auf den Straßen des oberschlesischen Industriegebietes voran.

Die nationalsozialistische Gauleitung hielt unter den Geschützen der Russen die Rüstungsproduktion aufrecht. Unten in den Bergwerken wurde noch Kohle gefördert, als um die Fördertürme schon gekämpft wurde. Nur Frauen mit kleinen Kindern und nicht arbeitsfähige Frauen und Männer durften das bedrohte Land verlassen.

Für ihren Abtransport war kaum besser gesorgt als in Ostpreußen oder Pommern. Es gab weder genug Pferdewagen noch genug Omnibusse, noch genug Züge. Und jeder Zug konnte der letzte sein.

Die Frauen, Männer und Kinder im Bahnhof von Liegnitz hörten an jenem klaren Winternachmittag ein fernes Dröhnen. Aber es war immer noch nicht der Zug nach Westen, es war der Lärm der Schlacht auf dem östlichen Ufer der Oder.

Und plötzlich stand der Krieg im Bahnhof. Granaten explodierten zwischen den Flüchtlingen, töteten und verwundeten Frauen und Kinder, wimmernde blutige Bündel auf den Steinen, angstvoll angestarrt von den Überlebenden und im nächsten Augenblick vergessen: Fauchend und in Dampf gehüllt, zog eine Lok Wagen vor den Bahnsteig.

Frau Elisabeth Erbrich, die mit ihrem Kind aus Breslau geflohen war, berichtete über die nächsten Minuten im Bahnhof von Liegnitz: »Vor den Zugtüren stauten sich die Massen. Einer riß den anderen von der Tür. Kinder schrien laut und wurden von ihren Müttern getrennt.«

Dann ruckte der Zug an, zum Bersten gefüllt mit Menschen, zu tagelanger Fahrt über verstopfte Strecken. Die Flüchtlinge mußten umsteigen, und immer wieder begann der Kampf um die Plätze in den Abteilen oder auch auf den Trittbrettern.

Frau Erbrich schrieb: »Alte Frauen irrten umher, sie hatten den Verstand verloren, wußten nicht mehr ihren Namen und woher sie kamen. Beim Einsteigen fiel im Gedränge einer Mutter der Säugling aus den Kissen, die sie im Arm hielt, unter den schon fahrenden Zug. Sie wurde wahnsinnig und mußte im Zug gefesselt werden.«

Und manchmal holte der Tod die Menschen noch ein, wenn sie schon im Zug nach Westen saßen. Frau Editha Müller bestieg am 1. Februar 1945 zusammen mit ihrer Mutter und ihren drei Kindern in der ostbrandenburgischen Ortschaft Drossen einen Eisenbahn-Wagen. Der Zug, in dem sich der größte Teil der Einwohner des Ortes vor den Russen retten wollte, fuhr um 12 Uhr ab. Aber schon nach kurzer Fahrt stoppte er. In dem Gelände, durch das der Zug keuchte, waren russische Panzer aufgefahren. Sie schossen mit Kanonen und Maschinengewehren auf Lokomotive und Wagen. Frau Editha Müller: »Wir drängten uns zur Tür. Wir mußten durch Blutlachen und an blutbespritzten Kinderwagen vorbei. Im Walde suchten wir Schutz, Eltern riefen nach ihren Kindern, Kinder schrien nach ihren Müttern. Eine Frau lief umher.

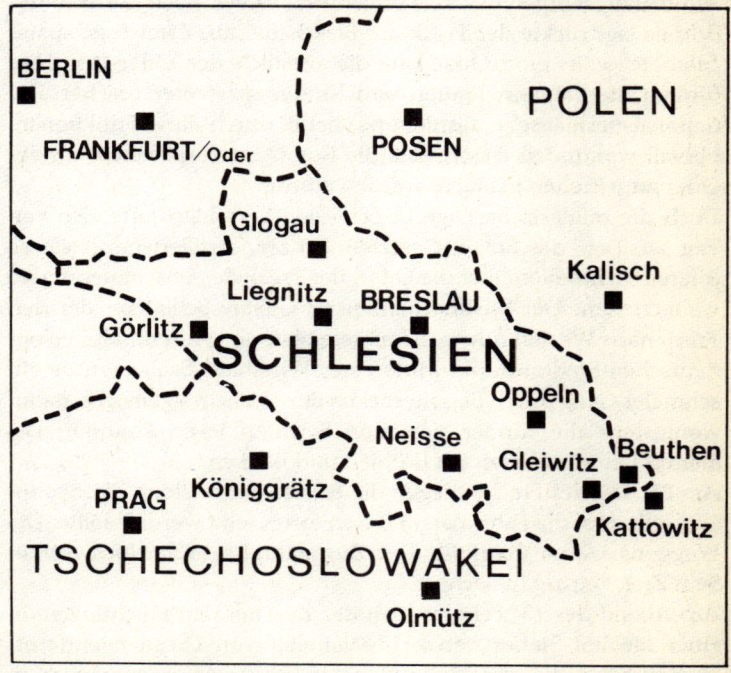

Ein Kopfschuß hatte ihr den Verstand geraubt.« Bei dem Feuerüberfall der Panzer auf den Flüchtlingszug starben mehr als 200 Menschen.

Den Menschen, die mit Zügen entkamen, folgten Hunderttausende auf Pferdewagen und zu Fuß. Jeweils zwanzig Menschen mußten sich den Platz auf den mit Gepäck und Vorräten vollgestopften Fahrzeugen teilen. In der Ortschaft Beischau im niederschlesischen Kreis Militsch wurde die Bevölkerung am Abend des 19. Januar alarmiert: »Russeneinfall droht, Frauen, Kinder und alte Leute müssen evakuiert werden.« Wie ernst die Lage war, erkannten die Menschen von Beischau auch daran, daß ihnen freigestellt wurde, ihre Schweine zu schlachten, eine Handlung, die am Tag zuvor noch mit schweren Strafen bedroht gewesen war.

Am frühen Morgen des 21. Januar 1945, es war noch dunkel, und Schnee lag, rückte der Treck der Beischauer ab. Zwei Tage später gelangte er in eine Ortschaft, die westlich der Oder lag. Hier fühlten die Männer, Frauen und Kinder sich vorerst sicher: Die nationalsozialistische Gauleitung hatte durch ihre Funktionäre überall verkünden lassen, daß die Rote Armee spätestens an der Oder zum Stehen gebracht werden würde.

Doch die militärische Lage in Schlesien verschlechterte sich von Tag zu Tag, die Sowjets setzten Panzer, Artillerie und starke Infanterieeinheiten über die Oder, der Treck der Beischauer mußte weiterziehen. Der Stellmachermeister Gustav Schlaffke, der den Treck nach Westen führte, berichtete über den Aufenthalt in einer deutschen Stadt: »In der Mitte eines Wirtshaus-Saales wurde ein schmaler Gang durch Beiseiterücken der Tische freigemacht, damit wenigstens die Kinder sich zum Schlafen legen konnten. Die älteren Leute schliefen auf Stühlen und Bänken.«

Am 21. Tag der Flucht stiegen die Beischauer in einen Eisenbahnzug, mit dem die Fahrt nach Westen fortgesetzt werden sollte. Die Waggons waren überfüllt. Der Zug dampfte nach Nordwesten. Sein Ziel: Leipzig in Sachsen.

Am Abend des 13. Februar hielt der Zug mit den Flüchtlingen in einer kleinen Station, etwa 15 Kilometer von Dresden entfernt. Gustav Schlaffke berichtete: »Unheimliches Motorengeräusch in der Luft, heftiges Krachen und taghelles Aufleuchten läßt uns alle aus dem Schlafe auffahren. Die Wagen wackeln und zittern. Keiner steigt aus. Ein Glück, daß wir Verspätung haben, sonst säßen wir mitten drin. Der Gedanke ist furchtbar. Die Zeit scheint stillzustehen. Ununterbrochen leuchten fahlgelbe Blitze und dazu ein grausiges Bersten und fortwährendes Erschüttern der Erde.«

Es waren jene Minuten, in denen britische Bomber ihren Vernichtungsangriff gegen die Stadt Dresden flogen, in deren Hauptbahnhof sich zu jener Zeit mehrere Flüchtlingszüge befanden und deren Straßen und Parks von Trecks aus Schlesien überfüllt waren. Der Zug, in dem die Beischauer saßen, dampfte in langsamem Tempo weiter durch die Nacht, offenbar ohne Ziel. Am Vormittag des 14. Februar hielt der Lokführer den Zug wieder auf freier Strecke an, wieder war das Geräusch vieler Flugzeugmotoren zu hören, wieder das entfernte Krachen schwerer Bomben. Es war der Augenblick, in dem amerikanische Bomber den dritten Luftangriff gegen Dresden innerhalb von zwölf Stunden flogen. Gustav Schlaffke berichtete: »Die Menschen saßen teilnahmslos in den Wagen, Trinkwasser und Kaffee konnten wir nicht erhalten, für Kleinkinder fehlte die Milch, eine Frau kam zur Entbindung. Bei einem Halt des Zuges auf freier Strecke versuchte ein Junge für seine kleine Schwester in einem nahen Gehöft Milch zu holen. Der Zug fuhr an, der Junge mußte zurückbleiben.« Der Zug der Beischauer rollte noch mehrere Tage lang über Gleise im Lande Sachsen. Gustav Schlaffke registrierte in den letzten Tagen der Irrfahrt zwei Todesfälle in den Waggons und noch drei Entbindungen. Dann, vier Wochen nach dem Aufbruch aus der Heimat, kamen die Beischauer im 400 Kilometer entfernten Leipzig an.

Die Masse der Fuhrwerke aber, mit denen die Menschen aus Schlesien flohen, rollte nach Südwesten. Im damaligen Protektorat Böhmen und Mähren, das noch nicht umkämpft und noch von deutschen Truppen besetzt war, hofften sie Schutz zu finden. Zwischen den Flüchtlingen und Böhmen aber lag das Riesengebirge. Über steile, vereiste und oft mit tiefem Schnee bedeckte Straßen quälten sich die Wagen herauf.

Auf dem langen Marsch der Flüchtlinge wurde die Nahrung

knapp. Acht Menschen mußten sich ein Brot teilen, zwei oder drei Schnitten am Tag für jeden. Es gab keine Milch und selten nur warmes Essen. Und wieder starben die Ältesten und die Jüngsten zuerst, die Greise und die Säuglinge. Immer wenn der Treck stoppte, wurden die Leichen – in Decken und Tücher gehüllt – aus den Wagen an den Rand der Straße getragen. Niemand konnte sie beerdigen. Der Boden war steinhart gefroren.

Frau L. K. aus dem Kreis Hirschberg in Niederschlesien berichtete: »Still starben sie alle. Ein kleines Grab wurde am Wegrand in den Schnee gegraben. Es barg für viele das Liebste, das Letzte, was sie mit der verlassenen Heimat verband.«

Zehntausende von Schlesiern fanden weder Platz im Zug noch auf einem Pferdewagen. Sie flohen zu Fuß. Hans Waldkam, Pilot der Luftwaffe, flog damals Aufklärung über die schlesische Front. Er erinnert sich: »Das Land war vom Schnee bedeckt, es funkelte und glänzte im Licht der Wintersonne. Auf der weiten Fläche sah ich Schlangen von Menschen, einer hinter dem anderen, mit Handwagen und Schlitten, Kolonnen von Flüchtlingen, so weit ich blicken konnte. Und dieser Strom von Menschen im Schnee riß bis zur Oder nicht mehr ab.«

Im Zug der Elenden bemerkte der Berginspektor Karl Wasner aus dem niederschlesischen Kreis Königshütte Menschen, die ihn besonders dauerten: » . . . Juden, die von SS-Männern begleitet wurden. Die Juden waren von Auschwitz gekommen und schlichen mit erfrorenen, von Lumpen umwickelten Füßen dahin. Wer zusammenbrach, wurde erschossen und liegengelassen.«

Im Ort Fraustadt in Niederschlesien waren für den Abtransport verwundeter deutscher Soldaten aus einem Lazarett nicht genügend Fahrzeuge vorhanden. Und so humpelten Beinamputierte auf Krücken oder auch auf mit Tüchern umwickelten Latten über vereiste Straßen nach Westen; Soldaten mit Kopf- oder Bauchverletzungen wurden von Kameraden durch den Schnee geschleppt, viele Kilometer weit.

Weit mehr als eine Million Schlesier aber blieben in ihren Häusern und Wohnungen zurück – teils weil sie vom schnellen Vormarsch der Sowjettruppen überrascht wurden, teils weil sie sich und ihre

Kinder nicht dem Hunger und der Kälte aussetzen wollten, teils weil sie glaubten, wie etwa der Beamte Joachim Brobitzky aus dem Kreis Brieg in Niederschlesien, »daß es schon nicht so schlimm werden wird, wenn die Russen kommen.«

Aber es wurde schlimm. Die Wissenschaftliche Kommission der Bundesregierung zur Geschichte der Vertreibung stellt fest, daß die schlesische Bevölkerung nach dem Angriff der Roten Armee »ein besonders schreckliches Schicksal« erlitt.

Mehr als drei Jahre lang hatte die deutsche Gewaltherrschaft in Rußland den Haß auf die Deutschen genährt, und die sowjetische Führung hatte den Haß weiter angestachelt. In der offiziellen sowjetischen »Geschichte des Großen Vaterländischen Krieges« heißt es: »Eine der wichtigsten Aufgaben der politischen Arbeit in der Armee war nach wie vor die Erziehung zum glühenden Haß gegen die faschistischen Okkupanten. Die Kommandeure und Politarbeiter begriffen sehr wohl, daß man keinen Feind besiegen kann, wenn man ihn nicht aus vollster Seele haßt. In Flugblättern und Zeitungsartikeln wurden die Verbrechen der faschistischen Eroberer auf sowjetischem und polnischem Boden beschrieben. Die Familien vieler Angehöriger der Roten Armee hatten unter der faschistischen Okkupation gelitten. Im 252. Gardeschützenregiment der 83. Gardeschützendivision der 11. Gardearmee gab es 158 Soldaten und Offiziere, deren Familienangehörige von den Faschisten gequält und ermordet worden waren, 56 Soldaten, deren Familien nach Deutschland verschleppt, 162 Soldaten, deren Angehörige obdachlos gemacht waren, und 293 Soldaten, deren Familien der häuslichen Habe und des Viehs beraubt worden waren. Zorn und Haß glühten in den Herzen der Soldaten, als sie auf die ehemaligen faschistischen Todeslager in Litauen, Ostpreußen und Polen trafen oder Berichte von Sowjetmenschen hörten, die der faschistischen Sklaverei entronnen waren.«

Doch jetzt, im Augenblick des Einmarsches der Russen in das Reich traf die Vergeltung nicht die »faschistischen Okkupanten« oder die Herren der Todeslager. Haß und Rache entluden sich vielmehr über Frauen, Kinder, Wehrlose: Mit Vergewaltigung, Plünderung und vieltausendfachem Mord.

Der Bauer Karl Tiffert aus Lossen im niederschlesischen Kreis Brieg berichtete der Wissenschaftlichen Kommission über die ersten Stunden der russischen Besetzung seines Dorfes: »Sofort wurden die Frauen vergewaltigt. Mein Dienstmädchen wurde von den Russen dreizehnmal hintereinander gebraucht. Bauer Hermann Wede wurde zusammen mit Frau und Tochter erschlagen. Theodor Ruscher, Max Leesch, Max Peischker wurden erschossen. Rentner Scholz und seine Frau wurden mit Spaten erschlagen. Ein 12 Jahre altes Mädchen wurde von der Mutter geschützt: Mutter erschossen, Mädchen vergewaltigt . . . Die toten Deutschen lagen wie Vieh herum. Es konnte sich ja niemand zur Bestattung auf die Straße wagen, wollte er nicht verschleppt werden.«

Im oberschlesischen Kreis Cosel erschossen, berichtete der Lehrer Waldemar Birkoven, die Russen eine Frau, die über die Straße ging, um Wasser zu holen. Sie erschossen die Oberin im Schwesternheim und zwei ältere Männer, die sich dorthin geflüchtet hatten. Männer wurden aus den Häusern geholt und auf der Straße niedergeschossen.

Frau Selma Deckwart aus Possen im niederschlesischen Kreis Bunzlau gab für den Bericht der Wissenschaftlichen Kommission der Bundesregierung zu Protokoll, was am 13. Februar 1945 in ihrem Wohnort geschah. 30 Rotarmisten besetzten das Haus, in dem Frau Deckwart zusammen mit ihrem Mann wohnte. Während des Tages wurde sie mehrere Male vergewaltigt. Am Abend des Tages zerrten die Soldaten Frau Deckwart und ihren Mann auf die Dorfstraße und trieben das Ehepaar etwa hundert Meter weit von ihrem Haus fort. Dann wurde die Frau von ihrem Mann getrennt. Sie berichtete: »Die Russen trieben mich in ein Zimmer. Sie rissen mir die Kleider vom Leibe und fielen über mich her. In dieser Nacht mußte ich etwa 25 Vergewaltigungen über mich ergehen lassen. Als ich in mein Haus zurückkehrte, fand ich meinen Mann nicht vor. Als der Morgen dämmerte, suchte ich meinen Mann. Ich fand ihn dort, wo man mich von ihm getrennt hatte. Die Russen hatten ihn in den Kopf geschossen. In den Tagen darauf mußte ich täglich sieben bis acht Vergewaltigungen über mich ergehen lassen. Ich bin heute seelisch krank, auch körperlich. Unvergeßlich werden mir die häßlichen, mongolischen Gesichter der Sowjet-Soldaten bleiben.«

Eine Frau aus der schlesischen Ortschaft Weidenwerder beriet sich Mitte Januar mit ihrem Mann, ob sie nach Westen aufbrechen sollten. Der Mann wollte davonziehen, die Frau konnte sich nicht entschließen: Viele Tage hindurch hatte sie Flüchtlinge aus dem Osten durch die Ortschaft ziehen sehen, die Hungernden, die Kranken, die sterbenden Kinder. Das Ehepaar blieb daheim. Die Frau berichtete: »Ich habe es schwer büßen müssen.« Am 12. Februar 1945 zur Mittagszeit rollten sowjetische Panzer in das Dorf. Dann folgte die Infanterie. Im Haus des Ehepaars fanden Rotarmisten unter den Papieren einen Bezugsschein für Eisenwaren, der mit vier Hakenkreuzen bedruckt war. Die Russen schrien den Mann an: »Nazi, Nazi!« Einige der Soldaten stießen die Frau in ein Zimmer und versuchten ihr dort Gewalt anzutun. Die Frau: »Der nächste kam, und so dauerte dieser Kampf stundenlang.«

Die Frau verließ am nächsten Morgen das Haus und suchte nach ihrem Mann: »Dann kam unser Kutscher. Ich fragte ihn nach meinem Mann. Er zeigte nur wortlos um die Ecke unseres Hauses. Ich ging hin und sah meinen Mann tot auf dem Boden liegen: Kopfschuß, Herzschuß. Seine großen, blauen Augen waren gelb und offen. Ich drückte sie ihm zu.«

Die Frau grub für ihren Mann im Vorgarten ihres Hauses ein Grab. Während sie noch dabei war, den Leichnam in die Erde zu betten, wankte eine Nachbarin heran. Auf ihren Armen trug sie die Leiche eines drei Jahre alten Kindes. Es war von Sowjets umgebracht worden. Die Frau legte den kleinen Körper in das Grab, zu Füßen des erschossenen Mannes.

Der deutsche Gefreite Vögel gehörte zu einem Spähtrupp, der hinter die sowjetischen Linien im Kreis Oppeln vorstieß, um die Feindlage zu erkunden. Die deutschen Soldaten gelangten in das Dorf Ehrenfeld. Im schriftlichen Bericht des Gefreiten ist wiedergegeben, was sich in dieser schlesischen Ortschaft ereignet hatte: »Junge Frauen und Mädels wurden vergewaltigt und erschossen. In einem einzigen Haus wurden zwölf Frauen erschossen aufgefunden, im ganzen Dorf etwa 40.«

161

Aus der Pfarrei Neiße-Neuland im oberschlesischen Kreis Neiße berichtete der Pfarrer vom Tod eines neunjährigen Mädchens mit dem Namen Gretel. Das Kind hatte sich weinend vor die Mutter gestellt, als Russen sie zu vergewaltigen versuchten. Soldaten erschossen das Kind.

Der damals 13jährige Kurt Lachmann war in Possen im niederschlesischen Kreis Bunzlau Zeuge des Todes seiner Tante. Ein russischer Soldat wollte die Frau davonzerren: »Sie setzte sich zur Wehr, worauf der Russe sie mit der Maschinenpistole in den Leib schoß. Mein Onkel holte einen Handwagen herbei und fuhr die Schwerverletzte zum Nachbarhaus. Der russische Soldat folgte uns und schoß meiner Tante nochmals in den Leib. Sie lebte immer noch. Da schlug der Russe ihr mit der Waffe auf den Kopf. Dann schoß er nochmals auf sie.«

Der Pfarrer Georg Gottwald aus dem niederschlesischen Grünberg berichtete über den Tod von drei Amtsbrüdern: »Einer wurde erschossen, weil er ein paar langschäftige Stiefel besaß und deshalb von den Sowjets verdächtigt wurde, Mitglied der SS gewesen zu sein, der zweite starb, als er in seine Tasche griff, um seinen Rosenkranz herauszuholen, der dritte mußte sterben, weil er einen neunjährigen Jungen schützen wollte, der dann auch von den Russen erschossen wurde.«

Die Wissenschaftliche Kommission der Bundesregierung schreibt zu der Tötung von deutschen Zivilisten durch die Rote Armee: »Neben den zügellosen Ausschreitungen gegenüber Frauen und Mädchen kam es in den Tagen unmittelbar nach dem Einzug der Roten Armee in den Städten und Dörfern Ostdeutschlands zu zahlreichen ›Liquidierungen‹ von Zivilpersonen und auch zu bloßem Mord. Es handelte sich dabei in der Regel um ein Vorgehen, dem keine auch nur formale gerichtliche Entscheidung vorherging, sondern um bloße Exekutionen aufgrund irgendwelcher Verdachtsmomente oder Beschuldigungen und oft genug auch um rein willkürliche Handlungen einzelner Sowjet-Soldaten.

Trotz großer Verschiedenheit der Vorfälle im Einzelnen läßt das Vorgehen der sowjetischen Truppen gewisse Grundzüge erkennen, die auf allgemeine Motive schließen lassen. So wurden von den Erschießungen durch einrückende sowjetische Truppen zunächst vor allem Personen betroffen, die exponierte Parteistellen innehatten oder bestimmten nationalsozialistischen Organisationen angehörten . . .

Auch andere Motive wirkten bei den Erschießungen von Deutschen in den Tagen des Einzuges der sowjetischen Armeen mit. Besonders der aus den Traditionen der russischen Revolution stammende Haß gegen die ›Kapitalisten‹ fand vielfältig Entladung. Da nicht nur Großgrundbesitzer und Unternehmer, sondern auch kleine Leute, soweit sie nur ein eigenes Haus besaßen, in den Augen der sowjetischen Soldaten ›Kapitalisten‹ waren, sind von diesen Haßgefühlen nahezu unterschiedslos sowohl Gutsbesitzer und Geschäftseigentümer als auch Beamte, Angestellte und selbst Arbeiter betroffen worden . . . Daneben zeigen sehr viele andere Beispiele von Erschießungen, daß die Tötung von Deutschen in hohem Maße dem seltsam naiven und zu plötzlichen und willkürlichen Handlungen fähigen Temperament der Russen zugeschrieben werden muß, deren Unberechenbarkeit sich in den Tagen der Eroberung dadurch noch unheilvoller auswirkte, daß große Teile der sowjetischen Truppen fast ständig unter Alkoholeinfluß standen. Die zahllosen Trinkgelage endeten fast regelmäßig nicht nur mit Vergewaltigungen von Frauen, sondern auch mit Schießereien, denen nicht wenige völlig unschuldige Deutsche zum Opfer fielen. Doch auch wenn sie sich in nüchternem Zustand befanden, war es für viele russische Soldaten charakteristisch, daß sie in einer spielerisch-kindlichen Weise mit ihren Schußwaffen umgingen und jederzeit zum Schießen und Erschießen bereit waren, was vielen ahnungslosen Deutschen das Leben kostete. Häufig kam es vor, daß Männer, die der Vergewaltigung ihrer Ehefrauen und Eltern, die der Schändung ihrer Töchter Widerstand leisten wollten, brutal niedergeschossen wurden, ebenso wie Frauen, die sich nicht mißbrauchen lassen wollten, oder Alte und Schwache, die nicht erfüllen konnten, was von ihnen verlangt wurde. In einzelnen Fällen waren auch völlig belanglose Dinge, nicht selten sprachliche Mißverständnisse, die Ursache, daß von der Schußwaffe Gebrauch gemacht wurde . . . Insgesamt sind rund 75 000 bis

100 000 Menschen aus Ostdeutschland allein durch Gewaltmaßnahmen dieser Art ums Leben gekommen.«

Im niederschlesischen Dorf Plagwitz tobte sich die Mordlust der Rotarmisten an Menschen aus, die nicht einmal wußten, was geschah: an den Pfleglingen einer Heilanstalt für Geisteskranke. Der Steinsetzer S. A. aus Plagwitz berichtete der Wissenschaftlichen Kommission: »Als der Russe ein paar Tage da war, lagen Insassen dieser Anstalt überall in den Gärten und Straßengräben erschossen oder erschlagen umher.«

Deutsche Truppen brachten den sowjetischen Vorstoß zum Stillstand. Ein Vierteljahr wurde um Schlesien gekämpft – ein Umstand, der das Los der Bevölkerung, die in die Hände der Russen gefallen war, noch verschlimmerte. Viele Frauen wurden immer aufs neue Opfer der Gewalt.

Frau G. F. aus Kanth in der Nähe von Breslau: »Drei Monate haben wir gelitten wie in der Hölle. In der ersten Nacht nach dem Russen-Einmarsch haben mich zwölf Kerle vergewaltigt.« Einige Wochen später wurde Frau G. F. mit zwei anderen Frauen in ein russisches Lazarett für Leichtverwundete geschleppt. Sie berichteten der Wissenschaftlichen Kommission: »Dort haben sie uns von einem Bett zum anderen geworfen und vergewaltigt, bis wir nichts mehr wußten, und dann die Treppe heruntergestoßen.«

Frau Hedwig Rosemann berichtete über die Ereignisse in der schlesischen Stadt Löwenberg, in der sie sich zusammen mit anderen Frauen in einem Keller zu verstecken suchte: »Frau Josef gebar im Keller einen Sohn. Es war furchtbar in dem nassen dunklen Keller. Das Kind schrie fortwährend. Aber auch die Mutter wurde von den Russen nicht verschont, obwohl doch jeder das kleine Würmchen in ihren Armen sah ... Eine 45jährige Lehrerin erzählte mir, daß sie die dauernden Vergewaltigungen nicht mehr aushalten könne. Die Russen vergewaltigten sie unbekümmert darum, daß sie mit ihrer 81jährigen Mutter in einem Bett schlief. Es war furchtbar, keine Frau blieb verschont. Die Russen kamen von der nahen Front her mit Autos angefahren, und so ging das den ganzen Tag bis morgens um drei Uhr.«

Oft waren die Begleitumstände, unter denen den deutschen

Frauen in Schlesien Gewalt angetan wurde, fürchterlich und von besonderer Scheußlichkeit. Ein katholischer Priester berichtete aus der oberschlesischen Stadt Neisse, wie die Eroberer der Stadt sich die Ordensschwestern gefügig machten: »Man warf sie auf den Boden, bearbeitete sie mit Fußtritten, schlug mit Pistolen und Gewehrkolben auf den Kopf und das Gesicht, bis sie blutüberströmt und verschwollen zusammenbrachen und in diesem Zustand ein hilfloses Objekt einer Leidenschaftlichkeit waren, die uns in ihrer Perversität unbegreiflich war. Selbst 80jährige Schwestern, die krank oder vollständig gelähmt in ihren Betten lagen, wurden immer wieder vergewaltigt und mißhandelt.«

Einige Wochen später bestattete der Priester die Ordensschwestern, die während der ersten Wochen der Besetzung der Stadt durch die Rote Armee zu Tode gebracht wurden: »Ihre Zahl war auf dreißig gestiegen. In dem benachbarten Franziskanerkloster waren der Pater Guardian und fünf Laienbrüder ermordet worden.«

In einem Raum des Pfarrhauses von Niederhermsdorf im oberschlesischen Kreis Neisse hatten in den Tagen des russischen Einmarsches 60 Menschen Schutz gesucht. Unter ihnen waren Frau Emilie Ertelt und ihre 15 Jahre alte Tochter. Das Mädchen war im Dorf Rotarmisten in die Hände gefallen und an einem Tag sechzehnmal vergewaltigt worden. Es war verstört und weinte. Dann hörten die Menschen im Pfarrhaus Geschrei, Gepolter und das Geräusch von Stiefeln. Frau Ertelt nahm eine Kerze und entzündete sie, hielt sie in der Hand und begann laut zu beten. Die Menschen in dem Raum, Frauen, Kinder, katholische Schwestern, stimmten in das Gebet ein. Die Tochter von Frau Ertelt suchte sich in den Armen der Mutter zu bergen. Dann standen Sowjetsoldaten im Zimmer. Sie griffen nach dem Mädchen. Die Mutter umklammerte ihr Kind und hielt es fest, so fest sie konnte. Die Sowjetsoldaten schossen aus Maschinenpistolen über die Köpfe der Deutschen hinweg, verließen den Raum und kamen unmittelbar darauf wieder. Immer noch betete Frau Ertelt laut, die brennende Kerze in der Hand. Einer der Soldaten schoß auf sie, die Kugel streifte ihren Kopf, Blut überströmte ihr Gesicht. Sie betete weiter. Dann schoß ihr ein Rotarmist aus unmittelbarer Nähe in den Kopf. Frau Ertelt war sofort tot.

Über das, was in der Stadt Grünberg in Niederschlesien geschah, gab der katholische Pfarrer Georg Gottwald zu Protokoll: »Die Stadt hallte bei Tag und Nacht wider vom Wehgeschrei der gequälten, vergewaltigten Einwohner. Frauen und Mädchen wurden Freiwild. In mein Pfarrhaus flüchteten eine große Anzahl von Mädchen und Frauen, die zwanzig- bis vierzigmal an einem Tag in ununterbrochener Reihenfolge vergewaltigt worden waren. Lustmorde wurden mir mehrere gemeldet (Aufschlitzen des Leibes, der Geschlechtsteile, Abschneiden der Brüste) Ich habe die Leichen gesehen und beerdigt.«

Die Wissenschaftliche Kommission der Bundesregierung urteilt über die Greuel an deutschen Frauen: »Es läßt sich erkennen, daß hinter den Vergewaltigungen eine Verhaltensweise und Mentalität stand, die für europäische Begriffe fremd und abstoßend wirkt, und man wird sie teilweise auf jene, besonders in den asiatischen Gebieten Rußlands noch nachwirkenden Traditionen und Vorstellungen zurückführen müssen, nach denen die Frauen in gleichem Maße eine dem Sieger zustehende Beute sind wie Schmuckstücke, Wertgegenstände und die Sachgüter in Wohnungen und Magazinen. Ohne eine solche unter den sowjetischen Truppen verbreitete Grundhaltung wären die Formen und die massenhaften Fälle von Vergewaltigungen nicht denkbar. Die Tatsache, daß sowjetische Soldaten asiatischer Herkunft sich dabei durch besondere Maßlosigkeit und Wildheit hervortaten, bestätigt, daß gewisse Züge asiatischer Mentalität wesentlich zu jenen Ausschreitungen beigetragen haben . . . Die Vergewaltigungen gehören zu den furchtbarsten Vorgängen innerhalb des Gesamtprozesses der Vertreibung. Sie hatten zur Folge, daß zahllose deutsche Frauen durch Geschlechtskrankheiten und sonstige körperliche Schädigungen für ihr ganzes Leben ruiniert wurden, und vor allem, daß seelische Depressionen und Verzweiflung, daneben ein dumpfer Fatalismus sich unter ihnen ausbreitete. Viele litten noch viele Jahre später unter den psychischen Nachwirkungen des Schreckens und der Entehrung.«

*

Ungezählte Menschen gingen in Schlesien in jenen Monaten freiwillig in den Tod. Sie konnten ihr Schicksal in der Gewalt der Roten Armee nicht länger ertragen. An vielen Orten kam es zu Massenselbstmorden – wie in der Stadt Striegau.

Am 9. Februar 1945 fuhren offene Personenwagen im Schrittempo durch die engen Straßen der alten niederschlesischen Stadt. Aus Lautsprechern und Megaphonen verkündeten Funktionäre der örtlichen NSDAP-Leitung immer denselben Text: »Der Feind ist in der vergangenen Nacht unter schweren Verlusten bedeutend abgedrängt worden. Striegau muß nicht geräumt werden.«

In der Nacht zuvor war Schnee gefallen, ein scharfer und böiger Nordostwind fegte durch die Stadt, die in jenen Tagen mit Menschen vollgestopft war. Die Einwohnerzahl von 17 000 war binnen kurzer Zeit auf 30 000 angeschwollen: Flüchtlinge aus den Gebieten jenseits der Oder hatten in Striegau Zuflucht gesucht. Die Menschen in den Straßen und Wohnungen hörten die Botschaft aus den Lautsprechern voller Erleichterung: Sie bedeutete, daß sie in geheizten Wohnungen und Häusern bleiben konnten, bei ausreichender Versorgung mit Lebensmitteln.

Doch die Botschaft war falsch. Zu diesem Zeitpunkt war das Verhängnis nur noch vier Tage von Striegau und seinen Menschen entfernt. Die Rote Armee war bereits bis zur Festung Breslau vorgestoßen. Striegau liegt rund 50 Kilometer südwestlich der schlesischen Hauptstadt.

Am Samstag, dem 9. Februar blieb die Lage in der Stadt unverändert. Marschall Iwan Konjews Soldaten waren noch etwa 20 Kilometer von Striegau entfernt. In der Stadt war der Lärm naher Kämpfe hörbar. Die Fensterscheiben klirrten unter dem Luftdruck der Abschüsse schwerer Geschütze. In der Stadt aber gab es immer noch keine Vorbereitungen für eine Evakuierung, keine Räumungserlaubnis und schon gar keinen Räumungsbefehl.

Am Mittag des Sonntag, des 11. Februar, griffen sowjetische Bomber die Stadt an. Der Schaden blieb gering. Zur gleichen Stunde erklärte der Kreisorganisationsleiter der NSDAP noch einmal, daß es keinen Grund gebe, Striegau zu evakuieren. Eigenmächtigkeiten bedrohte er mit dem Standgericht.

Am Nachmittag dieses kalten, klaren Sonntags, verbreitete der Reichsrundfunk die Nachricht, daß die westlich von Striegau gelegene Stadt Liegnitz »im Verlauf erbitterter Kämpfe« von den Sowjets erobert worden war. Tausende von Striegauer Frauen verließen nach dieser Nachricht ihre Wohnungen und rannten, viele mit ihren Kindern an den Händen, zum Rathaus. Sie forderten von der Partei, nun endlich die Evakuierung einzuleiten.

Jetzt endlich ordneten die NSDAP-Funktionäre die Räumung an. Aber in ihrer Verblendung und Unbarmherzigkeit ließen sie die Stadt nicht etwa auf dem schnellsten Wege räumen, vielmehr hielten sie sich an einen alten Plan, der eine Evakuierung über mehrere Tage hinweg vorsah. Zunächst sollten nur Frauen mit Kindern bis zu sechs Jahren die Stadt verlassen dürfen, danach die alten und kranken Menschen und dann erst der Rest der Bevölkerung. Zum Abtransport der 30 000 standen überdies nur zwei Eisenbahnzüge bereit.

Und in diesem Augenblick, da Striegau schon im Bereich russischer Panzerkanonen lag, versteifte sich die Parteibürokratie darauf, daß für die Evakuierten Berechtigungsscheine zur Benutzung der Züge ausgestellt werden mußten. Für die Mütter von Striegau dachte sich die Parteibürokratie noch eine besondere Schikane aus: Wenn eine Frau Kinder im Alter bis zu sechs Jahren, aber auch über sechs Jahren hatte, wurde es ihr nicht erlaubt, die Stadt mit den ersten Transporten zu verlassen. Das bedeutete: Mütter mit mehreren Kindern mußten oft zurückbleiben.

Am Montag, dem 12. Februar, war die Spitze der Roten Armee bis auf fünf Kilometer an Striegau herangerückt. An diesem Tag flüchteten etwa 13 000 Menschen mit der Eisenbahn, mit Pferdewagen oder zu Fuß aus der Stadt.

17 000 blieben.

Am Abend dieses Tages versicherte die Parteileitung den Bäckern von Striegau, die gefragt hatten, wie sie sich verhalten sollten: »Backt ruhig weiter. Die Lage ist heute sicherer als gestern.« Zwei Stunden vor Mitternacht erklärte der sogenannte Kampfkommandant von Striegau, ein Hauptmann, der eine Handvoll Soldaten und wenige Volkssturmmänner befehligte, den Beamten der Stadt im Rathaus: »Für die Stadt besteht keine Gefahr. Glauben Sie doch nicht an die Gerüchte über den Vorstoß der Russen.«

Am frühen Morgen des 13. Februar, des Dienstag, sprach der stellvertretende Bürgermeister der Stadt mit dem Adjutanten des Kampfkommandanten. Der Offizier zum Zivilisten: »Es stehen keine Befürchtungen für die Stadt bevor.« Eine Stunde später ging eine dunstverhangene Sonne über der Stadt Striegau auf. Kurz vor acht Uhr verließ der letzte Flüchtlingszug den Bahnhof von Striegau. Der Lokführer fuhr mit Volldampf. Russische Geschütze schossen sich auf die Bahnlinie ein. Zwischen Detonationen, Feuer und spritzenden Splittern dampfte der Zug davon. Zur gleichen Stunde stand eine junge Einwohnerin der Stadt an der Bahnhofstraße: »Plötzlich tauchte ein Panzer auf. Alles schrie und flüchtete. Wir standen vor Schreck wie gebannt. Vor uns standen alte Hilfspolizisten mit der Panzerfaust in der Hand. Als der Panzer jedoch immer näher kam, versteckten sich die Hilfspolizisten hinter uns Frauen.«

Doch es war ein deutscher Panzer, der einzige Kampfwagen, über den die Verteidiger von Striegau an jenem Tage verfügten. Die Frau: »Nie werde ich den Blick vergessen, den diese Panzersoldaten auf uns warfen, es lag soviel Traurigkeit darin.« Dann, aus dem fahlen Morgenlicht dieses Februartages heraus, griffen sowjetische Panzer an. Auf Widerstand stießen die Soldaten nur in der Umgebung der Kaserne. In den Mittagsstunden dieses Dienstag waren große Teile der Stadt schon von sowjetischen Infanterieeinheiten besetzt.

Noch während des Angriffs entdeckten Rotarmisten im Stadtzentrum von Striegau ein umfangreiches Lager von Spirituosen. Und von diesem Augenblick an waren die meisten Besetzer Striegaus ständig betrunken. Der Alkohol aber steigerte Brutalität zum Sadismus, Rachsucht zur Raserei, Haß zum Blutrausch. Eine Frau aus Striegau berichtete: »In der Güntherstraße wurde der Schuhmachermeister N. von hinten erschossen. In der Straße auf dem Ring lag der alte Kinobesitzer B. erschossen. Dasselbe war in der Kohlenstraße mit dem Eisenbahnassistenten im Ruhestand Gr. und dem Malermeister S. geschehen. In der Hohenfriedberger

Straße hatte ein Russe den Justizsekretär Kr. erschossen, als der ihm die Haustür öffnete. Mit jedem Tag wurde die Liste der Ermordeten länger. Das Fräulein R., die Schwester des Stadtpfarrers, fand man im Hause Promenade 5 ermordet im Bette liegend, das Blut war an den Wänden des Zimmers hochgespritzt.«

In der Burglehnstraße von Striegau stand eine Bäckerei, in deren Keller sich Frauen und Mädchen geflüchtet hatten. Sowjetsoldaten kamen, musterten die verängstigten Menschen und gingen wieder, tauchten jedoch später wieder auf. Einer der Soldaten fragte den Bäckermeister nach dem Versteck zweier junger Mädchen. Der Bäcker zuckte die Achseln. Der Soldat schlug den Mann zu Boden und trat ihn mit den Stiefeln. Der Bäcker raffte sich auf und rannte davon. Der Soldat schoß und warf dann eine Handgranate nach dem Bäcker. Der Gepeinigte kam mit dem Leben davon – mit einem von der Explosion völlig verbrannten Gesicht.

Einem Mädchen aus Striegau, das damals 19 Jahre alt war, widerfuhr Gewalt unter besonders schrecklichen Umständen. Sie gab zu Protokoll: »Am Sonntag, dem fünften Tag der Besetzung der Stadt, wurden die Russen von einer noch wesentlich schlimmeren Truppe abgelöst. Am Vormittag des Montag erschien in der Wohnung, in der ich zusammen mit meiner Mutter lebte, ein etwa 20 Jahre alter Leutnant. Er stellte ein paar Fragen und ging dann wieder. Am frühen Nachmittag kam der Leutnant wieder. Er war betrunken und wurde von seinem Burschen begleitet, der eine Flasche Arrak und ein Wasserglas bei sich trug. Der Leutnant forderte meine Mutter und mich auf, zu trinken. Als wir uns weigerten, entsicherte er seine Pistole und richtete sie auf mich. Ich mußte drei volle Wassergläser mit Arrak hintereinander austrinken. Der Leutnant befahl dann meiner Mutter und dem Burschen, das Zimmer zu verlassen. Anschließend hat er mich vergewaltigt.«

Es pochte an der Tür, ein sowjetischer Soldat wollte herein. Der Leutnant rannte zur Tür, das Mädchen sprang auf und floh zu seiner Mutter in das Nebenzimmer. Die Mutter saß auf einem Stuhl neben dem Bett, das Mädchen – angetrunken und von panischer Angst gejagt – glaubte, sich in dem Bett verstecken zu können. Der russische Leutnant folgte ihr und schoß aus seiner

Pistole auf die Bilder an den Wänden. Er befahl der Mutter, das Zimmer zu verlassen. Die Mutter blieb auf dem Stuhle sitzen.

Das Mädchen berichtete, was dann geschah: »Der Leutnant erschoß meine Mutter mit einem Schuß in die rechte Schläfe. Sie war sofort tot und sank mir als Leiche in die Arme; ihr Blut floß über mich und das Bett. Der Leutnant warf die Leiche meiner Mutter auf den Fußboden und vergewaltigte mich nochmals. Am folgenden Tag erschien er nüchtern wieder in unserer Wohnung und spielte beim Anblick der Leiche den Überraschten und Empörten. Er tat, als ob er von den gestrigen Geschehnissen überhaupt nichts wisse.«

Die Rotarmisten, die im Kloster von Striegau den Keller entdeckten, in dem sich Nonnen mit Waisenkindern versteckt hatten, scheuten, anders als der mörderische Leutnant, keine Zeugen. Sie rissen den frommen Schwestern die Hauben vom Kopf und vergewaltigten sie vor den Augen der Kinder, die unausgesetzt um Hilfe schrien.

Die Gewalttäter gingen, andere kamen. Das Grauen wiederholte sich, durch die Tage und durch die Nächte.

Fast eine Woche lang tobten Gewalt und Mord durch die Stadt der 17 000 Wehrlosen. Der Schnaps schwemmte die Disziplin der sowjetischen Soldaten davon. Auf der Jagd nach deutschen Frauen verließen sie ihre Kampfstellungen, auf der Suche nach Beute verweigerten sie Befehle ihrer Offiziere, und gelegentlich schossen sie aufeinander. Der sowjetische Kommandant sah schließlich nur einen Ausweg, Autorität und Gehorsam wiederherzustellen: Er befahl den Deutschen von Striegau, sich in einer Schule zu sammeln. Von dort wurden sie aus der Stadt getrieben und auf Dörfer in der Umgebung verteilt.

Das Los der Deutschen änderte sich nicht. Die Anwesenheit einer großen Zahl deutscher Frauen in einem einzigen Gebäude verlockte die Rotarmisten zu neuen Gewalttaten. Eine 35 Jahre alte Kriegerwitwe: »Es war eine Schreckensnacht in der Schule. Ich wäre beinahe erschossen worden, viele Frauen erlebten mehr als 30 Vergewaltigungen.« Eine 20 Jahre alte Angestellte: »Drei Russen schleppten mich aus der Schule davon in das Gebäude der

Überlandzentrale, wo drei russische Offiziere wohnten. Ich mußte mit ihnen Likör trinken, dann haben sie mich vergewaltigt. Am Abend mußte ich einem Offiziersburschen in das Nachbarhaus folgen, wo ich ebenfalls mehrfach vergewaltigt wurde.«

Und auch auf dem Marsch über die Straßen und durch die Dörfer der Umgebung wurden die Frauen von Striegau Opfer von Gier und Gewalt: Eine 48 Jahre alte Frau, deren Mann zum Wehrdienst einberufen worden war: »Berittene Russen trieben uns aus der Stadt. Unterwegs holten sie sich die jungen Frauen und Mädchen aus unserem Elendszuge heraus und vergewaltigten sie im Straßengraben oder auf offenem Feld.« Ein Mann aus Striegau: »Der alte Kaufmann Gustav M. hatte seine sterbenskranke Frau auf dem Handwagen aus Striegau herausgeschleppt. Bei den beiden war die hochschwangere Tochter. In einem Ort in der Nähe von Striegau wurde der alte Mann verhaftet und zur Zwangsarbeit nach Rußland verschleppt. Die Tochter, die kurz vor der Entbindung stand und selbst kaum noch gehen konnte, mußte ihre kranke Mutter auf dem Handwagen weiterziehen. In einem Dorf, auf dem Strohlager in einem Bauernhaus mit vielen anderen Menschen zusammengepfercht, starb Frau M., während die Tochter dort einem Mädchen das Leben gab.«

*

Vier Wochen nach der Besetzung von Striegau durch die Rote Armee eroberten deutsche Truppen die Stadt zurück. In Striegau lebten noch 30 Menschen, alle anderen waren tot oder vertrieben. Die deutschen Behörden begannen wenig später damit, die Opfer der Besatzungszeit zu bergen und zu beerdigen. Die Gesamtzahl der toten Zivilisten betrug nahezu zweihundert. Zwei Beamte der deutschen Kriminalpolizei fertigten eine Liste der Toten an, die in den Häusern und den Straßen von Striegau gefunden wurden. Mitglieder des Bergungskommandos legten in schriftlichen Berichten nieder, was sich in der verlorenen Stadt ihren Augen bot. Diese Aufstellung ist in dem Buch »Striegau – Schicksale einer schlesischen Stadt« von Martin Bojanowski und Erich Bosdorf wiedergegeben, das auch von der Wissenschaftlichen Kommission der Bundesregierung zur Geschichte der Vertreibung als dokumentarische Unterlage herangezogen worden ist.

Diese Berichte über die Toten von Striegau sind unterteilt in »Gruppenfunde und Einzelfunde«. Unter der Rubrik »Einzelfunde« heißt es über die Hohenfriedberger Straße: »Im Rinnstein liegend, die von schweren Fahrzeugen plattgewalzte Leiche eines Jugendlichen von etwa 14 Jahren, Genickschuß.« Oder über einen Fund an der evangelischen Kirche: »Ein SS-Mann mit durchgeschnittener Kehle.«

Oder über eine Wohnung in der Gasanstalt: »Auf dem Sofa liegend, eine teilweise entblößte tote Frau, mit zwei Schüssen in den Mund. Die Tote war ein Flüchtling.«

Oder in der Bahnhofstraße: »Die Leiche einer 72jährigen Frau lag mit ausgestochenen Augen in der Küche.«

Oder in der Jauerstraße: »In eine Kiste gepreßt, die Leiche einer erschossenen Frau.«

Oder in der Güntherstraße: »Inmitten der Scherben des verwüsteten Glas- und Porzellanladens lag, mit dem Gesicht nach unten, die Leiche einer erschossenen älteren Frau mit entblößtem Unterkörper. Um sie herum zahlreiche weiße Porzellanschilder mit der Aufschrift: ›Hier ruht in Gott.‹«

In der Rubrik »Gruppenfunde« in den Protokollen des Bergungskommandos von Striegau wird berichtet:

An der Promenade vor der Gärtnerei Teicher: »Drei Männer, zwei Frauen und ein etwa zweijähriges Kind, erschossen.«

Oder an der Gräbenstraße: »Eine etwa 30 bis 35jährige Frau mit entblößtem Unterkörper; wenige Meter daneben eine ältere Frau, mit den Armen einen Baum umfassend und an diesem zusammengesunken, erschossen.«

Oder über einen Fund in der Pilgramshainer Straße Nr. 2: »In der Waschküche eine Männerleiche mit Beinprothese, daneben die Ehefrau und ein Kind, erschossen.«

Oder im Eckhaus an der Wilhelmstraße: »Drei ältere Frauen mit entblößtem Unterkörper und Spuren von Vergewaltigung, erschossen; auf dem Hausboden eine mit dem Kopf nach unten aufgehängte ältere Männerleiche.«

Oder in der Buchhandlung Urban in der Bahnhofstraße: »In einer Wohnung des 1. Stockwerks, an der Türklinke hängend eine Männerleiche, auf dem Fußboden liegend, zwei entblößte Frauenleichen mit Zeichen sadistischer Vergewaltigung, erschossen; auf dem Sofa ein erschossener, etwa 12jähriger Knabe, im Bett die entblößte Leiche eines 18jährigen Mädchens mit Zeichen sadistischer Vergewaltigung, erschossen.«

Viele der Menschen in Striegau, so stellten die Bergungskommandos fest, aber hatten sich selbst den Tod gegeben. Sie konnten Drangsal, Grausamkeit und Erniedrigung nicht länger ertragen. Männer brachten ihre Familien um, Mütter töteten ihre Töchter, Frauen gingen gemeinsam in den Tod.

So in der Pilgramshainer Straße Nr. 12: »Drei Frauenleichen und eine Kinderleiche, Freitod durch Gas. – Vor dem Grundstück mehrere Männerleichen, erschossen.«

So an der Wilhelmstraße: »Freitod eines Ehepaares durch Erhängen am Fensterkreuz. Im Keller die Leiche eines Kaufmanns und zwei Mädchenleichen verschiedenen Alters, Freitod durch Erhängen.«

So im Gasthof an der Jauerstraße: »Vier Frauenleichen und ein Jugendlicher, Gastod.«

So in der Hohenfriedberger Straße: »Zwei Frauenleichen, Freitod durch Gas.« So in der Gräbenstraße: »Eine Frau mit ihrer Tochter am Tische sitzend, Freitod durch Gas.«

So in einer Wohnung in der Bahnhofstraße: »Im Bette liegend die Leichen der Frau H. und ihrer Tochter. Die Frau hatte sich die Pulsadern geöffnet, vorher jedoch ihre auf ihr liegende Tochter, deren Vergewaltigung sie wohl nicht mehr mitansehen konnte, mit einem zusammengedrehten Handtuch erdrosselt.«

So in der Ziganstraße 5: »Im Keller ein erschossenes älteres Ehepaar mit ausgestochenen Augen. Auf dem Hausboden, nebeneinander hängend, zwei ältere Frauen, eine junge Frau, ein etwa 20jähriges Mädchen und ein 10- bis 11jähriges Mädchen, sämtlich mit Spuren von Vergewaltigung.«

Über den Tod dieser Frauen auf dem Dachboden in der Ziganstraße Nr. 5 von Striegau wissen wir durch eine Augenzeugin
Einzelheiten. Diese Frau war damals 47 Jahre alt. Sie schilderte ihre
Erlebnisse in einem Brief an den Sohn einer Frau, die dort gemeinsam mit ihrer Tochter und den anderen Frauen in den Tod ging:
»Im Keller blieben wir bis abends 20 Uhr am 13. Februar (dem Tag
des russischen Einmarsches) ungestört. Dann hörten wir Schritte,
wir wagten vor Angst kaum zu atmen. Es waren vier Mann, die
sich zuerst erträglich benahmen. Aber bald wurden sie zu mir und
zur jungen Frau K. zärtlich, und auf einmal hieß es ›Frau komm
mit!‹ Ich gab keine Antwort. Nach der dritten Aufforderung packte
mich der Soldat beim Arme, riß mich hoch und gab mir einen Tritt,
daß ich zur Kellertür hinausflog. Ein anderer bearbeitete die junge
Frau K., sie mußte ihre Tochter Trautel mitnehmen. Auch ihre
liebe Mutter und Ihre Schwester mußten mit. Was uns dann
geschehen ist, brauche ich Ihnen wohl nicht zu beschreiben; es
ging die ganze Nacht hindurch bis zum Morgen – tierisch! Ich kam
zuerst in den Keller zurück. Dort fand ich das alte Ehepaar K.
erschossen vor; sie hatten sich gewehrt, ihre Schwiegertochter und
ihre Enkelin mitgehen zu lassen und waren auf der Stelle erschossen worden, wie mir Frau T. erzählte, die es miterlebt hatte. Gegen
zehn Uhr vormittags wurde es ruhiger, und wir gingen alle in die
Wohnung der jungen Frau K., deren elfjährige Trautel ebenfalls
vergewaltigt worden war. Dort kochten wir uns etwas zu essen.
Aber da hörten wir schon wieder Schritte, und nun ging es wieder
los. Wir haben geschrien, wir haben sie gebeten, sie möchten uns
doch in Ruhe lassen, aber sie kannten kein Erbarmen. Wir waren
uns alle einig, uns aufzuhängen. Aber schon kamen wieder welche. Als auch sie endlich weg waren, liefen wir so schnell wie
möglich auf den Boden. Ein jeder hatte sich schon ein Messer
besorgt, und die Wäscheleine lag bereit. Frau P. hing als erste. Die
junge Frau K. hängte erst ihre Trautel auf und dann sich selbst.
Dasselbe tat Ihre liebe Mutter mit Ihrer Schwester. Nun waren wir
beide noch übrig, Ihre liebe Mutter und ich. Ich bat sie, mir den
Strick zu machen, ich konnte es einfach nicht vor Aufregung.
Dann umarmten wir uns noch einmal und schoben mit den Füßen

den Reisekorb weg, auf dem wir standen. Ich kam jedoch mit den Zehenspitzen bis auf den Boden, Ihre Mutter hatte mir den Strick zu lange gemacht. Ich versuchte es immer wieder, denn ich wollte sterben; ich schaute rechts, ich schaute links, wir hingen alle in einer Reihe, sie hatten es gut, sie waren tot. Mir aber blieb nichts übrig, als zu versuchen, von dem Strick freizukommen, was mir nach mehreren Versuchen auch gelang.«

Die Selbstmordtragödien von Striegau fanden in jenen Monaten in Schlesien vielfach Wiederholung. Der Katholische Pfarrer Georg Gottwald berichtet aus der niederschlesischen Stadt Grünberg, daß sich etwa 500 der 4000 Menschen, die in ihren Wohnungen geblieben waren, in den ersten zwei Wochen nach dem Einmarsch der Roten Armee selbst den Tod gaben: »Ganze Familien, Männer, Frauen, Kinder, Ärzte, hohe Gerichtsbeamte, Fabrikanten und begüterte Bürger. Die Leichen der Selbstmörder durften zwei Wochen lang nicht beerdigt werden. Sie mußten (auf Befehl der Russen) in den Wohnungen verbleiben, oder sie wurden auf den Bürgersteigen zur Abschreckung der anderen ausgestellt.« Aus dem niederschlesischen Kreis Brieg berichtete der Bauer Karl Tiffert der Wissenschaftlichen Kommission: »Frau Schneidermeister Pfeiffer aus Jeschen erhängte aus Verzweiflung über die Vergewaltigungen ihre drei Kinder im Alter von acht bis dreizehn Jahren und dann sich selbst.« Der Landhelfer Kurt Lachmann aus dem niederschlesischen Kreis Bunzlau, dessen Tante von einem Russen umgebracht worden war: »Die Sowjets drohten damit, meinen Onkel zu verschleppen. Da begingen mein Onkel, meine Mutter und mein jüngerer Bruder Selbstmord. Sie schlossen den Kaminschieber an dem mit Kohle geheizten Ofen. Auch ich sollte mein Leben lassen, bin jedoch davongelaufen, als es mir unerträglich wurde. Ich war damals 13 Jahre alt.«

Kein Entschluß kann einer Mutter schwerer fallen als der, ihre eigenen Kinder zu töten. Sie muß psychische Hemmungen überwinden, die im Normalfall stärker sind als der Selbsterhaltungstrieb. Aus einer Reihe von Berichten deutscher Frauen, die in die Hände der Russen fielen, ist zu erkennen, daß sie den naheliegenden Gedanken an Selbstmord gerade der Kinder wegen, die sonst allein und hilflos zurückgeblieben wären, verwarfen. So ist die Tötung der eigenen Kinder auch in den meisten Fällen nicht etwa eine spontane Tat gewesen; sie war vielmehr das Resultat des Gefühls vollständigen Preisgegebenseins, das von den Müttern erst dann Besitz ergriff, wenn sie mehrere Tage lang den Soldaten der Roten Armee ausgesetzt gewesen waren. Erlittene Gewalt und Furcht vor neuer Gewalttat, der Anblick von Nachbarn und guten Bekannten, die ein jäher und oft grausamer Tod getroffen hatte, die Ausweglosigkeit, der Verlust der letzten Hoffnung, auch der Gedanke an das Schicksal, das den Überlebenden bevorstehen würde, brachte Mütter im deutschen Osten dazu, ihre Kinder mitzunehmen in den Tod.

Eine Frau aus dem niederschlesischen Ort Steinau hat beschrieben, was alles geschehen mußte, bevor sie in ihrer Verzweiflung zusammen mit ihren Kindern Gift nahm, das allerdings nicht wirkte. Einheiten der Sowjetarmee, Panzer und Infanterie, waren am 17. März 1945 in Steinau eingerückt. Die Frau war mit ihren beiden Jungen, der eine vier Jahre, der andere ein halbes Jahr alt, in den Keller der örtlichen Apotheke geflohen. Rotarmisten polterten die Kellertreppe herunter und leuchteten den Frauen und Kindern mit Kerzen ins Gesicht. Die Soldaten durchsuchten die Kellerräume, die weit hinten lagen und fanden dort große Behälter mit reinem Alkohol, die für die Apotheke bestimmt waren. Am Abend winkte ein junger Sowjetsoldat der Mutter der beiden Jungen mit der Pistole. Sie schreibt: »Man gewöhnt sich bald daran, und ich sah ein, daß es keinen Zweck hatte, sich zu wehren. Ich hatte ja zwei Kinder, für die ich leben bleiben mußte. Wer sollte sich um die dann kümmern, jeder hatte mit sich und den Seinen genug zu tun.«

Im Haus der Frau machten die russische Feldküche und ein Militärarzt Quartier. Am vierten Tag der Besetzung des Ortes durch die Russen ging die Frau in ihre Wohnung, um dort Wäsche zu holen. Sie wurde begleitet von ihrer hochschwangeren Schwester: »Plötzlich wurde der Schlüssel umgedreht und ein sowjetischer Leutnant vergewaltigte meine Schwester. Ich selbst wurde von dem Militärarzt vergewaltigt.« Wieder einige Tage später wurde die Frau in der Nacht von diesem Militärarzt geweckt: »Er zerrte mich vom Kinderwagen, in dem mein halbjähriger Junge lag, weg, mit der Pistole in der Hand, und es geschah, was geschehen mußte.«

Wenig später erfuhr die Frau von den Toten der Gemeinde: »Die Frau des Drogisten war einen furchtbar qualvollen Tod durch Kleesalz gestorben, das sie in der Verzweiflung genommen hatte. Der Friseur, Vater von vier oder fünf Kindern, war so im Vorbeigehen erschossen worden. Eine Frau wurde erschossen, die einen Säugling, eines ihrer Enkelkinder, auf dem Schoß hatte. Ferner wurden erschossen der Ortspfarrer, der Schuster, der Bäcker.« Die Frau geriet bei einem Gang durchs Dorf in die Nähe einer Scheune, und dort sah sie mit eigenen Augen: »Ein SS-Mann hing mit dem Kopf nach unten an einem Balken. Man hatte ihn wohl als Zielscheibe benutzt.«

Ihr Entsetzen steigerte sich: Russische Soldaten drohten ihr, die Kinder würden nach Rußland geschickt. Sie selbst wurde wieder Opfer von Gewalt. Drei Rotarmisten trieben sie in einen Keller: »Dort zog einer nach dem anderen über mich her, und wieder guckte eine neue Fratze durch die Tür.«

Der allgegenwärtige Schrecken wuchs zur Todesangst. An einem Abend trieben die Russen die Frau und ihre beiden Knaben, weitere 13 Frauen und Kinder und den alten Apotheker des Ortes in einem Raum der Apotheke zusammen: »Plötzlich forderte der Apotheker seine Helferin auf, uns Kaffee zu trinken zu geben. Das schien mir in dieser verrückten Situation verdächtig, und ich meinte, er wolle uns allen helfen, aus dieser Qual herauszukommen. Ich fragte ihn auch, aber ohne eine Antwort zu bekommen. Er sagte nur immer: ›Trinken Sie Kaffee.‹ Und da hat man nun direkt gierig den Tod in sich hineingetrunken und nichts gedacht, als nur Erlösung und Ruhe. Und den Kindern habe ich zu trinken gegeben, ohne Reue, nur von dem Gedanken beseelt, daß ich ihnen etwas Gutes tue und ihnen das Beste gebe, was ich noch geben kann . . . Wir rechneten mit Erschießen, und ich wollte den Kindern die Angst ersparen, wenn sie sehen müssen, wenn einer nach dem anderen umfällt . . . Mögen über so etwas alle Menschen urteilen, wie sie wollen, mögen sie diese Mutter Mörder nennen, ich kann Ihnen nur versichern, daß einer Mutter nie heiliger zu Mute ist als in diesem Augenblick. Sie will ja ihrem Kind nichts Böses tun, nur Gutes, Liebe und nur Liebe geben. Heute natürlich danke ich dem Herrgott, daß es nicht glückte. Die Dosis in dem Kaffee war für so viele Menschen wohl zu schwach.«

X.

DRESDEN

Flüchtlinge im Feuersturm

Auf der Brücke, die in der schlesischen Stadt Steinau über die Oder führte, blickte Franz Gehmann sich vom Bock seines Pferdewagens um. Er lächelte seiner Frau Gertrud und seinen Kindern zu, die dicht aneinandergedrängt in Decken und Kissen gehüllt unter der Plane des Wagens saßen. Es war schneidend kalt an diesem 22. Januar 1945. Am Morgen dieses Tages hatte Franz Gehmann, Bauer in der Nähe von Trebitz nördlich von Breslau, seine Pferde angeschirrt, Lebensmittel, Hafer, Geschirr, Kleidung aufgeladen und dann seiner Frau die drei Kinder, sieben, fünf und anderthalb Jahre alt, auf den Wagen gereicht, sich selbst auf den Bock gesetzt, »hüh, hüh« gerufen und sich nicht mehr umgesehen nach seinem Haus. Irgendwo aus der Ferne drang der Donner der Schlacht heran, die seit Tagen um Schlesien tobte: Marschall Iwan Konjewes 1. Ukrainische Front stieß mit Panzern, Infanterie und Artillerie schnell nach Westen vor.

Franz Gehmann reihte seinen Wagen auf der Landstraße, die nach der Stadt Trebitz führte, in eine lange Kolonne von Fuhrwerken ein, Bauern aus der Umgebung, viele, die Franz Gehmann kannte. Sie zogen durch Trebitz, und Franz Gehmann blickte zum Kamm des Katzengebirges hoch, in dessen Büschen und Verstecken er als Junge manchmal gespielt hatte.

Der Treck war durch die Stadt Wohlau gezogen, und da hatte Frau Gehmann ihren Mann abgelöst. Es fiel ihm schwer, viele Stunden hintereinander die Zügel zu halten. Zwei Jahre zuvor hatte er bei Witebsk seinen rechten Arm durch einen Granatsplitter verloren.

Aber den Bauern hatte es nicht lange im Wagen gehalten, er war unruhig, noch waren sie östlich der Oder, noch konnten sowjetische Panzerspitzen den Treck einholen und abfangen. Jetzt, auf der Brücke, zeigte der Bauer mit der Peitschenspitze auf den Strom, dessen Wasserfläche zu einem Teil mit dünnem Eis überzogen war, und sagte zu seiner Familie: »Jetzt sind wir in Sicherheit.« Franz Gehmann konnte nicht wissen, daß er und seine Familie unbeschreiblichem Schrecken entgegenfuhren, einem Schrecken, der ebenso schlimm wenn nicht schlimmer war als alles, was die Rote Armee ihnen hätte antun können. Aber das Entsetzen, das sie treffen sollte, war noch viele Tage und viele Kilometer entfernt. Der schlesische Bauer Franz Gehmann und seine Familie machten am Abend des ersten Trecktages Halt in der Stadt Lüben, rund 30 Kilometer westlich der Oder. Hier wollten sie abwarten, was weiter geschehen würde: ob es der Wehrmacht gelang, die Russen wieder aus Schlesien zu vertreiben und ihnen ihre Heimat zurückzugewinnen oder aber, ob neue Siege der Roten Armee das Signal zur Fortsetzung der Flucht setzen würden.

Franz Gehmann: »Wir mußten in einer Schule auf dem Erdboden schlafen. Aber wir hatten warmes Essen und bekamen sogar Futter für die Pferde. Für einige Tage konnte man das schon aushalten. Andere hatten es weit schlechter.« Die Flüchtlinge, die in Lüben Notquartier gemacht hatten, beratschlagten, wohin sie ziehen sollten, wenn es den Russen gelänge, die Oder zu überqueren. Ihre nahezu einhellige Meinung: nach Dresden.

*

Die Furcht vor den Sowjets trieb in jenen Tagen auch Frau Maria Mächtig aus Oppeln aus ihrer Heimatstadt. Anfang Januar war ein Funktionär der NSDAP bei ihr erschienen und hatte ihr die Nachricht überbracht, daß der Panzergrenadier Gerhard Mächtig an der Westfront gefallen war.

Frau Mächtig nahm ihre drei Jahre alte Tochter Gisela und einen Koffer mit dem Nötigsten, schloß ihre Wohnung ab und fuhr mit dem Zug nach Liegnitz, westlich von Breslau, zu ihrer Tante. Frau

Mächtig: »Ich habe mich oft gefragt, ob ich nicht besser in Oppeln geblieben wäre – nach allem, was ich durchmachen mußte.« Mit ihrer Tante beriet die junge Kriegerwitwe, wohin sie fahren sollten, wenn der Krieg auch nach Liegnitz käme. Das Ergebnis: nach Dresden. Dort wohnten Verwandte.

Hunderttausende von Flüchtlingen aus Schlesien wählten damals die sächsische Hauptstadt Dresden zum Ziel. Die Stadt am Elbestrom erschien ihnen als Zufluchtsort besonders verlockend: Dresden war die erste Großstadt auf dem Weg der Flüchtlinge nach Westen. Die Flüchtlinge konnten hoffen, in ihr zu finden, was sie während langer Eisenbahnfahrten und anstrengenden Trecks mit den Pferdewagen oft entbehrt hatten: warmes Essen, ärztliche Versorgung und Unterkunft. Dresden war zu diesem Zeitpunkt eine völlig intakte Stadt: Von Luftangriffen, die die meisten Großstädte des Reiches schon in Trümmer gelegt hatten, war Dresden nahezu verschont geblieben.

Die Angriffsspitzen der Roten Armee waren von Dresden noch weit entfernt. Die Stadt war, so mußte es den Flüchtlingen scheinen, für eine ganze Weile ein Hort der Sicherheit, ein Ort, an dem sie Atem holen konnten nach beschwerlicher Flucht, ein Bollwerk, in dem sie hoffen konnten, den bevorstehenden Endkampf in diesem schrecklichsten aller Kriege unversehrt zu überstehen.

Über die Straßen und die Autobahn rumpelten Pferdewagen, bepackt mit Hausrat, besetzt mit Frauen und Kindern, nach Dresden hinein. In den ausgedehnten Parks der Stadt, so im Großen Garten, und am Ufer der Elbe schlugen die Trecks ihr Lager auf.

Jeder der Eisenbahnzüge, die aus dem Osten kamen, war mit Flüchtlingen überfüllt. Ungezählte Flüchtlinge blieben gleich in den Räumen und in den unterirdischen Gewölben des Hauptbahnhofs. Sie warteten auf Züge, die sie aus der überfüllten Stadt herausbringen sollten.

Die meisten Schulen der Stadt waren geschlossen und in Notunterkünfte für Flüchtlinge verwandelt worden. Frauen und Kinder, Alte und Kranke schliefen auf Stroh und auf den Bänken.

Niemand hat die Flüchtlinge gezählt, die sich in den letzten Wochen des Januar 1945 in Dresden drängten: hunderttausend, vielleicht zweihunderttausend. Und es wurden bald noch mehr.

Franz Gehmann spannte in Lüben seine Pferde wieder an, obwohl seine Frau ihn drängte, noch zu bleiben. Die armselige Unterkunft in der Schule erschien ihr immer noch angenehmer als die Fortsetzung des Trecks mit den kleinen Kindern durch Schnee und Eiswind auf der Straße. Aber den Bauern trieb es weiter nach Westen; wenigstens ein paar Dutzend Kilometer mehr wollte er zwischen seine Familie und die Rote Armee bringen. So zogen die Gehmanns über schmale Straßen in der Stadt Bunzlau. Dort kamen sie am Abend des 25. Januar an. Wieder fanden sie Quartier in einer Schule.

Frau Maria Mächtig half an diesem Tage in Liegnitz ihrer Tante dabei, Kleidung und Gegenstände auszuwählen und zu packen, die bei einer Flucht unentbehrlich waren. Der Reichsrundfunk verbreitete an diesem 25. Januar die Nachricht, daß russische Truppen nördlich und südlich von Breslau auf die Oder vorgestoßen waren und die Wehrmacht in schweren Abwehrkämpfen stand.

Das für die Familie Gehmann, Frau Mächtig und Hunderttausende anderer schlesischer Flüchtlinge entscheidende Ereignis aber war ein Telefongespräch, das am Abend des 25. Januar an einem Ort geführt wurde, der weit mehr als tausend Kilometer von Schlesiens Grenzen entfernt liegt: in der englischen Hauptstadt London zwischen Großbritanniens Premierminister Winston Churchill und dem britischen Luftfahrtminister Sir Archibald Sinclair. Der Premier fragte seinen Minister, was das Strategische Bomberkommando der Royal Air Force zu tun gedenke, »um den Deutschen beim Rückzug aus Breslau das Fell zu gerben.« Churchill stand kurz vor der Abreise zur Konferenz von Jalta auf der Krim, wo er mit Josef Stalin und Franklin D. Roosevelt zusammentreffen sollte. Und offenbar wollte er dort etwas vorzeigen können, was den Erfolgen der Sowjets bei ihrer Offensive gegen das Reich gleichgestellt werden konnte.

Am nächsten Tag, dem 26. Januar, wurde Churchill deutlicher: Wieder wandte er sich an seinen Luftfahrtminister: »Ich habe gefragt, ob Berlin, und ohne Zweifel auch andere große Städte in

Ostdeutschland, jetzt nicht als besonders lohnende Ziele angesehen werden sollten.«

Und an diesem Tag auch schrieb Sir Charles Portal, Stabschef der Royal Air Force, an seinen Stellvertreter Sir Normann Bottomley, daß zwar nach wie vor deutsche Treibstoffwerke, Düsenjäger-Fabriken und U-Boot-Werften an der Spitze der Zielliste für die britischen Bomber stünden, daß jetzt aber auch »geeignete Anstrengungen für einen Großangriff auf Berlin und Angriffe auf Dresden, Leipzig, Chemnitz oder andere Städte unternommen werden sollten, wo ein solcher Angriff nicht nur die Evakuierung der Ostgebiete durcheinanderbringen, sondern auch die deutschen Truppenbewegungen aus dem Westen (an die Ostfront) behindern wird.«

Da stand nun der Name der Stadt, die für Hunderttausende von Flüchtlingen zum Inbegriff der Hoffnung und wenigstens zeitweiliger Geborgenheit geworden war, plötzlich in einem englischen Regierungspapier als Ziel für die mächtigste Waffe der Briten.

Am 27. Januar verfaßte Sir Norman Bottomley eine Anweisung an jenen Mann, der es wie kein anderer verstand, Städte in Ruinenlandschaften zu verwandeln: Sir Arthur Harris, Chef des Strategischen Bomberkommandos der Royal Air Force. Bottomley schrieb: »Sobald es Mond- und Wetterverhältnisse erlauben, werden Sie solche Angriffe unternehmen, mit dem besonderen Zweck, die Verwirrung zu vergrößern, die vermutlich in den erwähnten Städten (Berlin, Dresden, Leipzig und Chemnitz) während des erfolgreichen russischen Vordringens besteht.«

Die alliierten Bomberchefs, der Engländer Harris, genannt »Bomber-Harris«, und der Amerikaner Doolittle, gingen unverzüglich an die Vorbereitung des Angriffs. Ihre gemeinsame Planung: Dresden würde mit einem dreifachen Schlag angegriffen werden. Zwei dieser Angriffe sollten während der Nachtstunden von englischen Bombern geflogen werden, der dritte Angriff während des darauffolgenden Tages von Fliegenden Festungen der Amerikaner.

Die Technik des nächtlichen Doppelangriffs war von den Engländern bei vielen Einsätzen gegen die Städte des Reiches erprobt und immer weiter entwickelt worden. Der englische Historiker David

Irving schreibt in »Der Untergang Dresdens«: »Der Vorteil der Doppelschlagstrategie war, daß die deutschen Jagdgeschwader, die den ersten Angriff fälschlicherweise für den Hauptangriff hielten, gerade gelandet und mit dem Auftanken beschäftigt sein würden, wenn etwa drei Stunden später der zweite Bomberstrom die Reichsgrenzen überflog. Darüberhinaus ging man von der praktischen Überlegung aus, daß die Löschzüge und andere Luftschutzmannschaften mit den vom ersten Angriff hervorgerufenen Großbränden völlig in Anspruch genommen sein und dann vom zweiten Schlag überwältigt und überrascht werden würden ... Oberluftmarschall Harris und seine Taktiker hatten errechnet, daß der günstigste Zeitraum zwischen den Angriffen eines solchen Doppelschlags drei Stunden betrug. Wäre der Zwischenraum kürzer, hätten sich die Jagdgeschwader möglicherweise noch nicht richtig aufgelöst; die Brände hätten nicht genügend Zeit gehabt, sich in den Straßen festzufressen, und die Löschmannschaften würden durch den zweiten Angriff nicht überwältigt werden.«

Die Brände mußten Zeit haben, sich in den Straßen festzufressen – dies war der wichtigste Punkt im Angriffskonzept der Briten. Spreng- und Brandbomben würden nur den kleineren Teil der Zerstörung verursachen, aber sie würden eine furchtbare Gewalt entfesseln, der nichts widerstehen konnte: den Feuersturm. Der Feuersturm würde vernichten, was die Bomben nicht zerstört hatten.

Nach den schweren Luftangriffen der Briten auf Hamburg im Juli 1943, die mehr als 30 000 Menschen das Leben kosteten, hatten deutsche Wissenschaftler untersucht, wie ein Feuersturm zustande kommt: »Durch das Ineinanderfließen einer Zahl von Bränden wird die darüber befindliche Luft so stark erwärmt, daß sie infolge ihres verringerten spezifischen Gewichts einen gewaltigen Auftrieb erhält, der zu einem stärksten Sog umliegender Luftmengen in radikaler Richtung auf das Zentrum des Brandes führt. Durch diesen Feuersturm, insbesondere die gewaltige Sogwirkung, werden Luftbewegungen von einer Stärke ausgelöst, die gewaltiger sind als die in der Natur bekannten Windstärken. Wie in der Meteorologie ist auch bei Feuerstürmen die entstehende

Luftbewegung durch den Ausgleich von Temperaturdifferenzen zu erklären. Während diese in der Meteorologie im allgemeinen 20 bis 30 Grad Celsius betragen, handelt es sich bei Feuerstürmen um Temperaturdifferenzen von 600, 800 oder gar 1000 Grad Celsius. Aus diesem Umstande erklärt sich die ungeheure Gewalt der Feuerstürme, die mit bekannten und normalen meteorologischen Vorgängen nicht verglichen werden kann.«

Für die meisten der Flüchtlinge, die damals in Dresden Unterschlupf gefunden hatten oder sich auf dem Weg in die sächsische Hauptstadt befanden, war der Begriff »Feuersturm« ein Wort ohne Inhalt. Sie kannten allenfalls aus Erzählungen und Gerüchten die zerschmetternde Wucht der Luftangriffe alliierter Bomberverbände. Bis in den Osten des Reiches waren englische und amerikanische Flieger kaum vorgedrungen. Und so hatten die meisten der Bauern aus schlesischen Dörfern und der Frauen und Kinder aus schlesischen Kleinstädten nur selten den heulend-klagenden Ton einer Luftschutzsirene gehört.

Und selbst wenn sie sich gesorgt hätten, wären sie von Dresdner Einwohnern wahrscheinlich beruhigt worden: Die Tatsache, daß Dresden in den vielen Jahren des Krieges von schweren Luftangriffen verschont geblieben war, während die meisten anderen deutschen Großstädte in Trümmer sanken, hatte die Dresdner zu der Ansicht verführt, ihre Stadt werde von den Angloamerikanern bewußt ausgespart. In Dresden wurden vielerlei Gründe für die Ausnahmerolle der sächsischen Metropole genannt. Etwa: Russen, Briten und Amerikaner hätten sich darauf geeinigt, nach dem Sieg über Deutschland in der Stadt an der Elbe ihr Hauptquartier aufzuschlagen. Oder: In Dresden wohne eine nahe Verwandte von Winston Churchill, deren Leben der Briten-Premier nicht gefährden wolle. Oder auch: Dresden sei zur offenen Lazarettstadt erklärt worden. Und: Dresden sei eine der schönsten Städte Deutschlands und besonders reich an Kunstschätzen und historischen Bauwerken. Wenigstens sie aber sollte nach dem Willen der Engländer und Amerikaner im allgemeinen Untergang Deutschlands erhalten bleiben. So war Dresden in den Ruf gekommen, der »Luftschutzkeller« des Reiches zu sein.

Während die Dresdner ihrem Alltag nachgingen und sich die Stadt von Tag zu Tag mehr mit Flüchtlingen füllte, feilten die Offiziere im Stab von Oberluftmarschall Harris die Angriffspläne aus. Die 5. Bomberflotte der Royal Air Force würde den ersten Angriff fliegen. Die Besatzungen in ihren Maschinen hatten bei Angriffen auf deutsche Städte bewiesen, daß niemand ihnen in der Kunst gleichkam, einen Feuersturm zu entfesseln. Die Meteorologen im Stab der Royal Air Force hatten ausgerechnet, daß die Mondkonstellation einen Angriff auf Dresden vom 4. Februar an erlaube. Doch in den ersten Tagen des Februar war das Wetter über Deutschland ungewöhnlich schlecht. Tiefhängende, geschlossene riesige Wolkenfelder unterbanden jegliche Bodensicht.

Unter diesen Wolken zog gegen scharfen Westwind in der ersten Februarwoche auch die Familie Gehmann von Bunzlau aus weiter westwärts. Die Pferde hatten sich erholt; die Gesichter der Kinder und der Frau aber zeigten die Spuren der Strapazen; bleich und hohlwangig, die Augen des jüngsten Kindes glänzten im Fieber. Am 5. Februar überquerten die Gehmanns bei Görlitz die westliche Neiße – fünfzig Kilometer noch bis Dresden. In Görlitz beschloß Franz Gehmann, eine lange Pause einzulegen. Aber er fand nicht sofort eine Unterkunft für die ganze Familie. Frau Gehmann und das jüngste Kind konnten sich in einer Dachkammer bergen, Franz Gehmann und die größeren Kinder übernachteten auf dem Wagen. Es war kalt, und am nächsten Morgen fieberten auch die beiden größeren Kinder.

Der Bauer lief einen Tag lang durch Görlitz, um seiner Familie ein Quartier zu verschaffen. Am Abend fand er Platz in der Werkstatt eines Tischlermeisters. Sie konnte geheizt werden. Die Kinder schliefen in ihre Decken gehüllt auf Sägespänen, im Schlaf hörte Franz Gehmann die Pferde scharren, die er mit in die Werkstatt hereingenommen hatte. Hier könnten sie bleiben, hatte der alte Tischlermeister gesagt, bis der Krieg vorbei sei. Franz Gehmann hatte herzlich gedankt.

Frau Maria Mächtig verbrachte zusammen mit anderen Frauen die ersten Tage des Februar 1945 damit, den frierenden Menschen in den Trecks, die durch Liegnitz zogen, heiße Suppe und heißen

Kaffee einzuschenken. Im Osten hörte sie das Grummeln der Front, nachts zerriß der Widerschein von Mündungsfeuer die Schwärze des östlichen Horizonts. Frau Mächtig wäre längst weiter nach Westen gefahren, hätte die Tante sie nicht inständig gebeten, noch zu bleiben.

Aber dann kam der Tag, der die Flucht der Menschen von Liegnitz unaufschiebbar machte und auch den Bauern Gehmann in Görlitz aus der Geborgenheit seiner Notunterkunft aufschreckte: Die Deutschen hatten die Sowjets an der Oder nur für wenige Tage zum Stehen bringen können. Jetzt, am 8. Februar, setzten die Truppen der 1. Ukrainischen Front aus ihren Brückenköpfen auf dem westlichen Ufer des Stroms zum weiteren Stoß nach Westen an. Der ungestüme Angriff der Roten Armee löste in den schlesischen Kreisen westlich der Oder die zweite große Fluchtwelle des Winters aus. Und wieder war das Ziel der ungezählten Flüchtenden die sächsische Hauptstadt Dresden, mit Zwischenstationen oder auch direkt.

Frau Maria Mächtig stand am 8. Februar mit ihrer Tochter und ihrer Tante auf dem Bahnsteig von Liegnitz, zusammen mit Tausenden von anderen Frauen, Kindern und älteren Männern. Die drei zogen an diesem Tag ein Glückslos: Als der Zug hielt, befand sich eine der Wagentüren unmittelbar vor Frau Mächtig. Ihre Tante schirmte die Frau mit dem kleinen Kind für den Augenblick, den sie brauchte, um in den Wagen zu kommen, nach hinten gegen die drängende, tretende, schreiende Menge ab. Dann verbarrikadierten sie sich mit ihrem Gepäck im Wagen, sahen mit Entsetzen, wie der Zug sich mit jammernden und fluchenden Menschen füllte, bis kein Platz mehr war, und atmeten auf, als die Lok endlich anzog. An den Fenstern glitt die schneebedeckte schlesische Landschaft vorbei. Der Zug fuhr durch Bahnhöfe, aber er hielt nicht an. Niemand hätte mehr einsteigen können, und niemand wollte aussteigen. Der Zug überquerte die Neiße und stoppte in Görlitz. Es war seine Endstation. Frau Mächtig, ihre Tochter und ihre Tante schliefen in der Nacht im Raum eines Pfarrhauses zwischen Dutzenden von anderen Frauen und Kindern. Sie waren dankbar, der Pfarrer hatte für alle Essen besorgt und bei den Mitgliedern seiner Gemeinde einen Haufen alter Matratzen und Decken zusammengebettelt.

Am Morgen des 10. Februar hörte Franz Gehmann in Görlitz von dem Tischlermeister, daß die Rote Armee auf dem Westufer der Oder vormarschierte. Franz Gehmann antwortete: »Ja, dann müssen wir wohl!« ging in die Werkstatt und sagte seiner Frau, sie solle die Kinder ankleiden. Sie blickte ihn wortlos an, und er sagte, wenn sie schon so weit gezogen seien, könnten sie auch weiterfahren. Die ganze Flucht sei sinnlos, wenn sie schließlich doch in die Hände der Russen fielen. Seine Frau nickte, und am Mittag dieses Tages polterte der Wagen des Bauern über die Straße, die von Görlitz nach Bautzen führte. Es war immer noch kalt, und der Bauer machte sich Sorgen um seine Frau, deren Kräfte nachließen, und um seine fiebernden Kinder. Deshalb beschloß er, in Bautzen zwei Tage lang zu bleiben. Sie schliefen in einer Turnhalle, deren glaslose Fenster notdürftig mit Pappe abgedeckt worden waren. Sie froren viel, und ihre Lebensmittelvorräte gingen zur Neige.

Am Abend des 12. Februar, es war Rosenmontag, und ein paar Kinder in Bautzen hatten sich Pappnasen aufgesetzt, sagte der Bauer Gehmann zu seiner Frau, am Morgen wollten sie weiterfahren nach Dresden. Dort könnten sie auf das westliche Ufer der Elbe gelangen, und dort wären sie wohl endgültig in Sicherheit vor den Russen.

An diesem Abend entschlossen sich auch Frau Mächtig und ihre Tante, am nächsten Tag nach Dresden weiterzufahren. Der Ansturm der Flüchtlinge auf die Züge, so glaubten sie, mußte ja inzwischen schwächer geworden sein, so daß die Umstände nicht so strapaziös sein würden wie bei der Fahrt von Liegnitz nach Görlitz.

Es dämmerte, als Franz Gehmann am Morgen des 13. Februar in Bautzen seine Pferde anschirrte, und Frau Mächtig in Görlitz in der Kirche des Pfarrhauses half, den dünnen Morgenkaffee, Brot und Sirup an die Flüchtlinge zu verteilen.

Auf der englischen Insel stellten die Meteorologen der Royal Air Force an diesem Morgen fest, daß die Wetterlage sich verändert hatte: Die bis dahin geschlossene Wolkendecke hatte sich aufgelockert, es stand zu erwarten, daß der Himmel über Dresden in der Nacht vom 13. auf den 14. Februar aufklaren würde.

Am Mittag dieses Tages lenkte Franz Gehmann sein Fuhrwerk auf die Autobahn, die nach Dresden hineinführte. Vor und hinter ihm rollten, soweit sein Auge reichte, Fluchtfahrzeuge, und er fragte sich, ob seine Entscheidung richtig gewesen war. Wenn alle diese Flüchtlinge in Dresden Station machten, würde es schwer sein, in der Stadt ein Quartier zu finden.

An diesem Mittag erteilte Sir Arthur Harris dem Strategischen Bomberkommando den Befehl, an diesem Abend Dresden zu bombardieren. Der Zeitpunkt für den ersten Angriff wurde auf 22.15 Uhr festgelegt, der Zeitpunkt für den 2. Angriff auf 1.30 Uhr. Die Bomberbesatzungen wurden von ihren Offizieren informiert, danach gingen viele in ihre Betten, um zu ruhen, viele saßen in den Messen zusammen, um die persönlichen Aspekte des Einsatzes mit Kameraden zu bereden: Die ungewöhnlich lange Flugzeit von zehn Stunden für Hin- und Rückflug, die deutsche Luftabwehr. Wußten sie von den Flüchtlingen in der Stadt? Den Frauen und Kindern? An diesem 13. Februar druckten die Alliierten ein Flugblatt, das den Titel »Nachrichten für die Truppe« trug und zum Abwurf über Deutschland bestimmt war. Auf dem Flugblatt hieß es unter anderem: »Alle Schulen in Dresden und Umgebung sind geschlossen, um Unterkünfte zu schaffen für das neue Flüchtlingsheer, das jetzt von der Partei im Ostteil des Gaus Sachsen auf die Landstraßen gejagt wird.«

Um 15.00 Uhr sah der Bauer Franz Gehmann die Silhouette der Stadt Dresden aus dem Grau des Wintertages aufsteigen. Ein plötzlicher Sonnenstrahl ließ eine Kirchturmspitze aufblinken. Franz Gehmann holte seine Frau nach vorn auf den Kutschbock: »Da, Dresden, bald sind wir da.« »Ja«, sagte seine Frau, aber sie gab sein Lächeln nicht zurück.

Gegen 15 Uhr ging Frau Mächtig mit ihrer Tochter und ihrer Tante zum Bahnhof von Görlitz. Feiner Schnee fiel vom Himmel. Auf dem Bahnhof standen viele Menschen, aber kein Zug war da. »Unbestimmte Verspätung«, sagte der Beamte.

Gegen 17 Uhr lenkte Franz Gehmann sein Gefährt von der Autobahn herunter und über die Straßen der östlichen Vororte von Dresden. Polizisten, und Feldgendarmen standen an den Kreuzungen und schrien: »Weiter, weiter!« Franz Gehmann fügte sich in den Strom von Wagen ein, der sich in die Innenstadt wälzte.

Um 17 Uhr standen Frau Mächtig, ihre Tochter Gisela und ihre Tante immer noch auf dem Bahnhof von Görlitz. Ein Zug nach Dresden war bereits abgefahren, aber er war so überfüllt gewesen, daß es den drei Frauen aussichtslos erschienen war, auch nur zu versuchen, in einen der Wagen zu gelangen.

Kurz nach 17 Uhr an diesem Dienstag ließen fern von Dresden die Piloten von 243 britischen Lancaster-Bombern die Motoren ihrer Flugzeuge an. Wenig später bogen sie auf die Startbahnen ein, rollten schneller und hoben ab. Um 18 Uhr hatten sie ihre Positionen eingenommen, die sie bis zum Angriff auf Dresden innerhalb des Bomberstroms beibehalten sollten. Gegen 19 Uhr überflog die 5. Bomberflotte Ostfrankreich und schwenkte dann auf Ostkurs ein. Die Familie Gehmann war zu diesem Zeitpunkt in das Zentrum von Dresden gelangt. Der Bauer hatte einen Funktionär der Nationalsozialistischen Volkswohlfahrt nach einem Quartier gefragt, aber der hatte nur den Kopf geschüttelt und gesagt: »Am besten, Sie fahren zum Großen Garten.« Der Bauer hatte seine müden Pferde noch einmal angetrieben und sein Fuhrwerk zum Großen Garten gelenkt. Da standen schon viele Treckwagen – aus Schlesien zumeist, aber auch Fahrzeuge, die den weiten Weg von Ostpreußen hierhergerollt waren.

Der Bauer Gehmann schirrte seine Pferde aus, band sie am Wagen fest und hing ihnen die Hafersäcke um. Seine Frau hatte den Kindern auf dem Wagen das Lager für die Nacht bereitet. »Morgen fahren wir über die Elbe«, sagte der Bauer, und die Kinder nickten müde. Franz Gehmann dachte, daß sie nicht wissen konnten, was es bedeutete, die Oder überquert zu haben und jetzt am Ufer der Elbe zu stehen. Er beschloß, an diesem Abend früh einzuschlafen.

Gegen 20 Uhr an diesem 13. Februar schwenkten die Lancaster der 5. englischen Bomberflotte auf einen Nordost-Kurs ein, der die deutsche Abwehr glauben machen sollte, der Angriff gelte dem Ruhrgebiet. Wenig später überflog der Bomberstrom die Grenzen des Deutschen Reiches. Ungefähr zu diesem Zeitpunkt zwängte sich Frau Maria Mächtig, ihre Tochter und ihre Tante in einen Personenzug, der wenig später abfuhr und mit langsamem Tempo in Richtung Dresden zockelte, öfter für einige Minuten stehen blieb, einmal auch für längere Zeit: Die Eisenbahnstrecken von Osten nach Dresden waren von Flüchtlingszügen überaus stark beansprucht, Fahrpläne konnten nicht mehr eingehalten werden.

Gegen 21 Uhr fuhr der Zug, in dem Frau Mächtig saß, in den verdunkelten Bahnhof von Bautzen ein – eine Viertelstunde später ruckte er wieder an. In der Dunkelheit des Waggons hörte Frau Mächtig manchmal das Stöhnen eines Kranken, das Wimmern eines Kindes, ihre Tochter Gisela war auf ihrem Arm eingeschlafen. In spätestens einer Stunde würden sie es geschafft haben, dachte Frau Mächtig. Sie freute sich auf eine Nacht in einem warmen Bett, auf eine Nacht ohne die Geräusche vieler Menschen, ihre Schreie im Schlaf, wie sie es im Görlitzer Pfarrhaus erlebt hatte. Der Zug fuhr weiter durch die Nacht.

Die 5. Bomberflotte, die in mehr als 6000 Meter Höhe durch den Nachthimmel über Deutschland zog, hatte ihren Ostkurs verlassen und war auf eine Südostrichtung eingedreht. Ihre Spitze zeigte auf Dresden, die Uhr am Dresdner Hauptbahnhof zeigte 21.39 Uhr. Die Familie Gehmann wurde durch das durchdringende Geheul der Luftschutzsirenen von Dresden aufgeweckt. Der Bauer zündete ein Streichholz an, und er erblickte im flackernden Licht das von Angst gezeichnete Gesicht seiner Frau. Der Bauer sagte ein paar beruhigende Worte und suchte im Dunkeln nach ihrer Hand.

Der Zug aus Görlitz hatte vor einem Haltesignal gestanden, und kurz vor zehn fuhr er in den Dresdner Hauptbahnhof ein, stoppte für wenige Sekunden, und fuhr dann aus dem Bahnhof heraus. Er hielt auf freier Strecke irgendwo in Dresden. Im gespenstischen Licht verdunkelter Lampen hatte Frau Mächtig im Bahnhof eine riesige Menschenmenge gesehen. Es mußten allein auf diesem Bahnsteig, an dem ihr Zug vorüberzog, viele Hundert, wenn nicht Tausend sein.

Der Bauer Gehmann war von seinem Wagen gesprungen und horchte in die Nacht auf das brummende und surrende Geräusch von Flugzeugmotoren, das sich rasch näherte. Dann war plötzlich Licht am Himmel von Dresden – grüne und weiße Leuchtbomben, die langsam zur Erde schwebten. Kampfflugzeuge markierten das Ziel für die schweren Bomber, die ihnen folgten. Die Dresdner und die Flüchtlinge schauten furchtsam in das Feuerwerk, das die Nacht über der alten Stadt am Strom erleuchtete. Dann huschten Mosquito-Maschinen im Tiefflug heran und setzten rote Leuchtbomben. Sie fielen präzis in den Punkt, von dem aus die Lancaster den Angriff auf die Stadt beginnen sollten: Das Fußball-Stadion des Dresdner Sportclubs im Ostra-Gehege.

Franz Gehmann rief seiner Frau zu, ihm Decken und Kissen vom Wagen herunterzugeben und ihm die Kinder zu reichen. Frierend und verständnislos standen die Kleinen in der Dunkelheit vor den Rädern. Franz Gehmann breitete die Decken unter dem Wagen aus und bettete die Kleinen darauf. Dann warteten sie. Der dunkle Himmel über ihnen war jetzt erfüllt von brausendem Gedröhn. Aber kein Scheinwerfer durchbrach die Nacht, kein Flakgeschütz feuerte. Dresden war wehrlos. Frau Gehmann betete laut: »Gegrüßest seist du, Maria, Mutter Gottes.« Der Bauer wollte ihr sagen, daß sie die Kinder ängstige, aber dann betete er mit.

In tausend Metern Höhe über Dresden kreiste die Führungsmaschine des Offiziers, der den Angriff leitete, der sogenannte Masterbomber. Er wartete, bis der Bomberstrom heran war und gab dann über Sprechfunk den Angriffsbefehl: »Beginnen Sie mit dem Angriff und bombardieren Sie das rote Licht der Zielmarkierer nach Plan. Bombardieren Sie das Licht der roten Zielmarkierer nach Plan.«

Um 22.13 Uhr drückten die ersten Bombenschützen in den anfliegenden Maschinen auf die Auslöseknöpfe. Überschwere Bomben mit einem Gewicht von 4000 und 8000 Pfund rauschten durch die Nacht und explodierten in Dresdens Altstadt. Um 22.15 Uhr verbreitete die örtliche Luftschutzleitung von Dresden ihre letzte Meldung für diese Nacht: »Achtung! Achtung! Bombenabwürfe über dem Stadtgebiet. Volksgenossen, haltet Sand und Wasser bereit.« Doch gegen den Tod aus der Luft gab es in diesen Stunden keine Gegenwehr. Die Wucht der Bombenexplosionen fegte

Dächer fort, drückte Fenster und Türen ein, zerriß die Lungen der Menschen noch in den Kellern. Vom Zielpunkt Fußballstadion aus verteilten die 243 Bomber ihre Last fächerförmig über die Stadt. Die schweren Sprengbomben hatten den Brandbomben den Weg bereitet, die jetzt zu vielen Hunderttausenden auf die Stadt herabregneten. Sie entfachten in den Häusern und den Straßen viele tausend Brände. Dann fielen wieder Sprengbomben. Ihre Druckwellen fachten das überall brennende Feuer an, und der Lärm unaufhörlicher Explosionen hielt die Menschen in den Kellern fest. Die Brandherde, die unmittelbar nach dem Einschlag der Brandbomben vielleicht hätten gelöscht werden können, fraßen sich ungehindert weiter.

Als die ersten Bomben fielen, hatte Franz Gehmann seine Kinder und seine Frau in die Kissen gedrückt und sich schützend über sie gelegt. Todesangst griff nach ihm, als die Einschläge der Bomben näherkrochen, immer näher. Aber den Großen Garten erreichten sie nicht. Fünfzehn Minuten nach dem Beginn des Angriffs hörte das Bombardement plötzlich auf. Die Lancaster der 5. Bomberflotte hatten ihre Last abgeladen, sie gingen auf Südwest-Kurs und flogen über Frankreich zurück nach Hause.

Frau Mächtig hatte vom Fenster des Zuges aus die Blitze der Explosionen und dann die Flammen gesehen, die aus Dresdens Dächern züngelten. Sie hatte ihr Kind genommen und ihrer Tante zugeschrien: »Raus hier, bloß raus hier!« Aber die Tante hatte den Kopf geschüttelt. Da hatte Frau Mächtig ihre Furcht bekämpft und sich zur Tür durchgedrängt, war aus dem Zug gesprungen, und hatte sich mit ihrem Kind zusammen an die Böschung des Bahndamms gepreßt. Dann war der Angriffslärm abgeklungen. Frau Mächtig erhob sich und musterte die Umgebung. Neben dem Bahndamm erstreckte sich ein Stück unbebautes Gebiet. Im Norden, über der Altstadt von Dresden, stachen Flammen in den Himmel. Die Innenstadt von Dresden brannte lichterloh. Frau Mächtig entschloß sich, nicht wieder in den Zug zurückzuklettern, der entweder nach Osten zurückkehren würde, woher er gekommen war, oder aber in den Bahnhof fahren würde, vielleicht mitten in das Flammenmeer. Der Hauptbahnhof von Dresden war bei diesem Angriff nicht getroffen worden, der Lokführer des Zuges, in dem Frau Mächtig gesessen hatte, erhielt – wie die Lokführer anderer Züge, die bei Beginn des Angriffs aus dem Bahnhof herausgefahren waren, Befehl, den Zug in den Bahnhof zurückzubringen.

Durch die Straßen und Gassen der sächsischen Hauptstadt aber fauchte schon der Feuersturm. Meterlange Stichflammen schossen aus den Häusern auf die Straße. Der Asphalt geriet in Brand. Feuerwehrautos verglühten auf dem Pflaster. Ihre Mannschaften wälzten sich, in Flammen gehüllt, auf der Erde und verbrannten. Menschen in Häusern waren von Feuerwänden eingeschlossen, und binnen kurzer Zeit kroch unerträgliche Hitze auch in die Keller und tötete die Menschen, die dort Schutz gesucht hatten.

Hans Rumpf, damals Generalinspekteur der deutschen Feuerschutzpolizei, schrieb: »Die Feuerlöschkräfte, obwohl über tausend Mann stark und bestens ausgerüstet und geführt, waren einem solchen Wüten gegenüber von vornherein machtlos. Die Unterstützungskräfte aller Nachbarstädte kämpften sich auf vereisten Straßen durch die Nacht heran. Die Bilder, die sich ihnen boten, erfüllten selbst die in der äußeren und inneren Not von hundert Brandnächten hart gewordenen Männer dieser Einheiten mit Entsetzen und Grauen. Die unter dem Bombenhagel und den Zerstörungsbränden zusammenbrechenden Straßenzüge versperrten die Fluchtwege ins Freie und überantworteten viele Tausende dem Feuertod. Es erhob sich ein rasender Feuersturm, dessen übernatürlicher Sog viele Flüchtende widerstandslos in die Flammen riß.«

Der Bauer Franz Gehmann sah Dresden brennen, aber unter den Bäumen des Großen Gartens fürchtete er die Flammen nicht. Er schickte seine Frau und seine Kinder wieder in den Wagen zurück.

Frau Maria Mächtig kletterte die Böschung des Bahndamms hinunter, ihre Tochter an sich gedrückt, und lief durch die Straßen, viele hundert Meter vom Rand des Flammenmeeres entfernt. Eine Frau, die aus einem der Häuser auf die Straße trat, sah die junge, verwirrte Frau mit dem kleinen Mädchen auf dem Arm und zog sie in den Hauseingang, betrachtete sie voller Mitleid und nahm sie dann mit in ihre Wohnung: »Schlafen Sie sich erst mal aus«, sagte sie, als sie fürsorglich eine Decke über Frau Mächtig und ihre Tochter breitete.

Während die Flammen in Dresden höher emporschlugen und Menschen in Hitze und Rauch zugrunde gingen, röhrte Englands Strategisches Bomberkommando zum zweiten Schlag gegen Dresden heran: 529 viermotorige Bomber der 1., 3., 6. und 8. Bomberflotte der Royal Air Force, mehr als doppelt so viele wie drei Stunden zuvor. Sie näherten sich der Stadt von Südwesten. Ihr Orientierungspunkt in der dunklen Winternacht über Deutschland war die Brandfackel, die aus der geschlagenen Stadt in den Himmel lohte. Sie war auf achtzig Kilometer Entfernung sichtbar.

Keine Sirene warnte die Dresdner und die Flüchtlinge vor dem zweiten Angriff: Alle Geräte in der Innenstadt waren beim ersten Schlag ausgefallen. Der Bauer Franz Gehmann schreckte aus dem Halbschlaf hoch, als die ersten Detonationen Erde und Luft erschütterten. Seine Frau riß die Kinder aus den Decken, und wieder schmiegten sie sich unter dem Wagen an die Erde.

Frau Mächtig rannte, ihr Kind auf dem Arm, hinter der Frau, die ihr Quartier geboten hatte, in den Keller des Hauses. Sie kauerte sich an einen der Stempel, die die Kellerdecke abstützen sollten, und dann war der Einschlag der Bomben da, diesmal ganz nahe. Es war 1.37 Uhr am 14. Februar, und um 1.30 Uhr hatte der Masterbomber Angriffsbefehl gegeben. Die Bombenschützen in den viermotorigen Maschinen zielten auf die dunklen Stellen im Flammenmeer, das sich unter ihnen ausbreitete. Sie zielten auf die unversehrten Stadtteile, auf den Bahnhof, in dem Tausende von Flüchtlingen drängten, und sie zielten auf den Großen Garten, in dem die Trecks Halt gemacht hatten.

Franz Gehmann hörte den Aufschlag der Bomben zwischen den Bäumen, das Geräusch berstenden Holzes, die Angstrufe der Flüchtlinge, dann die spitzen, gequälten Schreie der Verwundeten, das Röcheln von Sterbenden, das bösartige Zischen der Brandbomben, die überall zwischen den Wagen und im Gras aufschlugen und den Park in gespenstisches, flackerndes Licht tauchten. Und dann fühlte er eine jähe Bewegung an seiner Seite, im Licht der Bomben sah er, schon einige Meter entfernt, seine Frau kriechen, ihr jüngstes Kind mit der rechten Hand über den Boden schleifend, dann richtete sie sich auf und rannte von Panik gehetzt davon. Franz Gehmann wollte ihr nachspringen, sah den Blitz der Sprengbombe, hörte das Krachen und sah, wie seine Frau und sein Kind von der Wucht der Explosion durch die Luft geschleudert wurden. Er rannte über das Gras, aber er fand sie nicht. Das Licht der Brandbomben zwischen den Bäumen und Wagen reichte nicht aus.

Auf den Hauptbahnhof von Dresden regneten Hunderte von Brandbomben herab. In wenigen Augenblicken brannte das Gelände, brannte das Gepäck der Flüchtlinge. Durch die Schutzkeller unter dem Bahnhof wehten giftige Gase. In der Straße, in die sich Frau Mächtig geflüchtet hatte, brannten die Häuser eine Viertelstunde nach dem Beginn des zweiten Schlages vom zweiten Stockwerk an aufwärts. Und das Feuer fraß sich nach unten durch. Nur: Die Menschen in den Kellern wußten es noch nicht. Die Detonationen der Sprengbomben, die Erschütterungen, der unaufhörliche Krach nahm ihnen den Mut, nachzuschauen, wie es oben stand.

Um 1.55 Uhr, nach fünfundzwanzig Minuten, hatte die Royal Air Force ihren zweiten Angriff auf Dresden beendet. Der Pilot des britischen Bombers, der als letzter das Ziel angriff, berichtete: »Nach meiner Schätzung umfaßte das Feuermeer eine Fläche von etwa hundert Quadratkilometern. Die von diesem Feuerofen heraufsteigende Hitze war bis in meine Kanzel zu spüren. Der Himmel hatte sich leuchtend rot und weiß gefärbt, und das Licht in der Maschine glich dem eines gespenstisch anmutenden Sonnenuntergangs im Herbst.«

Der zweite Angriff hatte einen zweiten Feuersturm entfacht, beide Feuerstürme vereinigten sich miteinander, Dresden war vernichtet, die Menschen verloren.

In dem Keller, in dem Maria Mächtig Schutz gesucht hatte, spürten die Menschen, daß die Hitze rasch stieg. Sie zogen Mäntel und Jacken aus. Das Gesicht der dreijährigen Gisela war rot angelaufen, das Kind atmete schwer. Die Menschen drängten nach oben – und prallten zurück. Das Erdgeschoß des Hauses stand in Flammen, die Häuser auf der anderen Straßenseite brannten und auch die Häuser nebenan. Dichter Rauch wirbelte durch die Straße. Aber nicht weit vom Hauseingang entfernt weitete sich die Straße zu einem baumbestandenen Platz. Bis dahin, so wußten Frau Mächtig und die anderen, mußten sie es schaffen, wenn sie nicht den Tod durch Feuer oder durch Erstickung erleiden wollten. Dann rannten sie los, über den Asphalt, der schon an den Schuhen klebte, durch den Funkenregen, durch die Flammen, die aus den Fenstern und Türen herausleckten, stolperten über brennende Balken, die quer über die Straße lagen, durch glühenden Schutt.

Frau Mächtig war am Ende der Straße, wenige Meter vor ihrer Erweiterung zum Platz, angelangt, keuchend, erschöpft, nahe dem Ende eines schrecklichen Wettlaufs, da geschah es: Die Giebelwand des Eckhauses stürzte krachend in sich zusammen, schleuderte berstend Gestein über die Straße, Ziegel fielen herab und rissen Frau Mächtig das Kind aus dem Arm. Sie strauchelte, stürzte, fiel über ihre Tochter, riß sie hoch und jagte im Schein des Feuers weiter, sah das plötzlich bleiche Gesicht des Kindes, die tiefe Wunde am Kopf und wußte, daß ihre Tochter tot war. Sie trug die kleine Leiche weiter durch die brennende Stadt. Sie wollte sie nicht dem Feuer überlassen, das in ihrem Rücken brannte.

In der fahlen Dämmerung des Februar-Morgens nach den Angriffen stand Frau Mächtig unter den Bäumen des Großen Gartens. Sie wanderte ziellos und geistesabwesend dahin, voll Trauer um ihr Kind. Dann begann sie mit den Händen eine Mulde in die Erde zu scharren, um da hinein ihr Kind zu betten. Weinen von Kindern drang in ihr Bewußtsein, und sie drehte sich um. Sie sah einen Mann und zwei kleine Kinder vor den Leichen einer Frau und eines Babys stehen. Es war Franz Gehmann. Der Bauer hatte seine Toten gefunden und schaufelte ihnen nun im Großen Garten von Dresden ein flaches Grab. In dieses Grab bettete er auch die Tochter von Frau Mächtig. Dann spannte er die Pferde an, die heil davongekommen waren, sprach an dem flachen Hügel ein Gebet und ging davon. Der Wagen rollte an. Frau Mächtig ging hinterher, ohne recht zu überlegen. Der fremde Mann hatte ihren Schmerz geteilt, sie fühlte sich getröstet und auf seltsame Weise mit ihm verbunden. Dann forderte Franz Gehmann sie auf, sich auf den Wagen zu setzen. Sein Ziel war das westliche Ufer der Elbe.

In der Stadt wütete noch das Feuer, Soldaten begannen in Parks, Straßen und Kellern mit der Bergung der Toten der Nacht. Unterdessen wurden auf britischen Flugplätzen Fliegende Festungen der 8. Amerikanischen Luftflotte mit Bomben beladen. Ihr Ziel: Dresden. Ihr Auftrag: der Stadt den letzten, den absolut tödlichen Schlag zu versetzen. 311 schwere US-Bomber bombardierten zur Mittagsstunde des 14. Februar 13 Minuten lang die Stadt. Amerikanische Jäger fegten im Tiefflug die Ufer der Elbe entlang und schossen mit Bordkanonen auf Fahrzeuge und Menschen – auf Flüchtlinge. Die überlebenden Mitglieder der Familie Gehmann hörten das Dröhnen der Motoren und das Krachen der Bomben, aber sie stiegen nicht einmal vom Wagen herunter. Nichts konnte dem Schrecken mehr gleichkommen oder gar übertreffen, den sie in der Nacht erlebt hatten.

Engländer und Amerikaner warfen in diesen drei Angriffen innerhalb von vierzehn Stunden rund 1500 Tonnen Sprengbomben und 650 000 Stück Brandbomben auf Dresden herab. Die Stadt war vernichtet. Niemand weiß genau, wie viele Menschen in diesen Bombenstunden von Dresden ums Leben kamen. Es waren mindestens 40 000, wahrscheinlich aber viel mehr – von Bomben erschlagen, im Feuer getötet, an Brandgasen erstickt. Der Dresdner Luftschutzingenieur Georg Feydt, berichtete: »Durch die (unter den Dresdener Häusern angelegten) teilweise ansteigenden Fluchtkanäle entsteht eine schornsteinähnliche oder fuchskanalähnliche Wirkung, welche Hitze und Rauchgas in bestimmter Richtung in Bewegung setzt. Auf diese Weise sind in Dresden weit über hundert Schutzraumbelegschaften in völlig unzerstörten Schutzräumen durch Heißluft, welche aus derartigen Rettungswegen von Brandherden in tieferliegenden Wohnblocks eindrang, gedämpft und geröstet worden.«

Niemand weiß, wie viele der Opfer Flüchtlinge waren, zum Beispiel unter den Toten in einem Tunnel am Hauptbahnhof. Dort verbrannten einhundert Menschen, und fünfhundert erstickten im Rauch.

Die schlesische Flüchtlingsfrau Hanne Kessler sah vor dem Hauptbahnhof tote Kinder, die aus dem Gebäude herausgetragen und zu Leichenhügeln geschichtet wurden: »Immer mehr Kinderleichen türmten sich auf. Man deckte sie mit einer Decke zu, die ich mir dann aber für meine lebenden Kinder nahm, die schrecklich froren.«

Der Leiter der Vermißten-Nachweis-Zentrale in Dresden, Hans Voigt, berichtete: »Nie habe ich geglaubt, daß der Tod in so verschiedener Form an den Menschen herantreten kann. Nie habe ich für möglich gehalten, daß Tote in so vielen Gestalten den Gräbern übergeben werden könnten: Verbrannte, Verkohlte, Zerstückelte, Teile von ihnen, als unkenntliche Masse, scheinbar friedlich schlafend, schmerzverzerrt, völlig verkrampft, bekleidet, nackt, in Lumpen gehüllt und als ein kümmerliches Häufchen Asche. Darunter Reste verkohlter Knochen. Und über allem der beißende Rauch und der unerträgliche Verwesungsgeruch.«

Ein Schüler aus Dresden schrieb seiner Mutter nach dem Angriff in einem Brief: »Ich werde nie den Anblick der Überreste einer Mutter mit ihrem Kind vergessen. Sie waren zusammengeschrumpft und zu einem einzigen Stück verkohlt und steckten fest in dem Asphalt. Das Kind muß unter der Mutter gelegen haben, denn man konnte noch deutlich den Körper erkennen, der von den Armen der Mutter umklammert wurde.«

War es eine Flüchtlingsfrau, die auf offener Straße von der Gewalt des Vernichtungsangriffs getroffen wurde und sich über ihr Kind geworfen hatte, um es vor dem Feuer zu schützen? Die höllische Glut hatte viele der Opfer von Dresden unkenntlich gemacht. Die Identifizierungstrupps zogen Leichen die Eheringe ab, um mit Hilfe der eingravierten Initialen und Daten vielleicht doch noch die Namen herauszufinden. Die goldenen Eheringe der Toten von Dresden füllten sieben Wassereimer.

Am 2o. Februar verließen der Bauer Franz Gehmann, seine zwei

Kinder und Frau Maria Mächtig zusammen die Stadt des Todes. Sie zogen weiter nach Westen, der Bauer auf dem Bock, die Frau, die ihr Kind verloren hatte, erzählte den mutterlosen Kindern im Wagen Märchen. Als der Wagen den nächsten größeren Fluß überquerte, die Saale bei Halle, konnte Frau Mächtig schon die Pferde lenken.

XI.

Verschleppung

Frauen zwischen Eismeer und Schwarzmeer

Es war Abend in dem kleinen oberschlesischen Dorf in der Nähe der Stadt Beuthen. Auf der Dorfstraße stand ein Lastwagen der Roten Armee, ohne Verdeck. Hinter dem Wagen eine größere Zahl von Frauen, umringt von Rotarmisten. Die Frauen kletterten auf den Wagen. Sie weinten und blickten sich immer wieder um. In der Nähe des Fahrzeugs stand eine Schar von Kindern, größere, kleine und ganz kleine. Sie hielten sich an der Hand.

Die Rotarmisten trieben die Frauen zur Eile an. Schließlich standen sie dichtgedrängt auf der Ladefläche. Eine der Frauen stimmte ein Lied an, ein Heimatlied über das schöne Schlesien. Mit zitternden Stimmen fielen die anderen ein. Dann sangen die Frauen ein Abschiedslied. Die Kinder versuchten, sich dem Wagen zu nähern. Rotarmisten drängten sie mit quergehaltenen Waffen zurück. Da streckten die Kinder über die Waffen hinweg flehend die Hände aus und klagten: »Mutti! Mutti, bleib doch hier!« Der Gesang der Frauen und Mütter auf dem Lastwagen ging in ein haltloses Schluchzen über. Der Wagen fuhr an und davon, nach Osten.

Die Pfarrersfrau Rosemarie Braunschweig aus Butzig im westpreußischen Kreis Neustadt berichtete der Wissenschaftlichen Kommission der Bundesregierung über den Tag, an dem sie verhaftet und von Rotarmisten mit rund 800 Männern und Frauen aus der Stadt getrieben wurde: »Meine Kinder standen weinend am Straßenrand zusammen mit anderen Kindern, deren Mütter auch gefangen waren. Die Russen schlugen auf die Frauen, die zu ihren Kindern wollten, mit Gewehrkolben ein. Die Frauen und Mädchen waren in hoffnungsloser Verzweiflung – der Gedanke an die zurückgebliebenen Kinder, die wir vielleicht nie wieder sehen würden. Und die Russen riefen uns schadenfroh angesichts unserer Tränen zu: ›Nach Sibirien! Nach Sibirien!‹«

Frau L. T. aus Erlenbruch im ostpreußischen Tilsit: »Die Frauen und Mädchen wurden von den Russen wahllos herausgesucht. Die Kinder blieben stehen. Die Mütter wurden mitgenommen.«

Und Frau H. D. aus dem ostpreußischen Kreis Lötzen berichtete: »Die russischen Posten schlugen rücksichtslos mit den Kolben dazwischen, wenn sich Eheleute oder Verwandte voneinander verabschieden wollten. Vor meinen Augen sehe ich noch das Bild, wie meine Schwester weinte, als sie den Platz verließ, an dem wir zusammengetrieben worden waren. Sie hatte sich trotz verschiedener Versuche nicht von ihrem Mann verabschieden dürfen, und sie sollte ihn nie wiedersehen.«

Es war die Zeit der großen Menschenjagd im deutschen Osten. Sie hatte unmittelbar nach der großen Offensive der Sowjetarmee gegen das Reich eingesetzt und sie hielt viele Wochen an. Überall in Ostpreußen und Westpreußen, in Pommern, Schlesien und Ostbrandenburg setzten russische Truppen deutsche Männer und deutsche Frauen fest und transportierten sie wenig später zur Zwangsarbeit in die Weiten Rußlands. Dabei bemaßen sie die Arbeitsfähigkeit meist nach dem Alter und nur danach: Schon 14jährige Jungen und 15jährige Mädchen wurden verschleppt, ebenso wie Schwerkranke, Schwerverwundete und manchmal auch Verkrüppelte.

Die Wissenschaftliche Kommission der Bundesrepublik schreibt: »Im Gegensatz zu den Erschießungen oder sonstigen Gewalttaten und Exzessen, die zu einem beträchtlichen Teil Willkürhandlungen einzelner sowjetischer Soldaten und Offiziere waren, handelt es sich bei der Zwangsdeportation ostdeutscher Zivilpersonen um eine systematisch betriebene Aktion, die von der obersten sowjetischen Führung geplant und in allen sowjetischen Armeebereichen jenseits von Oder und Neiße in gleicher Weise gehandhabt wurde. Die zentrale Leitung und Planung dieser Aktion durch die sowjetische Führung ist daran erkennbar, daß schon seit Dezember 1944 auch in Rumänien, Ungarn und Jugoslawien viele Tausend von Volksdeutschen zusammengetrieben und nach Rußland, meist in das Industriegebiet am Donez und Don, in den Ural oder nach dem Kaukasus deportiert worden waren.«

Rußlands Diktator Josef Stalin hatte sich für die Verschleppung von Deutschen sogar die Zustimmung seiner Alliierten besorgt: Auf der Konferenz von Jalta auf der Krim, zu der vom 4.–11. Februar 1945 Stalin, US-Präsident Franklin D. Roosevelt und der britische Premier Winston Churchill zusammengetroffen waren, brachte der Herr des Kreml vor, die Sowjetunion wolle Arbeitskräfte aus Deutschland nach Rußland schaffen und deren Leistung als Teil der Reparationen betrachten. Roosevelt und Churchill stimmten Stalins Plänen zu.

Die Wissenschaftliche Kommission der Bundesregierung schreibt über die Handhabung der Deportationen deutscher Männer und Frauen: »Die Organisation und Verschleppung lag bei den Heeresgruppen der Roten Armeen. Sie begann in den jeweils eroberten Gebieten, im allgemeinen bereits zwei bis drei Wochen nach der Besetzung. Jede der vier sowjetischen Heeresgruppen, die an der Eroberung Ostdeutschlands beteiligt waren, betrieb in ihrem Bereich die Verhaftung der Deutschen und ihre Einlieferung in die Durchgangs- und Sammellager selbständig. An ihrem Vorgehen zeigt sich, daß die Verschleppung nicht so sehr auf einen Plan zur Deportation bestimmter Personen und Personengruppen beruht, sondern daß es vielmehr darauf ankam, möglichst schnell eine möglichst große Zahl arbeitsfähiger Deutscher zusammenzutreiben. Denn offenbar war jeder der vier sowjetischen Heeresgruppen ein gleichgroßes Verschleppungssoll auferlegt worden.«

Insgesamt, so stellte die Kommission fest, verschleppte die Rote Armee 218 000 deutsche Zivilisten in das Innere der Sowjetunion.

Der Bauer Peter Koy aus Tolkemit in der Nähe von Elbing saß mit seiner Familie gerade beim Mittagstisch, da stürmten fünf russische Soldaten in das Haus. Sie befahlen dem Bauern und zwei seiner Schwägerinnen, sich anzukleiden und für zwei Tage Verpflegung einzupacken. Dann wurden die drei auf einen Lastwagen getrieben und davongefahren.

Frau Käthe Hildebrandt aus der ostpreußischen Ortschaft Gerdau versorgte gerade die Kühe und das Jungvieh im Stall des landwirtschaftlichen Gutes Rauschen. Da erschienen Russen und transportierten die Frau mit einem Auto ab.

Der Pfarrer Dr. Gerhard Fittkau aus dem ostpreußischen Kreis Heilsberg hatte zusammen mit drei Amtsbrüdern gefallene und getötete Soldaten, Kinder und Frauen geborgen und bestattet, die nach dem Einmarsch der Roten Armee auf Straßen und Äckern lagen. Da erschienen Russen und nahmen den geistlichen Herrn fest.

Der Lehrer Josef Kohlstrung aus der Stadt Hindenburg in Oberschlesien folgte, wie viele tausend andere Männer aus dieser Stadt auch, einem Befehl der russischen Kommandantur, sich zur Registrierung im Hindenburger Polizeipräsidium zu melden. Die Russen setzten ihn fest, wie viele tausend andere Männer der Stadt auch.

Frau C. N. aus Dobrin im pommerschen Kreis Flatow wurde von russischen Soldaten auf der Straße verhaftet und zu einem Wald gebracht. Dort zwischen den Bäumen standen schon viele andere Männer und Frauen des Dorfes. Die Kolonne setzte sich in Marsch, russische Soldaten zu Pferde trieben die Menschen über die vereiste Straße, Wachhunde jagten an den Flanken der Kolonne bellend und schnappend auf und ab.

In der pommerschen Stadt Belgard ließ der russische Kriegskommandant nach der Eroberung der Stadt durch die Rote Armee rote Plakate anschlagen. Auf ihnen hieß es: »Bekanntmachung! Alle deutschen Männer im Alter von 17 bis 50 Jahren haben sich sofort zu melden. Zweck: Herstellung der von der deutschen Wehrmacht zerstörten Brücken und Eisenbahnen. Verpflegung für vierzehn Tage und zwei Decken sind mitzubringen.« Aus den 14 Tagen wurden für manche der Deutschen, die in jenen Tagen der Aufforderung der Russen folgten, zwei, drei oder vier Jahre – und viele kehrten nie mehr zurück.

Jetzt, nach dem Siegeslauf der Roten Armee durch Ostpreußen und Pommern, durch Westpreußen und Schlesien, widerfuhr den Männern und Frauen im deutschen Osten das, was Russen und

Ukrainern wenige Jahre zuvor beim Siegeslauf der Wehrmacht durch die westliche Sowjetunion widerfahren war. Bereits in den ersten Monaten nach dem Einmarsch deutscher Truppen in die Sowjetunion hatte die Führung des Reiches damit begonnen, Russen und Ukrainer zum Arbeitseinsatz nach Deutschland zu bringen.

Viele kamen zunächst sogar freiwillig: Sie glaubten deutschen Versprechungen, und der deutsche Endsieg in diesem Krieg schien damals unzweifelhaft. Im Sommer 1942 war die Zahl der sogenannten Ostarbeiter in Deutschland bereits auf über eine Million gestiegen. Nun aber kamen sie nicht mehr freiwillig. In den besetzten Gebieten hatte sich herumgesprochen, wie sie befördert und verpflegt wurden: Die Deutschen brachten ihre Arbeitskräfte in Güterwagen ohne jegliche sanitäre Einrichtung nach Westen, und sie setzten sie auf Hungerrationen. Wo immer es ging, versuchten Russen und Ukrainer, der Arbeitsverpflichtung nach Deutschland zu entgehen. Die Männer des deutschen Generalbevollmächtigten für den Arbeitseinsatz, Fritz Sauckel, griffen zu Zwangsmaßnahmen. Sie veranstalteten Razzien in Dörfern und Wäldern, und sie nahmen keine Rücksicht auf die Verhältnisse der Menschen, die nach Deutschland transportiert werden sollten.

Sauckel sagte 1943 vor Reichs- und Gauleitern: »Die unerhörte Härte des Krieges zwingt mich dazu, im Namen des Führers viele Millionen fremder Menschen zu dem Arbeitseinsatz in der gesamten deutschen Kriegswirtschaft zu mobilisieren und sie zur höchsten Leistung anzuhalten. Das Ziel dieses Einsatzes ist die arbeitsmäßige Sicherstellung der Kriegsmittel für den Kampf zur Erhaltung des Lebens, der Freiheit.«

In Berichten deutscher Beobachter über die Stimmung der Bevölkerung in Weißrußland und der Ukraine heißt es: »Besonders hart wird empfunden, daß durch die Zwangswerbungen Mütter von ihren kleinen Kindern und Schulkinder von der Familie getrennt werden. Die Betroffenen suchen sich mit allen Mitteln dem Abtransport nach Deutschland zu entziehen . . . Das hat wiederum eine Verstärkung der deutschen Gegenmaßnahmen zur Folge: Beschlagnahmung des Getreides und des Eigentums,

Inbrandsetzung des Hauses, gewaltsames Zusammentreiben, Fesselung und Mißhandlung der Gesammelten, Zwangsaborte bei schwangeren Frauen.«

Aus einem Lager in Kiew, in dem Männer und Frauen zum Abtransport nach Deutschland gesammelt wurden, berichtete ein Augenzeuge: »Fast täglich spielen sich vor den Augen der Bevölkerung von Kiew unwürdige Szenen des Schlagens und der Schikanierung der nach Deutschland Fahrenden und deren Angehörigen ab. So wurde es zum Beispiel den Verwandten der Arbeiter und Arbeiterinnen der Keksfabrik bei der Abfahrt des Straßenbahnwagens zum Bahnhof nicht erlaubt, Lebensmittel und Sachen zu übergeben, wobei die weinenden Frauen mit Gewehrkolben rücksichtslos in den Dreck der Straße gestoßen wurden.«

Insgesamt deportierten die deutschen Dienststellen mehr als zwei Millionen Männer und Frauen aus der Ukraine und Weißrußland in das Reich. Reichsführer SS Heinrich Himmler über die Menschen, die dem Dritten Reich helfen sollten, den Krieg zu gewinnen: »Wie es den Russen geht, wie es den Tschechen geht, ist mir total gleichgültig. Ob die anderen Völker in Wohlstand leben oder ob sie verrecken vor Hunger, das interessiert mich nur insoweit, als wir sie als Sklaven für unsere Kultur brauchen, anders interessiert mich das nicht.« Jetzt aber, im Frühjahr 1945, fiel all dies, was die Nationalsozialisten und ihre Helfershelfer in jenen Jahren deutscher Gewaltherrschaft in der Ukraine und in Weißrußland angerichtet hatten, auf die Frauen, Männer und Kinder im deutschen Osten zurück.

Die Russen jagten die Deutschen, die zur Zwangsarbeit in die Sowjetunion verfrachtet werden sollten, oft zu langen Märschen über die Straßen. Der Gewerbeoberlehrer Karl Theodor Maschwitz berichtete der Kommission von einem Bekannten, der bereits beim Abmarsch schwer krank war. Weil er nicht laufen konnte, wurde er von einem der russischen Bewacher mit dem Pistolenkolben bewußtlos geschlagen. Aber selbst dann durfte der Kranke nicht zurückbleiben. Die Deutschen schleppten ihn auf einem Handwagen mit, bis er noch während des Marsches verschied. Heinrich Kaumann aus dem niederschlesischen Kreis Glogau erinnert sich an den weißhaarigen etwa 70 Jahre alten Herrn, der in der Kolonne der zur Zwangsarbeit ausgesuchten Männer mitmarschierte. Dann befahlen die Bewacher größeres Tempo. Die jüngeren Männer setzten zum Dauerlauf an. Der 70jährige machte ein paar schnelle Schritte. Dann wurde er langsamer, verließ die Straße und setzte sich an den Rand des Straßengrabens. Einer der Russen schlug den alten Mann mit dem Gewehrkolben. Der Geprügelte blickte den Soldaten an, aber er rührte sich nicht von der Stelle. Der Russe drehte sein Gewehr um, setzte den Lauf an die Schläfe des Mannes, der nicht mehr laufen konnte, und drückte ab.

Der Einwohner O. R. aus Gossentin im westpreußischen Kreis Neustadt berichtete der Wissenschaftlichen Kommission: »Als wir das Dorf verließen, blieben die ersten, erschöpften Kameraden am Wege liegen und wurden jeweils durch Schüsse erledigt. Zu trinken gab es nichts. Der Durst quälte uns sehr. Ohne Pause bewegten wir uns vorwärts . . . Wenn jemand es wagte, im Schmutzwasser des Straßengrabens seinen quälenden Durst zu stillen, so wurde er mit dem Kolben schwer geschlagen, und oft blieb er liegen. Einmal am Tag unseres siebentägigen Marsches wurden wir an einen See oder an ein offenes Wasser gebracht und getränkt wie das Vieh. Kranke und Schwache blieben tot am Wege liegen.« Kurt Kath aus dem pommerschen Belgard berichtete, wie die Bewacher der Kolonne, in der er mitmarschierte, die Männer ersetzten, deren Kräfte erlahmt und die deshalb erschossen worden waren: »Die Russen griffen Männer, denen sie auf ihrem Marsch durch Dörfer begegneten, auf und zwangen sie mitzumarschieren – so wie sie waren: ohne Verpflegung, oft ohne Mantel oder gar eine Decke.«

Der Deutsche E. P. aus dem westpreußischen Kreis Christburg wurde zusammen mit tausend anderen Männern und Frauen von Danzig nach Osten getrieben. Der Zug der Elenden mußte in Graudenz auf einer schmalen Notbrücke die Weichsel überqueren. Die Notbrücke hatte ein niedriges Geländer, und nur wenige Menschen hatten nebeneinander auf ihr Platz. Vor der Brücke stoppten die Russen die Kolonne, und sie befahlen den Deutschen, sich unterzuhaken. Sie drohten: »Wenn einer aus der Reihe ausbricht und in das Wasser springt, werden seine Kameraden erschossen!« Die Verschleppten stapften auf die Brücke. Ihre Schritte klangen dumpf auf den Holzbohlen. Dann plötzlich eine jähe Bewegung, Schreie, dann das Geräusch eines Körpers, der ins Wasser stürzt, dann noch einer, ein dritter, ein vierter, ein fünfter. Männer aus der Kolonne waren an die an dieser Stelle tiefe und breite Weichsel gesprungen – die letzte Chance, der Verschleppung nach Rußland, dem Hunger und jahrelanger Zwangsarbeit zu entgehen. Die Bewacher hielten die Marschierenden an und postierten sich am Rand der Brücke. Sie nahmen ihre Maschinenpistolen in Anschlag und warteten, bis die Köpfe der Schwimmer in den Wellen auftauchten. Dann peitschte Dauerfeuer aus den Maschinenwaffen über die Weichsel, wieder und wieder, bis die Rotarmisten sicher waren, daß sie ihre flüchtige Beute erlegt hatten. Die Drohung, die Kameraden der Geflohenen zu erschießen, machten die Russen nicht wahr.

Die zur Zwangsarbeit bestimmten Männer und Frauen im Osten Deutschlands wurden zumeist zunächst in Lagern, Gefängnissen oder den Kellern öffentlicher Gebäude eingesperrt. Dort vermehrte sich noch der Schrecken, dem sie während ihrer Märsche ausgesetzt gewesen waren. Aus dem Sammellager Zichenau berichtete Theodor Grub aus dem ostpreußischen Preußisch Holland der Kommission: »Hier begann eine fürchterliche Zeit. Wir wurden so eng zusammengelegt, daß man auf dem Fußboden ohne Unterlage nicht ausgestreckt liegen konnte. Die Fensterläden blieben auch bei Tag geschlossen. Tag und Nacht mußten wir bei verschlossenen Türen in den Stuben bleiben. Nur zum Holen von heißem Wasser und Suppe wurden wir herausgeführt und zweimal am Tag zum Austreten auf das freie Feld. Versuchte man, sich in einer Konservendose beim Austreten oder Essenholen etwas Waschwasser aus einem auf dem Hof befindlichen Teich zu holen, war sofort einer der vielen Posten – alles ganz junge Burschen – zur Stelle und schlug mit dem Gewehrkolben drein.«

Aus dem Gefängnis von Insterburg berichtete Frau H. W., die im ostpreußischen Kreis Lötzen zu Hause war: »Alles schrie nach Wasser, denn Männer und Frauen hatten versalzene Suppe essen müssen. Zuerst wurde mit Kolben und Stöcken auf die Dürstenden eingeschlagen. Dann holte man eine Waschwanne voll Wasser, zeigte es den Dürstenden, aber man gab ihnen nichts. Man zeigte es ihnen nur. Deutsche Männer mußten die Fenster im Gefängnis vernageln und die dazu benötigten Bretter zuschneiden. Es war Nacht. Den Russen ging die Arbeit nicht schnell genug, obwohl wir am Geräusch der Säge hörten, wie sehr sich die Männer beeilten. Die Russen schlugen auf die Arbeitenden ein. Die ganze Nacht hörten wir das Schreien und Stöhnen der Gequälten.«

Frau Käthe Hildebrandt wurde von den Russen in der Stadt Bartenstein in eine Zelle des Gefängnisses gesperrt, die früher als Behausung für einen einzelnen Gefangenen gedient hatte. Mit ihr zusammen in dem gleichen kleinen Raum 30 Menschen.

Der Verschleppte O. R. aus dem westpreußischen Kreis Neustadt erinnerte sich an die Zustände im Keller des Pfarrgebäudes, in den die Russen ihre Opfer gepfercht hatten: »Der Kellerraum, der für 60 Mann ausgereicht hätte, war mit rund 250 Mann überfüllt. Vor der Tür stand ein russischer Posten und ließ niemanden heraus noch herein. Aufs engste zusammengepfropft mußten wir stehend die Nacht zubringen. Wer zusammenbrach, wurde zertreten. Mehrere Kameraden machten durch Erhängen ihrem Leben und der Qual ein Ende. Die verbrauchte Luft und der Gestank waren unerträglich. Am Morgen erhielten wir eine Suppe.«

Die Schneiderin Anna Schwartz aus Schönberg im westpreußischen Kreis Karthaus war zusammen mit 400 anderen Frauen in die Pferdeställe der Reiterkaserne Hochstrieß in Danzig getrieben worden. Unter den gefangenen Frauen befand sich auch die Schwester von Anna Schwartz. Die Frauen lagen auf engem Raum und auf kahlem Zementboden, »so wie die Pferde ihn verlassen hatten.« Die Fenster des Reitstalles waren zersprungen. Kälte drang herein. Die Russen ließen die Frauen hungern, und sie gaben ihnen nichts zu trinken. Der Karfreitag des Jahres 1945 kam. Die Frauen im Stall dachten an das bevorstehende Osterfest. Frau Anna Schwartz berichtete: »Die Mütter weinten um ihre Kinder, von denen man sie gerissen hatte. Wir waren sehr verzweifelt, und in unserer großen Not sangen wir die Lieder: ›Harre meine Seele‹, ‹Aus tiefer Not schrei ich zu Dir› und ›Ich bete an die Macht der Liebe‹. Noch nie hat mich ein Gesang so ergriffen wie der, sogar die Russen stellten sich vor die Tür und lauschten.«

Am nächsten Morgen jedoch war das Mitgefühl der Sieger verflogen. Frau Schwartz wurde zum Abmarsch befohlen und dabei von ihrer Schwester getrennt: »Wir konnten uns nicht einmal zum Abschied die Hand reichen. Ich bat den Posten, mich doch zu meiner Schwester zu lassen, aber er hatte nur einen Fluch für mich.«

Über den Beginn der Verschleppung der deutschen Männer und Frauen schreibt die Wissenschaftliche Kommission: »Die Vorgänge im Zusammenhang mit der Deportation brachten über die Betroffenen schlimme Leiden. Schon die oft tagelangen Märsche nach den Sammellagern und die dabei erduldeten Drangsalierungen durch die russischen, teils auch polnischen Begleitmannschaften forderten zahlreiche Opfer unter den für die Verschleppung vorgesehenen Deutschen. Als eine besondere Plage erwiesen sich ferner die fortgesetzten Verhöre, die die Verhafteten auf den Zwischenstationen und in den Sammellagern über sich ergehen lassen mußten . . . Besonders in den Gefängnissen von Insterburg und Graudenz wurden bei diesen Verhören Gewalttaten schlimmster Art begangen. Infolge schwerer Drangsalierungen, unzureichender Verpflegung und durch Krankheiten starben bereits in den Sammellagern viele Hunderte der Verschleppten.«

Und noch einmal erfuhren Drangsal und Leiden der verschleppten deutschen Frauen und Männer eine Steigerung: auf den Transporten in das Innere der Sowjetunion. In den Tagen der großen Verschleppung wurden auf den Bahnhöfen des Ostens lange Güterzüge zusammengestellt. Sie bestanden ausschließlich aus geschlossenen Waggons, oft waren in ihnen zuvor Rinder und Pferde befördert worden.

Dann öffneten sich die Tore der Lager und Gefängnisse. Reiter und Bewacher zu Fuß trieben die Kolonnen der Verdammten über Straße und Bahndämme zu den Zügen. Frauen wurden von den Männern getrennt. In jeden der Waggons wurden 40 bis 50 Menschen hineingepfercht, manchmal auch mehr, manchmal so viele, daß ihnen nur Platz zum Stehen blieb. Doch einer oder manchmal zwei Waggons am Schluß der Züge blieben stets leer. Zunächst wußten die Verschleppten nicht, weshalb. Sie erfuhren es bald.

In den Wagen hockten die gefangenen Männer und Frauen auf den nackten Bohlen, manchmal im Schnee, der durch Ritzen hereingeweht war, manchmal in dem Dreck, der von dem Vieh stammte, das in den Waggons transportiert worden war. »Mit angezogenen Knien haben wir gesessen«, berichtete Gerlinde Winkler aus dem westpreußischen Kreis Elbing, »hinlegen konnten sich nur der, der wirklich nicht mehr konnte, dafür haben dann aber drei stehen müssen.« Der Verschleppte F. K. aus dem ostpreußischen Kreis Ebenrode: »Der letzte Mann wurde mit dem Kolben in den Waggon hineingestoßen. Wir standen zusammengedrückt wie die Heringe. Am schlimmsten war stets die Nacht. Von dem ewigen Stehen wurden die Beine schwach, es kauerte sich einer auf den anderen. Dieser Zustand war unerträglich.«

So hockten sie in den Wagen und fuhren nach Rußland hinein, immer weiter und weiter, erschöpft, krank. Und über allem die Frage voller Angst: Was werden sie mit uns machen? Weinen, Jammern, Elend. Hatten die Russen die Absicht, sie alle zu vernichten, sie alle umkommen zu lassen? Viele der Verschleppten fürchteten es, nachdem sie erfahren hatten, wieviel Nahrung ihnen zugedacht war. Verpflegung für 55 Mann in dem Transport, in dem der Verschleppte J. H. aus Kulm in Westpreußen fuhr: zwei Eimer Wasser am Tage, etwas Hartbrot, etwas Zucker. In einem Männertransport: 150 Gramm Trockenbrot und eine Tasse Suppe. In dem Transport von Gerlinde Winkler aus dem Kreis Elbing: Trockenbrot und Wasser. In dem Transport des Bauern P. K. aus dem niederschlesischen Kreis Glogau: ein Zinkeimer Suppe für 44 Mann, für jeden ein Viertel Liter Wassersuppe täglich, dazu ein wenig Brot. Oft ließen die russischen Begleitmannschaften die Deutschen in den Waggons dürsten. Die Verschleppte H. B. berichtete der Kommission: »Baten wir während der Fahrt um ein wenig Schnee, so war die Antwort, Wasser und Schnee gäbe es nur für die Russen.«

Die Dürstenden kratzten den Reif von den Eisenteilen der Waggons und lutschten die geringe Menge Flüssigkeit. Im Transport des Bauern Peter Koy aus Tolkemit ließen die Russen ihre Opfer in den Waggons drei Tage hintereinander ohne Wasser. Peter Koy: »Da wir alle furchtbaren Durst hatten, befestigten wir ein Stück Bindfaden an einer leeren Käsedose und ließen diese, nachdem wir die provisorische Abortrinne entfernt hatten, durch ein kleines Loch in der Tür neben den fahrenden Zug in den Schnee fallen und mitschleifen, bis sie voll war. Dann wurde sie eingezogen, entleert und wieder hinausgelassen. Zum Schluß wurde dann der auf diese Weise gewonnene Schnee brüderlich geteilt.« Schnee brüderlich geteilt – Schicksal der Verschleppten im Frühjahr 1945.
Vielleicht hätten die Männer und Frauen in den Waggons, die nach Osten fuhren, den Hunger und den Durst und den unbeschreiblichen Schmutz überstanden, wenn ihre Fahrten durch Rußlands Weiten nach kurzer Zeit beendet gewesen wären. Aber die meisten der Transporte waren viele Tage unterwegs, oft mehrere Wochen. Der Transport, mit dem die Schneiderin Anna Schwartz verschleppt wurde, brauchte 18 Tage von Graudenz an der Weichsel bis zu seinem Bestimmungsort im westlichen Sibirien. 18 Tage auch brauchten zweitausend Frauen und Mädchen, die in Insterburg verladen worden waren, für ihre Fahrt bis zum Ufer des Kaspischen Meeres. Dort wurden sie auf Schiffe gebracht und an das Ostufer des größten Binnensees der Welt verfrachtet – in die Hauptstadt der Turkmenischen Sowjetrepublik, mehr als 4000 Kilometer von den Grenzen Deutschlands entfernt.
Und 28 Tage, volle vier Wochen, mußten die deutschen Männer, zu denen der Verschleppte F. K. gehörte, in ihren Waggons ausharren, die sie in Ostpreußen bestiegen hatten. Dann waren sie am Ziel, das die Russen bestimmt hatten; im Ural, dort, wo Europa aufhört.
Unter den Hungernden und Dürstenden in den Waggons breiteten sich Epidemien aus: die Ruhr, der Typhus und auch die Gesichtsrose, eine außerordentlich schmerzhafte und zugleich überaus ansteckende Krankheit. In den Waggons der Verschleppten begann schon in den ersten Tagen der langen Reise in die

Weiten der Sowjetunion das Sterben. Auf den Zwischenstationen gingen russische Wachtposten an den Zügen entlang, klopften mit Kolben an die Türen und fragten: »Wie viele Deutsche kaputt?« Überlebende schleppten die Verstorbenen aus den Waggons heraus. Und nun lernten sie auch die Bestimmung der Waggons kennen, die leer am Ende des Zuges fuhren. Dorthinein wurden die Leichen gebracht. Der Verschleppte F. K.: »Die toten Kameraden wurden wie Holz aufeinandergestapelt . . .« Sie wurden nicht unterwegs begraben – vermutlich duldete die Verschleppung der Deutschen keinen Aufschub.

Die Verschleppte H. B. aus Ostpreußen notierte: »Die Sterblichkeit unter uns Frauen war erschreckend. Am Ende des Zuges waren zwei große Waggons zur Aufnahme der Toten, diese waren bis Moskau vollgepackt mit nackten Leichen. Jeden Morgen wurden die Verstorbenen entkleidet und in diese Waggons geschleppt.« Der Bauer Peter Koy zählte auf seinem Transport nach Osten 200 Tote.

Der verschleppte Sägewerksbesitzer Erich Gerhardt aus dem westpreußischen Kreis Stuhm gab Zeugnis darüber, was mit den Toten der Transporte später geschah. Gerhardt wurde von den Russen zu einem Leichenträgerkommando eingeteilt. Zusammen mit seinen Kameraden trug er die Gestorbenen aus dem Leichenwaggon zu einem Abhang: »Dort mußten wir sie in den Schnee hinunterkippen. Wer die Toten waren, wußte niemand von uns. Die Russen registrierten nur die Stückzahl.«

Und die Überlebenden? Frau H. B.: »Es war nichts Menschenähnliches mehr, was die Waggons verließ. Verdreckt, voller Ungeziefer, Angst in den aufgedunsenen Gesichtern, so verließen wir unsere mit Kot und Unrat gefüllten Wagen.« Der Verschleppte F. K.: »Wir waren vom Kopfe bis zum Fuß mit einer Dreck- und Kotkruste bedeckt und sahen schreckerregend aus. In diesem Aufzug führten uns die Russen taumelnd, kriechend durch die Straßen unseres Bestimmungsortes im Ural. Die russische Bevölkerung stand am Wege mit entsetzten Gesichtern und schaute diesem Leidenszug der Tausende von Elenden zu. Die nicht mehr gehen konnten, wurden mit Kolbenstößen Schritt für Schritt weitergetrieben.«

Die Wissenschaftliche Kommission der Bundesregierung resümiert: »Während des Transportes zu den Arbeitslagern wurden die Verschleppten nur völlig ungenügend mit Nahrungsmitteln und Wasser versorgt, und da die ersten Transporte noch im Februar abgegangen waren, wirkte sich auch die Kälte unter den vielen oft unzureichend bekleideten Menschen verheerend aus. Die Sterblichkeit auf der Fahrt nach Rußland war deshalb allgemein sehr hoch, mitunter betrug sie zehn Prozent der Deportierten.«

So waren die deutschen Männer und Frauen bei ihrer Ankunft in der Sowjetunion meist nicht in der Lage, das zu vollbringen, wozu sie verschleppt worden waren: nämlich schwere Arbeit. Offenbar fehlten den russischen Behörden genaue Richtlinien für die Behandlung der Deutschen. Frau H. B. aus dem ostpreußischen Kreis Lötzen, die zusammen mit ihren Leidensgenossinnen auf einer Zwischenstation des Transports in Moskau einer Ärztekommission vorgeführt wurde, berichtete, daß diese Mediziner der Begleitmannschaft heftige Vorwürfe wegen des Zustands der Verschleppten machten. Die Antwort des verantwortlichen Wachpersonals. Sie hätten in Insterburg, dem Startplatz des Transports, die Weisung erhalten, möglichst viele der Deutschen unterwegs umkommen zu lassen.

Auch in der Folge blieb die Haltung der Russen zu den Verschleppten widersprüchlich. Zunächst päppelten sie viele der Männer und Frauen, die während der langen Zugfahrt durch Hunger, Durst und Krankheit grausam zugerichtet worden waren, in Ruhelagern wieder auf und gestanden ihnen sogar zeitweilig eine bessere Ernährung zu – und setzten sie dann in den Arbeitslagern mörderischen Bedingungen aus. Die Verschleppten wurden von den Sowjets auf Hunderte von Lagern verteilt. Die Kette dieser Lager zog sich vom Eismeer im Norden bis in die südlichen Steppen der asiatischen Sowjetunion.

Frau Käthe Hildebrandt, die aus Ostpreußen nach Turkmenistan verschleppt worden war, berichtete über das Lager bei Krasnoworsk: »Zehn Baracken waren in die Erde eingebaut und von einem Drahtverhau umgeben. Auf acht Wachtürmen standen bewaffnete Posten, die unser Lager ständig beobachteten und abends mit Scheinwerfern ableuchteten. So weit wir das Land zwischen den steilen Bergen übersehen konnten, war nichts Grünes zu erblicken. Es wuchs weder Gras noch Strauch noch Baum. Es gab nur Sand und Wüste.«

Viele Tausende Verschleppter wurden von den Russen in Lager in der Nähe des Polarkreises gebracht – eine Region, in der die gewalttätige Natur ihren alten Schrecken bewahrt hat. Dort beginnt der Winter im September, und er dauert bis zum Mai. Die Durchschnittstemperaturen liegen in der Frostperiode zwischen 35 und 40 Grad unter null. Manchmal fallen sie auf 60 Grad. Wirklich warm wird es erst im Juli – für etwa acht Wochen. Der Boden ist meist ein bis zwei Meter tief gefroren. In diesem Land der arktischen Kälte, der heulenden, wirbelnden Schneestürme, des ewigen Frostes lebten die deutschen Männer und Frauen in Erdbunkern, genauso wie viele ihrer Leidensgenossinnen im Sand der südlichen Wüste. Zum Bau dieser Bunker wurde Erde ausgeschachtet, in der Mitte ein Gang ausgegraben, rechts und links Aushöhlungen, die als Schlafstätten für die Gefangenen dienten. Über der Grube in der Erde Gebälk, das mit Reisig oder Schilf bedeckt und mit Lehm oder Sand dicht beworfen wurde. Die Verschleppten schliefen auf Stroh und oft auch auf der blanken Erde. In den Erdbunkern und den Baracken lauerte das Ungeziefer, in der Umgebung der Behausungen die Ratten.

Der Lehrer Joseph Kohlstrung, der aus Oberschlesien in den Ural verschleppt worden war: »Die Wanzenplage war so groß, daß im August und September niemand in den Unterkünften schlafen konnte. Sie kamen zu Tausenden, diese blutrünstigen Wanzen. Die Verlausung war allgemein.« Aus ihren armseligen Unterkünften marschierten die Deutschen zu der Arbeit, zu der die Russen sie bestimmt hatten: Sie fuhren in Bergwerke ein und brachen Kohle. Sie schleppten sich in Steinbrüche und schaufelten Geröll beiseite, sie schwitzten in Ziegeleien, und sie froren beim Räumen von Schnee – unterschiedslos, Männer und Frauen.

Frau A. K. aus dem ostpreußischen Gerdau erinnerte sich an Weihnachten 1945: »Uns wurde befohlen, die Bahnstrecke von großen Schneeverwehungen zu säubern. Es wehte ein eisiger Schneesturm. Bei dem Gedanken an unsere Lieben in Deutschland traten uns die Tränen in die Augen und rollten als Eisperlen über die Wangen.« Eine andere Verschleppte über die Arbeit im Schneesturm an der großen Bahnlinie: »Augenbrauen und Wimpern waren mit Eiskrusten bedeckt. Wir hatten das Gefühl, die Augäpfel selbst erfrieren. Jeder Atemzug schnitt wie mit Messern in die Lunge. Wir versuchten, für eine bessere Durchblutung des Gesichts zu sorgen: Den Kopf nach unten gehängt, die Arme auf dem Rücken zusammenschlagend, standen wir dann da. Es sah recht komisch aus. So wie eine Schar großer Vögel, die sich bemüht fortzufliegen, und der es trotz kräftigsten Flügelschlagens nicht gelingt, sich in die Luft zu erheben.«

Den Frauen und Männern froren in der sibirischen Kälte die Füße in den Stiefeln ab. Es gab keine Salben und keine Medikamente, um die Erfrierungen zu behandeln.

Frau Gerlinde Winkler, verschleppt aus dem Kreis Elbing, berichtete: »Einem jungen Mädel waren die Zehen erfroren. Im Lager von Tscheljabinsk im Ural waren dem Mädel von einer russischen Schwester alle zehn Zehen abgeschnitten worden. Die Blutvergiftung folgte sogleich. Innerhalb eines Tages starb das Mädchen.«

Über das zweite Weihnachtsfest, das Frau Anna Schwarz im Frauenlager erlebte, schrieb sie: »Es waren Tage seelischer Depressionen. Wir sangen unsere schönen Weihnachtslieder und hatten sogar kleine Geschenke gemacht. In einer der Baracken des Lagers hatten die Frauen aus Steppengras einen Kranz geflochten. Bunte Stoffreste waren mit Watte gefüllt worden, die wir aus unseren Wattejacken gezupft hatten. Diese bunten Stoffreste hängten wir als Kugeln an den Kranz. Von unserer täglichen Essensration hatten wir uns Öl abgespart, das in kleine Behälter gefüllt war. Wir hängten einen Faden darein. Das war die Kerze.«

Ein Jahr später, am Heiligen Abend 1947, wurden die deutschen Frauen von den Russen dazu beordert, drei Waggons mit Kohle zu entladen. Es herrschten 38 Grad Kälte. Wind jagte dichten Schnee vor sich her. Die Wachen trieben die Frauen mit Flüchen und Fußtritten an. Es gab keine Ruhepause.

Frau Gerlinde Winkler aus dem Kreis Elbing wurde von den russischen Ärzten zur Untertagearbeit tauglich befunden: »Kniend habe ich Kohle geschippt, denn der Stollen war ja nur 1,50 Meter hoch.« Die Verschleppte Ilse Lau aus dem westpreußischen Kreis Marienwerder: »Ich arbeitete im schlechtesten Schacht weit und breit. Überall stand Wasser. Ich mußte Holzabfälle und dergleichen wegräumen. Später mußte ich zusammen mit einer Kameradin das Holz heranschaffen, das gebraucht wurde, um die Stollen abzustützen. Die Stämme waren zweieinhalb Meter lang und dick. Wir mußten sie durch einen niedrigen Gang schleifen, der nicht höher war als ein Meter.« Der Verschleppten A. K. aus Gerdau in Ostpreußen wurde befohlen, mit anderen deutschen Frauen zusammen Waldarbeit zu leisten. Russische Bewacher führten die Frauen aus einem Lager im Ural einen steilen Hang hoch. Auf den Schultern der Frauen Äxte und Sägen. Sie fällten Bäume, zersägten die Stämme und stapelten sie auf. Die Verschleppte C. O. aus Landsberg an der Warthe mußte sich in ein Arbeitskommando einreihen, das den Graben für eine Gasleitung ausheben sollte. Der Weg zur Arbeitsstelle: 36 Kilometer. Zu Fuß. Der Weg zurück gleichfalls zu Fuß.

Die Verschleppte berichtete: »Das Werkzeug war unhandlich und oft völlig unbrauchbar. So wurde uns das Arbeiten zu einer drükkenden Qual.« Die Arbeitszeit der Deutschen dauerte im Regelfall zwölf Stunden am Tag. Oft verlangten die Russen von den Erschöpften überdies Überstunden, und meist mußten Männer und Frauen auch am Sonntag ausrücken. Die Russen preßten die Verschleppten auf raffinierte Weise dazu, ihre letzten Kräfte einzusetzen. Das Normsystem koppelte Arbeitsleistung und Ernährung aneinander. Das hieß: Wenn einer der Zwangsarbeiter das Soll nicht erfüllen konnte, das von der Lagerleitung festgesetzt worden war, wurde ihm die Essensration gekürzt. Wenn einer der Zwangsarbeiter mehr schaffte als die Norm, so bekam er zusätzliche Nahrung. Aber: Oft setzten die Russen das Soll nach einer Weile noch weiter herauf, so daß die Zwangsarbeiter auch für zusätzliche, weit über dem Durchschnitt liegende Leistungen keine zusätzliche Nahrung mehr bekamen.

Ebenso oft aber dehnten die russischen Aufseher die Arbeitszeit der deutschen Zwangsarbeiter so lange aus, bis das Soll geschafft war. Frau Ilse Lau über ihre Arbeit im Bergwerk: »Nur der durfte aus dem finsteren Loch heraus, der seine Norm erfüllt hatte. So kam es vor, daß wir bis zu 16 Stunden unten bleiben mußten.«

Die Erfüllung der Norm aber bestimmte das Schicksal der Verschleppten deutschen Männer und Frauen. Eine Scheibe Brot mehr am Tag konnte das Überleben bedeuten, eine Scheibe weniger den sicheren Tod. Denn in den Lagern zwischen Eismeer und Schwarzmeer grassierte der Hunger. Und in seinem Gefolge die Ruhr.

Der Lehrer Willi Biedermann, verschleppt aus Oberschlesien, berichtete aus dem Lager 502 in Westsibirien, daß es außer wenig Brot täglich drei Suppen von sauren Gurken und sauren Tomaten für die Gefangenen gab. In den Lagern am Eismeer bestand die Nahrung zumeist aus zwei Tellern Kohlsuppe mit Fischköpfen am Tag. Dazu etwas Brei und gelegentlich einen Löffel Zucker. Die Schneiderin Anna Schwartz, verschleppt in ein Lager im Südural: »Wir zählten die Kohlstücke in der Suppe, stürzten uns auf Brotkrümel und Fischgräten. Um die Zeit, da Rüben verzogen wurden, kamen Lastautos mit halbverfaulten Blättern, die dann zusammen mit Heringen gekocht wurden. Frauen aus dem Lager gingen in die Steppe, um Melde und Brennessel zu suchen. Die Pflanzen wurden von den Zwangsarbeitern dann in ihre dünnen Suppen geschnitten.«

Frau Ilse Lau, die durch ihre Leistung im Bergwerk eine Zusatzration Brot erarbeitete: »Nie im Leben werde ich vergessen, wie gern ich trocken Brot gegessen.«

Für viele der verschleppten Männer und Frauen aber reichten der normale Verpflegungssatz, die Brennesseln und Kräuter aus der Steppe nicht aus, das Lager zu überstehen. Krankheiten aller Art überwältigten die erschöpften ausgemergelten Körper, die keinerlei Widerstandskraft mehr besaßen. Viele starben auch einfach an Hunger. Über die Verluste in Zwangsarbeitslagern im Donetzgebiet berichtete der aus Schlesien verschleppte Gewerbeoberlehrer Karl Theodor Maschwitz: »Von den 1600 Insassen unseres Lagers waren bis zum Dezember 1945 bereits über 1100 gestorben. Die meisten aus demselben Grunde: Entkräftung, Durchfall mit Hungerödemen und anschließender Herzschwäche.« Im Dezember 1946 lebten von der Gruppe, zu der der Lehrer Maschwitz gehörte und die bei der Verschleppung 15 Mann umfaßt hatte, nur noch zwei. Frau Gerlinde Winkler aus einem Lager bei Tscheljabinsk: »Das Lazarett, das genauso aussah wie die Baracken der Gesunden, war vom ersten Tag an überbelegt. Doch der Tod schaffte immer wieder Platz. Es war eine Seltenheit, wenn nicht täglich fünf Männer und Frauen starben. Von ungefähr 600 Lagerinsassen starben 380.«

Deutsche kriegsgefangene Ärzte, die zur gleichen Zeit wie die Verschleppten in russischen Lagern saßen, haben den Anblick von Menschen, die verhungert waren, exakt beschrieben, so der deutsche Chirurg Dr. Kuno Wahl in seinem Bericht »Das verbrannte Tagebuch«: »Das Gesicht ist eine Gummihaut, über den knöchernen Schädel gezogen. Am Hals tritt jeder Muskel in harter Andeutung hervor. Die übrigen Muskeln sind fast geschwunden und sozusagen nur noch dünne Stränge. Kehlkopf und Luftröhre sind unter der Haut sichtbar, die Zwischenrippenräume eingefallen, der Bauchraum eingesunken, die Haut berührt die Wirbelsäule, die als länglicher Wall von der Mitte nach unten läuft. Die Beckenschaufeln treten scharf hervor wie in die Luft ragende Kegel. Die Haut ist darüber gespannt, daß sie glänzt . . . Es ist, als habe man irgendwo eine Vakuumpumpe unter die Haut gelegt und den Körper ausgesogen.«

In den Lagern waren stets einige der deutschen Zwangsarbeiter als Totengräber eingeteilt. In näherer oder auch weiterer Entfernung vom Lager schaufelten sie tiefe Löcher in die Erde, meist schon im vorhinein, wenn die Menschen, die dort begraben werden sollten, noch gar nicht gestorben waren.

Noch bevor es Tag wurde, traten die Totengräber an. Zunächst wurden die Leichen ausgezogen, ihre Kleidungsstücke mußten abgeliefert werden. Dann wurden die Toten auf einen Bretterwagen gelegt und zum Massengrab gefahren. Der Bauer Peter Koy: »Die Leichen lagen kreuz und quer auf dem Wagen. Arme und

Beine hingen über die Wagenbretter; es war ein furchtbarer Anblick.«

In dem Zwangsarbeitslager im Südural, in dem Frau Anna Schwarz gefangengehalten wurde, wurden die Toten zunächst in einen Keller gebracht. In der Dunkelheit fuhr dann ein Wagen vor, der von einem Kamel gezogen wurde. Es war derselbe Wagen, mit dem am Tag die Nahrungsmittel für die Verschleppten herbeigeschafft wurden. Das Tier trabte durch die Steppe. Der Wagen schaukelte. Die Toten wurden in Massengräber geworfen. Frau Anna Schwarz: »Kein Baum, kein Strauch standen an den Gräbern, nicht einmal ein Vogel sang den stillen Schläfern ein Lied. Nur der Steppenwind heulte über die Gräber.«

Der Verschleppte Erich Gerhard aus dem westpreußischen Kreis Stuhm war selbst Mitglied des Totenträgerkommandos im mittelsibirischen Zwangsarbeitslager Anjerik: Er berichtete: »Oft trug ich Bekannte, so den etwa 17jährigen Max Börger aus Thaban bei Salfeld, den 58jährigen Bauern Gehlhar aus Reichenbach, die Ehefrau des Landjägermeisters aus Arnsdorf bei Pollwitten und weitere ungezählte junge Mädchen, Frauen und Jungen. Bis etwa Mitte Mai 1945 wurde eine ganze Tagessterbe, die bis zu 28 Personen anstieg, in eine Kuhle gekippt. Dann kam Befehl, daß jede Leiche einzeln ein Grab erhalten solle. So wurden Grabkommandos gebildet, die laufend für etwa 30 neue Gräber am Tag sorgen mußten.«

Die Wissenschaftliche Kommission der Bundesregierung zur Geschichte der Vertreibung schreibt: »Das Übermaß der zu leistenden Arbeit und die unzureichende Verpflegung in den Lagern begannen katastrophale Folgen hervorzurufen. Schon die Art der zu leistenden Arbeit bedeutete eine Überforderung der Deportierten. Denn in der Regel waren es die körperlich schwersten Arbeiten, die sie zu verrichten hatten. Die Höhe der durch die Verschleppungsaktion unter der ostdeutschen Zivilbevölkerung hervorgerufenen Verluste kann . . . nur annähernd erfaßt werden. Es muß angenommen werden, daß etwa die Hälfte der Deportierten und dazu noch mehrere Tausende von denen, die zwar festgenommen und in Sammellager eingeliefert, aber nicht mehr deportiert wurden, im Verlauf der Verschleppungsaktion umgekommen sind. Die Gesamtverluste, die infolge der Verschleppung eintraten, beziffern sich sicher auf mindestens 100 000 bis 125 000 Tote.«

Hatte die sowjetische Regierung die deutschen Männer und Frauen in die Lager verschleppen lassen, um sie dort zu vernichten? Stand hinter der Zuteilung von Hungerrationen die Absicht, die Deportierten allesamt dem langsamen Tode preiszugeben? Trieb die Sieger blanke Rachsucht? Es war wohl nicht so. Nach allem, was wir heute wissen, war die Sowjetunion, in der nahezu vier Jahre lang der Krieg getobt hatte, in den Jahren 1945 und 1946 nicht einmal in der Lage, das eigene Volk ausreichend zu ernähren. Damals hungerten in Rußland nicht nur die deutschen Verschleppten, die deutschen Kriegsgefangenen, sondern auch russische Bauern, Arbeiter, Handwerker und sogar Rotarmisten.

Gegen die Vermutung, die Sowjets hätten die Verschleppten umkommen lassen wollen, spricht auch, daß sich russische Ärztinnen und Ärzte in den Lagern bemühten, todkranke Deutsche am Leben zu erhalten, wenn den Medizinern dafür auch meist nur völlig unzureichende Mittel zur Verfügung standen.

Die Verschleppte Anna Schwarz: »Eine russische Ärztin hat unser Lager betreut. Sie wurde wegen ihrer Güte und Hilfsbereitschaft von uns sehr geschätzt. Sie hatte selbst weder Medikamente noch Instrumente, aber sie sorgte dafür, daß die Kranken Pritschen, Strohsäcke, bessere Verpflegung und Pflegepersonal bekamen.«

Mitleid und Barmherzigkeit wurde den Deutschen auch von russischen Zivilisten zuteil. Die hungernden Zwangsarbeiter, die in den Städten eingesetzt waren, suchten ihre Gesundheit mit Betteln um Brot zu erhalten. Die Verschleppte O. R. aus dem westpreußischen Kreis Neustadt: »Die Bevölkerung hatte für unsere Lage viel Verständnis, und wir gingen fast nie ohne etwas Eßbares von ihnen, wenn unsere bittende Hand an ihre Tür klopfte.«

Frau Käthe Hildebrandt, die zusammen mit ihren überlebenden Kameradinnen nach der Zwangsarbeit in Turkmenistan in Stalingrad zur Zwangsarbeit eingesetzt wurde: »Wir gingen zu den Leuten betteln. Es ist erstaunlich, wie die Bevölkerung Mitleid mit uns hatte und uns in der ersten Zeit reichlich zu essen gab. Nach

Monaten wurde es den Leuten aber doch zuviel. Die Bettelei nahm überhand, zumal der Bevölkerung die Rationen mehr und mehr gekürzt wurden, so daß sie sich selbst nicht einmal mehr durchhelfen konnte. Als die Not dann am größten war, griffen viele Mädels zum Schlimmsten. Sie brachten sich Hunde und Katzen mit, schlachteten und kochten diese. Dabei hatten alle nur einen Gedanken: ›Ich will und muß meine Heimat wiedersehen‹.«

Frau Hildebrandt mußte mehr als zwei Jahre lang in der Sowjetunion Zwangsarbeit leisten.

Die Verschleppte Gertrud Schulz aus Westpreußen wurde nach ihrer Entlassung von einem deutschen Arzt in Berlin untersucht. Frau Schulz wog nur noch 39 Kilogramm. Der Arzt stellte als Folge der Zustände, denen die Frau in der Sowjetunion ausgesetzt war, fest: Herzmuskelschwäche, Herzwasser, Bronchitis, Gelenkrheuma und Skorbut.

Frau Anna Schwarz, die aus Westpreußen verschleppt worden war, mußte drei Jahre lang in der Sowjetunion arbeiten. Über ihre Heimfahrt schrieb sie: »Wir fuhren wohl auch in Viehwagen, aber die Türen standen offen. Wir hatten Wasser, uns zu waschen und den Raum sauberzuhalten. Unser Zug war mit Zweigen von Bäumen, Stalinbildern und Transparenten geschmückt. Auf ihnen stand geschrieben: ›Großer Stalin, wir danken dir für die Heimkehr!‹«

Die Menschen in dem Transport, mit dem Frau C. O. nach Deutschland zurückkehrte, sangen allerdings: »Nun danket alle Gott.«

XII.

Breslau

Am Tag vor dem Ende

In den Tagen nach dem Weihnachtsfest 1944 reiste eine Gruppe von Transportspezialisten von Berlin in die schlesische Hauptstadt Breslau. In ihren Aktentaschen führen sie Pläne für ein gigantisches Vorhaben mit sich: die Evakuierung der Zivilbevölkerung aus der schlesischen Hauptstadt im Falle eines russischen Vorstoßes in Schlesien. Breslau, das vor dem Krieg von rund 640 000 Menschen bevölkert worden war, zählte inzwischen nahezu eine Million Einwohner: Aus dem Westen des Reichs waren Industriebetriebe in die Stadt verlagert worden, die von Luftangriffen bis dahin verschont geblieben war.

Die Herren aus Berlin legten ihre Papiere dem Gauleiter von Niederschlesien, Karl Hanke, vor – einem Mann, der in den nächsten Monaten eine unheilvolle Rolle spielen sollte. Der damals 41 Jahre alte Karl Hanke war persönlicher Referent des Reichspropagandaministers Josef Goebbels gewesen und schließlich Staatssekretär in dessen Ministerium. 1941 hatte Hitler ihn zum Gauleiter und Oberpräsidenten von Niederschlesien ernannt.

Die Transportpläne, die Breslaus Frauen und Kinder vor dem Zugriff der Roten Armee retten sollten, sahen vor, daß mehrere Tage hintereinander jeweils hundert Eisenbahnzüge bereitstehen würden, um die Zivilisten nach Westen zu befördern. Einer der Teilnehmer an dieser Besprechung in den letzten Dezembertagen des Jahres 1944 war der Kommandant der Festung Breslau, Generalmajor Krause. Der Soldat brachte vor, daß im Ernstfall kaum die notwendigen Eisenbahnzüge zur Verfügung stehen würden, und daß es deshalb besser sei, schon jetzt einen größeren Teil der Bevölkerung zu evakuieren, nämlich Kranke, Alte und Gebrechliche – insgesamt 200 000 Menschen.

Der Gauleiter Karl Hanke blickte den Generalmajor Krause an und sagte: »Wo soll ich mit den Leuten hin? Und außerdem läßt mich der Führer erschießen, wenn ich ihm, jetzt, im tiefsten Frieden, mit solchen Dingen komme.« In diesem Augenblick hatte Karl Hanke ungezählte kleine Breslauer Kinder zum Tode verdammt.

Der tiefe Frieden, von dem der Gauleiter sprach, bot an der Wende des Jahres 1944/45 dieses Bild: In drei gewaltigen Aufmarschgebieten stellte die Sowjetarmee in jenen Tagen Millionen von Soldaten, Tausende von schweren Geschützen und Tausende von Panzern zum letzten tödlichen Stoß gegen das Reich bereit. Im Raum von Baranow formierte Iwan Konjew, Marschall der Sowjetunion, die Truppen der I. Ukrainischen Front zum Angriffskeil. Er zielte auf Schlesien.

Am 12. Januar begann die sowjetische Großoffensive. Unter der Wucht dieses gewaltigen Ansturms zerbrach die deutsche Abwehrfront. Sieben Tage nach Konjews Angriffsbefehl überrollten sowjetische Panzer die Grenzen der Provinz Schlesien: Breslau geriet in Gefahr. Schneller noch als die Rote Armee marschierten die Berichte über die Greuel, die sie an Frauen, Männern und Kindern in den von ihr eroberten Gebieten verübt hatte. Hunderttausende von Zivilisten hatten schon in der ersten Woche des Russensturms ihre Heimatorte verlassen: mit dem Pferdewagen, zu Fuß oder mit dem Zug.

Und Tausende von ihnen strandeten auf den Bahnsteigen in den Bahnhofshallen großer Städte. So kam es, daß auch der Hauptbahnhof von Breslau mit Flüchtlingen überfüllt war. Sie schliefen auf Koffern, auf Bänken, auf den Steinen und warteten auf einen Zug nach Westen. Um jeden Platz im Zug wurde erbittert gekämpft. Verzweifelte Mütter hielten mit der einen Hand ihre schreienden Kinder umklammert, mit der anderen versuchten sie, den Koffer hinter sich herzuziehen, der alles barg, was ihnen geblieben war.

Doch selbst diese vieltausendfache Not, die Angst und das Elend von Frauen und Kindern auf dem Bahnhof von Breslau erfuhren noch eine Steigerung. Russische Panzer rückten mit jeder Stunde näher an Schlesiens Metropole heran, und jede Stunde machte es dringender, nicht nur die Flüchtlinge, sondern auch die Zivilisten Breslaus aus der Stadt zu bringen. Und jetzt geschah in Panik, was Wochen vorher hätte geschehen müssen.

Am 21. Januar befahl Gauleiter Karl Hanke den Männern unter den Zivilisten von Breslau, sich zur Verteidigung der Stadt bereitzuhalten. Überall auf Mauern und Litfaßsäulen ließ er Plakate anschlagen, auf denen es hieß:

»Männer von Breslau!

Unsere Gauhauptstadt Breslau ist zur Festung erklärt worden. Die Evakuierung der Stadt von Frauen und Kindern läuft und wird in Kürze abgeschlossen sein. Ich habe den Gauamtsleiter für Volkswohlfahrt mit der Durchführung dieser Aktion beauftragt. Für die Betreuung der Frauen und Kinder wird geschehen was möglich ist.

Unsere Aufgabe als Männer ist es, alles zu tun, was die Unterstützung der kämpfenden Truppe erfordert.

Ich rufe die Männer Breslaus auf, sich in die Verteidigungsfront unserer Festung Breslau einzureihen! Die Festung wird bis zum Äußersten verteidigt.

Wer die Waffe nicht führen kann, hat in den Versorgungsbetrieben, im Nachschub, bei der Aufrechterhaltung der Ordnung mit allen Kräften zu helfen. Niederschlesische Volkssturmmänner, die an der Grenze unseres Gaues bolschewistische Panzer mit Erfolg bereits bekämpften, haben bewiesen, daß sie unsere Heimat bis zum letzten zu verteidigen bereit sind. Wir werden ihnen nicht nachstehen.

Hanke
Gauleiter und Reichsverteidigungskommissar.«

Auf diesen Plakaten hatte Karl Hanke gleich zweimal gelogen: Die Evakuierung der Frauen und Kinder war nicht »in Kürze abgeschlossen«, und für ihre Betreuung geschah keineswegs, was möglich war. Auf den Bahnhöfen der Stadt herrschte längst chaotischer Wirrwarr. Nun stellte sich heraus, daß der Festungskommandant, Generalmajor Krause, in der Dezember-Konferenz mit dem Gauleiter recht gehabt hatte: Es gab bei weitem nicht genug Züge für die Zivilisten in Breslau. Zwar: In diesen Tagen der ersten Gefährdung Breslaus transportierte die Reichsbahn Zehntausende aus der Stadt heraus, aber Hunderttausende blieben zurück. Die Gauleitung setzte Lastwagen und Omnibusse ein. Es gab nicht genug davon, die wenigen nutzten wenig.

In dieser Situation faßte der Gauleiter Karl Hanke einen Entschluß, der weder durch die Lage an der Front noch durch die Lage in der Festung Breslau gerechtfertigt werden konnte: Er ließ Frauen und Kinder zu Fuß aus der Stadt heraustreiben. In den Straßen der Innenstadt von Breslau und in seinen Vororten dröhnte es unaufhörlich aus den Lautsprechern: »Frauen und Kinder verlassen die Stadt zu Fuß in Richtung Opperau und Kanth.«

Der Ort Kanth liegt rund 25 Kilometer im Westen von Breslau. Der Weg dorthin über die Landstraße war unter normalen Umständen für Frauen und kleine Kinder beschwerlich, unter den Umständen jener Januar-Tage jedoch mörderisch. Denn seit nahezu zwei Wochen lag klirrender Frost über dem Land. Schnee war gefallen, nahezu 50 Zentimeter hoch. Dichter Schnee bedeckte auch die Straße von Breslau nach Kanth.

Viele der Frauen von Breslau mißachteten den Befehl, aber Zehntausende kamen ihm gehorsam nach. Sie packten Taschen mit Lebensmitteln und Getränken, hüllten sich in Wollmäntel, banden die Kopftücher und setzten ihre kleinen Kinder auf Schlitten oder in Handwagen. Dann zogen sie los. In den Tagen nach Hankes Anordnung, die Stadt zu verlassen, bewegten sich über die Straßen, die von Breslau nach Westen führen, endlose Kolonnen von Frauen und Kindern. Der Schnee wirbelte unter ihren Füßen hoch. Die Landschaft lag im Schein einer kalten, klaren Wintersonne. Selbst zur Mittagszeit blieb der Thermometer bei 16 Grad unter Null. Aus den Weiten des Ostens heulte schneidiger, eisiger Wind über Schlesien. Auf den ersten Kilometern schritten die Frauen noch rasch vorwärts. Dann schwanden die Kräfte. Viele Frauen konnten die Schlitten nicht mehr ziehen, die Kinderwagen nicht mehr schieben. Sie nahmen ihre Kinder auf den Arm.

Die Kälte traf die kleinen Kinder überall, in den Schlitten, den Wagen, in den Armen der Mutter. Der eisige Tod schlug zuerst die Babys. Kissen und Decken konnten die Wärme des Lebens nicht halten. Manche Mutter zog oder trug ihr totes Kind noch viele Kilometer weit und glaubte, es schliefe nur. Manche Mutter versuchte, ihr Kind zu füttern, aber die Milch in den Flaschen war zu Eis gefroren. Manche Mutter versuchte, ihrem Kind im Eissturm die Brust zu geben und ihm so das Leben zu retten. Die Breslauer Mütter, die auf dem Marsch nach Westen ihre Kinder verloren, scharrten eine Mulde in den Schnee und legten die kleinen toten Körper hinein. Oder sie betteten ihre gestorbenen Kinder in den mit Schnee gefüllten Graben, der sich an der Straße entlang zog. Manche Mutter folgte ihrem Kind in den Tod. Sie legte sich neben das Grab aus Schnee und erfror. Tausende zogen an den dunklen Bündeln im glitzernden Schnee vorüber, aber keiner hatte die Kraft, sich um die Sterbenden und Toten zu kümmern. Viele der Mütter, die ihre Kinder lebend bis Kanth oder in andere Orte westlich von Breslau gebracht hatten, stießen auf Mitleidlosigkeit. Dort wurde den verzweifelten, nahezu erfrorenen Frauen und Kindern aus Breslau oft die Tür gewiesen.

Niemand hat die toten Körper, die den Weg der Frauen von Breslau nach Westen säumten, gezählt. Nur eines steht fest: Der Befehl an die Frauen von Breslau, die Stadt zu Fuß zu verlassen, war sinnlos: Wenige Tage später kehrten Zehntausende Breslauer noch einmal in die Stadt zurück. Die sowjetischen Truppen waren zwar weiter nach Westen vorgedrungen, aber sie brauchten noch drei Wochen, um den Ring um Breslau zu schließen, und nahezu ebenso lange fuhren Eisenbahnzüge mit Flüchtlingen aus der schlesischen Hauptstadt heraus nach Westen.

Eine Woche nach dem Todesmarsch der Frauen von Breslau sahen sich die Verteidiger der Stadt Breslau auf die Hilfe der Frauen angewiesen. Am 27. Januar klebten an Mauern, Bäumen und Litfaßsäulen Plakate des Festungskommandanten, Generalmajor Krause, auf denen es hieß: »Breslauer! Der Kampf um die Freiheit

Deutschlands und um den Endsieg erfordert den Einsatz Eurer ganzen Kraft. Ihr müßt mir helfen, die letzten Vorbereitungen für den Kampf um Eure Vaterstadt zu treffen. Deshalb rufe ich alle Männer, Frauen und Kinder über 10 Jahre zur Mitarbeit auf.«

Zwei Tage später brachte Gauleiter Hanke den Breslauern in Erinnerung, daß er Herr über Leben und Tod in der Stadt war. Am 29. Januar trat auf dem Breslauer Ring ein Erschießungskommando an. Der Breslauer Bürgermeister Dr. Spielhagen wurde vor die Gewehre geführt. Er mußte sich vor dem Denkmal Friedrich II. aufstellen. Um 6 Uhr morgens wurde der Bürgermeister füsiliert. Gauleiter Hanke ließ überall in der Stadt rote Plakate aushängen, auf denen er als Grund für die Erschießung des Bürgermeisters mitteilte, Spielhagen »wollte ohne Befehl die Stadt Breslau und seinen Posten verlassen, um sich anderswo eine Beschäftigung zu suchen. Wer den Tod in Ehre fürchtet, stirbt ihn in Schande!«

Unterdessen rückten die Russen langsam näher an Breslau heran. Das Eis der Oder war in wochenlangem Frost so stark geworden, daß es Panzer trug. Der Strom war kein Hindernis mehr für die angreifende Sowjetarmee. Nördlich und südlich von Breslau marschierten Konjews Soldaten auf und drehten auf die schlesische Hauptstadt ein.

In den letzten Tagen des Januar erkrankte Generalmajor Krause. Er wurde von General von Ahlfen abgelöst. Zu diesem Zeitpunkt standen die Russen nur noch 12 Kilometer von den Grenzen der Stadt Breslau entfernt. Die Soldaten, die Männer, Frauen und Kinder hörten, wie der Gefechtslärm näherkam.

General von Ahlfen musterte in den ersten Tagen des Februar die Truppen, die für die Verteidigung der Stadt zur Verfügung standen: 45 000 bis 50 000 Mann, den Volkssturm schon eingerechnet. Zum Sturm auf Breslau aber waren 13 Divisionen angetreten – eine etwa fünffache Übermacht. Am 14. Februar verließ der letzte Zug nach Westen die Stadt. Am 15. Februar schloß die Sowjetarmee den Belagerungsring. Über die eingeschlossene Stadt Breslau legte sich der Donner schwerer Artillerie. Er hielt zwölf Wochen lang an. Die Stadt, ihre 45 000 Soldaten und die mehr als 100 000 Zivilisten, die in ihren Mauern eingeschlossen waren, mußten auf Hilfe von außen vertrauen. Sie hofften auf Entsatz durch die deutsche Heeresgruppe unter dem Kommando des Feldmarschalls Schörner, der im Südwesten von Breslau eine Front gebildet hatte. Lebensmittel gab es zwar in Breslau in ausreichender Menge, aber Munition fehlte. Sie wurde von Flugzeugen herangebracht, die auf dem Flugplatz Gandau landeten. Rund um Breslau bauten die Sowjets starke Flakscheinwerfer auf. Und immer, wenn eine deutsche Transportmaschine im Anflug auf die Stadt war, durchzog Leuchtspurmunition aus russischen Geschützen den dunklen Himmel über der Stadt. Die Behauptung des Flughafens gegen die anstürmenden Russen wurde zur Lebensfrage für die Stadt Breslau und ihre Besatzung.

Am vierten Tag nach dem Beginn der Belagerung setzten Konjews Soldaten zum ersten großen Stoß auf das Stadtinnere an. Schwere russische Panzer rollten gegen den Süden der Stadt. Die Sowjets zogen schwere Geschütze nach vorn, Brandgranaten fauchten in die Häuser, Flächenbrände loderten auf. Im Inferno des Brandangriffs flüchteten Frauen und Kinder durch die Straßen der schlesischen Hauptstadt – auf der Suche nach einer Zuflucht. Granatexplosionen rissen Kinder von der Hand ihrer Mütter, Splitter fällten die Flüchtenden auf dem Weg in die Sicherheit des Kellers. Feuer und Blut überall.

Den Verteidigern gelang es, diesen ersten Stoß der Russen in das Herz der Stadt abzuwehren. Die zusammengewürfelten Einheiten unter dem Kommando des Generals von Ahlfen kämpften mit äußerster Erbitterung. Sie wußten, daß es um ihr Leben ging. Bei einem Gegenstoß hatten die deutschen Soldaten die Leichen von Kameraden gefunden, die sich den Russen ergeben hatten. Die Körper der Toten waren in einem unbeschreiblichen Zustand. Die Soldaten waren gefoltert, gräßlich verstümmelt und dann getötet worden. Noch widerstand die Stadt. Sie konnte widerstehen, weil Verteidiger und Zivilisten Hand in Hand arbeiteten, weil Zivilisten wie Soldaten sich selbst nicht aufgeben wollten.

Anfang März, in der dritten Woche der Belagerung von Breslau, unternahm die Belagerungsarmee des Marschalls Konjew den Versuch, den Schrecken des Krieges mitten in Breslaus Zivilbevöl-

kerung hineinzutragen und ihre Moral zu brechen. Auf der Rund-
funkwelle des Deutschlandsenders hieß es nach den 9-Uhr-Nach-
richten: »Und nun bringen wir eine wichtige Mitteilung für die
tapferen Soldaten und Volksgenossen der Festung Breslau. Die
Stunde eurer Befreiung ist gekommen. Einige im Osten bewährte
Panzerdivisionen haben den feindlichen Einschließungsring
gesprengt. Kommt in den Süden der Stadt, um euren Befreiern die
Hand zu reichen!«

Erleichtert und voller Hoffnung kamen Frauen und Kinder aus den
Kellern hervor, Kolonnen formierten sich zum Marsch in den
Süden der Stadt. Zehntausende glaubten das Ende des Elends
nahe. Doch: Deutsche Soldaten und Polizisten sperrten die Straßen nach Süden ab. Sie sagten den Hoffenden, daß die Rundfunk-
meldung eine tödliche List der Sowjets gewesen war. Frauen und
Kinder krochen wieder in die Keller zurück. Die Straßen waren
leer, und dann, ungefähr zu dem Zeitpunkt, da die Masse der
Marschierenden die südlichen Stadtteile Breslaus erreicht haben
würde, massierte russische Artillerie ihr Feuer auf diesen Bezirk
der Stadt. Russische Kampfflugzeuge bombardierten zur gleichen
Zeit den Süden Breslaus.

Frauen und Kinder waren zwar für diesen Augenblick den russischen Granaten entkommen, aber ein Befehl des Gauleiters Karl
Hanke setzte sie erneut dem Tode aus: Früher oder später, so
befürchteten die Verteidiger der Festung, würde der außerhalb der
Stadt gelegene Flugplatz Gandau in die Hand der Russen fallen.
Ein neuer Flugplatz sollte angelegt werden. Hanke setzte gegen
den Willen der militärischen Führung in Breslau durch, daß dieser
Flugplatz mitten in der Stadt im Verlauf der Kaiserstraße gebaut
wurde. Die Masten von Laternen und Stromoberleitungen mußten
auf einer Länge von nahezu anderthalb Kilometern herausgerissen
werden. Die Kaiserstraße war in ihrer Mitte mit Bäumen bepflanzt.
Die Bäume mußten gefällt, ihre Stümpfe aus dem Erdreich
gesprengt werden. Für große Flugzeuge war die Fahrbahn nicht
breit genug. Auf beiden Seiten der Kaiserstraße mußten Dutzende
von Häusern gesprengt werden, darunter auch die Lutherkirche.
Nach den Detonationen der Sprengladungen bedeckten unge-

heure Berge von Trümmern und Schutt die zukünftige Landebahn des »stadtinneren Flugplatzes«. Die Pioniere der Wehrmacht allein konnten die gewaltige Arbeit nicht bewältigen. So zogen in langen Reihen Breslaus Frauen und Kinder, viele von ihnen kaum über zehn Jahre alt, heran und räumten mit Hacken, Schaufeln und Karren Steine und Beton beiseite.

Die Russen hatten schnell herausgefunden, an welchem Projekt die Deutschen in der Stadt schufteten. Sie lenkten das Feuer ihrer Artillerie in die Kaiserstraße zwischen die Frauen und Kinder. Tiefflieger der Roten Luftflotte huschten über die Dächer heran, hochspritzendes Gestein, dicht nebeneinanderliegende Staubwölkchen, Verwundete und Tote markierten den Einschlag der Geschosse aus ihren Bordkanonen.

Der Gauleiter Karl Hanke entledigte sich mit Hilfe einer Intrige in den ersten Tagen des März seines militärischen Widersachers, des Generals von Ahlfen. Neuer Kommandant der Festung Breslau wurde General Hermann Niehoff. General Niehoff brachte ein Versprechen des Feldmarschalls Schörner mit, dessen Armee immer noch die deutsche Front südlich von Breslau hielt: »Wenn Sie es fertigbringen, Breslau drei oder vier Tage zu halten, dann ist Generaloberst Schörner auf dem Landwege bei Ihnen und reicht Ihnen die Hand.«

Aber Schörner kam nicht. Breslaus Verteidiger blieben weiter auf sich selbst gestellt. Der russische Angriff fraß sich von Tag zu Tag tiefer in die Stadt hinein. Die Verteidiger widersetzten sich dem russischen Druck mit unerhörter Tapferkeit und unerhörter Findigkeit.

Die Generäle von Ahlfen und Niehoff schreiben in dem von ihnen gemeinsam verfaßten Buch »So kämpfte Breslau«: »Um die nördlich der Steinstraße gelegene Schule, ein moderner, kompakter Betonbau, der zuletzt von feindlichen Kanonen vollkommen zersägt war, wurde immer wieder hartnäckig gekämpft. Nach heftiger Feuervorbereitung drang der Feind immer wieder aus den jenseits der Straße gelegenen Häuserblocks in die Schule ein. Entweder saßen die Sowjets im Keller, die eigenen Truppen in den oberen Stockwerken, oder die Korridore waren Schauplatz heftiger

Kämpfe. Mitunter saß der Gegner im angrenzenden Klassenzimmer und wurde nach Sprengen der Klassenwand wieder hinausgeworfen. Diese Schule blieb zum Schluß fest in deutscher Hand.«

Im Wehrmachtsbericht vom 30. März 1945 wurde der Offizier Budka, Untersturmführer der Waffen-SS, besonders erwähnt. Die Soldaten seiner Kompanie hatten in den Kellern auch dann noch standgehalten, als die Häuser über ihnen in Flammen standen und die Hitze auf mehr als 50 Grad angestiegen war: Während Budka und seine Kameraden feuerten, schleppten Helfer kaltes Wasser heran und gossen es über die Kämpfer.

Hauptmann Rother, Kommandeur des Pionierbataillons bei der 609. Division, berichtete: »Die Straßen zwischen den deutschen und den russischen Linien waren mit Häuserschutt, Ziegelsteinen, Dachpfannen bedeckt. Daher kamen wir auf den Gedanken, unter Nachahmung dieses Häuserschutts Minen herzustellen. Hierzu wurden die Holzkästen der Schützenminen mit Leim bestrichen und dann mit rotem und weißlichgelbem Ziegelmehl so bedeckt, daß sie einem Ziegelstein täuschend ähnlich sahen. Die so vorbereiteten Minen waren auf drei Meter Entfernung kaum von einem Ziegelstein zu unterscheiden. Sie wurden mit Hilfe einer Angelrute bei Nacht aus Kellerluken, Fenstern, von Balkonen oder aus Haustrümmern heraus verlegt, was der Feind nie bemerkt hat. So entstand wenige Tage vor der Kampffront des Pionierbataillons 609 eine Sperre von mehr als 5000 solcher Ziegelstein-Schützenminen.«

Ende März, in der sechsten Woche der Belagerung, regneten Flugblätter aus russischen Maschinen auf die Stadt herab. Sie enthielten die Aufforderung zur Kapitulation. Hinter den russischen Linien fuhren Lautsprecherwagen auf. Sie spielten Marsch- und Tanzmusik und forderten ebenfalls die Übergabe der belagerten Stadt. Aus der Festung kam keine Antwort.

Der Ostersonntag, der 1. April, zog mit strahlendem Sonnenschein über Breslau herauf. Aus der Richtung, aus der die Sonne kam, dröhnte am frühen Morgen das Geräusch vieler Flugzeugmotoren heran. Ein Bomberstrom überschüttete die Stadt mit Sprengbomben und Brandbomben. Gleichzeitig feuerte die russische

Artillerie aus allen Rohren. Die Russen hatten inzwischen über-
schwere Geschütze vor der Stadt aufgefahren. Sie schleuderten
Granaten mit einem Kaliber von 28 Zentimetern in das verlorene
Breslau. Durch die Straßen raste der Feuersturm. Krankenhäuser
brannten, aus den Türmen des Breslauer Doms loderten die Flam-
men. Kirchen stürzten ein. Und aus dem Vorhang von Feuer und
Rauch schoben sich russische Sturmgeschütze und russische
Tanks. Die Sowjetarmee griff nach dem Herzstück der Breslauer
Verteidigung: Gandau. Und diesmal schaffte sie es.
Die grünbraun gefleckten Kolosse aus Stahl walzten den deut-
schen Widerstand nieder, Flammenwerfer brannten deutsche Stellungen aus, konzentrisches Feuer schwerer Artillerie auf kurze
Entfernung trieb die Verteidiger zurück. Der Flugplatz ging verloren, Breslau war endgültig abgeschnitten, denn die Flugplatz-
schneise Kaiserstraße, der Behelfsflugplatz, den Gauleiter Karl
Hanke hatte anlegen lassen, erwies sich als ungeeignet für große
Flugzeuge, die Nachschub an Munition und Waffen hätten bringen können. Verwundete konnten nicht mehr ausgeflogen werden
– weder verwundete Soldaten noch verwundete Frauen und Kinder. In den Hochbunkern, in denen Lazarette stationiert waren,
fiel immer wieder wegen Strommangels die Ventilation aus. Die
Temperatur stieg; sie steigerte die Qualen der Verwundeten zur
Unerträglichkeit. Die Lage der Festung war aussichtslos geworden. Sowjetische Armeen waren in jenen Tagen bereits zum Sturm
auf Berlin angetreten. Amerikaner näherten sich im Westen der
Elbe. Aber Breslau widerstand immer noch. Soldaten und Zivilisten starben und litten, Frauen und Kinder lebten nahezu zwei
Monate lang im unaufhörlichen Lärm der Schlacht, in ununterbrochener Bedrohung, in unaufhörlicher Todesangst.
In dem Buch der Generäle von Ahlfen und Niehoff wird für den
Kampf der Breslauer folgende Erklärung gegeben: »Breslau hat mit
50 000 Mann Soldaten und Volkssturm fast drei Monate lang sieben feindliche Divisionen an die unmittelbare Front selbst und
sechs weitere Divisionen der feindlichen Führungsreserve gebunden. Das sind mindestens rund 150 000 Mann, also das Dreifache
der deutschen Kräfte . . . 1,6 Millionen Menschen marschierten in

den schlesischen Trecks auf der Flucht nach Westen . . . Die lange
Verteidigung hat eine große feindliche Überlegenheit lange gefesselt, deutsche Menschen auf dem Marsch in die Sicherheit
geschützt und einen rascheren und auch weiteren Vorstoß der
Roten Armee nach Westen verzögert und verhindert.«
Breslau kämpfte auch dann weiter, nachdem Hitler – am 30. April
1945 – Selbstmord begangen hatte. Und Breslau kämpfte noch
weiter, nachdem die Reichshauptstadt Berlin – am 2. Mai 1945 –
vor der Roten Armee kapituliert hatte. Am 4. Mai ließen sich vier
Breslauer Geistliche, zwei Katholiken und zwei Protestanten, bei
General Niehoff melden, dessen Kommandantur sich im Keller der
Universitätsbibliothek befand. Der evangelische Pfarrer Hornig bat
im Namen seiner Amtsbrüder den Kommandanten der Festung
um die Kapitulation vor der Roten Armee. Die Leiden der Zivilbevölkerung, der Kranken, der Alten und Kinder seien ins Unermeß-
liche gestiegen. Der General ließ die Geistlichen ohne eine klare
Antwort gehen.
Am nächsten Tag meldete sich noch einmal der Gauleiter Karl
Hanke in der Festungszeitung zu Wort. Es war die letzte Ausgabe
dieser Zeitung, und sie bedrohte alle Menschen in Breslau, die der
Kapitulation das Wort redeten, mit Standgericht und Tod. Am
Abend dieses 5. Mai begab sich Gauleiter Karl Hanke zur Flug-
platzschneise Kaiserstraße. Dort bestieg er das Flugzeug des
Festungskommandanten Niehoff.
Über den Ausflug des Gauleiters Karl Hanke aus der Festung
Breslau weiß niemand besser Bescheid als Leutnant Helmut Alsleben, damals Feuerleitoffizier im Flakregiment 150 in Breslau: Alsleben begleitete Hanke. Der Leutnant berichtete: »Gauleiter Hanke
und Festungskommandant Niehoff waren übereingekommen, daß
Gauleiter Hanke ausfliegen sollte, um ›bessere Übergabebedin-
gungen‹ zu erlangen. Das einzige startklare Flugzeug in der
Festung war ein ›Fieseler Storch‹, der in einem flachen Nebenge-
bäude der Jahrhunderthalle mit zusammengeklappten Tragflächen
untergestellt war. Ich, Helmut Alsleben, wurde ausgesucht, mit
dem Gauleiter auszufliegen und ihn zum Fliegerhorst in Schweidnitz zu bringen. Als Zeitpunkt für den Abflug war der 6. Mai,

03.30 Uhr morgens festgesetzt. Wir starteten gegen 05.30 Uhr. Es war ein sonniger Frühjahrstag. Die Front war ruhig. Wir flogen im Tiefflug über die zerstörte Stadt. Etwa 15 Kilometer westlich von Breslau bekamen wir Maschinengewehrfeuer. Kurze Zeit später bockte der Motor. Etwa drei Kilometer weiter mußten wir in der Nähe des Berges Zobten notlanden. Nach der Reparatur des Tanks flogen wir zum Flugplatz Schweidnitz. Hier wurde der Gauleiter Hanke bereits von einem Panzeroffizier erwartet. Hanke war Panzer-Oberleutnant der Reserve. Der Kommandeur meines Flakregiments berichtete mir 1955, daß Hanke wieder nach Breslau zurückgekehrt und dort umgekommen ist.« Soweit Leutnant Helmut Alsleben, der heute in Herchenrath lebt.

Am Tag nach Hankes Flucht verhandelte General Niehoff mit den Sowjets über die Übergabe der Stadt. Kommandeure der Roten Armee legten dem Deutschen, der ihnen nahezu zwölf Wochen Widerstand geleistet hatte, eine Kapitulationsurkunde vor:

»Herrn Festungskommandant der Festung Breslau, General der Infanterie Niehoff.

Entsprechend Ihrer Zusage betr. einer ehrenvollen Übergabe der Eingekesselten Ihrer Festung und Festungseinheiten schlage ich Ihnen folgende Bedingungen vor:

1. Alle unter Ihrem Befehl stehenden Truppen stellen die Kampftätigkeit am 6. 5. 45 ab 14 Uhr (Moskauer Zeit) ein. (13 Uhr deutscher Zeit.)

2. Sie übergeben den Mannschaftsbestand, Waffen, alle Kampfmittel, Transportmittel und technischen Einrichtungen unbeschädigt.

3. Wir garantieren Ihnen, allen Ihren Offizieren und Soldaten, die den Widerstand eingestellt haben, das Leben, Ernährung, Belassung des persönlichen Eigentums und der Auszeichnungen und nach Beendigung des Krieges Heimkehr in die Heimat. Dem ganzen Offiziers-Korps ist das Tragen der blanken Waffe gestattet.

4. Allen Verwundeten und Kranken wird sofortige medizinische Hilfe durch unsere Mittel zuteil.

5. Der gesamten Zivilbevölkerung werden Sicherheit und normale Lebensbedingungen garantiert.

6. Ihnen persönlich und anderen Generalen werden Pkw mit Bedienung belassen, ebenso die entsprechende Bedienung für Generäle in der Gefangenschaft.

Der Befehlshaber der 6. Russ. Armee	Der Chef des Stabes
der 1. Ukrainischen Front	gez. Panow
gez. Glusdowski	Generalmajor
General	6. 5. 1945«

Breslau kapitulierte. General Niehoff wurde für zehn Jahre ein Gefangener der Russen. Über die Kapitulationsurkunde heißt es in seinem Buch »So kämpfte Breslau«: »Allerdings war es eine schriftliche Garantie, deren Buchstaben eine Erfüllung durch die Tat folgen mußte. Und die Taten sahen dann ganz anders aus.«

Am Abend des 6. April zog die Rote Armee in die schlesische Hauptstadt und Festung Breslau ein. Der Krieg war nahezu beendet, aber über Breslau fegte nun der gleiche Schrecken hinweg, der die ersten Wochen des Russensturms auf das Reich, der nun fast vier Monate zurücklag, gekennzeichnet hatte. Die Rotarmisten plünderten und verwüsteten die Wohnungen, sie erschossen Männer, die ihre Familien beschützen wollten, und sie jagten in den Gärten, Trümmern und Kellern nach Frauen.

*

Auch drei Wochen nach dem Fall der Festung Breslau schwelten die Ruinen noch. Dann und wann entfachte der Wind versteckte Glut zu flackerndem Feuer an. Über der Stadt der Geruch von Verwesung und Tod: Allein 40 000 Zivilisten waren während der Belagerung umgekommen, viele waren nicht beerdigt, viele lagen in den Kellern zusammengestürzter Häuser. Über Trümmer und Schutt führten Trampelpfade. Die Straßen waren zu einem großen Teil nicht passierbar und oft nicht einmal wiederzuerkennen. In dieser Wüste suchte Ende Mai 1945 der Breslauer Hausmakler B. F. nach seinem Besitztum. Er berichtete: »Das Haus meines Sohnes war der Erde gleich. Acht von mir verwaltete Häuser hatten das gleiche Schicksal erlitten. An den Straßenecken saßen russische

Soldaten auf Stühlen. Ab und zu schossen sie zum Spaß aus ihren Maschinenpistolen die Straße entlang. Unsere Wohnung und meine Heimat, alles, alles restlos ausgelöscht und für immer dahin.«

In viele der Häuser, die den Krieg unbeschädigt überstanden hatten, waren russische Soldaten und Offiziere eingezogen. In den Trümmern von Breslau, in Kellern und Ruinen hausten Tausende von Frauen, Kindern und älteren Männern. Sie gingen zumeist in Lumpen, und sie richteten sich aus zerfetzten Matratzen irgendwo eine Bettstatt her. Den Tag verbrachten sie, wenn immer sie Gelegenheit dazu hatten, mit der Jagd nach Nahrung. Hunger herrschte in Breslau. Die Deutschen, die Frauen, die Kinder, die Männer, durchsuchten die Trümmer, drehten in zerstörten Wohnungen die Steine um, räumten Balken beiseite, brachen in Keller ein. Sie fanden Konserven, Eingewecktes, verschimmeltes Brot, und oft stießen sie, wenn sie nach langer schwerer Arbeit den Eingang zu einem Raum freigelegt hatten, auf Leichen. Die hungernden Deutschen wurden von den Russen unmittelbar nach der Kapitulation bereits zu sogenannten Sühnearbeiten eingesetzt. Männer, Frauen und die älteren Kinder räumten viele Stunden am Tag mit ihren Händen die Trümmer von den Straßen. Unter ihnen waren viele, die zwei Monate zuvor gezwungen worden waren, in der Innenstadt den Flughafen des Gauleiters Karl Hanke anzulegen.

Der Breslauer W. F. berichtete: »Diese Frauen, meist in Lumpen, waren kaum noch als Frauen zu erkennen. Sie waren völlig ungepflegt. Trotzdem waren sie der Willkür der Soldaten restlos ausgeliefert.« Der Krieg war beendet, die Gewalt aber dauerte an. Der Breslauer Eisenbahnbeamte Adolf Walda hörte, wie zu nächtlicher Stunde Schüsse über den Benderplatz peitschten: »Russische Soldaten auf der Jagd nach Frauen.« Und der Makler B. F.: »Sobald es dunkel wurde, ertönten die Notschreie der Frauen schauerlich durch die Finsternis, und das Entsetzen war allgemein. Die Tochter konnte die Mutter nicht schützen und umgekehrt. Es gab allerdings auch Frauen, die sowjetische Offiziere freiwillig aufnahmen und verpflegten, bekochten und benähten. Dafür bekamen sie Nahrungsmittel.« Im Allerheiligen-Hospital von Breslau wurde auf Geheiß der sowjetischen Kommandantur eine Station für geschlechtskranke Frauen eingerichtet. Der Makler B. F.: »Vor dem Hospital standen die Bedauernswerten Schlange.«

Oft wurden die in Breslau zurückgebliebenen Deutschen von den Russen zu einer Arbeit kommandiert, die sie mit besonderer Bitterkeit erfüllte: Sie mußten die Reste dessen, was der Krieg ihnen gelassen hatte, aus Kellern und Wohnungen heranschleppen, am Straßenrand aufbauen und dann auf sowjetische Lastwagen stemmen. Der Augenzeuge W. S. schrieb: »Ununterbrochen kommen Russen und verlangen Gegenstände zum Abtransport, zum Beispiel: Klaviere, Nähmaschinen, Garderobe, Schlafzimmer, Fahrräder, Schreibmaschinen.« Hochbeladen schwankten die Lastwagen der Roten Armee zu den Bahnhöfen. Dort wurde die Beute in Güterwagen umgeladen und nach Rußland transportiert. In Breslau verfolgten die Russen – wie im gesamten deutschen Osten jenseits von Oder und Neiße – mit außerordentlicher Gründlichkeit das Ziel, möglichst alles, was Wert hatte, an sich zu bringen, bevor sie die Herrschaft an die Polen übergaben.

Am 1. Juli 1945 rückte ein polnischer Zivilkommissar an die Spitze der Stadtverwaltung. Der Alltag der Deutschen in der schlesischen Hauptstadt wurde unerträglich. Der Breslauer H., der von den Russen nach der Besetzung der Stadt als Bezirksbürgermeister eingesetzt worden war, berichtete: »Zu den Übergriffen russischer Besatzungsangehöriger traten nun noch diejenigen bewaffneter polnischer Jugendlicher, allerdings aus ganz anderen Motiven, für die wir Antifaschisten volles Verständnis hatten, solange sie uns nicht selbst betrafen . . . Jedoch, und hier zeigten sich wieder die positiven Kräfte der russischen Militärverwaltung, leistete die russische Kriegskommandantur auf Ansuchen häufig Schutz und Hilfe gegen polnische Gewalttaten.«

Polnische Banden, so erinnerte sich der Tapezierer Georg Fritsch aus Breslau, hatten die Grüfte des Friedhofs der Stadt erbrochen und die Särge herausgeworfen. Dann richteten sie sich wohnlich ein. Aus den Grüften brachen sie zu Raubzügen auf, und in den Gemäuern auf dem Friedhof bargen sie ihre Beute.

Ein deutscher Pastor wurde während einer Beerdigung beraubt; Banditen zogen ihm am Grab seine Schuhe aus.

»Zu Anfang«, so berichtete der Bezirksbürgermeister H. zur Charakterisierung des Verhältnisses zwischen Polen und Sowjetsoldaten, »als den Russen bekannt wurde, daß Breslau und Schlesien polnisch werden, setzten sie ganze Häuserzeilen in Brand aus Wut darüber, daß sie ihr Leben für die Eroberung dieses Landes und dieser Stadt eingesetzt hatten, und daß ihnen die Frucht dieses Sieges nun von einem Haufen von Marodeuren streitig gemacht wurde, die sich in einer Art und Weise als Sieger gebärdeten, wie wirkliche Sieger niemals zuvor. Noch Wochen später, als sich die Verhältnisse bereits beruhigt hatten, sah man immer wieder hier und da ein Haus in Flammen aufgehen – von Russen angezündet.«
Die bewaffnete polnische Miliz war das Vorauskommando der polnischen Zivilisten, die jetzt, wenige Wochen nach der Übernahme der Zivilverwaltung durch die neuen Herren, nach Breslau strömten. Die Deutschen mußten ihnen Platz machen, ihre Wohnungen verlassen, die Geschäfte aufgeben. Der Makler B. F. und seine Frau wurden aus der Wohnung gejagt, die sie sich mit viel Mühe wieder etwas häuslich eingerichtet hatten. Bei ihnen erschien ein Soldat und ein Zivilist: »Der Soldat setzte mir die Maschinenpistole auf die Brust und sagte: ›Genau wie die Deutschen es in Polen machten. Ich gebe sieben Minuten Zeit, noch sechs, noch fünf . . .!« Der Makler beschwerte sich beim polnischen Bürgermeister. Der Bürgermeister gab zurück: »Für Deutsche gibt es kein Eigentum mehr!«
Die Enteigneten und Rechtlosen von Breslau gerieten von Tag zu Tag tiefer in das Elend. Es fehlte an Nahrung und es fehlte an Medikamenten. Die Polen setzten die Brotrationen für die Deutschen auf zwei Pfund für zehn Tage fest. Und selbst diese Menge wurde oft nicht zugeteilt. Die Deutschen in Breslau hungerten mitten im Überfluß. In den polnischen Läden in Breslau türmten sich Brot und Fleisch, aber es mußte mit polnischem Geld bezahlt werden, und die Deutschen waren gezwungen, ohne jede Bezahlung zu arbeiten. In den Apotheken, die von Polen übernommen worden waren, kletterte der Preis für eine Aspirin-Tablette auf zehn bis fünfzehn Mark.
Über vielen Kellern, in denen Deutsche hausten, und aus vielen

Häusern, in denen noch Deutsche wohnten, hingen im Sommer 1945 gelbe Stoff-Fetzen: Die Seuchenflagge. Sie verbot, den Keller oder das Haus zu betreten. Typhus war ausgebrochen und grassierte überall. Die Krankheit raffte ungezählte geschwächte und hungernde Deutsche dahin.

Der Makler B. F.: »Neugeborene Kinder waren fast ausnahmslos zum Tode verurteilt. Die Mütter konnten die Kinder nicht stillen, da sie selbst keine Nahrung hatten. Zudem kein Badewasser, keine Wäsche und keine Pflege, da die Frauen meist Sühnearbeit ausführen mußten. In Fetzen gehüllt, ohne Sarg selbstverständlich, wurde so ein unschuldiges Wesen auf einem verwüsteten Friedhof verscharrt – ohne jede Formalität.«

Die Not wuchs, und oft schlurften ausgehungerte, abgemagerte, in Lumpen gekleidete deutsche Frauen, Männer und Kinder mit einem Gefäß in der Hand zu den Punkten der Stadt, an denen russische Feldküchen standen. Der Anblick der Besiegten jammerte die Sieger. Der Makler B. F. erinnerte sich voller Dankbarkeit: »Ab und zu gaben die Küche einen Schlag Grütze und Brühe, und wer Glück hatte, erhielt auch mal einen Knochen mit etwas dran, auch Brot. Auch ich machte mich mehrfach mit einer Kanne auf. ›Komm, du Alter‹, winkte man mir und füllte das Gefäß voll. Für uns war es die Rettung.«

XIII.

FLUCHT NACH BÖHMEN

Vom Schrecken eingeholt

In Schnee und Eiswind hatten sie auf der Flucht vor der Roten Armee ihre Heimat verlassen, waren über gewundene Straßen zum Kamm des Gebirges getreckt, hatten Menschen, Pferde und Wagen auf steil abfallenden Wegen verloren und standen in einem Gebiet, das ihnen als ein gelobtes Land erscheinen mußte. Mehr als anderthalb Millionen Flüchtlinge aus Schlesien waren im Februar und März des Jahres 1945 in das Sudetenland und in das Innere der Tschechoslowakei, das damals sogenannte Reichsprotektorat Böhmen und Mähren, gezogen.

Hier, im Land hinter den Bergen, erholten die Schlesier sich von den Strapazen und Schrecken der Flucht. Der harte Winter war einem ungewöhnlich schönen Frühling gewichen, es war warm – und der Krieg schien weit. Viele der Menschen, die in Trecks geflohen waren, kampierten auf Feldern, lagerten auf Wiesen, zwischen den Wagen standen die Pferde, weideten die Kühe.

Manche hatten in Häusern Unterschlupf gefunden, oft bei Verwandten oder Bekannten. Das Sudetenland, das seit vielen Jahrhunderten von Deutschen besiedelt war, gehörte seit 1938, seit dem Vertrag von München, staatsrechtlich zum Deutschen Reich. Die Sudetendeutschen hatten den Flüchtlingen bereitwillig Platz eingeräumt. Flüchtlinge wie Sudetendeutsche glaubten, daß der Aufenthalt nur von kurzer Dauer sein würde. Unter den Flüchtlingen kam zum ersten Mal seit vielen Wochen das Gefühl von Sicherheit und Geborgenheit auf. Deutsche Truppen, Verbände der SS und des Sicherheitsdienstes hielten das Protektorat Böhmen und Mähren fest im Griff. Die Heeresgruppe Mitte unter General-feldmarschall Ferdinand Schörner, Hitlers »Durchhaltegeneral«, riegelte das Sudetenland im Norden gegen die Rote Armee ab. Viele der Flüchtlinge halfen ihren Gastgebern bei der Frühjahrsbe-stellung der Felder. Viele arbeiteten in Handwerksbetrieben und Fabriken. Hier, so glaubten sie, konnte das Ende des Krieges über sie kommen. Doch ihre Hoffnungen zerbrachen binnen kurzer Zeit. Diesen Menschen, die den Weg hierher gewagt hatten, standen Schrecken bevor, die den Schrecken in Form der Roten Armee und angloamerikanischer Bomber über Dresden gleich-kamen.

Die Wissenschaftliche Kommission der Bundesregierung urteilt: »Schlimm ging es den Schlesiern, die nach Böhmen und Mähren geflohen waren und dort bei Kriegsende neben dem Einmarsch der Russen die tschechische Erhebung erlebten. Zwar richtete sich

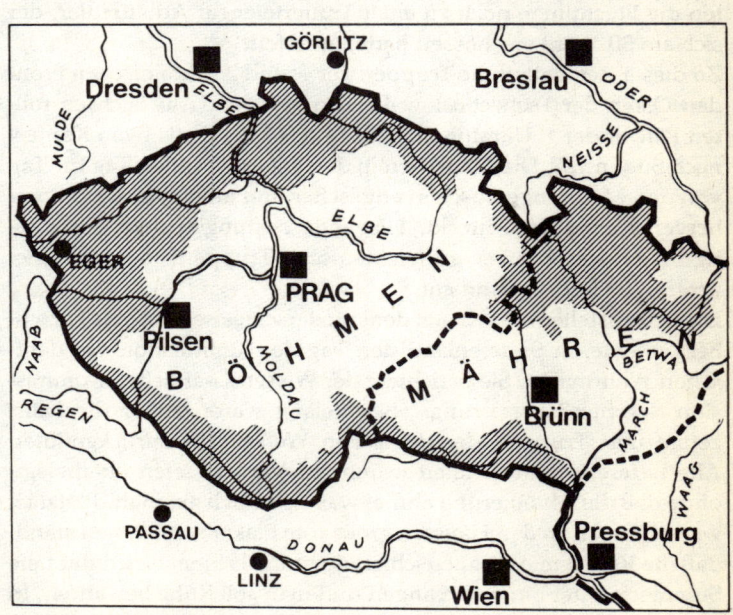

die Wut der Tschechen in erster Linie gegen die Sudetendeutschen, aber auch die deutschen Flüchtlinge aus Schlesien, die sich
im Mai und Juni im Gebiet der Tschechoslowakei befanden, hatten
bei den Vergeltungsmaßnahmen gegen die Deutschen mitunter
eine geradezu sadistische Behandlung zu erleiden, die in mancher
Hinsicht schlimmer war als die brutalen Gewalttaten der sowjetischen Truppen, vor denen sie geflohen waren.«
Die NSDAP setzte noch in den letzten Wochen des Krieges alles
daran, um die Sudetendeutschen und die Flüchtlinge in Sicherheit
zu wiegen. Am 19. April, dem Tag vor dem 56. Geburtstag von
Adolf Hitler, wurden die zehnjährigen Kinder der Sudetendeutschen und der Flüchtlinge für das Jungvolk verpflichtet. Dann
traten Jungen und Mädchen zum Propagandamarsch an. Am
20. April, dem Hitler-Geburtstag, veranstalteten Funktionäre der
NSDAP in Flüchtlingslagern Kundgebungen, und am 1. Mai mußten die Flüchtlinge noch zu einer Trauerfeier für Adolf Hitler, der
sich am 30. April erschossen hatte, antreten.
Zu dieser Zeit hatten die Truppen der 4. und 2. Ukrainischen Front
den Osten der Tschechoslowakei durchstoßen. Aus Sachsen rollten Panzer der 1. Ukrainischen Front des Marschalls Iwan Konjew
nach Süden vor. Die Menschen in den Lagern wurden Tag für Tag
von den Motorengeräuschen englischer und amerikanischer Bomberverbände aufgeschreckt. Fliegende Festungen und viermotorige Lancaster-Bomber griffen deutsche Truppen und Industrie-
zentren im Sudetenland an.
Die Schriftstellerin L. K. aus dem niederschlesischen Kreis Hirschberg erlebte im Sudetenland den Tag der Kapitulation der deutschen Wehrmacht. Sie berichtete der Wissenschaftlichen Kommission der Bundesregierung: »Nächtelang waren zuvor die Fahrzeuge und Truppen der deutschen Wehrmacht zurückgeflutet.
Alle Lazarette und Schulen waren mit Verwundeten überbelegt,
ohne daß die Bevölkerung ahnte, was eigentlich geschah. Plötzlich
waren überall an den Häusern große rote Plakate, auf denen stand,
daß die Rote Armee einmarschieren wird. Als Signal wird der tiefe
Summerton der Sirene erklingen und man soll Ruhe bewahren. In
der Stadt hingen noch Transparente der Deutschen: ›Lieber tot als

Sklav!‹ oder ›Nur über unsere Leichen geht der Weg ins Reich‹. Die Frauen beteten: ›Herrgott, laß es nicht geschehen, nimm Dich unser in Gnaden an.‹ Mitten in der Nacht erklang zwanzig Minuten lang das tiefe Summen der Sirene. Dann kamen die Truppen in unübersehbarem Ausmaß: Panzer, Lastwagen, Pferdewagen.«

Der Berginspektor Karl Wasner aus dem oberschlesischen Kreis Königshütte erlebte in dem sudetendeutschen Ort Hochstadt gleichfalls am 8. Mai den Einmarsch der Sowjetarmee: »Die Stadt war mit unzähligen roten Fahnen geschmückt. Eine Kapelle nahm am Rathaus Aufstellung. Ich hatte so etwas von verkommenen Militärfahrzeugen bisher noch nicht gesehen. Ein wolkenloser Himmel überstrahlte die Stadt. Und dieses Gesindel, verlumpt und mit krummen Absätzen, ratterte stinkend stundenlang über den Markt. Das waren also die Sieger!«

Die Deutschen in Hochstadt wurden an diesem Tag Opfer tschechischer Grausamkeit, die sich in anderen Orten der Tschechoslowakei zu einem ungeheuren Blutrausch steigerte. Berginspektor Wasner berichtete: »Die Deutschen mußten am Straßenrand niederknien und beten, und von hinten schlugen tschechische Frauen und Kinder mit Ruten auf sie ein.«

Der Krieg war beendet. Die Rote Armee war von der Wolga bis an die Elbe vorgestoßen – kämpfend, schießend, siegreich. Sie hatte ihren Rachedurst an Hunderttausenden von deutschen Frauen, Männern und Kindern in Ostpreußen, Pommern, Brandenburg und Schlesien stillen können. Aber auch die Deutschen in der Tschechoslowakei und in Böhmen und Mähren erlebten jetzt Gewalt, Schändung und Plünderung.

Die Wissenschaftliche Kommission der Bundesregierung urteilt: »Wenn sich auch die sowjetische Kriegführung wenig geändert hat, so war doch in ihrer Haß- und Vergeltungspropaganda, die sich auch gegen die deutsche Zivilbevölkerung richtete, seit etwa März 1945 ein Wandel eingetreten. Offenbar mit Rücksicht auf die Kampfmoral der Truppe und die innere soldatische Ordnung wurden die Aufrufe zur Rache an den Deutschen eingestellt und Tagesbefehle ausgegeben, die zur Disziplin aufriefen. Dadurch kam es in den letzten Kriegstagen und -wochen nicht mehr zu ähnlichen furchtbaren Exzessen gegen wehrlose Zivilisten wie in Ostpreußen beim ersten Einbruch der Roten Armee in das Reichsgebiet. Doch brachte der Russeneinmarsch noch Schreckliches genug, viele Sudetendeutsche erlebten hier den Tiefpunkt der Erniedrigung.« Die willkürlichen Tötungen und die oft unbeschreiblichen Grausamkeiten, wie sie von der Roten Armee in den östlichen Provinzen des deutschen Reiches begangen worden waren, werden aus dem Sudetenland und der Tschechoslowakei kaum berichtet. Die Deutschen erlitten jedoch Plünderung, Vergewaltigung und Rechtlosigkeit. Der Diplomingenieur Josef Kuhn berichtete vom Einmarsch der Russen in die Stadt Mährisch Schönberg. »Ungefähr um 15 Uhr am 8. Mai rollten die ersten russischen Panzer durch die Stadt, und wenig später standen die Russen im Haus und verlangten: Uhren, Uhren! Einige Tage nach dem Einmarsch der Russen sah man die Soldaten in Scharen mit großen, in Leinen gewickelten Paketen zur Bahn ziehen. Sie hatten die Erlaubnis, ihr Beutegut an ihre Angehörigen zu senden.«

Aus Wagstadt in Mähren berichtete der Einwohner L.R. der Kommission: »Russen kamen in die Wohnungen, verlangten Alkohol, und einer ließ den gesamten Schmuck von einigen Familien, die dort beisammen waren, mitgehen.« Aus Mährisch Ostrau berichtete A. H.: »Die Wohnungen wurden geplündert, überall sah ich Hausrat auf den Straßen. Mancher Soldat hatte bis zu 12 Armbanduhren auf der Hand.«

Der Schweizer Staatsbürger Rudolf Grünig, der zu jener Zeit im Sudetenland lebte, berichtete: »Die Russen beginnen gleich mit dem Durchsuchen nach Uhren und Ringen und anderen Wertgegenständen. Sie nehmen mit, was sie finden, drohen mit vorgehaltener Pistole mit Erschießen, falls innerhalb von fünf Minuten nicht sämtliche Uhren abgeliefert sind. Ich sehe Russen, die bereits an beiden Armen einige Armbanduhren umgebunden haben.«

Die Stenotypistin Steffi Gritzmann erlebte in Mährisch Ostrau den Einmarsch der Roten Armee: »Im Hause hörte ich dunkle, wilde Männerstimmen durcheinanderschreien. Ich sah russische Soldaten, die sich mit wilden Augen und vorgeschobenen Gewehren umblickten. Bald darauf kamen weitere russische Soldaten. Das waren lauter Mongolen mit schiefgeschlitzten Augen und wulstigen Lippen. Dann kamen immer mehr Russen und gingen von einem Raum zum anderen, durchstöberten alles, und wenn etwas zu klauen war, das klauten sie.«

Hand in Hand mit Plünderung ging sinnlose Verwüstung. Der Einwohner A. H. aus Mährisch Ostrau sah in den Gärten der Villen kostbare Bücher und Briefmarkensammlungen, die aus Fenstern herausgeworfen waren und im Regen lagen. Der Pianist Wilhelm Mittag aus Sternberg erlebte, wie Rotarmisten aus dem Rathaus und der Sparkasse Akten und Bücher auf die Straße warfen und Sprengladungen an die verschlossenen Tresore legten, um sich so Zugang zu den Schätzen zu verschaffen, die sie dort vermuteten.

Der Bürgermeister Franz Hickl aus Mährisch Trübau, der beim Einmarsch der Russen mit seiner Familie geflüchtet war, kehrte wenige Tage später in seine Wohnung zurück: »Ich war starr bei dem Anblick, der sich uns bot. Die massive Eingangstür zerschlagen, alle Türen zu den einzelnen Räumen, zu den Schränken und dergleichen gewaltsam erbrochen, gründlich entleert; kurzum: die ganze Wohnung ausgeraubt und vollkommen besudelt.«

Bürgermeister Hickl mußte wenige Tage später mit anderen deutschen Männern das verwüstete Museum der Stadt aufräumen: »Die großen Ölbilder waren mit Messern zerschlitzt worden. Das Spinett war zerstört. Rotarmisten hatten in der Waffensammlung des Museums Armbrüste und Pfeil und Bogen gefunden und sich die Zeit damit vertrieben, mit Pfeilen auf Bilder und Reliefs zu schießen. Die 25 000 Bücher der Bibliothek des Museums lagen auf der Erde. Tierisch war die Verwüstung in der Webstube des Museums. Die weibliche Trachtenpuppe lag in eindeutiger Stellung im Bett und die männliche auf ihr. Im Uhrenzimmer fehlte jeder ausgestellten Uhr das Werk.«

Manchmal wurden einzelne Deutsche in dieser Zeit der Hilf- und Rechtlosigkeit von der Gutmütigkeit einzelner Rotarmisten überrascht. Der Großkaufmann Dr. August Karl Lassmann berichtete: »Ein Russe sah eine Reithose, die dem nicht anwesenden Mann einer deutschen Frau gehörte. Der Russe wollte sie haben. Er sagte: ›Kaufen! Was willst du dafür?‹ Damals gab es für uns kein Fleisch, keine Butter, man war froh, wenn man Brot und Kartoffeln bekam. Der Russe bot an: ›Einen Schinken‹. Keiner von uns glaubte es. Er ging weg und kam nach zehn Minuten mit einem Riesenschinken wieder. Wo war der Schinken her? Der Russe war in den nächsten tschechischen Fleischerladen gegangen, wo die Deutschen gar nicht kaufen durften, und hatte sich den Schinken einfach genommen.«

Begehrteste Beute aber waren dieser siegreichen Roten Armee auch in Böhmen und Mähren die deutschen Frauen. Der Augenzeuge Wilhelm Mittag aus Sternberg hörte am Abend des Tages, an dem die Sowjets in die Stadt einrückten, auf der Straße die Schreie einer Frau. Er blickte aus dem Fenster und sah eine völlig unbekleidete Frau über das Pflaster laufen. Russische Soldaten jagten ihr nach. In dem Haus, das an Wilhelm Mittags Wohnung grenzte, wurde, so berichtete er der Wissenschaftlichen Kommission, »eine etwa 40jährige Frau die ganze Nacht mißbraucht. Sie erlitt dabei schwerste innere Verletzungen.« Aus Wagstadt berichtete der Einwohner L. R.: »Jede Nacht hallte gellendes Schreien der verfolgten und bedrängten Frauen durch den Ort. Meine Frau kannte persönlich die mehr als 70jährige Frau, die durch einen jungen Mongolen vergewaltigt und so zerbissen und mißhandelt wurde, daß sie lange Zeit krank war.«

Kaufmann Kurt Lassmann aus Proppau war mit einem Arzt befreundet, der die Opfer der Schändungen behandelte. Dieser Arzt erzählte ihm von einigen »sehr üblen Fällen von Vergewaltigung.« Lassmann: »Da sich diese Vorkommnisse ununterbrochen wiederholten, bestand eine ausgesprochene Panikstimmung unter allen Deutschen.«

Der Schweizer Staatsbürger Rudolf Grünig war bei einem Versuch, aus dem Sudetenland nach Westen zu gelangen, Zeuge dieses Vorfalls: »Wir kommen an einem einsamen Haus vorbei. Plötzlich wird die Haustür aufgestoßen. Heraus tritt eine junge Frau mit aufgerissenen Augen, aufgelösten Haaren. An der Hand hält sie ein vielleicht zehnjähriges Mädchen, das ganz verstört drein-

Flüchtlinge stürmen die für den Transport eingesetzten Eisenbahnwagen.

Im eisigen Schneesturm ziehen die Flüchtlinge mit ihrem gesamten Hab und Gut auf dem großen Treck nach Westen.

Stationen auf der Flucht.

Menschen aller Altersstufen strömen mit ihrer geringen Habe nach Westen.

Warten auf einen rettenden Zug im halbzerstörten Bahnhof.

Ein Flüchtlingstreck im Spreewald.

Flüchtlinge suchen eine Unterkunft in Berlin.

Eine Flüchtlingsfamilie sucht Arbeit und Unterkunft.

Flüchtlinge auf dem Lehrter Bahnhof in Berlin.

schaut. Die Mutter schreit in einem fort: ›Mein Kind, mein Kind, sie haben mir mein Kind vergewaltigt!‹ Gleich darauf tritt ein Rotarmist aus dem Haus, eine Maschinenpistole im Arm und grinst hinter der Frau her.« Rudolf Grünig beobachtete aus einem Versteck am Rande einer Straße heraus auch vorbeifahrende Lastwagen der Roten Armee: »Die russischen Soldaten hatten deutsche Frauen gezwungen, mitzukommen. Die Soldaten vergewaltigten die Frauen während der Fahrt auf der Ladefläche.«

Dr. Josef Kuhn aus Mährisch Schönberg berichtete von russischen Offizieren, die den Wodka aus Molkereieimern schöpften und sich dann auf die Jagd nach Frauen machten. Er schilderte der Wissenschaftlichen Kommission: »Ich war Zeuge, als eine russische Kolonne in der Mühlfeldstraße kurz hielt, die Soldaten von den Fahrzeugen sprangen und in den anliegenden Häusern alle erreichbaren Frauen und Mädchen vergewaltigten.«

Viele Deutsche nahmen sich das Leben, um der sich ständig wiederholenden Drangsal zu entgehen. Die Wissenschaftliche Kommission der Bundesregierung schreibt: »Die furchtbaren Berichte der Flüchtlinge und die erschütternden eigenen Erlebnisse führten geradezu zu einer Art Selbstmordpsychose unter der deutschen Bevölkerung, während dieser Zeit. Ein Teil derjenigen, die in diesen Tagen Hand an sich legten, gehörte zwar der nationalsozialistischen Funktionärsgruppe an, die Vergeltungsmaßnahmen fürchtete, aber die überwiegende Zahl der Opfer entstammte der breiten, politisch nicht hervorgetretenen Bürgerschicht. In Karlsbad und Brüx zum Beispiel stieg die Zahl der Selbstmorde in die Hunderte. Unter dem Eindruck der Ausschreitungen, vor allem der Vergewaltigung der Frauen und Mädchen, gingen ganze Familien in den Tod.«

Aus dem Kreis Sternberg berichtete der Einwohner F. S. der Wissenschaftlichen Kommission: »Der stellvertretende Ortsamtsleiter der NSDAP hat zuerst seine Tochter, dann seine Frau und sich selbst erschossen. Er sowie seine Frau war gleich tot. Seine Tochter, die noch Lebenszeichen von sich gab, wurde von einer russischen Ärztin verbunden und später in einem Krankenhaus ausgeheilt. In einem Ort in der Nachbarschaft haben die Familie

M. F. sowie Frau M. O. zusammen mit zwei Kindern, die Familie K. und Familie K. F., im ganzen 17 Personen, Selbstmord verübt. Ein Ortsleiter der NSDAP wollte sich und seine Frau erschießen. Er selbst ist mit einer Schramme davongekommen, während seine Frau auf beiden Augen erblindete.«

Viele der Flüchtlingsfrauen und der einheimischen Deutschen lebten lange in Verstecken, um der Gier sowjetischer Soldaten zu entgehen. So berichtete Frau Maria Hübner aus Riegersdorf im Kreis Petschau, daß sie sich zusammen mit einer Zahl anderer Frauen auf dem Dachboden versteckte, der nur mit einer Leiter zugänglich war. Die Frauen hatten ihren Schlupfwinkel mit Betten ausgepolstert. Dort lebten und schliefen sie mehrere Wochen lang. Die Leiter, die zu ihrem Versteck führte, wurde stets hinaufgezogen. Kein Rotarmist fand sie.

Doch dann folgte eine Zeit, in der deutsche Frauen keine Möglichkeit mehr hatten, den sowjetischen Soldaten zu entgehen; eine Zeit, in der sich die Rotarmisten die Frauen aussuchen konnten: Schon in den ersten Wochen nach dem Ende des Krieges begannen die Tschechen damit, deutsche Männer und deutsche Frauen in Lager zu pferchen. Und Tschechen wiesen nachts den russischen Soldaten den Weg zu den jungen Frauen in den Lagern.

Die kaufmännische Angestellte E. R. berichtete der Wissenschaftlichen Kommission der Bundesregierung über eine Nacht in einem Lager bei Böhmisch Brod: »Der Spuk ging los. Handlaternen blitzten auf. Dann Gepolter! Es kam die tschechische Wache, begleitet von Russen. Wehe, wenn man beim Abtasten der Körper noch als genügend befunden wurde. Dann ging es wie einer 53jährigen, die viermal vergewaltigt wurde. Meine Freundin hatte sich gefürchtet und in das Stroh hinter mich geflüchtet. Neben uns lagen die Kinder. Ein Russe steigt mit den Stiefeln über meine Beine, kniet über meiner Freundin und vergewaltigt die junge Frau neben dem Kind. Alles Bitten und Betteln half nichts. Die Frau erhält einen Fauststoß an die Nase und mußte alles über sich ergehen lassen. Das kleine Mädchen weinte: ›Tante Else, der Onkel soll weggehen. Was macht er dir?‹ Die Frau kam in andere Umstände, hatte unter schwerer Furunkulose zu leiden. Kein deutscher Arzt traute sich, ihr zu helfen. Die tschechischen Ärzte wollten nicht.«

Viele der Flüchtlinge aus Schlesien wurden in den Tagen nach der Kapitulation von den Tschechen aus dem Lande getrieben. Sie zogen den Weg zurück, den sie wenige Wochen zuvor gekommen waren. Plünderung und Schändung waren über sie hinweggefegt; jetzt kamen auf dem ganzen langen Weg noch einmal Gewalt, Elend und Not über sie.

Berginspektor Wasner aus Königshütte in Oberschlesien berichtete: »Hunderte von Flüchtlingen übernachteten auf freiem Feld. Tschechen und Russen hatten Kontrollstellen eingerichtet, um uns auszuplündern.« Kreisobersinspektor Gustav Zolker aus Namslau in Niederschlesien erinnerte sich: »Wir durften nur Handgepäck mitnehmen, soviel, wie jeder tragen konnte. Noch fünf Gespanne blieben unserem 300köpfigen Treck für Kinder und Kranke. Nach kurzer Wanderung wurden wir von russischen Soldaten überfallen und der letzten Habe beraubt. Wir haben schließlich nur das übrigbehalten, was wir auf dem Leibe trugen.«

Frau Helene Mantel aus Großwarteberg in Niederschlesien bestieg mit ihrer 70jährigen Mutter einen Zug, der sie zurück nach Schlesien bringen sollte. Nach wenigen Kilometern blieb der Zug stehen. Die Menschen machten sich zu Fuß auf den Weg. Frau Mantel: »So liefen wir pausenlos täglich von früh bis abends und ernährten uns von Kartoffeln, die wir in den Kellern der geplünderten Häuser fanden.«

Viele der in der Tschechoslowakei zurückgebliebenen oder zurückgehaltenen Schlesier aber wurden Opfer und Zeuge der tschechischen Rache an den Deutschen, die abgefeimt, oft von ausgesuchtester Grausamkeit und Niedertracht war.

So im mährischen Ort Schreibendorf: »Als die Kinder aus der Schule stürmten, bimmelte es auf der Dorfstraße. Ein sonderbarer Zug kam heran. Vorn der Gemeindeausrufer mit einer Glocke, dahinter ein deutscher Polizist in tadelloser Uniform mit allen Dienstgradabzeichen und Auszeichnungen. Die Hände waren ihm auf den Rücken gefesselt. Eine Kuhkette reichte von den Händen zu den Fußfesseln, die ihm nur kleine Schritte erlaubte. Begleitet wurde der Gefesselte von bewaffneten Tschechen, die ihn vor ein

Einfamilienhaus führten. Ein Tscheche ging hinein, und die Frau des Polizisten stellte einen Napf mit Essen auf die Stufen, die zur Haustür hinaufführten. Kniend beugte sich der Gefesselte über die Schüssel und mußte wie ein Tier fressen. Da er längere Zeit nicht rasiert war, und die Essensreste ihm nachher in den Bartstoppeln hingen, war der Mensch erbärmlich anzusehen.«

Die Schriftstellerin L. K., die aus Oberschreiberhau im niederschlesischen Kreis Hirschberg in das Sudetenland geflüchtet war, berichtete, daß die Schlesier in der gleichen Weise von tschechischer Verfolgung betroffen wurden wie die Sudetendeutschen: Die Tschechen plünderten die Schlesier aus, sie verweigerten den kleinen Kindern die Milch, sie setzten alle Deutschen auf Hungerrationen. Schlesier mußten ebenso wie ihre sudetendeutschen Landsleute zum Arbeitsappell auf dem Marktplatz antreten. »Da standen müde, zitternde Greise, schreiende Kinder, verängstigte Frauen und stumm harrende Männer nun lange in stechender Sonne, bis verkündet wurde, warum man nun eigentlich hier stehen sollte. Das schlimmste aber waren die öffentlichen Erschießungen auf dem Marktplatz, bei denen alle Deutschen jeden Alters zusehen mußten. Nach den Exekutionen wurden aus den Reihen der Umstehenden deutsche Frauen herausgesucht. Sie mußten die Toten auf Karren laden und den Marktplatz vom Blut säubern. Zwölf Tage hintereinander fanden öffentliche Erschießungen auf dem Marktplatz statt.«

Viele der hungernden, ausgeplünderten Flüchtlinge aber erfuhren in Böhmen und Mähren und auf dem Wege, der sie aus der Tschechoslowakei hinausführte, die Gutmütigkeit vieler Soldaten der Roten Armee. Mancher Rotarmist gab von seinem Brot, mancher brachte Fleisch und mancher schützte Deutsche vor der Wut der Tschechen.

Der Kaufmann Dr. Lasmann aus Troppau schrieb: »Die Russen waren etwas unheimlich. Man wußte nie, wie man mit ihnen dran war. Aber sie waren manchmal auch hilfsbereit. Selbst gegen Übergriffe der Tschechen. Und was sie nahmen, das war eben Kriegsbeute. Die Tschechen aber, die neben uns gelebt und keinen Krieg mit uns geführt hatten, nahmen uns alles.«

Es geschah etwas Widersinniges und auf den ersten Blick Unglaubliches: Die Deutschen im Sudetenland, in Böhmen und Mähren, der ganzen Tschechoslowakei wünschten sich die russischen Soldaten, von denen sie Gewalt und Plünderung erlitten hatten, zurück. Die Wissenschaftliche Kommission der Bundesregierung schreibt: »Blieben auch die Rotarmisten in ihrem Verhalten unberechenbar und die Erlebnisse des sowjetischen Einmarsches unvergessen, so läßt sich doch schon in den ersten Monaten nach dem Ende des Krieges feststellen, daß sich sehr oft russische Soldaten schützend und helfend auf die Seite der Verfolgten stellten. Je stärker die Tschechen als Exponenten der Vergeltungspolitik gegen die Sudetendeutschen hervortraten, um so positiver wurde die Haltung der sowjetischen Soldaten beurteilt und in den Berichten geschildert.«

Der Augenzeuge Wilhelm Mittag, der zusammen mit kriegsgefangenen deutschen Soldaten zum Arbeitsplatz ausgerückt war, berichtete der Wissenschaftlichen Kommission: »Ein Kriegsgefangener entnimmt einer versilberten Zigarettendose eine Zigarette. Das sieht vom Gehweg aus ein Tscheche, der auf den Kriegsgefangenen zuspringt, ihm die Dose entreißt und mit der Faust einige Male ins Gesicht schlägt, wobei er den Gefangenen beschimpft. Der russische Begleitposten wird aufmerksam, geht mit vorgehaltener Maschinenpistole auf den Tschechen zu und zwingt ihn, dem Kriegsgefangenen die Zigarettendose wieder zurückzugeben. Dann tritt er mit dem Fuß nach dem Tschechen und sagt: ›Der German Soldat, du Schwein!‹«

XIV.

PRAG

Scheiterhaufen

Der Ingenieur Kurt Schmidt saß mit seiner Frau und seinen drei kleinen Kindern, die alle jünger als sechs Jahre alt waren, in seiner Wohnung in der Stadt Pribram, die etwa 60 Kilometer südwestlich von Prag liegt. Die Menschen in dem Zimmer horchten auf die tosenden Geräusche, die von der Straße hereindrangen: Rufe, Schreie und dazwischen Schüsse. Es war der 5. Mai 1945, drei Tage vor der Kapitulation der deutschen Wehrmacht. Plötzlich Lärm im Flur des Hauses von Dr. Schmidt. Das Geräusch vieler Stiefel, die Tür wurde aufgestoßen, im Zimmer standen tschechische Partisanen, bewaffnet mit Pistolen und Gewehren. Mit Kolbenstößen trieben sie die Familie Schmidt aus dem Haus über die Straße zu einem Gebäude, das einst ein Waisenhaus gewesen war. Hunderte von Deutschen waren dort schon eingesperrt, in der Mehrzahl Frauen und Kinder, viele von ihnen Flüchtlinge aus Schlesien. In den Räumen waren keine Schränke, keine Tische, keine Stühle, auf dem Fußboden lagen wenige Strohsäcke. Dr. Kurt Schmidt berichtete: »Die Fenster durften nur einmal am Tag für eine knappe halbe Stunde geöffnet werden, trotz drückender Hitze gab es keine Lüftungsmöglichkeit. Die Kinder durften einmal täglich für ganz kurze Zeit auf den Hof und mußten dort wie die Sträflinge im Kreis herumgehen. Erst nach drei Tagen gab es zum erstenmal Nahrung, etwas Suppe.«

Der deutsche Ingenieur und seine Familie standen am Anfang eines Leidensweges, in dessen Verlauf vier Mitglieder der Familie ihr Leben einbüßten: ein Sohn von Dr. Schmidt, seine Schwiegereltern und eine Schwägerin.

An jenem 5. Mai war der Beamte F. L. aus Prag auf dem Weg von seinem Büro nach Hause. Plötzlich hörte er das Pfeifen von Kugeln. Er sah Tschechen, die mit Revolvern, Messern und Beilen bewaffnet durch die Stadt stürmten. Er sah einen jungen Mann, der weiß-rot-blaue Kokarden, Fähnchen und Abzeichen verkaufte, die tschechischen Nationalfarben. Er sah ein SS-Auto in rasendem Tempo durch die Straßen fahren, darauf einen SS-Mann, der aus einer Maschinenpistole feuerte. Der Beamte versteckte sich in einem Haustor und hörte plötzlich auf der Treppe, die nach oben führte, Schreie des Entsetzens und der Todesangst. Er berichtete: »Dann ein Schuß und Ruhe. Ein junger Mann mit einem Raubvogelgesicht kommt die Treppe herunter, die linke Hand begräbt noch schnell etwas in der Hosentasche. Ein altes Weib, offenbar die Hausmeisterin, keift: »Haben Sie's ihr gegeben, der deutschen Hure? Recht so, alle müssen krepieren!«

Unmittelbar darauf wurde der Beamte F. B. Zeuge, wie zwei Tschechen einen verwundeten Deutschen in ein Haus schleppten, Menschen drängten den drei Männern nach. F. B.: »Weiber kreischten und hieben mit den Einkaufstaschen auf den reglos daliegenden Mann ein, dessen Gesicht bald blutig geschlagen war.«

Die Nachrichtenhelferin A. L., die aus Schleswig-Holstein stammte, saß an diesem 5. Mai 1945 in einem Friseurladen, um sich die Haare legen zu lassen. Plötzlich auf der Straße Lärm und Schreie. Aus Fenstern und an Masten wehten von einer Minute auf die andere die tschechische Nationalflagge und rote Flaggen der kommunistischen Revolution. Frau A. L. stürzte aus dem Friseurladen, stieg in eine Straßenbahn, erkundigte sich nach dem Weg zum Bahnhof und wurde von den Tschechen aus der fahrenden Straßenbahn gestoßen. Unmittelbar darauf setzten tschechische Partisanen sie zusammen mit tschechischen Soldaten, Frauen und Kindern fest.

An diesem Tag im Mai begann der Aufstand der Tschechen gegen die deutsche Besatzungsmacht. Es wurde jedoch zugleich der Beginn einer schauerlichen Vergeltung der Tschechen für alles Unrecht, das ihnen jemals von Deutschen angetan worden war.

Opfer dieser Vergeltung wurden ohne Unterschied alle Deutschen im Sudetenland, in Böhmen und Mähren, ob Soldaten, ob Zivilisten, ob Frauen, ob Kinder. Die Wissenschaftliche Kommission der Bundesregierung schreibt: »Grausame Rache wurde von den Tschechen an den Angehörigen der Waffen-SS, des Sicherheitsdienstes und anderer nationalsozialistischer Organisationen genommen. Sie wurden von der fanatischen Menge oft grausam gefoltert oder wie andere deutsche Uniformierte und Zivilpersonen gleich an Ort und Stelle niedergemacht. Aus zahlreichen Dokumenten im Besitz der Kommission geht hervor, daß die noch lebenden Opfer mit Benzin übergossen angezündet wurden und einen furchtbaren Tod fanden.«

In der tschechischen Hauptstadt Prag befanden sich zu jener Zeit rund 200 000 Deutsche, im übrigen Böhmen und Mähren und dem Sudetenland aber insgesamt mehr als drei Millionen Deutsche. Die Sudetendeutschen, die seit mehr als 700 Jahren in Böhmen und Mähren/Schlesien siedelten, waren erst durch den Friedensvertrag, der den Ersten Weltkrieg beschloß, in den tschechischen Staat geraten. Bis 1918 gehörte das Sudetenland wie die übrigen Teile von Böhmen, Mähren und der Slowakei zur österreichisch-ungarischen Doppelmonarchie. Nach dem Ersten Weltkrieg erst war die Tschechische Republik entstanden. Die Staatsgrenze der Tschechischen Republik aber wurde nicht nach Nationalprinzipien gezogen. Die Tschechen setzten es vielmehr durch, daß das Hoheitsgebiet ihres Staates dem ehemaligen österreichischen Herrschaftsbereich in Böhmen und Mähren entsprach. So gerieten rund drei Millionen Deutsche unter tschechische Souveränität. Den Sudetendeutschen wurde von den Siegern des Ersten Weltkriegs verweigert, was anderen Völkern zugestanden wurde: das nationale Selbstbestimmungsrecht.

Tschechische Beamte zogen in die Schaltstellen der Verwaltung im Sudetenland ein. Deutsche wurden verdrängt. Die Tschechen bevorzugten ihre Landsleute: In der Weltwirtschaftskrise zu Beginn der dreißiger Jahre waren die sudetendeutschen Gebiete am stärksten von Arbeitslosigkeit betroffen. In dem Ort Marienbad zum Beispiel waren 230 von 1000 Berufstätigen ohne Erwerb.

Im Jahre 1938, im Vertrag von München, gliederte Hitlers Groß-
deutsches Reich sich die sudetendeutschen Gebiete an, im Frühjahr 1939 verwirklichte Hitler seine Drohung: »Ich werde die
Tschechoslowakei zerschlagen, zerschmettern, vernichten.« Deutsche Truppen rückten in Prag ein. Die Regierung in Berlin errichtete das Reichsprotektorat Böhmen und Mähren. Gestapo, SS und
Sicherheitsdienst überzogen das Land mit Terror. Böhmen und
Mähren erhielten nach dem Ausbruch des Krieges gegen Rußland
für die deutsche Kriegsmaschinerie besondere Bedeutung. Jeder
dritte deutsche Panzer, jeder vierte Lastwagen der Wehrmacht
und jedes zweite Maschinengewehr kamen aus den Waffenfabri-
ken im Protektorat.
In Böhmen und Mähren aber formierte sich jedoch auch nachhalti-
ger und wirksamer Widerstand. Sabotage gegen Maschinen,
gegen die Kriegsproduktion, gegen die Eisenbahn, gegen Fern-
sprechverbindungen nahmen rasch einen für die Deutschen
gefährlichen Umfang an. Im September 1941, ein Vierteljahr nach
dem Angriff der Deutschen auf die Sowjetunion, schickte Hitler
den Chef des Reichssicherheitshauptamtes Reinhard Heydrich als
stellvertretenden Reichsprotektor nach Prag.
Am Tage seiner Ankunft noch verhängte Heydrich den Ausnah-
mezustand über sechs Bezirke des Protektorats. Das Standrecht
galt. Am dritten Tag nach der Anwesenheit von Heydrich auf der
Prager Burg allein wurden 58 Todesurteile gefällt. Politische Gegner des Regimes wurden erschossen, Menschen, die eines Wirt-
schaftsverbrechens überführt waren, wurden aufgehängt. Die
Namen der Hingerichteten und ihre Todesart wurden in Zeitungen und auf Plakaten veröffentlicht.
Zugleich verschärften die Deutschen die Judenverfolgung in Böhmen und Mähren. Schneller rollten die Transporte aus der Tschechoslowakei in die Vernichtungslager in Polen. Die Unterdrük-
kung schien ihren Gipfel erreicht zu haben, aber die Nationalsozialisten erwiesen sich noch einer Steigerung fähig.
Am 4. Juni 1942 starb Reinhard Heydrich an den Folgen einer
Verletzung, die er bei dem Bombenattentat zweier tschechischer
Fallschirmagenten, die von England gestartet waren, erlitten hatte.

Sechs Tage nach Heydrichs Tod umstellte Schutzpolizei die Berg-arbeiter-Siedlung Lidice im Regierungsbezirk Kladno östlich von Prag. Am späten Abend dieses Tages gingen Polizisten von Haus zu Haus und trieben die Menschen heraus. Frauen und Kinder wurden auf Lastwagen verladen und in die Turnhalle der Stadt Kladno gefahren. 173 Männer wurden in der gleichen Stunde erschossen. Später kamen elf Männer von ihrer Arbeit in das Dorf zurück. Auch sie mußten sterben. Hingerichtet wurden in dieser Nacht auch 15 Familienangehörige von Tschechen, die in der soge-nannten tschechischen Legion dienten, einer Einheit der tschechi-schen Exilregierung auf englischem Boden. 199 Frauen wurden in das Konzentrationslager Ravensbrück in Mecklenburg gebracht. Sieben der Frauen von Lidice wurden in das Polizeigefängnis von Theresienstadt gesperrt. Vier schwangere Frauen kamen in ein Krankenhaus in Prag. 143 der 195 Frauen überlebten den Krieg. Von den 98 Kindern des Dorfes wurden nur 16 wiedergefunden. In dieser Nacht der nationalsozialistischen Rache legten die Polizi-sten Feuer an die Häuser des Dorfes. Die Ruinen wurden in die Luft gejagt. Lidice wurde buchstäblich »dem Erdboden gleichge-macht.« Hitler selbst hatte die Auslöschung Lidices als Vergeltung angeordnet.

Aber selbst diese Rache reichte nicht. Drei Wochen nach dem Tod von Reinhard Heydrich wurde der Ort Lecaki 60 Kilometer süd-ostwärts von Prag zerstört. 33 Einwohner wurden sofort erschos-sen, die übrigen in Konzentrationslager geschleppt. Und selbst dieses Maß an Vergeltung war den Nationalsozialisten nicht genug. In den drei Monaten nach dem Attentat verurteilten Standgerichte in Prag und Brünn 1357 Tschechen zu Tode. 477 Tschechen starben, weil sie beschuldigt wurden, das Attentat gutgeheißen zu haben.

So säten die Nationalsozialisten in der gesamten Tschechoslowakei den Haß; und die tschechoslowakische Exilregierung in London schürte den Rachedurst im ganzen Land. Aus London meldete sich Dr. Eduard Benesch, der Chef der Exilregierung, über den Rundfunk: »In unserem Land wird gnadenlos und mit doppelter Münze heimgezahlt werden, was sie in unserem Land seit 1938 angerichtet haben. Die ganze Nation wird an diesem Kampf teilnehmen. Es wird keinen einzigen Tschechoslowaken geben, der sich nicht beteiligen wird, und es wird keinen Patrioten geben, der nicht Strafe fordert für die Leiden, denen unsere Nation ausgesetzt war.« Vor den Mitgliedern seines Exilkabinetts sagte Benesch: »Der Umsturz in der CSSR muß gewaltsam, muß eine gewaltige Volksabrechnung mit den Deutschen und den faschistischen Gewalttätern, ein blutiger, unbarmherziger Kampf sein.«

Am 3. November 1944 saß General Ingres, Befehlshaber der tschechoslowakischen Streitkräfte im Ausland, also der Exil-Armee, vor den Mikrofonen des Londoner Rundfunks und kündigte den Tag der Rache an: »Wenn unsere Stunde kommt, wird die ganze Nation den alten Kampfruf der Hussiten ausstoßen: ›Schlagt sie, tötet sie, laßt niemanden am Leben.‹ Jedermann sollte sich die für ihn geeignete Waffe besorgen, mit der er den Deutschen am meisten schaden kann. Wenn es keine Pistolen oder Gewehre gibt, dann sollte irgendeine andere Waffe, mit der man schneiden, stechen oder schlagen kann, zurechtgemacht und versteckt werden.«

In einem Aufruf vom 26. Februar 1945, zwei Monate vor dem Ende des Krieges, verbreitete die tschechische nationale Front über den Londoner Rundfunk und Radio Moskau gleichzeitig einen Aufruf, in dem sie forderte: »Greift die verfluchten Deutschen an und erschlagt die Okkupanten, bestraft die Verräter, bringt die Schädlinge des nationalen Kampfes zum Schweigen.«

Jetzt, in den ersten Tagen des Mai, holten die Tschechen die Waffen aus den Verstecken, die Stunde der Befreiung und die Stunde der Rache schien nah. Amerikanische Truppen waren im Westen bis auf 80 Kilometer an Prag herangerückt, im Osten hatte die Rote Armee bereits Brünn erobert, 200 Kilometer lagen zwischen den Sowjet-Panzern und der tschechischen Hauptstadt.

Vor dem Gebäude des Rundfunksenders Prag II fuhr am Mittag des 5. Mai ein Lastwagen vor, bewaffnete Männer sprangen herab, schossen auf die Wachmannschaft, stürmten in das Gebäude, trieben die Techniker und Sprecher aus den Senderäumen. Und wenig später schallte es aus Radios und aus den Lautsprechern, die in den Straßen der Hauptstadt angebracht und mit dem Sender unmittelbar verbunden waren: »Tod den Deutschen!« Und: »Tod den deutschen Okkupanten!« Und »Aufstand! Aufstand!«

Die Wissenschaftliche Kommission der Bundesregierung schreibt: »Die Initiative zum Aufstand mag von verschiedenen Seiten ausgegangen sein: auf der einen Seite von den Nationaltschechen, die den politischen Einfluß der Sowjet-Armee auf die tschechische Politik fürchteten und ihrer künftigen Regierung durch eine aus eigener Kraft vollzogene Befreiung der Hauptstadt eine unabhängigere Stellung verschaffen wollten; auf der anderen Seite aber von den Kommunisten, die gerade einer Machtergreifung der Nationaltschechen, möglicherweise mit amerikanischer Hilfe zuvorkommen wollten und darum den Aufstand entfesselten, an dessen Ende die Rote Armee als Retterin und Befreierin erschien.«

Aber – wer immer und wie immer – für die Deutschen in Prag, im Protektorat und im Sudetenland bedeutete die Stimme, die durch die Mikrofone des Senders Prag II nach dem Blut der Deutschen schrie, den Sturz in Not und Elend, Folter und Tod. Leid brach über die Millionen herein, über die Schuldigen wie über die Unschuldigen, vor allem aber über die Unschuldigen. Die schrille Stimme aus dem Lautsprecher des Senders Prag II gab alle Deutschen der Raub- und Mordlust, der Gier und der Brutalität preis, die in einem Volke angelegt sind. Mörder konnten ungestraft töten, Sadisten ohne Furcht vor einem Gericht quälen, Räuber und Diebe konnten sich bereichern, wie es ihnen in den Sinn kam. Der Beamte F. B. hörte die Stimme schreien: »Deutsche bombardieren unser Prag, Tod allen Deutschen!« Und dann wieder: »Die SS nagelt Kinder an die Wand. Tod allen SS-Leuten«.

Zu jenem Zeitpunkt standen in der Nähe von Prag noch Verbände der Wehrmacht und der Waffen-SS. Sie hätten vielleicht die Greuel, denen die Deutschen in der tschechischen Hauptstadt ausgesetzt waren, verhindern können, aber sie scheiterten an der Uneinigkeit in der deutschen Führung des Protektorats, zwischen dem Reichsstatthalter Karl Hermann Frank und der Wehrmacht, und sie scheiterten daran, daß ein Verbündeter der Deutschen plötzlich gegen sie Front machte: Divisionen der Armee des russi-

schen Generals Wlassow, die aus gefangenen Soldaten der Sowjetarmee und Überläufern bestand. 18 000 Wlassow-Soldaten, geführt
von General Bunischenkow, die am Tag zuvor noch gegen die Rote
Armee marschieren wollten, schossen nun auf die deutschen
Truppen, die auf Prag vorstoßen und die Deutschen in der Stadt
befreien wollten. Der Verrat zahlte sich nicht aus. Wlassows Soldaten wurden von Engländern und Amerikanern an die Sowjets
ausgeliefert. Viele wurden sofort erschossen, viele in sibirische
Straflager transportiert. Wlassow und seine Offiziere starben in
Moskau von der Hand des Henkers.

Nachdem der deutsche Vormarsch auf Prag gestoppt war, unterzeichnete der deutsche General Toussaint am Nachmittag des
8. Mai ein Kapitulationsprotokoll. In der Vereinbarung zwischen
Tschechen und Deutschen wurde den deutschen Truppen freier
Abzug gewährt. Die Frauen und Kinder wurden dem Schutz des
Roten Kreuzes unterstellt, das sie betreuen und ihren Abtransport
besorgen sollte. Die deutschen Soldaten nahmen auf ihren Fahrzeugen Frauen und Kinder mit.

Aber in die riesige Kolonne, die sich nach Westen auf den Weg
machte, stießen sowjetische Panzer der 1. Ukrainischen Front des
Marschalls Konjew hinein. Sie schossen mit Kanonen und Maschinengewehren auf Soldaten, auf Frauen und Kinder.

Die Wissenschaftliche Kommission der Bundesregierung schreibt:
»Nur ein Bruchteil der deutschen Zivilbevölkerung konnte die
Stadt verlassen. Als die Sowjettruppen die Stadt erreichten, begannen hier unbeschreibliche Massenausschreitungen gegen die
zurückgebliebenen Deutschen.«

Der Beamte F. B. erinnerte sich daran, was der Sender Prag II
verbreitete: »Die deutsche Wehrmacht ergibt sich, die SS ist aus
ihren Schlupfwinkeln vertrieben, russische Panzer stehen an den
Grenzen von ganz Prag. Es lebe die tschechoslowakische Republik
und ihr Präsident. Es lebe Stalin und die glorreiche Rote Armee.«
Jetzt, als russische Panzer und Infanteristen die Stadt besetzten,
waren die Aufständischen ihrer Sache sicher. Jetzt mußten sie
keine Vergeltung von deutschen Truppen mehr befürchten. Jetzt
waren Frauen, Kinder und Männer in der Stadt vogelfrei. Die

Führer der Tschechen zerbrachen auch den letzten Schild, hinter den sich die bedrängten und verfolgten Deutschen hätten flüchten können, nämlich die Freundschaft mit tschechischen Bürgern der Hauptstadt, die oft in Zeiten des friedlichen Nebeneinanderlebens gewachsen war. Über das Radio kam die Drohung: »Alle Bürger, die Deutschen Schutz gewähren, werden zur Verantwortung gezogen. Die Wohnungen müssen kontrollierenden Leuten der Miliz geöffnet werden.« Und dann verlangte der Sender: »Alle Deutschen müssen sich innerhalb von 24 Stunden beim Roten Kreuz in Prag melden.« Der Beamte F. B. und seine Frau verließen ihr Versteck und machten sich auf den Weg zum Internationalen Roten Kreuz, von dem sie sich Hilfe und Schutz versprachen. Es war ein gefährlicher Weg. Die Straßen der Stadt waren mit Barrikaden versperrt. Straßenbahnwagen standen von einer Hauswand zur anderen, gefüllt mit Pflastersteinen und Erde, davor alte Tische und Leitern. Es waren die Barrikaden, mit denen die deutschen Panzer beim Vorstoß auf Prag in den ersten Tagen des Aufstandes aufgehalten werden sollten. An diesen Barrikaden aber standen nun die Wachposten der Revolution und kontrollierten Männer, Frauen und Kinder.

An einem Baum sah der Beamte F. B. einen Mann hängen, der die Uniform eines Funktionärs der NSDAP trug. Nach längerem Marsch stand das Ehepaar im Büro des Internationalen Roten Kreuzes. Dort erfuhren sie, was das Wort der neuen Machthaber wert war. Der Rot-Kreuz-Funktionär sagte zu den beiden Flüchtenden: »Für alle Nationen der Welt gibt es ein Rotes Kreuz, nur für Deutsche nicht.« Das Ehepaar beschloß, sich in Schutzhaft zu begeben. In der Polizeiwache traf der Beamte einen deutschen Apotheker. Der Apotheker gab ihm eine Ampulle mit Gift: »Für alle Fälle«. Die Deutschen, die sich vertrauensvoll in den Schutz der tschechischen Polizei begaben, waren allesamt der Hoffnung, daß der Sturm und Blutrausch des Aufstandes sich bald legen würde, sie in ihre Wohnungen zurückkehren und dann möglicherweise ihr tägliches Leben dort an der Stelle wieder aufnehmen konnten, wo es durch den Krieg oder durch die Ereignisse der letzten Tage unterbrochen worden war. Sie alle konnten nicht wissen, daß die neuen Machthaber der Tschechoslowakei längst beschlossen hatten, zunächst Prag und dann später das ganze Land »von Deutschen zu säubern«. Überall in der Stadt machten die Tschechen Jagd auf die Deutschen und trieben sie in öffentliche Gebäude, in Gefängnisse, auf Sportplätze und in Kinosäle, die in Prag meist unterirdisch angelegt waren, zusammen.

Die deutsche Schauspielerin Margarete Schell aus Prag berichtete über die Stunden nach ihrer Verhaftung: »Wir werden die Kellertreppen hinuntergetrieben. Wir landen in einem Kellerraum, der an ein finsteres Verließ erinnert, eine Kerze brennt da. Die Menschen stehen dicht gedrängt. Sonst nichts als hohe Steinmauern und ein Holztisch. Es ist so voll, daß ich kaum stehen kann. Ruten hängen an den Wänden. Da öffnet sich eine kleine Kellertür. Zwei Gestalten mit vor Schweiß glänzenden Rücken, auf dem in roter Farbe ein Hakenkreuz leuchtet, tragen einen Bewußtlosen oder auch toten Mann heraus. Wir sind totenstill, ich habe das Gefühl, hier nicht mehr lebend herauszukommen. Eine blonde Frau jammert um ihr Kind, das sie bei ihrer Mutter ließ, als sie abgeführt wurde. Es muß gegen 10 Uhr abends sein. Einige schlafen schon am Boden oder auf den Stühlen.«

Der Beamte F. B. wurde zusammen mit 15 anderen Männern von Polizisten in den Hof eines alten Palais geführt. Er hörte das Stöhnen von Männern und Schmerzensschreie. Eine Tür öffnete sich, heraus trat ein Tscheche, der in der linken Hand einen Revolver, in der rechten Hand eine Peitsche, eine neunschwänzige Katze, trug. Mit der Peitsche schlug er auf die Deutschen ein, die an ihm vorbeigeführt wurden. Der Beamte F. B. sah im Hof drei Männer, die mit hocherhobenen Händen an der Wand standen und von drei jungen Tschechen geschlagen wurden. Er erinnert sich: »Das Wimmern der Gezüchtigten, der Blutgeruch in der schwülen Hofluft – es war grauenvoll.«

Die Nachrichtenhelferin A. L. wurde am Tag nach der Kapitulation am 9. Mai zusammen mit Hunderten von anderen Frauen zu einer Arbeitsgruppe eingeteilt, die in jenen Tagen ein besonderes Schicksal traf: Frau A. L. mußte »auf die Barrikade«. Die Hindernisse, die von den Tschechen gegen die deutsche Wehrmacht errichtet worden waren, sollten nun von deutschen Frauen und Männern beiseite geschafft werden. Frau A. L. berichtet: »Wir wurden durch die Straßen gejagt und mußten dabei unsere Hände nach oben strecken. Sobald jemand die Arme sinken ließ, wurde er von den Begleitmannschaften mit den Gewehrkolben bearbeitet. Ältere Frauen, die am Rande der Straße standen, schlugen mit Eisenstangen, Knüppeln und Hundepeitschen auf uns ein. Einige von uns brachen zusammen und blieben liegen. An der Moldaubrücke mußten wir schwere Eisenrohre zur Seite tragen. Wir waren gar nicht imstande, sie hochzuheben. Wieder wurden wir fürchterlich geprügelt. Dann sollten wir 5 große Pflastersteine aufeinanderlegen und wegtragen. Aber von den Schlägen waren wir so kraftlos geworden, daß die Steine immer wieder herunterfielen, und immer wieder drang tschechischer Pöbel auf uns ein und mißhandelte uns. Die Polizisten schossen. Mir wurden vier Zähne ausgeschlagen. Männer und Frauen rissen uns die Kleidung und unsere Schuhe vom Leib. Junge Männer und Burschen traten uns mit Füßen in den Unterleib. Dann packten uns die Tschechen, und einer schnitt den Frauen der Reihe nach die Haare ab. Ein anderer goß uns rote Farbe auf den Kopf.«

Einige der Frauen und Männer suchten dem Elend und der Qual durch einen Sprung in die Moldau zu entkommen. Sie liefen auf das Geländer der Brücke zu, kletterten hoch und ließen sich fallen. Die Polizisten schossen mit Maschinenpistolen auf die Schwimmenden und die Ertrinkenden. Frau A. L. gehörte zu den Deutschen, die den Tod im Wasser suchten. Doch am Geländer der Brücke wurde sie zurückgerissen und wieder geschlagen. Abends wurden die Barrikaden-Arbeiter zurückgetrieben. Frau A. L.: »Deutsche Ärzte, die noch da waren, haben geweint, als sie uns sahen.«

Im Polizeigefängnis von Prag war der deutsche Dozent Dr. Korkisch aus Prag Zeuge der Rückkehr jener Männer und Frauen, die an den Barrikaden eingesetzt gewesen waren. Er berichtete der Wissenschaftlichen Kommission der Bundesregierung: »Die Menschen befanden sich in einem Zustande höchster Erregung und Erschöpfung. Viele mit großen Hakenkreuzen auf den Rücken, die

Frauen mit geschorenen Köpfen. Straßenvolk hatte sie so zugerichtet. Sie erzählten, daß sie von den Zuschauern gezwungen worden seien, die Schuhe auszuziehen, vereinzelt auch, daß man sie mit bloßen Füßen über Glasscherben getrieben habe.«

Die Schauspielerin Margarete Schell sah am 10. Mai, in welchem Zustand die Menschen, die Barrikaden geräumt hatten, in ihr unterirdisches Gefängnis zurückkehrten: »Mit teerbeschmierten Gesichtern, aus denen nur das Weiß der Augen leuchtet. Einige haben wieder das Hakenkreuz am Rücken mit Ölfarbe gemalt. Die Farbe sitzt wie Pech! So gezeichnet, müssen die Armen wieder auf die Straße. Abends werden Frauen eingeliefert mit so dick geschwollenen, blutenden Beinen, daß sie kaum gehen können. Die Haare völlig abgeschnitten, höchstens zwei Zentimeter lang. Die Kleider buchstäblich in Fetzen. Männer mit irrem Blick, klaffenden Wunden. Es ist ein furchtbares Bild, weitere Opfer der Barrikaden, Opfer des Mobs.«

Der Beamte F. B. setzte seinen Weg durch die Prager Gebäude, in denen Deutsche eingesperrt waren, fort. Seine nächste Station nach dem alten Palais war eine Reitschule. Die Tschechen pferchten immer mehr Menschen in den Raum hinein. Erst nur Männer, dann auch Frauen und Kinder. Die Kinder waren schmutzig und übernächtigt, sie weinten vor Hunger. Die Mütter hielten ihnen, wie der Beamte berichtet, aus Angst vor Prügeln und sonstigen Strafen die Münder zu, weil die Kleinen in deutscher Sprache nach Brot schrien.

Nachts drangen die Russen in den Reitstall ein. Sie trieben 20 junge Mädchen davon. Die Frauen kamen am Vormittag zurück. Sie sprachen nicht darüber, was sie in der Nacht erlebt hatten. Der Beamte F. B. und viele seiner Leidensgenossen wurden schließlich in das Gefängnis Pankrac verlegt, das wenige Tage zuvor noch Häftlinge der Gestapo beherbergt hatte. Auf dem Weg durch die Altstadt von Prag sah F. B. »an Gaslaternen merkwürdig verschrumpelte kleine Leichen hängen – später erfuhr ich, warum sie so klein waren: man hatte die lebenden Menschen mit Benzin übergossen und dann angezündet.« Im Hof der Strafanstalt Pankrac standen an der Mauer mit dem Gesicht zur Wand mit hoch erhobenen Händen deutsche Frauen. Hinter ihnen Tschechen, die schlugen, wenn eine der Frauen die Arme sinken ließ.

In der Zelle in der Strafanstalt Pankrac, in die der Prager Beamte F. B. mit einem Fußtritt gestoßen wurde, traf er auf einen Mann aus Schlesien, einer von Zehntausenden von Flüchtlingen, die im Februar und März vor der Roten Armee in die vermeintliche Sicherheit der Tschechoslowakei geflüchtet waren und nun das Schicksal der Prager Deutschen und Sudetendeutschen teilen mußten. Über sie schreibt die Wissenschaftliche Kommission der Bundesregierung: »Ihre Lage war in besonderem Maße dadurch erschwert, daß sie in der ihnen fremden Stadt ohne jeden Rückhalt waren.«

Viele Deutsche suchten in jenen Tagen in Prag den Tod, um dem Hunger, der Angst vor Schlägen und Folter und der Verzweiflung ein Ende zu machen. Frau Margarete Schell berichtet aus dem unterirdischen Kinosaal: »Bei der Tür liegt eine junge Frau mit Kind. Einige von uns bemühen sich um sie. Sie flüstert von Zeit zu Zeit mit geschlossenen Augen: ›Laßt mich sterben, laßt mich doch sterben!‹ Neben ihr das Kind schläft schon 24 Stunden. Man hört kaum einen Atemzug. Sie gab dem Kind Gift und nahm es selbst.«

Und auch hier, in den großen Sälen unter der Stadt Prag, die Russen. Frau Margarete Schell berichtet: »Ein Wachtposten kommt herein und sagt auf tschechisch: ›Seid ganz ruhig, versteckt euch unter den Decken, Russen sind hier.‹« Die Frauen und Margarete Schell wurden von einem jüdischen Arzt vor den Rotarmisten beschützt. Er, der einem Volk angehörte, das mehr Schlimmes und Schreckliches von den Deutschen erlitten hatte als alle anderen Völker, empfand Mitleid mit den deutschen Frauen, denen jetzt brutale Gewalt drohte. Er versteckte sie in einem Kellerraum, in dem die Russen sie nicht finden konnten.

Die Ereignisse von Prag wiederholten sich in den größten Städten der Tschechoslowakei in vielfacher und entsetzlicher Weise. Der Ingenieur Dr. Kurt Schmidt berichtet aus Pribram, daß die Zimmer des Internierungslagers nicht abgeschlossen werden durften: »Die Russen kamen und holten sich, was ihnen gefiel. In einem benachbarten Lager der früheren Berufsschule von Pribram wurde eine

Frau, die sich den Russen nicht fügen wollte, vom dritten Stockwerk in den Hof gestürzt. Vier der Frauen, die in der Nacht von den Russen aus dem Lager geholt wurden, kamen überhaupt nicht mehr zurück. Und diejenigen, die zurückkamen, waren seelisch so zermürbt, daß sie nur den Wunsch hatten zu sterben.«

Die Deutschen aus Iglau wurden am Sonntag, dem 12. Mai, auf einen umzäunten Sportplatz getrieben. Der Bibliothekar Hans Kreal war Zeuge, wie ein deutscher Junge, der sich dem Ausgang des Sportplatzes zu nähern versuchte, von einem Tschechen erschossen wurde. Hans Kreal: »Alle Knaben über 14 Jahren wurden in der Mitte des Sportplatzes aufgestellt und zu ›Auf und nieder‹ bis zur vollsten Erschöpfung gezwungen. Die Partisanen hieben vor den Augen der Eltern mit Peitschen auf die Kinder ein, bis sie blutende Striemen hatten. Die Tschechen schrien dazu: ›Wir werden euch die Hitlerjugend austreiben.‹«

Die Deutschen von Pribram wurden fünf Tage nach der Kapitulation aus der Stadt auf den Marsch in das 60 Kilometer entfernte Prag getrieben. Unterwegs plünderten tschechische Zivilisten den Zug der Elenden aus. Die 1300 Deutschen bekamen keine Verpflegung und nur kleine Mengen Wasser. Sie wurden in ein improvisiertes Lager getrieben, an dessen Eingang die Tschechen Leichen von Deutschen zur Schau gestellt hatten: Frauen mit Kindern, die in den Tod gegangen waren, Männer, die erschossen worden waren. Dr. Kurt Schmidt war dort Zeuge einer Hinrichtung. Er berichtete der Wissenschaftlicheen Kommission: »Wir sahen einen jungen Mann vor einer Grube stehen, Tschechen um ihn versammelt. Als wir fortmarschierten, hörten wir vom Lagerplatz Salven.«

Die Deutschen aus Pribram wurden weiter über die Straße nach Prag gehetzt. Im Ohr die Schreie der Wachen, vor den Augen Not, Schmerz und Tod. Von den Wagen, welche die Schwerkranken und die kleinen Kinder beförderten, wurden Tote gehoben und in den Straßengraben gelegt. Die Brunnen an den Straßen wurden von den Tschechen bewacht. Sie trieben die dürstenden Deutschen fort: »Dieses Wasser ist für Pferde und nicht für Deutsche.« Am 4. Tag des Marsches erreichte der Zug der Deutschen das Ziel:

Das Strahov-Stadion in Prag unterhalb des »Hradschin«, auf dem einst Reinhard Heydrich residiert hatte. Etwa 300 der 1300 Menschen, die aus Pribram abmarschiert waren, hatten während des Marsches den Tod gefunden.

Im Prager Stadion mußten die Deutschen, deren Zahl schließlich auf nahezu 10 000 angeschwollen war, ihre Tage und ihre Nächte auf der nackten Erde verbringen. Sie mußten hungern: Einmal täglich schwarzen Kaffee, eine dünne Suppe und etwa 100 Gramm Brot am Tag. Die Ruhr brach aus.

Im Stadion von Prag starb der 15 Monate alte Sohn von Dr. Kurt Schmidt. Die auf dem Totenschein genannte Todesursache: Unterernährung. Dr. Kurt Schmidt berichtete: »Die Leichen von täglich 12 bis 20 Verstorbenen wurden mit einem Karrenwagen vom Stadion weggeführt. Wohin sie dann kamen, konnte niemand erfahren. Es starben die Kinder den Müttern und die Mütter den Kindern. Am 1. Juni 1945 verlor unsere Gruppe, die etwa 400 Personen umfaßte, allein sechs Menschen, darunter zwei Kinder und eine Mutter von zwei Kindern. Ein Angehöriger unserer Gruppe hatte einen zweieinhalbjährigen Jungen bei sich, den er einer sterbenden Mutter im Lager abgenommen hatte, und von dem er nur eine Adresse wußte.«

Inmitten des Lagers, vor den Augen der 10 000 Wehrlosen, der Frauen und Kinder, richteten die Tschechen Angehörige der SS hin, die sie mit Hilfe der in den linken Arm tätowierten Blutgruppe ausfindig machten. Sie begnügten sich nicht damit, ihre Opfer einfach zu erschießen oder zu erhängen, sie prügelten die Deutschen tot. Dr. Schmidt berichtet aus dem Stadion von Prag: »Eines Tages hat man sechs junge Burschen so lange geschlagen, bis sie am Boden liegenblieben, dann mit Wasser begossen (dieses mußten die deutschen Frauen holen) und dann weitergeschlagen, bis kein Lebenszeichen mehr zu erkennen war. Die furchtbar zugerichteten Leichen wurden tagelang neben den Latrinen zur Schau gestellt. Ein 14jähriger Junge wurde mit seinen Eltern deshalb erschossen, weil er angeblich mit einer Schere auf einen Rot-Gardisten eingestochen hatte.«

An vielen Orten der Tschechoslowakei wurde in jenen Tagen die

Absicht der Tschechen offenkundig, ihre deutschen Opfer nicht einfach nur umzubringen, sondern sie zu demütigen, zu peinigen und ihre Qualen zu verlängern. Neun Tage nach der Kapitulation drangen tschechische Partisanen in großer Zahl in die von vielen Deutschen bewohnte Stadt Landskron in Mähren ein. Sie trieben die Männer der Stadt mit Peitschen auf dem Marktplatz zusammen. Dort war ein Tisch aufgestellt, an dem tschechische Partisanen Gericht spielten, ein Spiel mit tödlichem Ausgang. Der Notar Dr. Leopold Pfitzner berichtete: »Jeder Deutsche mußte vor diesem Richtertisch die letzten Schritte auf den Knien rutschen. Das Gericht verurteilte die herangeschleppten Deutschen entweder zu Prügelstrafen zwischen zehn bis hundert Schlägen oder zum Tod durch Erschießen oder Erhängen. Die zu Prügeln Verurteilten wurden in die Toreinfahrt des Gemeindehauses geschleppt, dort auf ein Brett geworfen und mit Gummiknüppeln, Gewehrkolben und Stöcken auf den ganzen Körper, auch auf Kopf und Hals, geschlagen und mit Füßen getreten. Die gellenden Schmerzensschreie der Geprügelten waren den ganzen Tag über in grauenerregender Stärke zu hören. Damit vermengten sich ununterbrochen die Salven aus Gewehren und Maschinenpistolen. Ein Kandelaber vor dem Gasthaus Schmeiser diente als Galgen. Ich sah, wie der Installateur Josef Jurenka gehängt wurde. Er eilte selbst auf den Galgen zu, legte sich die Schlinge um den Hals. Ein Partisan stieß den Hocker weg. Vor dem Aufgang zum Rathaus befand sich ein Luftschutzwasser-Bassin, in das mehrere Deutsche hineingeworfen wurden. Die Partisanen schossen dann auf sie. Die am Leben Gebliebenen wurden herausgezogen, an eine Mauer gestellt und mit Maschinenpistolen erschossen. Die Ermordeten lagen dort auf einem Haufen, wurden gegen Abend auf ein Fuhrwerk geworfen und in einem Massengrab begraben.« Der Terror in der Stadt Landskron hielt zwei Tage an. 40 Männer starben, nahezu 100 Deutsche der Stadt gaben sich aus Angst und Verzweiflung den Freitod. In der Ortschaft Kaden in der Nähe der Stadt Reichenberg im Sudetenland wurden die Deutschen Ende Mai 1945 mit Lautsprechern auf den Marktplatz befohlen. Diesmal sollten die Familienangehörigen zuschauen, wie die Männer starben. Frau

Wilhelmine von Hoffmann berichtete der Wissenschaftlichen Kommission der Bundesregierung: »Sieben Männer führte man auf den Platz, den eine große Menschenmenge säumte. Tschechen schossen mit Maschinenpistolen auf die Männer. Unbeweglich starrte unser Hausgenosse M. R. auf seinen beinamputierten Sohn, der erst auf seine Prothese sank, ehe er zu Boden fiel. ›Ich muß sehen, ob der Junge gleich tot ist‹, sagte er zu seiner Frau, die ihn wegdrehen wollte, als die ersten Schüsse fielen. Auch die junge Ehefrau eines der Opfer stand dabei. Sie erwartete ihr zweites Kind. Manchen Frauen, die sich wegwenden wollten, hielten Tschechen den Kopf fest: ›Hinschauen!‹«.

Die Wissenschaftliche Kommission der Bundesregierung schreibt: »Einzelne Gruppen oder Abteilungen der Revolutionsgarde, denen sich im tschechischen Siedlungsgebiet kein Betätigungsfeld bot, dehnten ihre Aktionen auf die sudetendeutschen Gebiete aus und unternahmen regelrechte Strafexpeditionen, bei denen sie die Bewohner ganzer Ortschaften zusammentrieben, einzelne Personen oder mehrere Einwohner mißhandelten und erschossen und die Häuser und Wohnungen ausplünderten. In manchen Ortschaften setzte sich die Revolutionsgarde für längere Zeit fest und errichtete hier ein Terrorsystem mit systematischen Quälereien der deutschen Bevölkerung.«

Niemand hat die Todesopfer des tschechischen Aufstandes in Prag und in Böhmen und Mähren gezählt. Im Bericht der Wissenschaftlichen Kommission der Bundesregierung wird eine Schätzung zitiert, derzufolge zwischen 35 000 und 40 000 deutsche Zivilisten während des Aufstandes und der ersten zwei Wochen danach umgekommen sind.

Doch selbst in dieser Orgie aus Haß und Blut, aus Rachedurst und Folter setzte Menschlichkeit für manche der verfolgten und bedrängten Deutschen ein Zeichen der Hoffnung. Die Wissenschaftliche Kommission der Bundesregierung schreibt: »Nicht überall jedoch konnte die von radikalen Elementen gesteigerte Psychose der Vergeltung die Lebensgemeinschaft von Deutschen und Tschechen im persönlichen Verhältnis von Mensch zu Mensch zerstören. Viele Berichte lassen erkennen, daß sich Tschechen schützend vor ihre deutschen Bekannten stellten, sie nach Ausbruch des Aufstandes in ihre eigenen Wohnungen aufnahmen oder sie in sichere Verstecke brachten. Sie setzten dabei ihr Leben aufs Spiel; denn eine Aufdeckung ihres Verhaltens hätte sie unweigerlich zu Kollaborateuren gestempelt.«

Die Nachrichtenhelferin A. L., die nach ihren grausamen Mißhandlungen beim Abbau der Barrikaden mit schweren inneren Verletzungen in ein Lazarett gebracht worden war, erinnerte sich: »Der tschechische Verwalter war jedoch ein Mensch, der uns ab und zu heimlich Brötchen und Weißbrot brachte; es war natürlich nicht mehr als ein Tropfen auf den heißen Stein. Er stand dabei Ängste aus, daß er nicht verraten und angezeigt wird.«

Zu der von den Tschechen in ein Lager verschleppten Kindergärtnerin Margarete Zimmermann aus Iglau sagte der Lagerkommandant eines Tages: »Ich habe den Deutschen auch heimgezahlt, was sie mir angetan haben, aber vieles, was bei uns passiert ist, ist wirklich eine Schande.«

Der Lehrer F. K. erzählte von Tschechen, die den Deutschen, die in der Stadt Zwangsarbeit leisten mußten, heimlich Brot und Zigaretten zusteckten: »Es öffnete sich bloß eine Tür, eine Hand kam heraus, so daß man nicht wußte, wer der Spender war.«

XV.

SUDETENLAND I

Euer Haus – unser Haus

Die Pfingstrosen standen in voller Blüte. Der Tag war wunderbar warm gewesen. Die Menschen in der großen mährischen Stadt Brünn hatten es sich an ihren offenen Fenstern bequem gemacht. Viele Einwohner saßen mit baumelnden Beinen auf den Mauern, die die Vorgärten eingrenzten. Sie lachten. Über dem vergnügten Lärm die Musik aus Plattenspielern und Radios. Die Tschechen warteten auf ein Ereignis, das es noch nie in der Stadt Brünn gegeben hatte und das es nie mehr geben würde: den Auszug der Deutschen. Dann kam der Zug die Straße herab. Frauen, Männer und Kinder. Auf ihren Rücken trugen sie Rucksäcke, in den Händen Taschen und Koffer. Sie schoben Kinderwagen und zogen Handwagen hinter sich her. An den Häusern von Brünn brachen sich das Knallen von Peitschen und das wütende, ungeduldige Rufen von Männern: »Jdeme, jdeme – schneller, schneller!«. Die Menschen in dem Zug hasteten und stolperten dahin, die Kinder weinten – schneller, schneller!
Es war der 30. Mai 1945. Mehr als 20 000 Deutsche mußten an jenem Frühlingsabend die Stadt verlassen, bewacht und angetrieben von tschechischen Soldaten und tschechischen Milizionären, die über den Schultern Karabiner und Maschinenpistolen trugen und in den Händen Peitschen. Schüsse knallten, Geschosse fegten über die Köpfe der Marschierenden hinweg. Schneller, schneller! Und wieder die Rufe: »Rascher, faules Pack!«
Rufe von den tschechischen Zuschauern am Straßenrand: »Seht ihr, so habt ihr es mit den Juden gemacht!«

In der Kolonne der 20 000, die nach Süden in Richtung auf die österreichische Grenze zog, marschierten an jenem Tag auch Frau Maria Zatschek, ihre 12jährige Tochter und ihr 86jähriger Vater. Sie berichtete: »Am Zentralfriedhof außerhalb der Stadt Brünn mußte Rast gemacht werden, weil viele alte Leute und Kinder nicht mehr mitkamen. Nach und nach langten sie an: im Höchstmaß erschöpft die Alten, weinend, nach ihren Müttern verlangend, ein Häufchen Kinder. Die Tschechen beschlossen, die Gebrechlichsten und Ältesten mit Lastautos zu befördern.«

Frau Zatschek und ihre Tochter marschierten mit den 20 000 weiter. Wieder Peitschenhiebe, wieder Schüsse. Wenige Kilometer hinter Brünn warfen viele Deutsche Teile ihres Gepäcks fort. Die Straßen waren in einem schlimmen Zustand: noch aufgerissen von Granaten und Bomben im Endkampf des Krieges, der drei Wochen zuvor erst zu Ende gegangen war.

Am Abend des ersten Marschtages, 24 Stunden nach dem Aufbruch aus Brünn, waren die Deutschen an die zweite Station ihres Leidensmarsches gelangt. Die Tschechen gaben ihnen nichts zu essen und nichts zu trinken. Tschechische Männer suchten im Gepäck der Deutschen nach Geld und Schmuck, nach Fotoapparaten. Babys wimmerten vor Hunger, manche Wöchnerin stillte voller Mitleid auch fremde Kinder.

Am nächsten Tag gelangte der Zug der Deutschen in die Nähe der Ortschaft Pohrlitz. Viele der Davongetriebenen übernachteten im Wald, bargen sich in Erdlöchern. Es regnete. »Die Babys«, berichtete Frau Zatschek, »lagen bald in Wasserlachen. Sie wimmerten. Zum Weinen fehlte ihnen die Kraft.« Die Spitze des langen Zuges, die Kräftigsten, die Ausdauernden, stand an dem Abend, als Frau Zatschek und ihre Tochter im Walde Unterschlupf suchten, vor den Schlagbäumen an der österreichischen Grenze. Aber als die Österreicher erkannten, was sich da durch Regen, Lehm und Pfützen heranwälzte, sperrten sie die Grenze. Die 20 000 Deutschen aus Brünn durften nicht nach Österreich, und sie durften nicht nach Hause.

Die Tschechen pferchten die Deutschen in Pohrlitz in Baracken und in fensterlose Räume eines Getreidesilos. Ein Teil der Frauen,

Männer und Kinder mußte Tage und Nächte unter freiem Himmel zubringen. Die Hungernden klaubten Kartoffeln aus dem Boden, die bei der Ernte übersehen worden waren. Das Wasser konnten sie nicht trinken – Paratyphus brach aus. Frau Zatschek berichtete: »Die Erkrankungen häuften sich, matt lagen die alten Leute auf ihren elenden Lagern. Obwohl Stroh aufgeschüttet wurde, blieb die Liegestatt hart. Die Sterblichkeit der Alten nahm täglich zu. Auch die Säuglinge schwanden dahin. Der Hunger war so groß, daß sich niemand scheute, von Sterbenden altes Brot zu nehmen.«
Einige Tage nach dem Einzug in das Lager griff die Seuche nach der Tochter von Frau Zatschek. Im ganzen Lager gab es nur eine Krankenschwester, keinen Arzt. Die Schwester hatte außer unwirksamer Tierkohle kein Mittel gegen die Krankheit. Nach einem Blick auf das Kind sagte sie der Mutter, es sei unvernünftig, die Schwerkranke zu quälen. Es sei besser, sie einschlafen zu lassen. Frau Zatschek stahl sich in der Nacht aus dem Lager und suchte in dem Ort Pohrlitz nach einem Apotheker. Es gelang ihr. Der Apotheker, ein Deutscher, gab ihr etwas Opium. Das Kind genas. Am 14. Tag der Lagerhaft aber starb der Vater von Frau Zatschek – einer von 20 Deutschen, die allein in jener Nacht im Lager von Pohrlitz zugrunde gingen. Frau Zatschek: »Niemand hat ihm die Augen zugedrückt, irgendwo wurden alle verscharrt. Nie habe ich erfahren, wo sich die Grabstätte befindet.«
Die Wissenschaftliche Kommission der Bundesregierung schreibt über das Lager Pohrlitz: »Die Masse der 20 000 vegetierte wochen- und monatelang unter den entsetzlichsten Bedingungen dahin. Da insbesondere die hygienischen Voraussetzungen für die Unterbringung so vieler Menschen fehlte, raffte die Typhusepidemie Hunderte der von Entbehrungen entkräfteten Lagerinsassen hinweg.«
In der dritten Woche der Lagerhaft trieben die Tschechen die überlebenden Frauen und Kinder weiter – erst in eine Frauenstrafanstalt, dann zur österreichischen Grenze. Diesmal ließen die Grenzer die vertriebenen Deutschen ins Land. Frau Zatschek berichtete: »Meine Tochter saß so verschüchtert und elend auf ihrem Rucksack, daß der tschechische Grenzbeamte ihr zurief: ›So

lauf schon!‹ Es war der letzte tschechische Ausruf, der Abschied von der tschechischen Republik.«

Es war der Abschied, den Dr. Eduard Benesch, Chef der tschechischen Exilregierung, die während des Krieges in London saß, allen Deutschen zugedacht hatte: Der Todesmarsch der Deutschen von Brünn war ein Vorgang, der sich im Frühjahr und Sommer 1945 in vielen Orten der Tschechoslowakei und des Sudetenlandes wiederholte – oft mit noch schlimmeren Begleitumständen. Die Kolonne des Elends, die sich von Brünn nach Österreich geschoben hatte, war die Vorhut eines ganzen Volkes, das gequält, geprügelt und um seine Heimat, um Haus und Hof gebracht wurde.

Dr. Eduard Benesch hatte das Ziel, die Deutschen aus dem Innern der Tschechoslowakei und dem Sudetenland, wo sie seit mehr als 700 Jahren siedelten, zu vertreiben, während des ganzen Krieges mit zunehmender Intensität und immer größeren Aussichten auf Erfolg verfolgt. Offenbar brachte er bereits im dritten Jahr des Krieges die britische Regierung auf seine Seite. Benesch schrieb später über eine Unterredung, die er im Sommer 1942 mit dem britischen Minister Nichols hatte: »Er informierte mich, daß die britische Regierung unseren Vorschlag, die nationalen Minderheiten aus der tschechoslowakischen Republik in andere Länder zu transferieren, sorgfältig geprüft habe und zu der Ansicht gekommen sei, daß die britische Regierung sich einem Transfer der Minderheiten aus der Tschechoslowakei nicht entgegenstellen werde.« Im Sommer 1943 gewann Benesch auch US-Präsident Roosevelt für seine Absichten. Benesch: »Er stimmte dem Transfer von nationalen Minderheiten aus Ostpreußen und der Tschechoslowakei zu. Ich fragte ihn ausdrücklich, ob die Vereinigten Staaten einem Transfer der Deutschen aus der Tschechoslowakei zustimmen würden. Er erklärte, daß sie dieses tun würden.«

Ende 1943 reiste Benesch nach Moskau. Dort traf er im Kreml mit Josef Stalin und dessen Außenminister Wjatscheslaw Molotow zusammen. Der persönliche Sekretär von Eduard Benesch berichtete über diese Unterredung: »Benesch bat um sowjetische Unterstützung für seine Pläne, die Sudetendeutschen nach Deutschland auszusiedeln. Sowohl Molotow als Stalin versprachen volle Unterstützung. ›Das ist eine Kleinigkeit. Das ist leicht‹, war Molotows Antwort, als Benesch ihm seinen Vorschlag erklärte, zwei oder mehrere Millionen Sudetendeutsche in das Reich zu schicken. Und Stalin ging sogar darüber hinaus. Er nahm Benesch beim Arm und führte ihn zu einer Wandkarte von Europa, die in Stalins Arbeitszimmer im Kreml hing. Auf dieser Karte hatte er bereits die zukünftige Ostgrenze Deutschlands in roter Farbe markiert. Benesch sagte, er wünsche sich nur, daß die tschechoslowakische Grenze ein wenig begradigt werde. Und als Beispiel deutete er auf das Gebiet um Glatz in Schlesien. Stalin konnte kaum sein Erstaunen über Beneschs Bescheidenheit verbergen und schlug diese Region zur Tschechoslowakei. Allerdings wurde diese Region um Glatz schließlich den Polen gegeben.«

Freilich hielt Benesch vor den Angloamerikanern seine Absicht verborgen, nicht nur jene Sudetendeutschen auszuweisen, die an der Seite der Nationalsozialisten gegen die tschechoslowakische Republik gearbeitet hatten, sondern alle Deutschen ohne Ausnahme. Dieses unerhörte Vorhaben wurde vor allem von Josef Stalin gebilligt und begünstigt. Stalin wußte, was er tat.

Die Wissenschaftliche Kommission der Bundesregierung erklärt: »Es war ein verhängnisvoller Irrtum, wenn Benesch geglaubt haben sollte, eine so radikale Änderung der nationalen, sozialen und rechtlichen Struktur Mitteleuropas, wie es der Transfer von Millionen war, sozusagen politisch kanalisieren zu können. Der Preis war die Auslieferung der Tschechoslowakei an die Sowjetunion, mit deren Hilfe diese Lösung durchgesetzt werden konnte.«

»In den Gremien, die nach der Kapitulation der deutschen Wehrmacht in der Tschechoslowakei die politische Macht ausübten, hatten Kommunisten«, so schreibt die Wissenschaftliche Kommission, »ein Maß von Einfluß, das die Zahl ihrer Anhänger weit überstieg. Dieser Einfluß war später um so entscheidender, als jene Teile des tschechischen Volkes, die der Kollaboration mit den Deutschen bezichtigt wurden, völlig von der politischen Mitwirkung ausgeschlossen waren. Die Auswirkungen dieser in Moskau gefällten politischen Entscheidung traf in erster Linie die Sudeten-deutschen: Einmal waren damit die Weichen für ihre Vertreibung endgültig gestellt, zum anderen aber waren durch die innere Konstellation im tschechischen Lager, wie sie sich aus den Abma-chungen von Benesch mit den Kommunisten ergab, all jenen Kräften im Land Auftrieb und freie Tat gewährt, die die Politik einer brutalen und hemmungslosen Vergeltung für das dem tsche-chischen Volk angetane Unrecht befürworteten und dann auch durchführten.«

Brutal und hemmungslos – das waren die hervorstechendsten Merkmale der Austreibung der Deutschen aus der Tschechoslowa-kei und dem Sudetenland.

Am Morgen des 9. Juni 1945 hingen in der Stadt Komotau im nordöstlichen Sudetenland rote Plakate. Auf ihnen befahlen die Tschechen der gesamten deutschen männlichen Bevölkerung der Stadt vom 13. bis zum 65. Lebensjahr, sich um 10 Uhr vormittags auf dem Jahn-Turnplatz von Komotau einzufinden. Wer diese Anordnnung nicht befolge, werde mit dem Tode bestraft. Im Laufe des Vormittags versammelten sich auf dem Platz einige tausend deutscher Männer. Die meisten von ihnen trugen Decken bei sich und kleine Beutel mit Lebensmittel, wie es ihnen von den Tsche-chen befohlen worden war. Um den Platz herum standen tschechi-sche Soldaten. Einige von ihnen lagen hinter Maschinengewehren, die auf die Deutschen gerichtet waren. Lastwagen waren aufgefah-ren. Auch von diesen Fahrzeugen drohten feuerbereite Maschi-nengewehre in die Menge der Deutschen.

Die Tschechen befahlen den Männern auf dem Platz, den Oberkör-per zu entblößen. Die Deutschen zogen Jacken, Westen und Hem-den aus. Der Reichsbahnoberinspektor Eduard Kraus aus Komo-tau berichtete der Wissenschaftlichen Kommission über das, was nun folgte: »Dann erscholl das Kommando: ›Hände hoch!‹ Tsche-chische Soldaten und Polizisten schritten die erste Reihe der deut-schen Männer und Knaben ab – auf der Suche nach Angehörigen der SS, die an ihren Tätowierungen erkennbar waren. Plötzlich packten sie einen deutschen Mann. Zwei Soldaten drehten ihm die Arme seitwärts und rissen ihn aus der Reihe. Andere Soldaten schlugen mit Gewehrkolben und Knuten mit Bleikugeln auf den Wehrlosen ein. Er wurde geschlagen, bis er tot zusammenbrach. Dieser Vorgang wiederholte sich noch mehrere Male. Unter den zu Tode geprügelten Deutschen befand sich auch ein Kriegsinvalide, dem beide Arme fehlten. Tschechische Frauen, die am Rand des Platzes standen, klatschten dazu mit den Händen, lachten und riefen: ›Sie haben schon wieder einen!‹« Der Facharbeiter Adalbert Ehm aus Komotau, der an diesem Morgen auf dem Jahn-Turnplatz von Komotau stand, berichtete der Wissenschaftlichen Kommission über diesen Blutsamstag: »Wurde einer der Geschlagenen bewußtlos, so wurde sein mit Wunden über und über bedeckter Körper mit einem Eimer Salzwasser übergossen. Die Kleider hatte man den Geprügelten vom Körper gerissen, furchtbar hallten die Todesschreie der Gequälten.«

An diesem Samstagvormittag wurden in der sudetendeutschen Stadt Komotau fünfzehn deutsche Männer von Tschechen zu Tode geprügelt. Die zusammengetriebenen deutschen Männer mußten bis nachmittags 2 Uhr auf dem Platz stehenbleiben. Dann befahlen ihnen die Tschechen, sich in Fünferreihen aufzustellen. Dann gaben die Soldaten den Männern den Befehl zum Abmarsch. Kranke mußten mitmarschieren. Einige Kilometer schleppten sie sich dahin, dann brachen Gebrechliche und Erschöpfte zusammen. Adalbert Ehm berichtete: »Julius Kurz, Werkmeister in den Mannesmann-Werken konnte nicht mehr weiter. Er wurde von der tschechischen Begleitmannschaft geschlagen und dann erschossen.« Die Tschechen trieben die Deutschen im Laufschritt steile Straßen hoch. Sie schlugen mit Gewehrkolben und Ochsenziemern auf die Männer ein. 70 deutsche Männer starben an diesem Nachmittag an der Straße. Keuchend, erschöpft und stolpernd erreichte die Spitze des Zuges am Abend die Grenze zwischen der Tschechoslowakei und Sachsen. Dort, so hatten die Tschechen beabsichtigt, sollten die Geprügelten ihrem Schicksal überlassen werden. Jedoch: Russische Offiziere und Soldaten, die jene Grenze bewachten, weigerten sich, die Kolonne der Elenden nach Sachsen hineinzulassen. So saßen die Deutschen in der Nacht in Fünferreihen auf der Straße. Die Tschechen verhandelten noch einmal mit den Russen – noch einmal ohne Ergebnis. Dann wurden die deutschen Männer zurückgetrieben. Sie durften jedoch nicht nach Hause zurückkehren: Mehr als 5000 der Männer aus Komotau wurden in ein Internierungslager gebracht – eines jener vielen hundert Lager, die für Hunderttausende von Deutschen in den nächsten Monaten und Jahren Stätten des Elends und der fortgesetzten Folter werden sollten.

13 Tage nach der Austreibung der Männer von Komotau klebten Tschechen wieder rote Plakate an die Häuserwände der Stadt. Diesmal wurden alle deutschen Frauen und Mädchen im Alter von 15 bis zu 45 Jahren aufgefordert, zum Jahn-Turnplatz der Stadt zu kommen. Strengste Bestrafung für die Frauen, die dem Befehl nicht nachkamen, wurde angedroht. Die Frauen versammelten sich befehlsgemäß mit Verpflegung für einen Tag. Zu diesen Frauen gehörten die Kontoristin M. M. aus Komotau und ihre zwei Schwestern, 15 und 17 Jahre alt. Tschechen trieben die deutschen Frauen und Mädchen zum Bahnhof. Dort kletterten die Frauen in Viehwaggons. Der Zug fuhr eine ganze Nacht lang. Er hielt in der tschechischen Stadt Kladno, 50 Kilometer westlich von Prag. Frau M. M. wurde mit ihren Schwestern in eine Schule gebracht. Sie schliefen auf Strohsäcken. Am nächsten Tag schon wurden die Frauen zu einem nahegelegenen Gutshof getrieben. Sie mußten dort Rüben hacken und bei der Getreideernte helfen. Frau M. M. berichtete: »Wir wurden stets von bewaffneten Uniformierten bewacht. Die Verpflegung war nicht gut und oft auch nicht ausreichend. Der größte Teil der Frauen litt schon bald unter Ruhr.«

Die Wissenschaftliche Kommission der Bundesregierung schreibt über die Methode der Austreibung: »Offenbar dienten diese Aktionen, die auch aus anderen Orten berichtet werden, manchmal nur dem Zweck, die Familie des männlichen Schutzes und der Hilfe zu berauben, um ungestört plündern und die verängstigten Frauen und Kinder leichter aus den Wohnungen verdrängen zu können, die dann von Tschechen beansprucht wurden. Auch schien dort, wo eine starke tschechische Minderheit war und weitere Tschechen nachzogen, die Austreibung vorwiegend dadurch ausgelöst worden zu sein, daß die Deutschen den Tschechen allein durch ihre bloße Anwesenheit im Wege standen und auf irgendeine Weise entfernt werden mußten. Das dürfte nicht zuletzt die Erklärung für die Vorgänge sein, bei denen man einzelne Orte völlig von ihren deutschen Einwohnern räumte und die Bevölkerung geschlossen zur Zwangsarbeit abtransportierte oder bis auf weiteres in Lager einwies, um sie dann bei der nächsten Gelegenheit nach Deutschland oder Österreich abzuschieben.«

Über die mährische Ortschaft Jägerndorf verhängten die Tschechen am 14. Juni 1945, mehr als fünf Wochen nach dem Ende des Krieges, das Standrecht. Den Deutschen wurde verboten, nach 8 Uhr abends die Straße zu betreten. An diesem Tag trieben fünf tschechische Partisanen die Hausfrau Hermine Mückusch und ihre Schwester aus ihrer Wohnung. Sie zogen den Frauen die Eheringe von den Fingern und jagten sie aus dem Haus. Sie durften weder Wäsche noch Kleider mitnehmen. Auf der Straße standen bereits viele deutsche Frauen – alte Damen, Mütter mit ihren kleinen Kindern. Die meisten von ihnen hatten keinerlei Gepäck bei sich. Die Tschechen hatten sie, so wie sie in Küche oder Garten gestanden hatten, davongejagt. Frau Mückusch berichtete: »Unter den Frauen befand sich auch meine Kusine, deren Mann von den Tschechen eine Viertelstunde zuvor ohne jeden Grund erschossen worden war. Man gestattete ihr nicht, sich um den Toten zu bemühen und die Beerdigung zu veranlassen.«

Die Deutschen von Jägerndorf marschierten los, die Hauptstraße entlang. Der Zug schwoll an. Partisanen und Soldaten führten aus Nebenstraßen immer mehr Deutsche heran, die sich in die Kolonne einfügten. Noch während die Kolonne der Wehrlosen marschierte, wurden einzelne Deutsche Opfer blinder Rachsucht. Frau Hermine Mückusch berichtete der Wissenschaftlichen Kommission: »Zwei Schritte vor mir ging unser Milchhändler mit seiner Frau und ihrem 14jährigen Jungen. Ein Tscheche trat auf den Jungen zu und schrie ihn an: ›Wir kennen uns doch!‹

Der Junge erschrocken: ›Nein!‹

Der Tscheche wiederholte: ›Wir kennen uns doch.‹

Der Junge voller Angst: ›Nein‹.

Darauf der Tscheche: ›Was, wir kennen uns nicht?‹

Er schlug ihm mehrere Male mit der Faust ins Gesicht, packte das Kind am Arm und befahl ihm, auf der Straße zehnmal auf und nieder Liegestütz zu machen. Dabei schlug er ihm mit dem Gummiknüppel auf den Rücken, so daß der Junge vor Schmerz aufschrie. Die Mutter stand mit abgewandtem Gesicht dabei. Der Vater schrie den Tschechen bittend an, er möge doch sein Kind nicht so schlagen, da es doch niemandem etwas getan habe. Der Tscheche packte den Vater und befahl ihm, sich auf die schmutzige Straße zu werfen. Er trat ihm mit den Füßen in den Rücken und hieb mit dem Gummiknüppel auf ihn ein.«

Sechs Tage nach der Internierung der Deutschen von Jägerndorf im Lager bei der Stadt teilten die Tschechen mit, Frauen und Kindern und alte Leute sollten sich melden. Sie könnten heimkehren. Hermine Mückusch, Mutter eines Jungen, meldete sich. Über den Anblick, den das Lager am nächsten Morgen bot, berichtete sie: »Dort stand nun eine lange Reihe von Menschen mit freudigen und erwartungsvollen Gesichtern. Denn nach ihrer Meinung sollte es ja nun nach Hause gehen.« Doch bevor die Menschen das Lager verlassen durften, wurden sie ausgeplündert. Die deutschen Frauen mußten an einem Tisch vorbeimarschieren und alles Geld, allen Schmuck, selbst Messer und Scheren abgeben. Die deutschen Mütter und die Kinder standen bis in die frühen Morgen hinein auf dem Hof des Lagers.

Dann, als die Tschechen sich überzeugt hatten, daß sie den Deutschen jeden Gegenstand, der überhaupt von Wert war, abgenommen hatten, setzte sich die Kolonne der Menschen in Bewegung. Sie gingen den Weg zurück, den sie wenige Tage zuvor unter Peitschenhieben und Schüssen in das Lager gegangen waren. Sie erreichten den Marktplatz von Jägerndorf. Dies, so dachten die Deutschen, war die Stelle, wo sich die Kolonne auflösen würde, die Stelle, von der sie in ihre Wohnungen zurückkehren konnten. Aber die Tschechen trieben die Deutschen weiter. Sie trieben sie nach Norden, dorthin, wo die Tschechoslowakei an Schlesien grenzt.

Der Tag war ungewöhnlich warm. Aber die Mütter und ihre Kinder erhielten weder Brot noch Wasser. Müde von dem langen

Marsch und schmutzig von dem aufgewirbelten Straßenstaub bewegten sich die Menschen langsam vorwärts.

Frau Mückusch: »Als wir in die Nähe der Ortschaft Wirbental gekommen waren, brachten uns die Einwohner Kaffee und Brot. Die Partisanen, die uns trieben, wußten dies jedoch zu verhindern. An diesem ersten Tag hatte der Zug der vertriebenen Jägerndorfer Mütter und Kinder 40 Kilometer hinter sich gebracht.«

In der Dämmerung des nächsten Tages wurden die Deutschen hochgejagt – mit Knallen von Schüssen und mit Hieben von Peitschen. Wieder gab es keinerlei Nahrung für die Ausgetriebenen. Der Zug der Leidenden schleppte sich nun auf Gebirgsstraßen dahin. Wieder strahlte die Sonne von einem wolkenlosen Himmel. Die Mütter schoben ihre Kinderwagen die Steigungen hoch. Die Wagen waren mit Windeln behängt, die sie während des Marsches trocknen ließen. Über den Anblick einer Rastpause berichtete Frau Mückusch: »Müde, abgezehrte Frauen mit ihren Säuglingen im Arm, am Straßenrand kauernd. Kleine Kinder lagen wie tot im Gras und weinten vor Durst und Hunger.«

Am dritten Tag des Marsches regnete es. Die Menschen marschierten weiter nach Norden. Wieder knallten die Peitschen in ihrem Rücken. ›Los‹, brüllten die Tschechen, die den Zug der Frauen und Kinder antrieben. »Los! Ihr deutschen Schweine, vorwärts!«

Am vierten Tag des Jammermarsches erreichten die Deutschen das Ziel, das die Tschechen für sie ausgesucht hatten: die Grenze zwischen Mähren und Schlesien. Aber auf der Straße und auf den Feldern, die an sie angrenzten, standen polnische Soldaten. Sie wiesen das Verlangen der Tschechen zurück, die Deutschen nach Schlesien hineinzulassen. Die Polen wußten, daß Schlesien künftig zu ihrem Staat gehören würde. Sie waren schon selbst dabei, die Deutschen aus ihrem neuen Herrschaftsgebiet herauszutreiben.

Nun luden die Tschechen die Mütter und die Kinder auf Leiterwagen und Lastkraftwagen und fuhren sie einige Kilometer weit zurück. Dann mußten Mütter und Kinder absteigen und marschieren. Frau Mückusch berichtete: »Die Müdigkeit nach fünftägigem Marsch mit durchschnittlichen Tagesleistungen von 40 Kilometern, der ständige Hunger, die große Hitze und die um sich greifenden Krankheiten hatten zur Folge, daß sich der Elendszug nur noch langsam fortbewegte. Wir erreichten eine Ortschaft, wo eine kurze Rast gemacht wurde. Das Bild, das der Transport nun bot, war schrecklich. Die jungen Mütter saßen mit ihren Kindern am Straßenrand, schmutzig, zum Teil ohne Schuhe, die größeren Kinder lagen im Grase, rot im Gesicht vor Fieber und Hitze, und baten um etwas zu trinken, was man ihnen jedoch nicht geben konnte, weil nicht das mindeste für die Versorgung des Transports getan wurde.«

Am Abend dieses fünften Marschtages schließlich war der Zug nicht mehr von der Stelle zu bewegen. Weder Warnschüsse in die Luft noch Hiebe mit den Peitschen konnten die geschundenen Menschen dazu bringen, weiterzumarschieren. Die Tschechen brachten Lastwagen heran und fuhren die Frauen und Kinder in ein Internierungslager.

Doch nur in wenigen Fällen scheiterte die Absicht der Tschechen an russischen oder polnischen Grenzsoldaten. Zumeist gelang es ihnen, sich der Deutschen, die sie aus ihren Dörfern und Städten vertrieben hatten, zu entledigen. Der Landwirt K. A. aus dem Kreis Zwickau wurde am Nachmittag des 30. Juni 1945 zusammen mit seiner Frau und seinen vier Kindern in einen Waggon getrieben, in dem schon 70 Menschen standen. Der Landwirt berichtete: »Viele Familien hatten bei der Vertreibung nicht einmal ein Stück Brot mit, da keines zu Hause war. Einige hatten das Brot gerade im Backofen, durften aber nicht warten, bis das Brot gebacken war.« Der Zug fuhr diese Deutschen nach Sachsen. Sie hatten nichts außer den Kleidern auf dem Leibe. Die Kinder waren barfuß und litten Hunger.

Der Notar Dr. Leopold Pfitzner wurde mit seiner Familie und 1500 anderen Deutschen aus Oderberg in offene Waggons verladen. Die Deutschen wurden ausgeplündert, als sie ihre Häuser verließen, sie wurden beraubt, als sie den Zug bestiegen. Der Zug fuhr die Ausgetriebenen bis in die Nähe der Grenze. Dort mußten sie aussteigen und 16 Kilometer zu Fuß marschieren. Und auch während des Marsches wurden sie ausgeplündert. Ein Tscheche riß der Schwester von Dr. Pfitzner die Ohrringe aus den Ohren. In

Sachsen gab es für die Menschen weder Unterkunft noch Verpflegung. Sie wanderten zu Fuß durch das zerschlagene Deutschland. Dr. Pfitzners jüngstes Kind starb an der Ruhr.

Ein Transport von ausgetriebenen Sudetendeutschen aus dem Kreis Trautenau wurde auf offener Strecke aus dem Zug gejagt. Die Kolonne zog zu Fuß über die Grenze nach Sachsen. Sie bettelten um kalte Kartoffeln. Manchmal bekamen sie von ihren Landsleuten in der sowjetisch besetzten Zone ein bißchen Brot. Meist bekamen sie nichts. In der sächsischen Ortschaft Göda schlossen die Bewohner die Haustüren ab, als der Zug der Elenden heranwankte. Sie beschimpften ihre sudetendeutschen Landsleute, die die Hand nach ein wenig Milch, ein wenig Brot ausstreckten, als Gesindel.

Die Wissenschaftliche Kommission notiert: »Da aus dem Sudetenland und gleichzeitig aus dem benachbarten Schlesien in kurzer Zeit Hunderttausende Vertriebene nach Sachsen einströmten, ballten sich hier riesige Menschenmassen zusammen. Phantastische Gerüchte steigerten die Ratlosigkeit der Menge, die wegen der akuten Hungersnot und Seuchengefahr plan- und ziellos von Ort zu Ort geschoben wurde. Manche verloren hier noch durch marodierende Sowjetsoldaten das letzte gerettete spärliche Gepäck.«

Allein in den ersten drei Monaten nach dem Ende des Kriegs trieben die Tschechen nahezu 800 000 Sudetendeutsche aus dem Land.

In die Häuser, Wohnungen und Bauernhöfe der Deutschen im Sudetenland aber zogen Tschechen ein. Oft kamen sie aus der Nachbarschaft, oft aber von weit her, mit nichts in der Hand als einem Pappkarton oder einem Koffer. Den Deutschen ließen sie oft nicht einmal Zeit, einen Koffer zu packen. Die Bäuerin Elisabeth Petschke aus dem Kreis Jägerndorf berichtete: »Wir saßen gerade beim Mittagessen, als eine Gesellschaft Tschechen kam und uns sagte, daß das Haus jetzt ihnen gehöre und wir uns hinausscheren möchten – wohin, das ist ihnen gleich. Ich habe sie gebeten, mir meinen Wintermantel herauszugeben, und Strümpfe und Pullover für die Kinder. Doch ich habe nichts erreicht.«

»Den Deutschen in Karlsbad blieben«, so berichtete Frau Elisabeth

Gitscher der Wissenschaftlichen Kommission, »zwanzig Minuten, um ein wenig Wäsche und Kleidung zusammenzupacken.« Die Soldaten drängten die Frau und ihre fieberkranke Tochter aus der Wohnung, versperrten die Tür und trieben die Frauen auf die Straße.

Im böhmischen Braunau erschienen am 5. August 1945, einem sonnigen Sonntag, vor der Wohnung der Lehrerin A. K. zwei tschechische Polizisten und legten einen Zettel auf den Tisch. Darauf stand: »Binnen einer Stunde ist die Wohnung zu räumen. Erlaubt sind 25 kg Gepäck und 5 Kilogramm Lebensmittel pro Person. Schmuck hat zurückzubleiben.« Frau A. K. über den Auszug der Deutschen aus Braunau: »Da wird Frau H., die erst vor zehn Tagen aus dem Krankenhaus entlassen worden war und an zwei Krücken kaum einige Meter laufen kann, in einem Wägelchen davongefahren, der 70jährige Gatte neben ihr. Dahinter die Tochter mit ihren zwei Kindern. Eine ehemalige Postbotin bringt einen fast erblindeten Mann auf einem Schubkarren, und alle zehn Meter zwei tschechische Soldaten mit aufgepflanztem Bajonett. So trieb man uns wie Vieh.«

Der Bauer F. P. aus dem Kreis Neubistritz wurde von zwei tschechischen Soldaten mit dem Kolben geschlagen. Der eine sagte zu ihm: »Jetzt kannst du Tagelöhner werden, du deutscher Hund.« Der Bauer schrieb: »Das war der Abschied aus dem Hause meiner Väter, auf dem unser Geschlecht seit dem Jahre 1686 saß, also 259 Jahre. Und nun waren wir in einer Stunde draußen. Ein Schubkarren voll Sachen war unser ganzes Hab und Gut.«

Frau A. L. aus dem Kreis Luditz, die von Tschechen aus ihrem Haus vertrieben worden war, bat die neue Besitzerin, in dem Garten, der ihr gehört hatte, ein paar Blumen für das Grab ihrer Brüder pflücken zu dürfen. Es wurde ihr nicht erlaubt.

Die tschechische Regierung hatte der willkürlichen Enteignung der Deutschen einen juristischen Mantel umgehängt: Schon fünf Wochen nach der Kapitulation der Wehrmacht verfügte sie, daß das landwirtschaftliche Vermögen der Deutschen enteignet sei und an tschechische und slowakische Siedler übergeben werden sollte. Die Wissenschaftliche Kommission der Bundesregierung schreibt: »Die radikalen Enteignungsgesetze sprechen bereits die Sprache der kommunistischen Revolution. Nur daß sie sich nicht im kommunistischen Sinne gegen den Klassenfeind, sondern im Sinne eines an seine äußersten Grenzen vorgetriebenen Nationalismus gegen den Nationalfeind richtete. Er sollte wirtschaftlich vernichtet werden. Von einer organisierten und kontrollierten tschechischen Durchdringung und Besiedlung des Sudetenlandes konnte in den ersten Monaten nach dem Waffenstillstand kaum gesprochen werden, schon deshalb nicht, weil ein großer Teil der ersten Zuwanderer gar nicht die Absicht hatte, im Grenzgebiet seßhaft zu werden. Amtliche Maßnahmen, private Willküräkte, Plünderungen und Raubaktionen waren im einzelnen nicht zu unterscheiden.«

Über die Qualifikation mancher der Tschechen, die das Land der Deutschen in Besitz nahmen, berichtete Frau A. L.: »Den Gutsbetrieb meines Heimatsdorfes übernahm ein gelernter Schlosser. Den größten Bauernhof unseres Dorfes, ein Musterbetrieb mit moderner Anlage und Bewirtschaftung, beschlagnahmten zwei Soldaten der tschechischen Legion, die seit zwanzig Jahren in Frankreich gelebt hatten . . . Manchmal durfte der enteignete deutsche Besitzer als Knecht in einer Kammer verbleiben.«

Die Wissenschaftliche Kommission der Bundesregierung urteilt: »Naturgemäß wurden die ergiebigsten Höfe und die produktivsten gewerblichen Betriebe zuerst besetzt. Da die Neusiedler vielfach nicht die geringsten Kenntnisse von Landwirtschaft oder Betriebsführung besaßen und oft nicht gewillt waren zu arbeiten, verkamen die Höfe und Betriebe, wenn nicht der deutsche Besitzer, um geringen Lohn oder der notwendigen Lebensmittel wegen, die nötigsten Arbeiten verrichtete. Oft verkauften die Tschechen das vorhandene Vieh und die Vorräte oder schafften die beweglichen Güter in ihre Heimatorte und kehrten dann erneut ins Grenzgebiet zurück, um das Verfahren zu wiederholen.«

*

Die halbwüchsigen Jungen und Mädchen auf der Straße des Dorfes im Sudetenland johlten. Dann schrien sie Schimpfwörter, schließlich flog ein Stein. Er traf, so berichtete die Augenzeugin Hanni Kerst, eine alte Frau in den Rücken. Sie versuchte zu laufen. Die Jungen und Mädchen lachten, und auch ein paar Erwachsene, die die Straße entlangkamen, lachten mit – über eine alte Frau, die schnell laufen wollte. Die Frau strauchelte, stützte sich an einer Hauswand ab und drehte sich dann mit bittender Gebärde zu ihren Peinigern um.

Auf dem Mantel der Frau war ein großer weißer Stofflecken zu sehen – damals im Sommer 1945 eines der Kennzeichen der Deutschen in der Tschechoslowakei. Die tschechischen Behörden hatten allen Deutschen im Lande unter Androhung von Strafen vorgeschrieben, entweder eine weiße oder gelbe Armbinde zu tragen, oder aber auf ihre Kleidung einen weißen Stoff-Fetzen zu nähen, auf dem ein großes N (Němec = Deutscher) angebracht war.

Diese Markierung gab die deutschen Männer, Frauen und Kinder der willkürlichen Verfolgung preis, und sie machte es den Tschechen leicht zu kontrollieren, ob die Deutschen sich an die Vorschriften hielten, die ihnen auferlegt waren: Sie durften weder öffentliche Verkehrsmittel benutzen, noch Kinos oder Restaurants betreten.

Da ihnen auch der Besitz von Fahrrädern untersagt war, mußten sie alle Entfernungen zu Fuß zurücklegen. Zugleich war ihnen verboten, in Städten oder Dörfern auf dem Bürgersteig zu gehen. Ihr Platz war im Schmutz der Straße.

Die Wissenschaftliche Kommission schreibt: »Diese gegen die Deutschen insgesamt gerichteten demütigenden und diskriminierenden Maßnahmen gingen von der Idee kollektiver Schuld und Verantwortung aus. Sie waren zum großen Teil der nationalsozialistischen Juden-Politik nachgeahmt und wurden mit ihr gerechtfertigt.«

In der Mitte des Jahres 1945, wenige Wochen nach der Kapitulation, stellte sich die Lage der Sudetendeutschen so dar: Ein beträchtlicher Teil von ihnen war bereits ausgetrieben worden, ein Teil wohnte noch in den Wohnungen und Häusern, in denen er bei Ende des Krieges gewohnt hatte, ein beträchtlicher Teil der

Deutschen war in Lager gesperrt, Lager, die von den Machthabern in Prag erst als Konzentrationslager bezeichnet und später in Internierungs-, Arbeits- und Sammellager umbenannt wurden.

Aus dem Lager, in das die Frauen und Kinder von Jägerndorf nach ihrem Durst- und Hungermarsch zur schlesischen Grenze schließlich geschafft worden waren, berichtete Frau Mückusch: »Stroh gab es nicht. Die Menschen lagen auf dem blanken Zementboden. Wieder andere lagen teilnahmslos im Fieber am Boden.«

Die kranken Kinder wurden schließlich in ein Krankenhaus geschafft. Doch sie erholten sich dort nicht. Innerhalb von 14 Tagen, so berichtete Frau Mückusch, starben von den 27 Kindern, die jünger waren als ein Jahr, 26. Frau Mückusch: »Die Kinder wurden in große Särge, zu fünf bis sieben in einem, gelegt und begraben. Die Kinder starben alle mit offenen Augen und offenem Mund. Und in die Sterbeurkunde wurde als Todesursache ›Hungertod‹ eingetragen.«

In den Lagern errichteten die Tschechen die Herrschaft von Folter und willkürlichem Tod. Lagerkommandanten waren oft Tschechen, die unter den Nationalsozialisten in Konzentrationslagern gelitten hatten, oft aber auch Kriminelle. Die einen stillten ihren Rachedurst, die anderen ihre Gelüste an den Deutschen – selbst an verwirrten Menschen und auch an jenen, die der Krieg schon einmal geschlagen hatte, die ein Bein verloren hatten. Aus dem Internierungslager Neu Rohlau berichtete Frau Elisabeth Gitschner: »Allen Prothesenträgern hatte man ihre Stützen fortgenommen. Kam einer der Unglücklichen einem Befehl nicht schnell genug nach, dann wurde er von den Tschechen um den Lagerhof gejagt. Dann hüpfte er und stürzte, versuchte, sich wieder aufzurichten, hüpfte und stürzte, bis er liegenblieb und auch auf Fußtritte nicht mehr reagierte.«

Das Schicksal ihrer 80jährigen Mutter schilderte Frau Maria Zatschek aus Brünn: »Da sie es nicht fassen konnte, daß sie ihr Haus, das sie sich in schwerster Arbeit erspart hatte, verlieren sollte, verlangte sie im Lager immer wieder nach Hause. Man schlug sie mit dem Gewehrkolben, ließ sie hüpfen wie einen Hasen, ließ sie das Deutschlandlied singen, zwang sie, ein Plakat zu tragen: ›Ein

Volk, ein Reich, ein Führer‹.« Tödlicher Haß traf alle, die in irgendeiner Verbindung mit den Nationalsozialisten gestanden hatten. Der Stadtrat Hubert Schütz aus Jägerndorf berichtete der Wissenschaftlichen Kommission aus dem Lager in der Nähe seiner Heimatstadt: »Parteifunktionäre, Mitglieder der SA und SS wurden dreimal täglich mit Gummiknüppeln geschlagen, bis sie zusammenbrachen. Viele haben die Zeit nicht überlebt, und viele wurden wahnsinnig. Ein Mann namens Hamm, der auch wahnsinnig wurde, ist auf dem freien Platz innerhalb der Baracken von Partisanen erschossen worden.«

Frau Anna Jänisch aus dem Kreis Mährisch Trübau verlor in jenen Tagen ihren Mann. Sie berichtete, daß er im Lager viele Nächte hindurch geschlagen wurde. Die Folgen waren schwere innere Verletzungen. Gleichwohl wurde der Bauer zu schweren Feldarbeiten eingesetzt. Er quälte sich viele Wochen lang dahin, bis seine Kräfte ihn endgültig verließen. Er wurde wieder geprügelt und dann, als auch Schläge ihn nicht mehr auf die Beine brachten, zu seiner Frau zurückgeschickt. Er lebte noch vierzehn Tage lang und starb dann, 43 Jahre alt. Die Tschechen sperrten auch Deutsche in ihre Lager, die ordnungsgemäß aus amerikanischer oder russischer Kriegsgefangenschaft entlassen und nach Hause zurückgekehrt waren. Sie holten sie aus den Zügen oder verhafteten sie in ihren Wohnungen, zerrissen ihre Entlassungspapiere und schleppten die Männer zur Zwangsarbeit. Der Bauer Hans Hanel aus dem Kreis Freudental erlebte, wie im Herbst 1945 rund 200 Mitglieder der SS in das Zwangsarbeitslager Radwanitz bei Mährisch Ostrau geschafft wurden. Die ehemaligen SS-Leute waren alle unter 20 Jahre alt – Jungen, die unmittelbar vor dem Schluß des Krieges noch eingezogen worden waren.

Der Zeuge Hanel: »Die tschechischen Wachen stürzten sich wie Aasgeier auf sie. Die meisten von ihnen starben an Hunger. Mit eigenen Augen habe ich gesehen, wie die Jungen Kartoffeln stahlen, aus der Latrine mit den Händen herausfischten, abwuschen und kochten, weil der Hunger sie so quälte. Wenn sie dabei von der tschechischen Wache erwischt wurden, schlug man sie, bis sie bewußtlos waren. Die meisten von ihnen starben.«

Der Oberlandesgerichtsrat Alfred Böhm aus Leitneritz wurde im Lager von den Aufsehern in eine Badewanne gezwungen. Einer der Folterknechte drückte seinen Kopf unter das Wasser, die anderen schlugen mit Gummiknüppeln auf ihn ein.

Der Arzt Dr. W. K. aus Komotau, der in das Konzentrationslager Komotau-Glashütte gebracht wurde, stand bei der Einlieferung neben einem ehemaligen Angehörigen der Waffen-SS. Die Tschechen sagten dem Soldaten, er werde den nächsten Tag nicht mehr erleben. Sie führten den Mann davon und schlugen auf ihn ein. Dr. W. K. berichtete der Kommission: »Man hörte die Schläge und sein Schreien noch einige Stunden. Dann knallte es ein paarmal, und dann war Ruhe. Wiedergesehen haben wir ihn nicht mehr.«

Im Lager Komotau befand sich in jenen Tagen auch eine Gruppe von etwa 20 Jungen, der jüngste 12, der älteste 18 Jahre alt. Die Tschechen warfen den Jugendlichen vor, sie hätten Sabotage-Aktionen geplant und vorbereitet. Die Jungen stritten die Beschuldigungen ab. Die Tschechen erpreßten Geständnisse. Sie schlugen die Kinder, brannten sie mit glühenden Eisen und trieben ihnen Nadeln unter die Fingernägel. Der Fleischermeister Mittelbach aus Komotau wurde auf den Boden geworfen, und ein Tscheche schnitt ihm mit einem Messer eine Wunde in Form eines Hakenkreuzes in den Rücken. Dr. W. K., der dies berichtete, schrieb: »Kenntnis von diesen Dingen erhielt ich, weil die betroffenen Personen infolge ihrer Verletzungen meine ärztliche Hilfe in Anspruch nahmen.«

Der Tod in den Lagern traf die Deutschen oft willkürlich und aus nichtigem Grund. Der Studienrat Dr. Hans Enders war Zeuge, wie im Internierungslager in der Nähe der Stadt Saaz Deutsche sterben mußten.

Fünf Jungen im Alter von 14 bis 16 Jahren waren beschuldigt worden, aus dem Garten einer Kaserne Gemüse gestohlen zu haben. Die Tschechen zwangen ihre Opfer, sich auszuziehen. Jeder der Jungen wurde fünfundzwanzigmal mit der Peitsche geschlagen. Dann wurden sie zu einer Mauer getrieben und dort erschossen. Die Ermordeten wurden in einem Müllhaufen verscharrt, der sich in der Nähe des Kasernenhofes türmte. In einem

Lager nahe Kolin bei Prag wurde, so berichtete der Fabrikant Ludwig Klein, ein Mann getötet, weil er zu spät zum Lagerappell erschienen war. Der tschechische Kommandant erschlug den Deutschen mit der bloßen Faust.

Im Konzentrationslager Nr. 28 in Oberleutensdorf im Sudetenland erschien, so berichtete der Kaufmann E. G. aus Saaz, in der Krankenbaracke eines Tages ein tschechischer Posten. Er befahl, ihm die Tuberkulosekranken vorzuführen. Dann fragte er den deutschen Lagerarzt, ob die Männer arbeitsfähig seien. Der Arzt antwortete, ihr Gesundheitszustand lasse irgendeine Tätigkeit nicht zu. Der Tscheche befahl den Deutschen, sich zum Abmarsch fertigzumachen. Mit den Tuberkulosekranken verließ auch ein deutscher 60jähriger Mann die Krankenbaracke, der geschlagen worden war und unter der Folter den Verstand verloren hatte. Die Kranken wurden aus dem Lager geführt, der 60jährige auf einen Karren geladen und hinter dem Zug der Elenden hergefahren. Der Kaufmann E. M.: »Gegen Abend dieses Tages wurden diese armen Menschen erschossen. Außerhalb des Lagers sind sie verscharrt.«

Die Tschechen verweigerten den Deutschen meist geistlichen Trost und auch kirchliche Beerdigungen. Der katholische Priester Dr. Hermann Ebert aus der Nähe von Eger im Sudetenland, nach seiner Entlassung aus sowjetischer Kriegsgefangenschaft eingesperrt in ein Lager bei Kladno, beobachtete, daß die Tschechen ihren Gefangenen selbst die Rosenkränze wegnahmen. Der Geistliche wandte sich an den Lagerleiter mit der Bitte, ein einziges Mal nur im Lager einen Gottesdienst feiern zu dürfen. Dies wurde ihm verweigert mit der Begründung: »Die Deutschen sind für uns keine Menschen, und sie werden dementsprechend behandelt.«

Die Toten des Lagers wurden gemeinsam in einen größeren Sarg gelegt, fortgefahren und in einem Massengrab hinter der Friedhofsmauer eines Dorfes der Erde übergeben. Die Totengräber kippten den Sarg einfach um und brachten ihn dann auf ihrem Karren zurück ins Lager.

Dem Pfarrer J. K. aus dem Kreis Deutsch-Jasnitz, der in Freiheit geblieben war, wurde, wie die anderen Geistlichen des Landes auch, verboten, in der Kirche vor seinen Gläubigen in deutscher Sprache zu sprechen. Kein Evangelium, keine Predigt, und nicht einmal das Vaterunser.

In vielen Orten, aus denen die Deutschen bereits ausgetrieben worden waren, löschten die Tschechen jede Erinnerung daran aus, daß jemals Deutsche in der Nähe gelebt hatten. Auf den Friedhöfen wurden die Grabsteine, die deutsche Namen trugen, umgestürzt und weggeschafft. Grabplatten wurden mit schweren Eisenstangen zertrümmert, die Grüfte, in denen die Gebeine von Deutschen ruhten, zum Einsturz gebracht.

*

Die Ärzte im Konzentrationslager Nr. 28 operierten mit Rasierklingen, sie verfügten für 250 Kranke über drei Fieberthermometer, und zum Zählen des Pulsschlages benutzten sie ein Pendel, eine Schnur, an der ein Stein befestigt war. Denn keiner der 1500 Deutschen, die in die Baracken des Lagers Nr. 28 gepfercht worden waren, besaß noch eine Uhr.

Die Wissenschaftliche Kommission schreibt über die Zustände in den Lagern im Jahre 1945: »Infolge der Überfüllung der Lager, der primitiven sanitären Vorkehrungen, die jeder Beschreibung spotteten, der Ungezieferplage und der unhygienischen Verhältnisse forderten Epidemien unter den entkräfteten Insassen zahlreiche Opfer. Besonders hoch war auch hier wieder die Sterblichkeitsziffer unter den Kleinst- und Kleinkindern und den alten Leuten, die nicht zur Arbeit außerhalb der Lager geschickt wurden und keine Möglichkeit besaßen, sich zusätzliche Lebensmittel zu beschaffen.«

In das Lager Theresienstadt, in das die SS während des Krieges jüdische Gefangene gesperrt hatte, hatten die Tschechen nun Deutsche gebracht. Unter den Menschen, die im Jahre 1945 unter tschechischer Herrschaft in Theresienstadt litten, befand sich auch ein Jude. Er schrieb über die Deutschen, die jetzt an der gleichen Stelle gequält wurden, an der seine Glaubensgenossen Terror und Untergang ausgesetzt waren: »Bestimmt gab es unter ihnen welche, die sich während der Besatzungsjahre manches haben zuschulden kommen lassen. Aber die Mehrzahl, darunter viele Kinder und Halbwüchsige, wurde bloß eingesperrt, weil sie Deutsche waren. Nur weil sie Deutsche waren . . .? Der Satz klingt erschreckend bekannt; man hatte bloß das Wort ›Juden‹ mit ›Deutsche‹ vertauscht. Die Fetzen, in die man die Deutschen hüllte, waren mit Hakenkreuzen beschmiert. Die Menschen wurden elend ernährt, mißhandelt. Und es ist ihnen um nichts besser ergangen, als man es von deutschen Konzentrationslagern her gewohnt war. Der Unterschied bestand lediglich darin, daß der herzlosen Rache, die hier am Werke war, das von der SS zugrundegelegte großzügige Vernichtungssystem fehlte.«

Aus den Lagern und aus den Städten holten sich tschechische Betriebe, tschechische Behörden und tschechische Bauern die billigsten Arbeitskräfte, die sie jemals gehabt hatten: die deutschen Frauen, die deutschen Männer und die Kinder, die älter als 14 Jahre waren. Die Deutschen mußten sich in Reih und Glied aufstellen, dann erschienen die Bauern und Betriebsführer. Sie musterten Körperbau, befühlten die Muskulatur, blickten hin und wieder einem Mann oder einer Frau sogar in den Mund, um an der Beschaffenheit des Gebisses den Gesundheitszustand abzulesen und führten die Menschen davon zur Schwerarbeit.

Deutsche Frauen und Kinder schufteten auf den Feldern, hackten und ernteten Kartoffeln und Rüben, sie banden das Getreide zu Garben, sie arbeiteten in Nässe und Kälte, mit zerrissenen Kleidern und meist ohne Schuhe. Die tschechischen Brotherren gaben ihnen oft kein Brot, sie trieben sie bis zur Erschöpfung an, und mancher der Bauern ließ die Menschen, die Tag für Tag für ihn arbeiteten, im Schweinekoben nächtigen. Viele der Deutschen, die nach des Tages Arbeit in das Lager zurückgetrieben wurden, betteten sich in übelriechendes Stroh, sie schliefen in ihren Kleidern, und viele hatten weder Mantel noch Decke, um sich in der Nacht ein wenig zu wärmen.

Der Dozent Dr. Korkisch aus Prag berichtete: »Als ich nach sechs Monaten wieder auf einem Stuhl an einem Tisch saß, kam ich mir sonderbar vor.« Der Verpflegungssatz für die meisten: »Schwarzer

Kaffee, mittags ein halber Liter dünner Suppe, abends ein halber Liter Suppe und etwa sechs Schnitten Brot am Tag. Oft mußten die unterernährten und erschöpften Frauen Arbeit leisten, die selbst gesunden Männern schwergefallen wäre. Die Studiendirektorin Marianne Benisch aus dem Kreis Bern berichtete, daß sie mit vielen anderen deutschen Frauen steinigen Boden aufschlagen und Gräben für die Anlage von Wasserleitungen ausheben mußte.

Die Tschechen rissen die Familien auseinander. Die Bäuerin Elisabeth Peschke aus dem Kreis Jägerndorf mußte sich im Sommer 1945 von ihrem 14jährigen Sohn verabschieden. Ihren Mann hatten die Tschechen bereits zur Zwangsarbeit eingeteilt. Die Mutter berichtet: »Ich gab meinem Sohn noch ein Stück das Geleit. Ich war nicht die einzige Mutter, die ihrem Jungen nachweinte. Es war eine ganze Schar. Nach längerer Zeit bekam ich Post. Der Junge schrieb, daß er in einer Kohlegrube unter Tage arbeiten mußte. Sie arbeiteten von früh um 6 Uhr bis 2 Uhr nachmittags. Dann gab es Essen. Danach arbeiteten sie noch bis abends im Lager.«

Die Kinder und die Männer, die abends aus dem Bergwerk zum Lager schlurften, dauerten manchen Tschechen. Mitleid kam in ihnen auf, und vielleicht schämte sich der eine oder andere auch wegen der Taten seiner Landsleute.

Der ins Bergwerk verbannte Bauer Hans Hanel erinnerte sich, daß tschechische Frauen den Deutschen Brot reichten, und auch daran, daß tschechische Frauen im Vorübergehen in der Nähe der deutschen Zwangsarbeiter Brotschnitten fallen ließen, heimlich, damit es die Wachen, die die Deutschen antrieben, nicht sahen. Das Urteil des Bauern Handel: »Es gibt keine Kollektivschuld für ein Volk, ganz gleich, welche Sprache es spricht.«

Im Bericht der Wissenschaftlichen Kommission der Bundesregierung heißt es: »Für viele Deutsche war das korrekte Verhalten einzelner Tschechen, sei es im Amt oder am Arbeitsplatz, ein Lichtblick in einer sonst trostlosen Lage. Nicht wenige Sudetendeutsche verdankten der persönlichen Hilfsbereitschaft und dem Entgegenkommen mancher Tschechen eine Erleichterung ihres schweren Schicksals. Eine besondere Würdigung verdient die Hilfsaktion des Tschechen Přemysl Pitter für deutsche Kinder, die ihre Eltern durch die Kriegs- und Nachkriegsereignisse, vor allem in den tschechischen Lagern verloren hatten, und in den Massenlagern verwahrlosten und zugrunde gingen. Wie er unter dem nationalsozialistischen Regime den jüdischen und tschechischen Waisen in Heimen ein menschenwürdiges Dasein zu verschaffen suchte, so nahm er sich jetzt der Hilflosen und in den Lagern dem sicheren Untergang ausgesetzten Kindern an, brachte sie gegen den anfänglichen Widerstand der tschechischen Behörden in den von ihm errichteten Heimen unter und rettete Hunderten von ihnen das Leben.«

Freilich: Gegen diese Tschechen, die den Deutschen halfen und sich der Hilflosen erbarmten, standen ungezählte andere, deren Rachedurst unstillbar war. Dr. Robert Sponer aus Zwittau berichtete von einem Zug weinender kleiner Kinder und Frauen, der an in Lagern gefangengesetzten deutschen Männern vorüberkam: »Wir erfuhren, daß ›aus Gründen der Menschlichkeit‹ kleine Kinder nicht im KZ sein dürften. Deshalb hatte man mindestens 10 kleine Kinder mit einer Frau in ein Dorf geschickt, in dem noch Deutsche wohnten. Die Deutschen aber hatten keine Lebensmittel für die Kleinen, die Tschechen aber weigerten sich, sie aufzunehmen. Drei Tage später kamen die Kinder krank und verhungert wieder in Zwittau an. Dort nahmen sich Deutsche, die noch in Wohnungen leben durften, der Kinder an. Die Mütter der Kinder aber mußten weiter im KZ bleiben.«

Pfarrer Hermann Schubert aus Trautenau stand in der Nähe, als ein Tscheche im Lager nach Arbeitskräften suchte. Seine Wahl fiel auf einen deutschen Bauern, der an der Hand sein Kind, ein zwölfjähriges Mädchen, hielt. Das Kind aber, so der Tscheche, könne er nicht brauchen. Es solle im Lager bleiben. Das Mädchen begann zu weinen, dann zu schreien, und klammerte sich mit beiden Händen an den Vater. Pfarrer Schubert: »Der Lagerführer schlug wütend Vater und Tochter ins Gesicht.«

Die Rechtlosigkeit der Deutschen, ihre Demütigung und ihre Unterdrückung waren nicht auf den Sommer 1945 beschränkt. Sie sollten noch lange andauern. Im Herbst 1946, nahezu anderthalb Jahre nach dem Ende des Zweiten Weltkrieges, bereiste der britische Parlamentsabgeordnete R. Stokes die CSSR. Auf dieser Reise besuchte er das Zwangsarbeitslager Hagibor am Stadtrand von Prag. Der Abgeordnete, ein der Parteilichkeit wahrhaft unverdächtiger Zeuge, veröffentlichte in der britischen Zeitung »Manchester Guardian« am 10. Oktober 1946 einen Artikel, in dem er beschreibt, was er in dem Lager Hagibor erlebte: »Während ich dies schreibe, liegt vor mit der Speisezettel für die Menschen in diesem Lager: Jeden Tag dasselbe – zum Frühstück schwarzen Kaffee und Brot, zu Mittag: Gemüsesuppe; zum Abendbrot: schwarzen Kaffee und Brot. Die Menge Brot, die jeden Abend ausgegeben wird, beläuft sich auf ein halbes Pfund je Person. Und alles, was vom Abendessen übrig bleibt, wird morgens gegessen. Die Lagerküche für 700 Menschen besteht aus einem schäbigen Raum von 3,50 x 3,50 Meter im Quadrat im Keller eines der Gebäude. Ich fragte mich, warum sie so klein ist, bis mir klar wurde, daß es überhaupt nichts zu kochen gibt. Ein paar Wasserboiler und zwei alte Frauen, die Möhren für die Mittagssuppe zerschnitten, war alles, was in der Küche zu entdecken war. Am 3. September waren 912 Menschen in dem Lager interniert. Die Gesamtmenge von Lebensmitteln, die für sie ausgegeben wurde, betrug:

500 Pfund Brot
750 Pfund Kartoffeln
 80 Pfund Zucker
 30 Pfund Kaffee
 18 Pfund Butter und Margarine
 70 Pfund Gemüse.

Auf jede Person entfielen also anderthalb Pfund Brot und Kartoffeln, weniger als 10 Gramm Butter oder Margarine, 25 Gramm Zucker und ungefähr 25 Gramm Gemüse. Es ist deshalb auch kein Wunder, daß die Insassen des Lagers sich für die Sklavenarbeit außerhalb des Lagers zur Verfügung stellen, weil ihr Arbeitgeber ihnen zusätzliche Ernährung geben muß, um überhaupt eine Arbeitsleistung aus ihnen herauszubekommen. Dies erklärt auch, warum das Arbeitslager bei meinem Besuch nahezu leer war. Nur die Alten und sogenannte gefährliche Personen, die in einem besonderen

Bezirk des Lagers zusammengesperrt waren, waren nicht zur Arbeit . . . gegangen.

Zwei Tage später war ich Zeuge, wie um 5.30 Uhr morgens die Sklavenauswahl vor sich ging. Die Arbeitgeber kamen mit Personenwagen und Lastwagen, um die Arbeitskräfte für den Tag auszusuchen und abzutransportieren. Unter den 300 oder 400 Sklaven suchten die Tschechen Arbeitskräfte aus, unterschrieben eine Quittung für die Person und brachten sie am Abend zurück. Ich bewegte mich frei zwischen Arbeitgebern und Sklaven. Mir wurde gesagt, daß diejenigen der Deutschen, die nicht zur Arbeit gehen wollen, geschlagen werden. An diesem Tag allerdings nicht, aus Rücksicht auf mich. Die Sklaven erhalten keine Bezahlung. An diesem Tag besuchte ich auch die Baracke in dem Sonderteil des Lagers. Alle Insassen, mit Ausnahme eines Dutzends, lagen zusammengekrümmt in ihren Schlafstellen, offenbar dabei, zu verhungern. Dies sind die ›gefährlichen Männer‹, und als solche dürfen sie nicht zur Arbeit gehen. Und wenn sie nicht zur Arbeit gehen, bekommen sie nur das Lageressen – ein halbes Pfund Brot am Tag und schwarzer Kaffee aber kann Leib und Seele nicht zusammenhalten. Ich schätze ihre Rationen auf 750 Kalorien am Tag. Das ist weniger, als es im Konzentrationslager Bergen-Belsen gab.«

In jenem Sommer 1945, als die erste Aussiedlungs- und Internierungswelle über die Sudetendeutschen hinwegbrandete, wählten viele Deutsche den Tod: Sie konnten es nicht ertragen, zu verlieren, was sie aufgebaut hatten. Sie konnten nicht leben in der Furcht vor Verhaftung, vor Folter, vor Erniedrigung, vor der Willkür, die Familien auseinanderriß.

Der Fachlehrer Friedrich Theißig aus dem Kreis Tetschen berichtet von einem Deutschen, der am Tag der Austreibung erst sein Haus in Brand steckte, dann seine Frau und schließlich sich selbst erschoß. Frau E. K. aus dem Kreis Reichenberg erlebte, daß ein Mann in ihrer Nachbarschaft gleichfalls am Tag der Austreibung seine beiden kleinen Kinder umbrachte, dann seine Frau, dann seine Schwiegermutter. Dann legte er Feuer an sein Haus; als die Flammen hochloderten, erschoß er sich selbst. Frau E. K.: »Als eine Nachbarsfrau im Alter von 80 Jahren ebenfalls in dieser Nacht aufgefordert war, ihr Haus zu verlassen, öffnete sie sich die Pulsadern. Ich sehe noch immer die alte Frau vor mir, wie sie, zitternd am ganzen Körper, den Kopf schüttelte. Sie konnte nicht fassen, daß sie davongejagt werden sollte.« Die Lehrerin A. K. berichtete der Wissenschaftlichen Kommission aus der Stadt Braunau: »Die Selbstmordziffer war rasend in die Höhe geschnellt seit dem Aussiedlungsgebot. An einem Morgen schnitt man einmal über 20 Leichen von den Bäumen am Friedhof ab. Sie hatten sich erhängt. Ein Familienvater erschoß seine fünf Kinder, seine Frau und sich selbst. Es gab alle Todesarten.«

Monate dauerten die Leiden der Deutschen im Sudetenland schon an – da schöpften sie plötzlich neue Hoffnung. Gerüchte liefen durch das Land, wurden von Haus zu Haus, von Lager zu Lager weitergegeben: Die Amerikaner würden das westliche Sudetenland besetzen; als Bezirk »Neu-Bayern« würde es der amerikanischen Besatzungszone angegliedert. Die Tschechen, die Häuser und Höfe der Deutschen beschlagnahmt hatten, müßten weichen. Diese Hoffnung der Deutschen in der Tschechoslowakei knüpfte sich an die Potsdamer Konferenz, zu der am 17. Juli 1945 Winston Churchill, Josef Stalin und Harry S. Truman zusammengekommen waren, um über das künftige Schicksal Deutschlands und der Deutschen zu beraten.

Während die sogenannten Großen Drei in der zerstörten Reichshauptstadt noch tagten, zerstörte eine Explosion in der sudetendeutschen Stadt Aussig die letzten Hoffnungen der Deutschen auf ein friedvolles Nebeneinander mit den Tschechen.

In Schönbrisen, einem Vorort von Aussig, waren in ein Lagerhaus Granaten, Panzerfäuste und andere Munition gebracht worden, die in der Umgebung der Stadt gefunden worden waren. Dieses Munitionslager explodierte am 31. Juli 1945 um 15.45 Uhr. 25 Minuten später begann in der Stadt der Massenmord an den Deutschen. Über das, was geschah, berichtete ein Funktionär der Verwaltungskommission in Aussig, ein Tscheche. Er schrieb: »Militär umgab die Elbbrücken. Die Deutschen, die weiße Armbinden trugen und von der Arbeit heimkehrten, wurden die ersten

Opfer auf der Benesch-Brücke. Das Militär mordete mit. Eine Mutter, die ihr Kind im Wagen über die Brücke fuhr, wurde mit Latten erschlagen, mit dem Kind über das Geländer in die Elbe geworfen, unter Begleitfeuer aus Maschinenpistolen. Ein weiterer Vorfall, der mir in Erinnerung blieb, und mich mein ganzes Leben begleiten wird, war jener deutsche Antifaschist, der nach vier Jahren aus dem Konzentrationslager zurückgekehrt war und jetzt als Monteur arbeitete. Diesem deutschen Kämpfer gegen den Faschismus wurden die Haare ausgerissen und dann der Bauch durchschossen. Er starb auf der Stelle. Dergleichen Vorfälle gab es Hunderte. Auf der Brücke und auf dem Hauptplatz der Stadt wurden Leute erschlagen und in die Wasserbehälter des Luft-schutzes geworfen. Die Toten wurden geplündert, von internier-ten Deutschen auf Autos geladen und zum Krematorium nach Theresienstadt gefahren. Die Begleiter der Toten kehrten nicht zurück.«

Die Wissenschaftliche Kommission der Bundesregierung schreibt über das Massaker von Aussig: »Die genaue Zahl der Opfer wird sich nie ermitteln lassen. Die Angaben schwanken zwischen 1000 bis 2700.« Die tschechische Regierung aber benutzte den blutigen Tag von Aussig, um die restlose Austreibung der Deutschen weiter vor der Weltöffentlichkeit zu rechtfertigen. Sie behauptete, die Explosion sei vom nationalsozialistischen »Wehrwolf« ausge-löst worden. Aber sie erklärte nicht, weshalb ausgerechnet an diesem 31. Juli 1945 ungewöhnlich viele Soldaten und Milizionäre in der Stadt Aussig waren. Der Prager Minister Ripka sagte wenige Tage später in einer Rundfunkrede: »Viele Menschen in unserem Volk fühlen sich erst dann sicher, wenn sie wissen, daß alle Deutschen das Land verlassen werden.«

Die aus Braunau ausgetriebene Lehrerin A. K. stand am 10. August 1945, elf Tage nach dem Massenmord von Aussig, südlich der sächsischen Stadt Pirna am Ufer der Elbe, dem Fluß, der durch Aussig fließt. Sie berichtete: »Man erzählte mir, daß sie gestern die eintausendundachthundertste Leiche hier aus der Elbe gefischt haben.«

XVI.

ÖSTLICH VON ODER UND NEISSE I

Der Marsch der Elenden

Kolbenschläge donnerten gegen die Tür des Hauses in Zoppot bei Danzig, in dem Frau E. S. zusammen mit ihrem Mann Dr. Julius S. wohnte. Der Mann öffnete. Vor der Tür standen Mitglieder der polnischen Miliz. Sie befahlen: »Mitkommen!« und führten Dr. Julius davon. Frau E. S. blieb zurück. Es war der 25. April 1945. An der Ostfront wie an der Westfront tobte noch der Endkampf um Deutschland. Doch weit hinter den Linien der siegreichen Roten Armee wurden die Deutschen des Ostens bereits polnischer Herrschaft und neuer Willkür unterworfen.

Zwei Tage nach der Verhaftung von Dr. Julius S. standen wieder polnische Milizionäre vor Frau E. S. Diesmal, um sie zu verhaften. Sie wurde in den Keller eines Hauses in Zoppot gestoßen. Dort unten fand Frau E. S. im Dämmerlicht ihren Mann wieder. Die Polen hatten in jenen Tagen eine Reihe von deutschen Ehepaaren in jenem Keller von Zoppot festgesetzt: Frauen in dem einen, die Männer in dem anderen Raum. Abends öffneten die Milizionäre die Türen der Kellerräume. Die deutschen Männer mußten sich in Reih und Glied aufstellen. Den Frauen wurde befohlen, laut zu singen. Sie sangen Kirchenlieder. Dann schlugen die Milizionäre mit Gummiknüppeln auf die Männer ein. Die Frauen sahen durch die geöffnete Tür, wie ihre Männer sich in Schmerzen wanden, schrien und weinten. Frau E. S. berichtete: »Wenn wir nicht weitersangen, weil uns die Stimme versagte, drohten die Polen, den Männern doppelt so viel Schläge zu geben.« Die Prügelfolter im Keller wurde viele Tage hintereinander vollzogen.

Frau E. S.: »Als wir auf dem Hof antreten mußten zum Abmarsch ins Gefängnis nach Danzig, habe ich meinen Mann kaum wiedererkannt. Das Gesicht total verschmutzt und geschwollen. Die Augen fieberglühend und unheimlich rot hervorquellend. Aus den Halbschuhen stachen wie Polster die geschwollenen Füße. Er konnte kaum mehr gehen noch stehen. Der größte Teil der Männer sah so aus. Sie fielen fast um vor Schwäche.« Dr. Julius S. starb drei Monate nach seiner Verhaftung im Gefängnis von Danzig an Typhus – Folge des Hungers, dem er und seine Leidgenossen in polnischer Haft ausgesetzt waren. Frau E. S. berichtete, daß etwa 2000 bis 2500 deutsche Männer, die von den Polen in Danzig festgesetzt worden waren, innerhalb der ersten drei Monate verhungerten.

Die deutschen Frauen, die nicht inhaftiert waren, wurden von den Polen in Danzig zu schweren Arbeiten gezwungen. Zu ihnen gehörte Frau Fränzi Sprint. »Wir mußten die niedrigsten Arbeiten verrichten. Wer abends mit der Arbeit nicht fertig war, wurde über Nacht in einen Keller gesperrt und mußte am nächsten Tag weiterarbeiten. So kamen viele Frauen oft tagelang nicht nach Hause. Die Kinder waren sich dann völlig selbst überlassen, irrten auf den Straßen umher, weinten nach den Müttern und bettelten um Brot.« Die Polen griffen die Deutschen auf, wo immer sie sie fanden – in den Ruinen, auf der Straße oder auch vor dem Krankenhaus, vor dem Frauen und Mädchen in langen Reihen standen, um sich dort gegen Geschlechtskrankheiten behandeln zu lassen – Krankheiten, die durch Gewalttaten russischer Soldaten massenhaft verbreitet worden waren. Die Arbeitenden erhielten für neun- bis zehnstündige Schwerarbeit in den Trümmern Wassersuppe und etwas Brot. Die polnischen Wächter trieben die Deutschen mit Kolbenschlägen und Peitschenhieben an und schrien dazu: »Los, ihr Hitlersäue!« Oder: »Los, ihr deutschen Huren!«

Kranke, alte, nicht arbeitsfähige Deutsche waren dem Verderben preisgegeben. Der Danziger Bürger Wolfgang Drost berichtete: »Man fand sie vollständig erschöpft von Hunger und Entbehrung, herumirren und irgendwo den Tod erwartend. Am Platz vor der Hauptkommandantur sah man eine Frau, zur Greisin geworden, zum Skelett abgemagert, auf einem Steinhaufen sitzend und aus roten Augenhöhlen regungslos ins Weite starrend, einer furchtbaren Sybille gleich, die der Stadt die Zeit namenlosen Jammers verkündete.«

In Danzigs Straßen, in denen die Deutschen nun aufräumten, türmte sich der Schutt. Krieg und Zerstörungswut hatten die alte Hansestadt in der Weichselniederung schwer geschlagen. Wolfgang Drost über den Anblick seiner Heimatstadt im Frühjahr 1945: »Kaum ein Gebäude, geschweige denn eine der einst so behaglichen, kunstreichen Straßen war wiederzuerkennen. Wenn von den Häusern noch etwas stand, so waren es bröckelnde Vorderwände mit leeren Fensterhöhlen . . . Grauenhaft war der Anblick der einstigen Prunkstraße, der Langgasse und des Langen Marktes . . . Über Hügel von Schutt, aus dem man Teile von Skulpturen, Giebelbekrönungen, Ornamente herausragen sah, über einem Chaos von Mauerresten ragte der formlose Stumpf des Rathausturmes und daneben bot sich der finstere Anblick der Marienkirche dar. Der Dachstuhl war verbrannt, der mächtige Hauptturm, das Wahrzeichen Danzigs, war ausgebrannt.«

Viele der Deutschen mußten in Höhlen hausen, die sie sich in diese Trümmerberge gruben, mit Balken abstützten und mit Pappe oder Brettern abdichteten.

Es gab längst keine Wasserversorgung mehr, auch die Pumpen liefen trocken. So holten die Deutschen das Wasser aus einem Brunnen und schleppten es mit Eimern fort, oft viele Kilometer weit. Dabei waren sie den Schikanen der neuen Herren ausgesetzt, wie Frau Sprint berichtete: »Selten kamen wir unbehelligt mit den gefüllten Eimern nach Hause. Meistens mußten wir erst den Polen das Wasser in ihre Küchen tragen, oder sie gossen uns die Eimer einfach aus.«

Der Typhus griff nach den geschundenen, hungernden Deutschen in der Stadt. Der Pfarrer Ernst Hecht beerdigte in Danzig-Langfuhr seine Frau, die, wie ungezählte andere, an dieser Krankheit gestorben war: »Wir begruben sie ohne Sarg, ohne Leichenwagen, auf ein Brett gebunden. Auf einem Handwagen wurde die Leiche zum Friedhof befördert.«

In diesem Frühjahr 1945 hatte überall in den Gebieten jenseits von Oder und Neiße die Verfolgung der Deutschen durch die Polen eingesetzt. Binnen kurzer Zeit waren die Deutschen von den neuen Herren in den Zustand völliger Rechtlosigkeit gestoßen worden – in Zwangsarbeit, Hunger und Folterhaft. Der Roten Armee folgte überall im Osten die polnische Verwaltung.

Die Freie Stadt Danzig, die zu Beginn des Krieges nahezu 300 000 Einwohner gezählt hatte, und in der bei der Eroberung durch die Russen noch rund 100 000 Deutsche wohnten, war eines der ersten Beutestücke der Polen. Bereits am 30. März 1945 erklärte die provisorische polnische Regierung, daß Danzig nun zu Polen gehöre und dort die polnischen Gesetze gültig seien. Danzig, nach dem Ersten Weltkrieg vom Deutschen Reich abgetrennt und dem Mandat des Völkerbundes unterstellt, war die Stadt, an der sich Gegensätze zwischen Polen und dem Dritten Reich bis hin zum Krieg verschärft hatten. Die Furcht, Hitler könnte nach der Besetzung der Tschechoslowakei im Frühjahr 1939 die Danziger Frage gewaltsam lösen, war einer der wichtigsten Gründe für die britische Garantieerklärung zu Gunsten Polens, in der es hieß: »Im Falle irgendeiner Handlung, welche die Unabhängigkeit Polens klar bedroht und gegen welche die polnische Regierung es dementsprechend für notwendig erachtet, mit ihren nationalen Kräften Widerstand zu leisten, würde sich die Regierung seiner Majestät, des Königs von Großbritannien, sofort verpflichtet fühlen, der polnischen Regierung alle in ihren Kräften stehende Hilfe zu leisten.« Dieser Beistandsverpflichtung war Großbritannien am 3. September 1939 gefolgt. Nach dem Einmarsch in Polen hatte es dem Deutschen Reich den Krieg erklärt.

Doch nicht die Repräsentanten eines unabhängigen, demokratischen Polen genossen nun, nach dem Sturmlauf der Roten Armee, die Früchte des Sieges über die Deutschen, sondern die Funktionäre einer Regierung, in der Kommunisten ein starkes Übergewicht hatten.

Die Gewalt in Danzig und fast überall im deutschen Osten übte jetzt die polnische Miliz aus, eine Truppe, über welche die Wissenschaftliche Kommission der Bundesregierung vermerkt: »Die lokalen Milizeinheiten waren oft aus sehr fragwürdigen Elementen zusammengesetzt. Ihre überstürzte Aufstellung führte dazu, daß sich ihr häufig arbeitsunlustige junge Leute oder aber Personen anschlossen, die sich von der Tätigkeit der Miliz ein einträgliches Geschäft versprachen. Von Ausnahmen abgesehen, hat diese von den polnischen Behörden aus dem Boden gestampfte Miliz eine für die deutsche Bevölkerung verhängnisvolle Rolle gespielt. Sie mißbrauchte ihre Ordnungsgewalt zu zahllosen Plünderungen, ließ ihren nationalen Haßgefühlen hemmungslosen Lauf und mißhandelte zahlreiche, völlig unschuldige Deutsche.«

Nationaler Haß und wechselseitige Mißachtung des anderen Volkes hatten seit langen Zeiten zwischen Polen und Deutschen gestanden. Kaum ein anderes nachbarschaftliches Verhältnis ist so stark von Gefühlen und Leidenschaften beherrscht und belastet gewesen wie das zwischen Deutschen und Polen. Mehr als ein Jahrhundert lang war ein großer Teil des polnischen Volkes deutscher Herrschaft untertan, sein nationaler Stolz gebeugt. Nach dem Ersten Weltkrieg wiederum waren viele Hunderttausend Deutsche aus den Gebieten hinausgedrängt worden, die den Polen im Vertrag von Versailles zugesprochen worden waren. An Polen entzündete sich der Zweite Weltkrieg, und zu Beginn dieses Krieges hatten die Polen Tausende von Deutschen, die noch in ihrem Lande lebten, zusammengetrieben und massakriert: erschossen und erschlagen, Männer, Frauen und Kinder. Nach dem Sieg der Wehrmacht über die polnische Armee gliederte sich das Dritte Reich einen großen Teil des polnischen Staates an, einen anderen Teil besetzte die Sowjetunion, die damals noch mit Hitler durch den Nichtangriffspakt vom August 1939 verbunden war. Den Rest des polnischen Staates erklärten die deutschen Sieger zum Generalgouvernement. Im ganzen Land errichteten SS und Gestapo die Herrschaft des Terrors: öffentliche Erschießungen, Deportationen und Hungerlager, Zerstörung und Brandschatzung von Dörfern, Verschleppung und Zwangsarbeit für polnische Männer und Frauen.

Der deutsche Generalgouverneur Hans Frank erklärte am 30. Mai 1940 vor Beamten der deutschen Sicherheitspolizei in Krakau: »Der

Führer hat mir gesagt: Was wir jetzt an Führerschicht in Polen festgestellt haben, das ist zu liquidieren. Was wieder nachwächst, ist von uns sicherzustellen und in einem entsprechenden Zeitraum wieder wegzuschaffen. Wir brauchen diese Elemente nicht erst in die Konzentrationslager des Reiches abzuschleppen, sondern wir liquidieren die Dinge im Lande . . . Ich gestehe ganz offen, daß es einigen tausend Polen das Leben kosten wird, vor allem aus der geistigen Führerschicht . . . Meine Herren, wir sind keine Mörder. Für den Polizisten und SS-Mann, der aufgrund dieser Maßnahmen dienstlich verpflichtet ist, die Exekutionen durchzuführen, ist das eine furchtbare Aufgabe. Für uns alle bringt aber diese Zeit die Verpflichtung mit sich, dafür zu sorgen, daß aus dem polnischen Volk kein Widerstand mehr emporschießt.«

Aus den Gebieten, die sich das Dritte Reich nach der Niederlage Polens angegliedert hatte, wurden die Polen vertrieben und durch Volksdeutsche aus anderen osteuropäischen Ländern ersetzt. An den polnischen Einwohnern vollzog sich, was fünf Jahre später den Deutschen jenseits von Oder und Neiße widerfuhr. Ein deutscher Augenzeuge berichtete über die Räumung eines polnischen Dorfes, die von Deutschen erzwungen wurde: »An einem Abend wurde ein polnisches Dorf umstellt von einer Gruppe SA-Männern, welche auch die Leitung der Aktion innehatten. Kurz vor Mitternacht wurden die Leute aus den Betten herausgejagt. Dann kam der Befehl, binnen einer halben oder dreiviertel Stunde mit einem Gepäck von 30 Kilogramm reisefertig zu sein. Es wurde dort furchtbar gehaust: Heiligenbilder, Kruzifixe wurden zerbrochen und in den Kehricht geworfen. Die Polen mußten in ihren eigenen Pferdewagen in die Kreisstadt fahren und kamen dort hinter Stacheldraht. In der Kreisstadt warteten bereits Volksdeutsche, die man woanders geholt hatte. Diese Volksdeutschen wurden dann auf dieselben Wagen geladen, in denen die polnischen Familien gekommen waren. Selbstverständlich waren diese Volksdeutschen sehr entsetzt von den fürchterlichen Dingen, die sie dort vorfanden.«

Und auf polnischem Boden vollbrachte Heinrich Himmlers SS ihre furchtbarsten Taten. Dort standen die Vernichtungslager Ausch-

witz, Treblinka, Sobibor, Maidanek, Belzec, Plaszow und War-
schau-Zamenhofstraße. Dorthin hatten NS und Gestapo Millionen
von Juden aus Deutschland und aus Polen, aus der Sowjetunion,
aus Ungarn, aus Frankreich, aus den Niederlanden, aus der Tschechoslowakei transportiert und ermordet – mehr als viereinhalb
Millionen Männer, Frauen und Kinder allein in diesen Lagern.

Fünf Jahre lang hatte sich so der Haß der Polen gegen die Deutschen gehäuft. Ohnmächtig und wehrlos hatte die polnische
Bevölkerung alle diese Verbrechen mitansehen müssen. Millionen
von polnischen Familien waren vom Terror unmittelbar getroffen
worden. Und nun, nach dem Sieg der Roten Armee, brach der Haß
los, der keinen Unterschied machte zwischen Schuldigen und
Unschuldigen, zwischen Männern, Frauen und Kindern.

Die Wissenschaftliche Kommission der Bundesregierung urteilt:
»Es war ein Zustand ungezügelten Sieges- und Vergeltungsrau-
sches, der sich besonders in den Städten zu Massendemonstratio-
nen auswuchs, sich aber auch in den abgelegensten Gegenden
und kleinsten Orten auswirkte, zumindest in der Weise, daß das
Eigentum der Deutschen ständig geplündert wurde, daß ihnen oft
auf der Straße die Kleidungsstücke vom Leib gerissen wurden . . .
Im Jahre 1945 waren die polnischen Behörden und Sicherheitsor-
gane weit entfernt von einem ernsthaften Bemühen, die Schuldigen zu finden und zu strafen, sondern der Vergeltungswille
machte sich blindlings Luft, obwohl man wissen mußte, daß die,
die man verhöhnte, mißhandelte, verhaftete und tötete, oft völlig
Ahnungslose waren.«

Opfer grausamer Rache an den Unschuldigen und Ahnungslosen
wurden in der Stadt Danzig junge Mädchen. Polnische Milizionäre
trieben, so berichtete Frau Fränzi Sprint, eine lange Kolonne von
Mädchen, Frauen und Kindern, älteren Frauen und älteren Männern aus Danzig heraus über die Landstraße. Während des Marsches ordneten die Bewacher eine Pause an. Die Deutschen setzten
sich an den Rand des Straßengrabens. Die Milizionäre gingen die
Reihen entlang und suchten die jungen Mädchen heraus. Sie
wurden in die Büsche gezerrt. Frau Sprint: »Wir hörten die Mädchen entsetzlich schreien. Aber sie wurden nicht vergewaltigt,

sondern gräßlich geschlagen. Sie mußten den Unterkörper freimachen, sich hinlegen und wurden dann geprügelt. In der Nacht wurde weitergeprügelt. Es war furchtbar. Am nächsten Morgen hatten die Mädel buchstäblich keinen weißen Fleck mehr am Körper.«

Die Wissenschaftliche Kommission schreibt: »Den Deutschen begegnete seitens der Polen ein ausgeprägter Deutschenhaß und ein wahrer Sadismus in der Erfindung von Grausamkeiten und sonstiger Erniedrigungen.«

Und während die deutschen Einwohner von Danzig in den Straßen ihrer Stadt unter Prügel und Beschimpfungen Trümmer räumten, Leichen bargen und Kadaver beiseiteschafften, rückten in die noch bewohnbaren Wohnungen und Häuser der Stadt jene Menschen ein, denen nach dem Willen der Sieger Danzig nun gehören sollte: Polen aus dem Inneren des Landes und aus jenem Gebiet des polnischen Staates, das Josef Stalin für die Sowjetunion beanspruchte. Bald erkannten die Deutschen in Danzig, daß ihnen nicht einmal mehr die Dachkammern, die Keller und Gartenhäuser bleiben würden, in denen sie Unterschlupf gefunden hatten. An den brandgeschwärzten Mauern der Stadt hingen Plakate, auf denen den Deutschen befohlen wurde, Danzig zu verlassen und mit dem Zug den Weg zur Oder anzutreten.

Viele Deutsche gingen freiwillig: Die Lebensverhältnisse waren unerträglich geworden. Frau A. S. aus Danzig-Langfuhr berichtete, daß fünf deutsche Bewohner eines Hauses sich ein einziges Zimmer teilen mußten, nachdem in die übrigen Räume Polen eingezogen waren. In der Stadt herrschten Hunger und Seuchen. Die Zeugin berichtete: »Auch ein lieber Freund von uns verhungerte. Viele traf ich auf der Straße. Sie sagten: ›Ich gehe in den Wald, um zu sterben.‹ Und man konnte nicht sagen ›Komm zu uns.‹ Man war ja selbst so elend und zermürbt.« Frau A. S. und ihr Mann Konrad S. stellten einen Antrag auf Ausreiseerlaubnis.

Viele der Deutschen, die nicht freiwillig gehen wollten, wurden von den Polen davongejagt, so wie Frau Paula Ganswindt aus Danzig-Oliva: »Morgens um 6.30 Uhr mußten wir die Häuser unserer Straße verlassen. Uns wurde nur zehn Minuten Zeit gegeben, das Notwendigste zusammenzuraffen. Wir konnten nichts mehr essen. Zum Packen war keine Zeit. Auf dem Bahnhof wurden wir in Viehwagen bis zu 120 Menschen dicht gepfercht, so daß wir nicht sitzen konnten.«

Der verwitwete Pfarrer Ernst Hecht, der sich nach dem Tode seiner Frau »einsam und verlassen, krank und schwach fühlte«, kam ebenfalls um die Erlaubnis zur Ausreise ein. Sie wurde ihm gestattet. Mit Koffern und Taschen ging er an einem Julimorgen des Jahres 1945 zum Bahnhof von Danzig. Und hier erlebte er, was Millionen von Deutschen des Ostens in diesem Jahr 1945 und in den folgenden Jahren noch erleben sollten: die Ausplünderung, buchstäblich bis auf das Hemd.

Ihre Häuser, ihre Wohnungen, ihre Möbel, ihre Betten, ihr Porzellan, nahezu alles, was ihnen gehörte, hatten die Deutschen zurücklassen müssen. Nun wurde ihnen auch noch das genommen, was sie in den Händen und auf dem Leibe trugen. Pfarrer Hecht: »Auf dem Bahnhof von Danzig begann bereits die Plünderung unseres Gepäcks, die sich dann auf den großen Stationen unseres Reiseweges fortsetzte. Wie die Hornissen überfielen die polnischen Plünderer den Zug. Ich mußte ihnen schließlich selbst meine Jacke geben.«

Frau A. S. und ihr Mann kletterten auf dem Bahnhof von Danzig in einen Viehwaggon. In dem Augenblick, in dem der Zug sich in Bewegung setzte, ging die dem Bahnsteig abgewandte Schiebetür des Waggons auf. Polnische Jungen und Mädchen schwärmten herein. Sie hielten die Deutschen fest, nahmen ihnen die Rucksäcke ab und zogen ihnen die Mäntel aus, dann die Jacken. Sie warfen die Beute aus dem langsam fahrenden Zug. Unten am Bahndamm standen Polen und sammelten sie auf. Einer der Polen sah im Mund Frau A. S. eine Goldbrücke: »Ein Griff in den Mund mit der schmutzigen Hand, und als er merkte, daß die Brücke fest war, gab er mir eine Ohrfeige.«

Viele der Züge, die mit Vertriebenen gefüllt aus dem Osten nach Westen dampften, hatten als Ziel das Lager Scheune in der Nähe der pommerschen Hauptstadt Stettin. Die Züge passierten auf ihrer Fahrt den Bahnhof Zarnefenz südlich der pommerschen

Stadt Belgard, und zwar regelmäßig gegen drei Uhr am Nachmittag. Dort am Bahndamm lagerten in jenen Tagen stets Gruppen von Polen und auch Russen. Dann näherte sich der Zug, die Männer, die auf ihn gewartet hatten, erhoben sich. Der Zug verlangsamte seine Fahrt auf Schrittempo. Die Türen öffneten sich. Heraus sprangen Polen, mit Kleidung und Gepäckstücken beladen: Sie hatten die Deutschen im Flüchtlingszug während der Fahrt beraubt. Die Männer, die am Bahndamm standen, schwangen sich jetzt auf den immer noch langsam fahrenden Zug, um zu rauben, was ihre Vorgänger übriggelassen hatten. Der Zug beschleunigte seine Fahrt, und nach einigen Kilometern fuhr er wieder im Schritt: Die Banditen sprangen ab, gleichfalls mit Beute beladen.

Der deutsche Bahnbeamte O. S., der damals als Schrankenwärter am Bahnhof von Zarnefenz Dienst tat, berichtete der Wissenschaftlichen Kommission: »Es war Geschrei von Frauen und Kindern in den einzelnen Wagen, so daß einem angst und bange wurde. Frauen, auch einige Männer, waren manchmal ganz entkleidet worden und wurden dann aus dem Zug gestoßen. Ich habe mit ansehen müssen, wie die letzte Habe der Flüchtlinge aus den Säcken herausgeholt und verteilt wurde. Ich habe den Eindruck gewonnen, daß das Lokpersonal und die Plünderer die Langsamfahrstellen vorher abgesprochen hatten.«

Die vertriebenen Deutschen blieben während ihrer langen Fahrt nach dem Westen ohne jeglichen Schutz durch Miliz oder Polizei. Selbst in dem Lager Scheune, der Endstation der Vertriebenenzüge im polnischen Herrschaftsbereich, wurden sie noch ausgeraubt. Der aus Danzig verjagte Verwaltungsinspektor Hugo Lewandt: »Die Männer wurden bis auf die Unterwäsche ausgezogen. Der Oberstudienrat Dr. Müller stand im Lager Scheune ohne Schuhe und ohne Jacke da. Er hatte nur noch Unterhosen an.«

*

Der Krieg war vorbei, und die Deutschen in den Dörfern jenseits von Oder und Neiße waren wieder an die Arbeit gegangen, die sie stets im Frühjahr und Frühsommer zu verrichten pflegten: Sie pflügten die Felder, eggten und düngten sie, setzten Kartoffeln und säten Getreide. Jetzt, im Juni, stand das Land in Blüte, über ihm ruhte scheinbar der Friede eines fruchtbaren Sommers. Die Deutschen allerdings wurden ihres Lebens nicht froh. Sie arbeiteten nicht mehr für sich und ihre Familien, sondern für die neuen Herren, die russische Besatzungsmacht und die Polen. In viele der Häuser und Höfe waren Polen eingezogen, mit nichts in der Hand als einem Papier ihrer Behörden, und ohne Übergang hatten sie sich angeeignet, was den Deutschen gehörte: »Ich bin jetzt Bauer, komm, zeig mir die Grenzen deiner Äcker.«

Viele Deutsche wohnten auf ihren eigenen Höfen in Heuschobern, in Dachkammern und Ställen, geduldet als Knechte. Die Wissenschaftliche Kommission der Bundesregierung schreibt: »Die generelle Enteignung des deutschen Vermögens und die Ansiedlung von Polen hatte bald eine völlige Verarmung und Deklassierung der deutschen Bevölkerung in den Gebieten ostwärts der Oder-Neiße-Linie zur Folge. Die deutschen Bauern waren zu Landarbeitern bei den neuen polnischen Besitzern geworden und die Handwerksmeister zu Gehilfen bei polnischen Handwerkern. Alle Hilfsdienste und schweren Arbeiten auf dem Lande und in der Stadt mußten von Deutschen geleistet werden, während nicht nur der Besitz, sondern auch der staatliche Rechtsschutz allein den ins Land kommenden Polen vorbehalten blieb.«

Die Deutschen aber hofften immer noch auf eine Änderung der Umstände. Sie konnten sich nicht vorstellen, daß die Herrschaft der Polen von Dauer sein würde. Sie klammerten sich an Gerüchte, so unwahrscheinlich sie auch klingen mochten. So hieß es, daß in Dörfern östlich von Oder und Neiße Flugblätter gefunden worden seien, auf denen gestanden habe: »Haltet aus, wir kommen wieder!« Niemand wußte, wer da versprach, wiederzukommen, aber in der Verzweiflung, die Unterdrückung und Rechtlosigkeit geboren hatten, waren sie geneigt, nahezu alles zu glauben. Nur: Was ihnen wirklich bevorstand, das ahnten sie nicht, und als man es ihnen sagte, da glaubten sie es nicht: der endgültige Verlust von Haus und Hof, die vollständige Ausplünderung, die Austreibung für alle Zeit.

In Polens Hauptstadt Warschau bereitete die kommunistische Regierung bereits den Einsatz der polnischen Armee zu einem gigantischen Unternehmen gegen die deutschen Zivilisten in den Gebieten jenseits von Oder und Neiße vor: in Pommern, in Ostbrandenburg, in Schlesien. In der zweiten Hälfte des Juni setzten sich überall Einheiten der polnischen Streitkräfte in Marsch. Ihr Ziel: Die Ortschaften in dem Gebiet, das sich östlich von Oder und Neiße auf einer Breite von rund hundert Kilometern von der Ostsee im Norden bis nach Schlesien im Süden erstreckt.

Am Einsatzort gingen die Gruppen kriegsmäßig vor. Ein Teil bildete einen Ring um die Dörfer, ein Teil bewachte die Straßen und die Ortseingänge, ein dritter Teil schließlich drang, oft mit Schußwaffen im Anschlag, in die Häuser ein.

In dem Dorf Wurow im pommerschen Kreis Regenwalde war es Dienstag, der 26. Juni 1945. Die Bäuerin Elisabeth Westphal berichtete, was geschah: »Auf einmal war das Dorf voller polnischer Soldaten. In unser Haus kamen gleich vier Mann. Sie befahlen uns, in einer halben Stunde anzutreten. Meine Kinder waren noch auf dem Acker, die mußte ich holen. Die vier Soldaten verließen unser Haus nicht mehr, sie trieben uns immer zur Eile an!«

Frau E. D. aus Rützow im pommerschen Kreis Dramburg: »Am Nachmittag des 28. Juni 1945 kamen polnische Soldaten und forderten uns auf, in fünfzehn Minuten das Haus zu verlassen und zum Dorfplatz zu kommen.«

Der Gendarmeriebeamte Friedrich Paetzold aus Kurzig im brandenburgischen Kreis Meseritz: »Die Polen befahlen uns, innerhalb einer halben Stunde anzutreten, jeder durfte 16 Kilo Gepäck mitnehmen.«

Frau Isabella von Eck aus dem brandenburgischen Kreis Züllichau-Schwiebus: »Am 25. Juni um fünf Uhr früh wurden wir herausgeklopft: Alle Deutschen müssen in einer halben Stunde zum Abmarsch fertig sein und sich auf der Dorfstraße sammeln.«

Der Pfarrer Georg Gottwald aus dem niederschlesischen Grünberg: »Sonntag, den 24. Juni 1945, kam der Befehl, die ganze Stadt und Landkreis Grünberg müsse von allen Deutschen geräumt werden. Polnisches Militär rückte ein, und was jetzt an Rohheit und Brutalität geschah, spottet jeder Beschreibung. Mit Gewehrkolben und Peitschen wurden die Deutschen auf die Straße getrieben und in Kolonnen in Marsch gesetzt.«

Die Wissenschaftliche Kommission der Bundesregierung schreibt über den Anlaß dieser Verjagung der Deutschen von einer Stunde auf die andere: »Es handelte sich dabei nicht um ein Vorgehen der einzelnen örtlichen polnischen Behörden, sondern um eine von höchster polnischer Stelle zentral geleitete Aktion, hinter der sehr wahrscheinlich der politische Zweck stand, das unmittelbare Hinterland der Oder-Neiße-Linie möglichst von Deutschen freizumachen und diese von den Polen geforderte Grenzlinie bereits vor der Potsdamer Konferenz, die im Juli beginnen sollte, in gehöriger Weise als solche zu markieren. Die Austreibung der deutschen Bevölkerung aus diesen nahe an der Oder und Neiße gelegenen Gebieten schien den Polen um so einfacher zu sein, als es dazu keiner Eisenbahntransporte bedurfte, die zu dieser Zeit durch die weitgehenden Zerstörungen und Demontagen ganz erheblich erschwert gewesen wären.«

Die Bäuerin Anna Kientopf, Mutter von fünf Kindern, hatte ihr jüngstes Kind, ein zweieinhalbjähriges Mädchen, gerade zu Bett gebracht, als sie Lärm vor ihrem Haus in Machuswerder, im pommerschen Kreis Friedberg, hörte. Draußen standen mehrere Polen, und sie befahlen der Frau, das Haus zu räumen und zwar binnen einer halben Stunde. Frau Kientopf kleidete ihre zwei kleinen Kinder an und weckte ihre sieben Jahre alte Tochter, die mit hohem Fieber zu Bett lag. Unter den Augen der Polen packte sie ein paar Säcke mit Kleidung und Lebensmitteln, lud sie auf einen Wagen und setzte ihre kleinen Kinder darauf. Die drei größeren Kinder zogen und schoben. Auf dem ersten Kilometer des langen Weges nach Westen drehte Frau Kientopf sich immer wieder um. Noch einmal nahm sie in sich auf, was sie zurücklassen mußte: »Im Abendsonnenschein lag der Hof da, ein alter Hof. Dort war ich geboren worden. Meine Eltern hatten dort gelebt, geschafft und waren von dort hinausgefahren worden auf den Friedhof. In dieser Stunde ging mir eine kleine Ahnung auf von dem Elend, dem wir entgegenzogen . . . Hinter uns lag ein sicheres, warmes Heim, lagen reifende Getreidefelder, blühende Kartoffeläcker, weidende Kühe mit strotzendem Euter. Vor uns lag die endlose graue Straße.«

Frau Kientopf und ihre Kinder gelangten in den Ort Neumecklenburg. Dort waren die Deutschen schon zur Austreibung angetreten. Polen und Russen durchsuchten die Taschen, die Koffer, die Wagen. Sie raubten den Deutschen, was ihnen gefiel. »Betten«, schrieb Frau Kientopf, »türmten sich am Straßenrand.« Die Sieger nahmen den Besiegten Ohrringe und Fingerringe, Uhren und Geld, sie zogen ihnen die Mäntel aus. Dann wurde den Deutschen der Abmarsch befohlen.

Die Kolonne zog die Straßen Pommerns entlang, und sie schwoll immer mehr an, wurde länger und erbärmlicher. Aus Städten und Dörfern zu beiden Seiten der Straße, die der Treck entlangmarschieren mußte, schleppten sich neue Trupps von Vertriebenen heran und reihten sich ein in den Zug. Viele mußten ihre Habe in den Händen tragen, viele zogen Handwagen, viele Mütter aber hatten ihre kleinen Kinder auf Schubkarren setzen müssen und quälten sich nun mit den einräderigen Fahrzeugen, das Gewicht von Kindern und Gepäck immer wieder mühsam ausbalancierend, über holperige, manchmal sandige, manchmal morastige Straßen nach Westen. Alte Leute kauerten in Kisten, die unter Fahrrad-Räder montiert waren. Gezogen wurden sie oft von ihren Enkeln, die noch nicht einmal halbwüchsig waren.

Am Abend des dritten Marschtages übernachteten die meisten Deutschen der Kolonne, in der Frau Kientopf marschierte, unter freiem Himmel. Zwischen Feldsteinen entfachten sie ein Feuer aus Holz, das sie im Wald gefunden hatten, und bereiteten warmes Wasser und warme Mahlzeiten. Die Vertriebenen mußten auf ihrem langen Marsch nach Westen von dem leben, was sie zu Hause in ihre Taschen und Säcke hatten packen können. Die polnischen Soldaten, die den Zug der Verlorenen viele Tage über die Straßen trieben, gaben ihnen nichts. Frau Kientopf: »Manche holten zum Frühstück oder zum Abendessen ein paar alte Pellkartoffeln hervor.« Frau K. I., ausgetrieben auf Wohlau in Niederschlesien: »Wer nichts zu essen hatte, war auf Kartoffeln angewiesen, die man sich auf dem Weg zur Oder suchen mußte. Das waren etwa 200 Kilometer Fußmarsch. Wer es nicht schaffte, starb eben.« Frau Kientopf: »Die meisten Menschen des Trecks haben von dem gelebt, was sie auf den Feldern fanden, oder sie haben das unreife Obst von den Bäumen am Straßenrand gegessen. Die Folge war, daß sie krank wurden. Kleine Kinder unter einem Jahr sind wohl fast restlos gestorben auf diesem Treck.«

Auf der Straße, die von Landsberg an der Warthe nach Küstrin an der Oder führt, sah Frau Kientopf das erste Opfer von Hunger und Erschöpfung: »Eine tote Frau mit blau angelaufenem Gesicht und aufgedunsenem Leib.« Typhus und Ruhr grassierten unter den Marschierenden. Kranke blieben zurück, rangen nach Atem, sanken zusammen und starben am Rand der Straße. Die lebensgefährliche Krankheit griff nach der zweieinhalbjährigen Tochter von Frau Kientopf: »Brigitte war blaß, mit tiefliegenden Augen, und sie wurde immer magerer von Tag zu Tag. Wenn mein Blick dann auf einen Hügel am Straßenrand fiel, biß ich die Zähne zusammen. Vorwärts, nur vorwärts.«

Die Kolonnen des Elends zogen weiter über die Straßen Pommerns, Ostbrandenburgs und Schlesiens, durch Tage mit glühender Sonne und Tage mit peitschendem Regen. In den Nächten kamen die Räuber, die bei den elenden und schon viele Male ausgeraubten Deutschen immer noch versteckte Schätze vermuteten. Frau Kientopf berichtete: »Drei Menschen waren in einer dieser Nächte ermordet worden und mehrere verletzt. Eine der Ermordeten war Mutter von drei Kindern, von denen das älteste 16 Jahre alt war. Dies war geschehen in einer Scheune. Polnische Soldaten waren in der Nacht in die Scheune gekommen. Mit Blendlaternen hatten sie das Gepäck der Vertriebenen durchsucht und an sich genommen, was ihnen wertvoll erschien. Wer sein Eigentum verteidigen wollte, wurde erschossen.«

Frau Gertrud Ploppa, ausgetrieben aus Pilgramsdorf im niederschlesischen Kreis Goldberg, erlebte, wie polnische Soldaten mit den wehrlosen Vertriebenen in einer Marschpause ein grausames Spiel trieben. Ein polnischer Offizier befahl den Deutschen: »In Reihe und Glied antreten.« Gehorsam stellten sich die Deutschen auf. Dann kam das nächste Kommando: »An die Wand stellen, Männer rechts, Frauen links, Hände hoch!« Und dann die Ankündigung: »Alle werden erschossen!« Frau Ploppa berichtete: »Eine Frau, die zwei Kinder auf dem Arm trug, wurde angebrüllt, weil sie die Arme nicht hochhob. Man legte auf uns an. Wir glaubten unser Ende sei gekommen. Dann kam eine Leibesvisitation und denen, die noch etwas hatten, wurden Schmucksachen, die Uhren, die Füllfederhalter geraubt.«

Die Kolonne, in der Frau Kientopf und ihre Kinder marschierten, näherte sich nach vielen Marschtagen der Stadt Küstrin an der Oder. Bald, so hofften sie, würde sie der Gewalt rachsüchtiger Polen entronnen sein. Doch in einem Dorf vor Küstrin häuften die Polen auf Hunger, Rücksichtslosigkeit und Plünderung neues Entsetzen. Dort mußten die Deutschen zwei Reihen polnischer Soldaten passieren, die sich zu beiden Seiten der Straße aufgestellt hatten. Sie ließen die Deutschen an sich vorbeiziehen und musterten sie eingehend. Dann winkten sie einzelne Deutsche aus der Kolonne heraus, vor allem jüngere Frauen und jüngere Mädchen – Arbeitsfähige. Frau Kientopf berichtete: »Die Mütter klammerten sich an die Mädchen und weinten. Die Soldaten zerrten die Mädchen mit Gewalt fort. Als das nicht ohne weiteres ging, begannen sie, mit Gewehrkolben und Reitpeitschen auf die armen, gehetzten, geängstigten Menschen einzuschlagen. Die Schreie der Geschlagenen hallten weithin. Dann vollzog sich vor unseren Augen ein grauenhaftes, entsetzliches Schauspiel, das uns alle tief beeindruckte: Vier polnische Soldaten versuchten, ein junges Mädchen von ihren Eltern zu trennen. Verzweifelt klammerten die Eltern sich an dem Mädchen fest. Die Polen schlugen mit Gewehrkolben auf die Eltern, besonders den Mann ein. Dieser taumelte, da stießen sie ihn über die Straße, die Straßenböschung hinunter. Er fiel hin. Ein Pole riß seine Maschinenpistole von der Schulter. Eine Reihe Schüsse knatterte. Einen Moment war alles still, dann gellten die Schreie der beiden Frauen auf. Sie eilten zu dem Sterbenden.«

Am Abend dieses Tages traf Frau Kientopf einen alten Mann, der mit ihr zusammen aus ihrem Heimatdorf ausgetrieben worden war. Er war über alle Maßen betroffen von der Willkür, mit der die Familien von den Polen auseinandergerissen worden waren. Er sagte: »Ach Gott, ach Gott, was ist das doch bitter schwer. Über 70 Jahre bin ich geworden. Als Mutter starb, dachte ich: Was ist das schwer. Dann fielen Hermann und Arthur, da dachte ich: Das ist doch noch schwerer. Als der Russe kam und uns alles nahm, da glaubte ich, das ist doch das allerschwerste und schlimmste, aber das, was ich heute erlebt habe, ist doch das bitterste, das überlebe ich nicht lange.«

Die Kolonne der Frauen, der Kinder, der alten Männer zog weiter durch das Land, durch Dörfer und Städte, deren Einwohner schon vertrieben waren, vorbei an den Überresten des großen Krieges: gesprengte Geschütze, zerschossene Fahrzeuge, weggeworfene Panzerfäuste, Leichen von Soldaten, die nur von ein paar Spaten Erde bedeckt waren. In den Orten, um die gekämpft worden war, hing immer noch der Geruch von Brand und Verwesung über Trümmern und Ruinen – ein verlorenes Volk auf seinem letzten Weg durch ein verlorenes Land.

Dann, endlich, vor den Vertriebenen die Brücke über die Oder, der Fluß, an dem die Gewalt der Polen über die Deutschen ein Ende hatte, ein Bauwerk, das Hoffnung auf ein lebenswertes Leben bedeutete, ein Steg in die Zukunft. Doch die Polen mochten die Deutschen, die über viele, viele Kilometer an diesen Fluß getrieben worden waren, nicht ohne eine letzte Plünderung davonziehen lassen. Der Gendarmeriebeamte Friedrich Paetzold aus Ostbrandenburg: »Wir sahen die Brücke schon vor uns, da kamen drei Wagen mit Polen angejagt, und wer bisher noch etwas behalten hatte, wurde es nun los. Ich habe diese Strolche gebeten, sie möchten mir doch meinen kleinen Koffer lassen, es wäre nur etwas Wäsche, Rasierzeug und eine Kleinigkeit zum Essen darin, ich hielt den Koffer fest. Ein Kolbenschlag warf mich nieder. Ich sah noch, wie die Polen die ganze Kolonne entlangfuhren und sämtliche Koffer raubten . . . Die Straßen sahen unbeschreiblich aus. Sie waren mit der Habe der Flüchtlinge bedeckt: kaputte Handwagen, Kinderwagen,

Schubkarren, Kleidungsstücke am Wegrand.« Oft schlitzten Polen auf der Suche nach Geld, Schmuck oder Uhren die Kissen und Betten auf, die von den Flüchtlingen bis an die Oder gerettet worden waren: Bettfedern deckten die Erde schneeweiß ein.

Die ausgeplünderten Deutschen nahmen auch diesen Raub am Fluß hin. Was auch hätten sie tun sollen? Wie hätten sie sich schützen sollen gegen Gier und Niedertracht? Hätten sie die russischen Soldaten um Hilfe bitten sollen, unter deren Augen dies geschah? Rotarmisten, die die Brücken und die westlichen Ufer der Oder und der Neiße besetzt hielten, versuchten selbst, noch Beute zu machen. Sie kontrollierten jeden Handwagen, der über die Brücke rumpelte, sie stülpten die Säcke der Vertriebenen um, sie durchwühlten die Taschen. Frau Kientopf berichtete: »Viele sind die wenigen Wertsachen, die sie noch besaßen, hier losgeworden. Mir nahmen sie meinen Trauring, den ich dummerweise auf dem Finger hatte. Dann mußten wir die Sachen zusammenraffen und wurden unter Schlägen fortgetrieben.«

Die Wissenschaftliche Kommission der Bundesregierung beziffert die Zahl der Deutschen, die im Juni und Juli 1945 aus ihrer Heimat jenseits von Oder und Neiße verjagt wurden, auf 200 000 bis 300 000. »Keine Etappe der späteren Ausweisungen«, so schreibt die Kommission, »verlief unter ähnlich unmenschlichen und so brutalen Methoden wie diese erste, noch vor dem Abschluß der Konferenz von Potsdam vollzogene Austreibung des größten Teils der ostbrandenburgischen Bevölkerung und zahlreicher Deutscher aus Ostpommern und Niederschlesien. Nachdem in dieser Weise in dem Landstreifen östlich der Oder-Neiße-Linie eine weitgehende Dezimierung der deutschen Bevölkerung erzielt worden war, konnten sowohl Stalin wie auch die Vertreter Polens in Potsdam bei den Westmächten die Vorstellung verbreiten, als befänden sich in den deutschen Gebieten östlich der Oder und Neiße nur noch unerhebliche Reste der deutschen Bevölkerung, was nicht unwesentlich dazu beigetragen hat, die Bedenken der westlichen Staatsmänner gegen eine Ausweisung der Deutschen zu zerstreuen.«

*

Die vertriebenen Deutschen standen ratlos und hilflos auf dem westlichen Ufer der Oder. Der Gendarmeriebeamte Friedrich Paetzold hörte, wie einer der Vertriebenen, nachdem er die russische Kontrolle hinter sich hatte, fragte: »Wohin nun?« Einer der Russen gab ihm auf Deutsch die Antwort: »Du kannst rechts, du kannst links, du kannst auch ins Wasser!« und deutete auf die Oder. Der böse Scherz des Rotarmisten aber war nichts anderes als eine zutreffende Beschreibung der verzweifelten Lage, in der sich die über die Flüsse gejagten Deutschen befanden: Niemand kümmerte sich um sie, niemand hatte für Unterkunft und Verpflegung gesorgt, die Elenden waren preisgegeben. Der schreckliche Hunger, den sie während der Märsche zur Oder erduldet hatten, nahm in der sowjetischen Besatzungszone, in die sie nun gelangt waren, kein Ende, und sie konnte kein Ende nehmen.

In wenigen Wochen waren rund eine viertel Million Menschen in die Städte und Dörfer auf dem westlichen Ufer der Oder gekommen – in Ortschaften, in denen in den ersten Monaten nach dem Ende des Krieges die blanke Not herrschte. Die aus Brandenburg vertriebene Isabella von Eck über die Zustände in der Stadt Frankfurt an der Oder, wo sie Anfang Juli 1945 ankam: »Zehntausende von Flüchtlingen waren schon da, und immer neue Trecks überfluteten die Straßen. Es gab keine Quartiere und kein Brot für diese hilflosen Menschen. Ich, damals 75 Jahre alt, schlief vier Nächte lang in einem Tunnel am Hauptbahnhof auf einer Karre und deckte mich mit Säcken zu. Dann machte ich mich zu Fuß auf den Weg nach Berlin.« Die aus Wohlau in Niederschlesien vertriebene Frau K. I. gelangte in die Stadt Görlitz an der Neiße. Dort drängten sich weit mehr als 100 000 Flüchtlinge. Hungersnot herrschte. Frau K. I.: »Zu essen gab es für uns nichts. Wir übernachteten in völlig überfüllten Lagern. Die Menschen saßen dort auf den Treppen und lasen sich gegenseitig die Läuse vom Kopf und von den Kleidern.«

Frau N. N. aus dem brandenburgischen Sorau war zusammen mit ihrem Enkelkind auf den Hungermarsch zur Neiße getrieben worden. Die Tochter der Frau war beim Einmarsch der Russen ums Leben gekommen, ihr Mann war verschleppt worden. Frau N. N.

schaffte es, ihr Enkelkind gesund von Brandenburg bis nach Cottbus zu bringen. »Der Treck auf der Landstraße«, schrieb sie, »war ihm gut bekommen, er sah rosig und braungebrannt aus. Aber Cottbus war eine Stadt des Grauens und des Sterbens. Man gab uns keine Lebensmittelkarten und das große Hungern begann. Monatelang kamen täglich 2000 Vertriebene durch die Stadt. Vor meinen Augen verhungerten drei sehr gute Bekannte von mir. Dann begann auch mein Enkelkind zu kränkeln, und nach sechs Wochen allerschwersten Leidens starb mir der Kleine an Typhus. In einem Vierteljahr hatte ich drei meiner liebsten Menschen verloren. Nun stand ich ganz allein, ohne Geld, verlassen, heimatlos in einer fremden Stadt.«

XVII.

Östlich von Oder Und Neisse II

Qualen nach Maß

Am 20. Dezember, sechseinhalb Jahre nach dem Ende des Krieges, verurteilte das Schwurgericht beim Landgericht Hannover den Vertreter Paul L. zu fünf Jahren Zuchthaus. Die Richter erkannten den damals 32 Jahre alten Mann unter anderem der Beihilfe zum Totschlag für schuldig. Zur Rede standen jedoch nicht nur die Verbrechen dieses einen Mannes. In diesem Prozeß in der niedersächsischen Hauptstadt wurde zugleich über einige der grauenvollsten Ereignisse in der an Grausamkeiten gewiß nicht armen Geschichte der Deutschen des Ostens verhandelt: Die Vorfälle im Lager Lamsdorf in der Zeit vom Sommer 1945 bis Herbst 1946, Vorfälle, die von den Deutschen, die sie überlebten, als »Hölle von Lamsdorf« bezeichnet worden sind.

Lamsdorf ist eine kleine Stadt an der Eisenbahnstrecke, die in Oberschlesien von Neiße nach Oppeln führt. In der Nähe dieser Stadt befand sich während des Krieges ein Kriegsgefangenenlager, das vor allem russische Kriegsgefangene beherbergte. Unmittelbar neben diesem Lager waren Unterkünfte für Soldaten der Wehrmacht gebaut worden. Nach dem Ende des Krieges standen die Baracken für kurze Zeit leer, dann füllten sie sich rasch mit deutschen Männern, Frauen und Kindern. Polnische Partisanen trieben die Einwohner von 14 Ortschaften des oberschlesischen Kreises Falkenberg in diesem Lager zusammen. Das Gericht in Hannover schrieb in der Begründung seines Urteils gegen den Vertreter Paul L.: »Ob das Lager von der polnischen Regierung ausdrücklich eingerichtet worden ist, hat nicht aufgeklärt werden können. Es scheint aber, als ob polnische Partisanen – allerdings mit stillschweigender Duldung polnischer Regierungsstellen – dieses Lager von sich aus eingerichtet haben.« Einer der Deutschen, die im Sommer 1945 in das Lager Lamsdorf gebracht wurden, war J. Th., ein Einwohner der Ortschaft Grüben im Kreis Falkenberg. Er berichtete der Wissenschaftlichen Kommission über ein Ereignis, das sich an dem Tag zuvor, an dem er zusammen mit 63 Männern und 15 Frauen in das Lager kam: »Johann L. aus Bauerngrund trug einen schwarzen Vollbart. Als die Polen ihn erblickten, spuckten sie ihn an und traten ihn mit Stiefeln. Sie zwangen ihn, über Ackergeräte zu springen, anschließend jagten sie ihn in die Werkstatt. Dort wurde sein Bart in einen Schraubstock geklemmt. Der Bart wurde angezündet. Mehrere polnische Posten schlugen mit Eisenstäben auf Johann L. ein. Er starb noch in der Werkstatt.« Der Lagerarzt Dr. Heinz Esser, dem wir einen besonders ausführlichen Bericht über die Ereignisse im Lager Lamsdorf verdanken, untersuchte die Leiche von Johann L. Er stellte fest, daß der Mann vielfach gemartert worden war: Fingernägel abgerissen, Schlüsselbein rechts gebrochen, beide Unterarme mehrfach gebrochen.« Dr. Esser schrieb über den Charakter des Lagers: »Lamsdorf war ein Vernichtungslager. Ein damals etwa 20jähriger, grausamer, zu sadistischen Exzessen veranlagter Kommandant mit dem Namen Gimborski führte an der Spitze von etwa 50 blutrünstigen Milizianten eine Schreckensherrschaft.«

Einige Deutsche dienten den Polen im Lager Lamsdorf als Folterknechte. So ein Mann mit dem Namen Fuhrmann, der unter polnischem Befehl als sogenannter deutscher »Lagerkommandant« amtierte und auch Paul L., dem sechs Jahre später vor dem Schwurgericht Hannover der Prozeß gemacht wurde. Paul L. war einer der zehn Stubenältesten, der sogenannten Stubenkommandanten, von Lamsdorf. Die Aufgabe dieser Stubenkommandanten war es, die Disziplin zu überwachen, die Ausgabe der Verpflegung zu kontrollieren und dafür zu sorgen, daß die Deutschen zum Lagerappell antraten. Sie stellten auch die Kommandos für die Zwangsarbeit zusammen. Das Gericht in Hannover vermerkte: »Die Polen verlangten von den Männern und zum Teil auch von den Frauen härteste Arbeit, die sonst in der zivilisierten Welt gemeinhin nur von Tieren geleistet wird, wie zum Beispiel einen Pflug, eine Egge oder einen Wagen ziehen. Gelang es einmal einem Deutschen, von einem Arbeitskommando außerhalb des Lagers zu entfliehen, so gab es für die anderen Angehörigen eines solchen Kommandos härteste Prügelstrafen. Es ist auch vorgekommen, daß die Polen die Leute kurzerhand totschlugen.« Kurzerhand totgeschlagen zu werden – dies war das Schicksal vieler deutscher Männer und auch Frauen im Lager Lamsdorf.

Die Männer des Lagers mußten Tag für Tag zum Appell antreten. Ihre polnischen Wächter stellten sich vor ihnen auf und zählten in polnischer Sprache vor. J. Th. berichtet: »Wir mußten auf polnisch antworten. Männer, die ihre Zahl nicht mehr hersagen konnten, wurden zusammengeschlagen. Viele starben.« J. Th., von den Polen zum Totengräber bestimmt, erzählt von den Opfern eines einzigen Morgens: »Einem hatten die Polen den Schädel eingeschlagen, den zweiten hatten sie zu Tode getreten, ebenso den dritten.« Der Lagerarzt Dr. Esser: »In den ersten vier Monaten wurden durchschnittlich täglich etwa zehn Tote vom Platze geschleppt.«

Der Deutsche Paul L., gegen den vor dem Schwurgericht in Hannover verhandelt wurde, war am grausamen Tod zweier deutscher Männer mitschuldig. In den Akten des hannoverschen Schwurgerichtes ist festgehalten, was geschah: »Am 10. oder 11. August 1947 stellte es sich heraus, daß es einem der Männer des Kommandos, das zum Wasserholen eingeteilt war, gelungen war zu entweichen. Das war für die Polen, die ohnehin jederzeit bereit waren, Deutsche zu morden, der willkommene Anlaß, auch an diesem Tage in grausamer Weise Deutsche zu töten. Vormittags etwa gegen elf Uhr mußten alle Männer und Jungen, soweit sie um diese Zeit im Lager waren, auf dem Appellplatz antreten. Der Lagerkommandant Gimborski und weitere Polen hielten ein kurzes sogenanntes Schnellgericht über die etwa sechs bis acht Männer des Wasserholkommandos ab. Diese Männer wurden nach kurzem Verhör alle bis auf einen von den Polen mit wuchtigen Kolbenschlägen zu Boden gestreckt, wo sie regungslos liegenblieben. Darauf befahl Gimborski, daß die so Niedergeschlagenen auf ihre Stuben getragen wurden. Alle Niedergestreckten verstarben nach kurzer Zeit an den Verletzungen, die ihnen durch die Kolbenschläge zugefügt worden waren. Sie wurden noch am gleichen Tag auf dem Lagerfriedhof beerdigt. Während die in so grausamer Weise zu Boden geschlagenen Männer noch wie tot auf dem Appellplatz lagen, trat der Deutsche Paul L. auf Gimborski zu und sagte zu ihm: »In meiner Stube sind auch noch zwei Männer, der eine murrt, der andere verstellt sich.‹ Daraufhin befahl Gimborski dem Paul L., beide zu holen. Das tat Paul L. Als beide auf dem Appellplatz erschienen waren, wiederholte Paul L. auf die Frage des Kommandanten Gimborski, was mit den beiden Männern sei, seine Beschuldigung. Nach kurzem Verhör gab Gimborski mit dem Wort: Los!, das noch durch eine entsprechende Geste mit der Hand unterstrichen wurde, einem seiner Spießgesellen das Zeichen, die beiden ebenfalls niederzuschlagen. Beide starben an den Schlägen.«

Die Menschen im Lager Lamsdorf waren streng unterteilt: Männer, dann Frauen mit kleinen Kindern, dann kinderlose Frauen, dann junge Mädchen, dann schließlich Knaben im Alter von 15 bis 16 Jahren. Familien wurden stets auseinandergerissen. Im Bericht einer Mutter von drei Kindern heißt es: »Ich mußte mich von meiner 10jährigen Tochter trennen. Wir litten schrecklichen Hunger. Als Verpflegung bekamen wir morgens zwei Pellkartoffeln und etwas Tee. Mittags einen halben Liter ungesalzene Kartoffelsuppe, abends wieder zwei Pellkartoffeln und Tee. Wochenlang waren wir ohne Brot. Die Säuglinge schrien Tag und Nacht, bis der Hungertod sie endlich erlöste.« Diese Frau verlor im Lager Lamsdorf ihre zehnjährige Tochter, ihren Mann, ihre Mutter, ihre Schwester, ihren Bruder, zwei Schwägerinnen und einen Schwager – acht Menschen aus einer einzigen Familie.

Die Frau berichtete: »Frauen, die hatten erleben müssen, wie ihre toten Kinder und Männer verscharrt wurden, pflückten einige Blümchen und steckten sie in die Erde, die ihr Liebstes barg. Daraufhin mußten wir antreten, und mit Donnerstimme fragte uns der Posten, wer die Blumen auf die Gräber gepflanzt hätte. Die

Frauen traten vor und bekamen 75 Schläge mit dem Gummiknüppel. Frau L. ist daran gestorben . . . Eine Frau fand in dem Lager ihren Mann wieder. Sie ging auf ihn zu in ihrer Freude und mußte dafür mit ihrem Mann drei Tage in glühender Sonne liegen, ohne Essen, das Gesicht der Sonne zu. Beide sind später gestorben.«

Der Lagerarzt Dr. Esser schrieb: »Das Massensterben erreichte seinen Höhepunkt, als, unterstützt durch Unterernährung und Mangel an allem, auch nur der primitivsten hygienischen Einrichtungen, Waschgelegenheit, Bekleidung sowie auch Arzneien, die grundsätzlich nicht beschafft werden durften, noch Seuchen ausbrachen: Bauchtyphus und Flecktyphus. Die Aushungerungstaktik hatte furchtbare Auswirkung gehabt, besonders unter den Kindern, die Tag und Nacht vor Hunger weinten und wimmerten. Viele von ihnen gingen durchs Lager und bettelten von Fenster zu Fenster, vergeblich, da ja niemand etwas zu spenden hatte. So gingen diese Kinder mit müden, schleppenden Schritten, abgemagert zum Skelett, mit Augen tief in den Höhlen, nur noch Kleiderfetzen am Leibe durch das Lager. Und so wankten sie dahin, bis sie vor einem Fenster oder auf einem der Wege leise wimmernd zusammenbrachen und ihr junges qualvolles Leben still aushauchten.«

Einen Sommer lang hatten die Deutschen im Lager Lamsdorf Hunger, Grausamkeit und Willkür erduldet – da wuchs der Schrecken zum Inferno. Es war der 4. Oktober 1945. Am Morgen des Tages hatten Totengräber J. Th. und seine Leute die Toten der Nacht begraben. Das Beerdigungskommando schritt zurück zur Baracke. Plötzlich peitschten Schüsse. J. Th. blickte sich um, und er sah aus der Baracke Nr. 12 schwarzen Rauch aufsteigen. Wenig später brannte das Gebäude aus Holz lichterloh. Die polnischen Wachmannschaften jagten die Deutschen, Männer und Frauen, aus den Baracken und befahlen ihnen zu löschen. Nur – es gab kein Wasser. Männer griffen mit den Händen Sand und warfen ihn in die Flammen. Frauen scharrten Erde in ihren Schürzen zusammen und trugen sie zum Feuer. Die Polen hatten um die Brandstelle und die löschenden Gefangenen einen dichten Ring gebildet. J. Th. berichtet: »Es herrschte ein wüster Lärm. Jeder, der nicht nahe genug an das Feuer heranging, wurde von den Polen in die Flammen gestoßen. Viele fielen dabei im Feuer zu Boden. Die Stehenbleibenden wurden erschossen. Solche Opfer mußten aber gleich von den Kameraden herausgeholt werden.

Einige von diesen Opfern lebten noch, als sie aus dem Feuer herauskamen. Wenn sie Schmerzensschreie ausstießen, wurden sie zu Boden getreten. Als die Baracke fast abgebrannt war, mußten die Männer, soweit die Schaufeln reichten, eine Grube graben. Die restlichen Männer mußten die Toten heranbringen. Sie benutzten dazu Krankentragen und Decken. Einer dieser Trupps trug einen 20jährigen Mann. Diese Träger mußten das Lied singen: ›Ich hatt' einen Kameraden.‹ Dabei wurden sie noch getreten und geschlagen.«

Der Lagerarzt Dr. Esser hat die Toten des Brandtages von Lamsdorf gezählt: »36 Männer und 11 Frauen (diese wurden erschossen); 25 Männer und 15 Frauen (diese waren in den Flammen verbrannt und wurden von mir als verkohlte Leichen festgestellt); 285 Männer und Frauen (diese wurden mit Gewalt aus der Krankenstube ins Massengrab geworfen, wobei sie entweder vorher durch Genickschuß getötet oder durch Kolbenschläge nur betäubt, noch lebendig ins Grab geworfen wurden); 209 Männer und Frauen (diese starben am nächsten Tag oder einige Stunden später an den Folgen der während der Katastrophe erlittenen Schuß- oder Körperverletzungen).«

Im April 1965, zwei Jahrzehnte nach der Einrichtung des Todeslagers von Lamsdorf, richtete die Landsmannschaft der Oberschlesier in Bonn einen Aufruf an die polnische Regierung, in welchem sie ersuchte, den polnischen Lagerkommandanten Gimborski und seinen Helfershelfer Fuhrmann unter Anklage zu stellen. Zur Begründung hieß es in dem Aufruf unter anderem: »Gimborski hat nach Zeugenberichten mindestens 50 Deutsche selbst erschossen. Fuhrmann hat nach Zeugenberichten etwa 15 deutsche Säuglinge dadurch ermordet, daß er sie mit den Schädeln aufeinanderstieß, so daß der Tod durch Zertrümmerung der Schädeldecken eintrat.« Zwei Monate später ließen sich die Polen zu einer inoffiziellen Antwort herbei. In der Warschauer Zeitschrift »Kierunki« erschien ein Artikel unter der Überschrift »Geschichte und Lüge«. In ihm wurde das Todeslager Lamsdorf als »Sammellager« bezeichnet. Die Lagerhaft für Tausende deutscher Männer, Frauen und Kinder wurde damit begründet, daß die Deutschen Banden unterstützt hätten, die sich in den Wäldern verborgen gehalten hätten. Mehr noch: Das Massaker an den Deutschen beim Barackenbrand wurde gerechtfertigt: »Die Deutschen haben mit einem Aufruhr reagiert. Sie weigerten sich einfach, das Feuer zu bekämpfen, und in dieser Situation, in der um so mehr der berechtigte Verdacht bestand, daß die deutschen Lagerinsassen im Zusammenwirken mit den Banden aus den naheliegenden Wäldern die Baracke angezündet hätten, machten die Lagerposten von ihrer Schußwaffe Gebrauch. Gab es für sie einen anderen Ausweg?« Die Berichte über Lamsdorf, bezeugt von vielen glaubwürdigen Männern und Frauen, werden in diesem polnischen Artikel als »neofaschistische Verleumdung« bezeichnet.

Die Wissenschaftliche Kommission der Bundesregierung zur Geschichte der Vertreibung schreibt: »Die schweren Mißhandlungen und die Zugrunderichtung von zahlreichen Deutschen in Lagern und Gefängnissen unter dem Vorwand von Sühne- und Strafmaßnahmen war ein grobes Unrecht, auch wenn dieser oder jener der Inhaftierten wirklich verantwortlich für Vergehen an Polen oder polnischen Juden gewesen ist. Die Masse der Betroffenen war zweifellos unschuldig . . . Infolge des durch die nationalsozialistische Herrschaft genährten Deutschenhasses, der durch das leidenschaftliche polnische Temperament noch gesteigert wurde, fielen die Polen mehr als die westlichen Siegernationen, ja selbst mehr als die Russen, der Versuchung anheim, vergangenes Unrecht durch gleiches Unrecht zu vergelten.«

Das Lager von Lamsdorf war nur einer von mehreren Orten, an denen Deutsche nach dem Ende des Krieges an polnischer Gewalt starben. In Gefängnissen, Zuchthäusern, oder – wie in Lamsdorf – riesigen Internierungslagern kamen viele tausend Menschen um, so in der Stadt Grottkau, in Kaltwasser, in Langenau, in Potulice bei Bromberg, Gronowo bei Lissa oder Sikawa bei Lodz. Auf dem Gebiet des polnischen Staates, das von der Roten Armee zum größten Teil schon 1944 besetzt worden war, mußten ungezählte Deutsche bereits vor dem Ende des Krieges in Gefängnissen und Lagern leben.

Im Lager Kaltwasser erlebte Christa M. S. aus Bromberg, wie die polnischen Wachmannschaften mit alten deutschen Menschen verfuhren. Im Bericht von Frau M. S. für die Wissenschaftliche Kommission der Bundesregierung heißt es: »Ich kam in eine Baracke. Welches Bild bot sich mir! So etwas hatte ich noch nicht gesehen. Da lagen alte Frauen in Stroh und Schmutz vergraben, unkenntlich, wirklich nicht mehr menschenähnlich, wimmerten, weinten und schrien.« Zwei Tage später gelangte Schwester M. S. wieder zu der Baracke der alten Menschen von Kaltwasser: »Ich fand die Tür weit offen stehen, und wie ich nun in den Raum hineinschaute, sah ich, daß er ganz leer war. Hier und da lagen ein paar Lumpen herum. Was ist hier geschehen? Wo sind die 40 Menschen geblieben?« Schwester M. S. wurde von einem Mädchen, das der polnischen Miliz angehörte, belehrt: »Was ist denn schon dabei, wenn man diese alten, stinkenden Deutschen verschwinden läßt. Es ist kein Platz da, nichts zu essen, fort mit dem Zeug.« Schwester M. S.: »Alle diese Menschen hatte man über Nacht erschossen.« Am Tag darauf suchten die Polen aus den gefangenen Deutschen wieder 60 ältere Frauen aus und trieben sie in die Sonderbaracke. Am nächsten Morgen war die Baracke wieder leer, wieder waren die Insassen in der Nacht ermordet worden.

Über das Schicksal der Deutschen im polnischen Staatsgebiet urteilte die Wissenschaftliche Kommission: »Das Leben der Alten, der Kranken und der Kinder, die – als Kräfte für die Zwangsarbeit verschmäht – Jahr für Jahr in den Internierungslagern zubringen mußten, erschien geradezu hoffnungslos. Ihr Leiden überschritt alles Maß. Sie konnten den quälenden Schikanen und der oft sadistischen Grausamkeit der Bewachungsmannschaften nicht entrinnen. Gewalttaten und Mißhandlungen durch die Wachmannschaften, oft geleitet von dem Bestreben, Behandlungsmethoden nationalsozialistischer Konzentrationslager zu imitieren, erhöhten die Zahl der Todesopfer . . . Katastrophal aber wirkte sich die Internierung auf die deutschen Kinder aus, zumal man im

Sommer 1945 dazu überging, sie rigoros von ihren Müttern zu trennen, um auch deren Arbeitskraft voll ausnutzen zu können.«

Aus dem Lager Potulice berichtete die Diakonisse K. E.: »Wenn man am frühen Morgen an der Säuglingsbaracke vorbeiging, meinte man das Blöken von Lämmern zu hören. Die Kinder waren zu schwach, laut zu schreien. Die Nahrung der Säuglinge bestand monatelang aus Wassersuppe. In kurzer Zeit sind von 50 Säuglingen nur zwei am Leben geblieben . . . Kinder im Alter von acht Jahren mußten bei polnischen Bauern Pferde putzen, pflügen, eggen und alle anderen Landarbeiten verrichten. Ein Kind erzählte mir mit Tränen in den Augen, daß es sich zum Putzen des Pferdes auf einen Schemel stellen mußte. Wenn das Pferd sich drehte, fiel das Kind in den Dung. Kam der Bauer und das Mädchen war mit dem Putzen nicht fertig, so wurde es geschlagen. Im Lager Potulice war es Geschwistern nicht erlaubt, miteinander zu sprechen. Ein Junge, 13 Jahre alt, war ins Lager gekommen. Er hörte, daß seine Schwester, neun Jahre alt, in der Baracke war. Der Platzkommandant traf die beiden an. Der Junge bekam einen Schlag ins Genick, daß er zu Boden fiel. Dann bekam er Fußtritte, daß einem beim Anblick fast das Herz brach.«

Im September 1947 begleitete die Diakonisse K. E. einen Transport von deutschen Kindern, die nahezu drei Jahre in polnischer Haft verbracht hatten, auf den Weg nach Westdeutschland. In Breslau mußte ein Teil der Kinder ins Krankenhaus gebracht werden. Frau K. E.: »Polnische Schwestern sagten in meiner Gegenwart: ›Wie sollen wir nur die Kinder anfassen, die zerbrechen uns in den Händen‹.«

XVIII.

TEHERAN, JALTA, POTSDAM

Der Streit um die Beute

Der untersetzte Mann in der Uniform eines hohen Offiziers der britischen Armee nahm aus einer Streichholzschachtel, die auf dem mattglänzenden Mahagonitisch lag, drei Streichhölzer und legte sie nebeneinander auf den Tisch. Er verschob das rechts liegende Streichholz nach links und bewegte die beiden anderen Streichhölzer gleichfalls zur Seite. Der Mann, der mit den Streichhölzern spielte, war Winston Churchill, und er führte gerade die Abtrennung der Ostgebiete vom Deutschen Reich vor. Später schrieb er über diese Szene: »Ich demonstrierte mit Hilfe dreier Streichhölzer meine Gedanken über eine Westverlegung Polens. Das gefiel Stalin und damit löste sich unsere Gruppe für den Augenblick auf.«

Es war der 28. November 1943. In der persischen Hauptstadt Teheran hatten sich Amerikas Präsident Franklin D. Roosevelt, Rußlands Diktator Josef Stalin und Englands Premier Winston Churchill mit ihren Außenministern versammelt, um über den Krieg gegen Deutschland zu beraten. Damals standen Truppen der Wehrmacht noch tief in der Sowjetunion, hielten den Balkan, Frankreich, Norwegen, Dänemark und Teile von Italien besetzt. Über die führenden Männer dieser Wehrmacht sagte Stalin seinen Gesprächspartnern aus dem Westen: Der deutsche Generalstab müsse liquidiert werden. Die ganze Kraft der gewaltigen Heere Hitlers beruhe auf 50 000 Offizieren und Technikern. Wenn man diese nach Kriegsende alle zuhauf treiben und zusammenschießen würde, wäre die militärische Kraft Deutschlands erledigt.

Roosevelt, Stalin und Churchill, die man später die Großen Drei nennen sollte, wollten in Teheran vor allem ihre militärischen Operationen gegen das Reich besprechen. Die Russen drangen darauf, daß die Angloamerikaner endlich im Westen die zweite Front eröffnen und mit der Invasion in Frankreich beginnen sollten. Ebenso wichtig aber erschien Josef Stalin schon damals, anderthalb Jahre vor dem Ende des Krieges, ein Problem, das von den Westmächten bis dahin kaum bedacht worden war: die Frage der zukünftigen Westgrenze Polens.

Die Angloamerikaner waren in den Krieg gezogen, um die nationalsozialistische Tyrannei zu beseitigen, die Russen aber dachten auch an die Beute, die ihnen der Sieg in diesem Krieg bringen würde: Menschen, Maschinen und vor allem Land, viel Land.

So brachte Josef Stalin schon am ersten Tag der auf vier Tage geplanten Konferenz von Teheran das Gespräch auf die zukünftige polnische Westgrenze. Er machte seinen Partnern den Vorschlag: »Polen sollte bis zur Oder reichen, und die Russen werden den Polen helfen, ihre Grenze so weit nach Westen zu verlegen.« Allerdings: Stalin hatte bei der Absicht, Polen um mehr als zweihundert Kilometer nach Westen zu verschieben, vor allem das Wohl Rußlands im Sinn. Polen sollte auf Kosten Deutschlands für einen Verlust entschädigt werden, den die Sowjetunion ihm zufügen wollte.

Stalin wollte eine Beute nicht wieder herausgeben, die ihm gleich zu Anfang des zweiten Weltkrieges ohne eigenes Zutun zugefallen war: Ostpolen, jenes Gebiet, das die Sowjettruppen nach der Kapitulation Polens vor den Deutschen im September 1939 im Einverständnis mit der Regierung des Dritten Reiches besetzt hatten. Die Demarkationslinie, auf die sich Hitlers Außenminister Ribbentrop und Stalins Außenminister Molotow geeinigt hatten, entsprach in groben Zügen einer Linie, die schon einmal, Anfang der zwanziger Jahre, durch Osteuropa gezogen worden war.

Nach dem ersten Weltkrieg hatte eine sogenannte Interalliierte Konferenz sich mit dem Problem der Grenze zwischen Polen und der neuentstandenen Sowjetunion befaßt. Im Namen dieser Konferenz hatte der britische Außenminister Lord George Curzon einen Grenzverlauf vorgeschlagen, der seitdem Curzon-Linie hieß. Die Polen aber waren mit dieser Grenze damals nicht einverstanden. Sie führten Kriege gegen die Sowjetunion, und die Truppen des polnischen Marschals Pilsudski schlugen die damals noch junge Rote Armee. Die Polen handelten mit den unterlegenen Russen eine wesentlich weiter östlich verlaufende Grenze aus, die bis zum Beginn des zweiten Weltkriegs Bestand hatte.

Jetzt aber war Polen zerschmettert, und die polnische Exilregierung in London ohne jede Macht, sich der Forderung der Sowjets zu widersetzen, alles Land östlich der Curzon-Linie abzutreten. Für das Gebiet, das Polen im Osten verlor, so einigte sich die Konferenz von Teheran, im Westen Ersatz geschaffen werden. Offen blieb, wie umfangreich diese Entschädigung ausfallen sollte. Bis zu diesem Zeitpunkt war in Gesprächen zwischen den Repräsentanten der polnischen Exilregierung in London und den westlichen Alliierten nur davon die Rede gewesen, daß nach Schluß des Krieges Ostpreußen, Danzig und Oberschlesien an Polen fallen könnten – nun aber sollte Polen bis an die Oder vorrücken. So hatte es Josef Stalin gesagt. Die Westalliierten machten sich zunächst wenige Gedanken über die plötzliche Ausweitung der Gebiete, die den Deutschen entrissen werden sollten. Winston Churchill schrieb in einem Werk über den zweiten Weltkrieg, wie einfach er das Problem damals gesehen hatte, als er es mit Streichhölzern demonstrierte: »Polen könnte sich nach Westen verlagern, wie Soldaten, die seitlich wegtreten. Falls es dabei auf einige deutsche Zehen trete, könne man das nicht ändern, doch müsse Polen auf alle Fälle stark sein.«

Von Churchill stammte auch die Formel für die neuen Grenzen Polens, auf die sich die Teheraner Konferenz einigte: »Man ist der Meinung, daß sich das Territorium des polnischen Staates und des polnischen Volks im Prinzip ungefähr zwischen der sogenannten Curzon-Linie und der Oder erstrecken soll, und zwar unter dem Einschluß Ostpreußens und Oppelns; die eigentliche Grenzziehung erfordert jedoch weiteres eingehendes Studium und möglicherweise an einigen Punkten Bevölkerungsumsiedlungen.« Möglicherweise an einigen Punkten . . .

Später sollte Churchill die Vertreibung der Deutschen, die durch die Westverschiebung Polens ausgelöst wurde, »bedrückend und ungeahnt« nennen. Aber das später und schon zu spät. Zunächst aber mußte der britische Regierungschef die exilpolnische Regierung in London dazu bringen, die Curzon-Linie als neue polnische Ostgrenze zu akzeptieren, also dazu, auf ein Gebiet zu verzichten, in dem weit mehr als eine Million Polen lebten und in dem sich die alten polnischen Städte Wilna und Lemberg befanden.

Die polnische Exilregierung war durch Stalins Pläne in eine bedrängte Lage geraten: Wenn sie die Annexion eines großen Teiles des Landes hinnahm, mußte sie der polnischen Bevölkerung als Verräter an Polen und seinen Traditionen erscheinen; wenn sie sich aber Stalins Absichten widersetzen wollte, brauchte sie die Unterstützung der Westmächte, der Waffenbrüder des Kreml-Herrn. Stalin selbst war es gleichgültig, was die Exilpolen in London unternahmen und wie sie zu ihm standen: Die Sowjets arbeiteten mit dem polnischen »Komitee der Nationalen Befreiung« zusammen, das von Kommunisten beherrscht wurde. Churchill wiederum lag daran, daß seine Exilpolen sich mit Stalin verständigten: Auf ihnen ruhte seine Hoffnung, daß nach dem Ende des Krieges Freiheit und Demokratie in Polen einziehen würden, in das Land, dessentwegen Großbritannien in den furchtbarsten aller Kriege gezogen war. In einer Reihe von Gesprächen versuchte Churchill, die Polen zu überzeugen, daß Stalin im Recht war und daß sie im Westen reichlich für ihren Verlust entschädigt würden. Churchill berichtete: »Ich lenkte die Aufmerksamkeit darauf, daß die deutschen Gebiete viel wertvoller als die Pripet-sümpfe (in Ostpolen) seien. Sie seien industrialisiert und würden Polens Wohlstand heben.«

Im Oktober 1944 reiste Winston Churchill nach Moskau zu einem Gespräch mit Josef Stalin. In Churchills Begleitung war sein Außenminister Anthony Eden. In Moskau weilte damals auch der Ministerpräsident der polnischen Exilregierung, S. Mikolajczyk. In einem gemeinsamen Gespräch mit Josef Stalin, an dem auch Amerikas Botschafter in Moskau teilnahm, drang Winston Churchill in den Chef der polnischen Exilregierung: »Ich muß im

Namen der britischen Regierung erklären, daß die Opfer, die die Sowjetunion im Laufe des Krieges gegen Deutschland gebracht hat, und ihre Bemühungen um die Befreiung Polens ihr in unseren Augen Anspruch auf eine Grenze entlang der Curzon-Linie geben. Ich glaube auch, daß die Verbündeten den Kampf gegen Deutschland fortsetzen werden, um einen angemessenen Ausgleich für die polnischen Zugeständnisse im Osten zu erreichen, in der Form von Territorien im Norden und im Westen, in Ostpreußen und Schlesien, einschließlich einer günstigen Küste, eines ausgezeichneten Hafens in Danzig und wertvoller Rohstoffe in Schlesien. Es wird ein großes Land sein, nicht ganz dasselbe, das in Versailles (nach dem ersten Weltkrieg) umrissen wurde, aber es wird eine echte und solide Struktur bilden, in der die polnische Nation leben und sich in Sicherheit, Wohlstand und Freiheit entwickeln kann.«
Doch trotz der begeisterten Schilderung deutschen Landes, das die Sieger den Polen schenken wollten, blieb der exilpolnische Ministerpräsident uneinsichtig. Er weigerte sich, die Curzon-Linie als polnische Ostgrenze hinzunehmen. Am Tage darauf, am 14. Oktober 1944, trafen sich Churchill, Eden und Mikolajczyk in der britischen Botschaft in Moskau. In diesem Gespräch versuchte der Premier noch einmal, dem Polen das Einverständnis mit der Curzon-Linie abzuzwingen. Dieses Gespräch zeigte, daß der Brite den russischen Wünschen damals um jeden Preis willfahren und diesen Preis von den besiegten Deutschen entrichten lassen wollte – ohne zu wissen, wie hoch er wirklich sein würde.
Dies ist der Wortlaut des denkwürdigen Gesprächs:
Mikolajczyk: »Ich weiß, daß unser Schicksal in Teheran besiegelt wurde.«
Churchill: »In Teheran wurde es gerettet.«
Mikolajczyk: »Ich bin kein Mensch, dem jedes patriotische Gefühl abgeht und der halb Polen verschenken würde.«
Churchill: »Was meinen Sie mit ›dem jedes patriotische Gefühl abgeht‹? Vor zwanzig Jahren haben wir Polen wiederhergestellt, obwohl im Krieg davor mehr Polen gegen uns als für uns gekämpft haben. Jetzt retten wir Sie wieder vor der Vernichtung, doch Sie wollen den Ball nicht annehmen. Sie sind absolut verrückt.«

Mikolajczyk: »Diese Lösung ändert doch gar nichts.«

Churchill: »Falls Sie die Grenze nicht akzeptieren, scheiden Sie für alle Zukunft aus dem Spiel aus. Die Russen werden durch Ihr Land stürmen, und Ihr Volk wird liquidiert werden. Sie stehen am Abgrund der völligen Vernichtung.«

Eden: »Falls wir zu einer Verständigung über die Curzonlinie kommen, werden wir in allen anderen Fragen die Zustimmung der Russen erreichen. Sie werden eine Garantie von uns erhalten.«

Churchill: »Polen wird eine Garantie der drei Großmächte und natürlich durch uns erhalten . . . Jedenfalls geben Sie gar nichts auf, weil die Russen ohnehin schon dort stehen.«

Mikolajczyk: »Alles verlieren wir.«

Churchill: »Die Pripetsümpfe und fünf Millionen Einwohner. Die Ukrainer gehören nicht zu Ihrem Volk. Sie retten Ihr eigenes Volk und ermöglichen es uns, mit ungeteilter Kraft zu handeln.«

Mikolajczyk: »Müssen wir unterzeichnen, wenn wir im Begriff sind, damit unsere Unabhängigkeit zu verlieren?«

Churchill: »Ihnen bleibt nichts anderes übrig. Die Lage würde sich völlig ändern, wenn Sie zustimmen.«

Mikolajczyk: »Wäre es möglich zu erklären, daß die drei Großmächte ohne unsere Anwesenheit über Polens Grenzen entschieden haben?«

Churchill: »Sie machen uns krank. Wir werden Ihrer überdrüssig werden, wenn wir uns weiter streiten.«

Eden: »Sie sollten sagen, daß Sie angesichts der von der britischen und der sowjetischen Regierung abgegebenen Erklärung eine de-facto-Formel akzeptieren – wenn Sie wollen, auch unter Protest, und sollten uns die Schuld zuschieben. Ich sehe durchaus die Schwierigkeiten, wenn Sie es als Ihren eigenen Entschluß ausgeben.«

Mikolajczyk: »Wir verlieren alle Autorität in Polen, wenn wir die Curzon-Linie anerkennen und außerdem ist nichts darüber gesagt, was wir von den Deutschen bekommen können.«

Eden: »Ich glaube, das könnten wir tun, das Risiko könnten wir auf uns nehmen. Wir könnten sagen, was Sie bekommen sollen.«

Churchill sagte jedoch: »Wenn wir in diesem Augenblick bekanntgeben, was wir den Deutschen im Osten nehmen wollen, würde die deutsche Wut entfesselt, und das würde viele Menschenleben kosten. Wenn andererseits die Übereinstimmung zwischen Polen und Rußland jetzt nicht zustandekommt, würde es ebenfalls Opfer an Menschenleben fordern.«

Die Herren trennten sich und kamen am Nachmittag zu einer zweiten Sitzung zusammen. Wieder erklärte Mikolajczyk, er könne der sowjetischen Forderung nach Ostpolen nicht nachgeben, ohne vorher das polnische Volk zu befragen. Churchill geriet in Zorn. Er fuhr den Polen an: »Sie sind keine Regierung, wenn Sie nicht imstande sind, eine Entscheidung zu treffen. Sie sind abgebrühte Leute, die Europa zerstören möchten. Ich werde Sie Ihren Skrupeln überlassen. Sie haben kein Verantwortungsgefühl, wenn Sie Ihr Volk daheim im Stich lassen wollen, gegen dessen Leiden Sie gefühllos sind. Sie kümmern sich nicht um die Zukunft Europas, Sie haben nur Ihre eigenen, kümmerlichen, selbstsüchtigen Interessen im Sinn. Ich werde mich an die anderen Polen wenden müssen, und die Lubliner Regierung (die polnischen Kommunisten) wird vielleicht sehr gut arbeiten. Sie wird die Regierung sein. Sie machen den kriminellen Versuch, das Einverständnis unter den Verbündeten zu stören. Das ist Feigheit von Ihnen.«

Diese Unterredung zeigt das ganze Maß an Willkürlichkeit, mit der in jenen Tagen über Gebiete und ihre Bewohner entschieden wurde. Auch die Westmächte hatten das Recht längst den Interessen der Machtpolitik und ihren Zielen in diesem Krieg untergeordnet, den sie nur mit Hilfe der Russen gewinnen zu können glaubten. Wenn die Briten schon der befreundeten polnischen Exilregierung nahelegten, sich nicht weiter um die polnischen Landsleute östlich der Curzon-Linie zu kümmern, was konnten dann die Deutschen erwarten? Die Absicht, die Polen für ihre Verluste mit deutschen Gebieten zu entschädigen, hatte von allem Anfang an die Frage aufgeworfen, was mit den Deutschen geschehen sollte, die in diesen Gebieten wohnten, Gebieten, die seit Jahrhunderten deutsch waren. Die Antwort der Alliierten: Die Deutschen sollten Deutschland verlassen müssen.

Der erste Politiker, der während des Krieges an die Westmächte den Vorschlag herantrug, Deutsche in großer Zahl zu vertreiben, war Dr. Eduard Benesch gewesen, Präsident der tschechoslowakischen Exilregierung in London. Die Vereinigten Staaten und Großbritannien hatten dieser Absicht ohne langes Zögern zugestimmt. Die Deutschen in der Tschechoslowakei sollten nach dem Ende des Krieges das Land verlassen müssen, ein tschechoslowakischer Nationalstaat ohne fremdsprachige Minderheiten wiederaufgerichtet werden. Die Idee der sogenannten Umsiedlung der Deutschen war geboren, es gab nach Ansicht der Westmächte offenbar keinen Grund, sie nicht auch auf diese Gebiete anzuwenden, die Polen zufallen sollten. Die Bedenken der Westalliierten, wenn sie denn welche gehabt haben sollten, schlugen schon deshalb nicht durch, weil sie die Zahl der Deutschen, die von dem Schicksal der sogenannten Umsiedlung betroffen werden würden, lange Zeit unterschätzten und weil sie zudem davon ausgingen, daß die Umsiedlung »schonend und unter angemessenen humanen Bedingungen durchgeführt werden« würde, wie Dr. Benesch formuliert hatte.

Aber: Aus der »humanen Umsiedlung« sollte die größte und schrecklichste Vertreibung aller Zeiten werden.

Im Frühjahr 1943 hielt der Vertraute von Franklin D. Roosevelt, Harry Hopkins, fest, was der Präsident der Vereinigten Staaten über das künftige Schicksal der Ostpreußen gesagt hatte: »Er glaube, wir sollten Anordnungen treffen, um die Preußen aus Ostpreußen auf die gleiche Weise zu entfernen, wie die Griechen nach dem ersten Weltkrieg aus der Türkei entfernt wurden; wenn es sich auch um eine harte Maßnahme handelt, ist es doch der einzige Weg, den Frieden zu bewahren, und den Preußen kann man auf keinen Fall trauen.«

Im November 1944 sprach Amerikas Präsident eine Art Einladung zur Vertreibung aus. Er schrieb an den exilpolnischen Ministerpräsidenten S. Mikolajczyk: »Wenn Polens Regierung und Volk im Zusammenhang mit der neuen Grenzziehung des polnischen Staates wünschen, Umsiedlungen in das und aus dem polnischen Gebiet vorzunehmen, wird die Regierung der Vereinigten Staaten keine Einwände erheben, und soweit wie möglich, die Umsiedlung erleichtern.«

Winston Churchill erklärte einen Monat später vor dem britischen Unterhaus: »Es wird keine Mischung der Bevölkerung geben, wodurch endlose Unannehmlichkeiten entstehen, wie zum Beispiel im Fall von Elsaß-Lothringen. Reiner Tisch wird gemacht werden. Mich beunruhigt die Aussicht des Bevölkerungsaustausches ebensowenig wie die großen Umsiedlungen, die unter den modernen Bedingungen viel leichter möglich sind als je zuvor.«

Drei Tage später, am 18. Dezember 1944, erklärte Amerikas Außenminister Edward Stettinus öffentlich: »Wenn Regierung und Volk von Polen beschließen, im Interesse des polnischen Staates nationale Gruppen umzusiedeln, wird die Regierung der Vereinigten Staaten in Zusammenarbeit mit anderen Regierungen Polen nach Möglichkeit dabei unterstützen.«

An diesem 18. Dezember 1944 aber ließ ein scheinbar nebensächliches Ereignis in Moskau den Westmächten ihre bis dahin vorbehaltlose Zustimmung zur Aussiedlung der Deutschen plötzlich fragwürdig erscheinen. In der Zeitung »Prawda«, dem Zentralorgan der Kommunistischen Partei der Sowjetunion, war an diesem Tag ein Artikel aus der Feder von Dr. Stefan Jedrichowski erschienen, der einer der wichtigsten Männer in dem polnischen »Komitee der nationalen Befreiung« war.

Der Pole erhob in Stalins Zeitung die Forderung auf nahezu ein Viertel des Deutschen Reiches: Die polnische Ostgrenze, so schrieb Jedrichowski, müsse nordwestlich von Stettin an der Ostsee beginnen, dann die Oder entlang nach Süden laufen und dann dem Nebenfluß Görlitzer Neiße bis zur tschechoslowakischen Grenze folgen. Das bedeutete: Polen wollte sich deutsche Gebiete im Gesamtumfang von 114 000 Quadratkilometern aneignen, auf denen vor dem Beginn des Krieges rund neun Millionen Menschen gewohnt hatten.

Da diese Forderung von einer sowjetischen Zeitung gedruckt worden war, konnten die Westmächte erkennen, daß es sich nicht um die Meinung eines einzelnen Polen oder auch nur des »Komitees der nationalen Befreiung« handelte, sondern um Ansichten, mit denen Josef Stalin übereinstimmte, Ansichten, die er notfalls auch gegen seine Verbündeten durchsetzen würde. Die Westmächte hatten den Polen viel von Deutschland geben wollen, so viel aber auch wieder nicht. Insbesondere der Plan der Polen, auch das Gebiet zwischen dem Oberlauf der Oder und der Görlitzer Neiße an sich zu reißen, schien den westlichen Alliierten jedes Maß zu sprengen.

George F. Kennan, damals politischer Berater des US-Botschafters in Moskau, warnte in einem Memorandum davor, den polnischen Vorstellungen nachzugeben: »Es macht jeden Glauben an ein freies und unabhängiges Polen unrealistisch. Es richtet in Mitteleuropa eine Grenze auf, die sich nur verteidigen läßt, wenn an ihrer ganzen Länge dauernd starke Truppenverbände unterhalten werden. Es macht die Lösung der wirtschaftlichen und sozialen Probleme im restlichen Deutschland außerordentlich schwierig – trotz Churchills unüberzeugender Zuversicht, es werde nicht schwerfallen, in Deutschland für sechs Millionen Menschen eine neue Heimstatt zu finden (übrigens halte ich die Zahl für zu niedrig). Mit anderen Worten erschwert es eine Stabilisierung der Verhältnisse gerade in den Teilen Deutschlands, die für die atlantische Gemeinschaft besonders wichtig sind, und kann sich also nur zu unseren und der Briten Ungunsten auswirken. Die Verwirklichung des Plans mag sich nicht verhindern lassen, aber ich glaube, daß es geboten wäre, ihn für das zu nehmen, was er ist, und unsere Überlegungen über die Zukunft Europas danach einzurichten. Vor allem aber sehe ich keinen Grund für uns, die Mitverantwortung für die Komplikationen zu übernehmen, die unausweichlich daraus entstehen müssen.«

Amerikaner und insbesondere die Engländer mußten sich von Stalin genarrt fühlen. Erst hatte er sie dazu gebracht, die Annexion Ostpolens durch Rußland nicht nur hinzunehmen, sondern sie sogar ihren Freunden, den Exilpolen, aufzureden und eine schwere Verstimmung heraufzubeschwören.

Dann, als Churchill bei seinen Bemühungen, die exilpolnische Regierung zu überzeugen, erfolglos geblieben war, hatte Stalin auch den Ministerpräsidenten Mikolajczyk mit der Aussicht auf einen beträchtlichen Gewinn deutschen Landes geködert.

Dieses Landraubes aber würden die Polen, das erkannten auch die

Westmächte, nur an der Seite der Russen froh werden. Nur die Rote Armee konnte den Bestand der neuen Grenzen garantieren. Mithin: Polen würde künftig an das kommunistische Rußland gefesselt sein.

Aber noch gab es für die Westmächte Gelegenheiten, Stalin und die Polen von ihrem Vorhaben abzubringen. Die Konferenz von Jalta auf der Halbinsel Krim, zu der sich Roosevelt, Stalin und Churchill treffen wollten, wurde gerade vorbereitet. Ende Januar 1946 standen Stalins Armeen bereits in Ostpreußen, Schlesien und Pommern, die Armeen der Anglo-Amerikaner unter dem Kommando von General Eisenhower bereiteten den Übergang über den Rhein vor. Im Vorgefühl des sicheren, des nun absehbaren Sieges machten sich Roosevelt und Churchill zu Stalin auf den Weg.

Der US-Präsident wurde von seinem neuen Außenminister James F. Byrnes begleitet. Der Außenminister hat später beschrieben, wie sehr der Präsident und er von der Entfaltung sowjetischer Macht und russischer Gastfreundschaft beeindruckt waren. Die amerikanische Delegation war auf dem Flughafen Saki gelandet und mußte 136 Kilometer im Auto fahren, um nach Jalta zu gelangen. Byrnes: »Die Straße von Saki nach Jalta war von einem ununterbrochenen Spalier von Sowjettruppen umsäumt – manche davon Mädchen, Mädchen mit Gewehren. Der Livadia-Palast, unser Hauptquartier und der Schauplatz unserer Zusammenkünfte, befand sich in untadeliger Verfassung. Man erzählte uns, daß die Deutschen Livadia vollkommen ausgeplündert und von aller Ausstattung des Riesengebäudes, das den Zaren als Sommeraufenthalt gedient hatte, nur zwei Gemälde dagelassen hätten.«

Stalin nutzte die Gelegenheit, seine Gäste in Stimmung gegen die Deutschen zu bringen – um so leichter mußte es ihm fallen, seine Forderungen nach Beute durchzusetzen. Präsident Roosevelt sagte, so verzeichnete es das Protokoll, noch vor dem Beginn der Beratungen zu Stalin, »er sei sehr erschrocken über das Ausmaß der von den Deutschen angerichteten Zerstörungen auf der Krim; all das mache ihn noch blutrünstiger gegenüber den Deutschen, als er es vor einem Jahr in Teheran gewesen sei. Er hoffe, daß

Stalin seinen Toast auf die Hinrichtung von 50 000 Offizieren der deutschen Armee wiederholen werde. Stalin pflichtete ihm bei. Er sagte, dabei seien die Zerstörungen auf der Krim nichts im Vergleich zu dem, was in der Ukraine geschehen sei. Die Deutschen seien Wilde mit einem sadistischen Haß gegen das schöpferische Werk des Menschen. Der Präsident stimmte ihm zu.«

Am vierten Tag der Konferenz, am 7. Februar 1945, redeten die zukünftigen Sieger über die neuen Grenzen, die nach ihrem Willen durch Europa gezogen werden sollten. Roosevelt und Churchill wollten Stalin veranlassen, die Curzon-Linie doch noch an wichtigeren Stellen zu Gunsten der Polen zu ändern. So schlug der US-Präsident vor, den Polen die Stadt Lemberg und einen Teil der Ölfelder im südlichen Ostpolen zu belassen. Churchill wiederholte zunächst das britische Einverständnis mit der neuen russischen Westgrenze: »Der Anspruch der Sowjetunion auf dieses Gebiet gründet sich nicht auf die Gewalt, sondern auf Recht.« Dann nahm er einen Anlauf, Stalin zu einer Grenzkorrektur im Sinne der Vorschläge des US-Präsidenten zu bringen: Wenn die Sowjetunion eine großmütige Geste gegenüber einer schwächeren Macht machen würde, sagte der Premier, so würde England die sowjetische Haltung bewundern und begrüßen.

Die schüchternen Versuche der beiden mächtigsten Männer der westlichen Welt, ihren Partner zu einem Beweis des guten Willens gegenüber einem kleinen Land zu bewegen, blieben eindruckslos. Vielmehr demonstrierte Stalin im nächsten Augenblick seinen Gästen seine ganze Unnachgiebigkeit, seine Kompromißlosigkeit und seinen Willen, seine Macht auszunutzen. Er sprang auf und sagte am Konferenztisch stehend mit erhobener Stimme: »Die Curzon-Linie ist von Curzon, Clemenceau und jenen Amerikanern festgelegt worden, die an der Friedenskonferenz von 1918 bis 1919 teilnahmen. Die Russen waren damals nicht eingeladen und infolgedessen auch nicht beteiligt. Lenin billigte die Curzon-Linie nicht. Jetzt sollen wir uns nach der Ansicht mancher Leute weniger russisch erweisen als es Curzon und Clemenceau waren. Da müßten wir uns schämen. Was werden die Weißrussen und Ukrainer dazu sagen? Sie werden sagen, daß Stalin und Molotow weniger zuverlässige Verteidiger Rußlands sind als Curzon und Clemenceau.«

Nachdem er seinen Besuchern klargemacht hatte, daß er nicht daran denke, Zugeständnisse von Bedeutung zu machen, forderte Stalin von seinen Alliierten das Einverständnis zu einem weiteren Landraub: Diesmal galt er dem Staatsgebiet der Deutschen zwischen Oder und der Görlitzer Neiße.

Jetzt brachte Stalin auf den Konferenztisch von Jalta, was er sechs Wochen zuvor in der »Prawda« hatte schreiben lassen. »Ich ziehe es vor«, sagte er zu Roosevelt und Churchill, »daß der Krieg noch ein wenig länger dauert, auch wenn er uns Blut kostet, um Polen im Westen auf Kosten der Deutschen zu entschädigen. Daran halte ich fest, und ich werde alle Freunde bitten, mich darin zu unterstützen. Ich bin dafür, die polnische Westgrenze bis an die Neiße zu verschieben.« Da war es heraus. Und Stalin meinte nicht den östlichen Nebenfluß der Oder mit dem Namen Neiße, die sogenannte Glatzer Neiße, er meinte die westliche, die Görlitzer Neiße.

Churchill hielt Stalin entgegen, auch er sei der Ansicht, daß Polen mit deutschem Gebiet entschädigt werden müsse, aber er halte es nicht für klug, die polnische Westgrenze bis an die Neiße vorzuschieben: »Es wäre ein Jammer, wollten wir die polnische Gans mit so viel deutschem Futter vollstopfen, daß sie an Verdauungsschwierigkeiten zugrunde ginge. Auch glaube ich, daß ein beträchtlicher Teil der britischen öffentlichen Meinung schockiert ist, wenn vorgeschlagen wird, eine große Anzahl von Deutschen umzusiedeln.« Er selbst jedoch, sagte Churchill, sei von der Aussicht auf die Aussiedlung vieler Millionen Menschen nicht schockiert. Seiner Meinung nach könnten – ganz abgesehen von moralischen Bedenken – sechs Millionen Deutsche bewältigt werden. Stalin sagte, die Zahl der Deutschen, die ausgesiedelt werden müßten, werde viel kleiner sein. Denn: »Wo unsere Truppen hinkommen, da laufen die Deutschen weg.«

Aus dieser Bemerkung, mit der Stalin den englischen Premier zu beschwichtigen suchte, schließt die Wissenschaftliche Kommission der Bundesregierung zur Geschichte der Vertreibung, »daß die Flucht der ostdeutschen Bevölkerung, ja möglicherweise ihre Forcierung, durch ein entsprechend radikales Vorgehen der russischen Truppen bereits ganz bewußt im Hinblick auf die spätere Ausweisung als eine begrüßenswerte Vorarbeit angesehen wurde, und es ist sehr wahrscheinlich, daß auch bei späteren sowjetischen Maßnahmen, wie der Deportation von Hunderttausenden ostdeutscher Zivilpersonen nach der Sowjetunion, der Gesichtspunkt eine Rolle spielte, durch eine Verringerung der Anzahl der noch östlich der Oder und Neiße lebenden Deutschen die künftige Ausweisung zu erleichtern.«

So hatte die Rote Armee mit ihren oft unbeschreiblichen Gewalttaten im deutschen Osten, den massenhaften Vergewaltigungen, den willkürlichen Tötungen, den Brandschatzungen gleich zwei Zwecke verfolgt: Sie stillte ihren Hunger nach Rache, und sie bereitete politisch wie psychologisch die größte Vertreibung aller Zeiten vor. Deshalb auch hatten sowjetische Schriftsteller den Haß gegen die Deutschen geschürt, deshalb auch sowjetische Armeekommandeure ihren Soldaten freie Hand gegenüber deutschen Zivilisten gelassen. Churchill hatte in Jalta offenbar Stalins Berichten nicht geglaubt, die Deutschen seien schon alle geflohen oder würden noch fliehen, je weiter die Rote Armee vorrückte. Der Premier bezifferte, so berichtete der damalige US-Außenminister Byrnes, die Zahl der Deutschen, die bei einer Verschiebung der polnischen Westgrenze an die westliche Neiße umgesiedelt werden müßten, auf rund neun Millionen. Diese Menschenmasse, so Churchill, könne aber niemals vom restlichen Deutschland aufgenommen werden. Der britische Premier verweigerte in Jalta seine Zustimmung zur Neiße-Grenze, und auch Präsident Roosevelt erklärte, zwar sei er damit einverstanden, Polen auf Kosten Deutschlands zu entschädigen, aber: »Die Grenze bis zur westlichen Neiße vorzuschieben, dafür scheint geringe Rechtfertigung zu bestehen.«

So hielten der Premier und der Präsident auch im Kommuniqué von Jalta die Frage der Oder-Neiße-Linie offen: »Die drei Regierungschefs sind der Meinung, daß die Ostgrenze Polens an der Curzon-Linie verlaufen soll, mit einigen Abweichungen an mehreren Stellen von fünf bis acht Kilometern zugunsten Polens. Sie erkennen an, daß Polen im Norden und Westen beträchtliche Gebietserweiterungen erhalten soll. Sie finden, daß die Ansicht der neuen Provisorischen Nationalen Einheitsregierung von Polen über das Ausmaß solcher Gebietserweiterungen eingeholt werden und daß die endgültige Festsetzung der Westgrenze Polens auf der Friedenskonferenz stattfinden soll.«

Die Verweisung der endgültigen Grenzlegung an eine Friedenskonferenz hatte ausschließlich juristische, aber keinerlei praktische Bedeutung. Angesichts der militärischen Lage in Osteuropa waren die Formulierungen im Kommuniqué kaum etwas anderes als eine Kapitulation der Westmächte vor den Wünschen der Russen. Die Rote Armee würde, das war zur Zeit von Jalta erkennbar, im deutschen Osten die Wirklichkeit herstellen, die Josef Stalin plante – ebenso wie in Polen.

In jenen Konferenztagen auf der Krim im Livadia-Schloß gab Winston Churchill seiner Sorge Ausdruck, daß Großbritannien eines der wichtigsten Kriegsziele in dem Augenblick verfehlen könnte, wo der deutsche Feind endlich geschlagen am Boden lag: die Erhaltung und Wiedererrichtung eines demokratischen polnischen Staates. Am Tisch von Jalta erklärte Churchill feierlich: »Großbritannien hat den Krieg an Deutschland um eines freien und unabhängigen Polen willen erklärt. Es ist bekannt, was für ein fürchterliches Risiko wir eingingen und wie nahe wir daran waren, unsere Existenz nicht nur als Empire, sondern sogar als Nation zu verlieren. Unser Interesse an Polen ist eine Ehrensache. Da wir einmal das Schwert für Polen gegen Hitlers brutalen Überfall gezogen haben, werden wir uns niemals mit irgendeiner Lösung zufriedengeben, die nicht Polen als freie und unabhängige Nation beläßt.«

Stalin erwiderte: »Für das russische Volk bedeutet das Problem Polen nicht nur eine Ehrensache, sondern auch eine Existenzfrage. Im Verlauf der Weltgeschichte hat Polen den Korridor abgegeben, durch den der Feind in Rußland einbrach. Zweimal in den letzten dreißig Jahren sind die Deutschen durch diesen Korridor marschiert. Es liegt in Rußlands Interesse, daß Polen stark genug ist, diesen Korridor aus eigener Kraft zu sperren. Darum ist Polens

Stärke und Freiheit nicht nur eine Ehren-, sondern Existenzfrage für Rußland.« Unter Polens Stärke verstand Stalin eine Ausweitung des polnischen Gebietes auf Kosten des Deutschen Reiches, unter Polens Freiheit die Einsetzung eines kommunistischen, moskauhörigen Regimes. Aber das sagte er nicht. Die Großen Drei einigten sich sogar auf die Veranstaltung von freien Wahlen in Polen, die innerhalb einer kurzen Frist nach dem Ende der Konferenz stattfinden sollten. Die Wahlen in Polen fanden erst knapp zwei Jahre später statt, und sie waren alles andere als frei.

Als Franklin D. Roosevelt und Winston Churchill die Krim verließen, mochten sie noch glauben, wichtige Beschlüsse über die Zukunft des östlichen Mitteleuropa offengehalten zu haben. In Wirklichkeit aber waren die Entscheidungen längst getroffen worden, von Josef Stalin. Was jetzt noch kam, war Vollzug.

Freilich versuchten Amerikaner und Briten auch weiterhin, die Entscheidung über die neue polnische Westgrenze in der Schwebe zu halten. Sie täuschten sich selbst und die westliche Öffentlichkeit über ihre Machtlosigkeit hinweg. Präsident Roosevelt erklärte nach der Rückkehr aus Jalta vor dem amerikanischen Kongreß, den Text wiederholend, den Stalin ihm soufliert hatte: »Im Laufe der Geschichte bildete Polen den Korridor, durch den die Angriffe auf Rußland erfolgten. Zweimal in dieser Generation hat Deutschland durch diesen Korridor gegen Rußland losgeschlagen. Damit sich das nicht wiederholt, ist ein starkes, unabhängiges Polen notwendig.

Die Entscheidungen im Hinblick auf Polen waren durchaus ein Kompromiß, der die Polen im Norden und Westen für das Land entschädigen soll, das sie im Osten durch die Curzon-Linie verlieren. Bei der endgültigen Friedenskonferenz soll der Grenzverlauf für die Dauer festgelegt werden. Im großen und ganzen wird das neue, starke Polen einen bedeutenden Anteil des jetzt als Deutschland bezeichneten Gebiets erhalten.«

Winston Churchill sagte in jenen Tagen vor dem britischen Unterhaus: »Die drei Mächte haben sich jetzt geeinigt, daß Polen beträchtlichen Landzuwachs sowohl im Norden wie im Westen erhalten soll. Im Norden wird es sicherlich anstelle des gefährdeten Korridors die Großstadt Danzig, den größeren Teil Ostpreußens westlich und südlich Königsbergs erhalten, dazu einen langen, breiten Küstenstreifen an der Ostsee. Im Westen wird es die wichtige Industrieprovinz Oberschlesien bekommen, dazu die Gebiete östlich der Oder, die bei der Friedensregelung vielleicht von Deutschland abgetrennt werden, nachdem die Meinungen einer auf breiter Grundlage errichteten polnischen Regierung angehört worden sind.« Aber der Premier, der den Polen soviel zugestehen wollte, wiederholte auch, was er schon zu Stalin in Jalta gesagt hatte: Polen dürfe nicht zuviel bekommen. »Es wäre ein großer Fehler, Polen zu drängen, sich einen größeren Teil dieser Gebiete zu nehmen, als es nach eigener und seiner Freunde Meinung besetzen, entwickeln und mit Hilfe der Alliierten und der Weltorganisation behaupten kann.«

Allerdings: Churchill kämpfte mit Worten gegen Fakten, die von der Roten Armee schon gesetzt wurden. Die Sowjettruppen eroberten in den letzten Wochen des Krieges alle jene Gebiete, die in Jalta Gegenstand von Zustimmung und Streit gewesen waren. Stalins Macht reichte bis zur Elbe, in das Herz Mitteleuropas. US-Truppen wiederum hielten große Teile von Thüringen, von Sachsen, von Mecklenburg besetzt, Gebiete, die nach der Übereinkunft zwischen den Alliierten zur künftigen sowjetischen Besatzungszone gehören sollten.

In diesen Wochen unmittelbar vor der Kapitulation der deutschen Wehrmacht hatte sich Churchills Mißtrauen gegen Stalin, das ihn schon in Jalta bewegt hatte, noch gesteigert. Drei Tage, nachdem die deutschen Truppen die Waffen niedergelegt hatten, schickte der britische Premier ein denkwürdiges Telegramm an US-Präsident Harry S. Truman, der dem am 12. April 1945 an den Folgen eines Schlaganfalls verstorbenen Franklin D. Roosevelt im Amt gefolgt war.

Churchill schrieb: »Ich fürchte, daß im Verlauf des russischen Vorrückens durch Deutschland schreckliche Dinge geschehen sind. Das geplante Zurücknehmen des amerikanischen Heeres auf die Besatzungslinien, die mit den Russen vereinbart wurden, würde bedeuten, daß die Flut der russischen Herrschaft auf einer

Frontbreite von 300 oder 400 Meilen nach vorne brandet. Falls dies geschähe, wäre es eines der melancholischsten Ereignisse der Geschichte. Danach, wenn das Territorium von den Russen besetzt wäre, wäre Polen völlig eingeschlossen und tief im russisch besetzten Land begraben. Die russische Grenze verliefe dann in der Tat vom Nordkap in Norwegen längs der finnisch-schwedischen Grenze, über die Ostsee zu einem Punkt gerade östlich von Lübeck, längs der derzeitig vereinbarten Besatzungslinie und längs der Grenze zwischen Bayern und der Tschechoslowakei zu den Grenzen Österreichs, und halb durch dieses letztere Land zum Isonzo, hinter dem Tito und Rußland alles für sich beanspruchen werden, was nach Osten liegt. Somit würden die unter russischer Herrschaft stehenden Territorien die baltischen Provinzen, das gesamte Jugoslawien, Ungarn, Rumänien und Bulgarien umschließen. Die russische Herrschaft würde ebenfalls alle großen Hauptstädte Mitteleuropas umfassen, Berlin, Wien, Budapest, Belgrad, Bukarest und Sofia . . . Diese Lage bedeutet in der Geschichte Europas einen Vorgang, für den es keine Parallele gibt und der von Alliierten in ihrem langen und gefährlichen Kampf nicht in Betracht gezogen wurde.«

»Wir haben«, so drang Churchill in den amerikanischen Präsidenten, »auf unserer Seite verschiedene wichtige Handelsobjekte, deren Einsatz eine friedliche Einigung herbeiführen könnte. Als erstes sollten sich die Alliierten aus ihren derzeitigen Stellungen nicht eher auf die Besatzungslinie zurückziehen, als bis wir mit der polnischen Lösung einverstanden sind . . .«

Also: Winston Churchill wollte mit Stalin über die zukünftige Regierung Polens, aber auch über dessen westliche Grenzen mit einem Faustpfand in der Hand verhandeln. Am Tag darauf, am 12. März 1945, telegrafierte Churchill noch einmal an Truman. Drängender, besorgter noch war der Ton des britischen Premierministers: »Längs der russischen Front ist ein eiserner Vorhang niedergegangen. Wir wissen nicht, was dahinter vor sich geht . . . Sicher ist es jetzt lebensnotwendig, mit Rußland zu einer Einigung zu gelangen oder festzustellen, wie wir zu Rußland stehen, ehe wir unsere Armeen (durch Demobilisierung und Abtransport aus

Mitteleuropa) tödlich schwächen oder uns in die Besatzungszonen zurückziehen. Wir können uns natürlich auf den Standpunkt stellen, daß sich Rußland untadelig benehmen wird, und ohne Zweifel bietet diese Unterstellung die bequemste Lösung.«

»Zusammenfassend scheint mir«, schrieb Churchill, »das Problem einer Regelung mit Rußland, bevor unsere Stärke dahin ist, stellt alle anderen Probleme in den Schatten.«

Die »Regelung mit Rußland«, von der Großbritanniens Premierminister schrieb, sollte auf einer Konferenz zwischen Stalin, Truman und Churchill gefunden werden. Bevor aber noch Termin und Ort dieses Treffens vereinbart waren, fielen in der amerikanischen Politik zwei widersprüchliche Entscheidungen. Präsident Truman ordnete an, daß die US-Truppen sich auf die vereinbarten Linien, d. h. in die amerikanische Besatzungszone, zurückziehen sollten; die Rote Armee konnte Sachsen, Thüringen und Mecklenburg in vollem Umfang besetzen. Der Präsident hatte somit das einzige Druckmittel gegen Stalin aus der Hand gegeben, die einzige Möglichkeit auch, die neuen Grenzen, die in Osteuropa gezogen werden sollten, mitzubestimmen, und er hatte sich zugleich jeglicher Einwirkung auf die Umstände begeben, unter denen die sogenannte Umsiedlung der Deutschen vonstatten ging. Als Amerikaner und Briten feststellten, daß aus der »geordneten und humanen Übersiedlung« eine willkürliche Vertreibung unter oft entsetzlichen Umständen geworden war, blieb ihnen so nur ohnmächtiger Protest.

Zur gleichen Zeit aber, in der die US-Truppen auf Befehl ihres Präsidenten aus Mitteldeutschland nach Bayern und Hessen zurückrollten, versteifte sich die Haltung der Vereinigten Staaten in der Frage der polnischen Westgrenze. Die USA wollten den Polen auf keinen Fall so große Stücke von Deutschland zuschieben, wie Josef Stalin es verlangte. Sie wollten ihnen sogar weniger geben als die Briten.

Zur Vorbereitung der Konferenz zwischen den Großen Drei arbeiteten US-Diplomaten sogenannte »Richtlinien für die amerikanische Delegation« aus. In ihnen heißt es zur zukünftigen deutschen Ostgrenze: »Die Gemeinsamen Ausschüsse für Deutschland sowie für Rußland und Polen haben empfohlen, daß Deutschland Oberschlesien, Ostpreußen und den ostwärts der Linie Kreuz-Dramburg gelegenen Teil Pommerns abtreten müsse und daß das übrige deutsche Gebiet ostwärts der Oder und das Gebiet zwischen Oder und Neiße in deutschem Besitz verbleiben solle . . . Wenn die polnische und die sowjetische Regierung nachdrücklich darauf drängen und wenn sie von der britischen Regierung unterstützt werden, so werden wir nicht umhin können, uns mit der Abtretung der Gebiete ostwärts der Oder einverstanden zu erklären. Es besteht jedoch die Ansicht, daß die amerikanische Regierung sich weigern sollte, auf dieser Konferenz die Abtretung des Gebietes zwischen Oder und Neiße an Polen zu sanktionieren.«

Die Amerikaner hatten das Land östlich von Oder und Neiße in sechs Gebiete unterteilt und diese sechs Gebiete auf eine Karte mit unterschiedlichen Schraffierungen gekennzeichnet – wie sie auch der amerikanischen Delegation in Jalta vorgelegen hatte. Die Richtlinien empfahlen, wie Amerika sich zu der Behandlung dieser Gebiete im einzelnen verhalten sollte.

Über Ostpreußen hieß es: »Ostpreußen (ausgenommen der Bezirk Königsberg, der vermutlich an die Sowjetunion fallen wird) sollte an Polen abgetreten werden.«

Über Danzig: »Die frühere Freie Stadt Danzig sollte an Polen abgetreten werden.«

Über Deutsch-Oberschlesien: »Deutsch-Oberschlesien (Regierungsbezirk Oppeln) sollte an Polen abgetreten werden.«

Über Ostpommern: »Der ortwärts der Linie Kreuz-Dramburg gelegene Teil Pommerns sollte an Polen abgetreten werden.«

Über die anderen deutschen Gebiete östlich von Oder und Neiße aber hieß es in den Richtlinien: »Die amerikanische Regierung würde eine Lösung vorziehen, nach der dieses Gebiet bei Deutschland verbleiben würde. Die Briten haben jedoch zugestimmt, daß alles Gebiet ostwärts der Oder an Polen abgetreten wird; die amerikanische Regierung ist nicht bereit, diese Angelegenheit zum Streitpunkt zu erheben, wenn die Russen, wie gewiß ist, mit Nachdruck auf ihr bestehen.«

Und schließlich äußern sich die Richtlinien in aller Entschiedenheit über das Gebiet zwischen Oder und Neiße, über das schon in Jalta keine Einigung zustande kam: »Dieses Gebiet sollte bei Deutschland bleiben. Es gibt keine historische oder ethnologische Rechtfertigung für die Abtretung dieses Gebietes an Polen (ebensowenig wie im Falle des unmittelbar vorstehend erörterten Gebiets ostwärts der Oder). Eine derartige Maßnahme würde zweifellos wirtschafts- und bevölkerungspolitische Schwierigkeiten größten Ausmaßes für Deutschland verursachen und starke irredentistische Regungen hervorrufen. Die Aufrechterhaltung der Oder-Neiße-Grenze könnte durchaus das kritischste Sicherheitsproblem in Europa während der kommenden Jahre werden.«

Doch polnische Behörden und Soldaten hatten zu diesem Zeitpunkt schon die Macht in dem Gebiet zwischen Oder und Neiße an sich gezogen – ein Zustand, den die Westmächte als Einrichtung einer fünften Besatzungszone in Deutschland werteten, gegen alle Vereinbarungen und gegen ihren erklärten Willen. Zugleich wuchs in den USA die Furcht vor einer gewalttätigen Lösung des Problems, das die Anwesenheit von Millionen Deutschen in den Gebieten jenseits von Oder und Neiße und in der Tschechoslowakei darstellte. In den Richtlinien für die amerikanische Delegation formulierten die US-Diplomaten deshalb: »Die Umsiedlung der sudetendeutschen Minderheit ist ein Teil des großen Problems der Umsiedlung deutscher Minderheiten aus Polen und anderen Staaten. Die Chefs der alliierten Regierungen sollten diese Fragen vielleicht in ihrem großen Zusammenhang erörtern, um für eine ordentliche Lösung des Gesamtproblems der deutschen Minderheiten zu sorgen. Sollte kein Übereinkommen erzielt werden, so wird die tschechoslowakische Regierung vielleicht einseitige Maßnahmen versuchen, da die fortdauernde Anwesenheit der sudetendeutschen Minderheit die dringendste und wichtigste politische Frage in der Tschechoslowakei ist.«

Zur Frage, wie sich die Amerikaner gegenüber den Deutschen in dem Gebiet, über das die Polen nun herrschten, verhalten sollten, empfahlen die Richtlinien:

»Wir sollten, soweit unsere Hilfe erbeten wird, die Umsiedlung von Minderheiten erleichtern. Aber wir sollten nicht die erzwungene Repatriierung der jetzt im Westen befindlichen Polen oder die unkontrollierte Deportation der acht bis zehn Millionen Deutschen, die früher in jenem Gebiet wohnten, welches die von den Sowjets gestützte polnische Regierung beansprucht, durch einseitige polnische Maßnahmen gestatten.«

Doch zu diesem Zeitpunkt hatte die polnische Regierung die erste große Massenaustreibung von Deutschen aus den Gebieten östlich von Oder und Neiße bereits in Gang gesetzt: Frauen, Kinder, Kranke und ältere Männer waren in viele Tage währenden Elendsmärschen über die Flüsse in die russische Besatzungszone getrieben worden. Stalin und seine Satrapen hatten vollendete Tatsachen geschaffen, während die Westmächte noch an den Formulierungen feilten, mit denen sie den Sowjets entgegentreten wollten.

Im Juni 1945, im Monat nach dem Ende des Krieges, einigten sich Truman, Stalin und Churchill darauf, Mitte Juli in Berlin zusammenzutreffen, um über die Zukunft Europas, Deutschlands und der Deutschen zu beraten. Schauplatz der Konferenz sollte der Cäcilienhof in Potsdam sein, das Palais der preußischen Kronprinzen. Im großen Festsaal des Palastes, der eine wunderschön gewölbte Decke hatte, wurde ein runder Tisch aufgestellt. In den vier Flügeln des Palais, in dem einst die Prinzen residiert hatten, die zur Herrschaft über Preußen bestimmt waren, wurden Amtsräume, Sitzungsräume, Räume für Nebenkonferenzen für jene Männer hergerichtet, die kommen wollten, Preußen auszulöschen.

US-Präsident Harry S. Truman traf am 15. Juli 1945 in Berlin ein, am gleichen Tag kam Churchill. Josef Stalin verspätete sich: Der 66jährige hatte einen Schwächeanfall erlitten. Der amerikanische Präsident nahm in einem Haus in Babelsberg bei Berlin Quartier, der Stadt des deutschen Films. Mit seinen Begleitern fuhr er an einem der freien Tage, die Stalins Verspätung ihm verschafft hatten, durch die zerschmetterte Hauptstadt. Dort begegnete ihm der Jammer der deutschen Flüchtlinge. US-Außenminister Edward Byrnes, der von Truman nach Roosevelts Tod gebeten worden war, im Amt zu bleiben und der den Präsidenten nach Berlin begleitet hatte, schilderte den Anblick, der sich den Siegern bot:

»Wir waren von dem Strom des Volkes, der die langen Straßen entlangflutete, tief beeindruckt. Es waren meist alte Leute und Kinder. In der Regel trugen sie ihr Hab und Gut auf dem Rücken. Wir wußten nicht, wohin sie zogen, und es ist fraglich, ob sie es selber wußten. Aber wir waren überzeugt, daß sie in die falsche Richtung gezogen waren. Denn: Trotz allem, was wir über die Zerstörung Berlins gehört hatten, waren wir über das Ausmaß der Verwüstung entsetzt. Es brachte uns das Leiden nahe, das der totale Krieg heute auf alte Leute, Frauen und Kinder häuft, ganz abgesehen von den Soldaten.«

Am 17. Juli kam Stalin. Bei seiner ersten Begegnung mit Präsident Truman trug er eine weiße Uniform, und die Amerikaner redeten ihn mit seinem neuen Titel »Generalissimus« an, mit dem der russische Diktator sich nach dem Sieg über die Deutschen schmückte. Schon in dieser ersten Stunde der Begegnung zwischen Russen und Amerikanern betrieb Josef Stalin die Irreführung seiner Alliierten – sozusagen zur Einübung für die kommenden Tage. Er sagte zu Außenminister Byrnes, nach seiner, Stalins, Überzeugung, sei Hitler noch am Leben und halte sich möglicherweise in Spanien oder Argentinien auf – dies, obwohl Rotarmisten die Überreste von Hitlers verbranntem Körper im Garten der Reichskanzlei geborgen und sowjetische Ärzte die Leiche seziert und bereits mit eindeutigem Ergebnis identifiziert hatten.

Am 17. Juli um 16.40 Uhr fuhr Präsident Truman von seinem Quartier in Babelsberg nach Potsdam zum Cäcilienhof. Stalin und Churchill warteten dort bereits auf ihn. Der Russe und der Brite waren, wie schon auf den Konferenzen von Teheran und Jalta, in Uniformen gehüllt. Truman trug einen zweireihigen Zivilanzug. Den freien Platz, der von den vier Flügeln des Palastes umschlossen wurde, hatten Stalins Soldaten mit unzähligen roten Geranien in der Form eines Sowjetsternes geschmückt, der sieben Meter im Durchmesser maß. Die drei mächtigsten Männer der Welt begaben sich in den Konferenzraum, und um 17.10 Uhr an diesem 17. Juli, einem Dienstag, wurde die Konferenz offiziell eröffnet, die Europas neues Gesicht prägen würde. Außenminister Byrnes berichtete: »Der Konferenzsaal selbst war eindrucksvoll groß und hell mit einem Ausblick durch ein gewaltiges Fenster auf eine herrliche Gartenlandschaft.«

Am zweiten Tag der Konferenz schon wurde offenkundig, daß Josef Stalin sich Deutschland nur noch als amputierten Reststaat vorstellen mochte. Churchill hatte gefragt, was unter dem Begriff »Deutschland« noch zu verstehen sei.

(Von den Verhandlungen der Potsdamer Konferenz wurden zwei Protokolle angefertigt – eins von den Amerikanern und eins von den Russen. Das amerikanische Protokoll ist in indirekter Rede gehalten, das russische in direkter. Für die Zwecke dieser Darstellung sind beide Protokollfassungen verwendet worden.)

Stalin hatte geantwortet, Deutschland sei das, was nach dem Krieg daraus geworden sei. Truman hatte vorgeschlagen, Deutschland im Zusammenhang der Konferenzgespräche so zu sehen, wie es im Jahre 1937, also vor dem Anschluß Österreichs und dem Münchner Abkommen über das Sudetenland bestand.

Darauf Stalin: »Abzüglich dessen, was Deutschland 1945 verloren hat.« Und dann stieß der russische Diktator nach: »Lassen Sie uns die Westgrenze Polens festlegen, dann wird die deutsche Frage klarer werden. Deutschland, das ist ein Land ohne Regierung und ohne feste Grenzen. Es ist ein zerschlagenes Land.« Auf der fünften Sitzung, am Samstag, dem 21. Juli 1945, kennzeichneten feindselige Schärfe, dreiste Lügen und wachsendes Mißtrauen das Gespräch der Großen Drei. Gegenstand des Streits: die neue polnische Westgrenze und das Schicksal der Deutschen jenseits von Oder und Neiße. Es ging um 114 000 Quadratkilometer Land, ein Viertel des Deutschen Reiches, ein Gebiet von der vierfachen Größe des Königreichs Belgien, und um nahezu neun Millionen Menschen.

US-Präsident Truman eröffnete das große Gefecht um das deutsche Land im Osten: Er wandte sich dagegen, daß die Polen in dem Gebiet zwischen Oder und Neiße bereits ihre Verwaltung eingerichtet hatten. Truman: »Gestatten Sie mir, eine Erklärung zur Westgrenze Polens abzugeben . . . Wir haben unsere Besatzungszonen und die Grenzen dieser Zonen festgelegt. Doch jetzt hat anscheinend noch eine Regierung eine Besatzungszone erhalten, und dieses ist geschehen, ohne uns zu konsultieren. Wenn es vorgesehen war, daß Polen eines dieser Länder sein soll, denen eine eigene Besatzungszone zugeteilt wird, dann hätte man sich darüber früher einigen müssen . . . Ich bin Polen gegenüber freundschaftlich gesinnt, und es ist möglich, daß ich mich mit den Vorschlägen der sowjetischen Regierung hinsichtlich seiner Westgrenzen einverstanden erkläre, doch ich will es nicht jetzt tun, weil es dafür einen anderen Ort geben wird, nämlich die Friedenskonferenz.«

Stalin: »Die amerikanische und die britische Regierung haben uns einige Male vorgeschlagen, keine polnische Verwaltung in den westlichen Gebieten zu gestatten, solange die Frage der Westgrenze Polens noch nicht endgültig entschieden ist. Wir konnten diesen Vorschlägen nicht folgen, weil die deutsche Bevölkerung dem Rückzug der deutschen Truppen in den Westen gefolgt ist.«

Stalin log. Nur Teile der deutschen Bevölkerung waren geflohen, mehrere Millionen Deutsche waren zurückgeblieben. Dann wiederholte er, daß seine Entscheidung über Polens neue Grenzen unwiderruflich sei: »Ich weiß nicht, welchen Schaden es unserer gemeinsamen Sache zufügen soll, wenn die Polen ihre Verwaltung auf dem Territorium errichten, das ohnehin bei Polen bleiben soll.«

Truman: »Die Festsetzung der zukünftigen Grenzen ist Aufgabe der Friedenskonferenz.«

Stalin: »Es ist sehr schwierig, die deutsche Verwaltung in diesem Gebiet wiederherzustellen, es sind alle geflüchtet.« Wieder hatte er gelogen.

Churchill mischte sich ein: »Da ist noch die Frage der Lieferungen. Das Problem der Nahrungsmittellieferungen ist eine äußerst wichtige Frage, weil diese Gebiete (östlich von Oder und Neiße) die Haupterzeugungsgebiete von Nahrungsmitteln für die deutsche Bevölkerung sind.«

Stalin: »Und wer soll dort arbeiten, Getreide erzeugen? Außer den Polen ist dort keiner zur Arbeit da.« Dies sagte der Russe in einem Augenblick, da die Polen die gesamte, noch nicht ausgetriebene arbeitsfähige deutsche Bevölkerung zur Zwangsarbeit gepreßt hatten.

Truman: »Ich glaube, daß wir zur gegebenen Zeit ein Abkommen über die zukünftigen Grenzen Polens erreichen können, doch jetzt interessiert mich die Frage nach diesen Gebieten während der Besatzungszeit.«

Stalin erwiderte dem Präsidenten, daß diese Gebiete zwar auf dem Papier zum deutschen Staatsgebiet gehörten, in Wirklichkeit aber polnische Gebiete seien, da es in ihnen keine deutsche Bevölkerung mehr gebe.

Präsident Truman warf ein, neun Millionen Deutsche seien sehr viel.

Stalin, zum dritten Mal innerhalb kürzester Zeit lügend: »Sie sind alle geflohen.«

Churchill deutete an, daß er seinem russischen Gesprächspartner keinen Glauben schenkte: »Ich verstehe es so, daß nach dem Plan der polnischen Regierung, der – wie ich es verstanden habe – von der Sowjetregierung unterstützt wird –, dem Deutschland von 1937 ein Viertel seiner landwirtschaftlichen Grundfläche entrissen werden soll. Das ist ungeheuerlich. Was die Bevölkerung angeht, so erweist sich, daß drei oder vier Millionen Polen vom Osten (jenseits der Curzon-Linie) in die Westgebiete umgesiedelt werden. Die Bevölkerung, die aus dem deutschen Gebiet ausgesiedelt werden soll, hat vor dem Krieg aber acht und eine halbe Million betragen. Das bedeutet, daß den anderen Teilen Deutschlands eine unproportional große Last aufgebürdet und das Versorgungsproblem dennoch nicht gelöst wird – ganz abgesehen von den Schwierigkeiten, mit denen die Umsiedlung einer so großen Anzahl von Menschen verbunden ist.« Und dann faßte Churchill nach: »Noch eine Bemerkung zur Erklärung des Generalissimus Stalin darüber, daß alle Deutschen diese Gebiete verlassen haben. Es sind andere Angaben vorhanden, die davon sprechen, daß dort immerhin noch zwei- bis zweieinhalb Millionen Deutsche verblieben sind. Diese Situation muß untersucht werden.«

Stalin log unverdrossen weiter: »Der Krieg hat dazu geführt, daß von diesen acht Millionen Deutschen dort fast niemand mehr zurückgeblieben ist. Nehmen Sie Stettin; dort gab es 500 000 Einwohner, und als wir in Stettin einzogen, waren dort nur insgesamt

8000 verblieben . . . Als wir in jene Zone kamen, die als Zuwachs für das polnische Territorium vorgesehen war, war dort von den Deutschen niemand zurückgeblieben. So war der Verlauf der Dinge. In der Zone zwischen Oder und Weichsel haben die Deutschen ihre Felder im Stich gelassen, die Felder werden von Polen bestellt und abgeerntet. Die Polen werden kaum einverstanden sein, den Deutschen die Rückkehr zu erlauben. Diese Situation ist in diesen Gebieten entstanden.«

Churchill gab sich nicht zufrieden. Hartnäckig wiederholt er seine Ansicht: »Wir haben uns einverstanden erklärt, Polen für das östlich von der Curzon-Linie abgetretene Gebiet auf Deutschlands Kosten zu entschädigen. Doch eines muß das andere ausgleichen. Jetzt verlangt Polen bedeutend mehr, als es im Osten abgibt. Ich bin nicht der Meinung, daß das dem Wohle Europas dient, von den Alliierten ganz zu schweigen. Eine Umsiedlung von jetzt bereits acht Millionen Menschen ist eine Sache, die ich nicht unterstützen kann. Diese Bevölkerungsumsiedlungen großen Ausmaßes stellen für mein Land einen großen Schock dar. Das kann mich in eine unmögliche Lage bringen. Der Ausgleich soll den Verlusten entsprechen, anders wäre es auch für die Polen nicht gut.«

»Polen«, so fuhr Churchill fort, »das den Großmächten alles verdankt, hat kein Recht, eine katastrophale Lage in der Nahrungsmittelversorgung der deutschen Bevölkerung hervorzurufen. Wir wollen nicht, daß eine zahlenmäßig große deutsche Bevölkerung ohne jegliche Nahrungsmittelreserven bei uns verbleibt. Nehmen wir zum Beispiel die riesige Bevölkerung des Ruhrgebietes. Diese Bevölkerung befindet sich in der englischen Besatzungszone. Wenn für sie nicht ausreichend Nahrungsmittel zur Verfügung gestellt werden, dann werden in unserer eigenen Zone Verhältnisse herrschen, die denen in deutschen Konzentrationslagern gleichen – nur in einem noch viel größeren Umfang.«

Darauf Stalin: »Sollen sie doch von Polen Getreide kaufen.«

Churchill: »Wir sind nicht der Meinung, daß dieses Territorium polnisches Gebiet ist.«

Stalin wiederholte seine Unwahrheit: »Dort leben Polen, sie bestellen die Felder. Wir können nicht von den Polen verlangen, daß sie zwar die Felder bestellen, das Getreide aber an die Deutschen abgeben.«

Präsident Truman ergriff das Wort: »Es hat den Anschein einer vollendeten Tatsache, daß man den Polen ein großes Stück von Deutschland gegeben hat . . . Ich denke, daß dieser Teil Deutschlands, nämlich das schlesische Kohlenbecken, sowohl im Hinblick auf dieReparationen als auch im Hinblick auf die Nahrungsmittelversorgung als bei Deutschland verbleibend angesehen werden muß. Ich bin der Meinung, daß die Polen kein Recht haben, sich diesen Teil Deutschlands anzueignen und ihn aus der deutschen Wirtschaft herauszureißen. Auf eine einfache Formel gebracht lautet die Frage: Sind die Zonen bis zum Friedensvertrag gültig oder wollen wir Deutschland stückweise weggeben?«

Stalin schien einen Augenblick lang einzulenken: Auch er sei der Meinung, sagte er, daß die Gebietsabsichten der provisorischen polnischen Regierung für Deutschland Schwierigkeiten mit sich brächten. Aber dann fuhr er fort: Es sei ja gerade die Absicht, daß die Politik der Sieger die Deutschen in Schwierigkeiten bringen solle, um ein erneutes Anwachsen der deutschen Macht zu erschweren. Es sei besser, den Deutschen Schwierigkeiten zu bereiten als den Polen.

Präsident Truman: »Ich will offen sagen, was ich denke. Ich kann der Abtretung des östlichen Teils von Deutschland unter diesen Umständen nicht zustimmen. Diese Frage muß im Zusammenhang mit den Reparationen und den Versorgungsproblemen des gesamten deutschen Volkes erörtert werden.«

Darauf Stalin: »Sind wir fertig für heute?«

Präsident Truman: »Offenbar ist die Konferenz in dieser Angelegenheit an einem toten Punkt angelangt.«

Die Großen Drei trennten sich an diesem Tag, der voller Auseinandersetzungen gewesen war, in Uneinigkeit. Immer noch, so schien es, war das Geschick des deutschen Ostens und seiner Menschen in der Schwebe.

Am nächsten Tag, dem 22. Juli 1945, befaßte sich die Konferenz mit einem schriftlichen Ersuchen der polnischen Regierung, den Verlauf der Görlitzer Neiße als Teil der westlichen Grenze ihres Staates anzusehen.

Stalin forderte die Westmächte auf, der Bitte der polnischen Regierung zu entsprechen.

Churchill: »Das ist völlig unannehmbar.« Der britische Premier brachte, was er schon einige Male gesagt hatte, in eindeutige Formulierungen: »Erstens: Wir haben vereinbart, daß die Grenze erst bei der Friedensregelung festgelegt werden soll. Zweitens: Es ist von Polen nicht von Vorteil, so viel deutsches Gebiet zu übernehmen. Drittens: Die wirtschaftliche Struktur Deutschlands wird zerrissen und den Besatzungsmächten eine übergroße Last aufgebürdet. Viertens: Man wird mit der Umsiedlung von großen Bevölkerungsmengen eine schwere moralische Verantwortung auf sich nehmen. Ich muß sagen, daß ich die Umsiedlung einer Bevölkerung, die 8,5 bis 9 Millionen Menschen zählt, für falsch halte. Fünftens: Es gibt keine Einstimmigkeit bei den Zahlenangaben zu diesem Punkt. Nach unseren Informationen befinden sich zwischen acht und neun Millionen Menschen in diesem Gebiet. Die sowjetische Delegation dagegen sagt, sie seien bereits fort. Diese Frage muß aufgeklärt werden. Wir haben zur Zeit keine Möglichkeit, die Tatsachen festzustellen. Bis ein Beweis des Gegenteils vorliegt, müssen wir unsere eigenen Schätzungen verwenden.«

Josef Stalin wiederholte seine Lügen vom Vortage: »Es sind weder acht, noch sechs noch drei Millionen Deutsche in diesem Gebiet. Dort haben verschiedene Truppenaushebungen stattgefunden, auch sind viele Leute getötet worden. Sehr wenige Deutsche sind dort verblieben, und die, die dort geblieben sind, sind vor der Roten Armee geflohen. Das kann überprüft werden.«

Als Zeugen für seine falschen Behauptungen über die Zahl der Deutschen jenseits von Oder und Neiße benannte der Generalissimus ausgerechnet die Provisorische Polnische Regierung, jene Männer also, die das Gebiet der Deutschen erlangen wollten und zu diesem Zwecke gewiß mehr als einmal gelogen hätten.

Stalin: »Gemäß den Entscheidungen von Jalta sind wir gehalten, die Polen zur Frage der Grenzen zu hören. Wir sollten die Polen einladen, zu dieser Konferenz zu kommen.

Churchill antwortete: »Ja. Das sollten wir tun. Die Frage ist dringend. Die Polen werden jedoch mehr verlangen, als ich ihnen zugestehen kann. Ich wünsche, mit allem Nachdruck die Dringlichkeit der Angelegenheit darzulegen. Wenn die Regelung der Frage verzögert wird, werden die Polen sich festsetzen und Maßnahmen ergreifen, sich zu den alleinigen Herren dieses Gebietes zu machen. Je länger das Problem ansteht, desto schwieriger wird seine Regelung sein.«

Stalin antwortete, in Jalta sei es Ansicht des Präsidenten Roosevelt und Churchills gewesen, daß die polnische Westgrenze an der Mündung der Oder beginnen und ihrem Verlauf bis zur Einmündung der östlichen Neiße folgen solle. Er selbst sei in Jalta mit dieser Ansicht nie einverstanden gewesen. Er, Stalin, habe darauf bestanden, daß die Linie an der westlichen Neiße verlaufen solle. Wieder trennten die Herren sich ohne Entscheidung. Am 23. Juli, auf der siebten Vollsitzung der Konferenz, kassierte Josef Stalin ein Stück Deutschland für die Sowjetunion: den nördlichen Teil von Ostpreußen um Königsberg. Er erklärte seinen Gesprächspartnern, es sei notwendig, daß die Sowjetunion mindestens einen eisfreien Hafen auf Kosten Deutschlands erhalte. Die Russen hätten viel gelitten und so viel Blut verloren, daß sie begierig seien, einen Teil deutschen Territoriums zu erhalten. Er habe dies schon auf der Konferenz von Teheran vorgebracht, und damals hätten weder Roosevelt noch Churchill irgendwelche Einwände erhoben. Churchill jedoch, der anderthalb Jahr zuvor dieser Forderung Stalins ohne Zögern zugestimmt hatte, versah jetzt in Potsdam das Verlangen der Russen mit einem juristischen Vorbehalt. Alle diese Fragen, so sagte er, seien in Wirklichkeit Angelegenheiten einer endgültigen Friedensregelung. Die britische Regierung werde den sowjetischen Wunsch, diesen deutschen Hafen in die Sowjetunion einzugliedern, unterstützen. Dann, mit fast beleidigendem Mißtrauen: »Wir haben die sowjetische Grenzlinie nicht auf einer Karte geprüft. Das kann auf der Friedenskonferenz geschehen.«

Am 24. Juli trug eine polnische Delegation den Außenministern der Siegermächte ihre Argumentation zugunsten der Westver-schiebung Polens bis an die Görlitzer Neiße vor. Sie enthielt falsche Zahlen und Unwahrheiten über die deutsche Bevölkerung. So hieß es unter anderem, daß jenseits von Oder und Neiße nur noch etwa eine bis anderthalb Millionen Deutsche lebten, die aber »bereit seien, in die Heimat zurückzukehren.« In Wirklichkeit lebten in dem von Polen beanspruchten Gebiet noch vier bis fünf Millionen Deutsche. Und sie wollten alles andere, als »in die Heimat zurückkehren«.

Die Wissenschaftliche Kommission der Bundesregierung zur Geschichte der Vertreibung bemerkt zur Argumentation der polni-schen Delegation: »In der auf der Potsdamer Konferenz von polni-scher Seite vorgebrachten Versicherung, ein großer Teil der Deut-schen werde die Gebiete jenseits der Oder und Neiße freiwillig verlassen, wenn diese dem polnischen Staat unterstellt würden, darf man mit gutem Grund den ungesagt gebliebenen Vorsatz der polnischen Regierung erkennen, alles irgend Mögliche zu tun, um schon während der polnischen Verwaltung und vor der Auswei-sung die Verminderung der ostdeutschen Bevölkerung in die Wege zu leiten und den Deutschen eine Behandlung widerfahren zu lassen, die ihren Willen, in der Heimat zu bleiben, sehr bald brechen würde . . . Sowohl die Verminderung der Zahl der Deut-schen als auch die Entfremdung ihrer Heimat ist in erschrecken-dem Umfang erreicht worden, noch ehe die Ausweisungen selbst begannen. Dabei tut es nur wenig zur Sache, ob dieses Ergebnis stets mit bewußtem Vorsatz oder ohne unmittelbare Absicht, in erster Linie aus Rache und Vergeltungsmotiven, aus dem Streben nach Bereicherung oder aus anderen Gründen geschah. Fest steht in jedem Falle, daß schon das Vorgehen der Roten Armee, das die panische Massenflucht der deutschen Ostbevölkerung bewirkte, eine Austreibung mit anderen Mitteln war. Und daß erst recht die zahllosen Übergriffe, Erniedrigungen und Gewalttaten, die die ostdeutsche Bevölkerung unter der Herrschaft von Russen und Polen über sich ergehen lassen mußte, der schließlichen Austrei-bung in jeder Weise vorgearbeitet haben. Dies gilt insofern, als während dieser Zeit zahllose Deutsche zugrunde gingen, die

Mehrzahl der Überlebenden auf eine Stufe bloßen Vegetierens herabgedrückt wurde, die innere Entfremdung von der Heimat durch Verlust des Eigentums, Entzug des Rechtsschutzes und der Existenzmöglichkeiten bei der großen Mehrheit der ostdeutschen Bevölkerung schon erreicht war, ehe mit der Ausweisung der letzte Schritt getan wurde.«

Auf der 9. Vollsitzung der Konferenz von Potsdam erst, am 25. Juli, wurde, nachdem viele Tage lang über Grenzen und Reparationen verhandelt worden war, endlich auch über die Menschen gesprochen.

Winston Churchill brachte vor, daß die Frage der Umsiedlungen auf der Potsdamer Konferenz behandelt werden müsse. Eine große Zahl von Deutschen sei aus der Tschechoslowakei auszusiedeln. Man müsse erwägen, wohin sie gehen sollten. Soweit er wisse, seien zweieinhalb Millionen dieser Deutschen im Sudetenland. Der britische Premier fragte Stalin, ob sie alle in die russische Zone abgeschoben würden.

Stalin sagte: »Ja.«

Churchill: »Die Briten wollen sie nicht haben.«

Stalin: »Ich sage ja gar nicht, daß die Briten sie übernehmen sollen.«

Churchill: »Sie bringen ihre hungrigen Mägen mit. Soweit ich weiß, hat die Emigration noch nicht in großem Umfang begonnen.«

Stalin, voller Zynismus: »Soweit ich weiß, geben die Tschechen ihnen zwei Stunden Zeit und werfen sie dann hinaus.« Dann widersprach der russische Diktator sich selbst. Wenige Tage zuvor hatte er gesagt, daß die Polen allein ihre Ernte einbrächten. Jetzt sagte er, daß die Polen anderthalb Millionen Deutsche zurückgehalten hätten, damit sie bei der Ernte hülfen. Sobald die Ernte vorüber sei, würden die Polen sie abschieben.

Churchill: »Ich bin nicht der Meinung, daß sie das tun sollten.«

Stalin: »Die Polen fragen nicht erst, sondern handeln nach eigenem Gutdünken.«

Churchill wiederholte, was er bei früheren Gesprächen zu diesem Punkt gesagt hatte: Das von den Polen verwaltete Gebiet sei ein

Teil der russischen Zone. Die Polen vertrieben die Deutschen also aus Deutschland.

Stalin entgegnete: Man müsse die Lage berücksichtigen, in der sich die Polen befänden. Sie nähmen Rache an den Deutschen wegen des Unrechts, das diese ihnen im Laufe von Jahrhunderten zugefügt hätten.

Churchill: »Die Polen vollziehen ihre Rache in der Form, daß sie die Deutschen in die amerikanische und die britische Zone treiben, damit sie dort ernährt werden.«

US-Präsident Truman fügte hinzu, auch er sei der Meinung, daß dies nicht getan werden dürfe.

Churchill schlug vor, noch einmal die Frage der polnischen Westgrenze zu erörtern. Stalin antwortete mit offenem Hohn: »Ich bin auf diese zufällig angeschnittene Frage zwar nicht vorbereitet, aber zu einem Meinungsaustausch darüber bereit.«

Churchill: »Diese Frage ist der Prüfstein für den Erfolg der Konferenz.« Der Brite machte deutlich, wie ernst es ihm war: Wenn zum Beispiel, so sagte er, die Konferenz in zehn Tagen beendet werde und keine Übereinstimmung bezüglich des gegenwärtigen Standes der Dinge in Polen erzielt worden sei, die Polen praktisch als fünfte Besatzungsmacht zugelassen worden seien und keine Regelung für eine gleichmäßige Verteilung der Lebensmittel unter die gesamte Bevölkerung Deutschlands getroffen worden sei, so werde das zweifellos den Zusammenbruch der Konferenz kennzeichnen.

Es war Winston Churchills letzte gewichtige Äußerung auf der Potsdamer Konferenz zur Frage der polnischen Westgrenzen und zum Schicksal der Deutschen jenseits von Oder und Neiße. Am Abend dieses Tages, des 25. Juli, reiste Winston Churchill zusammen mit seinem Außenminister Anthony Eden nach England zurück. Dort hatten die Briten ein neues Unterhaus gewählt. Die Ergebnisse der Wahlen wurden am 26. Juli bekanntgegeben: Winston Churchills Konservative Partei schrumpfte von 361 auf 189 Sitze. Der Mann, der das Land durch den fürchterlichsten aller Kriege geführt hatte, war nun ohne Macht.

Seinen Platz am Konferenztisch von Potsdam nahm der Führer der siegreichen Labour Party, Clement Attlee, Großbritanniens neuer Premierminister, ein, Außenminister Eden wurde von Ernest Bevin abgelöst.

In seinen Memoiren hat Churchill geschrieben, wie er taktiert haben würde, wäre er an den Konferenztisch von Potsdam zurückgekehrt: »Bis zum 25. Juli hatte ich ganz einfach die Differenzen, die weder von uns am runden Tisch noch von unseren Außenministern in den täglichen Sitzungen bereinigt werden konnten, anstehen lassen. Infolgedessen hatte sich in den Schubladen ein beträchtlicher Haufen von Akten angesammelt, über die kein Einvernehmen zu erzielen gewesen war. Es war jedoch meine Absicht, nach dem – wie man allgemein erwartete – für mich günstigen Wahlausgang diesen Stapel unerledigter Dinge hart auf hart mit der Sowjetregierung durchzufechten. Beispielsweise hatten weder ich noch Eden die westliche Neiße als Grenze akzeptiert. Als Kompensation für Polens Rückzug auf die Curzon-Linie hätten wir die Verschiebung der polnischen Westgrenze bis zur Oder und östlichen Neiße anerkannt; doch nie hatte oder hätte eine Regierung, deren Chef ich war, sich damit einverstanden erklärt, die Grenze bis zur westlichen Neiße sich erstrecken zu lassen, nur weil die russischen Armeen das Gebiet dazwischen und darüber hinaus besetzt hatten. Das war nicht nur eine Frage des Prinzips, sondern vielmehr eine praktische Angelegenheit von enormer Tragweite, da es dabei um die Entwurzelung von weiteren drei Millionen Menschen ging. Es gab noch viele andere Punkte, bezüglich derer der Sowjetregierung Halt geboten werden mußte – nicht weniger auch den Polen, die, eifrig damit beschäftigt, sich aus Deutschland gewaltige Stücke herauszuschneiden, offensichtlich gehorsame Marionetten Moskaus geworden waren.«

Churchills Nachfolger Clement Attlee und sein Außenminister Ernest Bevin fuhren mit dem festen Vorsatz nach Berlin, die Positionen zu verteidigen, die Churchill abgesteckt hatte. Unmittelbar nach ihrer Ankunft in der Reichshauptstadt am 28. Juli begaben sich die beiden zu Präsident Truman, um sich von ihm darüber informieren zu lassen, wie weit die Beratungen gekommen waren. Truman legte den beiden Briten eine Karte von

Mitteleuropa vor, auf der die neuen Grenzen eingezeichnet waren, die Stalin für Rußland und die Provisorische Polnische Regierung für Polen verlangten. Außenminister Bevin äußerte spontan, daß er gegen diese Grenzziehung Widerstand leisten werde. Am 29. Juli, einem Sonntag, war Josef Stalin erkältet. Seine Ärzte, so ließ er mitteilen, gestatteten ihm nicht, das Haus zu verlassen. Stalins Außenminister Wjatscheslaw Molotow suchte an diesem Tage den amerikanischen Präsidenten auf. Ihr Gespräch befaßte sich mit den von Deutschland zu leistenden Reparationen und wieder mit der polnischen Westgrenze. Außenminister Byrnes, den Truman zu dieser Besprechung gebeten hatte, legte dem Russen einen Vorschlag über die polnische Westgrenze vor. Molotow sagte, der amerikanische Plan würde das Gebiet zwischen der östlichen und der westlichen Neiße nicht unter polnische Verwaltung bringen. Die Polen drängten jedoch mit allem Nachdruck darauf, dieses Gebiet zu erhalten.

Byrnes erwiderte: Da für die endgültige Festlegung der Grenze die Friedenskonferenz entscheidend sei, folge aus dem amerikanischen Vorschlag nicht, daß Polen das Gebiet zwischen der östlichen und der westlichen Neiße nicht bekomme, aber darüber könne eben nur die Friedenskonferenz beschließen.

Der russische Außenminister wiederholte bei dieser Gelegenheit die Lügen seines Herrn: »Alle Deutschen sind aus diesem Gebiet bereits geflüchtet.«

Am Abend dieses Tages hatte Josef Stalin in seinem Quartier Besuch: Der polnische Staatspräsident Bierut war gekommen, um über den Verlauf der polnischen Westgrenze zu reden. Stalin fragte Bierut, ob die Polen nicht vielleicht doch bereit seien, gewissen Zugeständnissen zuzustimmen und nicht auf der westlichen Neiße zu beharren. Der Pole antwortete, daß Polen möglicherweise tatsächlich zu Zugeständnissen bereit sei. Es könnte sich einverstanden erklären, den Grenzverlauf auf die Linie festzulegen, die von der Queiß, einem Nebenfluß der Oder, gezogen wird. Die Queiß fließt etwa 50 Kilometer östlich der Görlitzer Neiße von Süden nach Norden. Das bedeutete: Das schlesische Industriegebiet wollten die Polen auf keinen Fall herausgeben. Aber sie waren immerhin bereit, die Städte Sagan und Lauban und ungefähr tausend Quadratkilometer deutsches Land, in dem sie ihre Herrschaft schon errichtet hatten, den Deutschen zu lassen.

Doch nicht einmal dieses minimale Zugeständnis mußte Stalin den Westmächten offerieren. Denn nach der Unterredung mit Molotow verfestigte sich in der amerikanischen Delegation die Sorge, daß die Potsdamer Konferenz durch den anhaltenden Streit über die polnische Westgrenze um unabsehbare Zeit verlängert werden könnte, ohne daß dadurch die Tatsachen geändert würden, die Stalin und die Polen bereits geschaffen hatten. Die Amerikaner fürchteten sogar, daß an der Auseinandersetzung über die Oder-Neiße-Grenze diese ganze Konferenz scheitern könnte, in die sie mit so viel Optimismus gegangen waren.

So arbeitete die amerikanische Delegation in der Nacht von Sonntag auf Montag einen Vorschlag über die polnische Westgrenze aus, der den Wünschen der Russen und der Polen entsprach. Am Morgen des 30. Juli traf Außenminister Byrnes seinen sowjetischen Kollegen Molotow und übergab ihm ein Papier, in dem es heißt: »Die drei Regierungschefs kommen überein, daß bis zur endgültigen Festlegung der Westgrenze Polens die früheren deutschen Territorien ostwärts einer, von der Ostsee durch Swinemünde und von dort längs der Oder bis zu Einmündung der westlichen Neiße und längs der westlichen Neiße bis zur tschechoslowakischen Grenze verlaufenden Linie einschließlich des Teiles von Ostpreußen, der entsprechend dem auf der Konferenz erzielten Einverständnis nicht unter die Verwaltung der Union der Sozialistischen Sowjetrepubliken gestellt wurde, und einschließlich des Gebietes der früheren Freien Stadt Danzig unter die Verwaltung des polnischen Staates kommen und für diese Zwecke nicht als Teil der sowjetischen Besatzungszone anzusehen sind.«

Molotow bedankte sich bei Byrnes für das »amerikanische Entgegenkommen«.

Auf der 11. Vollsitzung der Konferenz, zu der sich am 31. Juli Präsident Truman, Premierminister Attlee, Generalissimus Stalin und ihre Außenminister versammelten, wehrten sich die Briten, die doch drei Tage zuvor noch willens gewesen waren, die westliche Neiße auf keinen Fall als polnische Westgrenze zu akzeptieren, nur noch schwach. Außenminister Bevin sagte, nach den ihm erteilten Weisungen soll er sich für die östliche Neiße als polnischen Grenzverlauf einsetzen. Er würde deshalb gerne wissen, was dieser neue Vorschlag der Amerikaner bedeute. Bevin: »Soll diese ganze Zone in die Hände der polnischen Regierung übergehen? Und werden die sowjetischen Truppen von dort vollständig abgezogen? So wie es in den anderen Zonen erfolgt ist, wo die Truppen der einen Seite abrückten und die andere Seite die Zone übernahm? . . . In dem von den USA vorgelegten Dokument wird gesagt, daß sich diese Zone unter der Verwaltung der polnischen Regierung befinden und nicht einen Teil der sowjetischen Zone bilden wird. So, wie sich Herr Byrnes ausgedrückt hat, wird sich diese Zone unter polnischer Verantwortlichkeit befinden. Ich verstehe es jedoch so, daß diese Zone – obgleich wir sie unter die Verwaltung der polnischen Administration gestellt haben – unter der militärischen Kontrolle der Alliierten verbleibt.« Dann wollte Bevin von Josef Stalin wissen, ob auch die Briten ohne die Billigung der Russen und der Amerikaner Gebietsteile ihrer Besatzungszone in Deutschland weggeben könnten.

Stalin antwortete, im Falle Polens könne man es tun, da man es mit einem Staat ohne eine Westgrenze zu tun habe. Es handle sich um die einzige derartige Situation in der ganzen Welt.

Außenminister Byrnes rechtfertigte seinen Vorschlag: Gebietsabtretungen müßten zwar der Friedenskonferenz überlassen bleiben. Aber die Situation sei jetzt so, daß die Polen mit Einverständnis der Sowjetunion einen beträchtlichen Teil dieses Gebietes verwalteten. Deshalb wollten die drei Mächte der vorläufigen Verwaltung durch Polen zustimmen, damit es deswegen keinen weiteren Streit mehr gebe.

Bevin: »Mir werden nach meiner Rückkehr verschiedene Fragen gestellt werden, und aus diesem Grunde wollte ich wissen, was in dieser von Polen besetzten Zone vor sich geht. Werden die Polen diese ganze Zone übernehmen und rücken die sowjetischen Truppen ab?«

Stalin: »Die sowjetischen Truppen wären abgerückt, wenn dieses

Gebiet nicht als Verbindungslinie für die Rote Armee diente, auf der die Versorgung der Einheiten der Roten Armee erfolgt. Was die Zone anbetrifft, die gemäß dem eingebrachten Vorschlag zu Polen kommt, so verwaltet Polen diese Zone praktisch jetzt und hat dort seine Behörden. Es gibt dort keine russische Verwaltung.«

Großbritanniens Außenminister Bevin lenkte an dieser Stelle über zu einem Gespräch über die Einrichtung einer Luftlinie von London nach Warschau. Stalin versprach, den Briten behilflich zu sein.

Dann fragte Präsident Harry S. Truman: »Haben wir die polnische Frage abgeschlossen?«

Stalin fragte: »Ist die englische Delegation einverstanden?«

Bevin antwortete: »Ja. Wir müssen den Franzosen eine Mitteilung über die Veränderung der polnischen Grenze machen.«

Stalin sagte: »Bitte, tun Sie das.«

Das Schicksal des deutschen Landes im Osten war besiegelt. Stalin hatte den Widerstand endgültig gebrochen. Die Neulinge aus dem Westen waren dem Titanen des Ostens nicht gewachsen.

Am Mittwoch, dem 1. August 1945, traten die Großen Drei im Cäcilienhof von Potsdam abends um 22.40 Uhr zu ihrer 13. und letzten Sitzung zusammen. Sie besprachen das Protokoll der Verhandlungen von Potsdam. Es wurde absatzweise verlesen, diskutiert und an vielen Stellen geändert. Unter der Ziffer »IX. Polen« verabschiedeten sie ihren Beschluß über die Westgrenze des polnischen Verwaltungsgebietes. Es entsprach vollständig den sowjetischen und polnischen Forderungen. Es war der Text – von unbedeutenden Änderungen abgesehen –, den die Amerikaner in der Nacht vom 29. bis 30. Juli ausgearbeitet hatten.

Das Protokoll wurde unterzeichnet. Präsident Truman sagte zum Abschluß, er hoffe, daß die nächste gemeinsame Konferenz in Washington stattfinden werde.

Wie der Präsident in seinen Erinnerungen berichtete, hörte er in diesem Augenblick jemanden sagen: »So Gott will.« Es war Josef Stalin. Dann löste sich die Versammlung auf.

Josef Stalin kehrte nach Moskau zurück, mit der Gewißheit, nach dem Triumph über die Deutschen noch einen Sieg über seine Verbündeten am Verhandlungstisch errungen zu haben. Die westlichen Politiker aber erkannten binnen kurzem die Notwendigkeit, immer wieder klarzumachen, daß das Treffen von Potsdam eben nicht die Friedenskonferenz gewesen war, die verbindlich über Deutschland und die neuen Grenzen in Europa entscheiden konnte, daß dort nicht endgültige Regelungen getroffen worden waren.

Noch in der Woche nach seiner Rückkehr nach Washington wandte sich US-Präsident Harry S. Truman über den Rundfunk an das amerikanische Volk. Er sagte: »Die polnische Regierung stimmt uns darin zu, daß die endgültige Bestimmung der Grenzen nicht in Berlin erreicht werden kann, sondern erst in einem Friedensvertrag. Immerhin wurde ein beachtlicher Teil der russischen Besatzungszone Deutschlands auf der Konferenz von Berlin bis zur endgültigen Entscheidung des Friedensabkommens Polen zur Verwaltung übergeben. Fast jedes internationale Abkommen trägt einen Kompromißcharakter. Das Abkommen bezüglich Polens macht keine Ausnahme. Keine Nation kann erwarten, alles zu bekommen, was sie will. Es ist eine Frage des Gebens und Nehmens – der Bereitschaft, dem Nachbarn auf halbem Wege entgegenzukommen.« Amerikas Präsident verteidigte seine Zustimmung zu Stalins Vorschlägen mit den Unwahrheiten, die ihm Russen und Polen in Potsdam aufgetischt hatten: »Das neue Gebiet der Polen im Westen wurde früher von Deutschen bevölkert. Die meisten von ihnen haben das Gebiet aber schon angesichts der herannahenden sowjetischen Invasionsarmee verlassen. Wir wurden informiert, daß nur anderthalb Millionen zurückgeblieben sind.«

Trumans Außenminister James F. Byrnes schrieb in seinen Erinnerungen: »Während der Diskussion über die polnischen Ansprüche und die Frage der Anerkennung der polnischen Verwaltung dieses Gebietes wiederholte Präsident Truman immer wieder, daß vor der Friedenskonferenz keine territoriale Veränderung vorgenommen werden soll. Insbesondere machten wir keine Versprechung, daß wir auf der Friedenskonferenz eine bestimmte Linie als polnische Westgrenze befürworten würden. Um Polen und der Sowjetunion keine Möglichkeit für die Behauptung zu geben, die Grenze sei festgelegt, oder es sei ein Versprechen gegeben worden, eine bestimmte Grenze zu befürworten, stellt das Berliner Protokoll ausdrücklich fest: »Die drei Regierungschefs bestätigen erneut ihre Ansicht, daß eine endgültige Festlegung der polnischen Westgrenze bis zur Friedensregelung aufgeschoben werden soll.« »Angesichts dieser Vorgänge«, schrieb Außenminister Byrnes, »ist es schwer, jemandem guten Willen zuzugestehen, der behauptet, die polnische Westgrenze sei auf der Konferenz festgelegt oder ein Versprechen über die Art der künftigen Grenzziehung sei gegeben worden.«

Großbritanniens Außenminister Bevin erklärte knapp drei Monate nach dem Ende der Konferenz von Potsdam: »Die britische Regierung ist in keiner Weise verpflichtet, die bestehende provisorische Regelung auf der Friedenskonferenz zu stützen. Die Politik, die die polnischen Behörden in den Gebieten einschlagen, die jetzt unter ihrer Verwaltung stehen, wird sicherlich die Haltung beeinflussen, die von der Regierung Seiner Majestät bei einer möglichen Diskussion über die endgültige Regelung in diesen Gebieten eingenommen wird.« Ein Jahr später hatte sich die Haltung der Regierung in London noch weiter versteift. Bevin erklärte vor dem Unterhaus: »Was die polnische Grenze angeht, so will ich nicht verhehlen, daß wir in Potsdam erst nach langem Zögern mit den umfassenden Veränderungen einverstanden waren, auf denen unsere russischen Verbündeten bestanden. Unsere Einwilligung in die vorläufigen Regelungen war eine Reaktion auf verschiedene Zusicherungen der Provisorischen Polnischen Regierung, daß sie sobald wie möglich freie und unbehinderte Wahlen veranstalten wolle. Wir sehen keinen Grund, warum wir schließlich die Abtretung dieses großen Gebietes an Polen ratifizieren sollten, wenn wir nicht gewiß sind, daß diese Zusicherungen tatsächlich voll verwirklicht worden sind. Wir möchten auch unbedingt wissen, ob die Polen imstande sind, das Gebiet zu entwickeln, damit die wirtschaftlichen Möglichkeiten angemessen genutzt werden, so daß hier nicht eine Ödnis entsteht in einem Gebiet, aus dem die

Deutschen ausgeschlossen worden sind, das aber von den Polen nicht bevölkert werden kann.«

Polen und Russen setzten der Eindringlichkeit, mit der die Briten und Amerikaner die Vorläufigkeit der Grenzregelung im Osten unterstrichen, mit gewaltigem politischem und propagandistischem Aufwand ihre Auffassung der Endgültigkeit des neugeschaffenen Zustandes in Ost-Mitteleuropa entgegen. Die Polen gründeten eigens ein »Ministerium für die wiedergewonnenen Gebiete« und behaupteten, alles Land, daß sie den Deutschen genommen hatten, sei von altersher polnischer Boden gewesen. Rußlands Außenminister Molotow sagte im Herbst 1946: »Der historische Beschluß der Berliner Konferenz über die Westgrenze Polens kann von niemandem erschüttert werden, und die Tatsachen selbst besagen, daß es jetzt schon einfach unmöglich ist, dergleichen zu tun.« Generalissimus Stalin antwortete einem amerikanischen Journalisten im Oktober 1946 auf die Frage: »Betrachtet Rußland die Westgrenze Polens als endgültig?« ohne Zögern und Einschränkungen: »Jawohl, das tun wir.«

Ein halbes Jahr später, im Mai 1947, attackierte die sowjetische Regierungszeitung »Istwestija« Großbritanniens Außenminister: »Bevin versuchte, das bekanntlich sinnlose Argument vorzubringen, daß die Frage von Polens Westgrenze nicht geregelt sei und daß es sich dabei um eine Form von ›Entschädigung‹ und nicht um die Rückkehr alten polnischen Landes handele. Auch hier haben wir es mit dem offensichtlichen Versuch zu tun, das Potsdamer Abkommen zu revidieren und gewisse Zusagen zu umgehen, die sich aus dem Abkommen herleiten. Die Frage von Polens Westgrenze ist ein für allemal geregelt worden und nicht mehr Gegenstand einer Revision.«

Die Haltung der Westmächte zur Westgrenze Polens hat die Jahrzehnte überdauert. Sie halten nach wie vor daran fest, daß die Linie an Oder und Neiße nur vorläufig festgelegt ist und in einem Friedensvertrag mit Deutschland entweder gebilligt oder revidiert werden kann.

Wohlgemerkt: mit Deutschland. Darauf kommt es an. Das

Deutschland, mit dem die Sieger des Zweiten Weltkrieges einen Friedensvertrag aushandeln könnten, müßte das wiedervereinigte Deutschland sein, mit einer gesamtdeutschen Regierung.

Die Bundesregierung unter der Führung von Bundeskanzler Willy Brandt hat die Oder-Neiße-Linie anerkannt. Am 7. Dezember 1970 unterzeichnete Kanzler Brandt in Warschau einen Vertrag mit Polen, in dessen erstem Artikel es heißt: »Die Bundesrepublik Deutschland und die Volksrepublik Polen stellen übereinstimmend fest, daß die bestehende Grenzlinie, deren Verlauf im Kapitel IX der Beschlüsse der Potsdamer Konferenz vom 2. August 1945 von der Ostsee unmittelbar westlich von Swinemünde und von dort die Oder entlang bis zur Einmündung der Lausitzer (oder Görlitzer) Neiße und die Lausitzer Neiße entlang bis zur Grenze mit der Tschechoslowakei festgelegt worden ist, die westliche Staatsgrenze der Volksrepublik Polen bildet.«

In Noten an die Vereinigten Staaten, Großbritannien und Frankreich hat die Bundesregierung allerdings erklärt, daß sie nicht im Namen Deutschlands, sondern nur im Namen der Bundesrepublik handele. Walter Scheel, damals Bundesaußenminister, sagte im November 1970 in einem Interview: »Die Bundesregierung kann nur die Bundesrepublik Deutschland verpflichten, ihrem Handeln sind rechtliche Grenzen gesetzt. Es gibt keinen Friedensvertrag, und solange es keinen Friedensvertrag gibt, können die Rechte der vier Mächte (USA, Großbritannien, Frankreich und Sowjetunion) durch zweiseitige Verträge nicht berührt werden.« Die Bundesregierung hat zum Warschauer Vertrag, in dem sie die Oder-Neiße-Grenze anerkannte, ein Kommuniqué herausgegeben, in dem es heißt: »Ein wiedervereinigtes Deutschland kann also durch den Vertrag nicht gebunden werden. Wir messen der formellen Aufrechterhaltung des Friedensvertragsvorbehaltes in jedem Fall eine wesentliche, auf die Wahrung der Belange Gesamtdeutschlands gerichtete Bedeutung bei.«

Der Erste Senat des Bundesverfassungsgerichts urteilte im Juli 1975, die von der Bundesregierung geschlossenen Ostverträge mit Warschau und Moskau bedeuteten nicht, »daß die Gebiete östlich von Oder und Neiße aus der rechtlichen Zugehörigkeit zu

Deutschland entlassen und der Souveränität, also sowohl der territorialen wie der personalen Hoheitsgewalt, der Sowjetunion und Polens endgültig unterstellt worden sei.«

Also: Nach Ansicht der Westmächte und des Bundesverfassungsgerichts gehört das deutsche Land östlich von Oder und Neiße immer noch zu Deutschland.

*

Die Führer der Westmächte waren sich bereits in Potsdam darüber im klaren, daß die Ausweitung des polnisch verwalteten Gebietes auch eine beträchtliche Erhöhung der Zahl von ausgewiesenen Deutschen bedeuteten. Zudem hatten, gleichermaßen wie die Polen, auch die Tschechoslowaken schon vor dem Beginn der Potsdamer Konferenz mit der Austreibung der Deutschen begonnen. Die meisten dieser Deutschen waren zunächst in die sowjetische Besatzungszone gejagt worden – aber viele von ihnen waren weitergezogen in die amerikanische und die britische Zone.

Hunger und Elend begleiteten sie. Niemand wußte, wie sie ernährt werden konnten. Die Not aber mußte ins Ungeheure wachsen, wenn Polen und Tschechen und auch die Ungarn noch eine beträchtliche größere Zahl von Deutschen vertreiben würden. Die Westmächte mißtrauten den Zahlen, die ihnen von Russen und Polen genannt worden waren. Sie rechneten mit drei bis fünf Millionen, die von Haus und Hof verjagt und nach Westdeutschland getrieben werden würden. Hätten sie gewußt, welch ungeheurer Strom von Menschen sich tatsächlich in den folgenden Jahren aus dem Osten in den Westen ergoß, hätten sie möglicherweise ihre Zustimmung zur Aussiedlung überhaupt verweigert. Wahrscheinlich hätten sie in der Frage der polnischen Westgrenze eine härtere Haltung eingenommen als sie es taten.

Die amerikanischen und englischen Diplomaten machten den Versuch, die mit Peitschen und Pistolen erzwungene Wanderung eines Volkes zu steuern, das vollständige Chaos zu verhindern, das zur Zeit der Potsdamer Konferenz schon drohte. US-Außenminister James F. Byrnes stellte am 25. Juli 1945 in einer Sitzung der

Außenminister in Potsdam die Frage, wie die Aussiedlung kontrolliert und in vernünftige Bahnen gelenkt werden könnte. Byrnes, Großbritanniens Außenminister Anthony Eden und Rußlands Außenminister Wjatscheslaw Molotow beauftragten einen Unterausschuß der Konferenz damit, einen Vorschlag zu erarbeiten, der dann von den Großen Drei gebilligt werden sollte. Dieser Unterausschuß hatte drei Mitglieder: einen Amerikaner, einen Engländer, einen Russen. Das britische Mitglied berichtete über die Verhandlungen in diesem Unterausschuß: »Wir gerieten in eine große Auseinandersetzung, die dann in der Plenarsitzung behandelt werden mußte, über die Aufnahme der letzten dreieinhalb Zeilen in den Vorschlag. Der russische Vertreter war der Ansicht, daß der Wunsch der Polen und der Tschechoslowaken, ihre deutschen Bevölkerungen auszuweisen, einer historischen Mission entspreche, welche die sowjetische Regierung keineswegs zu verhindern suche. Die sowjetische Regierung sehe es als eine Aufgabe des Alliierten Kontrollrats in Deutschland an, die Aufnahme der ausgesiedelten Bevölkerung möglichst rasch zu erleichtern. Mein amerikanischer Kollege und ich wandten uns nachdrücklich gegen diesen Standpunkt. Wir erklärten, daß wir für den Gedanken an Massenausweisungen ohnehin nichts übrig hätten. Da wir sie aber nicht verhindern könnten, möchten wir dafür sorgen, daß sie in einer möglichst geordneten und humanen Weise durchgeführt würden, aber auch auf eine Art, die den Besatzungsmächten in Deutschland keine untragbare Belastung auferlegt.«

»Die Auseinandersetzung in der Plenarsitzung«, die der Brite in seinem Bericht zitierte, fand am 31. Juli während der 11. Vollsitzung der Konferenz mit Josef Stalin, Präsident Truman und dem neuen britischen Premierminister Attlee statt.

Die dreieinhalb Zeilen in dem Papier, um die es ging, hießen:

». . . werden ersucht, inzwischen weitere Ausweisungen der deutschen Bevölkerung einzustellen, bis die betroffenen Regierungen die Berichte ihrer Vertreter an den Kontrollausschuß geprüft haben.«

Den Westmächten lag daran, Zeit zu gewinnen, Vorbereitungen für die Aufnahme der Vertriebenen zu treffen, Elend zu verhindern, Menschenleben zu retten. Doch die Russen wollten ihnen keine Pause gönnen. Molotow meldete sich zu Wort und sagte, das Schriftstück könne von den Regierungen Polens, der Tschechoslowakei und Ungarns mißverstanden werden. Stalin fügte hinzu: »Beamte der Regierungen Polens, der Tschechoslowakei und Ungarns haben eine Haltung eingenommen, die bewirkt hat, daß die Deutschen gehen wollen.«

Dann wurde der Generalissimus noch deutlicher, und diesmal sagte er die reine Wahrheit: »Es sind Zustände geschaffen worden, die für die Deutschen ein Verbleiben unmöglich machen.« »Natürlich«, so sagte Stalin weiter, »würden die Regierungen Polens, der Tschechoslowakei und Ungarns diesem Schriftstück formell zustimmen, doch würde es ein Schuß ins Leere sein.«

Außenminister Byrnes wiederholte den amerikanischen Standpunkt: Wenn die Regierungen Polens, der Tschechoslowakei und Ungarns keine Deutschen vertreiben und sie nicht zum Weggehen zwingen würden, habe das Schriftstück selbstverständlich keine Bedeutung. Anderenfalls aber müsse von diesen Regierungen verlangt werden, daß sie sich an der ordnungsgemäßen Abwicklung dieser Angelegenheit beteiligen. Der Abzug der Deutschen schaffe unerträgliche zusätzliche Belastungen.

Josef Stalin erwiderte, die Polen und die Tschechen würden der Potsdamer Konferenz erklären, ihre Regierungen hätten keine Anweisungen gegeben, die Deutschen zu vertreiben. Die Deutschen seien geflohen. Wenn Amerikaner und Engländer jedoch auf der Aufnahme des in Frage stehenden Satzes bestehen würden, wäre er damit einverstanden.

Stalin konnte sich großzügig geben. Er wußte, daß die Westmächte gar keine Möglichkeit haben würden, gegen Polen und Tschechen durchzusetzen, was da geschrieben stand.

So verabschiedeten die Großen Drei den Beschluß über die Umsiedlung der Deutschen. Im Artikel XIII des sogenannten Abkommens von Potsdam heißt es unter der Überschrift: »Ordnungsmäßige Überführung deutscher Bevölkerungsteile« im einzelnen: »Die Konferenz erzielte folgendes Abkommen über die Ausweisung Deutscher aus Polen, der Tschechoslowakei und Ungarn: Die drei Regierungen haben die Frage unter allen

Gesichtspunkten beraten und erkennen an, daß die Überführung der deutschen Bevölkerung oder Bestandteile derselben, die in Polen, der Tschechoslowakei und Ungarn zurückgeblieben sind, nach Deutschland durchgeführt werden muß.

Sie stimmen darin überein, daß jede derartige Überführung, die stattfinden wird, in ordnungsgemäßer und humaner Weise erfolgen soll. Da der Zustrom einer großen Zahl Deutscher nach Deutschland die Lasten vergrößern würde, die bereits auf den Besatzungsbehörden ruhen, halten sie es für wünschenswert, daß der Alliierte Kontrollrat in Deutschland zunächst das Problem unter besonderer Berücksichtigung der Frage einer gerechten Verteilung dieser Deutschen auf die einzelnen Besatzungszonen prüfen soll.

Sie beauftragten demgemäß ihre jeweiligen Vertreter beim Kontrollrat, ihren Regierungen so bald wie möglich über den Umfang zu berichten, in dem derartige Personen schon aus Polen, der Tschechoslowakei und Ungarn nach Deutschland gekommen sind, und eine Schätzung über Zeitpunkt und Ausmaß vorzulegen, zu dem die weiteren Überführungen durchgeführt werden könnten, wobei die gegenwärtige Lage in Deutschland zu berücksichtigen ist. Die tschechoslowakische Regierung, die Polnische Provisorische Regierung und der Alliierte Kontrollrat in Ungarn werden gleichzeitig von obigem in Kenntnis gesetzt und ersucht, inzwischen weitere Ausweisungen der deutschen Bevölkerung einzustellen, bis die betroffenen Regierungen die Berichte ihrer Vertreter an den Kontrollausschuß geprüft haben.«

Da stand es nun schwarz auf weiß auf einem Papier, das die Unterschriften der drei mächtigsten Männer der Welt trug:

1. Die Aussiedlung der Deutschen sollte in humaner Weise erfolgen.
2. Sie sollte geordnet ablaufen.
3. Bei den Ausweisungen sollte die Lage in Deutschland berücksichtigt werden.
4. Zunächst sollten Polen, Tschechen und Ungarn weitere Ausweisungen einstellen.

Diese Kernpunkte der Vereinbarung über die Aussiedlung der

Deutschen muß man vor Augen haben, um zu ermessen, was nun geschah: Sie wurden nicht eingehalten, nicht ein einziger von ihnen. In der Zeit nach der Potsdamer Konferenz besserte sich das Los der Deutschen im Osten keineswegs. Die Umstände, unter denen sie ihre Heimat verlassen mußten, blieben so schlimm, wie sie vor der Potsdamer Konferenz gewesen waren. Gewalt und Haß regierten weiter. Tausende starben, die nicht hätten sterben müssen. Machtlos standen die Westmächte vor dem Mechanismus von Not und Elend, der von Polen und Tschechen im Herbst und Winter 1945 ausgelöst wurde. Der einzige, der das Unheil hätte verhindern können, war Josef Stalin. Aber er wollte es nicht. Großbritanniens Premierminister Clement Attlee erinnerte sich an Stalins Absichten, so, wie sie ihm auf der Potsdamer Konferenz erkennbar geworden waren: Er wollte die übrigen Deutschen in einen Zustand völliger Schwäche versetzen. Seinetwegen konnten sie alle verhungern. Er wollte ihnen alles wegnehmen . . . Nach Potsdam konnte man nicht mehr viel Hoffnung hegen. Es war ganz offensichtlich, daß die Russen Schwierigkeiten machen würden. Dank der Art der Kriegsführung waren ihnen Positionen überlassen worden, die weit, viel zu weit, nach Europa hineinreichten.

Am 16. August 1945, 14 Tage nach dem Abschluß der Konferenz von Potsdam, trat Winston Churchill, jetzt Oppositionsführer, vor das britische Unterhaus. Tief besorgt über die neue Lage in Europa und die Zukunft seiner Menschen sagte er: »Die Polen zugestandene provisorische Westgrenze, die von Stettin an der Ostsee längs der Oder und ihrem Nebenfluß, der westlichen Neiße, verläuft und ein Viertel des Ackerlandes von ganz Deutschland umschließt, ist kein gutes Vorzeichen für die künftige Karte Europas. Wir wünschten stets, Polen möge im Westen reichlich für das Gebiet entschädigt werden, das es östlich der Curzon-Linie an Rußland abtrat. Hier aber, glaube ich, wurde ein Fehler begangen, an dem die Polnische Provisorische Regierung stark beteiligt ist, indem sie weit über das hinausging, was die Notwendigkeit und die Billigkeit erfordert. Es gibt nur wenige Tugenden, welche die Polen nicht besitzen – und es gibt nur wenige Irrtümer, die sie jemals vermieden haben.«

Dann wandte sich Winston Churchill den Menschen im deutschen Osten zu: »Besonders beschäftigen mich in diesem Augenblick die Berichte, die uns über die Bedingungen zukommen, unter denen die Vertreibung und der Auszug der Deutschen aus dem neuen Polen durchgeführt werden. Vor dem Krieg lebten acht bis neun Millionen Menschen in diesen Gebieten. Die polnische Regierung sagt, von diesen befänden sich noch 1,5 Millionen, die bisher nicht vertrieben wurden, innerhalb der Grenzen. Andere Millionen müssen hinter den britischen und amerikanischen Linien Zuflucht genommen haben, wodurch sie die Lebensmittelknappheit in unserer Zone erhöhen. Über eine riesige Anzahl fehlt jede Nachricht. Wohin haben sie sich gewandt, was war ihr Schicksal? Die gleichen Zustände können sich in veränderter Form bei der Ausweisung einer großen Anzahl Sudetendeutscher und anderer Deutscher aus der Tschechoslowakei wiederholen. Spärliche und vorsichtige Berichte über die Dinge, die vor sich gingen und gehen, sind durchgesickert; es ist aber nicht ausgeschlossen, daß eine Tragödie ungeheuren Ausmaßes sich hinter dem Eisernen Vorhang, der Europa gegenwärtig entzweischneidet, abspielt.« Es war wahrhaftig eine Tragödie ungeheueren Ausmaßes.

XIX.

Östlich von Oder und Neisse III

Die große Plünderung

Die Lok schob den Zug aus Güterwagen auf ein Nebengleis des Bahnhofs der Stadt Neiße in Oberschlesien und dampfte davon. Am Bahndamm standen uniformierte Männer Posten, über den Schultern trugen sie Gewehre und Maschinenpistolen, in den Händen Gummiknüppel. Sie warteten. Aus den verschmutzten Waggons auf dem Gleis drang das Gewirr von Stimmen nach draußen, manchmal ein Stöhnen. Dann formten sich die Stimmen zum lauten Chor: »Hunger! Hunger!« Und dann: »Brot, gebt uns Brot!« Die Uniformierten zogen die Riegel zurück, mit denen die Waggons verschlossen waren. Die Schiebetüren öffneten sich. Hinter den Türen Menschen, dicht an dicht gepreßt. Sie schlossen die Augen vor der plötzlichen Helligkeit, und dann kletterten, fielen, stürzten sie aus den Waggons. Mit unbeholfenen Schritten stakten sie den Bahndamm herunter, Frauen, Kinder und Männer mit bleichen Gesichtern, liefen zu den Feldern, die in der Nähe der Gleise lagen, knieten nieder und scharrten mit den Händen in der Erde. Sie suchten nach Rüben und Kartoffeln. Mancher biß schon in dem Augenblick, in dem er sie gefunden hatte, in die rohe Frucht. Die Uniformierten waren den Frauen und Kindern auf die Felder gefolgt. Und manchmal schlugen sie, ohne ersichtlichen Grund, mit Gummiknüppeln auf die Menschen ein.

Es war der 29. September 1945. Die Menschen aus dem Zug, die auf den Feldern nach Früchten suchten, waren Deutsche, die aus der Stadt Leobschütz in Oberschlesien verjagt worden waren, ihre uniformierten Wächter waren Angehörige der polnischen Miliz. In

Leobschütz hatten die Polen die Deutschen, die zur Vertreibung bestimmt waren, aussortiert. Frauen ohne Kinder, junge Mädchen und arbeitsfähige Männer mußten zurückbleiben, um Zwangsarbeit zu leisten, Frauen mit kleinen Kindern, alte Menschen und arbeitsunfähige Männer waren in den Güterzug getrieben worden. Der Zug auf Leobschütz war einer von vielen hundert Transporten, mit denen Deutsche im Spätsommer, Herbst und Winter 1945 aus dem deutschen Osten nach Westen geschafft wurden: 400 000 Menschen allein in jenen Monaten.

Der Artikel XIII des sogenannten Potsdamer Abkommens hatte den Polen – wie auch den anderen Staaten, die die deutsche Bevölkerung davonjagen wollten – auferlegt, die sogenannten Umsiedlungen in »ordnungsgemäßer und humaner Weise« durchzuführen. Die Bedingungen, unter denen die Austreibungen der Deutschen aus ihrer Heimat vor sich gingen, aber zeigten, daß die polnische Regierung und die polnischen Behörden diesem Abschnitt des Potsdamer Abkommens entweder keinerlei Bedeutung beimaßen, oder aber, daß die Polen unter »ordnungsgemäß und human« etwas völlig anderes verstanden als die Westmächte, auf deren Wunsch der Artikel XIII in das Potsdamer Abkommen aufgenommen worden war.

Denn all die schrecklichen Umstände, die schon die Austreibung der Deutschen vor der Potsdamer Konferenz gekennzeichnet hatten, begleiteten auch die meisten der späteren Aussiedlungen: Hunger, Plünderung, Prügel und sinnloser Tod.

Die Deutschen von Leobschütz hatten keine Nahrungsmittel mitnehmen können auf ihre »Reise«, und die polnischen Bewacher hatten sie nicht versorgt. Der Transport stand vier Tage lang auf dem Gleis des Bahnhofs von Neiße. In dieser Zeit begrub der Franziskanerpater Ludwig Bogdanski sieben Menschen des Transports, die einfach verhungert waren. Auf der Weiterfahrt lebten die Menschen in den Waggons von den Kartoffeln und Rüben, die sie bei den Aufenthalten des Zuges aus dem Boden naheliegender Felder klauben konnten. Am Ende der insgesamt 15 Tage dauernden Fahrt aus Oberschlesien in die sowjetische Besatzungszone addierte Pater Bogdanski die Toten. Es waren insgesamt 88.

Überall im deutschen Osten hatte in den Wochen und Monaten nach der Potsdamer Konferenz die Vertreibung eingesetzt: In Schlesien wie in Westpreußen, in Pommern, in Brandenburg und Ostpreußen. Frau E. B. aus Simnau im ostpreußischen Kreis Mohrungen erlebte, wie Polen bei der Kontrolle des Gepäcks im Bahnhof, von dem der Vertriebenenzug abfuhr, ihrem kleinen Sohn das einzige Kinderbuch wegnahmen, das er noch hatte. Frau Lilly Sternberg aus Groß-Nappern im ostpreußischen Kreis Osterode nähte im Herbst 1945 Rucksäcke, backte Brot und röstete es – Vorbereitung für die lange Fahrt nach Westen, die bevorstand. In der Dunkelheit einer kalten, klaren Oktobernacht mußten die Deutschen des Kreises Osterode antreten. Die Polen verteilten Reisebescheinigungen. Die ausgetriebenen Frauen und Kinder marschierten viele Kilometer weit zum Bahnhof. Hinter sich und neben sich Polen mit Reitpeitschen. Plünderung am Bahnhof: Polen und Russen nahmen den Hilflosen Lebensmittel und Kleidung. Plünderung im Zug: Frau E. S., die zusammen mit ihrem Mann in diesem Vertriebenentransport mitfuhr, berichtete über Ereignisse bei einem Aufenthalt im Bahnhof von Dt. Eylau: »Polnische Männer gingen lärmend, schießend, schlagend und raubend durch die Waggons. Mein Mann hatte einen Schlaganfall und Krämpfe bekommen und lag bewußtlos am Boden. Trotz meiner Bitten riß man unter dem Kranken das letzte Kissen fort und zog ihm die Stiefel aus. Mir nahm man das letzte Gepäck. Später brachte mir einer der Polen ein Brot zurück, einen Blechteller und einen leeren Soldatentornister. Das war nun alles, was ich noch besaß.« Der Mann von Frau E. S. starb.

Frau Lilly Sternberg berichtete über die Toten dieses Transports: »Statt der angekündigten vier bis fünf Tage waren wir weit mehr als eine Woche lang unterwegs. Die Gestorbenen, meist Kinder und Alte, wurden neben die Schienen gelegt.«

Journalisten englischer und amerikanischer Blätter beobachteten in jenen Tagen im Spätsommer und Herbst 1945 die Ankunft der ausgeplünderten und nahezu verhungerten Vertriebenen in Berliner Auffanglagern. Die Londoner »Times« berichtete: »Hier im Robert-Koch-Krankenhaus sind mehr als sechzig deutsche Frauen und Kinder, die allesamt aus einem Danziger Kranken- und Waisenhaus geholt und in Viehwagen, ohne Stroh, ohne jede Nahrung oder Wasser, nach Deutschland transportiert wurden. Als der Zug Berlin erreichte, hieß es, daß von 83 Personen, die in zwei Waggons zusammengepfercht waren, zwanzig gestorben waren . . . Man darf sich sicherlich nicht damit beruhigen, daß die Deutschen sich dieses Elend selbst zuzuschreiben haben. Brutalität und Zynismus, gegen die der Krieg geführt wurde, sind in Europa immer noch am Werke, und wir werden Zeugen von menschlichem Leiden, das schon fast an das von den Nazis verursachte heranreicht.«

Ein Reporter der New Yorker Zeitung »Daily News« schrieb in seinem Blatt: »Eine Frau mit Narben von Peitschenhieben quer über dem Gesicht erzählte: Als die Gruppe, mit der sie in Schlesien zur Eisenbahn marschierte, durch die Stadt Sagan kam, standen polnische Zivilisten links und rechts der Straße, und die Flüchtlinge wurden systematisch beraubt und geschlagen, als sie vorübergingen.«

Ein Reporter der britischen »New Chronicle« schrieb: »Unter dem zerbombten Dach des Stettiner Bahnhofs von Berlin blickte ich in einen Viehwagen, der an dem Prellbock neben Bahnsteig 2 abgestellt worden war. Auf einer Seite lagen vier Gestalten tot unter Decken, in einer anderen Ecke vier weitere, alles Frauen im Sterben. Einer rief kaum hörbar nach Wasser. Zwei Sanitätshelferinnen taten alles, was sie konnten, um die kleinen Wünsche der Sterbenden zu erfüllen . . . Diese Leute im Viehwagen und Hunderte, die auf den Bündeln ihrer Habe auf dem Bahnsteig und in der Bahnhofshalle lagen, waren das tote oder sterbende oder verhundernde Strandgut, das die Flut menschlichen Elends, die täglich Berlin erreicht, zurückgelassen hatte . . . Das ist eine grobe Mißachtung der Potsdamer Vereinbarung, in der gefordert wird, daß die Umsiedlung von Menschen in ›geregelter und humaner Weise‹ vor sich gehen soll.«

Der britische Nobelpreisträger, Mathematiker und Philosoph, Bertrand Russell, wandte sich voll menschlicher Empörung in einem Leserbrief an die Londoner »Times«: »In Osteuropa werden jetzt von unseren Verbündeten Massendeportationen in einem unerhörten Ausmaß durchgeführt, und man hat ganz offensichtlich die Absicht, viele Millionen Deutscher auszulöschen, nicht durch Gas, sondern dadurch, daß man ihnen ihr Zuhause und ihre Nahrung nimmt und sie einem langen, schmerzhaften Hungertod ausliefert. Dies gilt nicht als Kriegsakt, sondern als Teil einer bewußten ›Friedens‹-Politik.«

Robert Murphy, damals politischer Berater der amerikanischen Militärregierung in Berlin, verfaßte im Oktober 1945 ein Memorandum für das US-Außenministerium in Washington, in dem er Not und Leiden der deutschen Vertriebenen darlegte: »Allein auf dem Lehrter Bahnhof in Berlin haben unsere Sanitätsdienststellen täglich im Durchschnitt zehn Menschen gezählt, die an Erschöpfung, Unterernährung und Krankheit gestorben sind. Sieht man das Elend und die Verzweiflung dieser Unglücklichen, spürt man den Gestank des Schmutzes, der sie umgibt, stellt sich sofort die Erinnerung an Dachau und Buchenwald ein. Hier ist Strafe im Übermaß – aber nicht für die Parteibonzen, sondern für Frauen und Kinder, die Armen, die Kranken . . . Unser Wissen, daß sie Opfer harter politischer Beschlüsse sind, die mit äußerster Rücksichtslosigkeit und Mißachtung der Menschlichkeit durchgeführt werden, mildert die Wirkung nicht. Die Erinnerung an andere Massendeportationen stellt sich ein, von denen die Welt entsetzt war und die den Nazis den Haß eintrugen, den sie verdienten. Diese Massendeportationen die von den Nazis inszeniert wurden, haben zu unserer moralischen Empörung beigetragen, in der wir den Krieg wagten und die unserer Sache Kraft verlieh.

Nun ist die Sache umgekehrt. Wir finden uns in der scheußlichen Lage, Partner in diesem deutschen Unternehmen zu sein und als Partner unweigerlich die Verantwortung mitzutragen. Die Vereinigten Staaten kontrollieren allerdings nicht unmittelbar die Ostgebiete Deutschlands, durch welche diese hilflosen und ausgeraubten Menschen ziehen, nachdem man sie aus ihrem Heim gewiesen hat. Die unmittelbare Verantwortung liegt bei der Polnischen Provisorischen Regierung und in geringerem Maß bei der tschechischen . . . In Potsdam kamen die drei Regierungen überein, daß die Umsiedlungen in geregelter und humaner Weise durchgeführt und daß Polen und die Tschechoslowakei aufgefordert werden sollten, vorübergehend die Ausweisung von Deutschen einzustellen. Trotz offizieller Beteuerung spricht doch alles dafür, daß man die beiden Punkte nicht beachtet hat – vor allem Polen nicht . . . Wenn die Vereinigten Staaten auch vielleicht keine Mittel haben, einen grausamen, unmenschlichen und immer noch fortgesetzten Prozeß aufzuhalten, so scheint es doch, daß unsere Regierung unsere in Potsdam klar dargelegte Einstellung unmißverständlich wiederholen könnte und müßte. Es wäre sehr bedauerlich, wenn es einmal heißen sollte, daß wir ein Teilhaber an Methoden gewesen seien, die wir bei anderen Gelegenheiten oft verdammt haben.«

Am 30. November 1945, vier Monate nach dem Abschluß des Potsdamer Abkommens, wies der amerikanische Außenminister James F. Byrnes den US-Botschafter in Warschau an, bei der polnischen Regierung vorstellig zu werden. Er schrieb: »Die US-Regierung ist ernstlich bestürzt über Berichte von fortgesetzten Massentransporten mit deutschen Flüchtlingen, die offenbar aus den Gebieten östlich der Oder-Neiße-Linie nach Deutschland gekommen sind. Diese Leute sind vermutlich in Eile aus ihren Wohnungen vertrieben und um all ihren Besitz gebracht worden, bis auf das, was sie tragen konnten. Berichte zeigen, daß diese Flüchtlinge, meistens Frauen, Kinder und alte Leute, in einem erschreckenden Zustand der Erschöpfung angekommen sind, daß manche an ansteckenden Krankheiten leiden, das vielen ihre letzte persönliche Habe genommen worden ist. Solches Massenelend und die schlechte Behandlung Schwacher und Hilfloser lassen sich mit dem Potsdamer Protokoll nicht vereinbaren.«

Auch das Londoner Außenministerium wurde tätig. Es beauftragte den britischen Botschafter in Warschau, wegen der Umstände der Vertreibung bei der polnischen Regierung vorzusprechen. Doch die Polen ließen sich nicht aufhalten.

Die Not, die im Herbst 1946 mit der Vertreibung von Hunderttausenden von Deutschen schon angerichtet worden war, wurde vielmehr noch schlimmer und vor allem tödlicher. Die Ausweisungen wurden fortgesetzt, obwohl der Winter über das Land gekommen war. Der protestantische Pfarrer Hans Paust aus dem pommerschen Bad Polzin stieg zusammen mit seiner Frau und Hunderten anderer Vertriebener am 15. Dezember 1945 auf dem pommerschen Bahnhof Schivelbein in einen Zug aus Viehwaggons. Die Menschen in den Waggons wurden von polnischen Milizionären bewacht – niemand sollte aus dem Zug springen und wieder nach Hause laufen können. Doch als die Lokomotive Fahrt aufgenommen hatte, entpuppten sich die Wachtposten als Räuber. Pfarrer Paust berichtete: »Polnische Banditen waren überall mit eingestiegen, blendeten uns mit Taschenlampen, durchsuchten uns und zogen uns aus. Der Begleitposten stand lachend dabei und hielt demjenigen, der gerade ausgeplündert wurde, die Maschinenpistole auf die Brust. Jedesmal, wenn der Zug hielt, stiegen Banditen aus, und andere stiegen an ihrer Stelle ein. Die ganze Strecke war in Plünderungsbezirke eingeteilt, und die Posten steckten mit den Raubkolonnen unter einer Decke.«

Frau E. H. aus dem pommerschen Kreis Kolberg, vertrieben im Winter 1945: »Eine junge Frau neben mir hatte am Tage noch ihr Kind auf dem Friedhof begraben. Nachts weinte die junge Frau, ihre Mutter tröstete sie . . . Unser Zug hielt auf freier Strecke, dunkle Gestalten sprangen auf, leuchteten uns mit Blendlaternen an und nahmen von unserem Gepäck, was ihnen gefiel. Wenn die Banditen raubten, war es totenstill im Zug, keiner wagte sich zu rühren. Niemand wagte, ein Wort zu sagen, da man in der Dunkelheit nicht wußte, ob der Nebenmann nicht ein Pole war.«

Monika Gräfin Rittberg aus dem pommerschen Kreis Neustettin: »Ich wurde ausgezogen, abgetastet und da die Banditen wohl gefühlt hatten, daß ich mir etwas auf den Körper gebunden hatte, schließlich bis aufs Hemd ausgezogen. Die Untersuchungen waren widerlich, die Abtastungen ohne irgendwelche Hemmungen so gründlich, daß ihnen nichts entging.« Frau Hella Kossol, die aus dem pommerschen Kreis Stolp vertrieben wurde, erinnerte sich, daß unter den Eisenbahnräubern selbst polnische Kinder waren: »Ein etwa zwölfjähriger Junge rief einer Dame in unserem Waggon, die schon nicht mehr viel anhatte, befehlend zu: ›Nun mal runter mit der Reizwäsche!‹«

Viele Deutsche, die sich weigerten, ihre letzte Habe, ihr letztes Stück Brot, ihr letztes Paar Schuhe herzugeben, mußten sterben. Pfarrer Hans Paust aus Bad Polzin berichtete der Wissenschaftlichen Kommission: »In unserem Zug sind etwa zwanzig Menschen erschossen worden, weil sie sich gegen die Ausplünderung gewehrt hatten.«

Zielbahnhof für die meisten der Deutschen, die aus Pommern vertrieben wurden, war der Ort Scheune bei Stettin. Dort hatten die Polen ein Sammellager eingerichtet. Der ausgeplünderte Pfarrer Hans Paust beschrieb, in welchem Zustand er am 15. Dezember 1944, neun Tage vor Weihnachten, im Bahnhof Scheune aus dem Zug der Verjagten stieg: »Es war 15 Grad unter Null. Um sechs Uhr morgens mußten wir die Waggons verlassen. Ich stand ohne Mantel, ohne Rock und ohne Weste, ohne Schuhe, auf Strümpfen, in Hose und Strickjacke auf dem Bahnsteig unter freiem Himmel. Meine Frau hatte ebenfalls weder Mantel noch Schuhe. Kurz nach uns wurde ein zweiter Transportzug entladen. Und alle Menschen, etwa 3000, waren wie wir mehr oder weniger leicht bekleidet. Nur ganz wenige waren noch vollständig angezogen. Manche waren verwundet oder zusammengeschlagen.«

Das Ehepaar Paust lief auf Strümpfen über den eisigen Erdboden, über scharfkantige Schottersteine zu dem Zug, der als nächster weiter nach Westen fahren sollte. Die Waggons dieses Zuges waren gefüllt mit 1400 Vertriebenen aus Ostpreußen. Der Transport war seit vierzehn Tagen unterwegs gewesen. Die Zuginsassen hatten für acht Tage Proviant mitnehmen dürfen. Viel davon war ihnen unterwegs gestohlen worden. Seit vielen Tagen hatten sie gehungert. Etwa zweihundert Menschen waren in den Waggons zugrundegegangen, an Hunger, Erschöpfung, Entkräftung. Pfarrer Paust: »In der Abenddämmerung lagen neben diesem Zug 28 Tote, die während dieses Tages gestorben waren. Sie blieben einfach liegen.« Pfarrer Paust stieg mit seiner Frau in einen der Waggons und packte dort das letzte Stück Brot aus, das ihnen geblieben war. Da begannen die Kinder in dem Waggon, die seit langem nichts mehr gegessen hatten, jämmerlich zu weinen. Sie streckten die Hände nach dem Stückchen Brot aus. Pfarrer Paust: »Ich habe ihnen das ganze Brot ausgeteilt.«

Monika Gräfin Rittberg erinnerte sich an den Anblick des Bahnhofs und des Lagers von Scheune: »Wohin man ging, lagen tote Menschen, um die sich niemand kümmerte: Auf dem Bahnhof eine ältere Frau mit ausgebreiteten Armen, ihr Gepäck um sich herum verstreut, in der Bahnhofshalle ein Mann hinter die Tür geschoben, in dem Aufenthaltsraum für Flüchtlinge ein alter Mann an die Seite gelegt. Schaurig war es in einer kleinen Rot-Kreuz-Station, die nur tagsüber arbeitete, und abends die Kranken und Hilflosen auf die Straße brachte, wenn die Angehörigen sie nicht rechtzeitig abholten. Da wurden sie auf Tragen einfach ins Schneegestöber gestellt. Daß auch deutsche Schwestern so völlig das Gefühl verloren hatten, berührte mich schmerzlich, aber sie standen unter dem Zwang der Polen . . . Wir mußten lange auf den Zug nach Westen warten. In den geheizten Warteraum des Bahnhofs durften die Deutschen nicht hinein. Mit lauten Stimmen verkündeten Polen immer wieder, ›die deutschen Schweine könnten draußen frieren.‹«

Frau Maria Popp aus Labenz im pommerschen Kreis Dramberg, ausgetrieben am 15. Dezember 1945: »Ich glaube, heute schaudert es noch jeden, der dabei war, wenn er den Namen Scheune hört. Durch Hunger, Kälte und die großen Aufregungen während der Fahrt waren wir alle in einem furchtbaren Zustand. Um die Krüppel und die Sterbenden kümmerte sich niemand. Viele wurden auf einer Bahre in einen Raum getragen. Dort erfroren sie dann allmählich.«

*

Berichte über die Schrecken auf den Fahrten der Ausgetriebenen nach Westen, den Hunger, die Plünderungen, die Enge, die Seuchen verbreiteten sich rasch auch unter den Deutschen, die noch im Osten zurückgeblieben waren. Sie vertieften noch das Gefühl äußerster Hilf- und Rechtlosigkeit, des Ausgeliefertseins an Will-

kür und Haß. Doch größer als die Furcht vor dem Transport nach
Westen war die Sorge, noch längere Zeit in dem Gebiet zurückbleiben zu müssen, in dem die Polen ihre Herrschaft errichtet hatten.
Die Umstände, unter denen die Deutschen leben mußten, verschlechterten sich stetig, so daß in ihnen der sehnliche Wunsch
aufkam, endlich gehen zu dürfen, auch wenn es sie die Heimat
kostete.

Frau Anna Bodschwinna wurde vom Einmarsch der Russen im
ostpreußischen Kreis Mohrungen überrascht. Frau Bodschwinna
war Mutter von zwei Töchtern, bei ihr war ihre eigene Mutter. Drei
Wochen nach der Eroberung Ostpreußens durch die Rote Armee
zogen Polen in das Dorf ein. Sie warfen die Deutschen aus den
Wohnungen heraus. Die Familie Bodschwinna mußte in einen
Stall ziehen: »In diesem Stall war es unerträglich kalt, zumal wir
nicht genügend Betten besaßen, um uns wenigstens notdürftig
gegen die Kälte schützen zu können.« Die Russen trieben alles
Vieh aus dem Dorf davon, sie schlachteten alle Gänse und Hühner
und nahmen sie mit. Nicht einmal eine Taube blieb übrig. Der
Hunger zog in das Dorf ein. Frau Bodschwinna: »Am schlimmsten
waren die Mütter von Säuglingen und Kleinkindern dran, die für
ihre Kinder keinen Tropfen Milch bekommen konnten. Noch
heute steht mir das Bild eines etwa halbjährigen Kindchens vor
Augen, das völlig abgemagert war und mit langen, dünnen Finger-
chen, großen, hervorquellenden Augen und verschorftem Kopf
einen schrecklichen Anblick bot. Viele, viele Säuglinge und Kleinkinder sowie alte Leute sind damals gestorben.«

Der Sommer 1945 kam, die russischen Truppen waren abgezogen,
die deutschen Zivilisten jetzt der Gewalt und der Gier von Polen
ausgesetzt. Polnische Männer brachen in die armseligen Behausungen ein, die den Deutschen geblieben waren: »Uns wurden die
Betten gestohlen, während wir darunter schliefen.« An einem
August-Abend erschien ein junger Pole vor dem Haus, in dem
Frau Bodschwinna und ihre Familie inzwischen wohnten. Er verlangte von der Frau, sie solle »fünf Minuten mit ihm fortgehen«.
Sie weigerte sich und wehrte sich gegen den Versuch des Mannes,
sie mit sich zu schleifen. Er schlug sie mit Fäusten, sie stürzte. Frau

Bodschwinnas Mutter wollte ihrer Tochter zuhilfe kommen, der Pole schlug mit aller Kraft auf die alte Frau ein. Frau Bodschwinna hob ihre jüngste Tochter hoch und setzte sie durch ein Fenster in den Garten und befahl ihr, sich zu verstecken. Dann lief sie davon. Der Pole holte sie ein: »Er schlug voller Wut mit den Fäusten auf mich ein und trat nach mir, bis ich die Besinnung verlor. Als ich wieder zu mir kam, war es dunkle Nacht. Es war totenstill im Dorf, nur von Ferne hörte ich meine kleine Tochter leise und verzweifelt vor sich hinwimmern, und ab und zu ›Mutti!‹ rufen. Ich raffte mich auf. Ich fand meine Mutter, sie lag noch immer auf dem Boden. Sie war fürchterlich zugerichtet. Das Gesicht war so verquollen, daß es kaum wiederzuerkennen war. Ein Auge war überhaupt nicht zu sehen, das andere stand weit heraus, so daß sie einen angsterregenden Anblick bot. Viele Nächte lag sie in wilden Fieberphantasien.«

Niemand bestrafte ihn, er hatte seine Gewalttat an Rechtlosen verübt.

Im Spätsommer 1945 trieben die Polen, die inzwischen alle Bauernhöfe des Dorfes besetzt hatten, die Deutschen zur Erntearbeit. Die Frauen mähten Getreide, banden es zu Garben, setzten es auf und fuhren es schließlich auf Wagen ein, die sie selbst ziehen mußten: Pferde oder Ochsen gab es nicht mehr. Sie droschen das Korn mit Dreschflegeln, sie holten Kartoffeln aus der Erde, viele Arbeit, schwere Arbeit für Menschen, die seit Monaten hungerten. Alles, was sie ernteten, mußten die Deutschen bei den Polen abliefern – ohne Anspruch auf auch nur einen kleinen Teil. Frau Bodschwinna: »Wenn wir von den Polen etwas zu essen bekamen, so war dies ausschließlich ihr guter Wille.«

In dieser Lage erschien die Ausweisung aus der Heimat den Deutschen im Osten nicht als Verschärfung einer Strafe, die sie schuldlos zu erdulden hatten, sondern als Erlösung. Die Wissenschaftliche Kommission der Bundesregierung zur Geschichte der Vertreibung schreibt: »Der Akt der zwangsweisen Ausweisung wurde oft von den Betroffenen gar nicht mehr als jener gewalttätige Eingriff empfunden, der er doch war, weil schwerere und leidvollere Gewaltmaßnahmen vorhergegangen waren. Die Einschüchterung und Niederdrückung der deutschen Bevölkerung war so gründlich erreicht worden, daß die Ausweisung für sie bisweilen eine ganz andere Funktion erhielt: Sie schien wenigstens im Augenblick die Möglichkeit zu bieten, ein Stück der verlorenen Heimat wiederzusehen, weil sie unter Deutsche nach Deutschland führte und in Lebensverhältnisse, die niemals schlechter sein konnten als das bisher Erlittene. Für das Verständnis des gesamten Prozesses der Vertreibung ist es unerläßlich, diese Zusammenhänge in aller Deutlichkeit zu sehen und nicht etwa die Vertreibung der ostdeutschen Bevölkerung lediglich vom Verlauf der Ausweisungsaktionen her zu betrachten und zu beurteilen.«

Frau Anna Bodschwinnas Hoffnung, der Unterdrückung zu entrinnen, flammte im Anfang November 1945 nach mehr als einem Jahr tiefer Not jäh auf. »Wir hörten, daß am 11. November 1945 ein Transport von Deutschen nach Westdeutschland zusammengestellt werden sollte. Wir packten das Wenige, was wir noch besaßen, zusammen. Endlich war das Ende unserer Elendszeit abzusehen. Aber wir hatten uns geirrt.«

Frau Bodschwinna und ihre Familie wurden noch einmal das Opfer von Willkür. »Der polnische Bürgermeister ließ uns nicht fahren. So blieben wir verzweifelt zurück. Ich wußte nicht, wie ich meine Familie durch den Winter bringen sollte. Wir besaßen nichts, weder zum Essen noch zum Anziehen. Als wir in der hoffnungslosesten Stimmung nach Hause zurückkamen, hatten Polen uns die letzten Betten sowie unseren Tisch und unseren Stuhl weggenommen. Unsere Betten bekamen wir auf unsere Bitten hin leihweise zurück. Endlich, am 1. Dezember 1945, ging der zweite Transport aus der Stadt Mohrungen ab, mit dem wir mitfahren durften.«

Die Fahrt in den Westen erschien der Familie Bodschwinna als eine Fortsetzung des Unrechts und der Grausamkeit, die sie schon lange erduldet hatten. Vom Dorf bis zum Bahnhof Mohrungen mußten die Ausgetriebenen zu Fuß marschieren, mehr als zwölf Kilometer weit. Hinter der Kolonne – wie überall bei der Vertreibung aus dem deutschen Osten – Polen mit Peitschen und Schußwaffen. »Die alten und kranken Leute«, berichtete Frau Bodschwinna, »sowie die schwachen, unterernährten Kinder hatten die größte Mühe mitzukommen, und viele waren schon unterwegs dem Zusammenbrechen nahe.«

In der Kreisstadt Mohrungen mußten sich die Deutschen vor einem Gebäude aufstellen, in dem die polnische Kommandantur residierte. Die Frauen und Kinder, die Kranken standen dort viele Stunden lang, ein Häuflein erbarmungswürdiger Menschen in abgerissenen Kleidern, ein paar armselige Gepäckstücke in den Händen. Polnische Zivilisten kamen, um das Schauspiel zu betrachten. Sie fotografierten die Deutschen, die ihre Heimat verlassen mußten, und spotteten über sie. Frau Bodschwinna: »Ich konnte den Gesprächen der Polen entnehmen, wie sie sich über unser Unglück freuten.«

Als es dunkelte, wurden die Deutschen zu einer Baracke geführt. Dort setzten sich die Menschen auf den nackten Fußboden. Es hatte gefroren, es war sehr kalt in der Nacht. Am nächsten Morgen mußten die Deutschen sich wieder zur Kommandantur schleppen: zur Ausplünderung. »Alles, was den Polen gefiel«, berichtete Frau Bodschwinna, »nahmen sie uns weg. Wenn ihnen ein Kleidungsstück gefiel, das einer von uns auf dem Leibe trug, mußte man es hergeben. Ich mußte einen gestrickten Unterrock ausziehen, in den ich all unsere Dokumente eingenäht hatte. Als ich den Polen bat, er möge mir wenigstens meine für ihn wertlosen Papiere zurückgeben, antwortete er mit einem höhnischen Gelächter. Das Brot, das wir uns für die Reise aufgespart hatten, wurde uns zum größten Teil schon vor dem Antritt der Fahrt gestohlen.« Die Männer, die den Verjagten ihre Habe nahmen, waren nicht Räuber, sie waren Repräsentanten, Beamte und Beauftragte des polnischen Staates – Hoheitsträger.

Am Abend wurden die Deutschen zum Bahnhof gebracht. Dort stand ein langer Zug von Güterwagen. Viele der Waggons waren beschädigt. Seitenbretter waren herausgerissen, Stücke des Bodens fehlten, und manche Wagen hatten nur noch Teile ihres Dachs. Frau Bodschwinna, ihre Mutter und ihre Kinder kletterten in einen der Waggons. Er füllte sich immer mehr. Schließlich waren in ihm nahezu hundert Menschen zusammengepfercht. Der

Zug fuhr los. Niemand kümmerte sich um die Kranken, nicht um die Schwachen, nicht um die Sterbenden und auch nicht um die Gesunden. Frau Bodschwinna schrieb: »Wir hatten schon nach wenigen Tagen nichts mehr zu essen. Ab und zu erhielten wir auf unsere Bitten hin von einem polnischen Lokomotivführer etwas warmes Wasser – das war oft alles, was wir zu uns nahmen. Die Nächte waren in der entsetzlichen Engigkeit des Wagens schrecklich. Man konnte weder stehen noch sitzen, geschweige denn liegen. Man wurde gedrückt und gestoßen, ja es gab sogar Schlägereien und Zänkereien zwischen den halbverhungerten, überreizten Menschenwracks. Am meisten hatten die Schwerkranken zu leiden. Der Typhus herrschte im ganzen Zug. Die hygienischen Zustände in den Waggons kann man sich wohl unschwer vorstellen. Einige Leute hatten Nachtgeschirre mitgebracht, die durch die Klappe des Wagens nach draußen entleert werden mußten. Die Außenwände des Zuges waren verschmiert und überfroren. Neben mir«, so erzählte Frau Anna Bodschwinna, »lag eine schwerkranke Frau. Sie hatte Nacht für Nacht Fieberphantasien. Sie war nur wenig bekleidet und muß sehr gefroren haben. Zu essen hatte sie schon lange nichts mehr, und es gab ihr auch keiner etwas. In den Nächten wurde die Ärmste in die äußerste Ecke des Wagens gedrückt. Sie konnte sich nicht wehren. Für sie war der Tod eine Erlösung von schrecklichen Qualen. Wegen der großen Enge in unserem Wagen waren die Toten oft in den schrecklichsten Stellungen der Glieder und des Körpers erstarrt und halb zerdrückt, so daß man sie nur mit Grauen ansehen konnte. Aber allmählich stumpften wir auch gegen diesen Anblick ab, und bald gehörten die Leichen am Morgen zu den gewohnten täglichen Bildern. Die Toten mußten wir einfach an der Strecke liegenlassen.«

Der Zug aus Mohrungen in Westpreußen brauchte drei Wochen bis zum Flüchtlingslager Blankenburg/Harz in der sowjetischen Besatzungszone. Dort mußten die Vertriebenen wieder in Baracken schlafen, und sie erhielten auch nur wenig zu essen. Doch schon die Barackenpritsche und die dünne Mehlsuppe erschienen den Vertriebenen als eine revolutionäre Änderung ihrer Lebensverhältnisse zum Guten. Soweit waren sie zuvor heruntergebracht worden.

Frau Bodschwinna: »Wir fühlten uns in der ersten Zeit wie im Himmel. Es war schon eine unbeschreibliche Wohltat für uns, in den Nächten ruhig und ungestört schlafen zu können und jeden Tag unser Essen zu bekommen, wenn es auch noch so schlecht war.«

Heinrich Christ und seine Frau wurden am 24. Januar 1946 im oberschlesischen Kreis Neiße vom Ausweisungsbefehl getroffen: »Raus! In zehn Minuten raus!« Auf der Straße wurden die Deutschen in Marsch gesetzt zu einem etwa 15 Kilometer entfernten Bahnhof. Es war eisig kalt. »Wer nicht mitkam«, berichtete Heinrich Christ, »wurde von den nebenher reitenden Polen barbarisch geschlagen. ›Wenn du nicht läufst, schieße ich‹, rief ein Pole meiner Frau zu. Abends ging es in den Zug. Der Zug war riesenlang, mehr als 60 Wagen mit über 4000 Menschen. In meinem Wagen waren 68 Menschen und drei Kinderwagen. Liegen konnte nur ein kleiner Teil von uns; durch die Risse im Dach lief das Wasser auf uns herab. Dann blieb der Zug drei Wochen lang auf freier Strecke stehen. Das waren drei Wochen, die man einem Hunde nicht wünschen kann. Die wenige Reisekost war bald aufgebraucht. Wir gingen in die Dörfer betteln. Aus Ziegeln bauten wir auf dem Felde Öfen, darauf kochten wir uns die paar Kartoffeln, die wir uns erbetteln konnten. Hunger und Kälte, Tag um Tag, Nacht um Nacht, wochenlang, Hände und Füße vom Frost dick geschwollen und erfroren. Jeden Morgen gab es Tote – erfroren, verhungert. Als nachts ein Schneesturm tobte, jagten uns die Polen aus dem Wagen heraus. Dann durchsuchten sie die Waggons und nahmen mit, was ihnen gefiel.«

Die amerikanische Journalistin und Augenzeugin Anne O'Haare McCornick berichtete in jenen Tagen in der »New York Times«, der bedeutendsten und angesehensten Zeitung der Vereinigten Staaten, über die Leiden der Vertriebenen auf den Wintertransporten: »In Potsdam war man übereingekommen, daß die erzwungene Auswanderung in ›humaner und geregelter Weise‹ durchgeführt werden sollte. Aber wie jedermann weiß, wer den schrecklichen Anblick in den Aufnahmestellen in Berlin und München erlebt hat, vollzieht sich der Exodus unter alptraumhaften Zuständen, ohne internationale Beaufsichtigung oder auch nur vorgespiegelte humane Behandlung. Wir sind mitverantwortlich für Greuel, die nur mit den Grausamkeiten der Nazis zu vergleichen sind.«

*

In diesem Winter 1945/46, als schon ungezählte Deutsche während der Vertreibung an Kälte und Hunger zugrundegegangen waren, machten sich die Briten, in deren Besatzungszonen viele der Ausgewiesenen in jammervollem Zustand angelangt waren, an den Versuch, das Los der Davongejagten während der langen Reise nach Westen zu erleichtern. Sie rangen den Polen ein Abkommen ab, in dem die Bestimmung der Potsdamer Vereinbarung noch einmal unterstrichen wurde, »daß die Aussiedlung und Überführung der Deutschen in humaner und ordentlicher Weise durchgeführt werden muß.« Die Vereinbarung zwischen Briten und Polen legte Fahrtrouten für die Transporte fest und bestimmte zugleich, wieviele Deutsche in einer Woche oder einem Monat ausgewiesen werden durften. Die Polen verpflichteten sich, die Deutschen mit Verpflegung zu versorgen, sie ärztlich zu betreuen und die Transporte zu bewachen, um sie vor Plünderungen zu beschützen. Einig waren sich die Briten und Polen allerdings auch darüber, daß die Vertriebenen nicht mehr Gepäck mitnehmen durften, als sie »in den Händen tragen konnten«.

Über die Wirksamkeit dieser Vereinbarung zwischen Polen und Briten urteilt die Wissenschaftliche Kommission der Bundesregierung jedoch: »Der eigentliche Zweck des britisch-polnischen Abkommens, eine ›ordentliche und humane‹ Durchführung der Ausweisung zu garantieren, ist auch bei den Massenausweisungen während des Jahres 1946 keineswegs erreicht worden. Allein schon für Verpflegung und ärztliche Betreuung war nur in den seltensten Fällen einigermaßen gesorgt. Schwerer fiel ins Gewicht, daß die polnischen Milizkommandos die Ausweisung der Deutschen aus ihren Wohnungen unnötig beschleunigten und in der Regel mit äußerster Strenge, ja oft geradezu in brutalen Formen durchführten. Oft standen den aus ihren Häusern Vertriebenen keinerlei Transportmittel zur Verfügung, so daß sie sich mit ihrem schweren Gepäck in kilometerlangen Märschen nach den Sammellagern schleppen mußten. Dort fehlte es meist an den primitivsten Voraussetzungen dafür, Tausende von Menschen unterzubringen, zumal es mitunter Wochen dauerte, bis die Transporte zusammengestellt waren.«

Zwölf Tage nach der Vereinbarung zwischen Briten und Polen stürmten polnische Milizianten in ein Haus in Groß Wittenberg im pommerschen Kreis Deutsch Krone. Dort trafen sie den Pastor Erwin Seehaber und seine Kinder. Des Pastors Frau war nicht zu Haus. Die Polen befahlen dem geistlichen Herrn, das Haus innerhalb von zehn Minuten zu verlassen. Der Pastor zog seine Kinder an und wollte dann die Koffer packen. Die Polen rissen ihm alles, was ihnen von Wert erschien, aus den Händen. Nur Lebensmittel durfte der Pastor mitnehmen. Die Polen eskortierten ihn und die Kinder zu einem großen Gebäude in der Stadt. Dort traf er auch seine Frau. Pastor Seehaber: »Im Laufe des Tages und der Nacht wurden circa 400 Personen, auch aus den umliegenden Dörfern, zusammengetrieben. Alle berichteten, daß sie innerhalb von zehn Minuten ihre Wohnungen räumen mußten und nur wenige Dinge mitnehmen durften. Viele hatten einen Anmarschweg bis zu zehn Kilometern. Da hoher Schnee lag, kamen sie nur mühsam vorwärts. Viele Frauen mußten ihr Gepäck noch fortwerfen, weil sie ihre kleinen Kinder tragen mußten, die vor Ermüdung in dem hohen Schnee liegen zu bleiben drohten. Denn unbarmherzig wurden sie von der Miliz vorwärtsgetrieben, die in Schlitten fuhr. Die meisten von ihnen kamen völlig erschöpft im Lager an.« Im Lager herrschte bedrückende Enge: Vierzig Menschen in dreißig Quadratmeter großen Räumen. Die Deutschen hockten sich auf den Fußboden und warteten auf Verpflegung und auf den Abtransport. Aber der Zug, mit dem sie weggefahren werden sollten, kam nicht. Und sie erhielten zunächst auch nichts zu essen und zu trinken. In Gruppen durften sie schließlich auf den Hof des Gebäudes gehen. Dort nahmen sie vom Schnee, der den Boden bedeckte, und stillten mit ihm ihren Durst. Mit Schnee rieben sie sich die verschmutzten Gesichter ab. Zwei Tage später erbarmten sich die Polen der Hungernden: Eine warme Suppe, etwas Kaffee und zwei trockene Schnitten Brot für jeden. So brachten die gefangenen Deutschen sechs Tage zu. Dann teilten die Polen Reiseverpflegung aus – für je vier Personen ein Brot und einen Eßlöffel Trockenmilch – und befahlen den Männern, den Frauen und den Kindern, zum Bahnhof zu marschieren. Der Zug fuhr nach Stettin. Dort trieben die Polen die Deutschen wieder in ein Lager. Dort sollten sie auf den Zug warten, der sie weiter nach Westen bringen würde. Pastor Seehaber erinnerte sich: »Das Lager bestand aus einigen Häuserblocks, die mit Stacheldrahtzäunen umgeben waren. Das Lager war für die Masse Menschen aber viel zu klein, da schon vor uns ein Transport angekommen war. So wurden die Menschen einfach in die Häuser getrieben, bis niemand mehr hineinging und dann ein Posten davor aufgestellt.«

Es folgte eine Nacht voller Schrecken. Der Pastor: »Kinder schrien vor Hunger und Kälte, Frauen weinten und brachen vor Erschöpfung zusammen. In dem Raum, in den wir gedrängt worden waren, bekam eine Mutter von fünf Kindern einen Anfall von Verfolgungswahnsinn. Es war furchtbar.« Am nächsten Morgen wurden die Deutschen zu einer sogenannten Zollstation geführt, die von den Polen eingerichtet worden war. Hier wurde den Vertriebenen genommen, was sie noch besaßen. Die Mütter mußten ihre Kinder aus den Kinderwagen heben, die sie bis ins Lager gerettet hatten. Die Wagen mußten sie stehen lassen. Pastor Seehaber schrieb über den Anblick, der sich ihm an diesem Tage bot: »Die Zollstation glich einem Warenhaus, es lag alles da; Mäntel, Kleider, Schuhe, Speck, Wurst, Kinderwagen, Pelze, Koffer, Betten.« So türmte sich an der letzten Station der Deutschen in ihrer verlorenen Heimat ihre letzte Habe zu Bergen von Beute.

Etwa vier Wochen war die britisch-polnische Vereinbarung in Kraft, da berichtete ein Reporter der britischen Zeitung »Manchester Guardian«, was er in Lübeck gesehen und erfahren habe: »Die britischen und polnischen Behörden waren übereingekommen, daß die Polen den Ausgewiesenen Rationen für eine Reise von ein bis zwei Tagen mitgeben sollten. Aber es wird kaum jemals etwas verteilt. Im ersten Transport erhielt jede Person ein halbes Brot. Im zweiten wurde ein Dreipfundsbrot unter acht Leute verteilt, dazu ein Pfund Zucker unter sechzig Personen. Im dritten Zug gab es keine Nahrungsmittel, nur heißes Wasser und Tee. Die Rationen sollen nur für die Reise von Stettin nach Lübeck reichen, die 22 Stunden dauert. Doch bis zum Sammelpunkt in Stettin sind die Flüchtlinge oft sieben Tage unterwegs, so daß sie schließlich zehn Tage lang keine ordentliche Mahlzeit erhalten. Sie kommen erschöpft oder krank in den Durchgangslagern an. Im ersten Transport waren 350 Menschen krank, von denen 250 in ein Lübecker Krankenhaus geschafft werden müssen. In den späteren Transporten war die Zahl der Kranken noch größer . . . Im allgemeinen ist die körperliche Verfassung dieser Vertriebenen schlechter als die der früheren Vertriebenen aus der russischen Zone, und manche tragen noch die Spuren von Mißhandlung. Die britischen Sanitätsoffiziere haben festgestellt, daß die meisten Frauen vergewaltigt worden sind, darunter ein Kind von zehn Jahren, eins von sechzehn Jahren. Die meisten Leute sind über fünfzig Jahre alt, manche in den achtzigern. Es sind Kranke und Krüppel darunter, obwohl Briten und Polen verabredet hatten, daß keine Kranken geschickt werden sollen. Es kommen auffallend wenige junge Leute, die meisten werden offenbar in Polen zur Zwangsarbeit zurückgehalten.«

Der Fotograf Josef Buhl aus Klodebach im oberschlesischen Kreis Grottkau wurde zusammen mit seinen deutschen Landsleuten am 23. Mai 1946, ein Jahr nach dem Ende des Krieges und drei Monate nach der Vereinbarung zwischen Briten und Polen über die »geordnete und menschliche« Ausweisung, vertrieben. Die Polen ließen den Deutschen drei Stunden Zeit. Josef Buhl über seine Gefühle in jenem Augenblick: »Wir verließen unsere Heimat, die längst keine Heimat mehr war. Sie gehörte uns nicht mehr, da wir überhaupt nichts mehr besaßen, und sie konnte uns nichts mehr bieten. Wir hatten nichts mehr zu verlieren, und deshalb wurde uns der Abschied nicht schwer.« Josef Buhl hegte jedoch eine

Befürchtung, die damals auch viele andere Deutsche im Moment der Austreibung erfüllte: »Wenn es nur auf Wahrheit beruhte, daß die Reise nach Deutschland ging und nicht nach Sibirien. Zu oft waren wir belogen worden.«

An der Straße, an der die Deutschen sich zum Abmarsch versammelten, waren Pferdegespanne aufgefahren. Zunächst glaubten die Vertriebenen, sie sollten zur Beförderung der Kranken, der Kinder und der alten Menschen zum 23 Kilometer entfernten Bahnhof dienen. Aber die Wagen blieben leer. »Los«, riefen die Polen, und die Deutschen nahmen ihre Bündel vom Boden auf und setzten sich in Bewegung. Bald wurden den meisten von ihnen die Beine und die Arme schwer.

Die Sonne brannte. Die letzte Habe, die sie in den Händen trugen, wurde zur Last. Viele warfen Gepäck in den Straßengraben, Säcke mit Kleidung und Oberbetten, Taschen mit Lebensmitteln. Und nun erkannten die Deutschen, welchen Zweck die Pferdewagen hatten, die am Ende der Kolonne fuhren. Josef Buhl berichtete: »Die Polen trieben die Gespanne zum Trab, überholten uns und wirbelten dabei Staubwolken auf. Sie luden die weggeworfenen Gepäckstücke auf und eigneten sie sich an. Die Miliz trieb uns nach kurzen Pausen immer schnell weiter, um unsere Kräfte schneller zu erschöpfen, und so die Beute zu vergrößern. So legten wir Kilometer um Kilometer zurück, unter Seufzen, Schweiß und bitteren Tränen.«

Auf dem Bahnhof aber wurde das Gepäck der Deutschen im einzelnen untersucht, und viele verloren, was sie mit letzten Kräften über viele Kilometer geschleppt hatten.

Was die Menschen, von deren Schicksal hier berichtet wird, erlebten, widerfuhr im Jahr 1946 vielen Deutschen: Es war ein Jahr, in dem die Austreibungen aus dem deutschen Osten einen kaum vorstellbaren Höhepunkt erreichten: Insgesamt zwei Millionen Menschen mußten damals Schlesien, Ostpommern und den polnisch verwalteten Teil von Ostpreußen verlassen, alle hungernd, alle in Viehwagen, in Kälte und Hitze, nahezu alle ausgeplündert. Die Wissenschaftliche Kommission der Bundesregierung schreibt über die Umstände der Ausweisungen im Jahre 1946: »Es steht fest, daß ihre Durchführung durch die polnischen Behörden nicht nur ohne zureichende Organisation geschah, sondern daß vielfach ganz offensichtlich auch gar nicht der Wille vorhanden war und gar keine sonderlichen Anstrengungen gemacht wurden, um eine wirklich ordnungsgemäße und humane Überführung der deutschen Bevölkerung nach Westen zu gewährleisten. Daß sich die Übergriffe und vor allem die Plünderungen während des Jahres 1946 überhaupt milderten, war in hohem Maße den Vertretern der britischen Besatzungsmacht zu verdanken, die wiederholt gegen die Art und Weise protestierten, in der die polnischen Behörden die Ausweisungen handhaben.«

Die Briten versuchten damals einen Überblick zu gewinnen, was den Vertriebenen jenseits des Eisernen Vorhangs, den die Westmächte nicht durchdringen konnten, geschah: So wurde zum Beispiel auf dem Bahnhof von Kohlfurt nordöstlich von Görlitz an der Neiße eine britische Kommission stationiert, die sich um die Weiterleitung der Vertriebenen in die britische Besatzungszone kümmerte, den Deutschen Verpflegung und Schutz anbot und Fragen nach der Behandlung durch die Polen stellte.

Der aus dem niederschlesischen Kreis Reichenbach vertriebene Hauptlehrer Ernst Zöfelt berichtete, wie die Briten den Deutschen mit genauen Informationen und Fürsorge das Gefühl gaben, wieder als Menschen angesehen zu werden: »Auf einer Zusammenkunft aller Wagenältesten in Kohlfurt wurde uns von den Briten mitgeteilt:

Erstens: Der Zug wird nach der Provinz Hannover, also nach Niedersachsen, weitergeleitet, wo wir in ein bis zwei Tagen anlangen.

Zweitens: Für eine gerechte Verteilung der vorhandenen und zusätzlich ausgegebenen Lebensmittel sind die Wagenältesten verantwortlich.

Drittens: Die Verpflegung muß noch für vier Tage ausreichen.

Viertens: Alle Kinder bis zu zwei Jahren und über zwei Jahre sind festzustellen zwecks Zuteilung von Trockenmilch. Für Kleinstkinder findet sich beim ›Roten Kreuz‹ Badegelegenheit.

Fünftens: Den einzelnen Wagen werden noch Deutsche zugewiesen, die sich bis Kohlfurt durchgeschlagen haben und englischen Schutz in Anspruch nehmen.

Sechstens: Eine Trennung von Familien ist verboten. Zurückhaltung von Familienangehörigen durch die Polen ist zu melden.

Siebtens: Im Büro der englischen Kommission sind schriftliche Beschwerden einzureichen in folgenden Fällen: a) Wenn für die Evakuierung zu wenig Zeit zur Verfügung stand, b) Wenn Plünderungen, Erpressungen und körperliche Mißhandlungen vorgekommen sind, c) wenn zu lange Anmärsche verlangt worden waren, und dabei die Benutzung von Handwagen unterbleiben mußte.«

Ernst Zöfelt über die Wirkung dieser Mitteilung auf die Vertriebenen: »Befreit atmeten alle auf. Nun hatte alle Bedrückung und Schikane und Unruhe ein Ende. Der Zug setzte sich wieder in Bewegung. Wir überfuhren die Neiße. Die Polenherrschaft lag hinter uns.«

Die Briten eröffneten den Vertriebenen im Jahr 1946 die Möglichkeit, aus den Gebieten jenseits von Oder und Neiße direkt in die britische Besatzungszone zu fahren, so daß sie nicht mehr, wie Hunderttausende vor ihnen, aus der sowjetischen Besatzungszone heimlich über die Grenze zu gehen brauchten.

Insgesamt 1 375 000 Deutsche wurden so 1946 unmittelbar in die britische Besatzungszone geleitet. Gleichzeitig aber waren 1946 auch mehr als eine halbe Million Deutsche von den Polen in die sowjetische Besatzungszone geschafft worden. »Viele dieser Vertriebenen«, so schreibt die Wissenschaftliche Kommission, »haben sich, sobald sie dem Aufnahmelager in der sowjetischen Zone entkommen konnten, selbständig auf den Weg in die westlichen Besatzungszonen begeben, um nicht länger unter sowjetrussischem Regime leben zu müssen, dessen Auswirkungen sie in ihrer Heimat so schmerzlich erfahren hatten.«

Frau L. T. aus dem ostpreußischen Kreis Gr. Eylau gehörte zu jenen Vertriebenen, die sich nach kurzem Aufenthalt in der Sowjetzone so rasch wie eben möglich auf den Weg in den Westen machten. Ihr und ihrer Familie waren die Schrecken des Krieges, des Sturmlaufs der Roten Armee und polnischen Willkürherrschaft in vielerlei Gestalt begegnet. Ende Januar 1945 war Frau L. T., Bäuerin in dem Ort Schönwiese, mit ihren drei Kindern auf die Flucht gegangen: mit ihrem ältesten Sohn Gerhard, acht Jahre alt, ihrem Sohn Heini, knapp sieben Jahre alt und ihrer Tochter

Gretchen, knapp vier Jahre alt. Doch der Treck kam nur bis Westpreußen. Dort gerieten Frau L. T. und ihre Kinder in ein Gefecht zwischen Rotarmisten und Soldaten der Wehrmacht. Frau L. T. berichtete: »Plötzlich ein Krachen und Donnern, von einem Auto vor uns loht eine Stichflamme. Wir laufen, was wir können, von der Straße fort in den dichten Wald. Ich werfe mich mit den Kindern auf den Waldboden. Da sehen wir schon zwischen den Bäumen die Russen in braunen Uniformen und Pelzmützen wie die Katzen angeschlichen kommen.« Dann Maschinengewehrfeuer, die Erde spritzte neben der Frau und den Kindern hoch, das Pfeifen der Geschosse, das wirrende Geräusch von Querschlägern, dann Stille. Frau L. T. und ihre Kinder liefen weiter, bis es dunkelte. Dann suchten die Schutz in einem halbzerschossenen Haus. Viele Flüchtlinge waren schon dort, viele Frauen mit ihren Kindern. Immer noch dröhnte der Lärm der Front herüber. Dann füllten russische Soldaten das Haus, aßen und tranken. Die Nacht kam. Frau L. T.: »Die Petroleumlampe ist erloschen. Alles spielt sich im Dunkeln ab. Plötzlich ein Brüllen und Schreien, Bitten und Beschwören bei den Vergewaltigungen. Ein halb irrsinniger Schrei in grauenhafter Angst: ›Hilfe! Hilfe!‹ Dann aus der großen Stube des Hauses der Verzweiflungsschrei einer Mutter: ›Quält die Kinder nicht.‹ Dann ein Brüllen und Schreien, Herausschleifen aus dem Haus, draußen ein schrilles Quieken und stoßweises Wimmern. Was ist los? Ich will ins Freie. Die Russen, die mit uns in der Küche sind, lassen es nicht zu.«

Frau L. T. und ihre Kinder kamen davon. Am nächsten Morgen verließen sie das Haus und machten sich zu Fuß auf den weiten Weg zurück nach Ostpreußen. Die Mutter trug das kleine Mädchen auf dem Arm. Es fiel ihr schwer. Sie mußte betteln, um überleben zu können. Aber sie hatte wenig Erfolg: In den noch bewohnbaren Häusern der zerschossenen Dörfer lebten meist schon Polen: »Morgens«, schrieb Frau L. T., »wenn wir zerschlagen und elend in irgendeiner Scheune aufwachten, ist den Kindern so schwindlig, daß sie beim Aufstehen immer taumeln. Bald sind wir total verlaust: Kopf- und Kleiderläuse.« Auf ihrem Marsch nach Osten traf Frau L. T. immer mehr Menschen, die in die gleiche Richtung gingen. Flüchtlinge aus Ostpreußen, die von den Russen eingeholt und nach Hause geschickt worden waren. Dieser Weg nach Haus war weit, beschwerlich, von Hunger und Strapazen gekennzeichnet. Frau L. T.: »Den ganzen Tag waren wir im Regen gegangen, total durchnäßt, es dunkelte, kein Haus war in Sicht. Wir stießen auf eine große Schar von Flüchtlingen. Wir entschlossen uns, die Nacht im dichten Wald zu verbringen. Endlich hörte der Regen auf. Ich brach Tannenzweige ab und legte unsere einzige Decke darauf, auf die Decke dicht nebeneinander bettete ich die Kinder und deckte sie mit meinem Mantel zu und legte mich neben sie. Ich war voller Angst. Klarer Sternenhimmel, Frost, in der Ferne das Grollen der Front, nicht weit entfernt Hundegebell. Russen mit Spürhunden? Alle Flüchtlinge verhielten sich ganz ruhig. Nur das Schreien und Wimmern der Säuglinge, die ohne Milch ja dem Tod geweiht waren, schnitt ins Herz.«

Einer der Flüchtlinge, eine alte Frau, versuchte nach Ostpreußen zu kommen, indem sie sich an Frau L. T. und ihre Kinder anschloß. Sie ließ die vier nicht aus den Augen: «Ruhen wir uns am Tag öfter am Weg aus, läuft das arme alte Weibchen mit ängstlich trippelnden Schritten schon weiter, um ja mit uns mitzukommen. Verlaust und verkommen ist sie genauso wie wir. Doch nach ein paar Tagen zwingt sie sich nicht weiter, ist nicht dazu zu bewegen, wenigstens bis zum nächsten Dorf, das nicht mehr weit ist, zur Nacht mitzukommen. Unter einem Strauch an der Straße bleibt sie liegen.«

Frau L. T. und ihre Kinder gelangten an das Ufer der Weichsel, deren Brücken gesprengt waren. Ein Pole setzte sie in seinem Ruderboot über den Fluß. Frau L. T. gab ihm ihre Strickjacke dafür. Auf dem Ostufer der Weichsel spürte ein Rotarmist, der auf einem Pferde ritt, die Frau und ihre Kinder auf und zwang sie, im Laufschritt zum nächsten Dorf zu laufen. Frau L. T.: »Mein Sohn Heini weinte immerfort, solche Stiche hatte er in der Brust.« Ein paar Tage später fand Frau L. T. einen Handwagen. Sie setzte ihre beiden Kinder hinein. Sohn Gerhard ging an der Deichsel. Sie selbst schob. So wanderte die Familie weiter – durch das zerstörte

Elbing, die Trümmer von Braunsberg, bis nach Heiligenbeil. Das Gebiet, in dem sich zwei Monate zuvor eine halbe Million Menschen zur Vorbereitung der schrecklichen Flucht über das Eis des Frischen Haffs gedrängt hatte, glich jetzt einer Einöde: keine Kuh, kein Pferd, kein Schwein, kein Huhn, keine Taube, kein Kaninchen. Verlassene zerschossene Dörfer, selbst die Bienenstöcke waren leer. Frau L. T. und ihre Kinder zogen viele Stunden ihres Weges, ohne einem Menschen zu begegnen: »Hin und wieder strich eine verwilderte Katze über die Straße. Mir war himmelangst.«

Am 8. Mai, dem Tag der Kapitulation der Wehrmacht, gelangten Frau L. T. und ihre Kinder »total abgerissen, halbkrank und verkommen«, wie sie schrieb, in ihrem Heimatdorf Schönwiese an, mehr als drei Monate nach ihrem Aufbruch zur Flucht. Sie fanden den Hof, der ihnen gehörte, von fremden Menschen besetzt. Frau L. T. und ihre Kinder suchten Unterschlupf in der Dachwohnung eines Arbeiterhauses in der Nachbarschaft des Hofes. Ein Pferd war noch im Dorf, es zog den Pflug, mit dem die Rückkehrer Furchen für die Kartoffeln in die Äcker brachten. Am Sonnabend vor Pfingsten 1945 erschossen Rotarmisten das Tier, wohl um ihre Schießlust zu stillen. Frau L. T.: »Die aufgehende Pfingstsonne sieht uns Schönwieser Frauen das junge Pferd im grünen Klee aufbrechen. Wir erholen uns ein wenig bei dem schönen frischen Pferdefleisch.«

Es war für lange Zeit das letzte Mal, daß sich die Leute von Schönwiese sattessen konnten. Der Hunger kam und mit ihm die Seuche: Typhus brach aus, viele Menschen starben im heißen Juli 1945. Anfang August erkrankte die vierjährige Tochter von Frau L. T.: »Mein kleines Gretchen wird mir erschreckend elend, muß bald zu Bett liegen, über 40 Grad Fieber, kein Arzt, keine Diät.« Die Mutter mußte ihre kranke Tochter tagsüber allein lassen. Vom frühen Morgen bis in den späten Abend mußte sie auf Geheiß der Sieger auf den Roggenfeldern der Umgebung arbeiten. »Unvergeßlich«, so berichtete Frau L. T., »ist mir der 10. August 1945, mein zehnjähriger Hochzeitstag. Unruhiger denn je ist mein kleines Mädchen den ganzen Tag gewesen, erzählte abends mein

Sohn Gerhard, der am Tag das Essen wärmt, das ich am Abend vorher koche. Todmüde lege ich mich zu Ruhe, da schreit die Kleine wieder wie ein Säugling. In nasse Laken hülle ich sie ein, damit das Fieber fällt. Doch plötzlich wird sie ganz still und kalt. Ich bekomme große Angst und laufe zu einer Nachbarin. Klarer Sternenhimmel über Ostpreußen in dieser Nacht. Die Nachbarin tröstet mich: ›Wenn es Gottes Wille ist, nimmt er sie zu sich, sie hat es dann besser.‹ Ich laufe schnell wieder zurück, packe die Kleine in warme Tücher, nehme sie auf den Schoß und bete Kindergebete mit ihr, und da geschieht das Wunder. Das kleine Ding, das schon tagelang nicht mehr sprechen kann, sagt ›Amen‹ und schläft dann ruhig ein – von da an ging es aufwärts. Sie war zwar noch ein Vierteljahr lang gelähmt, doch nahm ich sie dann stets mit aufs Feld. Sie lernte erst kriechen wie ein Säugling, dann stehen und laufen, sie wurde wieder gesund.«

Frau L. T. arbeitete, wie die anderen Frauen von Schönwiese auch, weiter auf den Getreidefeldern. Als Lohn erhielt sie ein paar Hände voll Korn, das sie mit einer Schrotmühle zerkleinerte. Sie backte Brot und kochte Suppe daraus. Sie erzog ihre Kinder und versuchte sie zu lehren, was sie sonst in der Schule gelernt hätten, die es nicht gab. Im übrigen warteten die Deutschen, wenn sie auch nicht so recht wußten, worauf. Im späten Herbst 1945 hörten sie eine Nachricht darüber, was aus Deutschland geworden war. In Schönwiese erschien ein polnischer Offizier. Er erklärte, in Deutschland sei eine Hungersnot ausgebrochen. Die Deutschen von Schönwiese könnten sich, wenn sie wollten, einem Transport nach Westen anschließen. Von Austreibung war nicht die Rede. Die Frauen von Schönwiese beratschlagten, was zu tun sei und nährten dabei eine anrührende patriotische Illusion. Frau L. T. berichtete: »Wir kommen zu der Überzeugung: Bleiben wir geschlossen hier, werden unsere Männer auch hierherkommen, und Ostpreußen bleibt deutsch; ziehen wir aber fort, nimmt der Feind Besitz von allem. Es mußte doch eine Abstimmung – über den Verbleib Ostpreußens beim Reich – stattfinden, so glaubten wir, wie damals nach dem Ersten Weltkrieg. Also, wir bleiben!«

So blieben sie, arbeiteten und warteten auf ihre Männer: »Ende

Januar 1946 scheint die Sonne schon wärmer, es wäre Zeit, Dung auf die Felder zu fahren. Kommen unsere Männer bald?«

Doch nicht die deutschen Männer kamen, sondern immer mehr Polen, die neuen Eigentümer der deutschen Höfe, und gelegentlich auch Räuberbanden: »Sie erschienen bei Nacht, räuberten die Familie May aus, den 14jährigen Fritz May jagten sie mit vorgehaltenem Revolver auf seinem Hof herum.«

Von dem Augenblick an, da die Polen von Schönwiese Besitz ergriffen, verschlechterten sich die Umstände, unter denen die Deutschen lebten mußten, mit zunehmendem Tempo – bis jener Punkt erreicht war, an dem die Frauen von Schönwiese die Ausweisung ebenso sehr ersehnten, wie sie sich zuvor an der Vorstellung aufgerichtet hatten, ihr zähes Ausharren könne ihren Männern den Weg zurück in die Heimat bahnen. Aus dem Frühjahr 1946 berichtete Frau L. T.: »Wir sind Sklaven der Polen. Wir müssen arbeiten, ohne Essen, ohne Lohn. Zuerst müssen wir eine niedergebrannte Scheune ausräumen, dann den harten Lehm-Estrich der Scheune umgraben und ausgerechnet an der Stelle, an der die Scheune stand, einen Gemüsegarten anlegen – ein Stück aus dem Tollhaus.«

Die Polen verlangten von den beiden Söhnen von Frau L. T., der eine sieben, der andere acht Jahre alt, Handlangerdienste beim Dachdecken. Die Mutter beobachtete, wie die Gesundheit ihrer Kinder verfiel: »Sie sind sehr elend.« Sie konnte ihnen nicht genug zu essen geben: »Alles geht zu Ende, keine Kartoffeln zum Setzen, der Roggen ist bald verbraucht.«

Im Sommer 1946 mehrten sich Gewalt und Willkür. Frau L. T. mußte in eine nahegelegene Ortschaft gehen, um sich dort als Deutsche registrieren zu lassen. Auf der Straße traf sie eine ihr bekannte ältere Frau, die ihren toten Mann zu seiner letzten Ruhestätte brachte. Sie hatte den Sarg auf einen Handwagen geladen. Die Witwe berichtete Frau L. T. vom Tod ihres Mannes: Die Polen hatten ihn in seiner Wohnung geschlagen und ihn dann in die Scheune geschleppt. Die Angehörigen hatten das Haus nicht verlassen dürfen. Am nächsten Morgen suchten sie ihn und fanden ihn in der Scheune erhängt. Mord? Selbstmord? Die Witwe sagte, er habe gar nicht mehr soviel Kraft gehabt, sich selbst aufzuhängen.

In diesem Sommer 1946 drängten die Polen die Deutschen von Schönwiese endgültig aus den Behausungen, die noch bewohnbar waren. Frau L. T. zog mit ihren Kindern in ein völlig zerstörtes Gebäude. Nur ein halbes Fenster hatte noch Glas. Türen waren nicht vorhanden.

Und noch mehr Hunger: Die Polen untersagten den Deutschen, in den Scheunen zu dreschen. So versuchten sie, sich von eingeregnetem Roggen zu ernähren: »Wir wühlten in dem verfaulten Getreide nach rot und grün verschimmelten Ähren, die von den Mäusen übriggelassen worden waren. Wir fanden aber kaum etwas.« Im Herbst 1946 hatten die Deutschen von Schönwiese nichts mehr zu essen. Frau L. T. sah in die Augen ihrer hungernden Kinder und überwand ihren Stolz: »Jetzt gehe ich betteln, fast Tag für Tag, ein bitteres Los. Die Polen haben auch wenig, ab und zu findet man einen mitleidigen Menschen, aber selten. Alle Schönwieser betteln jetzt, uns ist der Lebensfaden abgeschnitten. In den schlaflosen Nächten steht Verzweiflung wie eine Dornenhecke um mein Bett.«

In dieser Lage bleibt den Leuten von Schönwiese nur eine Hoffnung – auf eine möglichst rasche Ausweisung. Immer wieder erkundigen sie sich: »Ist kein Transport in Sicht?« Im Dezember 1946 verkaufte Frau L. T. ihren Wintermantel und gab alles Geld, das sie für ihn erhielt, dem polnischen Bürgermeister. Er teilte die Familie für den nächsten Transport nach Westen ein: »Am 15. Dezember 1946 verlassen wir unser geliebtes Schönwiese.« Nach neun Tagen Fahrt stiegen die Frauen und Kinder von Schönwiese in Torgau an der Elbe in der sowjetischen Besatzungszone aus dem Zug. Frau L. T. und ihre Kinder schlugen sich unter vielerlei Beschwernissen nach Braunlage in der britischen Besatzungszone durch: Dort traf die Frau ihren Mann, die Kinder fanden ihren Vater wieder.

Den Leuten von Schönwiese war die Erleichterung verwehrt geblieben, die mehr als einer Million Vertriebenen in jenem Jahr zuteilgeworden war: Die direkte Überführung nach Westdeutschland. Die Briten hatten die Aktion gestoppt. Die Wissenschaftliche Kommission der Bundesregierung schrieb über die Motive der Engländer: »Mit dem Eintritt des Winters 1946/47, als die Kälte unter den Vertriebenen bereits zahlreiche Verluste verursacht hatte, verweigerten die britischen Behörden jede weitere Übernahme von Ausweisungstransporten, da sie es nicht verantworten zu können glaubten, weitere Hunderttausende völlig verelendeter Ausgewiesener in die überfüllten Aufnahmelager einzuliefern, und da gleichzeitig die polnischen Behörden gezwungen werden sollten, für bessere Ausweisungsbedingungen zu sorgen. Verschiedene Transporte liefen deshalb wieder in ihre Ausgangsorte zurück.«

Die Briten verdammten mit ihrer Entscheidung, vorerst keine Transporte mit Vertriebenen mehr in ihre Zone einfahren zu lassen, unwillentlich und unwissentlich ungezählte Deutsche jenseits von Oder und Neiße zu einem grausamen Schicksal. Denn die Polen setzten unterdessen an einer Reihe von Orten in ihrem neu gewonnenen Machtbereich die Austreibung fort.

Im Januar 1947, rund anderthalb Jahre nach dem Beschluß der Potsdamer Konferenz über die »ordnungsgemäße und humane Weise« der Aussiedlung und knapp ein Jahr nach dem polnisch-britischen Abkommen, in dem ebenfalls eine humane Behandlung der Ausgewiesenen vereinbart worden war, geschah in der pommerschen Stadt Rummelsburg dies: Am 3. Januar 1947 befahlen die Polen 2500 Deutschen in der Stadt und im Kreisgebiet Rummelsburg, sich am selben Abend noch am Bahnhof zu versammeln. Die Deutschen gehorchten. Doch an jenem Abend fuhr kein Zug. Die Deutschen, viele Frauen, viele kleine Kinder, viele ältere Männer, mußten die Nacht in Ruinen in der Umgebung des Bahnhofs zubringen. Kälte schlug sie: Das Thermometer fiel in jener Nacht auf mehr als zwanzig Grad unter Null. In der Dunkelheit schlichen polnische Banditen heran und raubten den Deutschen Gepäckstücke. Niemand schützte die Wehrlosen. Die Deutschen saßen und standen bis zum Nachmittag des nächsten Tages in der Kälte. Dann mußten sie ungeheizte Viehwagen besteigen. Der Zug brachte die Ausgetriebenen zum Lager Stettin-Frauendorf. Dort mußten die Deutschen wieder viele Stunden in der Kälte stehen. Am Abend dieses Tages zählten die Vertriebenen von Rummelsburg 28 Menschen, die zu Tode gefroren waren. Die Überlebenden wurden in Baracken geführt, die kaum geheizt und völlig überfüllt waren. Bevor die Leute aus Rummelsburg anlangten, war dort schon ein Transport untergebracht worden, so daß sich in den Baracken jetzt 4000 Menschen drängten.

Der Vertriebene R. P. aus Sellin im Kreis Rummelsburg berichtete der Wissenschaftlichen Kommission der Bundesregierung: »Innerhalb von vier Wochen sind etwa 200 Menschen an den Folgen des Transports, an grausamer Kälte, an Unterernährung und an Lagerkrankheiten gestorben. Diese Angabe machte mir der Lagersanitäter. Sie kann als authentisch angesehen werden, zumal sie bekanntgegeben wurde, um Gerüchten im Lager entgegenzuwirken, die von einer noch viel höheren Zahl von Toten berichteten.«

In diesen Behausungen der Gewalt und Not erschienen regelmäßig Mitglieder einer britischen Kontrollkommission. Offenbar bedeuteten sie den Polen, daß sie den Abtransport der Menschen in die britische Zone auf gar keinen Fall hinnehmen würden, solange sich die Zustände im Lager Stettin-Frauendorf nicht änderten. Daraufhin änderten die Polen die Zustände. Aber sie schafften nicht etwa mehr Nahrung, mehr Heizmaterial, warme Bekleidung, Medikamente heran – sie schafften vielmehr etwa 1700 der Deutschen aus dem Lager Stettin-Frauendorf fort. Für viele der Vertriebenen bedeutete diese Maßnahme der Polen Transport mit tödlichem Ausgang. Die Polen wählten unter den Insassen des Lagers von Stettin-Frauendorf diejenigen Deutschen aus, deren Anblick die Briten besonders nachteilig beeindrucken mußte: So die Insassen eines Altersheims, die sie in das Lager geschafft hatten, dazu die meisten Patienten der Sanitätsstation und Familien mit vielen Kindern. Die Menschen wurden zum Bahnhof gebracht und in einen Zug verfrachtet. Der Zug fuhr nach Osten. Sein Ziel war das Flüchtlingslager in der Stadt Schivelbein, mitten in Pommern. Es war immer noch grimmig kalt. Der Zeuge R. P. berichtete der Wissenschaftlichen Kommission: »Die Waggons konnten nicht beheizt werden, da wohl kleine eiserne Öfen und Kohlen, aber kein Anmachholz in den Waggons vorhanden war. So konnten wir die Steinkohle nicht in Glut bekommen. Genau dies hatten die Polen gewollt: Die Transportleitung plante, mit den Kohlen, die für den Transport zugeteilt waren, Geschäfte auf eigene Rechnung zu machen. Ebenso verfuhr sie mit großen Teilen der Transportverpflegung. Von den sechzig Zentnern Salzheringen, die den Deutschen mitgegeben worden waren, langten nur ganze sechs Zentner im Lager Schivelbein an. Die übrigen vierundfünfzig Zentner behielten die Polen für sich.«

Der Zug mit den hungernden, nahezu erfrorenen Menschen fuhr acht Stunden lang nach Osten. Um Mitternacht rollte er auf dem Bahnhof von Schivelbein aus. Polnische Miliz umstellte die Waggons, die Deutschen mußten aussteigen. Die Temperatur lag in dieser Nacht wiederum bei zwanzig Grad unter dem Gefrierpunkt. Für den Transport der Alten, der Kranken, der Gebrechlichen waren keine Wagen da. So schleppten sie sich, ihr Gepäck in den Händen, durch die dunkle Nacht zum drei Kilometer entfernten Lager. Vielen aber fehlte die Kraft, auch nur wenige Schritte zu gehen. Sie blieben in dieser kalten Nacht auf dem Bahnsteig liegen. Der Zeuge R. P.: »Viele sind buchstäblich so, wie sie auf die Ladestraßen des Güterbahnhofs hingesetzt wurden, erfroren. Viele von denen, die sich zu Fuß aufgemacht hatten, um das Lager zu erreichen, brachen vor Erschöpfung und Kälte unterwegs zusammen. Auf dem ganzen Weg vom Bahnhof bis zum Lager lag alle fünfzig bis hundert Meter ein zusammengebrochener Mensch. Mancher stöhnte, mancher wimmerte noch schwach, viele waren bereits erfroren. Das Ergebnis dieser Nacht: 26 Tote, die an Erfrierung gestorben waren (amtsärztlich festgestellte Todesursache auf dem Totenschein).«

Die Überlebenden hausten in Baracken, durch deren Türen und Fenster der Wind pfiff. Die Öfen reichten nicht aus, die Räume auch nur ein wenig anzuwärmen. Auf dem Fußboden hatte sich Eis gebildet, es taute nicht auf. Auf diesem Fußboden mußten die Deutschen sitzen und liegen. Es gab keine Betten, keine Pritschen, keine Stühle. Jeweils dreißig der Vertriebenen mußten sich einen zwanzig Quadratmeter großen Raum teilen. So waren sie nicht imstande, sich allesamt nachts zur Ruhe niederzulegen: Abwechselnd mußte ein Teil der Menschen jeweils sitzen, während die anderen sich ausstreckten. Die Polen gestanden den Deutschen nur eine Handvoll Verpflegung zu: Täglich morgens Kaffee und zweihundert Gramm Brot, mittags einen halben Liter Wassersuppe, abends einen Becher Kaffee. Gelegentlich wurde etwas zusätzliche Nahrung verteilt: ein halber Eßlöffel Zucker etwa für jeden, und für jeweils sieben Menschen ein Hering pro Woche. Die Ruhr grassierte, die Menschen litten an Erkältungskrankheiten, an Grippe, an Lungenentzündung, an Bronchitis. Die wenig Widerstandsfähigen starben. »Drei Frauen«, berichtete der Zeuge R. P., »wurden im Lager wahnsinnig.«

Dies alles geschah, wohlgemerkt, als das Ende des Krieges schon nahezu zwei Jahre zurücklag. Die Herren des Lagers von Schivelbein vertieften das Leid der Deutschen, wo immer sie konnten. Sie ordneten an, daß bei der Beerdigung von Verstorbenen immer nur ein Angehöriger anwesend sein durfte. Der Zeuge R. P.: »So konnten Eltern nicht einmal gemeinsam ihr verstorbenes Kind zu Grabe tragen. Alle Bitten der Flüchtlinge und des Lagerpfarrers, doch wenigstens zwei Angehörige bei Beerdigungen zuzulassen, wurden rundweg abgelehnt.«

Die Menschen aus Rummelsburg mußten zweieinhalb Monate im Lager Schivelbein zubringen, hungernd, frierend, krank, in Hoffnungslosigkeit. Dann, im Frühjahr, wurden sie nach Westen geschafft, in die sowjetische Besatzungszone. Der Zeuge R. P.: »Der Rummelsburger Transport hatte einen Verlust von 2500 Personen.«

In diesem Frühjahr 1947, als die überlebenden Rummelsburger endlich das Lager verlassen konnten, in dem so viele von ihnen gestorben waren, begann die letzte umfassende Vertreibungsaktion von Deutschen aus ihrer Heimat jenseits von Oder und Neiße. Noch einmal 500 000 Menschen wurden in Schlesien, dem Südteil Ostpreußen und in Pommern aus ihren Häusern getrieben und in Züge nach Westen gebracht. Diese Transporte verliefen nach dem Urteil der Wissenschaftlichen Kommission der Bundesregierung »in wesentlich geregelteren Formen als vorhergehende Transporte«. Zwar versuchten Polen immer noch, die Lager der Hilf- und Schutzlosen zur Plünderung auszunutzen, zwar wurden die Deutschen von ihren Bewachern häufig noch beschimpft und auch geschlagen, aber zumindest die Fahrten in den Zügen nach Westen waren meist nicht mehr von schrecklichen Umständen begleitet.

Die Bäuerin Agnes Ohl, vertrieben im Juni 1947 aus dem Ort Feldheim im westpreußischen Kreis Berent, berichtete: »Wir konnten uns unterwegs für deutsches Geld Brot kaufen und auch Drops. Auf der Fahrt lief die Lokomotive heiß, sie mußte zur Reparatur, wir standen auf freiem Feld, stiegen aus dem Wagen ins Freie, wuschen uns im Graben, pflückten Sauerampfer und kochten uns eine Suppe. Wir sonnten uns und schliefen, säuberten den Waggon und schmückten ihn mit Buchen- und Eichenlaub. Dann kam die Lok zurück, und die Fahrt ging weiter.«

*

Millionen Deutsche hatten schon in brutalem Zwang ihre Heimat verlassen müssen, doch immer noch lebten jenseits von Oder und Neiße nahezu eine Million Deutscher, vor allem im sowjetisch verwalteten Ostpreußen und auf dem Gebiet des polnischen Staates. In Polen selbst waren die meisten Deutschen in Gefängnisse und streng bewachte Lager gesperrt worden. Die meisten leisteten Zwangsarbeit. Im Jahre 1947 sonderten die Polen die Menschen, die nicht zu schwerer Arbeit in der Landwirtschaft und zur Beseitigung von Trümmern fähig waren, aus, und schickten sie über Oder und Neiße. Die Arbeitsfähigen mußten zurückbleiben. Familien wurden zerrissen, Mütter von Kindern getrennt. Aber noch konnten die Zurückgehaltenen hoffen, ihren Angehörigen später in den Westen zu folgen.

Dann aber änderte sich die Einstellung der Polen zu den Deutschen. Jahrelang hatten die neuen Herren die Deutschen in Knechtschaft und Hunger gehalten. Jahrelang hatten die Machthaber jenseits von Oder und Neiße alles darangesetzt, die Deutschen so schnell wie möglich ohne Rücksicht auf ihre Gesundheit und ihr

Leben abzuschieben. Plötzlich aber erschien es ihnen vorteilhafter, Deutsche im Lande zu behalten. Die Deutschen hatten mit ihrer Arbeitskraft und ihren Fähigkeiten ihre Verfolger und Unterdrückter beeindruckt. Die Wissenschaftliche Kommission der Bundesregierung schreibt über die Gründe für den Sinneswandel der Polen: »Die Ansiedlung von Polen in den ostdeutschen Städten und Dörfern machte kaum noch Fortschritte; und es zeigte sich, daß man die frühere Produktionskapazität der deutschen Ostgebiete nach der Austreibung der deutschen Bevölkerung nicht wieder erreichen würde. Es setzte sich deshalb immer mehr die Erkenntnis durch, daß eine weitere restlose Ausweisung der noch im Lande befindlichen Deutschen eine wirtschaftliche Schädigung Polens bedeuten würde. In Polen war inzwischen durch die Sowjetisierung aller Lebensbereiche die Steigerung der Produktion und die Erfüllung der Wirtschaftspläne zum obersten politischen Gebot geworden. So wurde nach den letzten umfassenden Ausweisungen im Jahre 1949 versucht, neue Abtransporte von Deutschen zu verhindern. Der nationalpolnische Chauvinismus, der ursprünglich zur Ausweisung aller Deutschen getrieben hatte, war zwar noch lange nicht erloschen, er wurde jedoch durch die kommunistischen Wirtschaftsprinzipien der Warschauer Regierung in den Hintergrund gedrängt.«

Die Deutschen im polnischen Herrschaftsbereich aber sollten nach dem Willen der Polen nicht bleiben dürfen, was sie waren, nämlich Deutsche. Die Polen wollten aus ihnen Polen machen – notfalls mit Gewalt. In einem Brief, der aus Ostpreußen nach Westdeutschland gelangte, berichtete eine Bäuerin aus dem Kreis Sensburg, wie sie im Februar 1949 dazu gebracht wurde, die polnische Staatsbürgerschaft anzunehmen. Die Frau wurde mit anderen Deutschen, die sich weigerten, für Polen zu optieren, wie der Fachausdruck hieß, in das Gebäude der Miliz in der Stadt Sensburg transportiert und in einen Kellerraum gesperrt. Dort saßen die Deutschen eine Woche lang. Sie wurden zu Einzelverhören geführt. Der polnische Beamte, der diese Frau verhörte, drohte ihr: »Sie werden in der Zelle verfaulen, wenn Sie nicht unterschreiben.« Sie antwortete ihm: »Mein Gewissen läßt das nicht zu. Ich war deutsch, als es mir gutging, und will es bleiben auch in Notzeiten, selbst wenn es mein Leben kostet.«

Der Beamte ohrfeigte sie. Dann wurde die Frau mit Gummiknüppeln auf das Gesäß geschlagen. Am nächsten Morgen zerbrach ihr Widerstand unter der Drohung neuer Prügel: »Ich setzte meinen Namen unter ein Schriftstück, auf dem vorgedruckt stand: ›Ich bitte um die polnische Staatsangehörigkeit und verspreche, dem polnischen Staat Treue und Gehorsam zu leisten.‹«

Im Jahre 1952, im siebten Jahr der polnischen Herrschaft, schickte ein Deutscher aus Ostpreußen eine verzweifelte Bitte um Hilfe nach Westdeutschland: »Um deutsch zu bleiben, haben wir uns unseren Hof 1945 enteignen lassen, haben für die Polen umsonst gearbeitet, wurden bestohlen, beschimpft, geschlagen, mißhandelt, haben gehungert, gedarbt, in Lumpen gehüllt, bei fremden Menschen gelebt. Unsere Anträge auf Umsiedlung an alle zuständigen polnischen Behörden wurden uns zurückgesandt – abgelehnt. Sind wir für immer verurteilt, in diesen zermürbenden Verhältnissen hier zu leben und sollen wir niemals mit unseren Angehörigen in Deutschland vereinigt werden? Wir sind doch nicht freiwillig hiergeblieben. Wir möchten als Deutsche leben.«

Auch drei Jahrzehnte später haben die Polen es immer noch nicht geschafft, die in ihrem Herrschaftsgebiet lebenden Deutschen davon zu überzeugen, daß sie Polen sind. Immer noch wollen Hunderttausende von Deutschen aus dem Gebiet jenseits von Oder und Neiße in die Bundesrepublik Deutschland ausreisen. Im Jahre 1976 hat die Bundesregierung für jeden Deutschen, der die Erlaubnis zur Übersiedlung bekam, an die polnische Regierung rund 20 000 Mark gezahlt: 2,3 Milliarden Mark Wirtschaftshilfe für die Freigabe von 120 000 Menschen. Aber immer noch harren Hunderttausende auf den Tag, daß sie nach Westen fahren dürfen, über die Weichsel, über die Oder, über die Elbe.

XX.

SUDETENLAND II

Ein Volk in Güterzügen

Die beiden Männer verhielten den Schritt und duckten sich in den schwarzen Schatten eines Bretterzauns. Die Rodelschlitten, die sie hinter sich herzogen, glitten noch ein kleines Stück weiter über den Schnee und stießen dann aneinander. Das leise Geräusch schien in der Stille der Winternacht weithin hörbar. Vor den Männern erstreckten sich jetzt schneebedeckte Wiesen und Felder. Über den Gipfeln eines fernen Waldes war Vollmond emporgestiegen. In seinem Licht konnten die Männer die Wege erkennen, die sich durch die Felder zogen, und selbst die Furchen in den Äckern. Es war eine schlechte Nacht für den Weg über einen gefährlichen Streifen Land: Die Grenze zwischen der Tschechoslowakei und Bayern, die von tschechischen Grenzern und Soldaten der Roten Armee bewacht war.

Es war im Februar 1946, und die zwei Männer, die nun in die Nacht auf die Geräusche von Schritten horchten, waren Gustav Grüner und sein Vater, zwei Einwohner der Stadt Asch, die im Nordwesten des Sudetenlandes, nur wenige Kilometer von der deutschen Grenze entfernt liegt. Auf die Schlitten hatten Gustav Grüner und sein Vater Bündel gezurrt, die mit Anzügen, Wäsche, Porzellan und Betten gefüllt waren. Sie wollten einen Teil der Familienhabe in die amerikanische Besatzungszone bringen – bevor die Tschechen sie aus ihrer Heimatstadt verjagten und sie dabei ausplünderten, wie es Hunderttausenden von Sudetendeutschen schon geschehen war und Millionen noch geschehen sollte. Gustav Grüner und sein Vater schlichen weiter. Unter ihren Füßen knirschte der Schnee. Vor ihnen stand ein Fichtenwäldchen. Sie huschten hinein, ein Schlitten kippte um, mühsam richteten sie das überladene Gefährt wieder auf. Dann wieder Warten, Horchen, Warten. Dann plötzlich Bewegung auf dem Feld vor ihnen, erst Schatten, dann Gestalten: tschechische Soldaten auf Grenzstreife. Die beiden Deutschen schmiegten sich in den hohen Schnee, den der Wind aufgetürmt hatte, lagen bewegungslos und warteten. Gustav Grüner berichtete über diesen Augenblick: »Irgendwo knistert ein froststarrer Ast. Die beiden Tschechen hatten etwas gehört. Sie leuchteten mit ihren Taschenlampen in das Wäldchen. Gespenstisch fingerte der schmale Lichtkegel durch den winterlichen Wald. Jetzt, jetzt müssen sie uns entdeckt haben. Doch es geschieht uns nichts. Die Soldaten hören auf, mit ihrer Lampe herumzufuchteln. Sie beziehen Posten am Ende des Wäldchens – und stecken sich Zigaretten an. Gelegentlich stampfen sie mit den Füßen auf, denn es ist bitterkalt. Die Minuten zerrinnen wie Ewigkeiten. Dann muß sich mein Vater vor Aufregung erbrechen. Leise würgt er. Ich weiß nicht, wie lange wir da im Schnee lagen. Dann aber geschieht das Wunder. Die beiden stapfen davon.«

Die Deutschen sprangen auf, ließen die Arme kreisen, um wieder Leben und Gefühl in die unterkühlten Gliedmaßen zu bringen, spannten sich vor die Schlitten und hetzten weiter. In den Furchen auf den Feldern schlugen die Fahrzeuge immer wieder um. Jeden Augenblick konnte die Streife zurückkehren, eine andere auftauchen. Dann wieder Wald, die Grenze. Die Gefahr war vorüber, die Anstrengung nicht. Die beiden zogen ihre Last weiter, durch hohen Schnee, stürzten, rappelten sich hoch, bis sie endlich vor dem Hof des Freundes standen, der dicht hinter der Grenze in der amerikanischen Besatzungszone wohnte, und in dessen Haus und Scheune sie die Bündel lagern konnten, die sie auf den Schlitten dorthin geschleppt hatten. In der gleichen Nacht noch kehrten Gustav Grüner und sein Vater über die Grenze nach Asch zu ihrer Familie zurück und erwarteten dort das Unabänderliche: den Verlust der Heimat.

So wie Vater und Sohn Grüner versuchten im Herbst und Winter nach dem Ende des Krieges Tausende von Sudetendeutschen wenigstens Teile ihres Eigentums dem Zugriff der Tschechen zu entziehen und über die Grenze nach Bayern zu bringen. Allerdings: Dies gelang nur jenen Menschen, die in Städten und Dörfern entlang der Grenze wohnten und die Wege und Stege, Wälder und Schlupfwinkel kannten. Bauern trieben erst ihr Vieh nach Bayern, und wenig später spannten sie in dunklen Nächten Pferde vor ihre hochbeladenen Wagen und trieben sie im Galopp über Feldwege in die Sicherheit der amerikanischen Besatzungszone.

Doch der heimliche Weg über diese Grenze bedeutete für manchen Deutschen auch Tod oder Gefangenschaft. Die Lehrerin A. K., die aus Braunau im nördlichen Sudetenland vertrieben und dann heimlich zu ihren Eltern in das westliche Sudetenland zurückgekehrt war, berichtete: »Wenn jemand beim Grenzgang festgenommen wurde, mußte er, ob Mann oder Frau, bei schlechtester Verpflegung schwerste und schmutzigste Arbeit leisten. Am 21. Dezember 1945 wurde ein junger Mann aus der Nachbarschaft, frisch verheiratet, etwa einen Kilometer von daheim entfernt, bei dem Versuch erschossen, über die Grenze zu gehen.« Vom Schicksal der ihr bekannten Familie Sch. berichtete Frau A. K.: »Die Frau hatte Anfang Januar 1946 ein Kind zur Welt gebracht. Vierzehn Tage nach der Niederkunft wollte sie zusammen mit ihrem Mann einen Schrank auf einem Schlitten über die Grenze schaffen, aber dicht hinter dem Dorf hatten die Tschechen in dieser Nacht eine enge Postenkette gebildet. Die Frau und der Mann wurden verhaftet. Die Frau wurde wenige Tage später zur Zwangsarbeit nach Pilsen gebracht. Über das Schicksal des Mannes gibt es nur Gerüchte. Einer Tante der beiden gelang es erst nach hartem Kampf, das Baby zur Pflege zu bekommen. Die Tschechen wollten es unbedingt in ein tschechisches Waisenhaus bringen.«

*

Den Sudetendeutschen, die in jenen Wintermonaten unter Einsatz von Leben und Gesundheit retten wollten, was noch zu retten war, stand noch die Vertreibung der Deutschen aus Böhmen und

Mähren im Sommer 1945 vor Augen: damals waren viele ihrer Landsleute, mit einer Tasche in der Hand, manchmal barfuß, manchmal nur mit einem Kittel oder einem Arbeitsanzug bekleidet, in Lager gesperrt oder über die Grenze in die sowjetische Besatzungszone gejagt worden.

Inzwischen hatte die Potsdamer Konferenz der Großen Drei, die am 2. August 1945 beendet worden war, in Artikel XIII ihres Abkommens bestimmt, daß die Überführung der Deutschen aus der Tschechoslowakei – wie aus Polen und Ungarn – ›in ordnungsgemäßer und humaner Weise‹ erfolgen sollte. Die Regierung in Prag sah in dieser Bestimmung allerdings in erster Linie ein Hindernis auf dem Weg zu ihrem Ziel, das Land so schnell wie möglich von Deutschen zu säubern. Der tschechische Innenminister Ripka machte drei Wochen nach dem Ende der Potsdamer Konferenz in einer Rundfunkrede deutlich, wie eilig es die Tschechen hatten: »Dieser Bevölkerungsabschub liegt nicht nur im Interesse der Tschechoslowakei, sondern ist eine unumgängliche Voraussetzung für die Erhaltung des Friedens. Die Tschechen freuten sich über den Beschluß von Potsdam. Sie konnten jedoch die Verschiebung der Deportation nicht begrüßen. Wir sind uns der Schwierigkeiten der Alliierten bewußt, indessen können wir kaum Vorbereitungen für die Umorganisation und den Neuaufbau der Grenzgebiete treffen, bis wir wissen, wann die Deutschen sie verlassen werden.«

Die Tschechen mochten nicht einsehen, daß die Westmächte in ihren Besatzungszonen, die bereits Millionen von Flüchtlingen beherbergten, eine Atempause brauchten, bevor sie in der Lage waren, Millionen von Vertriebenen aus dem Sudetenland aufzunehmen. Die Wissenschaftliche Kommission der Bundesregierung stellt zur Haltung der Regierung in Prag fest: »Die Aufforderung der Großmächte, weitere Vertreibungsaktionen einzustellen und die damit erzwungene Unterbrechung der schon laufenden Massenausweisungen verstimmte die Tschechen. Je länger die Vorschläge des Alliierten Kontrollrats für die Durchführung des ›Transfers‹ (der sogenannten Aussiedlung) auf sich warten ließen, umso mehr wuchs das tschechische Mißtrauen, daß die in Potsdam gegebenen Zusagen auch eingehalten würden. Die tschechische Presse begann bald den guten Willen der Westmächte überhaupt zu bezweifeln. Besonders übel wurden die sich mehrenden Proteste in der angelsächsischen Presse gegen die brutale Behandlung der Sudetendeutschen vermerkt:

Im September 1945 schrieb die Londoner Wirtschaftszeitschrift »Economist«: »Obwohl die Potsdamer Erklärungen das Einstellen von ungeordneten und unmenschlichen Massenvertreibungen der Deutschen verlangen, geht die gewaltsame Abschiebung aus den ostdeutschen Provinzen weiter . . . Auch die Vertreibung der dreieinhalb Millionen Sudetendeutschen aus der Tschechoslowakei wird fortgesetzt. Der Rat der Außenminister muß dieser erschütternden Tragödie ein Ende machen. Die umherziehenden Millionen sind praktisch ohne Unterkunft und Nahrung. Die bewohnbaren Teile der städtischen Zentren waren schon vor ihrer Ankunft überfüllt, und das flache Land kann sie nur begrenzt aufnehmen. Unweigerlich werden deshalb Millionen an Hunger und Erschöpfung sterben. Selbstverständlich haben die Deutschen Strafe verdient, aber keine Folterung dieser Art. Wenn die Polen und Tschechen für zivilisierter als die Nazis gelten möchten, werden sie die Vertreibung sofort unterlassen.«

Der tschechische Staatspräsident Eduard Benesch, der große Motor der Verteidigung, blieb von allem, was im Westen über die Behandlung der Sudetendeutschen durch seine Tschechen geschrieben wurde, unbeeindruckt. In einer Rede, die ein bemerkenswertes Eingeständnis andeutet, daß die Deutschen grausamer Behandlung unterworfen wurden, erklärte Benesch im Oktober 1945: »In der letzten Zeit werden wir aber in der internationalen Presse kritisiert, weil die Umsiedlung der Deutschen bei uns in einer unwürdigen und unzulässigen Weise durchgeführt werde. Wir tun angeblich dasselbe, was die Nazis uns getan haben; dadurch würden wir unsere eigene nationale Tradition und unseren bisher unbefleckten sittlichen Ruf antasten. Mögen diese Vorwürfe vielleicht in Einzelfällen wahr sein oder auch nicht – ich erkläre ganz kategorisch: Unsere Deutschen müssen ins Reich fortgehen. Und sie werden in jedem Fall fortgehen.«

Im November 1945 einigte sich der Alliierte Kontrollrat mit den Tschechen über die Einzelheiten der Vertreibung: 2,5 Millionen Deutsche sollten ihre Heimat im Sudetenland und den anderen Gebieten der Tschechoslowakei verlassen; 1 750 000 der »Auswandernden«, wie der zynisch schönfärberische Ausdruck für sie hieß, sollten in die amerikanische Besatzungszone, 750 000 in die sowjetische Zone geschickt werden.

Und jetzt erwies sich, wie richtig die Sudetendeutschen handelten, die die Herbst- und Winternächte jener Zeit zum Transport beweglicher Habe über die Grenze nach Bayern nutzten. Denn das Abkommen zwischen den Siegern und den Tschechoslowaken gestand den Vertriebenen nur eine armselige Ausstattung zu: Hinreichende Kleidung, Gepäck im Gewicht von dreißig bis fünfzig Kilogramm und eintausend Reichsmark pro Kopf. Also: Das, was sie auf dem Leibe trugen, dazu, was ein Mann auf dem Rücken tragen kann; und Geld, das damals den Gegenwert einer Stange Zigaretten darstellte. Das war alles, was ihnen blieb – von ihren Häusern, ihren Wohnungen, ihren Höfen, oft von der Arbeit eines ganzen Lebens.

Dreißig oder auch fünfzig Kilogramm Gepäck – wieviel ist das, wenn es alles ist? So standen die Deutschen ratlos vor ihren geöffneten Schränken, nahmen heraus, was sie brauchten, ließen oft liegen, woran ihr Herz hing, weil es nicht von täglichem Nutzen war, stapelten, packten, packten um. Legten zurück – hilflos, unentschlossen, verzweifelt. Dreißig Kilogramm Gepäck, das reicht für eine Woche im Pfadfinderlager, aber nicht für einen Hausstand. Der aus Grünwald im Kreis Gablonz an der Neiße vertriebene Installateur A. P. beschrieb die Ratlosigkeit, die ihn und seine Frau befiel, als sie erfuhren, daß sie einige Tage später ausgewiesen würden: »Obwohl uns eine Frist zum Packen gegeben war, waren es entsetzliche Tage. Bis in die Nacht wurde jeden Tag gepackt und umgepackt, immer wieder neu gepackt.«

Die Tschechen ließen die Deutschen, die sie jetzt davonjagen wollten, nicht einfach zum Bahnhof gehen: Sie trieben sie zunächst in Sammellagern zusammen. Gustav Grüner aus der Stadt Asch, der beim Grenzgang mit seinem Vater beinahe den Tschechen in die Hände gefallen wäre, wurde mit seinem Vater und seiner Mutter Ende Februar 1946 zum Schützenhaus von Asch bestellt – jeder mit dreißig Kilo Gepäck. Hunderte von Deutschen, die für den ersten der Transporte bestimmt waren, mit denen die Tschechen die Stadt räumen wollten, hatten sich dort schon aufgestellt. Und auch hier vollzog sich wie überall im deutschen Osten in jenen Tagen der großen Vertreibung die Ausplünderung der Menschen, die ohnehin nichts mehr besaßen. Gustav Grüner berichtete: »Soldaten kontrollierten das Gepäck. In einem unachtsamen Augenblick schaute ich auf die Uhr, und schon war sie weg, die schöne goldene Konfirmationsuhr.«

Die Hausfrau Anna Riedel, ausgetrieben im Februar 1946 aus der Stadt Komotau: »Ich hatte einen vierzehn Jahre alten Neffen, dessen Vater und Mutter nicht in der Stadt waren. Ich richtete ihm einen Rucksack her. Er besaß außer einem Bett und einem Anzug, der seinem Vater gehört hatte, überhaupt nichts. Ihm nahmen die Tschechen bei der Kontrolle noch den Anzug weg, mit der Begründung, er passe ihm nicht.«

Der Installateur A. P. aus Grünwald: »Das Gepäck wurde gewogen, und dann durchwühlt. Ich gab die goldene Uhr, ein Erbstück von meinem Vater, freiwillig ab. Inzwischen wurden aus den Kisten Strümpfe, Bettbezüge, Wäsche, Zigaretten, der Wecker, das Bügeleisen herausgeholt. Die Tschechen behielten die Sachen. Mein Rechenschieber und das Fieberthermometer wurden entdeckt und zur Seite gestellt. Mit vieler Mühe gelang es mir, den einzigen Wintermantel meiner Frau zurückzubekommen. Unsere Kinder hatten einfache Decken auf ihre Rucksäcke aufgeschnallt, auch diese wurden ihnen weggenommen.« Der Arzt Dr. Karl Grimm aus Brüx im Sudetenland beschrieb den Anblick eines dieser Lager, in dem die Tschechen die Vertriebenen nach Kontrolle und Ausplünderung zum Abtransport nach Westen sammelten: »Die Wohnungen waren sehr primitiv, die Stuben bestanden aus den nackten vier Wänden mit Pritschen, Strohsäcken und herumstehenden Gepäckstücken. Die Leute wollten für den kurzen Aufenthalt ihren geringen Hausrat nicht mehr auspacken. Die Menschen brachten in diesem Lager immer eine Woche bis vierzehn Tage zu, bis ein Transport zusammengestellt werden konnte.« Viele der jungen Menschen, schrieb Dr. Grimm, waren von ungeduldiger Erregung und Erwartung erfüllt: »Junge Mädchen schwärmten davon, wieder tanzen und ins Kino gehen zu können.« Beides war den Deutschen in der Tschechoslowakei verboten.

Die Ungeduld wirkte sich selbst, so berichtete der Arzt, auf die schwangeren Frauen im Lager aus: »Es gab Sturzgeburten, daß ich alles liegen und stehen lassen mußte und trotzdem oft zu spät kam. Als ich einmal nachts geholt wurde, stand in dem dunklen Untersuchungszimmer eine junge Mutter und hielt stehend mit der rechten Hand das lebende Kind, das noch an der Nabelschnur hing.«

*

Dr. Grimm traf im Sammellager der Vertriebenen viele Menschen, die er aus der Zeit kannte, als er noch in Brüx als Arzt tätig war: Ärzte, Rechtsanwälte, Geschäftsleute, Bauern, Handwerker, Arbeiter. Er unterhielt sich mit ihnen und erforschte, wie den Menschen, die jetzt davongejagt wurden, zumute war. Und er erkannte: »Es war kein Zweifel, die Menschen wollten fort. Sie wollten um jeden Preis nach Deutschland gelangen und fürchteten nichts so sehr, als vom Transport zurückgestellt zu werden, etwa wegen einer Krankheit. Es gab Leute, die gern von dem Rest ihrer Habe noch Teile weggaben, und den Tschechen noch Geld bezahlten, um nur ja für den nächsten Transport eingeteilt zu werden. Diese Einstellung der Deutschen ärgerte die Tschechen. Sie malten Deutschland in den schwärzesten Farben: Es sei für hundert Jahre vernichtet, es herrsche dort Hungersnot. Aber die Menschen hatten zuviel und zu Furchtbares erlebt, so daß sie froh waren, der tschechischen Hölle zu entrinnen. Wer unter die Räuber fällt, ist zuletzt froh, mit dem Leben davonzukommen. Und sie hatten nichts mehr zu verlieren, sondern hatten bereits alles verloren und konnten nur gewinnen. Gleichviel, was das Leben in Zukunft bringen mochte, es konnte nicht schlimmer sein als das, was sie hier erlebt hatten. Und sie hatten zuviel dafür gelitten, daß sie

Deutsche waren, so wollten sie sich dieses letzte Gut erhalten, sie wollten nicht Tschechen und Kommunisten werden, sie wollten Deutsche und Freie sein.«

Aus dem Sammellager, in das die Deutschen von Gablonz gebracht worden waren, berichtete der Installateur A. P.: »Abends wurden die Namen für den nächsten Transport verlesen. Es gab dann immer viel Freude. Und viele fragten sich ängstlich, ob sie vielleicht noch länger bleiben müßten. Eine Frau, die schon viele Wochen im Lager war, kam in unsere Stube, warf Kußhände in alle Richtungen und rief: ›Gelobt sei Jesus Christus, ich bin beim nächsten Transport mit dabei.‹«

Die Wissenschaftliche Kommission der Bundesregierung bemerkt: »Unter dem Eindruck der konsequenten tschechischen Entrechtungspolitik, die den Deutschen alle Voraussetzungen für ein Weiterleben in der Tschechoslowakei entzog, empfand der Großteil der sudetendeutschen Bevölkerung die Ausweisung für den Augenblick nicht in ihrer ganzen Schwere, sondern eher als eine Befreiung von einem unerträglichen Druck. Die Ausweisung trat im Bewußtsein zurück gegenüber dem Erlebnis der Rechtlosigkeit, des kümmerlichen Vegetierens in Dachkammern, Abstellräumen und Lagern aller Art, gegenüber Erniedrigungen aller Art. Das tschechische Verfolgungssystem hatte den Deutschen die Heimat zerstört, bevor sie sie verlassen mußten.«

Regelmäßig kam der Tag, an dem die Menschen in den Sammellagern von Freunden und Bekannten Abschied nehmen mußten: Ein Teil fuhr nach Deutschland, ein Teil mußte zurückbleiben. Die Tschechen teilten die Menschen in Lager in Gruppen zu jeweils dreißig Personen ein, vierzig dieser Gruppen, also 1200 Deutsche, wurden zu einem Transport zusammengefaßt. Jeder dieser Gruppen wurde die Nummer der Waggons zugeteilt, in dem sie abtransportiert werden sollten, für jeden Waggon wurde ein Waggonführer bestimmt, für jeden Transport ein Transportführer. Und dann kam die Stunde des Abmarsches. Die Deutschen mußten ihr Gepäck auf die Lagerstraße stapeln. Es wurde mit der Nummer ihrer Gruppe gekennzeichnet.

Lastwagen fuhren vor, das Gepäck wurde aufgeladen und zum

Zug geschafft. Dann der Befehl: »Antreten zum Abmarsch.« In Gruppen sammelten sich die Deutschen vor den Baracken, bis sie vollzählig waren: Immer 1200 Menschen. Dr. Grimm beobachtete den Abzug der Menschen: »Der Transport setzte sich in Bewegung, mit Alten, Jungen, Frauen, Kindern, Kinderwagen und zog nahezu ohne Laut an den Zurückbleibenden vorüber, nur das unterdrückte Weinen eines Kindes war manchmal zu hören. Wir sahen den Davonziehenden nach, bis sie auf einer Straße hinter den Häusern verschwanden.« Über das jammervolle Schicksal der Vertriebenen schreibt Dr. Grimm: »Da gehen sie hin, Rechtsanwälte ohne Kanzlei, Ärzte ohne Praxis, Lehrer ohne Schule, Unternehmer ohne Betrieb, Geschäftsleute ohne Laden, Handwerker ohne Werkstatt, Bauern ohne Kuh und Stall, Bergarbeiter ohne Schacht, Metallarbeiter ohne Hochofen. Da sind große und kleine Familien ohne Heim, Mütter mit Kindern ohne Väter, Schwangere, Säuglinge, Greise, Kranke ohne Pflege. Das war ein Volk mit Kindersegen, Bauerntum, Arbeiterschaft, Mittelstand, Intelligenz, ein blühendes Volk mit einer reichen Heimat. Das war ein Volk, aber es ist kein Volk mehr. Es sind irre Haufen Flüchtlinge, Vertriebene, Heimatlose, Bettler.«

Die Baracken der Sammellager aber standen immer nur für kurze Zeit leer: Pferdefuhrwerke und Lastwagen brachten das nächste Kontingent von Deutschen heran, die zur Austreibung bestimmt waren.

Die Menschen, die das Lager verlassen hatten, marschierten unterdessen zum Güterbahnhof. Dort stand schon die Lok unter Dampf, an sie angehängt vierzig Waggons für vierzig Gruppen von jeweils dreißig Menschen. Die Deutschen gingen mit müden Schritten die Rampe hoch, suchten die Wagen, für die sie eingeteilt waren, ihr Gepäck wurde hergebracht, sie schoben die Säcke, die Koffer, die Kisten durch die Türen der Waggons und stiegen dann hinein. Der Pfarrer Hermann Schubert aus Trautenau, ausgetrieben Anfang März 1946, berichtete: »In den Viehwagen, die uns wegfahren sollten, gab es keine Klosettanlage. Wir verstauten unser Gepäck so, daß wir zur Not noch sitzen konnten. Dann fuhr der Zug los.«

So sehr sich die Deutschen gewünscht hatten, der tschechischen Unterdrückung und dem Haß zu entrinnen – der Augenblick, in dem sie eingepfercht im Güterzug aus dem Bahnhof hinausrollten, war für sie ein Augenblick tiefen Schmerzes. Der Verlust der Heimat, die Unwiederbringlichkeit all dessen, wofür sie gelebt und gearbeitet hatten, wurde endgültig. Frauen weinten, Männer drehten ihre Köpfe zur Seite, um ihre Rührung zu verbergen. Mancher legte seinen Arm tröstend um den Nachbarn und brauchte doch selber Trost. In dem Waggon, in dem der Pfarrer Schubert saß, stimmten die Vertriebenen das Riesengebirgslied an: »Blaue Berge, grüne Täler . . .« Deutsche, die noch zurückgeblieben waren, winkten den Menschen im Zug zu.

Die Ausgetriebenen winkten zurück, dann verdrängte Erleichterung die Traurigkeit. Schon wenn die Züge sich der Grenze näherten, setzten die Vertriebenen das Zeichen eines neuen Lebens, ein Zeichen, da sie Unfreiheit und Unterdrückung hinter sich ließen. Sie rissen sich die weißen, gelben und roten Armbinden, die ihnen die Tschechen aufgezwungen hatten, um sie als Rechtlose zu brandmarken, von den Jacken, den Mänteln und Kleidern. Und sobald die Züge in langsamer Fahrt die Grenze passiert hatten, warfen die Vertriebenen ihre Armbinden aus den Türen. Die bunten Stoffetzen segelten durch die Luft, verfingen sich in Sträuchern und Büschen. Frau E. H., vertrieben aus Olmütz: »An der Grenze kam plötzlich ein Strauch, der wie mit Blüten übersät war. Als wir näherkamen, sahen wir, daß es die Armbinden waren. Hinter der Grenze atmeten wir auf. Wir wußten zwar, daß das Leben in Deutschland nach dem verlorenen Krieg auch nicht rosig war, aber der seelische Druck war von uns genommen.« Der Vertriebene Fritz Peter Habel auf Olmütz: »Unser Transport überquerte die deutsche Grenze, und da flogen wie auf Kommando die weißen Armbinden aus dem Zug. Man sah viele Leute mit Tränen in den Augen, die noch reichlicher flossen, als sie auf dem Bahnhof von Furth in Bayern von Rotkreuz-Schwestern in deutscher Sprache angesprochen wurden.«

Der erste der Güterzüge, in denen Menschen aus ihrer Heimat in

Böhmen und Mähren in die amerikanische Besatzungszone transportiert wurden, war am 25. Januar 1946 in Furth angelangt. Ihm folgten jeden Tag vier Züge mit jeweils 1200 Menschen, also jeden Tag nahezu 5000, jede Woche nahezu 35 000, jeden Monat mehr als 140 000. In den ersten drei Monaten der Austreibung von 1946 waren also schon rund eine halbe Million Sudetendeutsche nach Westen verfrachtet worden – so viele Menschen, wie etwa in einer Großstadt wie Dortmund oder Essen leben.

Die amerikanische Militärregierung, in deren Machtbereich die Vertriebenen aus dem Sudetenland gelangten, aber stellte rasch fest, daß die Tschechen sich keineswegs an die Vereinbarung hielten: Die Deutschen, die aus ihrer Heimat verjagt worden waren, hatten oft nicht einmal soviel Gepäck mitnehmen dürfen, wie ihnen nach den amerikanisch-tschechischen Abmachungen zustand. Die Wissenschaftliche Kommission der Bundesregierung schreibt: »Obgleich die Tschechen den Ausgewiesenen ein Mindestgepäck von dreißig Kilogramm zugesprochen hatten, wurde es bis Mai 1946 meist auf fünfundzwanzig Kilogramm beschränkt. Unter diesen Bedingungen konnten nicht einmal die notwendigsten Kleidungsstücke, geschweige denn unentbehrliche Haushaltsgegenstände, die zu diesem Zeitpunkt in Deutschland nicht zu beschaffen waren, mitgeführt werden.«

Deutsche aus dem Innern der Tschechoslowakei hatten oft nicht einmal die jammervollen fünfundzwanzig Kilogramm Gepäck in den Händen, die den Deutschen aus dem Sudetenland erlaubt waren. Anfang April 1946 wurden Deutsche aus Iglau, nicht weit von Prag, vertrieben. Über ihre Ausstattung mit Gepäck und sonstigem persönlichem Eigentum fertigte der deutsche Flüchtlingskommissar im bayrischen Furth ein Protokoll an: »Personalpapiere fehlten fast bei sämtlichen Angehörigen dieses Transports, wie Trau- und Erb- und Gewerbescheine, sowie Versicherungspolicen und dergleichen. Sie waren den Leuten im Lager abgenommen worden mit dem Hinweis, daß sie vor der Auslieferung wieder zurückgegeben würden. Dies geschah jedoch nicht, obwohl die Flüchtlinge ihre Papiere anforderten. Die Ausstattung mit Gepäck war ungewöhnlich schlecht. Zum Teil besaßen die

Leute nur das, was sie am Leibe trugen. In Einzelfällen war es ihnen nur möglich gewesen, ein bis zwei Wäschegarnituren und eventuell ein sonstiges Bekleidungsstück beim Verlassen des Hauses mitzunehmen, so daß sie ihr ganzes Hab und Gut mit höchstens zehn Kilogramm in einem kleinen Rucksack mit sich führten. Der überwiegende Teil des Transports verfügte nur über Gepäck bis höchstens dreißig Kilogramm. Dieser Übelstand kam in der Hauptsache daher, daß die Flüchtlinge förmlich von den eingesetzten Verwaltern von ihren Höfen vertrieben wurden, so daß ihnen keine Zeit zur Verfügung stand, Gepäck zusammenzustellen. Ein Teil der Männer, die aus der Haft entlassen worden waren, kamen gar nicht erst nach Hause, um sich ihr Gepäck zu holen. Sie wurden vielmehr sofort in ein Aussiedlungslager gebracht, von wo aus sie nach ganz kurzer Zeit dem Transport angegliedert wurden. Ein Kind wurde sogar ohne Eltern ausgewiesen. Es ist sieben Jahre alt. Seine Eltern sitzen im Gefängnis, weil sie angeblich Funktionäre der NSDAP waren.«

Oft aber auch hielten die Tschechen deutsche Männer zurück – einfach deshalb, weil sie Arbeitskräfte brauchten. Frauen und Kinder wurden nach Deutschland gebracht, Familien auf diese Weise willkürlich getrennt. Ein amtlicher Bericht über die Ankunft von Vertriebenen in der amerikanischen Besatzungszone klagte im Frühjahr 1946: »Nach übereinstimmenden Mitteilungen ist bei fast jedem Flüchtlingstransport festzustellen, daß die abtransportierten Familien auseinandergerissen und die arbeitsfähigen Männer in der Tschechoslowakei zurückgehalten werden. So zum Beispiel bei dem Transportzug

am 15. 2. von Freudenthal nach Augsburg unter 595 Personen 50 arbeitsfähige Männer,

am 16. 2. von Marienbad nach Würzburg unter 1295 Personen 70 arbeitsfähige Männer,

am 17. 2. von Mähr. Cronau nach Bayreuth unter 1200 Personen 80 arbeitsfähige Männer,

am 28. 2. von Kaplitz nach Nürnberg unter 1200 Personen 64 arbeitsfähige Männer,

am 2. 3. von Znaim nach Schweinfurth unter 1200 Personen 40

arbeitsfähige Männer. Diese Beispiele können beliebig fortgesetzt werden.«

Die Austreibung der Deutschen, ihr oft mitleiderregender Zustand und die rücksichtslose Trennung von Familien durch die Tschechen veranlaßten die Amerikaner schon im Frühjahr 1946, bei der tschechischen Regierung vorstellig zu werden: Künftig würden sie deutsche Familien, die nicht vollzählig waren, nicht mehr in die amerikanische Besatzungszone aufnehmen, sondern in die Tschechoslowakei zurückschicken. Ebenso würden sie streng darauf achten, drohten die Amerikaner, daß jeder der Ausgewiesenen im Besitz von 50 Kilogramm Gepäck war. Wenig später setzten die Amerikaner durch, daß die Deutschen jeweils 70 Kilogramm Gepäck mitnehmen durften. Für viele der Sudetendeutschen bedeutete diese Regelung jedoch nur scheinbar eine Verbesserung der Umstände, unter denen sie ihre Heimat verlassen mußten. Denn viele saßen seit vielen Monaten in tschechischen Gefängnissen oder Lagern, und sie besaßen nur noch das, was sie auf dem Leibe trugen. In ihre Wohnungen waren längst Tschechen eingezogen, und die neuen Besitzer hatten sich angeeignet, was den Deutschen gehörte. Die tschechischen Behörden aber gaben diesen Deutschen nicht etwa Teile ihres persönlichen Eigentums zurück, sie füllten das Gepäck der Ausgetriebenen mit Lumpen auf, um auf diese Weise das vorgeschriebene und von den Amerikanern kontrollierte Gewicht herzustellen.

Der Vertriebene Dr. Kurt Schmidt, der mit seiner Frau und seinem Sohn in den Tagen der Kapitulation gefangengesetzt und später in ein Lager gesperrt worden war, schrieb auf, was die Tschechen seiner Familie bei der Austreibung mit auf den Weg gaben: »Einige sehr schäbige, zum Teil sogar blutverschmierte Kleidungsstücke, für mich eine Jacke und zwei schadhafte Unterhosen. Für meine Frau Teile eines Dirndlkleides, für meinen Sohn eine Lederhose und dazu pro Person eine alte Wehrmachtsdecke.« Der Vertriebene D. R. aus Pilsen, zur Zeit der Kapitulation ins Gefängnis gesperrt, in dem er bis zur Ausweisung bleiben mußte: »Die Sachen, die uns die Tschechen gaben, waren ausnahmslos alte, unbrauchbare, zerschlissene Lumpen.« Der Kaufmann N. R. aus

Brünn berichtete der Wissenschaftlichen Kommission: ». . . abge-
nützte und zerrisene Sachen. Familie und Frauen bekamen altes,
fast unbrauchbares Geschirr, direkt ekelerregende Scherben. Die
Folge war, daß man leer, nur mit wenigem, fast unbrauchbarem
Gut seine Heimat verlassen mußte.« Der aus Wagstadt vertriebene
L. E., der nach der Entlassung aus russischer Gefangenschaft in
seine Heimat zurückgekehrt war, und nun, wie alle anderen
Deutschen, davongejagt werden sollte: »Ich bekam von der tschechischen Stadtverwaltung zwei Anzüge, zwei Hemden, eine
Unterhose, ein Paar Gummischuhe und eine Mütze. Ein Bauer
schenkte mir einen Sack Kartoffeln. Arbeiterfamilien, deren Kinder ich einst unterrichtet hatte, schenkten mir einige gebrauchte
Kleidungsstücke, ein Federkissen und einen alten Mantel. Und so
hatte ich mein Aussiedlungsgepäck beisammen. Allerdings wurde
mehr als die Hälfte des Gesamtgewichtes von Kartoffeln ausgemacht.«

Wenn die Amerikaner auch nicht verhindern konnten, daß viele
Sudetendeutsche in Lumpen gehüllt und mit Lumpen im Gepäck
ausgewiesen werden, so hatten ihre scharfen Kontrollen an der
Grenze für eine Reihe von deutschen Männern und Frauen doch
segensreiche Folgen: Die Tschechen siedelten die Familien jetzt
tatsächlich meist zusammen mit ihren Ernährern, den arbeitsfähigen Männern aus. Dies bedeutete Freiheit für viele Deutsche, die
in Straflagern festgehalten wurden oder Zwangsarbeit leisten
mußten. So fragten die Tschechen die Deutschen jetzt vor der
Ausweisung, ob einer ihrer Verwandten noch in einem Internierungslager eingesperrt war. Dr. Karl Grimm berichtete aus dem
Sammellager in der Nähe von Brüx: »Es war durchaus üblich, daß
dabei falsche Verwandtschaftsverhältnisse angegeben wurden,
insbesondere gaben sich oft junge Mädchen als Verlobte aus und
forderten irgendeinen Verwandten oder Bekannten als Bräutigam
an, der noch in einem Straflager saß. So mancher arme Teufel
wurde durch diesen Liebesdienst aus dem Straflager befreit. Das
gab jedesmal ein erschütterndes Wiedersehen, wenn die abgerissenen und ausgehungerten Jammergestalten aus den Straflagern
im Evakuierungslager eintrafen.« Der Diplomingenieur Josef Kuhl

aus Mährisch Schönberg verdankte dem Mitleid einer fremden Frau seine Freiheit: Er kehrte im August 1946 aus russischer Gefangenschaft in seine Heimat zurück – und wurde dort von den Tschechen gleich wieder in ein Lager gesperrt: »Ich erfuhr, daß man mit der Entlassung nur rechnen konnte, wenn man von Angehörigen bei der Aussiedlung angefordert werde. Ich hatte aber keine Angehörigen mehr in der Heimat. Sechs Tage vor meiner Rückkehr war meine Frau ausgewiesen worden, mein Sohn lag in Deutschland in einem Lazarett. Da half mir mein Freund. Er bewog eine ältere Frau, mich als ihren Vetter zu bezeichnen und als Begleiter bei der Aussiedlung anzufordern. Dies gelang. Ich wurde aus dem Internierungslager entlassen.«

Die Befreiung von Deutschen aus den Lagern und den Gefängnissen durch Verwandte oder Bekannte gelang jedoch keineswegs immer. Die Wissenschaftliche Kommission der Bundesregierung schreibt: »Es werden zahlreiche Fälle berichtet, bei denen die zur Ausweisung Aufgerufenen nicht mehr die Möglichkeit besaßen, ihre zur Zwangsarbeit eingesetzten Angehörigen noch rechtzeitig freizubekommen. Oft war das schon allein deswegen nicht möglich, weil ihr Aufenthaltsort nicht bekannt war. – Es ist verständlich, daß die in den Internierungs- und Arbeitslagern festgehaltenen Personen, und unter ihnen vor allem die seit dem deutschen Zusammenbruch unter grausamsten Bedingungen im innertschechischen Gebiet Internierten sich am stärksten darum bemühten, ihre Freiheit wiederzugewinnen, was nur auf dem Wege der Ausweisung möglich war.« Die kaufmännische Angestellte E. R., die am Tag der Kapitulation in Prag von Tschechen verhaftet und in ein sogenanntes Internierungslager gebracht worden war, beschrieb, in welchem Zustand sie sich nach einem Jahr Lagerhaft befand: »Ich lag erkrankt an Hungerödemen, meine Füße waren von Wasser dick geschwollen, mein Körpergewicht war auf 38 Kilo geschwunden. Ich meldete mich zur Ausweisung. Das war meine Rettung.«

*

Einen Frühling, einen Sommer, einen Herbst lang rollten die Züge mit den ausgetriebenen Deutschen nach Westen. Erst vier Züge mit jeweils 1200 Menschen am Tag, dann täglich sechs Züge, dann täglich wieder vier Züge – ein ganzes Volk in Güterwagen. Im Jahre 1946 liefen 1111 Eisenbahnzüge mit 1 183 370 Deutschen aus der Tschechoslowakei in die Bahnhöfe der amerikanischen Besatzungszone ein. Im gleichen Jahr wurden 750 000 Deutsche aus dem tschechischen Machtbereich in die sowjetische Besatzungszone verfrachtet. Zehntausende von ihnen wanderten ohne langen Aufenthalt weiter in die Besatzungszonen der Westmächte. Die Wissenschaftliche Kommission der Bundesregierung urteilt: »Wenn man den Ausweisungsprozeß aus der Tschechoslowakei von seiner organisatorischen Seite her betrachtet, so ist er als technische Prozedur ohne größere Störungen abgewickelt worden. Man kann dies als »ordnungsgemäßes Verfahren« im Sinne der Potsdamer Beschlüsse bezeichnen, doch sicherlich nicht als ein menschliches, die kalte Nüchternheit der Durchführung trägt schon wieder unmenschliche Züge.«

Freundlichkeit einzelner Tschechen ließ manchen Deutschen die Umstände der Ausweisung leichter ertragen. So berichtete der Kaufmann Dr. August Lassmann aus Troppau im Sudetenland der Wissenschaftlichen Kommission: »Zwei Tage vor der Abfahrt unseres Transportes hatte ich noch keinen Reiseproviant für meine Familie. Ich stand in Troppau vor einem Lebensmittelladen, der dem jüdischen Kaufmann G. gehörte. Auf dem Schaufenster stand in dicken Lettern: ›Für Deutsche verboten‹. Trotzdem ging ich hinein und wartete still in einer Ecke. Der Kaufmann bemerkte mich. Er konnte sich denken, weshalb ich gekommen war. Nach einer Weile ließ er gerade vor mir einen zusammengefalteten Zettel auf die Theke fallen und ging wieder weg. Ich nahm den Zettel und verließ den Laden. Draußen las ich: ›Kommen Sie nach 6 Uhr abends wieder. Sprechen Sie nicht. Ich werde Sie rufen.‹

Der Lebensmittelhändler fürchtete Bestrafung durch tschechische Behörden, wenn er einem Deutschen was verkaufte. Deshalb diese Heimlichkeit. Abends ging ich wieder zu seinem Laden, er nahm

mich mit in sein Büro und fragte, für wieviele Personen ich
Proviant wollte. Die Lebensmittel stellte er mir dann mit Rat und
Tat zusammen und berechnete einen erträglichen Preis.«

*

Am Ende des Jahres 1946 war das Sudetenland von Deutschen
schon nahezu entvölkert. In den nächsten Jahren folgten den
Deutschen noch jeweils einige Zehntausende nach Westen:
Nahezu drei Millionen Deutsche, so stellte die Wissenschaftliche
Kommission der Bundesregierung fest, wurden in der Tschechoslowakei unmittelbar von der Vertreibung aus ihrer Heimat betroffen. Das Schicksal von weit mehr als 200 000 Deutschen, die auf
dem Staatsgebiet der heutigen Tschechoslowakei lebten, aber blieb
im dunkeln. Niemand weiß, was aus ihnen wurde. Die Wissenschaftliche Kommission der Bundesregierung: »Es ist anzunehmen, daß diese Zahl annähernd die Zahl der direkten oder indirek-
ten Opfer der tschechischen Vergeltungs- und Vertreibungspolitik
wiedergibt . . . »In keinem der Vertreibungsstaaten Ost-Mittel-
europas«, so faßt die Kommission zusammen, »ist die Entrechtung,
Enteignung und Vertreibung der Deutschen so eindeutig Schritt-
macherin des Kommunismus gewesen wie in der Tschechoslowakei. Die nichtkommunistischen Kräfte des tschechischen Volkes,
die sich an dieser Politik beteiligt haben, sind längst ihrerseits
zwischen die Mühlsteine der kommunistischen Regimes geraten.
Die Hoffnung des Präsidenten Benesch, die Tschechoslowakei zu
einem Ausgleichs- und Vermittlungszentrum zwischen dem westlichen und östlichen System zu machen, ist ebenso zerronnen wie
die Machtträume Hitlers, der das tschechische Volk germanisieren
wollte und der, was trotz des erlittenen Unrechts kein Deutscher
vergessen sollte, mit seiner Politik die späteren Verhältnisse erst
ausgelöst hat. Böhmen ist in den Bereich der russischen Macht
gefallen, und das tschechische Volk, das von jeher stolz auf seine
europäische Tradition und Gesinnung war, hat seine Freiheit
erneut eingebüßt. Die Austreibung der mit dem tschechischem
Volk durch Jahrhunderte im Glück und Unglück verbundenen

Deutschen ist ihm nicht zum Segen geworden: ›Der Abschub‹ der Deutschen war die Einleitung zum Abschied vom Westen.«

Sieben Jahrhunderte waren vergangen, seit Deutsche das Sudetenland besiedelt, den Boden urbar gemacht, Kirchen und Städte errichtet hatten. Ihren Nachfahren war nichts geblieben, außer ein wenig Kleidung, ein wenig Geschirr, Lebensmittel für wenige Tage. In dieser Hoffnungslosigkeit suchten sie einen neuen Anfang – und sie fanden ihn, in gleicher Weise wie ihre Leidensgefährten, die in anderen Ländern um Heim und Habe gebracht und verjagt worden waren: Das deutsche Wirtschaftswunder steht auch auf den Schultern der Flüchtlinge und Vertriebenen.

XXI.

SLOWAKEI

Massengrab

Die Flugzeuge kamen stets in der Nacht, und sie kamen von Osten. Die Maschinen kreisten in geringer Höhe über den Tälern und Bergen der Slowakei. Doch sie warfen keine Bomben, schossen nicht mit Bordkanonen. Die Piloten suchten an den Hängen und in den Tälern unter sich nach den hellen Punkten von offenen Feuern, die für Augenblicke abgedeckt wurden und dann wieder aufloderten: Signale in der Nacht.

Aus den Flugzeugen fielen Menschen, Fallschirme entfalteten sich, schwebten zur Erde. Die Maschinen drehten ab, gingen wieder aus Ostkurs, das Geräusch ihrer Motoren verlor sich. Stille herrschte wieder über den Bergen der Slowakei. Die Männer, die mit den Fallschirmen abgesprungen waren, näherten sich vorsichtig den Feuern, die in der Nacht brannten: Es konnte eine Falle sein.

Die Fallschirmspringer waren sowjetische Agenten. Ihr Ziel war es, Partisanen zu sammeln und gegen die Regierung der Slowakei zu führen. Die Flugzeuge, die Agenten über der Slowakei absetzten, warfen auch Kisten mit Waffen, Munition und Proviant ab.

Die Aktion, die in den slowakischen Bergen vorbereitet wurde, sollte wenig später Zehntausende von Deutschen in höchste Gefahr bringen und Hunderte von ihnen das Leben kosten.

Es war Sommer 1944, im fünften Jahr des zweiten Weltkriegs. Die sowjetischen Heere näherten sich den Grenzen der Slowakei, aber die Lage im Lande war noch ruhig. Nach Osten und Südosten wird das Gebiet von den schwer überwindlichen Bergen der

Hohen Tatra geschützt. Die Einfallspforten im Norden und Süden dagegen waren noch fest in der Hand der deutschen Wehrmacht.

Der Staat Slowakei, der erst 1933, nach der Zerschlagung der Tschechoslowakei durch Hitler geschaffen worden war, stand offiziell an der Seite des Dritten Reiches. In ihm lebten etwas mehr als drei Millionen Menschen. 150 000 von ihnen waren Deutsche, zumeist Nachkommen jener Bauern, die schon im 12. und 13. Jahrhundert hier das Land urbar gemacht hatten. Anders als im Sudetenland bildeten die Gemeinden mit überwiegend deutscher Bevölkerung jedoch kein geschlossenes Siedlungsgebiet. Vielmehr waren einzelne deutsche Dörfer und Ortschaften über den slowakischen Raum weit verstreut.

Bis in dieses fünfte Kriegsjahr hinein hatten sich die Deutschen vergleichsweise sicher fühlen können. Zwar standen in der Slowakei keine deutschen Truppen, aber das Verhältnis der deutschen Bevölkerung zu den Slowaken und anderen Volksgruppen war nie so gespannt oder sogar feindselig gewesen wie im Westen des tschechoslowakischen Staates die Beziehungen zwischen den Sudetendeutschen und den Tschechen.

Doch jetzt, in diesem Sommer 1944, bemerkten die Deutschen Zeichen von Veränderung. Slowaken, die bislang mit Deutschen freundschaftlich verkehrt hatten, zogen sich zurück, mancher blickte zur Seite, wenn er einem deutschen Bekannten in einer slowakischen Stadt begegnete. Und schließlich wurde die Gefahr augenscheinlich. Die deutschen Bauern beobachteten bei der Feldarbeit auf den Kämmen der Berge Reiter, die in langen Kolonnen dahinzogen. In der Umgebung der Dörfer tauchten Fremde auf, bewaffnet mit Gewehren und Maschinenpistolen. Viele von ihnen trugen auf den Köpfen russische Pelzmützen: Partisanen.

Noch jetzt waren die deutschen Ortschaften und ihre Einwohner für die Partisanen von minderem Interesse. Sie marschierten und ritten aus dem Osten der Slowakei in die Mitte des Landes. Ihre Absicht war es, einen allgemeinen Aufstand zu entfesseln, dem sich auch die slowakische Armee anschließen sollte. Tatsächlich waren hohe Offiziere einschließlich des Verteidigungsministers bereit, gegen die von den Deutschen gestützte Regierung in der

Hauptstadt Preßburg loszuschlagen. Sie wollten auf diese Weise der Roten Armee einen schnellen Weg in das Innere der Slowakei bahnen und so die Zerstörungen abwenden, die lange und schwere Kämpfe über das Land bringen würden.

Am 26. August 1944 rollten Kraftwagen der Deutschen Wehrmacht in den Ort Turz St. Martin: dreißig Offiziere einer deutschen Militärmission, die auf dem Weg von Rumänien nach Deutschland war. Slowakische Partisanen hielten die Wagen an, es fielen Schüsse, die Partisanen machten die Deutschen nieder. Von den dreißig Offizieren überlebte keiner.

Das Massaker gab das Signal zum Aufstand. Drei Tage später rief die Regierung in Preßburg die Reichsregierung in Berlin um Hilfe an. Verbände der Wehrmacht und der Waffen-SS rückten in die Slowakei ein, entwaffneten Teile der slowakischen Armee und drängten die Partisanen zurück. Doch nicht schnell genug. Die Partisanen fanden Zeit, sich an den deutschen Einwohnern für die Niederlagen zu rächen, die sie im Kampf gegen die deutschen Truppen erlitten.

Schon in den Tagen nach dem Beginn des Aufstands, Ende August, besetzten Partisanen die von Deutschen bewohnte Ortschaft Hochwies im Hauerland.

Zunächst ließen sie die Einwohner unbehelligt. Drei Wochen später jedoch, am 23. September, trieben sie die meisten Männer und einige Frauen des Orts zusammen und verluden die Menschen auf Lastwagen. Einer der Verhafteten war der Pfarrer von Hofwies, Josef Maday. Er berichtete der Wissenschaftlichen Kommission der Bundesregierung: »Wir rollten zum Dorf hinaus. Auf den Fußwegen sahen wir Partisanen, die immer neue Gruppen von Männern heranbrachten. Man hörte auch vereinzelt Schüsse. Als wir den Ort verließen, konnte ich auf den Friedhof blicken. Dort war ein neues Grab. Das hatte sich am Morgen ein Mann graben müssen, der vor Jahren einen Kommunisten geschlagen hatte. Dann war er erschossen worden.«

Das Ziel der Lastwagen mit den verhafteten Männern von Hochwies war ein Bahnhof in der Nähe. Die Partisanen zwangen die Deutschen, in Güterwagen zu steigen. Dann schlossen sie die

Türen der Waggons, in denen drangvolle Enge herrschte. Der Zug rückte an, fuhr einige Kilometer, blieb dann wieder stehen, fuhr weiter. Auf einem der Bahnhöfe mußten die Deutschen umsteigen, diesmal in die Waggons einer Schmalspurbahn. Die Wagen hatten außer den Türen keine Öffnungen, der Boden in ihnen war mit Karbidstaub bedeckt. Der Staub kroch in die Kehlen, die Männer husteten, und sie litten seit Tagen Durst.

Am Abend des fünften Tages nach der Verhaftung rollte der Zug in den Bahnhof einer kleinen Ortschaft. Er hielt. Aus den Waggons war das Geschrei der Männer zu hören. Sie riefen nach Wasser, lauter, immer lauter. Pfarrer Maday berichtete: »Um den Zug werden Scheinwerfer aufgebaut. Das Schreien aus den Waggons dauert an. Bei einem Waggon wird die Tür einen Spalt weit geöffnet. Die Männer drängen zur Luft. Die vordersten Männer fallen einfach heraus, bleiben lieben, halb bewußtlos. Es sind vier oder fünf Mann. Ein Posten holt Wasser in einem Stahlhelm. Er neigt sich über einen der Männer, um ihm etwas einzuflößen. Das Wasser aus dem Helm ergießt sich im Schwall über den Bewußtlosen. Er kommt halb zu sich, schluckt, seine Arme und Beine zucken, er schlägt um sich. Er trifft den Posten, der bei ihm niederkniet in den Unterleib, daß dieser umkippt.«

Und in diesem Augenblick trat die Mordlust an die Stelle des Mitleids. Einer der Partisanenführer schrie: »Seht ihr das Schwein. Ihr wollt ihm Wasser geben, und er tritt mit Füßen. Ausrotten muß man das!« Der Partisan zog seine Pistole, richtete sie auf den Deutschen, der sich am Boden wand und drückte ab.

Pfarrer Maday: »Die andern, die am Boden liegen, sind bei dem Knall aufgezuckt, blicken einen Augenblick wirr um sich, dann wollen sie fliehen. Der Schützen sind zu viele. Zwei Männer fallen am Zug, einer unter den Waggons, einer, als er fast das schützende Dunkel erreicht hatte. Einer entkam. Aber er wurde von anderen Partisanen im Walde gefunden und am nächsten Baume aufgehängt.«

Der Partisanenführer, der mit seinem Pistolenschuß den Massenmord in Gang gesetzt hatte, ging jetzt zu einem der Waggons und rief hinein: »Ich mache Luft! Wer braucht Luft?« Wenig später schleppten sich 14 Deutsche über den Bahnsteig zu einem Schuppen, bewacht von Partisanen. Der Partisanenführer folgte ihnen. Pfarrer Maday: »Aus dem Schuppen hören wir nun die einzelnen Schüsse einer Pistole. Nur zweimal hören wir ein Stöhnen. Dann folgt immer schnell ein Schuß. Unterdessen ist das Toben in einem anderen Güterwagen ganz schlimm geworden. Am Boden liegen bereits eine Anzahl Menschen, die einem Herzschlag oder der Erstickung zum Opfer gefallen waren. Es waren auch Ohnmächtige. Die anderen Männer traten oft auf sie. Viele Männer hatten sich die Kleider vom Leibe gerissen.«

Partisanen gingen auf den Waggon zu, aus dem das Gebrüll der zum Wahnsinn geängstigten, dürstenden Deutschen durch die Nacht schallte. Sie steckten die Läufe ihrer Maschinenpistolen durch den Türspalt und drückten ab, bis die Magazine der Waffen leergeschossen waren. Dann zog einer eine Handgranate ab und warf sie in den Waggon. Eine heftige Explosion, dann war Stille, dann ein Stöhnen. Im Licht der Scheinwerfer sah Pfarrer Maday eine dunkle Flüssigkeit durch die Bodenbretter auf den Schotter zwischen den Schienen rinnen – das Blut der Toten und Verletzten. Allein in diesem Waggon starben in dieser Nacht fünfzig Menschen. Insgesamt wurden auf dem kleinen Bahnhof 83 Deutsche umgebracht – nur deshalb, weil sie Deutsche waren.

Pfarrer Maday: »Weil die Männer in den Waggons sich vielfach nach Sippen und Verwandtschaften zusammengeschlossen hatten, kam es, daß manche Familie aus Hochwies alle Männer verloren hatte.«

In diesen Septembertragen 1944 kam das Unheil auch über die deutsche Ortschaft Glaserhau im Hauerland. Am 21. September ließen die Partisanen, die den Ort seit drei Wochen besetzt hatten, auf der Straße ausrufen, daß sich alle Männer zwischen 16 und 60 Jahren sofort melden müßten. Der Pfarrer von Glaserhau, Pöss, marschierte mit seinem Vater los. Die Männer wurden, wie die Deutschen von Hochwies, zum Bahnhof gebracht. Sie waren arglos und vermuteten, daß sie irgendwo im Gelände für die Partisanen Schützengräben und Stellungen ausheben sollten. Anders die Frauen. Pfarrer Pöss berichtete: »Sie ahnten wohl nichts Gutes und umstanden weinend und händeringend das Bahnhofsgelände. Keine von ihnen durfte sich dem Zug nähern.«

Zur Mittagsstunde dieses 21. September 1944 setzte sich der Zug mit den Deutschen in Bewegung, fuhr ein paar Kilometer und hielt dann in einem von dichtem Wald bestandenen Gelände an. Pfarrer Pöss blickte aus der Luke des Güterwaggons und sah, wie die Partisanen ein Dutzend junger, kräftiger Männer aus einem der Waggons herausholten. Die Partisanen drückten ihnen Hacken und Schaufeln in die Hände und führten sie zum Rand des Waldes. Pfarrer Pöss sah noch, wie die Männer die Hacken schwangen und in das Erdreich schlugen.

Dann fuhr der Zug wieder an, stoppte jedoch schon nach wenigen hundert Metern wieder. Die Deutschen in den Waggons konnten nicht mehr beobachten, was an der Stelle geschah, an der ihre Nachbarn und Freunde gruben. Doch jetzt ahnten die Männer, was ihnen bevorstand.

Einer sagte: »Nun werden wir wohl erschossen. Es ist nur gut, daß wir den Pfarrer da haben. Der kann uns noch den Segen geben, und dann in Gottes Namen.«

Pfarrer Pöss erteilte seinen Leidensgenossen den Segen. Wenig später zogen Partisanen die Türen der Waggons zurück. Die Deutschen mußten aussteigen. Pfarrer Pöss lief zu seinem Vater, der im Nachbarwaggon eingesperrt gewesen war. Die Partisanen befahlen den Deutschen, sich in Reihen zu dritt aufzustellen. Dann marschierten sie los, zu dem Ort, an dem die jungen deutschen Männer mit Hacken und Schaufeln gearbeitet hatten.

Als sie anlangten, sahen sie eine Grube, die etwa acht Meter lang war, 1,50 Meter breit und etwa 60 Zentimeter tief. Auf dem Boden der Grube standen die Deutschen, die die Erde ausgehoben hatten. Voller Entsetzen starrten sich die Männer an. Dann wurden ihre Blicke von Stahl angezogen, der in der Sonne blinkte: Die Läufe von fünf Maschinengewehren, die von Partisanen rings um das Loch in der Erde aufgebaut wurden. Die Partisanen befahlen den Deutschen, in die Grube zu springen. Dort standen die Gefangenen aufrecht: 90 Männer, dicht aneinander gepreßt.

Pfarrer Pöss berichtete: »Wir alle waren im ersten Schreck wie gelähmt. Nun ging bei den Männern ein Bitten und Jammern los. Doch es half nichts. Ein russischer Kommissar, ganz in Leder gekleidet, gab das Zeichen.«

Über die 90 deutschen Männer in der Grube brach der Tod herein. Die Maschinengewehre bellten los, Schreie, Stöhnen, das dumpfe Geräusch fallender Körper, dann Stille. Pfarrer Pöss berichtete: »Ich ließ mich beim ersten Schuß in die Grube fallen und war bald von Toten und Verwundeten bedeckt. Das Schreckliche dieser Augenblicke zu beschreiben, fehlen mir die Worte. Ich glaube, die Hölle kann auch nicht schlimmer sein.«

Dann wieder Schüsse. Die Partisanen schossen weiter in den Haufen von Toten und Sterbenden hinein. Dann endlich verstummte das Feuer aus dem Maschinengewehr. Partisanen stiegen in die Grube hinab und töteten mit Schüssen aus Pistolen die Männer, die noch Lebenszeichen gaben. Eines der Opfer richtete sich auf und sagte, er sei Slowake und zudem mit einer slowakischen Frau verheiratet. Einer der Partisanen schrie: »Was, du schwäbisches Schwein!«, zog eine Handgranate ab und warf sie auf den Mann, der um sein Leben bettelte. Der Mann starb auf der Stelle.

Pfarrer Pöss rührte sich nicht, auch dann nicht, als die Partisanen begannen, das Massengrab mit Erde einzudecken. Er berichtete: »Ersticken konnte ich nicht, da die Grube ja nicht tief war. Zudem bildete die Erde, trocken und hart, nur grobe Lehmklumpen.« Er hörte, wie sich die Partisanen entfernten, wühlte sich aus der Erde hervor und entdeckte in wenigen Metern Entfernung die Leiche seines Vaters. Ein Schuß hatte ihn in den Kopf getroffen. Der Pfarrer rannte über die Wiese davon und verbarg sich im Gebäude einer Mühle. Dort hörte er wenig später wieder Schüsse. Die Partisanen hatten die restlichen Deutschen aus dem Zug geholt, um sie zu exekutieren.

Unter diesen Deutschen war der Bauer August Lichner aus Glaserhau. Er berichtete, wie es einem Teil dieser Männer gelang, dem sicheren Tod zu entgehen: »Wir mußten zu dem Grab marschieren, in dem die erschossenen Männer aus unserem Ort lagen. Da angekommen, wurde uns Halt befohlen. In diesem Augenblick ergriff Joseph Daubner die Flucht. Die Partisanen schossen hinter ihm her. Er rannte um sein Leben. Doch plötzlich fiel er hin. Da schrien die Partisanen: ›Recht geschieht es diesem deutschen Schwein.‹ Sie glaubten, sie hätten ihn getroffen, hörten auf zu schießen und nahmen die Waffen herunter. Da sprang der flüchtige Joseph Daubner wieder auf und verschwand mit riesigen Sätzen im nahen Wald. In diesem Augenblick rief ein Verwandter des Flüchtigen, Elias Daubner: ›Rette sich, wer kann!‹ Alle rannten davon, ungefähr 120 Mann. Die Partisanen schossen auf uns, mit Maschinenpistolen und Maschinengewehren. Die meisten Männer wurden getroffen und blieben liegen. Wir hetzten weiter im Kugelhagel. Dann waren wir im Wald, rannten durch das dichte Gehölz immer weiter und weiter. Nur 25 Männer sind durchgekommen.« An diesem 21. September 1944 wurden insgesamt 181 deutsche Männer aus Glaserhau im Alter von 15 bis 59 Jahren umgebracht.

Die Wissenschaftliche Kommission der Bundesregierung zur Geschichte der Vertreibung urteilt über die Massenmorde an Deutschen während des slowakischen Aufstands: »Von derartigen Massakern wurden nur die deutschen Bewohner der Mittelslowakei, des Zentrums der Aufstandsbewegung, betroffen. Also ausgerechnet die Arbeiter- und Bauernbevölkerung des Hauerlandes, die ihrer sozialen und geistigen Haltung nach am wenigsten dazu neigte, sich politisch im Sinne eines übersteigerten Nationalismus zu exponieren. Mit beeinflußt wurde ihr Schicksal durch die Angstpsychose, von der die Partisanen beim Herannahen der deutschen Truppen und der von Himmler entsandten rücksichtslos vorgehenden Kommandos der Sicherheitspolizei ergriffen wurden. Dazu kam, daß gerade in der Mittelslowakei die protestantischen, tschechoslowakisch gesinnten und von einem fanatischen Haß gegen das herrschende Regime und seine deutschen Beschützer getragenen Elemente überwogen und zusammen mit den Linksradikalen die Initiative an sich rissen. Die verängstigte slowakische bäuerliche Bevölkerung wie auch die kommunalen Verwaltungsbehörden standen den Vorgängen ohne Verständnis gegenüber und suchten zu helfen, wo es unauffällig möglich war.«

Wenige Tage nach den Massenmorden rückten deutsche Truppen

in das Hauerland ein. Die Partisanen versteckten sich in den Bergen. Doch der Vormarsch der Verbände von Wehrmacht und Waffen-SS änderte die Lage für die Deutschen in der Slowakei nur für kurze Zeit. Sowjetische Truppen stießen in Rumänien und in Ungarn weiter vor. In dieser Situation beschloß die Führung der Deutschen in der Slowakei, die Menschen aus den gefährdeten Ortschaften und Dörfern zu evakuieren. In dichter Folge rollten im Spätherbst und im Winter des Jahres 1944 Eisenbahnzüge mit Deutschen nach Westen. Nur 20 000 Deutsche blieben zurück. Sie waren nicht dazu zu bewegen, ihre Heimat zu verlassen. Auch ihnen blieb das Schicksal nicht erspart, das Millionen Deutsche im Osten nach dem Sieg der Roten Armee im Osten erlitten: Hunger, Lager und schließlich der Weg nach Deutschland – unter dem Zwang der Austreibung oder auf dem Weg der Flucht, um der Zwangsarbeit und den unsäglichen Verhältnissen in den Lagern zu entrinnen.

Dennoch unterschied sich das Geschick der Deutschen in der Slowakei von dem Los, das ihre Landsleute in Böhmen und Mähren und sonst im Osten traf. Ihnen begegneten vielfach Menschlichkeit und spontane Hilfsbereitschaft.

Die Wissenschaftliche Kommission der Bundesregierung bemerkt: »Der slowakische Bauer entdeckte bald, daß das neue Regime in seinen Praktiken die propagierte Freiheit in keiner Weise verwirklichte. Er behielt sein natürliches Gefühl für Recht und Unrecht mehr als der radikalisierte Tscheche. Die Verordnungen gegen die Deutschen blieben zwar in aller Schärfe bestehen und damit die offizielle Diffamierung aller Deutschen. Die private Sphäre aber, das persönliche Miteinanderzurechtkommen war von einem verträglicheren Geist erfüllt.«

Die Deutsche Anitta Graeser und ihr kleiner Sohn verdanken der Großzügigkeit von Slowaken ihr Leben. Frau Graeser, ihr 10 Jahre alter Sohn Jussi und Frau Graesers Mutter waren von den Slowaken nach dem Ende des Krieges in ein Lager gesperrt worden, wie die meisten anderen Deutschen des Gebietes auch. Die drei schliefen mit 12 anderen zusammen in einem kleinen Zimmer auf der Erde, auf Stroh.

Frau Graeser wurde zur Zwangsarbeit abkommandiert. Sie mußte mit anderen deutschen Frauen zusammen Schwellen für den Neubau einer Bahnstrecke abladen. Sie berichtete: »Wir keuchten unter unseren Lasten, die Sonne schien unerbittlich vom Himmel herunter und uns hingen die Zungen aus dem Halse vor Durst. Aber wir durften keine Pause einlegen, wir durften nichts trinken. Einige der Frauen, die versuchten, sich hinter Waggons zu verstecken und auszuruhen, wurden erbarmungslos hervorgezerrt und mit der Peitsche bedroht.«

Die ungewohnte harte Arbeit, die Hitze und die Angst lösten bei Frau Graeser schweres, lebensgefährliches Asthma aus. Die Slowaken ließen sich von dem erbarmungswürdigen Zustand der deutschen Frau rühren. Die Lagerleitung erlaubte ihr, in der Küche Dienst zu tun.

An einem Abend in diesem Lagersommer 1945 klagte Frau Graesers Sohn Jussi über heftige Bauchschmerzen. Der Arzt kam und stellte die Diagnose: Typhus – ein Befund, der unter den Umständen des Lagers tödlichen Ausgang für den Jungen bedeuten mußte. Der Lagerarzt verfügte über keinerlei Medikamente. Er verordnete schwarzen Tee.

Die Mutter beobachtete, wie ihr Kind von Tag zu Tag mehr verfiel: »Er war nur noch Haut und Knochen. Er lag neben mir und sagte mit seinem schwachen Stimmchen: ›Mama, ich will nicht sterben.‹«

Der Arzt kam wieder und sagte der Mutter, das Kind müsse in einem Krankenhaus behandelt werden, sonst sei es verloren. Der Mediziner stellte der Lagerleitung den Zustand des Kindes vor Augen, und wieder geschah, was angesichts des Hasses und der Feindseligkeit, die damals im Osten über die Deutschen hinwegbrandte, wie ein Wunder anmutete: Die Slowaken erlaubten Frau Graeser, Jussi in ein slowakisches Krankenhaus zu bringen. Am Tag darauf befahl der Lagerleiter Frau Graeser zu sich: »Ich sollte ins Krankenhaus fahren und Jussi besuchen, und zwar wegen einer Bluttransfusion; da es ihm so schlecht ging, befürchteten die Ärzte das Schlimmste.«

Frau Graeser bekam Urlaub auf Ehrenwort – ein wohl einmaliges

Vorkommnis in den Zwangsarbeitslagern, in denen deutsche Zivilisten nach dem Ende des Zweiten Weltkrieges festgesetzt waren. Frau Graeser gab es, unter einer Bedingung: Wenn ihr Sohn wieder gesund werde, fühle sie sich nicht mehr an ihr Versprechen gebunden, in das Lager zurückzukehren.

Der Lagerleiter, beeindruckt vom Mut und der Ehrlichkeit der Frau, akzeptierte. Der Slowake erläuterte Frau Graeser seine Motive: »Ich tue dies aus gutem Herzen, ich hasse die Deutschen nicht, ich bedauere sie.«

Frau Graeser fuhr zum Kinderhospital der slowakischen Hauptstadt Preßburg. Sie berichtete über die Szene, die sich ihr im Krankenzimmer bot: »Saubergewaschen saß Jussi in seinem Bettchen. Seine Augen waren so groß, daß man beinahe sein Gesichtchen nicht sah. Und das Gesicht und die Hände waren so klein wie bei einem fünfjährigen Kind, obwohl er damals doch schon zehn Jahre alt war. Das ganze Bett war voller Spielsachen. Auf dem Nachttisch lagen Eier, Honig und Keks. Glücklich sah er mir entgegen und rief: ›Mama, Mama, bist du endlich zu mir gekommen.‹ Meine Hand hielt er fest in seiner kleinen, mageren Hand.«

Im slowakischen Krankenhaus wurde der deutsche Junge Jussi Graeser im Jahre 1945 wieder gesund gepflegt. Eines Tages war er fieberfrei und konnte aufstehen. Dies aber war auch der Augenblick, da Frau Graeser eine Entscheidung über das Schicksal ihrer Familie treffen mußte: Rückkehr in das Lager, in dem immer noch Hunger herrschte, oder die Flucht. Ihr Sohn war genesen – so war sie nicht mehr an das Wort gebunden, das sie dem slowakischen Lagerleiter gegeben hatte. Sie entschloß sich, zusammen mit ihrem Sohn und ihrer Mutter aus der Slowakei zu flüchten.

Russische Soldaten halfen den dreien, das Land zu verlassen. Sie erlaubten ihnen, einen Militärzug zu besteigen, der nach Österreich bestimmt war. Die Rotarmisten schützten die Frauen und den Jungen auch vor tschechischen Polizisten, die ihre Waffen schon entsichert hatten.

Frau Graeser berichtete über den Augenblick, da der Zug den Grenzfluß zwischen der Slowakei und Österreich überquerte: »Wir atmeten auf und fingen an, vor Freude zu singen. Wir sangen

fortwährend nur ein Wort: ›Frei, frei‹. Wir lachten und weinten.«
Die Wissenschaftliche Kommission der Bundesregierung schreibt
über die Gründe, die viele Deutsche zur Flucht aus der Slowakei
trieb, obwohl das persönliche Verhältnis zwischen Deutschen und
Slowaken sich wieder normalisiert hatte: »Die Deutschen in der
Slowakei waren Entrechtete, die keine legale Möglichkeit hatten,
einen normalen, ihrer Ausbildung und ihrer Fähigkeit entsprechenden Arbeitsplatz zu erhalten oder gar Besitz zu erwerben.
Wer die Ausweglosigkeit der Situation erkannte oder die Unsicher-
heit dieser aufgezwungenen Lebensführung nicht ertragen
konnte, ergriff jede sich bietende Gelegenheit, nach Österreich
und von dort weiter nach Westdeutschland zu flüchten. Der
größte Teil der zu dieser Zeit noch in der Slowakei lebenden
Deutschen blieb jedoch im Lande, bis auch ihm die anlaufende
Ausweisungsaktion keine Wahl mehr ließ.«
Im April 1946 begann die Vertreibung der Slowakei. Jetzt verließen
die meisten Deutschen bereitwillig ihre Heimat. Die Kommission:
»Für sie alle war es zur Gewißheit geworden, daß ein Weiterleben
in einem Lande, das keinem Deutschen mehr Bürgerrechte
gewährte, auf die Dauer trotz vieler unzerreißbarer persönlicher
Bindungen nicht mehr möglich war.«

XXII.

JUGOSLAWIEN

Die Rache der Partisanen

Die Hufe der Pferde warfen den Schnee in kleinen, schnell zerstäubenden Wölkchen hoch. Die Tiere trabten mit leichter Last dahin. Hinter ihnen glitten große Schlitten die abfallende Straße hinab. Auf den Schlitten Männer, eingehüllt in Pelzmützen und Uniformen, bewaffnet mit Gewehren, Pistolen, Handgranaten. Die Bewohner des Dorfes Schutzberg in Jugoslawien hörten die Rufe, mit denen die Männer an den Zügeln die Pferde antrieben, schon, bevor sie die Schlitten sehen konnten. Furchtsam zogen sie sich in ihren Häusern zurück. Doch die Attacke galt nicht ihnen. Die wilde Jagd fegte durch das Dorf und weiter.

Wenig später durchschnitt der Lärm eines Gefechtes die Winterluft. Schüsse, das dumpfe Krachen von Handgranaten. Lange dauerte der Kampf. Einige Stunden darauf vernahmen die Einwohner des Dorfes wieder die Rufe und das Knallen von Peitschen. Die Schlitten kehrten zurück. Jetzt fuhren sie langsam. Die Fahrzeuge waren schwerbeladen: Säcke voll Getreide, Wolle, Fleisch, geschlachtetem Geflügel, Schnapsfässer. Einige der Schlittenfahrer waren abgestiegen. Vor sich her trieben sie Rindvieh, Schweine, Schafe und Pferde. Im Dorf machte die Kolonne Halt. Die Männer gingen von Haus zu Haus und drängten die Bewohner, ihnen Vieh abzukaufen oder Getreide, zu Schleuderpreisen.

Die Männer auf den Schlitten waren Kroaten, das Vieh, das sie verkauften, hatte Serben gehört, die von den Kroaten ermordet worden waren. Die Leute, denen die Kroaten das geraubte Gut verkaufen wollten, waren deutsche Bewohner des Dorfes Schutzberg im jugoslawischen Landesteil Bosnien, westlich von Belgrad. Es war der 7. Februar 1942, im dritten Jahr des Weltkrieges.

Die Schlittenmänner zogen weiter, die Deutschen machten sich auf, um in den serbischen Dörfern der Nachbarschaft nachzuforschen, was die Kroaten angerichtet hatten.

Der deutsche Pfarrer von Schutzberg, Ferdinand Sommer, gab der Wissenschaftlichen Kommission der Bundesregierung zu Protokoll, was er und seine Begleiter vorfanden. »Haus des Gabro Eliskovic: 12 Tote, darunter drei Frauen, zwei Mädchen im Alter von 17 und 18 Jahren, vier Kinder im Alter von drei Monaten aufwärts und drei Männer. Die Toten wiesen neben Schußwunden auch Hieb- und Stichwunden auf. Anscheinend wurden sie vor dem Tode noch gequält.

Haus des Simon Dujakovic: 7 Tote, darunter drei tote Frauen, von denen eine hochschwanger war. Es wurde festgestellt, daß eine der Frauen vor ihrer Ermordung vergewaltigt wurde. Außerdem waren drei Kinder im Alter zwischen fünf Monaten und drei Jahren ermordet. Dem kleinsten Kind war durch den Mund geschossen worden, eine Frau hatte einen Halsschnitt bekommen, den Hausvater hatte man durch einen Bauchquerschnitt getötet.

Haus des Stanko Eliskovic: Drei Tote, zwei Frauen und ein Kind, alles in einer Blutlache. Schweine hatte man in das Zimmer der Toten getrieben, welche die Leichen angefressen hatten.

Auf dem Felde wurden erschossen von uns aufgefunden: Stanoja Stanic, Gabro Iliskovic, Marko Cavic, Tomas Cavic. Alle trugen blaue Flecken am Körper, sie wurden wohl vor dem Erschießen stark geschlagen. In den Häusern war alles, was bei der Plünderung nicht mitgenommen wurde, kurz und klein geschlagen.«

Die Männer von Schutzberg waren entsetzt. Sie ahnten, daß diese Geschehnisse, die sinnlosen Morde, die unerhörten Grausamkeiten eines Tages auf die Deutschen in Jugoslawien zurückfallen würden, und daß dann die Zeit der Deutschen in diesem Balkanland zu Ende gehen würde – nach vielen Jahrhunderten. Die ersten Deutschen waren im 13. Jahrhundert schon eingewandert. In den folgenden Jahrhunderten zogen immer mehr Deutsche, vor allem aus Schwaben, nach Süden. Die meisten siedelten in dem

Gebiet, das nördlich und westlich der Hauptstadt Belgrad liegt. Ihre Zahl hatte eine halbe Million Köpfe jedoch nie weit überschritten – diese sogenannten Donauschwaben waren eine kleine Minderheit in dem von nahezu 14 Millionen Menschen bewohnten Land. Diese 14 Millionen aber waren Angehörige von zwölf verschiedenen Volksgruppen. Die stärksten unter ihnen: Serben und Kroaten.

Nachdem das österreichisch-ungarische Kaiserreich im Ersten Weltkrieg untergegangen und der Staat Jugoslawien gegründet worden war, hatten die Deutschen einen langen, schwierigen und zähen Kampf gegen politische Diskriminierung und wirtschaftliche Benachteiligung führen müssen. Aber trotz aller Widrigkeiten hatten sie es geschafft, sich im Lande zu behaupten. Sie bestellten ihre Felder, züchteten ihr Vieh, bauten ihre Häuser.

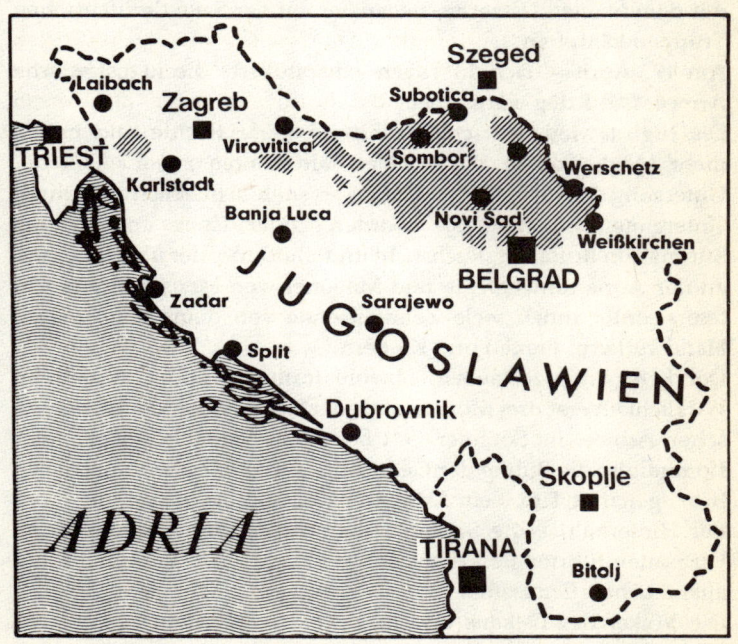

Zu Beginn des Zweiten Weltkrieges schien sich ihre Lage sogar zu verbessern. Die Regierung in Belgrad neigte dem Dritten Reich zu und erklärte schließlich im März 1941 sogar ihren Beitritt zu dem Bündnis, das zwischen dem Deutschen Reich, Italien und Japan geschlossen worden war. Doch dann putschten jugoslawische Fliegeroffiziere. Sie stürzten die Regierung in Belgrad. Hitler sah plötzlich die Südostflanke der deutschen Armee bei dem geplanten Feldzug gegen die Sowjetunion gefährdet – wenig mehr als zwei Monate vor dem Beginn des »Unternehmens Barbarossa«.

Am 6. April 1941 griffen deutsche Bomber Belgrad an, deutsche Truppen marschierten ein. Vier Tage später schon war das Land der Jugoslawen auseinandergebrochen. Am 10. April wurde die Gründung des Staates Kroatien bekannt gemacht. An seiner Spitze stand Dr. Ante Pavelic. Er stützte sich auf bewaffnete Einheiten mit dem Namen Ustascha, die später auf der Seite der deutschen Truppen kämpften.

Am 17. April – nach 13 Tagen – kapitulierte die jugoslawische Armee. Der Krieg war vorbei.

Die Jugoslawien-Deutschen genossen mehr Rechte und hatten mehr Möglichkeiten als in vielen Jahrzehnten zuvor. Aber der Untergang des jugoslawischen Staates sollte schließlich auch ihren Untergang bedeuten. Sie wurden Opfer eines ungeheueren Sturms von Brutalität, Rachsucht und Blutdurst, der über das Land an der Adria hinwegfegte und Millionen von Menschen vernichtete – unter ihnen viele Zehntausende von deutschen Bauern, Handwerkern, Frauen und Kindern.

Der Krieg in Jugoslawien, obwohl formell beendet, begann in Wirklichkeit erst drei Monate nach der Kapitulation der jugoslawischen Armee. Im Sommer 1941 betrat ein bis dahin unbekannter Kommunist die Bühne der Geschichte: Der Partisanenführer Josip Broz, genannt Tito. Sein Krieg war der Guerillakrieg, seine Front der Hinterhalt, seine Strategie Vernichtung des Gegners. Seine Partisanen führten den Kampf ohne Gnade, ohne Pardon, oft mit ausgesuchter Grausamkeit.

Die Völker des Balkans und insbesondere Kroaten, Serben und Albaner kämpften in allen geschichtlichen Auseinandersetzungen

– ob gegen die Türken, ob gegeneinander – mit unerhörter Unbarmherzigkeit und Brutalität. Nirgendwo in Europa ist im Laufe der Jahrhunderte pro tausend Einwohner mehr Blut vergossen worden als auf dem Balkan. Schon bevor die Deutschen kamen, gab es kaum eine Familie, die nicht ein Opfer von Gewalt zu beklagen gehabt hätte.

Nach dem Ende des Krieges, 1947, verhandelte in Nürnberg der Amerikanische Militärgerichtshof Nr. V gegen Generale der deutschen Südostarmee, der Truppen, die auf dem Balkan gekämpft hatten. Vor diesem Gericht stellte der Historiker Dr. Georg Scheller als Zeuge fest: »Die besondere Grausamkeit der Kriegführung auf dem Balkan ist keine Sondererscheinung des letzten Krieges gewesen und hat in keiner Weise ihre Ursache etwa in einem besonders scharfen Vorgehen der deutschen Wehrmacht. Die Geschichte der Kriege und Kämpfe unter den Stämmen und Völkern des Balkans ist zugleich eine Geschichte fürchterlicher Grausamkeit, Plünderungen, Brandschatzungen, Vergewaltigungen. Im wesentlichen sind es Einflüsse der türkischen Herrschaft, die sich hier noch auswirken. Dem türkischen Kriegervolk stand die Vorstellung einer ›Heiligkeit‹ des Menschenlebens durchaus fern, der Islam predigte die Ausrottung der Ungläubigen. So haben die Türken in ihren Eroberungskriegen Städte und Dörfer zerstört, alte Frauen und Männer ermordet, junge Frauen und Mädchen in die Sklaverei geführt, die feindlichen Soldaten erschlagen. Im Kampf gegen die Türken, die Unterdrücker, entwickelten die Völker des Balkan natürlich entsprechende Methoden. Kampf aus dem Hinterhalt, List und Tücke, jede Kampfmethode war erlaubt, Grausamkeiten, keine Schonung der Verwundeten, keine Gefangenen. Nach der Vertreibung der Türken haben sich die Kampfmethoden nicht geändert – Vernichtung, Ausrottung, Vergewaltigung, Plünderung finden sich wieder in den Stammeskämpfen und in den späteren Kriegen der Balkanvölker untereinander.«

Die deutsche Armee in Jugoslawien stand dem von Tito entfesselten Bandenkrieg nahezu ohnmächtig gegenüber. Die Partisanen, die oft in Zivilkleidung kämpften, und ihre Waffen niemals sichtbar trugen, griffen stets aus Verstecken an. Sie kamen aus dem

Busch, aus dem Wald, aus dem Gebirge. Sie marterten, verstümmelten und töteten erbarmungslos. Männer des späteren Marschalls Tito hängten gefangene deutsche Soldaten auf oder schlachteten sie mit dem Messer ab. Vor dem Amerikanischen Militärgerichtshof Nr. V erklärte der deutsche Rittmeister Siegfried Heidenreich als Zeuge: »Ein deutscher Soldat wurde von Partisanen am Spieß über offenem Feuer zu Tode geröstet.« Major Peter Sauerbruch, Generalstabsoffizier im Oberkommando der 2. Panzerarmee, gab eidesstattlich zu Protokoll: »Abgeschnittene Nasen, Ohren und Geschlechtsteile bei Toten oder schwerverwundeten Soldaten, Verstümmelungen am Boden liegender Verwundeter durch Messerstiche in die Weichteile oder Augen wurden fast regelmäßig von der Truppe gemeldet, sobald sie in einen Banditenhinterhalt geraten waren.« Adolf Schmitzhübsch, Oberleutnant und Kompanieführer im Jägerregiment 72, berichtete unter Eid: »Während meiner vorübergehenden Funktion als Begräbnisoffizier habe ich mindestens 30 Leichen deutscher Soldaten gesehen, die augenscheinlich vor ihrer Ermordung auf das greulichste verstümmelt worden waren.«

Die deutsche Führung versuchte, Sabotageanschläge und Überfälle auf ihre Soldaten mit Repressalien zu unterbinden. Bereits am 16. September 1941 erließ das Oberkommando der Wehrmacht einen Befehl, der als »Keitel-Befehl« bekanntgeworden ist. Er war auf die Partisanen in der Sowjetunion gemünzt, galt jedoch auch für den Bereich der Südost-Armee. In dem Befehl heißt es: »Um die Umtriebe im Keime zu ersticken, sind beim ersten Anlaß unverzüglich die schärfsten Mittel anzuwenden. Als Sühne für ein deutsches Soldatenleben muß in diesen Fällen im allgemeinen die Todesstrafe für fünfzig bis hundert Kommunisten als angemessen gelten. Die Art der Vollstreckung muß die abschreckende Wirkung noch erhöhen.«

Als in der jugoslawischen Stadt Topola 22 deutsche Soldaten von Jugoslawen ermordet worden waren, ließen die Deutschen 2200 Kommunisten und Juden erschießen – befehlsgemäß Rache im Verhältnis 100 zu 1.

Der erbarmungslose und hinterhältige Krieg auf dem Balkan steigerte auch die alte Feindschaft zwischen Serben, Kroaten und Albanen zur Raserei. Der deutsche Sanitätsoffizier Dr. Heinz Reuter gab vor dem Amerikanischen Militärgerichtshof Nr. V zu Protokoll: »Eine Ustascha-Truppe überfiel ein Dorf und ermordete alle Männer, Frauen und Kinder. In einem Dornengestrüpp hing eine umgestülpte Kinderwiege. Das dazugehörige Kind lag zwischen den Dornen.« Dr. Josef Fessel, Kommandeur der Krankentransportabteilung 703 (mot.) der 2. Panzerarmee berichtete: »Hochzeitsgesellschaften wurden überfallen, mit Draht zusammengebunden, eine Tafel, die die Aufschrift trug ›Glückliche Reise nach Belgrad‹ einzelnen um den Hals gehängt und alle zusammen in die Donau geworfen. Auch wurden einzelne ans Kreuz geschlagen und mit derselben Tafel versehen in den Fluß geworfen.«

Titos Partisanen standen an Brutalität ihren kroatischen Todfeinden nicht nach. Einer ihrer Führer sägte einem gefangenen Landsmann mit einer Handsäge bei lebendigem Leibe den Kopf ab. Sie schlugen Kroaten mit Gewehrkolben den Schädel ein, sie quälten kroatische Gefangene oft über viele Stunden, bevor sie ihnen ein Messer in den Hals stießen.

Es war abzusehen, daß sich die rasende Wut, die dieser Krieg auf dem Balkan entfesselt und zu neuer Glut angefacht hatte, auch gegen die deutschen Siedler in Jugoslawien wenden würde. Wenige Wochen nach den Greueln der Ustascha in der Nachbarschaft des deutschen Dorfes Schutzberg in Bosnien hatten Titos Männer in der Umgebung der Ortschaft schon festen Fuß gefaßt – unterstützt von den Serben, die von den Kroaten verfolgt und gequält wurden. Die Partisanen legten einen Belagerungsring um Schutzberg. In der Mitte des Jahres 1942 notierte Pfarrer Ferdinand Sommer: »Am 1. Juni wird Franz Schmidt, ein 20jähriger, von Aufständischen erschossen. Bald darauf wird Frau Eisenweis mit ihrem Söhnchen bei der Arbeit auf dem Feld von Partisanen gefangengenommen. Beide werden zu Tode geschunden. Die einzige Straße, die noch passierbar ist, ist nur noch zeitweise frei. Benutzt man die Straße, muß man damit rechnen, daß man beschossen wird.«

Zu diesem Zeitpunkt wußten Pfarrer Sommer und die Leute von

Schutzberg noch nicht, daß ihnen nur noch wenige Monate in der Heimat bleiben würden. Im fernen Berlin drang Reichsführer SS Heinrich Himmler darauf, einen Plan auszuführen, den er bereits gefaßt hatte, als es noch kaum eine Partisanengefahr gab: Er wollte alle Deutschen aus Jugoslawien evakuieren und im Reich selbst oder in Gebieten, die nahe am Reich lagen, wieder Fuß fassen lassen – so zum Beispiel in dem damals sogenannten Generalgouvernement.

Die Wissenschaftliche Kommission der Bundesregierung zur Geschichte der Vertreibung schreibt: »Diese Umsiedlungspläne entsprangen prinzipiellen Überlegungen der nationalsozialistischen Volkstumspolitik: Die Außenposten deutschen Volkstums sollten ohne Rücksicht auf eine vielhundertjährige Siedlungsgeschichte in den Grenzgebieten des großdeutschen Reiches angesiedelt, Menschen anderer Nationalität aber aus dem erweiterten Reichsgebiet ausgeschlossen werden, um ›bessere Trennungslinien‹ zu gewinnen, wie sie Hitler im Herbst 1939 gefordert hatte. Mit dem Ideal des ethnisch möglichst homogenen Nationalstaates wurde die Entwurzelung gerechtfertigt ... Durch diese Unbedenklichkeit, mit der mit beliebigen Zahlen von Menschen je nach der Konzeption der nationalsozialistischen Führung manipuliert wurde, durch den Vorgang der Zwangsverpflanzung ganzer Nationalitätengruppen wurden zusätzliche ideelle und stimmungsmäßige Voraussetzungen für die Vertreibung der jugoslawien-deutschen Minderheit geschaffen.«

Im Oktober 1942 mußten die Deutschen von Schutzberg ihre Heimat verlassen. Soldaten der Wehrmacht schützten ihren Abzug. Pfarrer Ferdinand Sommer schrieb auf, was geschah und was ihn bewegte: »Noch ein Sonntag wird uns geschenkt. Er bringt uns den härtesten Abschiedsschmerz. Wir stehen im wundervollen Frühmorgen des Herbstes auf unserem Friedhof, an unseren zum letztenmal geschmückten Gräbern. Wie nie zuvor wird uns das Wort der Bibel klar, das davon spricht, daß wir hier keine bleibende Statt haben, sondern die zukünftige suchen. Die Gräber unserer Toten werden nicht bleiben, vielleicht geht bald der Pflug über sie. Noch einmal singen wir ›Jesus meine Zuversicht‹ auf unserem Friedhof und dann noch die Abschiedsbesuche an den Einzelgräbern.«

Hunderttausende von Jugoslawien-Deutschen folgten im Laufe der nächsten zwei Jahre den ersten Umsiedlern – aber nicht alle. Im Herbst 1944 stieß die Rote Armee, unterstützt von Titos Partisanen, schnell in Jugoslawien vor. Im Oktober griffen Sowjets und Partisanen die deutschen Stellungen um Belgrad an. Gleichzeitig riegelten russische Truppen und Partisanen den Rückzug von Belgrad nach Norden ab. Die Deutschen verteidigten sich mit aller Erbitterung – buchstäblich bis zur letzten Patrone. Sie hatten während der Schlacht feststellen müssen, daß die Partisanen die Grausamkeit des Guerillakrieges auch in das offene Gefecht hineintrugen. Sechs Tage lang widerstanden die deutschen Truppen in der jugoslawischen Hauptstadt den Angriffswellen der Roten Armee und der Partisanen. Am 20. Oktober 1944 war die Schlacht vorbei. 30 000 deutsche Soldaten gerieten in die Gewalt der Sieger. Und nun explodierten Rachsucht und Blutdurst in schauerlicher Weise. Die Gefangenen wurden in Gruppen zu vielen Hundert vor Panzergräben geführt und erschossen. Eilig ausgehobene Massengräber füllten sich in den Nächten dieses Oktobers mit Leichen. Hunderte von Gefangenen, die mit erhobenen Händen aus Häusern und Kellern kamen, wurden auf den Straßen niedergemacht. Nachrichtenhelferinnen wurden auf Pfähle gespießt. Auf einem einzigen Platz in Belgrad starben 5000 Landser. Auf dem Hauptbahnhof von Belgrad stand ein Lazarettzug, voll belegt mit deutschen Verwundeten. Sie alle starben, berichtete eine Rotkreuzschwester, unter den Messern und Dolchen der Partisanen, Mann für Mann. Es waren russische Offiziere, die dem Massenmord schließlich ein Ende setzten – als schon 30 000 Deutsche gestorben waren. Die Russen fürchteten, daß die in Blutrausch geratenen Partisanen für den weiteren Kampf gegen die Deutschen nicht mehr unter Gefechtsdisziplin zu bringen seien.

Die Schilderung der Tage währenden Exekutionen nach der Einnahme von Belgrad stammen zumeist von jugoslawischen Bürgern der Hauptstadt. Deutsche Zeugen gibt es kaum. Die Wissenschaftliche Kommission der Bundesregierung für Kriegsgefangenengeschichte stellte voller Resignation fest: »Über dem Schicksal der Kriegsgefangenen von Belgrad liegt eine Ungewißheit, die sich nicht völlig beseitigen läßt, weil die Augenzeugen für die Erschießung meist selbst dieser Tragödie zum Opfer gefallen sind.«

Angesichts des Vorstoßes der Roten Armee verwandelte sich die immer noch andauernde Evakuierung der Jugoslawien-Deutschen in eine oft regellose Flucht. Doch rund 200 000 Jugoslawien-Deutschen gelang es nicht mehr zu entkommen. Sie fielen in die Hände der Partisanen. Schreckliches kam über sie.

In den Tagen des Massenmordes an deutschen Soldaten in Belgrad rückte ein Trupp von Partisanen in das Dorf Startschowa östlich von Belgrad ein. In dem Dorf lebten unter 2500 Serben und Kroaten auch etwa 1000 Deutsche. Am Abend des 21. Oktober 1944 klopfte es hart an der Tür des Hauses, in dem die deutsche Familie Wann wohnte.

Johann Wann, damals 15 Jahre alt, berichtete, was nun geschah: »Mein Vater fragte, wer so spät klopfe. Die Antwort: ›Im Namen des Volkes, macht die Tür auf.‹ Drei Partisanen traten in die Küche. Einer der Partisanen fragte, ob noch ein Mann im Haus sei. Da war noch mein Bruder, 21 Jahre alt. Dann fragte der Partisan wieder: ›Ist da noch ein Mann?‹ Meine Mutter antwortete, da wäre nur noch ein Junge, 15 Jahre alt. Der Partisan sagte, auch er solle kommen. Ich ging aus dem Nebenraum in die Küche. Der Partisan sagte: ›Auch er soll mitkommen!‹ Mutter, Großmutter und Schwester begannen zu weinen. Einer der Partisanen beruhigte sie: ›Sie brauchen ja nicht zu weinen, es geschieht ihnen nichts. Die Männer gehen nur in ein Lager, wo sie arbeiten sollen. Sie müssen sich aber gut anziehen, weil sie nicht so schnell zurückkommen werden.‹« Johann Wann, sein Vater und sein Bruder streiften ihre beste Kleidung über und gingen dann auf den Hof. Um das Haus herum standen viele Partisanen und eine Reihe serbischer Zivilisten, die jetzt bewaffnet waren. Die Serben nahmen die Deutschen in ihre Mitte und marschierten mit ihnen die Straße hinab. An einem Haus, das von Deutschen bewohnt war, hielten sie an. Mehrere Partisanen lösten sich aus der Gruppe, drangen in das Haus ein und holten die männlichen Bewohner heraus. Aus dem nächsten deutschen Haus schleppten die Partisanen einen Schul-

freund von Johann Wann heran, den erst 14 Jahre alten Fritz
Großecker. So durchkämmten sie das ganze Dorf. Haus für Haus,
Zimmer für Zimmer.

Schließlich war die Kolonne der gefangenen Deutschen auf 80
Mann angewachsen. Die Partisanen trieben ihre Opfer mit Peit-
schenschlägen und Kolbenhieben in das Gasthaus des Dorfes. Sie
befahlen ihnen, sich auszuziehen, bis auf die Unterhose. Dann
schlugen sie wieder auf die Deutschen ein, die fast nackt, hilflos
und zu Tode geängstigt an der Wand des Gasthof-Saales standen.
Johann Wann: »Als wir genug geprügelt und getreten worden
waren, mußte jeder, der einen Ehering trug, ihn vor sich auf den
Boden werfen. Dann mußten wir zu zweit antreten, die Jüngeren
zuerst. Da ich der Kleinste war, mußte ich zusammen mit dem
14 Jahre alten Fritz Großecker vortreten. Wir wurden gefesselt.«
Die Partisanen stießen die Deutschen hinaus in die Dunkelheit.
Jetzt war ihnen klar, daß ihre Bestimmung nicht ein Lager war,
sondern der Tod. Der 15jährige Johann Wann machte einen Versuch, sein Leben zu retten: »Es war sehr finster, und ich sagte zu
dem an mich gefesselten Fritz Großecker: ›Komm, wir laufen!‹
Doch er traute sich nicht, ich wiederum konnte ihn nicht mit-
schleppen. So ging ich weiter mit.‹«
Die Kolonne der Verlorenen stolperte durch die Nacht. Dann
glomm in der Dunkelheit ein Lichtpunkt auf: eine Petroleumlampe. Die Lampe beleuchtete einen knietiefen Graben am Ufer
eines Bachs. Schwarze Schatten spielten gespenstisch auf den
lehmigen Wänden. Johann Wann: »Fritz Großecker, ich, Josef
Rupp und Franz Pichner wurden als erste an den Rand des
Grabens geschoben. Und dann ohne ein Wort, ohne Urteil, schoß
ein Partisan mit der Maschinenpistole auf uns. Ich weiß heute
noch nicht, ob ich vor Angst zusammengebrochen bin oder ob
mich Fritz Großecker mitgerissen hat. Jedenfalls fiel ich in den
Graben. Einer der Partisanen schrie: ›Wenn einer von euch deutschen Schweinen noch lebt, so soll er aufstehen.‹ Ich dachte:
›Wenn ich aufstehe, so schießt er wieder, also bleib liegen!‹«
Der damals 15 Jahre alte Junge bewahrte sein Leben durch erstaun-
liche Kaltblütigkeit: »Ich schaute, wie es die anderen machten, die

getroffen worden waren und machte es auch so. Auch ich streckte mich und zuckte mit den Gliedern. Wieder knallte es. Vier erschossene Deutsche sind auf mich gefallen.«

Irgendwann in diesen Minuten starben unter den Kugeln der Partisanen am Bach von Startschowa auch der Vater und der Bruder von Johann Wann. Der Junge wartete, bis die Mörder davongegangen waren, kroch aus dem Gras und lief davon. Acht Wochen lang hielt er sich versteckt – erst in den Feldern und dann in einer Ziegelei, wo er tagelang in fünf Meter Höhe auf zwei Latten hockte. Ein Bekannter versorgte ihn mit Lebensmitteln.

Der deutsche Ortspfarrer von Startschowa, Franz Werner, stellte eine Liste der deutschen Männer zusammen, die in der Nacht vom 21. zum 22. Oktober 1944 umgebracht wurden. Sie umfaßt 79 Namen.

Einen Tag nach dem Massaker von Startschowa kamen die Mörder nach Deutsch-Zerne, einer Ortschaft nordöstlich von Belgrad in der Nähe der rumänischen Grenze. Als Henkersknechte hatten die Partisanen Zigeuner gedungen.

Aus der protokollierten Aussage des deutschen Bauern Joseph Kampf ist bekannt, was den Deutschen an diesem Tag der Rache widerfuhr: »In Deutsch-Zerne führte man die zur Hinrichtung bestimmten Personen mit Stricken aneinandergebunden zur Richtstätte. Die zur Hinrichtung marschierende Kolonne wurde rechts und links von Zigeunern eskortiert, die mit Knüppeln bewaffnet waren. Die Zigeuner legten besonderes Gewicht darauf, die einzelnen Personen gerade dann zu quälen, wenn sie an ihrem eigenen Haus vorbeigeführt wurden. Fiel jemand ohnmächtig zusammen, so wurde er von den anderen am Strick mitgeschleppt. Zum Hohn läuteten alle Kirchenglocken. Zur Seite der Todeskolonne ritten serbische Männer und Jungen mit Kuhglocken, die ein wüstes Begleitgeläute abgaben.

Auf der Richtstätte mußten sich die Opfer entkleiden; wer dazu nicht mehr fähig war, wurde von den Zigeunern ausgezogen. Dann mußten sich die Todeskandidaten in Gruppen von fünf bis sechs vor das Massengrab stellen. Daraufhin wurden sie mit Maschinenpistolen von rückwärts erschossen. Um den Hinrichtungsplatz hatten sich Hunderte von Serben als Zuschauer versammelt. Die nächste Gruppe, die zur Hinrichtung geführt wurde, mußte zuerst die Leichen der vorhergehenden Gruppe in die Grube stoßen.«

An vielen Orten kamen in diesen Wochen des Sieges der Roten Armee und der Partisanen der Tod über die Deutschen in Jugoslawien. Viele wurden in ihren Dörfern umgebracht, viele in der Nachbarschaft, viele in den Lagern, die von den Partisanen eilends errichtet worden waren. Die Wissenschaftliche Kommission der Bundesregierung zur Geschichte der Vertreibung schreibt: »Die Vermutung ist nicht von der Hand zu weisen, daß es förmliche Exekutionseinheiten der Partisanen gab, die von einer donauschwäbischen Ortschaft zur anderen zogen, um dort ihre Sonderaufträge zu erfüllen . . . Die Motive zu diesen Massenhinrichtungen Tausender von Volksdeutschen dürften einmal in der aufgespeicherten Rachsucht zu suchen sein, die nun ohne weitere Fragen nach Schuld oder Unschuld schlechthin jeden Deutschen treffen konnte. Sodann wird das Moment der bewußten Terrorisierung eine maßgebliche Rolle gespielt haben, um die Volksdeutschen, nachdem sie durch Verhaftungen und Erschießungen ihrer Führungsgruppen beraubt und in Angst und Schrecken versetzt worden waren, den neuen Machthabern gefügig zu machen.«

Die überlebenden Deutschen mußten den Weg in die Lager antreten; ihr Besitz wurde enteignet, sie waren Rechtlose, der Willkür rachsüchtiger Wachmannschaften ausgeliefert. Ohne Unterschied galten die Deutschen in Titos Partisanenstaat als »Volksfeinde«.

Rund 30 000 Jugoslawien-Deutsche wurden zur Zwangsarbeit in die Sowjetunion transportiert. Sie teilten dort das Schicksal der Menschen, die im Winter 1944 aus dem Osten des Reiches in das Innere Rußlands verschleppt wurden. Hunger, Kälte, Krankheiten und Erschöpfung brachten jeden fünften der nach Osten deportierten Jugoslawien-Deutschen um.

Hunger, Krankheit und erbarmungsloser Zwang zu schwerer Arbeit bestimmten auch den Alltag der Deutschen in den Lagern auf jugoslawischem Boden. Häufig lebten die Deutschen weiter in ihren Häusern und trotzdem im Lager: Partisanen zogen einfach

Stacheldraht um ein Dorf oder den Teil eines Dorfes und bewachten das abgesperrte Gelände rund um die Uhr. Meist wurden in diese sogenannten Ortslager auch Deutsche aus anderen Orten oder aus den Städten hineingepfercht.

Über die Lebensbedingungen in diesen Lagern berichtete der Arzt Dr. Jenö Heger: »Die Arbeitsunfähigen litten großen Hunger. Sie starben massenweise infolge Hungers. Sie bekamen Hungerödeme, Hände und Füße schwollen an. Ich entsinne mich, daß manchmal drei bis vier Tage hintereinander überhaupt keine Lebensmittel verteilt wurden. Im Dezember 1945 betrug die gesamte Ration für einen Deutschen fünf Pfund Maismehl, einen Kohlkopf und eine Handvoll Salz – für einen ganzen Monat. Im Lager Rudolfsgnad starben im Dezember 1947 täglich 40 Menschen.«

Frau Katharina Haller aus dem deutschen Dorf Neu-Schowe westlich von Belgrad verlor im Lager vier ihrer nächsten Verwandten: Mutter, Vater, Großmutter und Schwiegermutter. Der Vater wurde am 30. August 1945, vier Monate nach dem Ende des Krieges, von Partisanen erschossen, als er auf einem Feld Kartoffeln ausgrub, mit denen er den Hunger seiner Familie lindern wollte. Frau Haller: »Wir sahen Vater sterben. Aber wir durften nicht zu seiner Leiche. Er lag die ganze Nacht draußen. Erst am nächsten Morgen wurde er weggebracht. Wie ich vom Totengräber hörte, war seine ganze Brust durchlöchert. Sieben Tage später, am 30. August 1945, starb meine Schwiegermutter an Hunger. Sie war ganz voll Wasser. Wieder fünf Wochen später, am 7. Oktober 1945, starb meine Großmutter an Hunger. Sie war 76 Jahre alt, hatte aber trotzdem zur Zwangsarbeit auf das Feld gehen müssen. Acht Wochen darauf, am 1. Januar 1946, starb meine Mutter an Typhus.«

Der deutsche Kaplan Paul Pfuhl beobachtete im Konzentrationslager Gakovo im Sommer 1945 Szenen wie in einer von der Pest geschlagenen mittelalterlichen Stadt: »Die Toten wurden von den Angehörigen meist in eine Decke genäht, und irgendwer von den Angehörigen oder Nachbarn schob sie auf einem Schubkarren zum Friedhof. Es war ein erschütterndes Bild, wie die Füße oft auf der Karre baumelten, während der Mann oder die Frau den toten Gatten hinausschob. Später waren es immer mehr Tote, und niemand war mehr da, der sie hätte hinausbringen können. Dann fuhren Pferdewagen durch das Dorf. Darauf wurden die Toten gelegt, oftmals in mehreren Schichten, wie man ehemals die Getreidegarben zusammenfuhr. Vor dem Friedhof wurden sie zu großen Haufen gestapelt und mußten dort bleiben, bis sie von den Totengräbern in die Massengräber gebracht und mit Erde zugedeckt wurden.«

Männer sahen ihre Frauen verhungern, Frauen ihre Männer, Mütter ihre Kinder. Hilflos wurden sie Zeugen, wie die Menschen, die alles bedeuteten, was ihnen geblieben war, verfielen. Viele Mütter gaben ihr Leben für ihr Kind. Kaplan Pfuhl: »Mütter sind Hungers gestorben, weil sie das bißchen Essen, das sie bekamen, den Kindern gaben und lieber Hunger litten, als die Kinder verderben zu lassen.«

Viele deutsche Mütter krochen während der Dunkelheit durch den Stacheldraht, die die Lager umgaben, und klopften an die Türen der Häuser, in denen Kroaten, Ungarn oder Serben wohnten, und bettelten um eine Handvoll Nahrung. Kaplan Pfuhl berichtet, daß die armseligen, verzweifelten Frauen auch in dieser erbarmungslosen Zeit noch auf Mitgefühl trafen: »Zum Ruhme der Kroaten, Ungarn und auch der Serben muß man anerkennen, daß sie sich im großen und ganzen sehr hilfsbereit zeigten und gerne etwas gaben.«

In den Lagern selbst jedoch regierten viele Monate nach dem Ende des Krieges weiter die Gnadenlosigkeit und Vernichtungswut. Der Kommandant eines Lagers in der Nachbarschaft von Gakovo untersagte den Deutschen zu betteln und drohte ihnen die Todesstrafe an. Zwei Mütter in dem Lager, die es nicht ertragen konnten, ihre Kinder verhungern zu sehen, wagten sich trotz des Verbotes hinaus. Sie wurden gefaßt.

Kaplan Pfuhl schrieb auf, was dann geschah: »Die Frauen wurden vor das Gemeindeamt geführt und dort wurden sie vor den Augen ihrer Kinder erschossen. Anschließend wurden sie auf einen Schubkarren geladen und auf den Friedhof gebracht. Die Kinder gingen nebenher. Eine der beiden Frauen war noch nicht tot. Auf dem Weg zum Friedhof kam sie zu sich. Sie sah ihre Kinder neben sich und sagte ihnen: ›Kinder, Eure Mutter muß sterben, weil sie euch so gern gehabt hat. Bleibt brav.‹ Ein Partisan kam hinzu und schoß der Frau aus seiner Pistole in den Kopf. Ihre Kinder kamen ins Kinderheim.«

Über das Schicksal der deutschen Kinder hinter Stacheldraht schreibt die Wissenschaftliche Kommission der Bundesregierung: »Eine der traurigsten Erscheinungen in der Geschichte der Lager ist die Behandlung der Kinder. Sobald sie das 13. oder 14. Lebensjahr erreicht hatten, wurden sie zur Arbeit eingesetzt. Seit der allgemeinen Internierung der Deutschen wurden auch alle Kinder in die Ortslager getrieben. Oft waren die Väter zum Militär eingezogen oder erschossen, die Mütter nach Rußland deportiert, so daß die Kinder ganz auf sich gestellt waren oder allenfalls von Verwandten betreut wurden. In den Ortslagern wurden die Kinder jedoch bald rigoros von ihren Angehörigen getrennt und in die großen Konzentrationslager für Arbeitsunfähige überführt, wo sie als sogenannte elternlose Kinder galten. Ihr Aufenthalt wurde auf nochmals abgetrennte Kinderbezirke innerhalb des Lagers eingeschränkt. Krankheit, Hunger und Verwahrlosung forderten einen hohen Todeszoll. Wenn man sich vor Augen hält, daß am 30. 4. 1946 die Belegschaft des Konzentrationslagers Rudolfgnad zu 46 Prozent aus Jungen und Mädchen unter 14 Jahren bestand, läßt sich das Elend dieser hilflosen Kinder deutlich ermessen.«

Im zweiten Sommer nach dem Ende des Krieges jedoch wandelte sich plötzlich die Haltung der jugoslawischen Behörden zu den deutschen Kindern, die in ihrer Gewalt waren. Sie begannen, elternlose Kinder, die weder Vater noch Mutter hatten, aus den Lagern herauszuholen und in die Obhut staatlicher Kinderheime zu überstellen.

Der Kaplan Matthias Johler berichtete über die Umstände, unter denen eine Gruppe von elternlosen Kindern das Lager Gakovo verließ: »Um die Mittagszeit hörte man auf der Straße Kindergesang in serbischer Sprache. Die Kinder sangen ein Lied, das zu deutsch etwa heißt: ›Die Vögel fliegen gen Süden – dort ist es

schöner als hier. Dort erwartet uns Stalin, dort erwartet uns Tito.‹
Dabei marschierten die Kinder. Der Lagerkommandant führte sie
zu einem großen geschlossenen Auto. Grau war es und unheimlich. Die Kinder wurden hineingepfercht. Der Gesang verstummte, die Tür wurde geschlossen. Die herbeigelaufenen anderen Kinder wurden von einem Soldaten mit einem Stock auseinan-
dergetrieben. Das war der Abschied. Der Wagen rollte fort.«
Schwester Marianne Sauer-Gieße begleitete den Transport von
500 Kindern aus dem Lager Rudolfgnad im Juli 1946: »In den
Waggons, mit denen die Kinder weggefahren wurden, waren viele
Brote und Marmelade. Die armen Kinder, deren Leiber nur Skelette darstellten, schrien in ihrer großen Hungerqual: ›Schwester,
bitte Brot!‹ Auf den Bahnhöfen warteten serbische Frauen mit Tee
und mit Körben voll Weißbrot.«
Die ausgemergelten, oft auf den Tod kranken Kinder aus den
Lagern wurden auf eine Reihe von Kinderheimen verteilt. Und in
diesen Heimen geschah, was nach den Ausbrüchen von Haß,
Rachsucht und Grausamkeit der gerade vergangenen Zeit keiner
der Deutschen mehr für möglich gehalten hätte. Die Jugoslawen
waren freundlich und voller Fürsorge. Schwester Marianne Sauer-
Gieße: »Die Kleinen bekamen gut zu essen. Ein Friseur schnitt den
Mädchen ihr Haar. Für jedes Kind wurde Wäsche genäht. Jedes
einzelne erhielt ein reines, weißes Hemdchen.«
Frau Anna Klein war eines von den Kindern, die der unverhofften
Barmherzigkeit der Jugoslawen vermutlich ihr Leben verdanken.
Frau Klein, 1944 sechs Jahre alt, hatte einen fünf Jahre alten Bruder
und eine neun Jahre alte Schwester. Ihr Vater war zur Wehrmacht
eingezogen worden und als vermißt gemeldet. Die Mutter wurde
im Herbst 1944 zur Zwangsarbeit nach Rußland verschleppt. Die
drei kleinen Kinder wurden im Frühjahr 1945 ins Lager gesperrt.
Dort trafen sie auf ihre Großmutter. Die Großmutter verhungerte :
»In der Früh schlief sie sehr lange. Wir wollten sie nicht wecken;
aber sie wurde nie mehr wach, sie lag tot neben uns Kindern auf
dem Stroh. Wir waren jetzt in aller Not ganz allein unter fremden
Menschen.«
Dann holten die Jugoslawen die drei Waisenkinder der Familie

Klein aus dem Lager heraus und brachten sie in ein Kinderheim. Sie durften in Betten schlafen, und sie konnten sich jeden Tag sattessen.

Wenig mehr als zwei Jahre später aber wurde offenkundig, daß die Jugoslawen nicht aus reiner Barmherzigkeit gehandelt hatten, als sie die Kleinen aus dem Elend der Lager befreiten. Sie forderten vielmehr von den Kindern einen Preis: nämlich den vollständigen Bruch mit ihren Verwandten, ihrem Volk und ihrer Muttersprache.

Frau Anna Klein berichtet: »Da wir inzwischen Serbisch gelernt hatten, wurde die deutsche Sprache verboten, und ich konnte mit meiner Schwester nur verstohlen an versteckten Plätzen ein paar Worte in unserer Muttersprache sprechen. Wurden wir dabei erwischt, so mußten wir uns harten Strafen unterziehen. Entweder bekamen wir kein Mittagessen oder harte Schläge. Dann trennte man alle Geschwister voneinander. Zunächst wurde mein kleiner Bruder in ein anderes Heim verlegt. Es war erneut eine tiefe Wunde in unserem Leben. Mein Bruder weinte bittere Tränen. Er wollte nicht von seiner Schwester weg, die ihm die Mutter ersetzt hatte. Aber es half nichts. Dann wurden auch wir Schwestern auseinandergerissen. Meine Schwester kam in ein Lehrlingsheim. Ich verlernte, Deutsch zu sprechen und konnte mich schließlich nur noch Serbisch ausdrücken.«

Die Wissenschaftliche Kommission nennt das Verfahren der Serben »den Versuch einer bewußten Umvolkung« der deutschen Kinder. Diese Bestrebungen fanden erst ein Ende, nachdem das Rote Kreuz Jugoslawiens und das Rote Kreuz der Bundesrepublik Deutschland übereingekommen waren, daß auch den deutschen Kindern, die sich in staatlichen Heimen aufhielten, im Rahmen der Familienzusammenführung die Reise nach Deutschland erlaubt sei.

Diese Vereinbarung führte auch die drei Kinder der Familie Klein wieder zusammen. Die Mutter der drei war aus sowjetischem Zwangsarbeitslager in die Bundesrepublik entlassen worden. Sie verlangte von den jugoslawischen Behörden, ihr die drei Kinder zuzuführen. Anna Klein traf bereits auf dem Bahnhof von Belgrad mit ihrem Bruder zusammen. Er erkannte sie nicht mehr. Beide fuhren zusammen nach Deutschland. Wenig später folgte ihnen auch die älteste Schwester. Auf dem Bahnhof von Bad Hersfeld in Hessen trafen die beiden Kinder nach sechs Jahren ihre Mutter wieder, die jahrelang Zwangsarbeit in Rußland geleistet hatte. Frau Anna Klein über diesen Augenblick: »Ich höre sie noch, wie wenn es heute wäre, meinen Namen sagen und ich hatte gleich die sichere Gewißheit, daß es meine Mutter war, wenn ich sie auch nicht mehr erkannt hätte.«

Die meisten der Jugoslawien-Deutschen durften bereits Anfang der 50er Jahre die Lager und das Land verlassen und in die Bundesrepublik ausreisen.

So war es der Wissenschaftlichen Kommission möglich, die Zahl der Opfer des Partisanenregimes zu ermitteln: »In der Zeit vom Beginn des Einmarsches der Roten Armee und der Wiedererrichtung der jugoslawischen Verwaltung bis zur Auflösung der Internierungs- und Zwangsarbeitslager haben auf der Flucht, durch Gewaltakte unter der Militärverwaltung der Partisanen in jugoslawischen oder sowjetischen Lagern und unter verschiedenen Zwangsmaßnahmen des jugoslawischen Nachkriegsregimes insgesamt 68 664 Volksdeutsche den Tod gefunden. Die tatsächlichen Zivilverluste der Jugoslawien-Deutschen kann man daher auch auf etwa 69 000 beziffern.«

Das heißt: Jeder siebte mußte sterben.

XXIII.

FLÜCHTLINGE UND WIEDERAUFBAU

Die Helfer des Wunders

Die Deutschen, die aus ihrer Heimat verjagt worden waren, mußten nun in dem Rest von Deutschland heimisch werden. Doch
welch ein Land war das, in dem die Vertriebenen und Flüchtlinge
sich nun tastend und suchend zurechtfinden sollten! Es war ein
Land, das ihnen unheimlich düster und abwesend erscheinen
mußte. Ein Land voller Trümmer und Elend, dieses vom Krieg
geschlagene deutsche Reich, fremdem Willen unterworfen, unterteilt in Besatzungszonen, an deren Grenzen die Soldaten der
Sieger wachten.

Nie war ein Land schlimmer zerstört worden als das Deutsche
Reich, in dessen Hauptstadt einst der totale Krieg ausgerufen
worden war, der in eine totale Niederlage geführt hatte. Für viele
Jahrzehnte, so schien es, würde Deutschland ein armes Land sein,
viele Jahrzehnte würden die Menschen in ihm brauchen, um auch
nur annähernd wieder jenen Lebensstandard zu erreichen, den sie
vor dem Ausbruch des Krieges genossen hatten. In diesem Land,
in das die Menschen des Ostens jetzt gewaltsam verfrachtet worden waren, mangelte es an allem, was Menschen brauchten, um
überhaupt leben zu können: an Wohnraum, an Nahrung, an
Kleidung.

Bombenangriffe und Kriegshandlungen hatten Millionen von
Wohnungen in Deutschland vollständig zerstört oder so beschädigt, daß sie unbewohnbar waren. Tatsächlich waren nur sechs
von jeweils zehn Wohnungen übriggeblieben. Von diesen sechs
Wohnungen, in denen Menschen noch menschenwürdig hausen

konnten, hatten die Besatzungstruppen jeweils eine für ihre Zwecke beschlagnahmt. Also: Die Einwohner der westlichen Besatzungszonen mußten jetzt mit der Hälfte des Wohnraums auskommen, über den sie vor dem Krieg verfügt hatten.

In dieser Enge aber wurden nun auch noch Millionen hineingepreßt, die aus Pommern und Schlesien, Ost- und Westpreußen, aus Böhmen und Mähren und der Tschechoslowakei, aus Ungarn und Jugoslawien verjagt und in die westlichen Besatzungszonen getrieben wurden. In diese Enge drängten sich aber auch Hunderttausende, die erst in die sowjetische Besatzungszone geflüchtet oder dorthin vertrieben worden waren, aber unter keinen Umständen länger unter einem kommunistischen Regime leben wollten und deshalb nach Westen weitergezogen waren.

Rund 40 Millionen Menschen lebten am Ende des Krieges auf dem Gebiet, das später Staatsgebiet der Bundesrepublik Deutschland wurde. Zu diesen 40 Millionen, die sich unter normalen Umständen um etwa 400 000 bis 500 000 Menschen im Jahr vermehrt hätten, aber stießen nun binnen kurzer Frist mehr als sechs Millionen Vertriebene und Flüchtlinge aus dem Osten. Die Bevölkerung schwoll in einem einzigen Jahr um 15 Prozent an: ein Zuwachs, der sonst einen Zeitraum von 15 Jahren in Anspruch nimmt. Es gibt in der Weltgeschichte kein Beispiel für diesen Vorgang. Nie zuvor sind in so kurzer Zeit so viele Menschen von dem Boden, der sie nährte, aus den Häusern, in denen sie wohnten, gerissen und davongejagt worden. In die britische und amerikanische Besatzungszone in Deutschland wurden damals viermal mehr Menschen gebracht, als Dänemark Einwohner hatte, zweieinhalbmal so viele, wie in Schweden wohnten, doppelt so viele, wie in ganz Griechenland. Es war ein Ereignis, dem in seinem Ablauf und seinen Auswirkungen allenfalls die Völkerwanderung des frühen Mittelalters, die das Gesicht Europas veränderte, an die Seite gestellt werden kann.

Alle die Menschen, die nun kamen, brauchten ein Dach über dem Kopf, wenn sie nicht zugrunde gehen sollten. Sie brauchten Nahrung, sie brauchten Kleidung. Die Westdeutschen mußten in ihren Wohnungen enger zusammenrücken. Sie mußten das Wenige, das der Krieg ihnen gelassen hatte, teilen. Im September 1945, einen Monat nach dem Ende der Potsdamer Konferenz, wandte sich Hinrich Kopf, damals Präsident des Bezirks Hannover, später Ministerpräsident von Niedersachsen, an die Menschen, die aus dem Osten kamen: »Zunächst will ich versuchen, euch wenigstens das Gefühl eines eigenen Heimes wiederzugeben. Im Einvernehmen mit der Militärregierung, die für eure Nöte und Sorgen volles Verständnis hat, werde ich daher die noch vorhandenen Wohnräume erfassen und gerecht auf alle verteilen und die für die Einrichtung eines Heimes erforderlichen Gegenstände – soweit ihr selbst solche nicht mehr besitzt – für euch gegen Bezahlung beschaffen. Die hierfür erforderlichen Maßnahmen werden in den nächsten Tagen ergehen.« Und dann legte Hinrich Kopf ein gutes Wort bei denen ein, vor deren Türen die Vertriebenen und Flüchtlinge jetzt standen: »Die übrige Bevölkerung bitte ich um Verständnis für die notwendigen eingreifenden Maßnahmen. Sie möge bedenken, daß sie es nur einem glücklichen Zufall zu verdanken hat, daß sie sich nicht in der gleichen Lage befindet wie die Flüchtlinge, Evakuierten und Ausgebombten. Es ist Menschen- und Christenpflicht, für diese bedauernswerten Mitmenschen zu sorgen.«

Hinrich Kopfs Stimme drang jedoch nicht überall durch. Manchmal weigerten sich Westdeutsche, ihren verjagten Landsleuten Platz einzuräumen, Zimmer freizugeben, Küchen und Keller mit den Fremden zu teilen. Gemeindeverwaltungen beschlagnahmten Wohnraum, und mancher der Vertriebenen, der sein Haus östlich von Oder und Neiße unter der Drohung polnischer Maschinenpistolen verlassen hatte, zog jetzt in Begleitung britischer Soldaten, die ebenfalls mit Maschinenpistolen bewaffnet waren, in das Zimmer ein, das der westdeutsche Bürger nicht preisgeben wollte. Im Winter 1945 auf 1946 streifte die Not schon die Unerträglichkeit. Als im Laufe des Jahres 1946 die großen Massenvertreibungen aus den Ostgebieten Woche für Woche Zehntausende von Menschen in die Besatzungszonen der Westmächte hineinzwangen, sorgten die Sieger nicht etwa für den Bau von Wohnungen oder ihre Wiederherstellung. Sie teilten noch einmal auf, was die Verlierer des Krieges noch besaßen. Das Kontrollratsgesetz Nr. 18 setzte den Wohnraum, der jedem Deutschen zustand, auf vier Quadratmeter fest. Das hieß: Eine fünfköpfige Familie mußte mit einem einzigen Zimmer auskommen. Und später im Jahr geschah, was kaum vorstellbar schien: Die Lage verschärfte sich so sehr, daß auch dieses Minimum an Wohnraum, das den Deutschen geblieben war, noch beschnitten wurde. Die Briten verfügten im Herbst 1946: »Die Notlage infolge des Wohnraummangels ist gegenwärtig außerordentlich ernst. Zahlreiche Flüchtlinge und Evakuierte sind menschenunwürdig untergebracht. In den nächsten Wochen werden weitere Flüchtlingstransporte eintreffen. Bis zum Eintritt des Winters, also binnen sechs Wochen, muß die größtmögliche Ausnutzung aller verfügbaren Räume zu Wohnzwecken mit allen Mitteln durchgesetzt werden. Es wird daher angeordnet: 1. Sämtliche vorhandenen Wohneinheiten sind nochmals streng durchzuprüfen, um Räume für die Unterbringung von Flüchtlingen und anderer unangemessen untergebrachter Personen verfügbar zu machen.

2. Wohnungsinhaber dürfen nicht zugleich über Wohnräume und über hinreichende Schlafräume verfügen. Das gilt besonders dann, wenn Küchen mit einem Flächenraum von mehr als zehn Quadratmetern zur Verfügung stehen. Geschäftsräume, Läden, Gastwirtschaften, Lagerräume und andere für Wohnzwecke geeignete Räume sind gegebenenfalls für die Unterbringung von Flüchtlingen freizumachen.«

Doch an vielen Orten in den Besatzungszonen der Westmächte war schnell der Punkt erreicht, an dem auch der Einsatz von Soldaten zur Unterbringung von Flüchtlingen nichts mehr fruchtete – einfach deshalb, weil die Wohnungen schon so vollgestopft waren, daß niemand zusätzlich mehr in diese aufgenommen werden konnte. Die Menschen, die ihre Häuser, ihre Wohnungen, ihre Höfe im Osten verlassen mußten, hausten jetzt in Gartenlauben, in Bunkern, in Fabrikhallen, in Kegelbahnen, in Rindvieh- und Schweineställen. In Wirtshäusern wurden Tanzsäle geräumt, Vertriebene schlugen dort ihre Lager auf. Viele Familien fanden selbst dort keinen Platz. Sie gruben Höhlen in Hänge und schachteten Erdbunker aus, die sie mit Ästen und Stroh abdeckten. Ein Augenzeuge berichtete aus jenen Tagen: »Sie wohnen dort nicht etwa, sie liegen auf Brettern in Mäntel und Decken gehüllt, sofern sie welche besitzen. Sie frieren und warten, daß der Winter vorübergehen werde, und warten auf den Tod, der sie von ihrem Leid erlöst. Das ist der Lebensstandard der Flüchtlinge, nicht aller, aber Hunderttausender von ihnen.«

Hunderttausende auch lebten in Baracken, die zuvor den Reichsarbeitsdienst oder Kriegsgefangene oder auch Fremdarbeiter beherbergt hatten. In diesen Baracken verfügten die Menschen oft nicht einmal über jene vier Quadratmeter Raum, die jedem Deutschen von den Alliierten zugebilligt worden waren. Sie schliefen auf Stroh in doppelstöckigen Pritschen, die aus rohen Brettern zusammengezimmert waren. Diese Pritschen waren einen Meter breit und nicht einmal zwei Meter lang – dies war der private Winkel, der ihnen zustand. Sie setzten sich auf die Kanten ihrer Betten, um ihre kärgliche Mahlzeit aus blechernem Geschirr zu löffeln. Und alles, was sie taten, geschah unter den Blicken vieler anderer, fremder Menschen. Was sie sagten, hörten Ohren, für die das Gesagte nicht bestimmt war, und sie wurden Zeugen von Gespräch und Streit, obwohl sie es nicht wollten. Kinder lernten flüstern und verlernten das Spielen.

Schließlich spannten die Menschen in den Baracken Wäscheleinen, Draht- oder Bindfäden von Wand zu Wand, hängten Decken darüber, schufen auf diese Weise Sichtblenden, die sie den Blicken der anderen entzogen, und stellten so auf fünf oder sechs Quadratmetern so etwas wie privaten Raum für die ganze Familie her. An den primitiven, rußgeschwärzten Herden, deren Abzugsrohre durch die Fenster geführt wurden, aber trafen sie sich wieder – vier oder fünf Familien, oft auch noch mehr Familien, mußten sich in die Kochgelegenheit teilen. Es blieb nicht aus, daß sie sich gegenseitig in die Töpfe guckten – Quelle von Neid und Hader, wenn in einer der Suppen manchmal eine Handvoll Bohnen mehr als üblich oder gar ein Stück Speck schwamm.

Deutschland hungerte.

Die Bevölkerung der amerikanischen Besatzungszone erhielt in den ersten Jahren nach dem Krieg nur noch knapp zwei Drittel der Nahrungsmittel der Vorkriegszeit, die Bevölkerung der britischen Besatzungszone nicht viel mehr als die Hälfte. Die Pein des Hungers lehrte die Deutschen, was die Gebiete östlich von Oder und Neiße für ihre Ernährung bedeutet hatten. Dort waren je Kopf der Bevölkerung jährlich 470 Kilogramm Roggen erzeugt worden – rund viermal soviel wie im Durchschnitt des Reichs. Dort waren pro Kopf der Bevölkerung jährlich drei Tonnen Kartoffeln geerntet worden – fünfmal soviel wie im Durchschnitt des Reichs. Und dort waren, wieder pro Kopf der Bevölkerung gerechnet, 620 Liter Milch jährlich produziert worden, fast doppelt soviel wie im Durchschnitt des Reichs. Die deutschen Ostgebiete hatten das Deutsche Reich mit einem Viertel seines gesamten Getreideverbrauchs, einem Viertel seines Hackfruchtverbrauchs und mehr als vierzig Prozent seines Verbrauchs an Hülsenfrüchten versorgt. Das Land, auf dem all dies geerntet worden war, die Weiden, auf denen das Vieh gegrast hatte, und das Vieh selbst, die Pferde, die Rinder, Schweine – all dies stand jetzt für die Ernährung Deutschlands nicht mehr zur Verfügung. Die meisten Deutschen hatten in jenen Tagen nicht genug zu essen, die meisten Flüchtlinge aber litten bitteren Hunger. Sie verfügten nicht – wie viele Einheimische – über »Beziehungen« – jene Kenntnis von Personen und Umständen, die den Zugang zu zusätzlicher Nahrung öffnen konnte. Und so hatten sie nichts, was sie gegen Lebensmittel hätten eintauschen können. Hunger trieb Flüchtlingskinder dazu, in den Städten die Abfalltonnen auf der Suche nach Nahrungsresten zu durchwühlen. Mitleidige US-Soldaten in Berlin stellten in den Höfen der Gebäude, in denen sie wohnten, dreierlei Tonnen auf – eine für »eßbaren Abfall«, eine zweite für »nicht eßbaren Abfall«, eine dritte für »ausschließlich Müll«. Das Hilfswerk der Evangelischen Kirche in Deutschland wandte sich 1946 in einem Aufruf an Menschen im Ausland mit der Bitte um Hilfe: »Hunger ist mehr als Nichtsattwerden! Hunger, das heißt: Zu schwach zum Arbeiten, zum Lernen, zum Bestehen im Leben . . . zu schwach, um auch nur die leichteste Krankheit zu überstehen . . . Hunger, das heißt: Gelähmter Lebenswille und Lebensmut, Gleichgültigkeit gegen das eigene Schicksal, gegen den Mitmenschen, gegen Gottes Schöpfung.«

Die Flüchtlinge litten nicht nur ärger unter dem Hunger als die Menschen, die in Westdeutschland zu Hause waren, sie erschienen in aller Regel auch abgerissener, oft zerlumpt. Ihre Besitzlosigkeit und härene Armut waren augenfällig: Zum Beispiel hatte eins von zehn Flüchtlingskindern, die 1946 eine Schule in der Stadt Oldenburg besuchten, nicht einmal ein Hemd, eins von fünf keine Strümpfe, eins von vier keine Schuhe. Im Jahre 1946 auch stellten die Flüchtlingskommissare in der amerikanischen Besatzungszone fest, daß sie nur jeden zehnten Vertriebenen oder Flüchtling, der ins Land kam, mit Bekleidung und Wäsche, Decken und Matratzen versorgen konnten, und jeden siebenten mit einem Bett, nur jeden zwanzigsten mit einem Ofen oder Herd und nur jeden hundertsten mit einem Topf, einem Teller, einem Besteck.

Im Jahre 1947 ließen die Engländer die Lebensverhältnisse der Flüchtlinge in einem westfälischen Landkreis im einzelnen erforschen. Was sie dort vorfanden, war ein Bild der Lage nahezu aller Menschen, die aus den Ostgebieten des Deutschen Reiches in die britische Besatzungszone gekommen waren. Die Untersuchungen ergaben: Nur 60 Prozent der Vertriebenen lebten von einem Arbeitseinkommen, mehr als 33 Prozent jedoch waren auf die Unterstützung durch Fürsorge und Wohlfahrt angewiesen. In der Heimat, aus der sie verjagt worden waren, aber hatte nur 2,8 Prozent der Menschen Geld von der Wohlfahrt erhalten, nahezu 90 Prozent hatten dort von ihrem Einkommen aus Arbeit gelebt, der Rest von Pensionen, Renten oder sonstigem Einkommen. Mehr als 90 Prozent der Vertriebenen und Flüchtlinge in jenem westfälischen Landkreis hatten ein Einkommen von weniger als 200 Reichsmark im Monat, nur knapp 7 Prozent verdienten zwischen dreihundert und fünfhundert Mark und nicht einmal ein Prozent von ihnen konnte über mehr als 500 Mark im Monat verfügen. Nahezu 90 Prozent der Vertriebenen waren als Arbeiter tätig. Das bedeutete: Menschen, die in den Ostgebieten Angestellte, Beamte und Selbständige gewesen waren, hatten im Westen keine auch nur annähernd gleichwertige Stellung gefunden.

Kein Zweifel: Die Flüchtlinge und die Vertriebenen waren die Elenden unter den Armen, sie hatten mehr verloren als die anderen Deutschen, sie trugen ungleich schwerer an der Last der Niederlage. Insbesondere sie hatten den Preis für den großen Krieg bezahlt. Doch viele der Eingesessenen in Westdeutschland sahen auch dann noch, als die Verhältnisse sich langsam zu normalisieren begannen, in den Vertriebenen nur eine Bürde, ungebetene Gäste, die ihnen die Arbeitsplätze streitig machten. Das Wort »Flüchtling« wurde über Jahre hinweg fast ein Schimpfwort und zum Symbol für »unerwünscht«. »Flüchtlingspack« johlten mancherorts die Kinder der Einheimischen hinter den Kindern der Vertriebenen her, und in der Schule spotteten sie über die Bindfäden, mit denen die Jungen und Mädchen, die aus dem Osten gekommen waren, ihr armseliges Schuhwerk banden: »Schnürsenkel haben sie bei euch wohl noch nicht erfunden?« So lebten die Vertriebenen in Not und Elend in einer oft ablehnenden, manchmal sogar feindseligen Umwelt. Und das Ende des deutschen Unglücks war unabsehbar. Es schien sich vielmehr noch zu vertiefen – durch die Politik der Besatzungsmächte, die lange Zeit darauf abzielte, die Lebensgrundlagen des deutschen Volkes noch weiter zu schmälern.

Schon vor der Kapitulation der deutschen Wehrmacht, am 1. April 1945, hatten die Westalliierten in einer Anweisung an den Oberbefehlshaber der amerikanischen Besatzungstruppen in Deutschland, General Dwight D. Eisenhower verfügt: »Sie werden nichts unternehmen, was den notwendigen Lebensstandard in Deutschland auf eine höhere Stufe heben könnte, als sie in den benachbarten Nationen vorhanden ist; und Sie werden geeignete Maßnahmen ergreifen, um dafür zu sorgen, daß der grundlegende Lebensstandard des deutschen Volkes nicht höher ist als der in den benachbarten Nationen.«

Die Potsdamer Konferenz der Großen Drei faßte dieses Ziel noch genauer: »Deutschlands Lebensstandard soll den mittleren Lebensstandard der europäischen Länder nicht übersteigen. Europäische Länder in diesem Sinne sind alle europäischen Länder – mit der Ausnahme Großbritanniens und der Sowjetunion.« Diese

Planung bedeutete die Verarmung Deutschlands, seinen Rückfall in eine Zeit, die es längst hinter sich gelassen hatte. Denn die Mehrzahl der europäischen Länder, an denen sich der Lebensstandard der Deutschen nun orientieren sollte, waren Agrarstaaten. Produktion und Einkommen etwa in Portugal, Albanien, Bulgarien, aber auch in Polen waren immer sehr viel geringer gewesen als in Deutschland, das seine wirtschaftliche Kraft vor allem seiner Industrie zu verdanken hatte. Aber diese Industrie sollte, so beschlossen es die Sieger, nie wieder eine bedeutende Rolle einnehmen können. Im Potsdamer Protokoll heißt es: »In praktisch kürzester Frist ist das deutsche Wirtschaftsleben zu dezentralisieren mit dem Ziel der Vernichtung der bestehenden übermäßigen Konzentration der Wirtschaftskraft, dargestellt insbesondere durch Kartelle, Syndikate, Trusts und andere Monopolvereinigungen. Bei der Organisation des deutschen Wirtschaftslebens ist das Hauptgewicht auf die Entwicklung der Landwirtschaft und der Friedensindustrie für den inneren Bedarf (Verbrauch) zu legen.« Diese Politik verfügten die Sieger in dem gleichen Dokument, in dem die staatliche Gewalt über die wichtigsten landwirtschaftlichen Gebiete der Deutschen den Polen übertragen wurde. Ein großer Teil der Industriegebiete, die den Deutschen gelassen worden waren, hätte nun nach der Konferenz von Potsdam in Äcker und Weiden verwandelt werden müssen. Die Deutschen hatten gleichwohl nicht die geringste Aussicht, sich selbst zu ernähren: Für die Versorgung der Menschen, die nun in dem Rest von Deutschland zusammengepfercht waren, reichte die Bodenfläche bei weitem nicht aus.

Hunger und Armut schienen für lange, lange Zeit das Leben der Deutschen zu bestimmen: Denn die Besatzungsmächte begannen nach der Konferenz von Potsdam mit der Demontage deutscher Industrieanlagen, wie die Großen Drei es vereinbart hatten: »Deutschland soll gezwungen werden, in größtmöglichem Ausmaß für die Verluste und Leiden, die es verursacht hat, und wofür das deutsche Volk der Verantwortung nicht entgehen kann, Ausgleich zu schaffen.«

Stahlwerke, Röhrenwerke, Fabriken für landwirtschaftliche

Maschinen, Werften wurden abgebaut und abtransportiert, die Sieger waren gründlich. Doch jedes Werk, das demontiert oder durch einen Eingriff in seine Eingeweide lahmgelegt worden war, bedeutete den Verlust von Arbeitsplätzen und zugleich die Verringerung der Möglichkeiten, durch Produktion und Export industrieller Erzeugnisse Geld für den Kauf von Nahrungsmitteln zu verdienen. So erreichte die industrielle Produktion Deutschlands in den ersten Jahren nach dem Krieg nur knapp ein Drittel dessen, was sie vor dem Krieg ausgemacht hatte.

Josef Stalins Absicht soll es gewesen sein, mit den von ihm gebilligten erbarmungslosen Vertreibungen der Deutschen aus den Ostgebieten die Not in den westlichen Besatzungszonen bis zur Verzweiflung der Deutschen zu steigern, die Westmächte zu diskreditieren, so daß die Menschen sich schließlich dem Bolschewismus zuwenden würden, weil sie sich nur von ihm noch Rettung versprechen konnten. Tatsächlich mußte es den Deutschen in den ersten Jahren nach dem Ende des Krieges erscheinen, als seien sie allesamt dazu verdammt, unabsehbar lange in Hunger zu leben. Die Vertriebenen schienen sich damit abfinden zu müssen, noch Jahrzehnte in Baracken und Ställen zu hausen. Die Kinder des Volkes wuchsen im Elend auf, und sie blickten in eine Zukunft, in der das Elend nicht von ihnen weichen würde.

Die revolutionäre Situation war da. Doch die Revolution blieb aus. Die politische Rechnung des Ostens mochte nahezu alle Faktoren berücksichtigt haben – nur diesen einen sicher nicht: den Menschen. Millionen von Deutschen waren vor der Roten Armee geflohen. Millionen waren Zeugen der Vorfälle geworden, die sich beim Einmarsch der Sowjettruppen zugetragen hatten. Millionen hatten kommunistische Herrschaft erdulden und erleiden müssen. Die Gedemütigten und Geschändeten waren für den Kommunismus verloren, ganz gleich, in welcher Maske und mit welchen Argumenten er auftreten mochte.

Zudem, und dies war ein zweiter Fehler im Kalkül der kommunistischen Machthaber: Die Vertriebenen brachten nicht nur ihre Mägen mit, wie Churchill es ausgedrückt hatte, sondern auch ihre Arbeitskraft. Die Polen und die Tschechen hatten ihnen die Höfe, ihre Häuser, ihre Wohnungen rauben und sie bis aufs Hemd ausplündern können, aber sie hatten ihnen nicht ihre geistigen Fähigkeiten, ihr handwerkliches und bäuerliches Geschick nehmen können. Sie waren entwurzelt worden, aber ihre Kraft war ihnen geblieben. Sie waren auf eine der untersten Stufen menschlichen Daseins herabgerückt worden, doch um so stärker wuchs ihre Entschlossenheit, wieder nach oben zu kommen. In den Baracken und Trümmern der westlichen Besatzungszonen sammelte sich in jenen Tagen der Armut, des Hungers, der Abgerissenheit wie in einem Staubecken jene Schwungkraft, die Jahre später den Wiederaufbau Westdeutschlands zum sogenannten deutschen Wunder werden ließ: Die außerordentliche Lage trieb die Deutschen, Einheimische wie Vertriebene, zu außerordentlichen Leistungen.

Diese ganz geballte, ungeheure Leistungsbereitschaft der Deutschen wäre jedoch noch lange fruchtlos geblieben, hätten nicht Briten und Amerikaner ein Einsehen gehabt, ein Einsehen in die Not der Deutschen, aber auch in ihr eigenes Wohl. Anfang 1947 erkannte ein Ausschuß europäischer Sachverständiger unter der Leitung eines Briten: »Es gibt drei mögliche Lösungen des deutschen Problems:

a) Man kann die Deutschen verhungern lassen.

b) Man kann ihre Erzeugung niedrig halten und sie durch alliierte Unterstützung vor dem Verhungern bewahren.

c) Man kann ihnen die Möglichkeit verschaffen, zu arbeiten und wenigstens soviel hervorzubringen, daß sie für die Einfuhren der lebensnotwendigen Nahrungsmittel bezahlen können . . .

Angesichts des jetzigen Zustandes will der Ausschuß lediglich die Tatsache unterstreichen, daß es zwecklos ist, das Huhn, das goldene Eier legt, ums Leben zu bringen . . . Vor dem Krieg hatte Deutschland eine überragende Stellung in der europäischen Wirtschaft. Der tatsächliche Tiefstand seines wichtigen Ein- und Ausfuhrhandels hat tiefgründige Rückwirkungen auf die hauptsächlichsten seiner ehemaligen Kunden und Lieferanten im Ausland. Wenn ein Land weniger blüht, weil sein Handel mit Deutschland stockt, so wird es auch ein schlechter Markt für die Waren und Dienste anderer Länder sein.«

Herbert Hoover, ehemals Präsident der USA, berichtete im März 1947 nach einer Reise durch das zerstörte Europa dem amtierenden Präsidenten Harry S. Truman: »Europas Produktivität kann nicht wiederhergestellt werden, solange Deutschland nicht wieder aufgerichtet wird ... Und es darf weder eine Abtrennung der Ruhr oder des Rheinlandes von Deutschland noch ein gesondertes Regime für diese Gebiete geben ... weil sie das Herz der deutschen Industriewirtschaft sind.«

Am 5. Juni 1947 hielt US-Außenminister George C. Marshall an der Universität von Harvard eine Rede, die Hoffnung auch für die Deutschen verhieß: »Die Vereinigten Staaten müssen tun, was immer sie tun können, um weltweit normale wirtschaftliche Verhältnisse zu schaffen, denn ohne wirtschaftliche Stabilität kann es keine politische Stabilität und damit keinen Frieden geben. Diese Hilfe darf nicht von Fall zu Fall, beim Auftauchen dieser oder jener Krise gegeben werden, sondern sie muß vorbeugend wirken ... Und darum wenden wir uns nicht gegen irgendein Land oder eine Doktrin, sondern einzig und allein gegen Hunger und Armut, Verzweiflung und Chaos.«

Im gleichen Jahr noch setzte die amerikanische Regierung das Europäische Wiederaufbau-Programm in Gang, das unter dem Namen Marshall-Plan bekanntgeworden ist. Es bedeutete: Wie andere europäische Länder erhielt auch Westdeutschland Dollars, für die es im Ausland einkaufen konnte, was es besonders nötig brauchte, um seine Wirtschaft wieder in Gang zu bringen: Rohstoffe, Maschinen, aber auch Getreide und Futtermittel. Im ausgehungerten, verarmten Deutschland hatte das Geld aus Amerika die Wirkung einer Doping-Spritze. Zehn Jahre später erkannte ein amerikanischer Wissenschaftler: »Die Ergebnisse waren überwältigend, sie wurden von keinem anderen europäischen Land erreicht, obwohl Deutschland nur einen verhältnismäßig kleinen Teil der Mittel aus dem Marshall-Plan erhielt. Europa bekam insgesamt 20 Milliarden Dollar von den Vereinigten Staaten; bis zum Jahre 1954 beliefen sich die Pro-Kopf-Beträge auf 39 Dollar für Deutschland, dagegen 72 Dollar für Frankreich, 77 für England, 93 für Italien und 104 für Österreich. Aber in Deutschland kam die

Hilfe genau zum richtigen Zeitpunkt, als sich das Bedürfnis nach psychischem und physischem Wiederaufbau bis zum Siedepunkt erhitzt hatte.«

Die Hilfe aus dem Westen ermutigte auch die Menschen, die aus dem Osten verjagt worden waren. Aus der Hoffnungslosigkeit der Barackenlager und der Notunterkünfte heraus gründeten Vertriebene florierende Unternehmen: Vier Jahre nach dem Ende des Krieges arbeiteten auf dem Boden der Bundesrepublik bereits mehr als 5000 industrielle Flüchtlingsbetriebe, und sie beschäftigten rund 200 000 Menschen. Dabei schufen die heimatvertriebenen Unternehmer ihren neuen Firmen buchstäblich aus dem Nichts. Peter Paul Nahm, vierzehn Jahre lang Staatssekretär im Bonner Vertriebenenministerium, schrieb über die besondere berufliche Lage der Flüchtlinge und Vertriebenen beim Wiederbeginn in Westdeutschland: »Die Ungleichheit (zwischen Vertriebenen und Einheimischen) beim Start zeigte sich im kleinen wie im großen. Zwei Beispiele für das Kleine: Der Eingesessene, aber ausgebombte Gewerbetreibende hatte noch Voraussetzungen für ein neues Beginnen: Bauplatz, Kredit, Lieferanten und Kunden. In Zeiten knapp bemessener Arbeitsplätze ist nicht einmal der ortsfremde Arbeiter dem Einheimischen gleich. Denn der Leistungseffekt dessen, der in einem Massenlager oder einer Einraum-Unterkunft leben muß, kann nicht mit dem eines Mannes konkurrieren, der normale Wohnung und Verpflegung hat. Diese Unterschiede mußte die öffentliche Hand mit Arbeitsplatzdarlehen, Steuererleichterungen, Wohnungsbau und Hilfen für die Gründung einer Existenz mildern.«

Der junge Staat Bundesrepublik bediente sich besonders erfolgreich dreier Instrumente, um die Vertriebenen und Flüchtlinge aus ihrer schlimmen Lage, das heißt aus dem Lager, herauszuführen: Kredite, Lastenausgleichsfonds und Wohnungsbau. Der Lastenausgleichsfonds zahlte innerhalb von dreißig Jahren rund einhundertachtundzwanzig Milliarden Mark aus: sechsundachtzig Milliarden an Vertriebene und Flüchtlinge, sechsundzwanzig Milliarden an Bombengeschädigte, zwölf Milliarden an geschädigte Sparer, knapp vier Milliarden an Flüchtlinge aus der sogenannten Deutschen Demokratischen Republik.

In jenen ersten Jahren der Bundesrepublik wurde auch erkennbar, daß jede Investition zugunsten der Vertriebenen zugleich den allgemeinen Wiederaufbau, den allgemeinen Aufschwung der Wirtschaft vorantrieb, also allen Deutschen zugute kam. Die Interessen der Einheimischen und der Vertriebenen wurden deckungsgleich. Im Jahre 1950 fehlten in der Bundesrepublik noch mehr als 2 Millionen Wohnungen, vor allem für Vertriebene und Flüchtlinge. Die erste Bundesregierung unter Konrad Adenauer setzte ein gigantisches Wohnungsbauprogramm in Gang. Es wurde einer der Treibsätze für das deutsche Wirtschaftswunder: die Dynamik, die damals entfesselt wurde, riß erst das Baugewerbe und seine Zulieferindustrie und dann andere Branchen steil mit sich nach oben.

Dies alles hätte nicht ohne die Einsatzbereitschaft und die Fähigkeit der vertriebenen Arbeiter, Handwerker und Angestellten geschehen können. Sie waren tiefer niedergedrückt worden als andere Deutsche – doch um so stärker war ihr Wille, wieder aufzusteigen. Aus den Zahlen der Statistik läßt sich nicht herauslesen, daß die Vertriebenen und Flüchtlinge härter am Wiederaufbau gearbeitet haben, als die Menschen, die in Westdeutschland ihre Heimat hatten. Aber viele von ihnen waren außerordentlich zäh bei der Verfolgung des Ziels, wieder ein sinnvolles Leben zu führen – die vertriebenen Bauern etwa, die Ödland unter den Pflug nahmen, oder wüste Äcker, die von westdeutschen Bauern aufgegeben worden waren, wieder fruchtbar werden ließen.

Der Kieler Universitätsprofessor Friedrich Edding urteilte in einer wissenschaftlichen Untersuchung über die Flüchtlinge in der Bundesrepublik Deutschland: »Der in der menschlichen Qualität, in Arbeitswillen, Können und Durchsetzungsvermögen der Vertriebenen liegende Wert erwies sich von Jahr zu Jahr mehr als ein für die Wirtschaft positiver Faktor. Die Initiative der Vertriebenen brachte neues Leben in stagnierende örtliche Verhältnisse und Wirtschaftszweige: Zahlreiche neue Betriebe und Produktionen entstanden, andere erfuhren durch die Vertriebenen entscheidende Verbesserungen ... Der stark erweiterte Binnenmarkt, dessen Kaufkraft von Jahr zu Jahr wuchs, verminderte das Risiko der Investition und verbesserte die Gewinnchancen jedes Unternehmens ganz außergewöhnlich. Unter diesen Bedingungen war es vielfach auch möglich, die Stückkosten der Produktion zu senken oder relativ niedrig zu halten und damit zugleich eine gute Voraussetzung zu schaffen für die Erweiterung des Exports . . . Als Resultat aus belastenden und stimulierenden Momenten der Eingliederung hat sich ein Beitrag zum wirtschaftlichen Wachstum ergeben, der sich zwar nicht exakt messen läßt, der aber zweifellos sehr bedeutend ist.«

Der materielle Erfolg der Flüchtlinge und Vertriebenen war jedoch kein Ausgleich für die Opfer, die sie bringen mußten. Friedrich Edding: »Vergessen wir nicht den hohen Preis des Unglücks und des viele Jahre dauernden Elends, den die Vertriebenen zu zahlen hatten.«

Ein Jahr nach der Gründung der Bundesrepublik Deutschland, fünf Jahre nach dem Beginn der großen Vertreibung, beschrieben die Deutschen, die aus dem Osten gekommen waren, in einem Dokument ihre Position und ihre Ziele. Die Zahl der Vertriebenen in der Bundesrepublik war inzwischen auf acht Millionen gestiegen. In der »Charta der Deutschen Heimatvertriebenen«, die am 5. August 1950 in Stuttgart verkündet wurde, heißt es:

»Im Bewußtsein ihrer Verantwortung vor Gott und den Menschen, im Bewußtsein ihrer Zugehörigkeit zum christlich-abendländischen Kulturkreis, im Bewußtsein ihres deutschen Volkstums und in der Erkenntnis der gemeinsamen Aufgabe aller europäischen Völker haben die erwählten Vertreter von Millionen Heimatvertriebener nach reiflicher Überlegung und nach Prüfung ihres Gewissens beschlossen, dem deutschen Volk und der Weltöffentlichkeit gegenüber eine feierliche Erklärung abzugeben, die die Pflichten und Rechte festlegt, welche die deutschen Heimatvertriebenen als ihr Grundgesetz und als unumgängliche Voraussetzung für die Herbeiführung eines freien und vereinten Europas ansehen.

1. Wir Heimatvertriebenen verzichten auf Rache und Vergeltung. Dieser Entschluß ist uns ernst und heilig im Gedenken an das unendliche Leid, welches im besonderen das letzte Jahrzehnt über die Menschheit gebracht hat.

2. Wir werden jedes Beginnen mit allen Kräften unterstützen, das auf die Schaffung eines geeinten Europas gerichtet ist, in dem die Völker ohne Furcht und Zwang leben können.

3. Wir werden durch harte, unermüdliche Arbeit teilnehmen am Wiederaufbau Deutschlands und Europas.

Wir haben unsere Heimat verloren. Heimatlose sind Fremdlinge auf dieser Erde. Gott hat die Menschen in ihre Heimat hineingestellt. Den Menschen mit Zwang von seiner Heimat trennen, bedeutet, ihn im Geiste töten.

Wir haben dieses Schicksal erlitten und erlebt. Daher fühlen wir uns berufen und verlangen, daß das Recht auf die Heimat als eines der von Gott geschenkten Grundrechte der Menschheit anerkannt und verwirklicht wird.

Solange dieses Recht für uns nicht verwirklicht ist, wollen wir aber nicht zur Untätigkeit verurteilt beiseite stehen, sondern in neuen, geläuterten Formen verständnisvollen und brüderlichen Zusammenlebens mit allen Gliedern unseres Volkes schaffen und wirken. Darum fordern und verlangen wir heute wie gestern:

1. Gleiches Recht als Staatsbürger, nicht nur vor dem Gesetz, sondern auch in der Wirklichkeit des Alltags.

2. Gerechte und sinnvolle Verteilung der Lasten des letzten Krieges auf das ganze deutsche Volk und eine ehrliche Durchführung dieses Grundsatzes.

3. Sinnvollen Einbau aller Berufsgruppen der Heimatvertriebenen in das Leben des deutschen Volkes.

4. Tätige Einschaltung der deutschen Heimatvertriebenen in den Wiederaufbau Europas.

Die Völker der Welt sollen ihre Mitverantwortung am Schicksal der Heimatvertriebenen als der vom Leid dieser Zeit am schwersten Betroffenen empfinden.

Die Völker sollen handeln, wie es ihren christlichen Pflichten und ihrem Gewissen entspricht.

Die Völker müssen erkennen, daß das Schicksal der deutschen Heimatvertriebenen, wie aller Flüchtlinge, ein Weltproblem ist, dessen Lösung höchste sittliche Verantwortung und Verpflichtung zu gewaltiger Leistung fordert.

Wir rufen Völker und Menschen auf, die guten Willens sind, Hand anzulegen ans Werk, damit aus Schuld, Unglück, Leid, Armut und Elend für uns alle der Weg in eine bessere Zukunft gefunden wird.«

Drei Jahrzehnte später ist festzustellen: Die Vertriebenen haben ihr Wort gehalten, das sie damals gaben. Sie haben für den Wiederaufbau Deutschlands geschuftet und das neue Europa mitgeschaffen. Sie haben Frieden gehalten und von dem jungen Staat nicht mehr verlangt, als er ihnen geben konnte. Die politische Disziplin der Vertriebenen war eines der Fundamente der inneren Stabilität, der die Bundesrepublik ihren Wohlstand, ihre Freiheit und ihr internationales Ansehen verdankt.

Im April 1980 würdigte Richard Stücklen, Präsident des Deutschen Bundestages und gebürtiger Bayer, Arbeit und Loyalität der Vertriebenen: »Die Tatsache, daß Millionen Deutsche, die ihre angestammte Heimat verloren haben und dann im Westen mit Tatkraft und Besonnenheit die Bundesrepublik mit aufgebaut und eine freiheitliche Gesellschaftsordnung errichtet haben, ist eine Leistung von außerordentlicher geschichtlicher Bedeutung.«

NACHWORT

In den Ostprovinzen des Deutschen Reiches, im Sudetenland, in Polen und anderen osteuropäischen Ländern lebten 1939, zu Beginn des Zweiten Weltkrieges, rund 17 Millionen Deutsche. Zehn Jahre später, 1949, lebten in diesen Gebieten noch knapp zweieinhalb Millionen Deutsche.

Was war in dieser knappen Zeitspanne eines einzigen Jahrzehnts mit den übrigen fast 15 Millionen Deutschen geschehen?

1,1 Millionen von ihnen waren während des Krieges umgekommen, die meisten als Soldaten der Wehrmacht.

Mehr als elf Millionen der 17 Millionen Deutschen in Ost-, Mitteleuropa wohnten zu Beginn der 50er Jahre nicht mehr dort, wo sie einst gewohnt hatten. Ein Teil von ihnen war noch vor dem Ende des Krieges vor der Roten Armee und den Schrecken, die sie verbreitete, geflüchtet. Der weitaus größere Teil war vertrieben – aus dem Haus, aus der Wohnung, aus der Heimat.

Mehr als zwei Millionen der 17 Millionen Deutschen aber, die 1939 im Osten des Reiches, im Sudetenland, in Polen und anderen osteuropäischen Ländern gewohnt hatten, waren elend zugrunde gegangen.

Mehr als zwei Millionen! –

Die Statistik gibt das Massenschicksal wieder, und nur dies. Als Massenschicksal sind Flucht und Vertreibung in das Bewußtsein der Deutschen eingegangen. Doch ein Massenschicksal setzt sich zusammen aus vielen einzelnen Schicksalen. Dieses Buch erzählt von den Ereignissen, die sich hinter den großen Zahlen verbergen, mit denen wir umzugehen gewohnt sind und die uns oft nicht anrühren. Es erzählt, was einzelne Menschen erlebten, jene deut-

schen Männer, Frauen und Kinder, die mit dem Sammelwort
›Flüchtlinge‹ oder ›Vertriebene‹ bezeichnet werden.

Grundlage für das Vorhaben zu erzählen, was damals im einzelnen geschah, können ausschließlich die Berichte der Menschen
sein, die es selbst erfuhren und erlitten.

Eine Wissenschaftliche Kommission, die im Auftrag der Regierung
der Bundesrepublik Deutschland arbeitete, hat bereits zu Beginn
der 50er Jahre begonnen, die Berichte der Überlebenden der großen Katastrophe im Osten zu sammeln. An der Spitze dieser
Kommission stand der Kölner Universitätsprofessor Theodor
Schieder. Die Kommission trug Abertausende von schriftlichen
Zeugnissen zusammen, sichtete und wertete sie aus. Aus diesen
Berichten wurden von der Kommission einige hundert ausgewählt
und in einem wissenschaftlichen Gesamtwerk veröffentlicht. Es
trägt den Titel: »Dokumentation der Vertreibung der Deutschen
aus Ost-Mitteleuropa«. Das Werk umfaßt elf Bände mit insgesamt
rund 5000 Seiten. Der erste Band erschien 1956, der letzte 1967.

An diese Dokumente hat die Kommission besonders strenge Maß-
stäbe angelegt. Die Glaubwürdigkeit der Verfasser und die Glaubwürdigkeit ihrer Mitteilungen wurden auf vielfältige Weise überprüft. Die von der Kommission veröffentlichten Berichte und
Aussagen können nicht in Zweifel gezogen werden. Sie teilen
historische Wahrheit mit. Die Kommission selbst schreibt dazu:
»Eher als bewußte Fälschungen waren fehlerhafte oder übertrei-
bende Einzelangaben und Unsachlichkeiten zu befürchten, die
teils aus Schwächen oder Trugbildern der Erinnerung, teils aus der
Leidenschaftlichkeit und Gefühlsbestimmtheit herrühren mochten, von der sich nicht alle Berichterstatter freimachen konnten.
Um alle Erscheinungen einer solchen anfechtbaren Berichterstattung auszuschließen, wurden – soweit dies irgend möglich war –
zu den wichtigsten in den Berichten enthaltenen Angaben jeweils
Bestätigungen in anderen Berichten nachgesucht und auf diese
Weise die Richtigkeit der Angaben durch gegenseitigen Vergleich
der Dokumente geprüft . . . Im Interesse absoluter Sauberkeit bei
der Auswahl der zur Veröffentlichung bestimmten Berichte wurden dort, wo nach den Richtlinien des Prüfungsverfahrens nicht in

allen Punkten Zuverlässigkeit herrschte, nicht nur die anfechtbaren Stellen ausgeschieden, sondern prinzipiell jeweils die gesamten Berichte, da sie aufgrund einzelner Mängel auch in ihren anderen Teilen nicht mehr als voll glaubwürdig gelten konnten.«

Der Verfasser möchte an dieser Stelle dem Bundesarchiv für die Erlaubnis danken, in diesem Bericht uneingeschränkt aus der Dokumentation und dem Bericht der Kommission zu zitieren.

Verpflichtet fühle ich mich auch jenen vielen hundert Flüchtlingen, Männern und Frauen, die mir schrieben, als der Vorabdruck dieses Buches in der Zeitung WELT am SONNTAG veröffentlicht wurde. Ihrer Aufmerksamkeit und ihrer oft überwältigenden Anteilnahme verdanke ich wertvolle Hinweise und zusätzliche Informationen. Es ist nicht möglich, die Namen aller jener Menschen aufzuführen, die auf die eine oder andere Weise bei der Arbeit an diesem Buch geholfen haben.

Mit ihnen allen aber weiß sich der Verfasser einig in der Ansicht, daß das Schicksal der Deutschen im Osten nicht in Vergessenheit geraten darf. Die Erinnerung an das Opfer, das sie brachten, ist ein Akt der geschichtlichen Gerechtigkeit. Die Wissenschaftliche Kommission schrieb: »Nicht aus einem Vorbeisehen an der jüngsten Vergangenheit, sondern nur aus der verantwortungsbewußten Auseinandersetzung mit ihr kann eine neue moralische Kraft geboren werden, um die Spannungen zwischen den Völkern des östlichen Mitteleuropa und schließlich ganz Europas zu überwinden, damit das unsagbare Leid unserer Generation nicht ganz sinnlos bleibt.«

Günter Böddeker

1938

28. 9. 1938
Münchener Abkommen. Großbritannien, Frankreich, Italien und das Deutsche Reich vereinbaren den Anschluß des Sudetenlandes an das Deutsche Reich.

1939

15. 3. 1939
Deutsche Truppen marschieren in die Tschechoslowakei ein; Hitler errichtet das Reichsprotektorat Böhmen und Mähren.
23. 8. 1939
Deutsch-sowjetischer Nichtangriffspakt von Molotow und v. Ribbentrop unterzeichnet.
1. 9. 1939
Deutsche Truppen marschieren in Polen ein; Beginn des Zweiten Weltkrieges.
3. 9. 1939
Großbritannien und Frankreich erklären in Erfüllung ihrer Garantieverpflichtungen gegenüber Polen dem Deutschen Reich den Krieg.

1940

5. 9. 1940
Moskau und Berlin schließen einen Vertrag über die Umsiedlung der Deutschen aus Bessarabien und aus der Nord-Bukowina in das Deutsche Reich.

1941

22. 6. 1941
Deutsche Truppen marschieren in Rußland ein.
August 1941
Stalin läßt die Wolga-Deutschen nach Sibirien und Zentralasien deportieren; die Republik der Wolga-Deutschen in der Sowjetunion wird aufgelöst.
September 1941
Eduard Benesch, Präsident der tschechoslowakischen Exilregierung in London, fordert, daß nach dem Ende des Krieges die Deutschen das Sudetenland verlassen müssen.

8. 12. 1941
Deutschland erklärt den Vereinigten Staaten von Amerika den Krieg.

1942

6. 10. 1942
Kroatien und Serbien schließen mit dem Deutschen Reich Verträge über die Umsiedlung der Volksdeutschen aus diesen Staaten nach Deutschland.
6. 12. 1942
Sikorsky, Präsident der Polnischen Exil-Regierung in London, fordert in Washington bei Verhandlungen mit Präsident Roosevelt, die Oder-Neiße-Linie solle künftig Polens Westgrenze bilden.

1943

14. 3. 1943
US-Präsident Roosevelt erörtert mit Großbritanniens Außenminister Anthony Eden in Washington den Plan, Ostpreußen an Polen zu geben und die Deutschen aus Ostpreußen auszuweisen.
5. 12. 1943
Präsident Roosevelt stimmt in einem Gespräch mit Eduard Benesch dessen Absicht zu, die Sudeten-Deutschen auszuweisen.
Juli 1943
Sikorsky verunglückt tödlich in Gibraltar; Mikolajczyk wird neuer Präsident der polnischen Exil-Regierung in London.
28. 11.–1. 12. 1943
Konferenz von Teheran. Stalin, Churchill und Roosevelt sprechen über die neue polnische Westgrenze.

1944

4. 1. 1944
Truppen der Roten Armee stoßen über die Ostgrenze Polens nach Westen vor.
22. 2. 1944
Churchill informiert das britische Unterhaus über den Plan, Polen für Gebietsverluste, die es zugunsten der Sowjetunion erleidet, im Norden und Westen zu Lasten Deutschlands zu entschädigen.
23. 2. 1944
In der anschließenden Debatte im Unterhaus sprechen sich mehrere Abgeordnete entschieden gegen die Vertreibung von Deutschen aus.

8. 3. 1944
Auch im britischen Oberhaus werden schwere Bedenken gegen Massenausweisungen vorgebracht.

August 1944
Russische Truppen stoßen über die Grenzen Ostpreußens vor, werden aber wieder zurückgeworfen.

13. 10. 1944
Bei einem Gespräch im Kreml einigen sich Stalin und Churchill darauf, daß Polens neue Westgrenze an der Oder entlang verlaufen und die Stadt Stettin einschließen soll.

15. 12. 1944
Vor dem britischen Unterhaus erklärt Churchill, daß er eine Vertreibung der Deutschen aus den Gebieten billige, die an Polen fallen sollen. Wieder wenden sich einige Abgeordnete gegen die Massenausweisung.

22. 12. 1944
Titos jugoslawische Partisanenregierung verkündet, daß deutsches und volksdeutsches Vermögen in Staatseigentum übergeführt werden soll. Zu diesem Zeitpunkt waren die Jugoslawien-Deutschen bereits enteignet.

Dezember 1944 – Januar 1945
Volksdeutsche Einwohner Rumäniens, Ungarns und Jugoslawiens werden zur Zwangsarbeit in die Sowjetunion verschleppt.

1945

12. 1. 1945
Beginn der sowjetischen Großoffensive aus den Brückenköpfen an der Weichsel, die vier Monate später an der Elbe endet.

3. 2. bis 12. 2. 1945
In Jalta auf der Krim verhandeln Stalin, Roosevelt und Churchill über das Gebiet, das nach dem Krieg an Polen fallen soll. Sie beschließen, daß die endgültige polnische Westgrenze erst auf einer Friedenskonferenz festgelegt werden soll.

Februar – April 1945
Aus den von der Roten Armee eroberten Gebieten des Reiches werden mehrere hunderttausend Frauen und Männer in das Innere der Sowjetunion deportiert und dort zu schwerer Zwangsarbeit eingesetzt.

14. 3. 1945
Noch vor dem Ende des Krieges errichtet die polnische Regierung auf dem Gebiet der deutschen Ostprovinzen ihre eigenen Verwaltungsbezirke, die Wojewodschaften.

17.3.1945
Benesch erklärt in Moskau, die Tschechoslowakei sei ein Nationalstaat, in dem es für Minderheiten keine besonderen Rechte geben
könne.
9.4.1945
Ostpreußens Hauptstadt Königsberg kapituliert nach langer Belagerung vor der Roten Armee.
12.4.1945
US-Präsident Roosevelt stirbt. Harry S. Truman wird neuer Präsident der Vereinigten Staaten von Amerika.
5.5.1945
In der tschechoslowakischen Hauptstadt Prag beginnt der Aufstand und zugleich der ungezügelte Terror gegen deutsche Soldaten, Zivilisten, Frauen, Kinder.
7.5.1945
Die schlesische Hauptstadt Breslau kapituliert nach langer Belagerung vor der Roten Armee.
8.5.1945
Die deutsche Wehrmacht kapituliert an allen Fronten. Die Gesamtkapitulation tritt am 9.5. in Kraft.
Mai – Juni 1945
Polnische Miliz treibt Hunderttausende von Deutschen in langen
Fußmärschen aus den Ostprovinzen des Reiches über Oder und
Neiße nach Westen.
Juni 1945
Gleichzeitig beginnt die Überführung der polnischen Bevölkerung
aus den polnischen Gebieten, die jetzt an die Sowjetunion gefallen
sind, in die deutschen Ostprovinzen.
Juni 1945
Tschechische Miliz treibt Sudetendeutsche über die Grenze in die
sowjetisch besetzte Zone Deutschlands. Hunderttausende von
Sudetendeutschen werden in Lager gesperrt.
26.6.1945
In San Francisco wird die Charta der Vereinten Nationen (UN)
verabschiedet. Sie schließt die deutschen Vertriebenen ausdrücklich aus der internationalen Flüchtlingsfürsorge aus.
17.7.1945–2.8.1945
Stalin, Churchill und Truman treffen sich in Deutschland zur
Potsdamer Konferenz. An die Stelle Churchills, der die Unterhaus-
wahlen verliert, tritt später Premierminister Attlee.
2.8.1945
Stalin, Truman und Attlee verabschieden die Potsdamer Erklärung. In deren Artikel IX heißt es: »Die drei Regierungschefs
bekräftigen ihre Auffassung, daß die endgültige Festlegung der

Westgrenze Polens bis zu der Friedenskonferenz zurückgestellt werden soll.« Und im Artikel XIII: »Die drei Regierungen erkennen an, daß die Überführung der deutschen Bevölkerung oder Bestandteile derselben, die in Polen, der Tschechoslowakei und Ungarn zurückgeblieben sind, nach Deutschland durchgeführt werden muß.«

16. 8. 1945
Winston Churchill beklagt im britischen Unterhaus die Ausweisung der Deutschen als eine »Tragödie ungeheuren Ausmaßes«.

Herbst und Winter 1945
Die Polen setzen die ungeordnete Vertreibung der Deutschen fort. Tausende kommen um.

13. 11. 1945
Polen errichtet eine besondere Verwaltungsstelle für die deutschen Ostprovinzen und nennt sie »Sonderministerium für die wiedergewonnenen Gebiete«.

1946

Januar 1946
Die Tschechoslowakei beginnt mit der sogenannten geregelten Ausweisung der Deutschen: Erst täglich vier Züge mit je 1200 Personen, dann täglich sechs Züge mit je 1200 Menschen, dann täglich wieder vier Züge mit je 1200 Menschen.

29. 10. 1946
In allen vier Besatzungszonen Deutschlands findet eine Volkszählung statt, bei der auch die Vertriebenen und Zugewanderten erfaßt werden. Das Ergebnis: Es leben in

	Vertriebene	Zugewanderte
amerikanischer Zone	2 785 000	398 000
britischer Zone	3 082 000	579 000
französischer Zone	95 000	45 000
russischer Zone	3 602 000	
Berlin	120 000	
	9 683 000	1 022 000

1949

Das Grundgesetz der Bundesrepublik Deutschland wird von allen Ländern mit Ausnahme Bayerns ratifiziert. Gründung der Bundesrepublik.

5. 8. 1950

In Stuttgart-Cannstadt wird die »Charta der Heimatvertriebenen«
verkündet. In ihr bekennen sich alle deutschen Heimatvertriebenen zu Völkerversöhnung; sie verkünden den Verzicht auf Rache
und Vergeltung; sie bekräftigen das Recht auf Heimat und Rückkehr.

LITERATURVERZEICHNIS

Ahlfen, H. von: Der Kampf um Schlesien. Ein authentischer Dokumentarbericht; München 1963

Ahlfen, H. von und Niehoff, H.: So kämpfte Breslau. Verteidigung
und Untergang von Schlesiens Hauptstadt; München 1960

Ahrens, Wilfried (Hrsg.): Verbrechen an Deutschen; Huglfing 1975

Aurich, Peter: Der deutsch-polnische September 1939; München
1970

Bährens, Kurt: Deutsche in Straflagern und Gefängnissen der
Sowjetunion in Bd. V/1–3 der Wissenschaftlichen Kommission
für deutsche Kriegsgefangenengeschichte, hrsg. von Dr. Erich
Maschke

Becker, Rolf: Niederschlesien 1945. Die Flucht, die Besetzung; Bad
Nauheim 1965

Bekker, Cajus: Flucht übers Meer; Oldenburg 1964

Benesch, Eduard: Memoirs; London 1954

Bergander: Dresden im Luftkrieg – Vorgeschichte – Zerstörung –
Folgen; München 1979

Boberach, Heinz: Meldungen aus dem Reich – Auswahl aus den
geheimen Lageberichten des Sicherheitsdienstes der SS
1939–1944; Neuwied/Berlin 1965

Bojanowski, Martin und Bosdorf, Erich: Striegau – Schicksale einer
schlesischen Stadt; Schöppenstedt/Braunschweig 1950

Broszat, Martin: Zweihundert Jahre deutsche Polenpolitik; München 1963, Nationalsozialistische Polenpolitik 1930–1945; Stuttgart 1961

Brustat-Naval: Unternehmen Rettung – Letztes Schiff nach
Westen; Herford 1970

Bundesministerium für Vertriebene, Flüchtlinge und Kriegsgeschädigte (Hrsg.): 10 Jahre nach der Vertreibung – Äußerungen
des In- und Auslandes und eine Zeittafel; Bonn 1956

Byrnes, F. (früherer Außenminister der Vereinigten Staaten von
Amerika 1945–47): »Spreaking Frankly«, deutsch: Offen gesagt;
München 1948

Carell, Paul/Böddeker, Günter: Die Gefangenen – Leben und Überleben deutscher Soldaten hinter Stacheldraht, Berlin 1980

Churchill, Winston S.: Reden, Bd. 1–7; Zürich 1946–50. The Sinews
of Peace; London 1948
The Second World War, Bd. 1–6: The Gathering Storm; Their
Finest Hour; The Grand Alliance; Hinge of Fate; Closing the
Ring; Triumph and Tragedy; Boston 1963, deutsch: Der Zweite
Weltkrieg, Bd. 1–6; Bern 1948–1952

Dallin, Alexander: Deutsche Herrschaft in Rußland 1941–1945 –
Eine Studie über Besatzungspolitik; Düsseldorf 1958

Deschner, Günther: Reinhard Heydrich – Statthalter der totalen
Macht; Esslingen 1977

Deuerlein, Ernst: Deklamation oder Ersatzfrieden? Die Konferenz
von Potsdam 1945; Stuttgart/Berlin/Köln/Mainz 1970
(Hrsg.): Potsdam 1945 – Quellen zur Konferenz der »Großen
Drei«; München 1963

Dieckert/Grossmann: Der Kampf um Ostpreußen – Ein authentischer Dokumentarbericht; München 1960

Dobson, Christopher/Miller, John/Payne, Ronald: The Cruellest
Night, deutsch: Die Versenkung der »Wilhelm Gustloff«; Wien/
Hamburg 1979

Dönitz, Karl: Zehn Jahre und zwanzig Tage; Frankfurt/Main
1967

Ehrenburg, Ilja: Memoiren, Menschen-Jahre-Leben, 3 Bde.; München 1962

Esser, Heinz: Lamsdorf. Dokumentation über ein polnisches Vernichtungslager; Bonn 1971

Esser, Heinz: Die Hölle von Lamsdorf – Dokumentation über ein
polnisches Vernichtungslager, hrsg. von der Landsmannschaft
der Oberschlesier; Dülmen 1977

Falk, Lucy: Ich blieb in Königsberg; München 1965

Faust, Fritz: Das Potsdamer Abkommen und seine völkerrechtliche
Bedeutung; Frankfurt/M./Berlin 1959

Fechner, Helmuth (Hrsg.): Ostdeutsche Beiträge aus dem Göttin-
ger Arbeitskreis, Bd. XXVII – Deutschland und Polen 1772–1945;
Würzburg 1964

Franken, Bert: Die große Flucht – Das Kriegsende in Ostdeutschland; Bayreuth 1975

Gauger, K.: Die Dystrophie als psychosomatisches Krankheitsbild. Enstehung, Erscheinungsformen, Behandlung, Begutachtung. Medizinische, soziologische und juristische Spätfolgen; München 1952

Grau, Karl Friederich: Schlesisches Inferno; Kriegsverbrechen der Roten Armee beim Einbruch in Schlesien 1945, herausgegeben vom Informations- und Dokumentationszentrum West; Stuttgart 1966

Grube, Frank/Richter, Gerhard: Flucht und Vertreibung – Deutschland zwischen 1944 und 1947; Hamburg 1980

Haupt, Werner: Heeresgruppe Mitte 1941–1945; Dorheim 1968

Hillgruber, Andreas/Hümmelchen, Gerhard: Chronik des Zweiten Weltkrieges; Frankfurt/M. 1966

Irving, David: The Destruction of Dresden, deutsch: Der Untergang Dresdens; London 1963

Jahn, Hans-Edgar: Pommersche Passion; Preetz 1964

Karweina, Günter: Der große Treck – Dokumentarbericht über die Flucht und Austreibung von 14 Millionen Deutschen; Stuttgart/Wien 1958

Kaps, Johannes (Hrsg.): Die Tragödie Schlesiens 1945/46 in Dokumenten. Unter besonderer Berücksichtigung des Erzbistums Breslau; München 1952/3

Kieser, Egbert: Danziger Bucht 1945 – Dokumentation einer Katastrophe; Esslingen 1978

Kleßmann, Christoph: Die Selbstbehauptung einer Nation – NS-Kulturpolitik und polnische Widerstandsbewegung im Generalgouvernement 1939–1945; Düsseldorf 1971

Kopelew, Lew: Aufbewahren für alle Zeit; Hamburg 1976

Lasch, Otto: So fiel Königsberg – Kampf und Untergang von Ostpreußens Hauptstadt; München 1959

Lehndorff, Hans, Graf: Ostpreußisches Tagebuch; München 1961

Lemberg, Eugen/Edding, Friedrich (Hrsg.): Die Vertriebenen in Westdeutschland – Ihre Eingliederung und ihr Einfluß auf Gesellschaft, Wirtschaft, Politik und Geistesleben, 3 Bd.; Kiel 1959

Mee, Charles L. jun.: Meeting at Potsdam, deutsch: Die Teilung der Beute – Die Potsdamer Konferenz 1945; Wien/München/Zürich/Innsbruck 1977

Morozow, Michael: Der Georgier – Stalins Weg und Herrschaft; München/Wien 1980

Müller-Sternberg, Robert: Deutsche Ostsiedlung – Eine Bilanz für Europa; Bielefeld 1971

Murawski, Erich: Die Eroberung Pommerns durch die Rote Armee; Boppard am Rhein 1969

Murphy, Robert: Diplomat Among Warriors; Garden City 1964

Paul, Wolfgang: Der Endkampf um Deutschland 1945; Esslingen 1976

Peitsch, Helmut: Wir kommen aus Königsberg – Nord-Ostpreußen heute; 1979

Reding, Josef: Friedland – Chronik der großen Heimkehr; Recklinghausen 1955/56

Rodenberger, Axel: Der Tod von Dresden – Ein Bericht über das Sterben einer Stadt; Frankfurt/M. 1963

Ruhnau, Rüdiger: Die Freie Stadt Danzig 1919–1939; Berg am See 1979

Solschenizyn, Alexander: Ostpreußische Nächte; Darmstadt/Neuwied 1976

Schenck, Ernst-Günther: Das menschliche Elend im 20. Jahrhundert. Eine Patographie der Kriegs-, Hunger- und politischen Katastrophen Europas; Herford 1965

Schramm, P. E. (Hrsg.): Kriegstagebuch des Oberkommandos der Wehrmacht (Wehrmachtsführungsstab) 1940–1945. Im Auftrage des Arbeitskreises für Wehrforschung, Bd. 4, T. 1, 2 (1944–1945); Frankfurt/M. 1961

Selle, Götz von: Ostdeutsche Biographien; Würzburg 1955

Stroynowski, Juliusz: Polen und Deutsche – Was uns verbindet; Stuttgart 1973

Telpuchowski, Boris Semjonowitsch: Die sowjetische Geschichte des Großen Vaterländischen Krieges 1941–1945. Im Auftrag des Arbeitskreises für Wehrforschung, Stuttgart, hrsg. und kritisch erläutert von Andreas Hillgruber und Hans-Adolf Jacobsen; Frankfurt/M. 1961

Thorwald, Jürgen: Die große Flucht – Es begann an der Weichsel – Das Ende an der Elbe; Stuttgart 1963

Verrier, Anthony: The Bomber Offensive; London 1968, deutsch: Bomberoffensive gegen Deutschland 1939–1945; Frankfurt/M. 1970

Zayas, Alfred M. de: Die Anglo-Amerikaner und die Vertreibung der Deutschen – Vorgeschichte, Verlauf, Folgen; München 1977

Ziemer, Gerhard: Deutscher Exodus – Vertreibung und Eingliederung von 15 Millionen Ostdeutschen; Stuttgart 1973

Übersicht über das Gesamtwerk der
Dokumentation der Vertreibung der
Deutschen aus Ost-Mitteleuropa
hrsg. vom Bundesministerium für Vertriebene, Flüchtlinge und
Kriegsgeschädigte in Verbindung mit Adolf Diestelkamp,
Rudolf Laun, Peter Rassow und Hans Rothfels, bearbeitet von
Theodor Schieder

REGISTER

493